陕西师范大学人文社会科学高等研究院资助出版

光明社科文库
GUANGMING DAILY PRESS:
A SOCIAL SCIENCE SERIES

·教育与语言书系·

中国音韵学

——第二十届国际学术研讨会论文集（西安2018）

乔全生　胡安顺｜主编

光明日报出版社

图书在版编目（CIP）数据

中国音韵学：第二十届国际学术研讨会论文集：西安 2018 / 乔全生，胡安顺主编 . -- 北京：光明日报出版社，2021.5

ISBN 978-7-5194-5995-6

Ⅰ.①中… Ⅱ.①乔… Ⅲ.①汉语—音韵学—学术会议—文集 Ⅳ.① H11-53

中国版本图书馆 CIP 数据核字（2021）第 077068 号

中国音韵学：第二十届国际学术研讨会论文集（西安 2018）

ZHONGGUO YINYUNXUE:DIERSHIJIE GUOJI XUESHU YANTAOHUI
LUNWENJI（XI'AN 2018）

主　　编：乔全生　胡安顺

责任编辑：黄　莺　　　　　　责任校对：傅泉泽
封面设计：中联华文　　　　　责任印制：曹　诤

出版发行：光明日报出版社
地　　址：北京市西城区永安路 106 号，100050
电　　话：010-63169890（咨询），010-63131930（邮购）
传　　真：010-63131930
网　　址：http://book.gmw.cn
E - mail：huangying@gmw.cn
法律顾问：北京德恒律师事务所龚柳方律师

印　　刷：三河市华东印刷有限公司
装　　订：三河市华东印刷有限公司
本书如有破损、缺页、装订错误，请与本社联系调换，电话：010-63131930

开　　本：170mm×240mm
字　　数：579 千字　　　　　　印　　张：35.5
版　　次：2021 年 5 月第 1 版　印　　次：2021 年 5 月第 1 次印刷
书　　号：ISBN 978-7-5194-5995-6

定　　价：99.00 元

音韵学论文集

说明

"中国音韵学研究第二十届国际学术研讨会"于2018年8月18—19日在陕西省西安市陕西师范大学学术活动中心举行，主办单位为陕西师范大学文学院和人文社会科学高等研究院，学术负责人为陕西师范大学文学院胡安顺教授。与会正式代表112人，另有文学院教师及工作人员14人、硕博士生20人，总计146人。大会开幕式由胡安顺教授主持，闭幕式由胡安顺、竺家宁教授主持。大会共收到与会论文112篇（两人未与会）。依照前例并经协商，现将其中37篇结集交由光明日报出版社出版。集中各文的排序大体以概论、中古音与等韵、诗律与戏曲音韵、上古音、汉语音韵学史、汉语方言、大会致辞与总结报告为次。论文集的编排校对工作主要由博士生孙梦城负责，王怀中、余跃龙副教授分别通读了全部书稿，并作了校改和符号统一工作，李斐副研究员、博士生陈晓梅参与了后期校对工作，胡安顺教授负责全书的文字统稿定稿工作，乔全生教授负责全书组织协调工作。由于编者水平有限，书中错误疏漏之处在所难免，乞读者批评指正。感谢郭锡良先生、鲁国尧先生、张振兴先生等老一代学者对大会的关心和支持！感谢所有与会同仁，同时感谢光明日报出版社和文集的编辑同志。

编者

2020年4月26日

目 录
CONTENTS

中国语言学的愿景：像珠峰一般屹立于世界学术之林

鲁国尧

（陕西师范大学 人文社会科学高等研究院）

　　摘要：当代中国学术（含语言学）的严重问题，正如《中国社会科学报》署名文章所言，存在多种崇洋现象："崇洋媚外，甚至挟洋自重""食洋不化""洋教条主义有蔓延之势"。凡此，皆有害于我中华民族的复兴大业，亟须荡涤。无论往史的、当前的社会实践，都呼唤我们做理论概括，笔者曾于 2005 年从中国古史的研究结合现实提出"国力学术相应律"，如今又从美国早期历史的研究中获"悟"，新提出"文化学术后发论"。当今我国国力大增之际，正是文化学术大"发"之时，中国语言学人应该自励自勉，坚持"不崇洋，不排外"的"双不方针"，用对祖国的激情把崇洋的激情驱逐出去，自强，自立；崛起，强盛；进而实现中国语言学像珠峰一般屹立于世界学术之林的愿景。

　　关键词：不崇洋不排外"双不方针"；国力学术相应律；文化学术后发论；振大汉之天声；爱默生

一、 "不崇洋不排外"的"双不方针"

　　中国 17 世纪的大思想家黄宗羲（1610—1695）于其《明儒学案·凡例》云："大凡学有宗旨，是其人之得力处，亦是学者之入门处。天下之义理无穷，苟非定以一二字如何约之使其在我？故讲学而无宗旨，即有嘉言，是无头绪之乱丝也。学者而不能得其人之宗旨，即读其书亦犹张骞初至大夏，不能得月氏要领也。……杜牧之曰：'丸之走盘，横斜圆直，不可尽知。其必可知者，是知丸不能出于盘也。'夫宗旨亦若是而已矣。"

《孟子》云"人之所以异于禽兽者几希"。依我浅见，人之所以异于其他动物，就在于有理性，有思想。我，作为一个人文学科的学人，从上大学本科知道何为学问，何为治学起，于今60余年矣，在长期读书与治学实践中逐渐形成了自己的学术思想。作为一个思想者，于本世纪初，不揣谫陋，我提出一个"宗旨"，"定"以六字，曰"不崇洋，不排外"，简言之，"双不方针"。

不可不扼要叙述一下我之所以提出"不崇洋，不排外"这六字"宗旨"的背景。众所周知，1840年爆发鸦片战争，在英帝国坚船利炮的攻击下，中国首战惨败，从此坠入半殖民地的深渊，兵连祸结，国无宁岁，人为刀俎，我为鱼肉，割地赔款，丧权辱国。但是具有悠久历史的中华民族不会俯首帖耳任人宰割，一百多年来涌现出一批又一批"国之脊梁"，为国为民，奔走呼号，前仆后继，图存救亡，抛头颅，洒热血，他们是顶天立地的英雄。有善必有恶，有正即有邪，在中国大地，长期也弥漫着崇洋戾气，历久难消。梁启超作于1899年的《忧国与爱国》一文刻画了那些崇洋派的嘴脸："视欧人如神明，崇之拜之，献媚之，乞怜之，若是者，比比皆然，而号称有识者尤甚。"① 对崇洋派的揭露，何等犀利；对崇洋派的鞭挞，何等严厉！梁启超的这段入木三分的描述，虽然过了百余年，只需将第二字"欧"换成"美"，于今仍然显烁着耀眼的锋芒。在民国时期，有一些人居然提出"全盘西化"的口号，颇能蛊惑人心。旅美历史学家唐德刚于20世纪末在其名著《晚清七十年》中说道："我国五四以后之启蒙文人，崇洋过当，在学术转型期中食洋不化。"② 而近40年，毋庸讳言，崇洋之风依然，"新世纪以来，洋教条主义有蔓延之势"。令人不能忘却的是，十几年以前在中国学术界（包括语言学界）"跟国际接轨"之声四起，一时间甚嚣尘上，实际上行的是贩运洋货，崇洋抑中。

《中国社会科学报》近来发表了很多篇批判当前中国社会科学界存在的

---

① 梁启超. 梁启超全集·第一册 [M]. 北京：北京出版社，1999：358.

② 唐德刚. 晚清七十年·第一册 [M]. 台北：远流出版事业股份有限公司，1998：9.

崇洋思潮的文章，笔者在此特向读者诸君推荐其中一篇。《中国社会科学报》2017 年 6 月 6 日刊发了张亮《正确对待西方哲学社会科学资源》一文，此文叙述了近年来的多种崇洋现象："盲目追逐当代西方最新学术潮流、学术著作、学术新人"，"盲目崇拜当代西方哲学社会科学成果，崇洋媚外，甚至挟洋自重"，"照搬西方哲学社会科学理论分析、解释中国问题，食洋不化"。该文指出："新世纪以来，洋教条主义有蔓延之势。不少哲学社会科学工作者在研究本土问题时，自觉不自觉地照搬西方哲学社会科学理论，屡屡得出一些受到西方追捧的'新观点'，其实缺乏真正的学术价值。"作为哲学社会科学范围内的一个学科，中国语言学能是出淤泥而不染的例外吗？《中国社会科学报》揭出的上述种种崇洋怪象语言学界不存在吗？遗憾的是，至今还没有被承认。凡是经历过这三十多年的语言工作者都会有切肤之痛，时至当今，崇洋居然有蔓延之势，但是这也遭到对国家、对民族有责任心具使命感的学人的有力抵制。在语言学的某些分支学科，崇洋和反崇洋的论争绵亘多年，尤为激烈，在下不敏，身处此境，能无愤慨？受百年迄今反崇洋的仁人志士的崇高精神的感召，参与了对崇洋的抵制，我提出了"不崇洋、不排外"六字，简称为"双不方针"，即先贤黄宗羲所云的"宗旨"，这是我的学术思想之一。

我反对崇洋。崇洋，泯灭了自己的创造心智，落到窃人唾余的仆役地步，这是与我民族的复兴事业绝不相容的。我同时也反对排外，排外，就关闭了一扇吸取外国学术精华以营养自己、丰富自己的窗户。

国外兄弟民族的学术，必也有其很为丰硕的成果。它们的精华可以启迪，可以借鉴，必对我们大有裨益，"他山之石，可以攻玉"。

二、爱默生《美国学者》的自强论

我反对崇洋，我也反对排外。我读过一些中国的经史子集的典籍，我也读过一点西方哲学、语言学、文学的名著。我曾发表过一篇长文《读议郝尔格·裴特生〈十九世纪欧洲语言学史〉》，既褒扬、彰显这本西方比较语言学名著的众多长处，也实事求是地揭明、批评其若干缺点；我也写过《中国音韵学的切韵图与西洋音系学（Phonology）的"最小析异对"（minimal pair）》，此文旨在作中西对比。

现在要讲的是 2014 年我读了美国 19 世纪的思想家、文学家爱默生的书，特别是他的讲演辞《美国学者》，不禁击节叹赏，连呼"大获我心"。我国中古时代的大诗人陶渊明有名句"奇文共欣赏，疑义相与析"，现在我愿将爱默生及其卓见介绍给中国语言学人，这是本文的重点之一。

拉尔夫·沃尔多·爱默生（Ralph Waldo Emerson，1803—1882 年），美国 19 世纪著名哲学家（若干论著称之为思想家）、文学家、先验论思潮的主要倡导者。[①]《美国文化简史——19—20 世纪美国转折时期的巨变》说，在 19 世纪的美国人的心目中，"他们看重的哲学家只有富兰克林和爱默生"。[②] 按，富兰克林（1706—1790）是 18 世纪的人，而爱默生则是美国 19 世纪文化、思想界的第一人。涂纪亮在《美国哲学史》中说："爱默生在美国哲学史上的地位十分突出，被看作是 19 世纪上半叶美国哲学的代表人物。""桑塔耶纳……说他是哲学天空中的一颗恒星，而且是唯一的一颗美国星。"[③] 任何一本讲美国史的书，如果述及美国的哲学、思想和文化，必须讲到爱默生，可见他在美国思想史、文化史上的地位。爱默生去世后，20 世纪初出版了他的《全集》14 卷、《日记》10 卷、《书信集》6 卷。[④] 中国近二十多年，出版的爱默生的集子或选集的中译本，约 20 种左右，其中以［美］吉欧·波尔泰编、赵一凡等译《爱默生集》为较佳，收录较多，近 110 万字，主要有《论自然》《随笔》第一集和第二集、《代表人物》《英国特色》《生活的准则》等。

英国史学家保罗·约翰逊著的《美国人的历史》一书对爱默生有一段介绍，很是生动，兹迻录于后，与诸君共赏之。该书说道："爱默生是一位非凡的制造商，专门生产简短的格言和精辟的警句，其中有许多锦言佳句因为真实而深深打动了他的听众。……当报纸把这些格言简化并剥离上下文以后，它们也就进入了美国大众智慧的公共库存。"[⑤] 该书又说："听爱默生的演讲，是文化渴望和品位提升的可靠标志：对数百万美国人来说，爱默生成了'思想者'的化身。""对一个以追求金钱一样的热情来追求道德与精神的进步，并将二者视为创造其新文化的根本因素的民族来说，到 19 世纪 70 年代，爱默生已经

① 涂纪亮. 美国哲学史 [M]. 北京：社会科学文献出版社，2007：221.

② 施袁喜. 美国文化简史——19—20 世纪美国转折时期的巨变 [M]. 北京：中央编译出版社，2006：8.

③ 涂纪亮. 美国哲学史 [M]. 北京：社会科学文献出版社，2007：236.

④ 涂纪亮. 美国哲学史 [M]. 北京：社会科学文献出版社，2007：224.

⑤ 就我所见到的英文版的引语（quotation）辞典，都收录了很多条爱默生的名言。

成了民族英雄。"①

凡是讲爱默生的书，无不介绍他的讲演辞《美国学者》，绝无例外。现在笔者郑重向读者诸君推荐这篇名文，1837 年 8 月 31 日爱默生应马萨诸塞州剑桥镇全美大学生荣誉协会之邀作讲演，他说："我接受了讲演的题目——'美国学者'。"② 在这篇著名的讲演辞的开头部分，爱默生说道：

> 美洲大陆的懒散智力，将要睁开它惺忪的眼睑，去满足全世界对它多年的期望——美国人并非只能在机械技术方面有所成就，他们还应该有更好的东西奉献人类。我们依赖旁人的日子，我们师从它国的长期学徒的时代即将结束。在我们四周，有成百上千万的青年正在走向生活，他们不能老是依赖外国学识的残余来获得营养。有些事件与行动发生了，它们必须受到歌颂，它们将会歌颂自身。谁能够怀疑我们的诗歌复兴？谁敢说它不会迈入一个新时代，就像天文学家宣布的那颗天琴星座中闪闪发亮的明星，终究有一天会变成光照千年的北极星？③

石破天惊之语，石破天惊之语！

史学名著《美国人的历史》这样评价爱默生："第一个跟美国主流气质完全合拍的美国知识分子和作家，是拉尔夫·沃尔多·爱默生。在某些方面，他可以说是典型的 19 世纪美国人，他开始有意识地抵制文化自卑感，正如他所写的那样，要'把欧洲的绦虫从美国的躯体中分离出去，用对美国的激情把对欧洲的激情驱逐出去'。他也去了欧洲，不过是带着一种批评和拒绝的心态。"④ "他所赢得的作为国家的圣贤与先知的名声，后来无人可以匹敌，不可复制。""他认为，在文化领域，就像在所有领域一样，自励自助是至关重要的。"⑤

小罗伯特·D.理查森所著的《爱默生：充满激情的思想家》一书对爱默生《美国学者》演说辞的评论是："在他讲演的时候，也许人们并未认识到演

---

① [英] 保罗·约翰逊.美国人的历史 [M].秦传安，译.北京：中央编译出版社，2010：393.

② [美] 吉欧·波尔泰.爱默生集 [M].赵一凡，等，译.北京：三联书店，1993：63.

③ [美] 吉欧·波尔泰.爱默生集 [M].赵一凡，等，译.北京：三联书店，1993：62.关于北极星，请阅后面的注释。

④ [英] 保罗·约翰逊.美国人的历史 [M].秦传安，译.北京：中央编译出版社，2010：390.

⑤ [英] 保罗·约翰逊.美国人的历史 [M].秦传安，译.北京：中央编译出版社，2010：392.

讲的意义，但随着时间的推移，这次讲演越来越引人注意，甚至成了一种传奇。五十年后，奥利弗·霍姆斯称之为'思想的独立宣言'。"①

爱默生《美国学者》一文中迸发出的一连串的光芒熠熠的名句，不揣谫陋，我归纳为"自强论"。小至匹夫匹妇，大至民族国家，自强就是自勉、自励、自主、自立。只有自强，才是出路；只有自强，才有出息；只有自强，才能出彩；只有自强，才能发出震撼寰宇的最强音，才能做出轰轰烈烈的大事业。

人们不禁要问，为什么美国在19世纪上半叶会迸发出如此充满激情火焰的强烈要求美国文化独立思想独立的名文《美国学者》？我认为，我们的先贤梁启超讲得非常到位："凡思想皆应时代之要求而发生，不察其过去及当时之社会状况，则无以见思想之来源。"②职是之故，笔者现从美国的早期历史说起。1775年在北美洲爆发了英属13个殖民地的人民反抗宗主国英国的残酷压迫、剥削的独立战争，次年即1776年7月《独立宣言》通过并公布，宣布北美13个殖民地脱离英国成为"自由和独立的国家"，这就是美利坚合众国。随着独立战争的胜利，国家政治、经济的一系列制度及有关机构的逐步建立，经过华盛顿、杰斐逊、杰克逊等几任总统的努力，形成政权稳固的局面。1812—1815年第二次美英之战爆发，美国再次战胜英国，随后，佛蒙特、肯塔基、田纳西等十几个州陆续加入联邦，版图大为扩大，人口剧增。③在经济上，机器大工业取代了工场手工业，美国的工业和农业都取得了空前的发展，詹姆斯·柯比·马丁等著的《美国史》讲得好："1812年战争之后，美国经济以惊人的速度增长。在安德鲁·杰克逊领导的新奥尔良之战胜利后的25年里，是美国经济增长的关键时期，在此期间，美国克服了一系列阻挡经济发展的严重障碍。交通运输业的改进，城市化的加速发展，农业的增产，以及改变农村面貌的农业技术创新，使美国成为世界上先进的工业国家之一。"④"1820年代和1830年代，美国人在采用机械化、标准化和大规模生产方面，走在世

---

① [美]小罗伯特·D.理查森.爱默生：充满激情的思想家[M].石坚，等，译.成都：四川人民出版社，2001：368.笔者按，奥利弗·温德尔·霍姆斯（1809—1894年），美国著名诗人。

② 梁启超.先秦政治思想史[M].北京：东方出版社，1993：10.

③ 在爱默生发表《美国学者》的1837年8月前加入联邦的有佛蒙特、肯塔基、田纳西、俄亥俄、路易斯安那、印第安纳、密西西比、伊利诺伊、亚拉巴马、缅因、密苏里、阿肯色、密歇根共13个州，见刘绪贻、杨生茂主编《美国通史》第二卷《独立战争到内战期间美国历史大事记》第438—447页。

④ [美]詹姆斯·柯比·马丁，等.美国史[M].范道丰，等，译.北京：商务印书馆，2012：344.

界前列。制造商开始使用节约人力的机器，在降低生产费用的同时，又可使工人生产更多的产品。外国人把这种生产方式称作美国的生产体系（American system of production）。"①这些都说明了年轻的国家逐步走上发展的快车道，在爱默生做《美国学者》演讲的时候，美国已经成为一个初步繁荣的资本主义国家。政治的稳定、经济的发达、国力的大增必然对思想、文化、学术的发展速度与发展质量提出迫切的高的要求，也必然引导美利坚民族意识逐渐形成。如若要自强自主自立，必须扫除甘为人下的自卑自贱的思想观念，摆脱依傍英国的旧有传统，开创符合本民族特性和时代精神的新局面。这一篇《美国学者》演讲辞，具有思想史的重要意义，如平地春雷，振聋发聩，因此被誉为'思想的独立宣言'，它吹响了美国文化学术独立意识觉醒的号角，是美国文化、美国学术独立发展、走向昌明的嚆矢。

在此，我要特别申述的是，爱默生这一篇演讲辞不仅属于美国，而且属于全人类。

《美国学者》自励自强的思想深深地引起我的共鸣。1949年中华人民共和国的建立标志着"中国人民从此站起来了"，几十年来，中国人民筚路蓝缕，艰苦奋斗，取得了辉煌的成就，当今之世正是中华民族伟大复兴之时。比起爱默生发表《美国学者》时候的美国，我们中国学术有十分悠久的历史和光荣的传统，有更强大的政治、经济基础，具有如此优渥的条件，我们更应当自励、自强、自主、自立，我们决不应该自轻、自贱、自卑、自弃。我们坚决反对崇洋媚外，反对挟洋自重，反对食洋不化。"不能老是依赖外国学识的残余来获得营养"，"我们依赖旁人的日子，我们师从他国的长期学徒的时代即将结束"，我们"还应该有更好的东西奉献人类"，"去满足全世界对它多年的期望"，这些响彻云霄的警句也回荡在我们这一代中国学人的耳际，也铭刻在我们这一代中国学人的心田。

爱默生是勇士，是志士，是斗士，是战士，更是豪士！看他，何等豪迈！"谁敢说它不会迈入一个新时代，就像天文学家宣布的那颗天琴星座中闪闪发亮的明星，终究有一天会变成光照千年的北极星？"②爱默生是一位预言

---

① [美]詹姆斯·柯比·马丁，等.美国史[M].范道丰，等，译.北京：商务印书馆，2012：349.

② 据天文学家研究，北极星指的是最靠近北天极的一颗星。北极星不是位置一直不变的某一颗星，现在是小熊座阿尔法（α）星（中名勾陈星），到公元14000年前后，天琴座阿尔法（α）星（中名织女星）将是北极星。

家！过了一百五十多年，美国成了世界上唯一的超级大国，挟其强大的经济力量、军事力量，称雄全球。即以语言学而论，其强大影响笼罩了旧大陆欧洲，也笼罩了中国，只消看看近若干年某些中国语言学刊物登载的论文就可以知晓了。

笔者在十二年前也曾满怀豪情地预言："试看今日，近十几年，中国方始走上了迅速发展的康衢大道，这是令每个中国人无比兴奋的。再过二三十年，甚或四十年，只要国泰民安、政治清明、吏治整肃、政策得宜，中国将出现一个前所未有的盛世，综合国力将达到一个崭新的高度。作为伟大的中华民族的一员，我满怀信心：有五千年的深厚文化积淀的深根，有高度发达的政治、经济、文化基础，中国的学术（包括语言学）必然大放光芒，在世界学坛上不再处于弱势，不再当'配角'，不再仅仅呼吁在引进西洋学术时'中国化'，不再仅仅要求具有'中国特色'，而会像一千多年前的唐代文化那样光辉灿烂，而会像 20 世纪后半叶的美国语言学那样影响寰宇。"①

三、从"国力学术相应律"至"文化学术后发论"

我在 2005 年写了一篇关于学术思想史的文章，题为《振大汉之天声 ——对近现代中国语言学发展大势的思考》，我在文章中提出了"国力学术相应律"，即"一个国家的学术状况兴盛或不振，其深长的根源是这个国家的经济、文化是否发达、繁荣"。"我以为，当前美国语言学对中国语言学的强大影响乃是美国的强大使然，已经很长时间了，还将延续相当长一段时间。那么，中国学者所真正梦寐以求的，中国语言学何时才能由弱势而强势，由被动而主动，由配角而主角，由非主流而主流，巍然矗立于世界学术之林，掌握学术的话语权？这固然需要所有中国学者的精诚团结，不懈努力，我以为，更需要坚实的基础，那就是中国的富强！那就是中国的富强！"②

当一个新兴的政治体出现的时候，当务之急是取得政权，即中国古代的所谓"得天下"。紧接其后的便是"治天下"，采取强有力的措施巩固政权，发展生产，振兴经济，使民众丰衣足食，社会安宁，那就奠定了文化繁荣的

---

① 鲁国尧.振大汉之天声——对近现代中国语言学发展大势的思考 [J].语言科学，2006（1）：35.

② 鲁国尧.振大汉之天声——对近现代中国语言学发展大势的思考 [J].语言科学，2006（1）：34."振大汉之天声"，语出班固（32—92年）《封燕然山铭》，见《后汉书》卷五十三《窦融传》。

坚实基础。中国唐代的伟大诗人杜甫《忆昔》诗的前段对这种局面做过形象的描绘：

> 忆昔开元全盛日，小邑犹藏万家室。
> 稻米流脂粟米白，公私仓廪俱丰实。
> 九州道路无豺虎，远行不劳吉日出。
> 齐纨鲁缟车班班，男耕女桑不相失。
> 宫中圣人奏云门，天下朋友皆胶漆。
> 百余年间未灾变，叔孙礼乐萧何律。

这就是中国历史上著名的开元盛世的政治、经济基础，有如此肥沃的土壤，怎能不绽放出诗歌、音乐、舞蹈、绘画的绚丽花朵？

总之，政治稳固，经济发达，国力大增，必然要求文化、学术与政治、经济相适应，即引发文化学术的自立。这是我在十二年前的拙文《振大汉之天声——对近现代中国语言学发展大势的思考》对文化学术思想史的认识。

读美国先哲爱默生，为了更好地了解爱默生讲演辞《美国学者》的自强自立思想的背景，我到图书馆借来了十几本美国史、美国文化史、文学史、哲学史一类的书籍，既"学"且"思"，某日忽来灵感，亦即"悟"，它将我多年来对文化、学术的若干认识概括、升华为一个新的理论，这就是我现在要提出的"文化学术后发论"，即政治、经济"先发"，而文化、学术则"后发"。

我研读了这些美国史的书籍后觉悟出，美国早期的历史最能体现"文化学术后发论"。我此番所读的英国、美国史学家撰著的三本美国史蕴藏了丰富史料，从中可以鸟瞰彼时的美国社会。

英国历史学家保罗·约翰逊著《美国人的历史》："考虑到美国在政治上相当自信（即使是在 18 世纪中叶），那么，它在文化上的崭露头角就显得异常缓慢了。"[①] "在精英文化（与通俗文化相对）方面，美国人的创造性展现得更缓慢。"[②] 该书提到了彼时的英国著名人士西德尼·史密斯 1819 年发表的一篇文章，该文"对美国人的某些政治改革欢呼喝彩"，但是却充满了对美国文

---

① [英]保罗·约翰逊. 美国人的历史 [M]. 秦传安，译. 北京：中央编译出版社，2010：386.
② [英]保罗·约翰逊. 美国人的历史 [M]. 秦传安，译. 北京：中央编译出版社，2010：388.

化的藐视、蔑视。史密斯写道:"在他们存在的这三、四十年的时间里",美国人"完全没有为科学、艺术、文学做任何事情,甚至也没有为有政治家风格的政治学和政治经济学做任何事情"。约翰逊虽然对上引的鄙视之语的最后半句有异议,但是也不得不承认:"奇怪的是——正如史密斯所暗示的那样——独立并没有催生出一大批璀璨的文学群星。"该书继续讲:"1818 年,《费城文献》发表了乔治·塔克的一篇文章《论美国文学》,让人们注意到了,有着 600 万人口的美国,其文学的产出,与爱尔兰和苏格兰这样的蕞尔小国的文学的成就形成鲜明的对比。——爱尔兰有伯克、谢里顿、斯威夫特、哥德史密斯、贝克莱和托马斯·穆尔,苏格兰有汤姆逊、彭斯、休姆、亚当·斯密、斯莫利特、詹姆斯·博斯韦尔,而美国到哪里去找跟他们并驾齐驱的人物呢? 塔克指出,两位最负盛名的小说家司各特和玛丽亚·埃齐沃斯,都来自小小的苏格兰。他计算道,美国平均每年只出版 20 本新书,而英国(公认人口是 180 万)却在 500 至 1000 本。1823 年,查尔斯·贾里德·英格索尔在美国哲学协会发布了一篇演讲'关于美国精神影响的演讲',他指出,司各特'韦弗利'系列长篇小说在美国出版并销售了 200000 册,而美国的长篇小说则几乎是空白。《爱丁堡评论》和《评论季刊》如今也已在美国印行,每期销售 4000 册,相反,美国同类杂志《北美评论》在伦敦却不为人知,买都买不到。"①

可以想象,早期的美国人,特别是其精英人物如爱默生等必然感到这是多么严重的耻辱! 遭到这样的轻视、藐视,他们的心情该是何等的悲愤! 处在两百年后的异国他乡的中国学人读了这一段文字必然也感同身受,而予以深切的同情。

《美国人的历史》一书特别叙述了一个个案,这就是美国早期著名作家华盛顿·欧文(Washington Irving,1783—1859 年)"崇英媚外"的诸多表现。几年前我买过一本《欧文作品选读》,译者所撰《前言》说:"有评家认为,欧文之前,美国出版的作品颇受英国文学的影响。欧文作品问世,其鲜明的独创性迅速得到大西洋两岸文学家的公认。美国文学史上的一系列重要人物接踵而上,美国文学很快树立起自己的风格和声望。欧文可谓美国文学最早

---

① [英]保罗·约翰逊.美国人的历史[M].秦传安,译.北京:中央编译出版社,2010:388.按,此书中译本说"英国(公认人口是 180 万)",当是翻译或印刷错误,因为詹姆斯·柯比·马丁等著《美国史》云:"19 世纪初,美国是一个以农村和农业占主导的国家……人口只有 530 万,而英国为 1500 万,法国为 2700 万。"(第 343—344 页)

的一代宗师。"① 但是，我读了《美国人的历史》之后，方知上引的对欧文的评价有失偏颇。保罗·约翰逊讲道："就连美国第一位真正意义上的美国文学名人华盛顿·欧文（1783—1859）脱颖而出的时候，似乎也为自己的'文化自卑感'而战战兢兢，心里没底，并把自己的基础建立在英国的榜样之上 —— 主要是司各特和穆尔 —— 甚至到了笨手笨脚的程度。""欧文在英国大获成功，这恰恰是因为他的自卑畏缩，以及他对英国偶像（比如司各特）的毕恭毕敬，还有为他阻止美国出版商盗用英国版权的明智努力。"②"作为华盛顿·欧文文化自卑感的组成部分，他曾建议聘请英国诗人托马斯·坎贝尔来美国演讲，给'美国文学以推动力'，并给公众的品味以正确的引导。"③"华盛顿·欧文的成功，凭借的是文化上的卑躬屈膝和来自英国文学精英的屈尊点头。爱默生打的是反英牌，全力以赴地反映基本的美国精神。"④ 读了当代英国历史家保罗·约翰逊揭露华盛顿·欧文"崇英媚外"的一段文字，不禁使我们联想到《中国社会科学报》2017年6月6日发表的《正确对待西方哲学社会科学资源》一文，该文指出存在的问题，"新世纪以来，洋教条主义有蔓延之势"，"盲目崇拜当代西方哲学社会科学成果，崇洋媚外，甚至挟洋自重"。作为哲学社会科学范围内的一个学科，语言学界自不例外。众所周知，崇洋媚外与文化自信是绝对对立的，冰炭不同炉。中国广大的社会科学工作者（包含语言学人在内）一贯反对崇洋，高举"文化自信"的大纛，继承中华民族的优良学术传统，为创造更辉煌灿烂的中国学术而奋斗不息。

再来介绍第二本史书。美国史学家詹姆斯·柯比·马丁等著的《美国史》写道："新兴的美利坚合众国几乎没有职业的作家或艺术家，也缺少众多的慷慨解囊者对艺术提供赞助，出版的报刊杂志非常之少，仅有一家艺术博物馆。总之，美国看起来非常缺乏艺术家和作家创造伟大作品的传统。欧洲人以轻视的眼光看待美国的文化，他们认为美国过分注重商业与实利主义，把钱和技术看得高于一切，因而生产不出伟大的艺术和文学作品。当时一位英国评论家发问：'全世界谁读过一本美国的书？谁去看过一场美国的演出？谁看到

---

① [美]华盛顿·欧文.欧文作品选读（英汉对照）[M].段至诚，译.北京：中国对外翻译出版公司，2001：卷首.

② [英]保罗·约翰逊.美国人的历史[M].秦传安，译.北京：中央编译出版社，2010：388—389.

③ [英]保罗·约翰逊.美国人的历史[M].秦传安，译.北京：中央编译出版社，2010：392.

④ [英]保罗·约翰逊.美国人的历史[M].秦传安，译.北京：中央编译出版社，2010：393.

过一幅美国的绘画或雕像？'1837 年 8 月 31 日，34 岁的……爱默生回答了上述的质问。他……发表了一个讲话，题为《论美国学者》，堪称为美国'知识分子的独立宣言'。在他的演讲中，爱默生敦促美国人抛弃自己'长期的学徒生活，另找出路'，放弃对英国依附性的一套，创立植根于美国生活现实的独特的美国式艺术。"①

现在我接着推介第三本书《名诗人的生活》，美国亨利·托马斯等撰。该书讲道："十九世纪初叶，美国的新英格兰是海员、商人、农民和拓荒者聚居之地。他们没有过分富裕的负担，也没有过分贫困的灾难。他们的土地是培育生气勃勃的常青树的土地，不是竖立死气沉沉的金字塔的土地。他们的兴趣在于为将来押注而不是在往事中搜寻。他们没有压得人窒息的贵族头衔。他们的社会是一个勤劳、拼搏、刚毅、顽强的社会，为他们在物质与道德上的成就感到自豪，因为他们征服了一个大陆，建立了一种民主政体。他们特有的品质使他们成为人类的一个独特的民族，而正是这些品质使他们受到鄙视。因为旧世界（原书中译本注：指欧洲大陆）的人民对新世界（原书中译本注：指美洲大陆）的居民不屑一顾，把他们看作一群四肢能够伸屈、脑筋僵化固执的筑路工人 —— 一群与广大的土地搏斗、对更加宽广的精神领域毫不关心的人。欧洲人带着轻蔑的嘲笑说，美洲的兄弟们为了物质享受已经出卖了与生俱来的享受艺术的权利。美国人也愿意承认这一点。即使新英格兰的德高望重的家庭在旧世界面前也像浪子那样畏畏缩缩，以接受欧洲教育为幸事。很少有人想到，在美洲的荒野中也能培育出有教养的心灵，新英格兰在赢得政治独立以后，在精神方面与智力方面，仍然长期处于英国殖民地的地位。但是就在点滴地进行斗争以后，终于在争取文化独立的斗争中取得了胜利。这是一场不流血的美国革命。"②《美国人的历史》异口而同声："一个国家，就这样默默无闻地经过艰巨而漫长的跋涉，努力实现文化上的成熟。"③

上面迻录的英、美历史学家的话能不发人深省？我们中国语言学人能不联想到自己的国家？试看近四十年，试看今朝，在中国的大地上，反对崇洋

① [美] 詹姆斯·柯比·马丁，等.美国史 [M].范道丰等，译.北京：商务印书馆，2012：427—428.

② [美] 亨利·托马斯，等.名诗人的生活 [M].黄鹂，译.天津：百花文艺出版社，2011：188—189.

③ [英] 保罗·约翰逊.美国人的历史 [M].秦传安，译.北京：中央编译出版社，2010：400.

媚外、挟洋自重，争取文化学术自立的斗争在艰苦地进行着，我们坚信，胜利必属于敢于坚持真理与崇洋媚外思想坚决斗争的中国学人。

我在《振大汉之天声》一文中曾经计算过中国历代一些新兴的王朝，其文化学术的繁荣与开国时间的距离。现在迻录如下：

汉代，前 206 年建国，至武帝建元元年即前 140 年，历时 66 年。

唐代，618 年建国，至玄宗先天元年即 712 年，历时 94 年。

宋代，960 年建国，至仁宗明道二年即 1033 年亲政，历时 73 年。[①]

清代，1644 年建国，至高宗乾隆元年即 1736 年，历时 92 年。[②]

那是笔者在中国史的范围内所学所思所悟的结果。这次研究爱默生，促使我读了若干美国史的书，发现美国早期的历史是"学术文化后发论"的典型体现。这个远在数万里之外的新兴国家，它的政治经济与文化学术的不对称表现得太明显了，"新英格兰在赢得政治独立以后，在精神方面与智力方面，仍然长期处于英国殖民地的地位"，不妨管它叫"一穷二白"或"一张白纸"。到新大陆的移民没有什么学者、作家、画师，正如《名诗人的生活》一书所言："十九世纪初叶，美国的新英格兰是海员、商人、农民和拓荒者聚居之地。"此时英国人仍然鄙视、嘲讽美洲大陆新英格兰人的落后、卑下，他们在精神上只能做旧大陆的"学徒"，啜饮旧宗主国的唾余。在文化学术上，美国注定了不能不是"迟到"，不能不是"后发"。

因此我认为，在我 2005 年年末制作的"中国历代新兴王朝文化学术繁荣与开国时间距离表"之后，必须加一个外国的实例：

1776 年《独立宣言》发布，美国开国，至爱默生发表《美国学者》讲演辞的 1837 年，历时 63 年。

"后发"虽然是"后"，但是也不会"太后"。距《独立宣言》公布 63 年，爱默生的《美国学者》终于"发"了，它"发"出了美国史上惊天动地的强音，这是一篇美国文化学术的"独立宣言"。

再来看我们自己的国家，一声"中国人民从此站起来了"，隆隆巨响，震

---

① 鲁国尧. 从宋代学术史考察《广韵》《集韵》时距之近问题 [M]// 鲁国尧. 鲁国尧语言学论文集. 南京：江苏教育出版社，2003：623—628.

② 鲁国尧. 振大汉之天声——对近现代中国语言学发展大势的思考 [J]. 语言科学 2006（1）：32—35.

撼寰宇，到如今已经 68 年了。我们的民族是英雄的民族，我们的学人是勇敢的学人，我们以无比热忱，高度智慧，奉献给伟大的祖国，我们要完成中华民族伟大的复兴之业。美国先哲爱默生在《美国学者》中说："谁敢说它不会迈入一个新时代，就像天文学家宣布的那颗天琴星座中闪闪发亮的明星，终究有一天会变成光照千年的北极星？"二十一世纪的中国语言学人的光荣使命就是"振大汉之天声"，使中国语言学像珠穆朗玛峰一般屹立于世界的学术之林！

四、中国语言学的愿景瞻望

在风雨如磐的旧时，我们的民族精英"中国的脊梁"仍然对祖国的未来不失信心，前赴后继，艰苦奋争。而今，我们的国家走上繁荣昌盛的快车道，当今中国国力大增之际，正是文化学术大"发"之时，一切爱国的语言学人无不怀着满腔的热忱，憧憬、向往、企盼中国语言学的辉煌的未来、伟大的未来。

我们的近期目标是"自立"，战略目标是"屹立"！

自立是我们当前的奋斗目标。我们必须自强，我们要刓发、彰显、发扬、光大中国语言学的悠久而优秀的传统，譬如研究"语言接触"，公元 6 世纪我国最杰出的学者颜之推就提出了"南染吴越北杂夷虏"的光辉命题。如果论及语言史分期，语言演变及其辩证关系，古音的构拟等，我们应该大力揄扬彰显清代乾嘉时期的语言学思想家段玉裁的学说。[①]

我国明代的大哲学家王阳明的名言，可为数典忘祖者戒：

> 抛却自家无尽藏，
> 沿门持钵效贫儿。

我们要以中国语言学的优秀传统为根，同时也吸纳兄弟民族的学术精华而融通之。

---

① 鲁国尧．"颜之推谜题"及其半解 [J]．中国语文，2002（6）：36—49、75—76，2003（2）：137—147．鲁国尧．新知：语言学思想家段玉裁及《六书音均表》书谱 [J]．汉语学报，2015（2）：2—15．

"不崇洋不排外"是我们的指针。

我们要自力更生、满怀信心，自主创新，建立自己的中国语言学。

勤劳勇敢的中国语言学人立志肩挑重担，创造自己的辉煌学术。

我们已经站起来了，我们还要强起来，我们不做洋货的搬运工，我们要将新型的中国语言学推向世界，以"更好的东西奉献人类"，为世界大同做出充分的贡献。

我们的宏伟目标是"屹立"，使中国语言学像珠穆朗玛峰一般屹立于世界学术之林！

2014 年草于武林，2017 年夏完稿于金陵

参考文献

[1]（清）黄宗羲. 明儒学案 [M]. 文渊阁四库全书本.

[2][英] 保罗·约翰逊. 美国人的历史 [M]. 秦传安，译. 北京：中央编译出版社，2010.

[3][美] 亨利·托马斯，等. 名诗人的生活 [M]. 黄鹏，译. 天津：百花文艺出版社，2011.

[4][美] 华盛顿·欧文. 欧文作品选读（英汉对照）[M]. 段至诚，译. 北京：中国对外翻译出版公司，2001.

[5][美] 吉欧·波尔泰. 爱默生集 [M]. 赵一凡，等，译. 北京：三联书店，1993.

[6] 梁启超. 梁启超全集 [M]. 北京：北京出版社，1999.

[7] 梁启超. 先秦政治思想史 [M]. 北京：东方出版社，1993.

[8] 刘绪贻，杨生茂. 美国通史 [M]. 北京：人民出版社，2008.

[9] 鲁国尧. 从宋代学术史考察《广韵》《集韵》时距之近问题 [J]. 语言研究，1996 年增刊：271—273.

[10] 鲁国尧. 鲁国尧语言学论文集 [M]. 南京：江苏教育出版社，2003.

[11] 鲁国尧. 振大汉之天声——对近现代中国语言学发展大势的思考 [J]. 语言科学 2006（1）：32—35.

[12] 施袁喜. 美国文化简史 ——19—20 世纪美国转折时期的巨变 [M]. 北京：中央编译出版社，2006.

[13] 唐德刚 . 晚清七十年 [M]. 台北：远流出版事业股份有限公司，1998.

[14] 涂纪亮 . 美国哲学史 [M]. 北京：社会科学文献出版社，2007.

[15][美] 小罗伯特 ·D. 理查森 . 爱默生：充满激情的思想家 [M]. 石坚，等，译 . 成都：四川人民出版社，2001.

[16][美] 詹姆斯 · 柯比 · 马丁，等 . 美国史 [M]. 范道丰，等，译 . 北京：商务印书馆，2012.

[17] 张亮 . 正确对待西方哲学社会科学资源 [J]. 中国社会科学报，2017—06—06.

学习、研究、教学：声韵学的方法与进程

竺家宁

（陕西师范大学 人文社会科学高等研究院）

摘要：一般人认为声韵难学的最主要因素，在于不能掌握正确的方法。笔者于 1967 年从许世瑛师习声韵,50 年来，学习、研究与教学，不曾中断。由此也累积了一些经验和心得。借此与年轻朋友们分享。本文分几个方面来谈谈个人学习声韵学的方法与进程：1.要重视历史观念；2.要强化语音学的根底；3.声韵知识必须不断更新；4.金字塔原理：博然后能通；5.不要被"一个理论""一个学派"套牢；6.传统声韵学的根基；7.汉字分析的五个基本元素；8.要具备方言学的常识；9.要有客观的研究态度。声韵学是历史语言学的一环，它既研究古音，也探讨现代字音，它是一种社会科学，和人文学科的文学、艺术、哲学，在研究方法上相当不同。古音是过去曾经存在的一个"事实"，我们今天要根据种种遗留的痕迹，把这个事实再找出来。正如同一位古生物学者，从各种不同的地质年代地层中，找出古生物的遗迹，然后依据生物学的原理，重新绘制出他不曾亲眼目睹过的恐龙形象与生态。

关键词：声韵学；等韵图；守温字母；语音学；形声字

笔者学习声韵语音之学，始于 1965 年。从 1972 年开始在中文系讲授声韵学，最多时，每学期同时要教四个班，四十多年来（1972—2018）不曾中断。先后在政治大学、淡江大学、中正大学、东吴大学、中兴大学、中山大学等校开课。在教学过程中，遇到各种各样的学生，遇到各种各样的问题、各种挑战，促使笔者不断地思考，逐渐累积了一些学习与教学的经验。

后来，笔者把这些讲稿和心得结集成书，1991 年 7 月，由编译馆出版了

《声韵学》，被列入大学用书，其后，交由五南图书公司印行，共770页，目前成为台湾地区使用较广的一部大学声韵学课程用书。

到了2015年9月，这部教科书被删节改写为更通俗易读的《声韵之旅》，共442页，由五南图书公司出版。2016年10月修订为第二版，共436页。

已故国学大师严学宭先生1998年曾撰文云："竺家宁的古音构拟，认为建立了严格的构拟原则。"并云"竺家宁是'著述最丰的音韵学家'"①。20世纪阶段，笔者把研究心得汇聚成书，完成了"音学十书"。

（1）1972年6月，《四声等子音系蠡测》，收入台湾师范大学国文研究所集刊第十七号，又收入《中国语言文字研究辑刊》四编，第十四册。

（2）1980年11月，《九经直音韵母研究》，文史哲出版社。

（3）1981年7月，《古汉语复声母研究》，中国文化大学中文研究所。

（4）1986年7月，《古今韵会举要的语音系统》，学生书局（1990年7月本驹泽大学译为日文本发行，列入其《外国语部研究纪要第19号第二分册》，译者：木村晟，松元丁俊）。

（5）1987年10月，《古音之旅》，国文天地杂志社（1989年5月发行第二版，1989年12月发行第三版，2017年1月修订再版）。

（6）1989年7月，《古音学入门》（合著：林庆勋），学生书局，240页，发行1000本（1990年10月发行第二版，1993年发行第三版）。

（7）1991年7月，《声韵学》，五南图书公司印行。

（8）1994年8月，《近代音论集》，学生书局。

（9）1995年10月，《音韵探索》，学生书局。

（10）1998年3月，《古汉语复声母论文集》（合编：赵秉璇），北京语言文化大学出版社。

进入21世纪的治学目标，是把语言学知识通俗化，让每一位非中文系的学习者都看得懂。于是笔者逐一完成《十旅》的规划，先后出版十部书，至2018年年底已经完成七旅。《之旅》系列始于1987年《古音之旅》，历经《声韵之旅》《语音学之旅》……从"音学十书"到"语言十旅"，成了笔者的学术使命，也是生命的目标。本文即是这样背景下的心得累积与分享。祈同道先进的批评指导。

---

① 严学宭.古汉语复声母论文集·序[M]//赵秉璇，竺家宁.古汉语复声母论文集.北京：北京语言大学出版社，1998：13.

长久以来，中文系的学生往往认为声韵学是一门很不容易念好的学科，往往望而却步。其实，这种恐惧一半是心理上的，一半是方法的问题。

清代的学术很发达，但是真正贯通声韵的学者，不过顾炎武、段玉裁、王念孙等十余人。一般读书人稍识声韵者，亦不过是"东冬钟江……""帮滂並明……"的辨认而已。例如《镜花缘》的作者李汝珍就忍不住要在书中表现一番，专门安排了一个章回，来谈声韵问题。清人学习声韵的困难是可以理解的，一方面他们没有充足的语音学根柢，一方面他们缺乏有力的语音描写工具——音标。缺少了这套工具，就像学音乐的人缺少了五线谱，很难把抽象的声音，变成可以抓得住的具体对象。

今天的声韵学习，这些困难事实上都不存在了，但是300年来形成的一种传统的恐惧，仍影响着读书人。在中文系里，学长、学姊们总是不忘记叮咛学弟、学妹们："要当心被当喔！"一代提醒一代，于是还没接触这门课程，心理上先有了个阴影。

此外，社会上，一般读书人的语言知识，远远不如文学知识的普及，造成一般大众总认为声韵学是个距离很遥远、无法亲近的东西。每个小朋友从小学就开始接触《唐诗三百首》《古文观止》，中学里，对古典文学的接触更多，因此，从小对于那些文学性的课程并不陌生，很容易就进入情境。比较之下，语言文字的课程就大不相同，尤其是声韵的知识，在学习之先，完全是一张白纸，毫无概念。如果还用感性的、求美的文学态度去学声韵，自然会茫然不知其门径。

一般书坊里我们可以看到琳琅满目的"诗词赏析""李白、杜甫"一类的书，却很难找到一部深入浅出，为一般读者而写的声韵学导读。于是，很容易给人一种错觉，认为声韵学是一门冷僻、艰深的学科，只是少数人关起门来钻研的绝学，这种观念的造成，值得从事声韵研究的学者深思，声韵学者只埋首于高深的学术论文当中，很少走出来面对社会群众，做一点介绍性的工作。

自古声韵学不仅仅是儒家的基础小学，同时也成为佛门释子的基本素养。唐代的守温和尚设计了汉语最早的"字母"，佛门大德又设计了精密的拼音图表——等韵图，并撰写了诠释等韵图的规则条例，称为"门法"。到了明朝真空大师据元代刘鉴的门法，编成了《直指玉钥匙门法》，把原本的13条规则进一步扩大为20条。可是却远不如刘鉴的门法，反而把声韵之学，弄得支离破碎，变得玄奥难解，使学者视为畏途。这是声韵学走向衰落的开始。因此，明代学者吕坤在其《交泰韵·自序》中说：

> 万历甲戌，得同年雷侍御慕庵而问之，侍御日日谈，余瞠瞠听，竟不了了，侍御曰："此等子音也，须熟读括歌月余，舌与俱化，自可得声。"余畏难而止。

当时很多学者都和他一样，饱受门法的困扰，其转折点，与真空和尚不无关系。其实，后面的背景因素，正是宋以后言心言性的"宋学"兴起，重视语言文字的"汉学"衰落，不再重视读书读经。不像六朝到隋唐，僧人们都精通音韵。即使到了宋代，著名学者郑樵《七音略·序》中曾说过："释氏以参禅为大悟，通音为小悟。"他所强调的通音，就是通晓声韵之学，也就是语言文字之学。可见，当时的僧侣们把修习声韵语言和参禅学佛，并列为最重要的两件事。

认为声韵难学的最主要因素，在于不能掌握正确的方法。笔者于1967年从许世瑛师习声韵，50年来，学习、研究与教学，不曾中断。由此也累积了一些经验和心得。或可借此机会与年轻朋友们分享。下面分几个方面来谈谈个人学习声韵学的方法与进程。

1. 要重视历史观念

声韵学所面对的，是不同时代的语音，是立体的，而不是平面的，因此，我们在探讨声韵问题时，第一个要确定的前提，是你所谈的是哪个时代的问题？你所用的是哪个时代的数据？把时代先区分清楚，才不致于产生混淆。例如《切韵》时代还没有轻唇音，正齿音却有两套，中古后期产生了轻唇音，正齿音则合并为一套了。如果我们把这两种现象看成一个音系，就混淆了历史观念。

	中古早期（六朝隋唐）	中古晚期（五代宋）
正齿音	章昌船书禅（tɕ– 系）	照穿床审禅（ʧ– 系）
	庄初崇生俟（ʧ– 系）	
重唇音	不芳並明（p- 系）	帮滂並明（p- 系）
		非敷奉微（pf- 系）

有时，语音发生变化的时间，学者们会有不同的看法。他认为产生于某

个时代，我会找一些证据，证明在更早以前就发生了这种演变，也许又有人提出证明，把时代推得更早。某一个语音现象什么时候产生？什么时候发生演化？这个问题，我们还得分别：你说的这个音变现象只是萌芽，还是已经扩散，成为当时音系的主流，成为当时知识分子科举考试的标准？如果只是注意某个语音演变，在某项数据、某个地区的萌芽状态，当然这个音变的时代就有可能不断地越推越早。我们知道，音变不是一下子就完成的，必然有一个扩散的过程。这个扩散的过程，中途也可能消亡，也可能继续扩散，最后成为汉民族共同语的标准。我们说历史上某个音变发生的时间，当然应该以成为主流作为标准。

重视历史观念，又如东汉时代还不流行双声、迭韵的观念，也没有双声、迭韵的名称，双声、迭韵是佛教传入之后的语音分析观念。学者在研究东汉的读若、声训或更早的通假字、形声字的声韵现象时，只看声母，不管韵母，或者只管韵母，不管声母，凡遇无法完整解说其音理的，就丢给了双声、迭韵，用双声、迭韵来附会，这是把后起的观念加到前代语料上，造成历史观念的模糊。

再如"开、齐、合、撮"是近代音介音的分类，中古音只有开合、洪细之分，还没有产生"撮口呼"。如果用"开、齐、合、撮"来描写中古音，也是把不同历史阶段的分类术语混为一谈了。

2. 要强化语音学的根底

声韵学的对象是字音，声音是一种一发即逝的东西，看不见，摸不着。要了解汉字背后的声音，不能不对语音学有相当的了解。能够分析语音的音素，懂得语音演变的通例，认识标音工具的音标，这样才能把抽象的声音，化作有形的符号，才能抓住声音，研究声音。所以，要学好声韵学，语音学的知识是不可或缺的基本能力。

传统声韵的术语，往往有同名异实的，也有异名同实的，像"音、声、韵、清、浊、轻、重、阴、阳"在古代声韵著作中随处可见，但含义却未必一致。例如精通声韵学的段玉裁，其《六书音韵表》有"古四声说"一节，这个"声"字指"声调"；"古音声不同，今随举可证"中的"声"则指"语音"；平常的"声"字又指的是"声母"。

"声母"有时单称"声"或"母"，有时称"纽"或"字父"（利马窦）、"经声"（清周赟）、"字祖"（明杨选杞）等。术语的混乱，自然对学者产生不利的影响。如果我们掌握了现代语音学，就可用精确的符号去说明许多声韵学上的现象，使观念变得清晰明白。

例如上古音"鱼、阳、歌"部的语音关系：前人称之为"对转"与"旁转"。

董同龢用音标来说明：

主元音	a	
韵尾	–g –k –ŋ	鱼阳
韵尾	–Ø	歌

这样，就很容易明白，它们的上古发音是：鱼部字念作 -ag、-ak，阳部字念作 –aŋ，歌部字念作 –a。马上就可以明白鱼阳两部为什么是"对转"？因为这两个韵部的发音，具有相同的主元音"a"，又有相同发音部位（舌根音）的韵尾 -g -k -ŋ，使鱼阳两部的发音十分接近，所以他们会经常在一起押韵、一起谐声、一起通假。这就是"鱼阳对转"的秘密了。

语音学是一套精确的工具，使得语音现象变得清晰易懂。至于歌部和鱼阳两部的接触关系，也一样可以通过音标，一目了然，不再需要用一大堆抽象的文字说明，来表述这种关系。传统上视声韵学为难懂的绝学，大部分的原因就在这里。清儒到民初的音韵学者，所欠缺的就是语音学。

笔者于20世纪50年代学习声韵的启蒙师许世瑛先生（其尊翁许寿裳先生，许师早年在清华国学门，师从赵元任、陈寅恪），当年主持淡江大学中文系，有鉴于语音学的重要，在课程设计上，要求必须先修一年的语音学，通过之后，才能正式学习声韵学。前者四个学分，包含"早期官话"的元代语音（每周两小时必修课程）。后者六个学分（每周三小时声韵学必修课程）。在这样的训练下，我们获益极大，再也不觉得声韵学是一门不可亲近的绝学了。

当时，许先生视力不佳，笔者每周陪同到校上课。没课时，在许师家中做研究工作。许师一面口述，笔者在旁协助查检资料、书写文稿。过程中许师随机开示教导，启发甚多。对笔者日后的研究，产生很深的影响。许师经常交代叮咛，平日须仔细研读英文本的语音学专著。笔者乃依照许师所开书单（鲁迅也曾经为许师开过书单），一边阅读，一边做笔记。当时作为培养根基的语音学著作，至今虽已斑剥脱落，仍存身边。此后的教学中，笔者也不忘记提供给初学者参考。这些基本训练，对笔者日后的研究与教学，帮助极大。

3. 声韵知识必须不断更新

任何学术的发展，必定是后人在前人的基础上，更迈进一步。正如接力赛一样，前修未密，后出转精。站在巨人的肩膀上，方能看得更远。近一个世纪来，声韵学的进展很快，无论是新材料的运用，新方法的树立，都有可观的成就。旧的见解不断被修正、否定。所以，我们必须随时注意新发表的论文，随时吸取新的见解。学问是没有止境的，不能因为有了一点成果，就停滞于原地，不进步就是退步。瑞典汉学家高本汉、语言学家王力就是很好的榜样，他们在声韵学上不断有新的论著发表，并且不断修正自己先前的看法。这正是我们研究学问应有的态度。

我们除了要多看多读新出的论文，也得多留意西方声韵学家的研究成果，他们在汉语音韵方面，往往会有一些精彩的看法，他们的努力与贡献都值得我们去注意参考。

旧日学者往往有"不敢逾越师说"的观念，因此而形成不同的门派，使学术有了藩篱，也阻碍了学术的进步。这种风气在今天是不值得倡导的。我们要了解，吸收新知并不是离经叛道，只有当仁不让，勇于求真，才是发扬师说、维护师门的正确态度。

声韵学从清儒，到章黄，再到现代，就像一列火车，带着我们向前奔行。循着前人走过的轨迹，不断地自我更新。近代的声韵学大师莫不如此，王力先生每一部新的著作发表，都对先前的论述进行修正、补充。黄季刚先生的古韵研究，改变了其师章太炎先生的 23 部，创立 28 部，晚年又更新为 30 部。这种不断更新的精神，正是我们的典范。

4. 金字塔原理：博然后能通

前人强调，学问要如金字塔（胡适名言），有足够宽广的底部，才能堆得更高。声韵学正是这样，它不是孤立的学科，必须把相关的小学知识融合起来，形音义为一体，不可分割，加上现代词汇学、语法学的知识，铸造成为语言文字学金字塔的底部，这样，声韵学才有了稳固宽广的基础。才能建构更高的顶尖。这就是"博然后能通"的道理。

清儒几百年来，累积了丰富的治学经验。他们不约而同地得到这样的结论：

戴震说："凡故训之失传者，于此亦可因声而知义矣。"（《答秦尚书蕙田论韵书》）

钱大昕说："古人以音载义，后人区音与义而二之，音声之不通，而空言

23

义理，吾未见其精于义也。"（《六书音韵表序》）

王念孙说："窃以训诂之旨，本于声音。"（《广雅疏证自叙》）

民国时代，章太炎也强调：转注云者（文字学），当兼声讲（声韵学）。不仅以形、义言。所谓同意相受者，义相近也（训诂学）。所谓建类一首者，同一语原之谓也。

贯串形音义，广博之后才能通达，这些都是他们研究语言的经验总结。

语言现象的顶峰

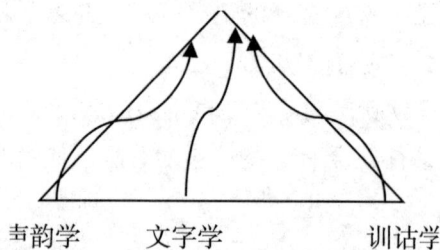

声韵学　　文字学　　　　训诂学

怎样叫作形音义的融合呢？举例说，我们要充分认识"你"这个字的发展历史，它的来龙去脉，我们必须结合文字、声韵、语法的知识。第二人称"你"的演化，经历了这样的过程：

爾 ni ⟹ 尔 ni ⟹ 儞、你 ni

对这个字的认识，应包含下面几个层面：

在语法上，两个字都是称代词，功能相同。

在字形上，"爾"先简化为"尔"，再加上人部，作"你"字，和"爾、尔"形成分工。

在字音上，不论写成哪个字，原本都念作"n-"的音。

透过形、音、义的联系，为什么古代写作"爾"，现代写作"你"，其中的脉络就清楚了。古籍当中，还有写作"儞"的，例如：

联灯会要卷第二十六：师云。和尚不会三界惟心。沙云。我唤这个作竹木。儞唤作甚么。师云。某甲亦唤作竹木。

建中靖国续灯录：儞作么生入。什么处是儞去处。还实有来去么。

天圣广灯录：自是儞善知识无眼。不得瞒他。

从声音上的联系，我们还可以知道，佛经中的"仁""仁者"，就是"你"的意思。因为"仁"的古音正是"nin"。例如：

> 若干种供养　尔乃与仁俱（154《生经》）
>
> 唯仁此第一　福田无有上（199《佛五百弟子自说本起经》）
>
> 猕猴便从，负到中道，谓猕猴言：仁欲知不？所以相请，吾妇病困。（154《生经》）
>
> 所有妻妇群从眷属，相敬重故，各共发愿，世世与仁（介词的宾语）俱，生生相待随。（345《慧上菩萨问大善权经》）
>
> 又问文殊师利：仁者不乐佛国土乎？答曰：不也。（318《文殊师利佛土严净经》）
>
> 德光太子语父母及诸眷属：今愿仁者，劝助城郭，庄饰璎珞，以奉如来。（170《佛说德光太子经》）
>
> 仁者有四脚　我身有两足（154《生经》）

吴方言另有"耐"字作第二人称，例如：

> 耐阿是搭钱大人一淘（一淘，一道也）格？　（《负曝闲谈》十六）
>
> 耐坐一歇，等我干出点小事体，搭耐一淘北头去。（《海上花列传》一）

在元代口语中，又写作音相近的"恁"。例如：

> 记得恁打考千千遍。（《刘知远诸宫调》）
>
> 相国夫人，恁但去，把莺莺留下胜如汤药。（《董解元西厢记》）
>
> 管是恁姐姐使来沙？（《董解元西厢记》）

这些不同的第二人称写法，透过声韵的联系，立刻可以发现他们是同一个词的变体。

又如，《史记》"皇帝躬圣"，有的版本写作"皇帝躬听"，这是文字上的通假现象。但是，"圣"是书母，"听"是透母。如何通假呢？我们看看《说文》：

　　《说文·耳部》：圣，通也。从耳，呈声。《说文》："呈，平也。从口，壬声（ㄊㅣㄥ）。”

　　聽　《说文·耳部》：聽，聆也。从耳、恵壬声（ㄊㅣㄥ）。

　　惪　《说文·心部》：惪，外得于人，内得于己也。从直，从心。

　　为什么“聽”与“聖”可以通假呢？这个问题，我们需要用到一个声韵规律。黄侃把书母（审母）归入透母，周祖谟认为书母念舌头音，而“聖”正是书母字。“聽 tieng”与“聖 sdjeng”在造字时代，发音接近（都念ㄉ、ㄊ类的音），意义也相通，所以它们具有同源词的基因。因此：

　　文字上，两字通假。字形结构都是形声字。声符都是壬声（ㄊㅣㄥ）。

　　声韵上，两字都是舌头音ㄉ、ㄊ类。

　　训诂上，词义的根源都是：耳朵听得清楚。

　　至圣先师孔子是一位讲究幽默感的圣人，他有一句名言：

　　　　子曰：“由！诲女知之乎？知之为知之，不知为不知，是知也。”

　　如果我们综合文字学、声韵学来看，可以发现，这句话孔子有意选择了一连串“滴滴滴……”的发音组合，呈现了诙谐有趣的一面。试分析：

　　声韵上，“知”字依据清儒钱大昕的“古无舌上音”，念作近似“ti”的音，正如今天的闽南话。“之”为章母字，依据清儒夏燮，古读舌头音，也念作近似“ti”的音。

　　文字上，“提”的结构，《说文》：提，挈也。从手，是声。“提”是定母，“是”是禅母。周祖谟发现了“禅母古归定”的规则，证明禅母字在上古念作近似 d- 的音，所以，“是”可以作“提”字的声符。这样的话，“是”字孔子也念作近似“di”的音。

　　提堤题堤……从“是”得声（“是”字李方桂上古音 djigx）

　　至于上句话的末一个字“也”，是“地”字的声符。“地”字，《说文》从也得声，“地”是定母字，“也”是以母字。依据曾运乾“喻四古归定”的规则，“也”念作类似“地”的音，所以“也”“地”能谐声。

　　分析了这些字，透过这句话的发音，一连串的“滴滴滴……”，孔子言谈之间的音容笑貌便跃然纸上了。由此可以看出，孔子是一个幽默、讲生活情趣的圣者。

　　我们再看，昏从民得声。依据董同龢的发现，和明母字谐声的晓母字，上古是一个双唇清鼻音 hm-。所以“昏、民”两字都属 m- 类声母。

看声韵还不够，这里需要看看文字的结构，"昏"为"昏"之异体。《说文解字·日部》："昏，日冥也。从日氐省，氐者下也。一曰民声。"《玉篇·日部》："昏，呼昆切，日冥也。昏，同上。"《广韵·平声·魂韵》："昏，《说文》曰：'日冥也。'亦作昏。呼昆切。"

汉代的书写（例如汉碑），昏字往往上头是个民字。"闻"（m-）与"婚""睧"古同字，"问闻"与"昏"音近字通（都是 m- 类声母）。战国竹简即借"昏"为"问"（m-），《郭店楚简·鲁穆公问子思》："向（向）者吾昏（问）忠臣于子思。"其中的"昏忠臣于子思"，就是向子思问忠臣之道。

"昏"的异体字还有、昬。睧是从民得声。这里又显示了声韵、文字的不可分割性。

关于"博然后能通"的道理，我们再来看看音义的结合体：构词学中，前缀现象与训诂知识的联系。

声韵的演化，往往和训诂现象分不开的，又和词汇学当中的构词学也是分不开的。例如梅祖麟《上古汉语 *s- 前缀的构词功用》提出了 *s- 的使动化作用：

顺 *djəns > dźjuěn　　　食闰切 船母

驯 *sdjən > zjuěn　　　祥尊切 邪母

（训诂上，驯，就是"使顺"，声韵上，具有 s- 前缀，形成使动）

S- 在动词、形容词前，作"使动词头"，又如郑张尚芳：

寤 ŋa→ 苏 sŋa（使醒）

移 lal→ 徙 slal~slel（使移）

还 ɦwan→ 旋 sɦwan（使还）

由上面的例子，可以看出，为什么清儒一再强调，形、音、义是不可分割的一个整体。文字、声韵、训诂都是攀登语言巅峰的有效道路。分成三个领域，只是权宜方便，最后，这三条道路终将交会在一个点上，这个点就是"语言的巅峰"。掌握了这三条道路，在登山途中，你就能够交叉选择，找出最有效的途径，事半功倍地登临峰顶。如果你只认识一条路，半途遇到困难，山崩路断，就永远到不了山顶。也就没有机会俯瞰美丽的大千世界，饱览山川的秀丽，也无法以开阔的视野和心胸，优游在语言学的天地之中！

5. 不要被"一个理论""一个学派"套牢

学术界喜欢讲学派，有时过于强调谁是章黄学派，谁是考古派 / 审音派，谁是新派 / 旧派，谁是传统派 / 西学派，谁是布拉格学派 / 结构语言学派等等，有了派的观念，难免于被套牢，束缚了思考的空间。

除了学派，年轻学者们有时又过于强调某个"理论"，谁讲的是"优选理论"，谁讲的是"生成语法"，谁讲的是"格语法"，谁讲的是"结构语言学"，谁讲的是"功能语言学"，谁讲的是"认知语言学"等等。新理论的确有许多值得参考之处，对声韵学的研究有参考的价值，能对我们的研究产生启发的作用。但是不能执着于一途，认为这个理论最时髦、最完美，于是堆砌一些新术语，认为走在时代的尖端，进而紧抱着这个理论，这样就被套牢了，反而会衍生许多盲点，而不自觉。我们要遵循的是能够有效地运用现代语言学的成果，役之而不为之所役，更应该和传统的研究相结合。

6. 传统声韵学的根基

古代语言学家、声韵学家，对汉语语言学的研究与了解，累积了丰硕的成果。我们要真正贯通声韵之学，不能忽略这批珍贵的学术智慧的结晶。有些治西学的人，总以为中国古代语言学只是为经学服务，是通读古书的附庸。所以不是语言学，只能称之为语文学。其实，我们不宜把语言学定义得过于狭隘。古代语言学虽然在研究观念上、研究方法上、使用术语上，和现代西方不尽相同，但是，目标是一样的，都是面对语言现象，了解语言现象。这个目标中西并无二致。我们不宜偏颇地以为，只有西方走的路才是唯一的语言研究之路，这种偏颇的认知，会阻碍了人们对汉语真正了解的机会。

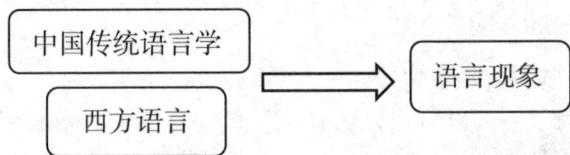

```
┌──────────────┐
│ 中国传统语言学 │
└──────────────┘        ┌──────────┐
              ═══════>  │ 语言现象 │
┌──────────┐            └──────────┘
│ 西方语言 │
└──────────┘
```

什么是传统语言学？就是形音义的融合与贯通，其中又以声韵学为关键。段玉裁的一句名言："音韵明而六书明，六书明而古经传无不可通。"正是他一生治学的经验之谈。

```
┌──────┐       ┌──────────┐       ┌──────────┐
│ 音韵 │ ═══>  │ 文字六书 │ ═══>  │ 博通经传 │
└──────┘       └──────────┘       └──────────┘
```

除了清儒提出的形音义，以及其衍生的文字学、声韵学、训诂学之外，古代的语言学家也谈词汇学、语法学，只是用了不同的术语和表达方式而已。

今天，我们参酌了西方的研究成果，把古人累积的词汇学、语法学知识，更系统化起来，于是，我们就有了五条宽广的道路，带领我们有效而深入地了解汉语语言学。

中国语言学，在19世纪以前，远远领先西方。例如《说文解字》的诞生在汉和帝永元十二年（100年）到安帝建光元年（121年），同时代的西方，对语文的研究，还没能达到这样的高度。

清代的钱大昕（1728—1804）发现了"古无轻唇音"p>f的音变规律，西方学者晚了将近100年（差距约60年），才由格林语音律（雅各布·格林1785—1863）归纳出同样的规则。说明了18世纪以前的中国，语言学的成就远超西方。传统声韵学实际上是千百年来中国人累积的智慧的结晶，有很多值得我们继承和重视的东西。

古代文学家往往和声韵学结合，在声韵学的基础上，开创了文学的新局面。从六朝开始，不但把音韵学研究的成果表现在创作上，也建立了理论，四声八病、声律论、永明体、平仄律，就是在音韵学指导下的产物。同时代的西方，没有这样的成果。

汉字是一种视觉符号系统，把拼音文字和汉字在一个平面上进行比较，这是西方学者从未做过的，中国人有三次机会做了这样的比较和思考。

第一次是东汉梵文的传入，吸收了这种拼音系统，中国人开始制作最早的中文字母"守温三十字母"，唐五代间又仿造拼音文字的概念，创立了"等韵图"。结果，汉字与拼音字系的竞争，汉字取得了优势。中国人学习了印度的美术、雕刻、宗教、哲学等，比较了拼音文字和形声文字的优劣，经过实验和思考后，放弃了拼音化的道路。

第二次是元代拼音系统八思巴字的设计与推行，结果，经过元代官方的雷厉风行，大力推展拼音系统的八思巴字之后，在同一个平台上比较、竞争，汉字再次取得了优势。元亡后，又回到了形声系统的汉字道路。

第三次是清末至民初，文字拉丁化的浪潮，声势浩大，学者们探索ABCD系统取代汉字的可能性，认为这是一个简单易学、十分科学的东西，26个字母，驾驭无穷，表面看来，比起一笔一画构成的几万个汉字，似乎进步多了。结果，在同一平台上的竞争，汉字再次取得了优势。这样的研究和比较，是西方从来没有想过的语言问题。这时，终于发现，人类文字的发展，由图画到象形，再到拼音，不是唯一的直线发展模式，原来，当西方腓尼基人走向拼音的时候，中国人走向另外一个进步的道路——形声文字。

因此，学习传统声韵学，承继了前人的治学经验，就如站到巨人的肩膀上，让我们对于汉语的世界，拓广了视野，看到的更全面了。

7. 汉字分析的五个基本元素

不论哪个时代的语音，不论哪个地方的方言，在分析上都不外声母、韵母、声调三个要素。这是构成汉字音节的基本成分。

声母是音节的前段，韵母是音节的后段，它们各占有一定的发音时间。声调是不占时间的，它是附属在韵母上的一种语音成分。这种字音分析的知识，东汉时代就产生了，"反切"就是这种观念下的产物。六朝时代流行的双声、迭韵，也是这种知识下的产物。

唐代开始有了"四等"的区分，也就是针对韵母的结构做更进一步的分析，把韵母的开、合、洪、细和各种不同的韵尾借着图表的形式表现出来。原来，韵母是可以再分析为三个音段的，就是"介音""主要元音""韵尾"。古代这些语音知识的进展，受印度的影响很大。

我们可以把汉字音的结构用下图表示：

声母	介音	主要元音	韵尾
1	2	3	4

例如"端"字音"tuan"、"灰"字音"xuei"，都是四段完全的音节。有时，第1、2、4段可以省略，而第3段却是必备的成分。如"汪""uaŋ"、"妖""iau"缺第1段，"恩""ən"、"爱""ai"缺第1、2段，"阿、依、屋、儿、俄"等字则1、2、4段全缺，"冈""kaŋ"、"非""fei"只缺第2段，"吕""ly"、"泥""ni"缺2、4段，"灭""mie"、"瓜""kua"只缺第四段。

再加上不占时间的"声调"元素，这就是汉字音组成的五个元素，无论是古今汉语，或者任何现代方言，音节的组成，都不外这五个要素。我们必须熟悉这样的分析，才能进一步去研究汉字音，才能够有效地探索声韵问题。

8. 要具备方言学的常识

汉语的方言很复杂，这些方言都是在不同的历史阶段，从汉语的主干分支出来的。因此，透过方言可以印证许多古音现象。我们也可以像印欧语言一样，用"历史比较法"去辅助文献语料，建构古音系统。

研究古音，文献资料是死的、有限的，方言却是活生生的，可以亲耳听到的语音，它可以提供无限的语音信息，任你观察、探究。所以，方言是声韵研究的宝贵资源。共时的方言音系、方言现象，必须和历时的音变现象结合起来，声韵学才能活起来，不只是纸上僵化的东西。

每一个汉语方言，都保存了多样的"活化石"，每一个古音现象，都会在现代方言中留下痕迹。我们用考古学家的态度去做田野调查，收集资料，印证古音，会是一件充满挑战和趣味的工作。

9. 要有客观的研究态度

声韵学是历史语言学的一环，它既研究古音，也探讨现代字音，它是一种社会科学，和人文学科的文学、艺术、哲学等在研究方法上相当不同。古音是过去曾经存在的一个"事实"，我们今天要根据种种遗留的痕迹，把这个事实再找出来。正如同一位古生物学者，从各种不同的地质年代地层中，找出古生物的遗迹，然后依据生物学的原理，重新绘制出他不曾亲眼目睹过的恐龙形象与生态。声韵学是一门求真的语言科学，它的每一项假设，都必须有充分的证据，有一分证据才能说一分话。

这种特性，使得声韵学和其他中文系的学科有所不同。如果一个中文系的学生面对这样的课程，仍然用赏析诗词一样的感性态度，而不是理性的、客观的态度，自然没法学好声韵学。声韵的研究，"结果如何"并不重要，你把唐代有几个声母、几个韵母背得烂熟，或者孜孜不倦地写了一大本广韵作业，结果随记随忘，也不知道如何应用这些知识？这些都没有太大价值，重要的是获得这项结果的"过程"，心中必须先要怀疑：怎么知道唐代的声母、韵母就是这样，而不是别个样子？在学习中一定得不断地有"为什么这样？""为什么那样？"的念头。求真和求美究竟是不同的。复原古音的真相，不能不依赖缜密的思考和客观的研究方法。

汉语一字平去两调现象成因初探

乔全生

（陕西师范大学 文学院）

摘要：汉语中的一字平去两调现象比一字其他两调现象更为凸显，这是由于不同时期"四声别义""汉字简化""汉字通假""方言借用"等多种因素叠加而形成的结果。虽然一字有其他两调、三调的现象也与上述因素有关，但无论哪种一字多调现象远不如一字平去两调现象突出，这可能与平声、去声两种调形的区分度高有很大的关系。

关键词：平声；去声；四声别义

根据我们的初步统计，在汉语常用字中，阴平和去声两调的字有177个，阳平和去声两调的字有155个，两项加起来，一字平去两调的字共有332个。其他一字两调的字是：阴平和上声两调的字有67个，阳平和上声两调的字有50个，两项加起来，平上两调的字共有117个。上声和去声两调的字有85个，阴平和阳平两调的字有92个，阴平、阳平和上声三调的字有8个，阴平、阳平和去声三调的字有5个，阴平、上声和去声三调的字有18个，阳平、上声和去声三调的字有9个，阴平、阳平、上声和去声四调的字有6个。由这种现象出发，我们发现在现代汉语的一字多调现象中，尤其是在一字两调现象中，平声和去声的关系要比其他声调之间的关系更为显著。

若我们回顾历史，其实这种现象可能是自古就有的。比如在《诗经·小雅·裳裳者华》"裳裳者华，芸其黄矣。我觏之子，维其有章矣。维其有章矣，是以有庆矣"中，"黄、章、章、庆"（阳部字）在一起押韵，"黄、章"二字都是平声字，而"庆"为后来的去声字。《诗经·大雅·皇矣》"则友其兄，则笃其庆，载锡之光。受禄无丧，奄有四方"中，"兄、庆、光、丧、方"（阳部字）在一起押韵，而"兄、光、丧、方"为平声，"庆"为后来的去声字。在整个诗经的押韵系统中，"庆"字总是和平声字在一起押韵。段玉裁就指出，上古"戒、庆、享、響、至"等字调类与中古调类不同。究竟在《诗经》时代，"庆"字有几个读音，我们目前还不能给予确切的答案，但这确实是一个值得思考的问题。

随着"四声别义"的出现，一字而有平去两调的现象就更多了。王力在《汉语滋生词的语法分析》一文中列有"同音不同调的滋生词"[①]，其中既有写成同一个字形的，也有写成不同字形的。可见，这种现象不是一个仅与文字有关的问题，而是一个构词问题。孙玉文教授称之为"变调构词"。

在现代汉语的层面上，有些字的两读虽然表面上看起来已经不是简单的平去有别，但这主要与语音演变有关。比如，"藏"字，现代有 $tsaŋ^{51}$ 和 $tsʰaŋ^{35}$ 两个读音，其实都是早期读音的后代演变形式。因为"藏"是一个从母字，全浊声母。从"藏"字的现代两个读音形式 $tsaŋ^{51}$ 和 $tsʰaŋ^{35}$ 来看，一定是在全浊声母还没有清化之前，"藏"字就存在平声和去声两个读音形式了，无论是先有平声或先有去声。如果在全浊声母清化之后再发生"四声别义"的现象，那么现代的读音形式必然是声母完全相同，韵母完全相同，仅声调有别。然而，现代我们看到的不是这样。全浊声母类似"藏"字有平去两读的字还有很多，比如"传"有 $tsʰuan^{35}$ 和 $tsuan^{51}$ 两读，"弹"有 $tʰan^{35}$ 和 tan^{51} 两读，"驮"有"$tʰuo^{35}$"和"tuo^{51}"两读。

全浊声母清化是汉语语音史上中古汉语向近代汉语演变过程中的一个非常重要的现象。由上述类似"藏"字有平去两读现象来看，"四声别义"在中古汉语时期就已经存在了。

说起"藏"字，就想到了我们山西方言中的一个字"赚"。这个字在现代汉语中有两个读音，一个是"$tsuan^{51}$"，一个是"$tsuan^{51}$"，都是去声，其中第二个读音标注为"方言"，表示"欺骗"。这个"赚"在《集韵》中是"直陷切"，是一个全浊声母澄母字。今天中原官话汾河片中的临汾、洪洞、襄汾方言中，"呼弄人、欺骗人"说"$tʰuan^{13}zən^{13}$"，13（或24）调在临汾一带方言里读阳平调。在过去，一般人不知道"$tʰuan^{13}zən^{13}$"中的"$tʰuan^{13}$"本字是什么。我们虽然感觉这个本字应该是"赚"，但是总觉得声母对不上，声调也

---

① 王力.汉语滋生词的语法分析 // 王力文集：第16卷 [M].济南：山东教育出版社，1990：464—476.

对不上。现在我们认识到"四声别义"和"全浊声母清化"这两个关键问题之后，我们就可以说，临汾话里表"呼弄人、欺骗人"义的"tʰuan¹³ʐən¹³"就是"赚人"。而且临汾一带方言中"赚"字保留的是上古时期舌头与舌上不分时期的读音。由此可推论，在上古时期，"赚"字就有平声和去声两个声调。在有的方言中，保留了其中一个声调，而在另外的方言中，保留了另外一个声调。也就是说，本来"赚"也像"藏"字一样有平声和去声两个声调，可是"赚"字在后来的演变中，未能像"藏"字一样保留两个声调。但是，我们还是能从现代汉语方言中寻找到"赚"曾经存在平去两调的蛛丝马迹。由此可见，现代汉语方言的深入调查，对于我们研究汉语语音史有着非常重要的意义。这大概就是现代汉语中，一字平去两调现象较多的原因之一。

其实，不独全浊声母有上述现象，清音声母字也存在这种现象。如"禁"字在现代汉语中有"tɕin⁵⁵"和"tɕin⁵¹"两个声调，意义有别。这也是"四声别义"的缘故。不过由于"禁"为"见"母字，属于清音声母。因此，别义之后，不会再因为声母的演变产生类似于"藏"字的不同声母形式。但也可能产生类似于"赚"字有"tʰuan"和"tʂuan"不同声母的读音，如"刚"字在河北永年方言中有两个读音"kaŋ⁴³"（阴平）和"tɕiaŋ³¹"（去声）两个读音。

然而我们知道，除了上述"四声别义"造成的"一字两调"的原因之外，还有因汉字简化造成的"一字平去两调"现象。如"并"有"piŋ⁵⁵"和"piŋ⁵¹"两调。前者是"太原"的古称，后者是"合并"的意思。其实在早期，这是两个不同的字。"并"字在《广韵》中有平声和去声两个读音，前者是"合也，亦州名，舜分冀州为幽州并州，春秋时为晋国，后属赵，秦为太原郡，魏复置并州。又姓，出《姓苑》府盈切，四"，后者是"专也，畀政切"。"併"字在《广韵》中有三个读音"併合，和也，必郢切"；"並竝，蒲迥切"；"兼也，並也，皆也，畀政切"，今天的"并"字，在字形上有四个来源"并、併、並、竝"，它们本来代表不同的词，读音也不同，"并"为帮母字，故"并州"应该是读阴平的。现代有些人将"并州"的"并"读为去声，实际上是错误的。

类似的例子还有"发"字，"发"有阴平和去声两个声调，前者表示"送出""发射""产生""表达""扩大""兴旺""食物发酵""启发""启程"等意义，后者专表"头发"的意义，本来前者原来写为"發"，后者写作"髮"，但是后来汉字简化时将二者都写成了"发"。"干"也是这样，它在现代汉语中有阴平和去声两个声调，但它实际上是三个字合并的结果，即"干""幹"

和"乾"。

　　与汉字简化类似的还有因通假而产生的一字平去两调。如"棖",本来只有 tʂʰeŋ⁵¹ 一个声调,表示斜柱,桌椅上的横木。但由于通假,又产生了一个 tʂʰeŋ⁵⁵ 的声调,同"撑"。又如"纹"字有平去两调也是这个原因。"纹"字本来只有平声一个声调,表示丝织品上的花纹,纹路。但由于通假为"璺",表示瓷器和玻璃等器具上的裂痕,于是又产生了去声的声调。再如"混"字,它本来只有去声一个声调 xun⁵¹,表示掺杂、蒙混等意义,但由于通假为"浑",于是又产生了阳平声调的 xun³⁵。

　　除此之外,还有因记音用字而造成的一字平去两调现象。如"汗",本来只有去声 xan⁵¹ 一个读音,表示汗水。但是由于常用此字翻译阿尔泰民族最高首领 khan,于是"汗"字又有了阳平的声调 xan³⁵,成为专名的读音。可能"令"字的阳平声调也是这个原因。因为它只出现在"令狐"一词之中。"令狐"既是一个古地名,又是一个姓。

　　方言借用,或者说,方言进入普通话,也是出现一字平去两调的原因。如"别"字有"pie⁵¹"和"pie³⁵"两个声调。"别"字的"pie⁵¹"一读,实际上是方言传入普通话的结果,表示"改变别人坚持的意见"。又如"郎",本来只有"鲁当切"阳平一个声调,可是由于方言"屎壳郎"一词借用,"郎"字出现了 laŋ⁵¹ 去声。再如"爹",本来只有阴平 tʂa⁵⁵ 一个声调,表示爹山,在今湖北省。但又由于方言借用,出现了用来表示"张开"意义的去声声调的 tʂa⁵¹。"侧"也是如此。"侧"字表示"歪斜",本来只有 tsʰe⁵¹ 一个声调,但由于方言的借用,侧字又出现了"tsai⁵⁵"阴平声调,如"侧歪"。"怔"字本来只有阴平一个声调,表示心悸等,由于方言的借用,出现了表示"发愣、发呆"义的去声声调。"铮"字本来只有阴平 tseŋ⁵⁵ 一读,用来形容金属撞击的声音,但由于方言的借用,出现了去声 tseŋ⁵¹ 声调,用来表示光亮耀眼的意义。

　　书面语与口语同现,即文白异读,同样也是造成一字有平去两调的因素之一。如,"壳",有阳平和去声两读,其中阳平一读 ke³⁵ 为口语音、白读音,而读去声声调的 tɕʰiau⁵¹ 为书面语音、文读音。实际上 tɕʰiau 一读正是早期的口语音。"论"字只在"论语"中读阳平,是书面语音、文读音。其他均读去声 lun⁵¹。"能"在书面语中同"耐",又"姓",此时读去声。其他情况下均读 neŋ³⁵ 阳平。"拾"在书面语中读 ʂe⁵¹ 去声,但在口语中读 ʂi³⁵ 阳平。

总之，汉语中一字读平去两调现象之所以比其他一字两调现象更为凸显，是由于"四声别义""汉字简化""汉字通假""方言借用""文白异读"等多种因素共同叠加的结果。虽然一字有其他两调、三调的现象也与上述因素有关，但无论哪种一字多调现象远不如一字平去两调现象突出，这可能与平声、去声两种调形的区分度高有很大的关系。在影响一字多调的这些因素中，既有语音演变等语言学因素，也有汉字记录、汉字简化等非语言学因素。现代汉语中的一字平去两调现象，表面上看是字音问题，实质上既与构词有关，也与汉字有关。同时，也与方言和普通话之间的相互影响密切相关。现代汉语方言的深入调查，不仅对我们了解方言的形成有重要的意义，而且对我们研究汉字的读音及其汉语语音史也有重要的意义。

参考文献

[1] 陈彭年，等. 宋本广韵 [M]. 南京：江苏教育出版社，2008.

[2] 刘子瑜，刘宋川. 唐诗一字平去两读而义同义别兼具问题论析——唐诗一字平仄两读而义有异同问题之三 [J]. 语言学论丛，2015（2）：207—246.

[3] 孙玉文. 汉语变调构词考辨 [M]. 北京：商务印书馆，2015.

[4] 水谷诚. 多音字"重"及其声调三分问题 [J]. 中文学术前沿（第5辑），杭州：浙江大学出版社，2012：93—100.

[5] 王力. 汉语滋生词的语法分析 // 王力文集：第十六卷 [M]. 济南：山东教育出版社，1990：464—476.

附录

阴平和阳平（92个）

挨、熬、扒、枹、桦、箪、杓、綝、樘、绌、答、颏、提、嘀、镝、阖、坊、夫、戛、扛、格、搁、红、纶、哗、珲、茄、犍、蕉、结、镉、筥、麇、隆、抡、眯、南、囊、铍、仆、铅、畬、铊、台、苔、镗、掏、尢、耶、着、蜇、泊、曾、查、楂、朝、嘲、漴、椎、兹、蹲、纮、虾、咳、吭、珲、节、礐、泷、摩、粘、澎、其、奇、乾、溱、锁、屯、圩、鲑、般、蕃、夹、胳、伽、矜、叼、於、扎、陂、棱、折

阴平和上声（67个）

杆、厂、广、埲、蒿、瘭、吵、剿、捵、涌、玼、趾、撮、呔、氐、町、

酊、菲、蜚、骨、蛄、穀、魇、呲、几、稽、浅、楷、且、咔、坷、轲、倥、悝、搂、捋、姆、劈、缥、撇、抢、悄、缲、曲、嚷、撒、体、挑、委、瀹、鲜、雅、映、只、扁、篸、啤、湫、糁、崴、拯、唎、呱、殷、枸、莞、仔

阳平和上声（50个）

长、场、倘、沈、裎、坻、芷、攒、打、蛾、荸、葛、鹊、矫、脚、蹶、隗、纚、燎、笼、偻、覃、靡、儴、叹、排、跑、掊、脯、跂、娆、捂、铻、迤、龈、予、钯、伯、芭、崴、合、鸹、角、侥、廛、潦、蠡、渑、茏、缴

阴平和去声（177个）

擘、奔、贲、摽、骠、并、权、倡、绰、掌、冲、创、刺、嗒、待、当、镫、蹬、钉、发、分、葑、杠、膏、更、供、勾、观、冠、桄、过、喝、嘿、化、嚄、筴、间、监、渐、浆、教、禁、趄、菌、看、阆、嗑、硿、肋、溜、蹓、嫚、闷、沤、派、泡、喷、片、铺、妻、呛、饯、蹶、切、亲、觑、阙、丧、臊、沙、煞、苦、钐、栅、娗、扇、捎、稍、刷、缩、踏、趄、擿、通、伿、兀、乌、茜、相、肖、猲、芯、兴、熏、窨、压、阒、㙓、燕、鞅、要、衣、荫、应、膺、育、佣、晕、缊、煴、脏、占、正、怔、挣、铮、钻、作、趵、夯、嗑、瘴、膻、恫、敦、镦、堕、阌、钢、估、夬、啐、经、俱、据、苴、焌、铜、空、栝、腊、勒、添、尿、抷、纤、搬、梢、鞘、歃、氏、裼、涴、戏、披、亿、粥、综、缯、爹、嘛、症、吁、嘚、将、圈、忒、差、句、塞、咽、辟、称、说、拽、侧、落

阳平和去声（155个）

嘎、拜、别、藏、禅、谌、晟、乘、盛、澄、重、帱、传、幢、镈、沓、阒、昳、蟥、顿、缝、蒂、服、宓、洑、汗、亢、号、虹、蕲、侯、华、辊、混、巫、藉、倔、壳、徕、阃、唠、擂、丽、凉、量、踉、遛、馏、镏、论、嗨、谩、没、牟、难、能、伲、泥、宁、胖、莠、埤、缠、谯、瀼、任、甚、识、莳、遂、绨、同、僮、菟、驮、柁、王、为、硙、纹、研、烊、柚、媛、炸、耙、鲌、搒、磅、刨、莩、裨、便、缠、屦、瘥、场、卒、骗、弹、澹、佃、钿、调、铫、峒、峋、洞、读、度、囤、泛、荷、划、齐、荠、偈、降、峤、觉、欤、刺、莫、扁、淋、硌、谜、赏、磨、荫、愖、翘、拾、术、俞、俟、䐍、妧、遗、敉、眙、旋、蔓、食、缪、行、和、嚼、薄、酂、貉、縿、员、轧、柂

上声和去声（85个）

把、簸、采、划、偢、处、逮、挡、倒、父、镐、个、艮、谷、阆、好、唬、晃、纪、济、假、铜、佼、仅、尽、炅、咀、卷、袋、可、楛、裂、乜、拟、迫、若、散、扫、少、舍、楯、撒、梃、吐、瓦、菀、写、血、沮、饮、有、雨、载、涨、埔、衩、佁、亶、铤、盖、柜、哕、槛、苣、沮、葰、钉、瞭、杏、嫒、喏、色、刹、掸、语、粯、斗、堡、转、拗、解、数、宿、肚、繁

阴平、阳平、上声（8个）

磴、嘎、喇、蒙、鳌、屏、禧、咋

阴平、阳平、去声（5个）

炮、糊、撩、单、豁

阴平、上声、去声（18个）

嗳、揣、担、岗、哈、哄、蚂、漂、雀、帖、那、绷、徼、掺、恶、咯、抹、朴

阳平、上声、去声（9个）

种、令、拧、与、柏、侗、强、榜、累

阴平、阳平、上声、去声（6个）

叉、朴、膀、拉、啊、呵

从朱熹音叶看南宋通语浊上归去的进程

刘晓南

（复旦大学 古籍所）

摘要：穷尽朱熹诗骚音叶中适合作浊上归去研究的 144 字 456 次的使用，得到 61 字 179 次已变读去声，去除承于前人的部分，取用能最大限度地反映朱熹语音的数据统计其比例，得出浊上变去已达 70% 以上，这个比例说明朱熹时代的浊上归去已接近尾声。文章认为，近代浊上声调的演变趋势是大部分变读去声，小部分变读清上，变化的结果是浊上消失。

关键词：近代通语；朱熹语音；叶音；浊上归去；浊上消失

一、问题的提出

近代汉语声调的"浊上归去"现象，在朱熹《诗集传》《楚辞集注》的语音材料中有相当清晰的表现，前人已做过一系列研究[①]，但由于各家提供的例证差异巨大，导致观点颇为分歧，并未形成共识。有鉴于此，我们在诸家研究的基础上，穷尽语料，搜集到适合研究的 144 个全浊上声字的 456 次用例，综合考察其声调是否发生变化，结果有三种表现：一是已变读去声且未见留存上声读音者，有 29 字 62 次；二是新生去声一读而上声旧读仍存者，有 32 字 175 次，然其中可确定读去声的是 117 次，另有 58 次尚读上声或无法确定读去声；三是看不到有读去声的变化而仍读上声者，计 83 字 219 次，如果加

---

① 许世瑛.再考广韵全浊上声字朱熹口中所读声调 // 许世瑛先生论文集 [M]. 台北：弘道文化事业有限公司，1974. 王力.朱熹反切考 // 王力文集：第十八卷 [M]. 济南：山东教育出版社，1982. 黎新第.从量变看朱熹反切中的浊上变去 [J]. 重庆师院学报（哲学社会科学版），1999（1）：73—82.

入上去两读部分中仍读上声的58次，则仍读上声共计277次①。各项数字都是通过逐字逐次严格考核得来的，不但涵盖了前人提出的语例，还新增字例36个，增幅接近三分之一，这大概是迄今可见的有关朱熹语音材料中浊上归去实例最多的、可能也是最为完备的表述。基本数据见下表2，为简明起见，表2的"字表"分"读去""仍读上"两栏排出，次数附于字后，一次则略写，字下用小号字附注其所属声纽。

表 1 研究对象基本数据表

摄	基本数据		字　表	
	字	次	读去次数中含上去两读61字	仍读上83字
通	3	9	动定	㠉常重7 澄
江	0	0		
止	20	63	视常恃3俟3涘3竢士12仕3牭似6市祀7耜4汜2姒2邪	是常庤峙牶兕4邪跽群雉澄否6奉
遇	33	114	叙3绪6鱮2序3邪杜3土定辅8父7奉户30怙祜7扈3岵洿楛鹕酤媂3匣	潊薁邪釜2奉杼2抒竚佇虞4絓羜澄龃牪粔粔4巨6群沮3从
蟹	8	34	殆5怠弟9定在8罪7从	待2缔定荠从
臻	6	8	尽从	蹲从窘菌近3群盾常
山	21	39	墠善6壇3常伴並践2从	饯1俴栈瓒2从僝撰但4殄2定贩奉皖3莞瀚2睅鞗倜匣撰2牪
效	15	36	造4从赵澄绍3常鲍並	阜从旐2澄摽2並镐颢皓昊匣宨2挑道14稻定
果	2	8	祸2何荷6匣。按"何"为"荷"本字。	
假	2	40		下36夏4匣
宕	8	22	像2邪上10常	象邪潢沆匣瀇定强群丈5澄
梗	4	5	荇匣静2从	婞匣蜓定
曾	0	0	0	
流	11	54	舅2咎4群妇2阜6奉受3寿4常	虬2群负2奉后3厚12後14匣
深	1	6	甚6常	
咸	10	19	憺3定	澹髟菩黮湛3簟3定菡颔槛4匣

根据表中的数据，可以确认前人提出的两个观点：其一，在朱熹的音叶

① 参见刘晓南.朱熹语音浊上变去字次考[J].汉字汉语研究，2019（1）：47—67，128—129.

中浊上归去的音变已经发生；其二，由于还有大量浊上字没有发现读为去声，应当认定这个音变尚未完成。两个观点提供了共时状态下汉语声调的清晰表述，给南宋时代浊上归去的语音演变作了很好的定性。但是，如果进一步追问这个"未完成"的音变进行到了什么程度，处于近代语音史声调演变的什么发展阶段？对于这个需要通过"定量研究"来解答的历时演变的问题，则尚未见有充分的论述。现在，既然我们已经穷尽考核了朱熹语料，确认了其中浊上归去的准确数据，就具备了量化研究以及检测音变进程的基本条件。我们将根据已获取的各项数据，综合运用统计、比较与考证的方法，尝试探讨朱熹时代浊上归去的演变进程。

二、速率：反差与疑惑

考察某种音变进行到了什么程度，通常需要在尽可能全面地获取已发生音变个案之后，采用统计方法做量化的观测。我们将144字的456次使用中的各种读音情况分别计算其比例（取一位小数），进行比较，看能否据以推测音变演进的程度。统计数据见下表2：

表2　朱熹音叶中全浊上归去比例

	总数	已读去声		上去两读		仍读上声	
		数量	占比%	数量	占比%	数量	占比%
字	144	29	20.1	32	22.2	83	57.6
次	456	62	13.5	117	25.6	277	60.7

表2的数据显示：无论怎么计算，已读去声的部分所占比例均明显低于半数，合计大约在四成左右。也就是说，以现有的数据，全浊上声字仍读上声占据绝对多数地位。如果将仍读上声看作音变尚未发生的话，那么已发生音变者大概只占五分之二，处于弱势地位，这只能说明该项音变的发展程度并不算深。如果大约萌生于公元三四世纪魏晋时代[①]、在隋唐继续进行的[②]浊上

---

① 范新干. 略论西晋时代的"浊上变去" [J]. 人文论丛, 武汉: 武汉大学出版社, 1999: 250—257.
　范新干. 浊上变去发端于三国时代考 [J]. 汉语史研究集刊（第2辑）. 成都: 巴蜀书社, 2000: 321—329.

② 廖名春. 从吐鲁番出土文书的别字异文看"浊上变去" [J]. 古汉语研究, 1989（1）: 41—43.

归去语音变化，在连续发展了将近千年之后，到了南宋（1127—1279）的朱熹这里仍然处于音变的前期或中前期状态，其演进之缓慢也可比老牛拉破车了。以常理推算，其后续发展之路应当会相当漫长。可语音史上韵书的表现却是另一番景象，在紧随南宋之后出现的元代韵书《中原音韵》中，上声全浊字的变去声已经被认为"同现代北京话"[①] 了，这意味着音变基本完成。这部近代语音史的代表韵书成于 1324 年，上距朱熹（1130—1200）时代也就一百来年而已，照此看来，似乎浊上归去的音变之路在朱熹之后也并不那么漫长。前段的近一千年相对于后段的一百来年，一何以缓一何以急，这种颇具戏剧性的速率变化形成了巨大的反差，颇令人疑惑。

三、代表性：正常与反常

当然，语音史的鸟瞰仅仅是展示了一种全景式地把握演进过程的宏观视野，不足以代替语言系统中音变事实及其演变轨迹的具体表述，况且语音演变虽然常取渐变方式，可也不乏突变的实例，假如有一个音变的发展进程呈现前期缓慢、中后期急速的态势，也并非完全没有可能。关键在于我们所面对的这组数据有多大的合理性。

应该说，144 个字并不算多，只要与宋代韵书略作比较，即可见其差距。据笔者统计，《广韵》（泽存堂本）55 个上声韵部中，全浊上声字多达 1052 个。相较于 1052，144 约仅占其 13.6% 的份额，是绝对少数。数量如此悬殊，能代表朱熹时代的全浊上声吗？根据这个"少数派"做出的统计是不是有以偏概全之嫌呢？看来，表 2 统计数据的历史语音价值能否得到确认，其前提在于所研究语料是否具有"代表性"，包含两个层面，一是 144 字能不能用作朱熹时代音系中全浊上声的代表？二是 144 字中已读去声及仍读上声的字次能否代表当时实际语音？

（一）研究对象的代表性

"全浊上声"是一个音类概念，它根据"全浊声母"和"上声韵调"两大语音特征从音系中抽象得来，涵盖了音系中所有的既是全浊声母又是上声韵

---

① 杨耐思.《中原音韵》音系 [M]. 北京：中国社会科学出版社，1981：15.

调的音节。而作为音系构成的基础单位,音节必须通过其下辖多少不等的单字(词),才能实现言语交际功能。汉语的这种层级结构决定了音节与单字之间不可能形成一一对应的关系,所以,不能只凭单字的数量来确定它的音类规模。也就是说,144 字虽然只占全体浊上字的 13.6%,却并不意味它只表现浊上音的 13.6% 的份量。要了解它们在音系中所占浊上音的份量,需要将它们转换到音节的层面进行计量。核查《广韵》1052 个全浊上声字各自所属音节,得 193,朱熹语料 144 字所属音节为 82 个。82 比 193 为 42.2%,这才是我们的研究对象占全浊上声语音的份量。然而,42.2% 所占份额也没达到半数,它们能代表音系中的全浊上声吗?

从音系层面来看,抽象的音类既是具体音节某种属性的概括,也必须通过具体音节来展示,共性隐涵于个性之中,从理论上说,能展示一个语音集合中全体元素基本特征的特定个体,都具备音类代表的资格。因此,我们的研究对象 82 个音节,能否代表音系中"全浊上声"这个语音集合体,并不在乎它的数字有没有达到 193,关键要看它有没有涵盖其两大语音特征:一是"全浊声纽"(以广韵音系为参照,计有 11 纽),二是"上声韵摄"(共有 55 韵,但可归于 16 摄)。具体说,就是要看 82 音节是不是全面覆盖了 11 个全浊声纽和 16 摄中上声韵的各个基本项目,并且占有一定的份量。之所以强调"全覆盖",是为了杜绝出现空白,而强调"一定份量"则是为了避免偶然现象。比方说,如果 82 音节中找不到一个定母或通摄上声的音节的话,就会失去推论定母或通摄上声音节是否发生声调音变的依据,这就是必须强调"全覆盖"的原因。但要多大比例才满足"一定份量"?目前尚无法确定一个常数,可以根据具体情况灵活处理。比方说,我们的研究对象 82 个音节占韵书全体浊上音节的 42.2%,这个比例也就意味着是相关各音类分项的平均值,各分项所占比例应当处于 42% 上下不远的位置,围绕其平均值在一个可控的范围里波动。语音是成系统的,同类音素的性质相同是可以合理类推的。就是说,如果某一个全浊声母上声字在一部分韵摄中发生了声调变化,那么,另一部分韵摄中具有同样属性的音节或单字,虽然因各种原因在使用中没有现身,也可以通过合理类推而确认其同等变化的可能性,反之亦然。从这个意义上说,所谓确认"代表性"其实就是承认有类推的可能,否则就应当是"全体"而不是"代表"了。

因此,判定 42.2% 的比例能否"代表"全浊上声,需要核查它们在音系中"全浊声纽"和"上声韵摄"两个方面的分布及其所占比例。如果能够全面覆盖《广韵》音系中 11 个全浊声纽和 16 韵摄中的上声韵，既没有缺位又占有一定的比例，那就说明它们不是偶然现象，大概就可以确认其具备代表性了。根据这个思路，我们以广韵音系为参照，分别检核 144 字 82 音节在音系中纽、韵的分布及所占比例，以确认其代表性。由于涉及的项目比较繁杂，既要充分照顾声纽、韵摄与单字、音节诸项要素，又要避免过于累赘或琐碎，我们设计分列两表进行核查：一为"单字—纽"表，专核单字对 11 个全浊声纽的覆盖，一为"音节—摄"表，专核音节对 16 韵摄上声的覆盖，双表合璧，纽、韵与单字、音节综合观察。每表设立三栏，一是本项目广韵音系的数据，二是朱熹语料的数据，三是所占比率，为简明起见，"占比"略去小数点后的数字，"总计"栏下的"占比"数，既是朱熹语料占广韵音系总数之比例，同时也是各分项比例的平均值。

表 3　单字—纽（144 字在广韵音系全浊声纽中的分布及比例）

	並	奉	定	澄	从	邪	崇	船	常	群	匣	总计
广韵	122	55	164	89	83	50	44	13	69	93	270	1052
朱熹	3	8	25	11	14	14	10	1	13	11	34	144
占比	2	14	15	12	16	28	22	7	18	11	12	13

表 4　韵节—摄（82 音节在 16 摄浊上音节中的分布及比例）

	通	江	止	遇	蟹	臻	山	效	果	假	宕	梗	曾	流	深	咸	总计
广韵	7	2	25	17	19	14	25	14	6	6	10	14	1	11	6	16	193
朱熹	3	0	11	9	6	5	14	8	2	1	7	4	0	5	1	6	82
占比	42	0	44	52	31	35	56	57	33	16	70	28	0	45	16	37	42

　　表 3、表 4 显示，朱子语料中可供研究的全浊上声字无论单字还是音节，在全浊声纽和上声韵摄两个方面的分布是大致均衡的。"音节—摄"表中江、曾两摄没有出现字例，这算是所谓"缺口"吗？一是《广韵》的江、曾两摄本来音节就非常之少，二是如果考虑到朱熹时代语音中江摄早已并入宕摄，曾摄亦并入梗摄的实际[①]，该两摄亦不必单列。这样说来，每个韵摄都有音节，可算分布大致均衡，没有缺项。所占份量方面，纽、韵表的各项比率都各自

---

① 刘晓南.朱熹诗集传韵系新论 [J].北斗语言学刊（第 1 辑）.上海：上海古籍出版社，2016：33—59.

围绕其平均值 13% 或 42% 做小幅波动。具体说，"单字—纽"表占比最小值为 2，最大值为 28，上下波动正负不超过 15；"音节—摄"方面，占比最小值为 16，最大值为 70，在平均值 42 上下波动，正负不超过 28，波动都在可控范围，比例分布可认为正常。种种表现基本上都均衡而全面，说明是有代表性的。

（二）"读去"诸字的代表性

144 字 82 音节既然具有代表性，用它们来考察朱熹时代浊上变去就具有合理性。如果 144 字 82 音节全部都变读去声了，毫无疑问可据以判定朱子时代浊上变去已经完成。但实际情况不是这样，前文已表明，144 字中已出现去声一读的字只有 61 个，仅占总数的 42.3%。从音节角度看，61 字对应的浊上音节有 33 个，33 比 82，也只占总数的 40.2%。无论单字还是音节，已读去声部分的占比都未达到半数。上文已指出，从语音史发展进程来看，这个比例能否客观反映朱熹语音中浊上归去音变进程是有疑问的。要确认这个数据能不能反映实际语音，仍然需要检核它是否具有代表性。我们继续采用"单字—纽""音节—摄"两表检验已读去声部分在 144 字 82 音节中纽、韵两方面的分布及其占比。

表 5　单字—纽（已读去声 61 字在 144 字中全浊声纽的分布）

	並	奉	定	澄	从	邪	崇	船	常	群	匣	合计
总数	3	8	25	11	14	14	10	1	13	11	34	144
读去	2	4	7	1	6	10	6	0	10	2	13	61
占比	66	50	28	9	42	71	60	0	76	18	38	42

表 6　音节—摄（已读去声 33 音在 82 音节中的韵摄分布）

	通	江	止	遇	蟹	臻	山	效	果	假	宕	梗	曾	流	深	咸	合计
总数	3	0	11	9	6	5	14	8	2	1	7	4	0	5	1	6	82
读去	1	0	5	4	4	1	3	4	2	0	2	2	0	3	1	1	33
占比	33	0	45	44	66	20	21	20	100	0	28	50	0	60	100	16	40

观察表 5、表 6 的数据，可以看到两个显著特点：一是缺项，二是占比失衡。缺项，两表都有，但表 5 较轻而表 6 较重。表 5 中船纽没有出现读去声

的字，不过船纽在朱熹时代早已并入常纽①，若船常合并则似亦无缺。表6有三缺，除本无音节的江、曾两摄外，还有假摄出缺，假摄乃常用韵摄，其出缺是不正常的。

占比失衡，问题更为严重。与前文表2、表3各项比例均围绕平均值小幅波动不同，表5、表6各个分项的"占比"数据并没有配合平均值做小幅波动，而是大起大落，尤以表6为最，其最大值有两处达到100%、似峭壁之陡升，最小值为0、呈断崖式陡降，正负两端均达极致，强力突破了平均值的可控范围。如此强势的不正常分布，大大削弱了统计比例的代表地位，不但难以直接采用它们来解读音变的客观进程，反而与语音史宏观观测所产生的质疑形成了某种契合。可以说，"读去"诸数据的代表性是如此薄弱，竟使得语言内部的微观考察与语音史的宏观观测二者殊途同归，从而极大地消除了直接运用"读去"诸项数据来说明朱熹时代浊上归去音变进程的可能性。造成这个结果的原因是什么，问题究竟出在哪里？

四、原因：自然流露还是人为干扰

表5、表6"读去"诸字在纽、韵方面各项统计比例的代表性相对薄弱，不足以确认其统计意义，我们推测其中可能隐藏着某种人为因素的干扰，使得数据难以客观反映语音发展的自然状态，因此，有必要进一步细勘各种字例之异同，透过现象求本质，揭示其深层原因。

（一）语境差异

通观144字的三种表现，就浊上归去音变而言，无疑"已读去声"者最为典型。我们先考察这个部分，看它有什么值得特别关注的地方。

1. "已读去声"的考察。仔细观察29字的62次的已读去声的表现，可以归结为如下5种情况②：

一是当浊上字在今读去声韵段中作韵脚字出现时，朱熹不作音叶任其直

---

① 刘晓南. 从朱熹音叶看南宋通语声母 [J]. 薪火学刊（第5卷），上海：复旦大学出版社，2018：156—187.

② 此只列出纲目及数据，详情请参刘晓南. 朱熹语音浊上变去字次考 [J]. 汉字汉语研究，2019（1）：47—67，128—129.

接入韵，这表达的是默认其已读去声，共有："市静杜伴造 2 恃 2 竢姒"等 8 字 10 次。

二是在今读押去声韵段中给浊上韵脚字注读去声的音，则可以说朱子采用注音的方式确认其已读去声，有"岵洿姒造"3 字，因"姒造"字重见于前，故只能算 2 字 4 次。

三是在上声韵段中给浊上韵脚字"叶"上声。给本读上声的字再加一个上声的叶音，说明浊上字已产生去声的新读，要回转到上声来谐韵，只能虚拟一个"叶"音，这可统称为"浊上回叶上声"，计有"动墫土酤尽造视寿 4 恃俟 3 浼 3 耜 4 祀 7 汜 2 似 3 怠"等 16 字，去除上面的重复"造恃"，共有 14 字 35 次。

四是浊上字在文中非韵脚位置，朱子给其注一个读去之音，有"楛荇鹝"3 字 3 次。

五是使用浊上字给处于今读去声韵段中需要押去声的韵脚字作叶或注，显示这个充当注音字的浊上字也有了去声一读，可统称为"他注或他叶去声字"，这类计有"鲍静杜 2 叙 3 似 3"5 字，去除重复出现的"静杜似"，共有"鲍叙"2 字加另几字的次数，合计 10 次。

5 种状况字例不同，但各字例所处的语言环境或语用环境都相同，可以说，语境因素是诸字例所以共处的内在关联。既然语境因素因其内在关联而得到凸显，我们不妨进一步考察 5 种状况之间的语境异同。考查的结果可以归结为三种类型：一是浊上字用作韵脚字，包括前 3 种表现，共计有 24 字 49 次，此种语境可简称为"入韵"；二是浊上字处于非韵脚字位置被注音，即上文第 4 种情况，3 字 3 次，此语境可简称曰"非韵"；三是浊上字作为注音字给其他字注音或叶音，即上文第 5 种情况的 2 字 10 次，此语境可简称为"他注"。三种语境之间字例特色鲜明，差异巨大。看来，浊上变读去声与否，语境因素不可忽视。下面我们就按照"三种语境"继续观察"上去两读"和"尚未发现读去"两部分字例。

2. "上去两读"的考察。上去两读部分共有 32 字 175 次。

一是"入韵"，即浊上字处于今读押上声或去声的韵段之中作韵脚字，有"父 7 弟 9 士 12 妇 2 祸 2 仕 3 舅 2 像 2 甚 6 受 3 咎 4 上 10 辅 8 绪 6 鳝 2 墠 3 憺 3 皁 6 践 2 赵虒 3 祜 7 怙姥 3 户 30 罪 7 在 8 序 3 绍 3 殆 5"等 30 字总计 163 次，其中有"绪墠 2 憺 2 虒 2 姥上 8 辅"7 字杂有 17 次"非韵"、"弟 2

士户 24 罪 6 序甚 5 在绍" 8 字杂有 41 次"他注"，去掉这两个部分，则纯入韵例为 105 次。

二是"非韵"，即给在正文中不作韵脚的全浊上声字直接注音，仅"何荷 26" 1 字共用 6 次，加上杂于"入韵"中的 17 次，总数为 23 次。

三是"他注"，即用浊上字给当读去声或上声的字注音，仅"善 6" 1 字 6 次，加上杂于"入韵"的 41 次，总数为 47 次。

3. "尚未发现读去"的考察。该种字例共有 83 字 219 次。

一是"入韵"，浊上字处于今读上声韵段中有"道 14 后 3 雉殄 2 槛 4 釜 2 虞（簾）4 兕 4 倜摽 2 紓羿秬 4 强沮 3 荠葽皓缔簟 3 皂否 6 负 2 苔稻近 3 下 36 昊厚 12 後 14 夏 4 重 7 窕 2 待 2" 等 34 字 146 次。其中 13 字杂有 29 次非韵："殄槛 3 釜虞 2 兕 3 摽秬 3 否近 2 下 3 夏 2 重 6 窕"，4 字杂有他注 15 次："簟 2 厚 8 後 4 待"，去掉这个部分，纯入韵 102 次。

二是"非韵"，浊上字为非韵脚字且被注为上声，有 45 字 57 次："镐伫俹禋贩髟旟 2 杼 2 栈庨晥 3 钱 2 瓒 2 峙窨湛 3 挑蜓黮澹盪竚 2 跪秬虬 2 菌倄鳟淑象鉏爐盾撰 2 抒瀚 2 睨菡鞙顈莞婞潢沆颔"，加上来自"入韵"部分的 29 次，共计 86 次。

三是"他注"，浊上字仅用于注上声音节的有"但 4 丈 5 巨 6 是"等 4 字 16 次，加入杂于"入韵"的 15 次，共计 31 次。

4. 语境数据的统计。现在我们整合上述数据，统计三种声调表现在不同语境中各自所占比例，比较其异同，看能否找到一些蛛丝马迹。鉴于诸语例夹杂有跨境现象，容易引起计数混乱，我们特作两种处理：一是"字"数采用"入韵—非韵—他注"的优先顺序排列，比如说，一个字的诸次使用既有入韵又有非韵，则将该字优先排入"入韵"，如果没有入韵，只有非韵和他注，则优先排入"非韵"，纯"他注"的字单独成一类；二是"次"数按各自语境的归属实排，即依它们的跨境异动，作相应的移转，转移的数量和出入途径在相应"次"数后用双行小字说明。表中的"占比"数据仅指某种读音字次在某语境中所占的比例，如已读去声的 29 字，在"入韵"语境有 24 个，占所有已读去声字的 82.7%，余类推。

表 7　上去诸读在三种语境分布的数据

总数：144 字 456 次		入韵：88 字 256 次		非韵：49 字 112 次		他注：7 字 88 次	
		数字及说明	占比 %	数字及说明	占比 %	数字及说明	占比 %
已读去声	字 29	24 按：其中有 3 个字杂他注	82.7	3	10.3	2	6.8
	次 62	49 原 55 次，除去他注的 6 次	79.0	3	4.8	10 原 4 次 又加入重出于入韵的 6 次	16.1
上去两读	字 32	30 按：其中有 7 字杂非韵，8 字杂他注	93.7	1	3.1	1	3.1
	次 175	105 原 163 次，除去非韵 17 次他注 41 次	60.0	23 原 6 次 又加重出于入韵 17 次	13.1	47 原 6 次 又加重出于入韵 41 次	26.8
仍读上声	字 83	34 按：其中 13 字杂非韵，4 字杂他注	40.9	45	54.2	4	4.8
	次 219	102 原 146 次，除去非韵 29 次他注 15 次	46.5	86 原 57 次加入来自入韵的 29 次	39.2	31 原 16 次 又加重出于入韵 15 次	14.1

　　表 7 除"总数"外，横、竖都有三栏。竖三栏是三种不同语境中读上读去的数据，横三栏是三种读音在不同语境中的数据。粗粗一看，横三栏"已读去"和"上去两读"部分的比率非常接近，而与"仍读上声"部分差异很大，应当将前二项归为"读去"一类，合并其数据，简化表格，重计比例。但"上去两读"的 175 次中混杂有 58 次仍读上声例，应当转归"仍上"。查 58 次的语境分布，"入韵"有"辅 3 在 2 像咎绪"等 8 次，"非韵"有"上 8 何 4 辅"等 13 次，"他注"有"户 20 善 5 甚 5 罪 4 在序绍"等 37 次。将它们分别归入读上部分后，读上总次数为 277，读去总次数为 179，具体数据见表 8。

表 8　归并简化的上去诸读三种语境比较表

总数：144 字 456 次		入韵：88 字 256 次		非韵：49 字 112 次		他注：7 字 88 次	
		数字	占比 %	数字	占比 %	数字	占比 %
读去	字 61	54	88.5	4	6.5	3	4.9
	次 179	146	81.5	13	7.2	20	11.1

总数: 144 字 456 次		入韵：88 字 256 次		非韵：49 字 112 次		他注：7 字 88 次	
		数字	占比 %	数字	占比 %	数字	占比 %
仍上	字 83	34	40.9	45	54.2	4	4.8
	次 277	110	39.7	99	35.7	68	24.5

表 8 是表 7 的归并简化形式，读上读去与语境的对比清晰，内在差异一目了然。

竖读，"入韵"语境中读去各项的比例巨大，"非韵"语境则仍读上声比例巨大，"他注"语境两种读音比例甚小，波动不大基本持平。

横读，"读去"部分的三个语境中仍然是"入韵"占比巨大，"非韵""他注"占比甚微且比例持平；"仍上"部分则反之，"他注"比例很小，"入韵""非韵"比例很大。

仔细观察表 8 各项数据，可以隐约感受到一种语境与读上读去的倾向性关联，看表中粗黑线框出的两栏，很清楚地显示出"入韵"语境中"读去"数据高居榜首，一枝独秀，远远超越其他任何一个项目，"非韵"语境却在"仍上"部分表现突出。如果说"入韵"语境是变读去声的天堂的话，"非韵"语境就保留为仍读上声的特区了。

（二）主观动机：释疑与通韵

通过音变与语境的比较，我们看到了在朱熹语料中音变的语境差异，即读去部分高标于"入韵"语境，仍上部分在"非韵"语境中独占鳌头。鲜明地显示出来音变在不同语境下有了分流的趋向：当革新的"变读去声"在"入韵"语境中大显身手的时候，保守的"仍读上声"则取得了"非韵"的特权。难道是特定语境促动了音变的分流？如果浊上变读去声的音变有意选择在押韵时才发生，那就太匪夷所思了。恐怕变读去声诸字例对语境的这种奇怪的选择性分布，并非自然发生的随机事件，而是在某种程度上羼入了注音者的人为因素干扰。

影响音释行为的最重要人为因素就是注音动机。的确，在"非韵"与"入韵"两种语境下，注音的动机有重大差异。一般而言，在"非韵"语境下，注音的目的是为了释读诗文中疑难字，即所谓"释疑解惑"以正音读，这是注音的基本要求，凡音释家均然。"入韵"语境就不这样，大多数音释家并不关心所注诗文的用韵是否和谐，宋人之中大概也就只有朱熹、吴棫两家关注韵谐现象。朱子为了展示古典诗歌的优美旋律，总是力图达到章句之诵读和谐，其诗骚音释遂衍生出来一个具备"释读疑难"和"疏通韵读"的双重注音动机的"入韵"语境。但在实际操作中"释读疑难"大概已退居其次，"疏通韵读"方为重点。因为既然要求诵读之时必须和谐，就无论难不难识读，注不注"正音"，韵脚字只要尚未达到诵读和谐的效果，"叶音"就势在必行。可见在"入韵"语境中，"叶音"比"释疑正音"更为重要。这就是在"入韵"与"非韵"的语境之下音释有不同选择的主观原因。

（三）客观依据：正音与口诵

主观因素还得依托一定的客观基础才能真正发挥作用。我们推测：在"非韵"语境下，注音是为了"释疑正音"，正音则需求雅，讲究信而有据，承用历来相传之音读是必然的首选。而"入韵"语境因为要顾及韵读和谐，讲究的是口诵，就一定得关注实际读音。"正音"与"口诵"之异，必然造成音释的"雅""俗"之别。由此可见，由音释动机不同引起的针对音释从雅还是从俗的不同选择，实际上已成为音释的不同客观基础。其结果很可能就是："非韵"语境中的音注在大量承前旧音的同时，必然会继承前人旧有语音格局，而"入韵"语境下为了读者能和谐诵读，要针对时音调整音读，往往没有前人旧切可以承用，就得自行参对时音新制音切，故而能较多反映口语中新生的语音现象。音释的来源不同，其语音根据就不同，当然就会反映不同性质的语音。

朱熹音释的实际情况是不是就象上文推测那样："入韵"多自制音切、"非韵"多承前旧切呢？完全可以核查。在"入韵"语境中，我们可以确认音释的主体部分是"叶音"，"叶音"多为作者自制，其音切来源基本符合我们上面的推测。至于"非韵"语境下是不是因"正音"而求雅，因求雅而大量承用前人旧切，可以比对前人音切逐条核查。

1. "非韵"语境音切来源

上文表 8 "非韵"部分共有 49 字 112 次，其中 49 字本身只有 66 次，另46 次是从"入韵"语境转来的。它们都属于帮助读者识字辨音的音释，是否如我们所推测的因求雅而大规模承用前人旧音呢？将它们逐个与《毛诗音义》（中华书局影印通志堂本 1983 年）《楚辞补注》（李庆甲点校本，上海古籍出版社 1979 年）及宋代韵书对照，凡朱注切语上下字或直音字与前人完全相同者，可认为承于前人，如《小雅·大东》第二章"杼，直吕反"，查陆氏释文同诗的"杼"字正作"直吕反"（83 页下栏）。又如《大雅·崧高》第六章朱注"峙，直里反"，虽不同于释文所注的"如字"（98 页下栏），但查《广韵》（泽存堂本）上声止韵"峙"正作"直里切"，可知朱子的切语抄自《广韵》。凡从前人文献中找不到原型的切语就定为"自制"音切。

下面列表展示这 49 字 112 个音切的来源及占比。为了便于观察表中读上读去的差别，我们将承用于陆、洪①诸音中可以确认为变读去声的字列于字表之末，用"/"号分隔开，如"承陆氏释文"栏中"……/ 棝"表示本栏中"棝"字已变读去声，其他仍读上声，余类推。

表 9　非韵音注来源

	字次表：49 字 112 次		数据	
	原数：49 字 66 次表	自外转入数：46 次	小计	占比
承陆氏释文	杼倬禵阪髟旍2棧庌晥3镐饯2攒2窨湛傔鱒熄盾潹2睍蔼鞘何3/ 棝	上2虞兒3摽珍槛2釜矩2窀否夏2下/ 扈	51次	45.5
承洪氏补注	杼湛撰伫挑黮澹盪竚2跪矩虬2浗鉏抒颢莞沆颔/	辅虞矩槛重6/ 扈壇2憰2媝绪	39次	30.3
承韵书	广韵：峙菌，集韵：象撰何荷	广韵：上4近	10次	11.6
自制	湛蜓婙荇鶋何2	上2近下2	12次	12.5

表 9 的数据显示了"双高"特点。一是"非韵"语境下的注音承用前人旧切语的比例极高，112 次注音中只有 12 次为自制音切，100 次抄于前人，比例高达 89.2%。二是承前人旧音中仍读上声的比例极高，承于陆洪音切的 85 次中仍读上声者多达 76 次，占比高达 89.4%。毫无疑问，在"难字正音"时，朱熹为了保持所注音的雅正，做到言而有据，大量沿袭了前人旧切，因此，他音释中的"全浊上仍读上声"格局基本上是通过承用前人旧切方式，从前人语音中的浊上读上的声调格局继承下来的。双高现象不但完满地揭示了"仍读上声"的生成渊源，而且也毫无悬念地将"非韵"语境塑造成仍读

---

① 因为承用韵书的字次很少，且与韵书相同者，无论其读上还是读去，都看不出音变，故不列人。

上声的集结地。由此我们可初步得出一个看法，"非韵"语境下"仍读上声"的高比例有浓重的承用前人旧音格局之嫌，不一定反映朱熹时代口语的真实读音。

2."入韵"语境的"仍上"音叶来源

"非韵"语境的音切如此，"入韵"语境情况又如何呢？上文表8的数据，"入韵"语境下虽然读去占绝大多数，但是还有仍读上声34字110次（34字原有102次，从"上去两读"转入8次），分别占总字、次数的40.9%、42.5%，比例仍比较高。这个处于"入韵"语境中"仍上"的比例是否反映实际语音，也应当查一查它们的音叶来源，见表10。不过"入韵"语境的音释相对复杂，为了简明起见，表10分作5项展示其音切来源，其中"从上去两读转入"的8次，全属第1项"直押上声"类，表中用"/"号将其与原有的字次分开。第3、第4两项的"叶他部"，是指被叶字本属诗韵的甲韵部，其所叶的音改入于诗韵的乙韵部，如"道，叶徒吼反"（鲁颂泮水），本属效摄皓韵的"道"叶音后入于流摄的厚韵。第5项"承前人"的"前人"包括陆、洪音或韵书音，不再细分。"小计"栏为本项字次数，但"道厚"等字有重复，字数计于首出项中，后出者不重复计数，自别语境转入者亦不计字数。

表10 "入韵"语境中仍读上声字次的音切情况及其来源

音切来源及方式	字次表：34字110次	小计
1、未注音直押上声	道6后3雉殄槛釜厚2/像咎辅3绪在2	7字23次
2、自制反切注音押上声	秬强	2字2次
3、自制反切叶他部去声	道昊待	2字3次
4、自制反切叶他部上声	道7簟皁否5负2苫稻近下33厚2夏2	9字56次
5、承前人上声音切	虞2兕僩摽絇沮3茡蕨皓缔重後10宛	14字26次

虽然号称"仍上"，但表10的5种音切来源方式反映的语音并不完全相同。第3、第4两种"叶他部"都是在不同韵部之间的转移改叶，至于声调是否有变，如果没有其他旁证，仅凭叶音难以确认，既然不能直接判定声调是否有变，读上还是变去就不能确认，把它们归于仍读上声，完全是出于无法确认其是否已变读去声的从严考虑。第5"承前人"音切的26次与"非韵"语境中的承前性质是相同的。5种方式的后3种共计25字85次，严格地说，它们都属于不能确认口语是否变读去声的一类。真正可以确认为实读上声的

只是第 1、第 2 两项的 9 字 25 次,在"入韵"语境的总数 86 字 256 次中所占比例:字 9.5%,次 9.7%,是很微小的,就算是在仍读上的 34 字 110 次中,也只占字 26.4%、次 22.7%,比例也很小。

针对 144 字 397 次使用的音切来源考察,我们看到无论在何种语境中,其"仍读上声"的部分都包含着数量不菲的承于前人雅音的成分,大致仍读上声的数值越大,所含前人旧音的比例就越高。由此我们可以确认,朱熹音叶中仍读上声的高数值和高比例因其含有强大的来自前人旧音的干扰,不足以代表朱熹时代实际语音。

五、剥离异质,提纯计量

既然现有统计数据"仍读上声"的高比率中杂有异质不足以反映南宋时代真实的口语读音,就有必要在统计中充分地剥离这些外来成分,以提纯统计数据的自然属性,尽可能规避人为因素的干扰。

可不可以从核查音切来源入手,纯取朱子自制音切来做考察?虽然这种做法能完全排除前人旧音的干扰,但同时也排除了"入韵"语境中未注音切直接押去声或上声韵的部分,而直接入韵之于声调观察的作用非常之大,绝不可忽略。提纯数据需要周全考虑,既要充分剥离异质成分,又要最大限度地保证体系的完整,结合来看,采用以入韵语境数据为主、以自制音切为辅的方式可能较为合理,即系统数据取"入韵"语境,补充数据取"非韵""他注"语境中的自制音切,主、辅数据结合统计,以期能最大限度地排除前人旧音的干扰,获取真正属于朱熹口语的浊上归去音变最为客观的统计数据。

要达到这个要求,在前文已有的"入韵""非韵"诸数据基础之上,还需要补上两种数据:一是"非韵"语境中的 9 字 12 次自制音切的读上读去的数据,一是"他注"语境中自制音切及读上读去的情况。

先查"非韵"表中自制音切的 9 字 12 次的读去读上情况,结果如下:

读去 3 字 4 次:"荇鴡何 2",读上 6 字 8 次:"湛蜓婷近上 2 下 2"。

其读上部分同样可分两类。一是难定上去的"近上 2 下 2"3 字 5 次。"近"注的是一个破读音,"上 2 下 2"所注音类符合韵书,只是用字不同,都属于无法判断变去声的一类,从严考虑都将它们列于"仍上"类中。二是真正的自制音切读上声:"湛蜓婷"3 字次。其中"湛,丁感反"(悲回风),笔者判断该音来自韵书"徒感反",是发生了浊音清化后仍读上声的音;"蜓,音典"（偐诗）同样是其韵书音"徒典切"一音的清化,但它的仍读上声是因为身处"蝘蜓"一词中被前音节同化[①];只有"婞,胡冷反"（离骚）看不出有没有清化,仍读上声。

再核查"他注"部分7字88次（7字本有26次,自其他语境转入62次）的承前、自制及读上、去的情况,见下表,表中仍将由其他语境转入的排后,用"/"隔开。

表11　"他注"语境中仍读上声字次的音切情况及其来源

读去20次（他语境转入15次）		读上68次（他语境转入47次）	
自制6次	鲍/似2户2罪	自制12次	厚8后4
承陆10次	叙2善/杜2似户罪弟士	承陆26次	善5但4丈5巨4是/甚在序绍待簟2
承洪4次	叙/静户弟	承洪30次	巨2/甚4户20罪4

综合表9、表10、表11,剔除非韵、他注语境中的承前部分,各项读上读去数据如下:

人韵语境:88字256次,其中读去54字146次,读上34字110次

非韵自制:9字12次,其中读去3字4次,读上6字8次

他注自制:6字18次,其中读去4字6次,读上2字12次

三数合计:103字,286次,其中读去61字156次,读上42字130次。

但读上的42字130次中有28字90次属于难以确定读上读去,包含"入韵"语境25字85次、"非韵"语境3字5次。下面按"读去""上去难定""仍上"三种数据,统计各自所占比例。

表12　"入韵"语境及其他自制音切上去音读统计

		总数	读去		难定上去		仍上	
			数量	占比%	数量	占比%	数量	占比%
语境分项	入韵	字	88	54	61.3	25	28.4	9	10.2
		次	256	146	57.0	85	33.2	25	9.7
	非韵自制	字	9	3	33.3	3	33.3	3	33.3
		次	12	4	33.3	5	41.6	3	25.0

① 刘晓南．朱熹音叶全浊清化再论 [J]．语文研究,2019（1）：33—41.

			总 数	读去		难定上去		仍上	
				数量	占比%	数量	占比%	数量	占比%
语境分项	他注自制	字	6	4	66.6	0	0	2	33.3
		次	18	6	33.3	0	0	12	66.6
	语境合计	字	103	61	59.2	28	27.1	14	13.5
		次	286	156	54.5	89	31.1	41	14.3

表 12 数据分为"语境分项"和"语境合计"两大部分，以粗线条分开。

语境分项，共有 16 个比例数据，其中"入韵"的读去比例依然高居榜首，字次数值也最大，明显是主流。其他各项字次数值较小，相应诸"占比"数据除"他注自制"因基数太小而生出了 2 个 66.6% 的畸型比例外，也都大致既小而又持平。

语境合计的比例，较之分项数据，对比度更为清晰，无论字次，其占比数的差异一目了然，即"读去"的比例均超越半数以上，"仍上"被压低在15% 以内。"难定上去"部分游移在上去之间，既不好全都归入仍上，也不便全归读去，简明的办法便是将其平分为二，读上读去各取一半，那么，全表读去与读上两项数据占比总计如下：

读去：字 59.2+13.5=72.7 　　读上：字 13.5+13.5=27.0

　　　　次 54.5+15.5=70.0 　　　　　次 14.3+15.5=29.8

至此，在排除人为干扰因素之后，我们终于获得了最为客观的对比度清晰的数据。这组数据显示变读去声的比例实际已经达到 70% 以上，俨然成为浊上字音变流向的主体，而仍读上声则龟缩在 30% 以下狭小的空间苟延残喘而已。7 比 3 的大比例告诉我们，朱熹时代浊上归去音变无论如何已经大大突破了四成的比例，在近代语音发展史上其真实的发展进程应当是早已超越音变的前期或中前期，说它正步入或已进入音变的尾声亦似不为过。

六、余论：全浊上声音变的性质

剥离朱熹音切中的承前旧音之后，统计变读去声和仍读上声的数值与比例，显示浊上归去的演变进程已达到七成以上，仅有三成以下的旧全浊上声音节是仍读上声的。三七开的比例，大概可以肯定浊上归去音变在朱熹时代已经发展到很深的程度了。

但如果要问：它离音变的终点还有多远？我们先得确认终点在哪里？不妨看看现代汉语。据那宗训的研究，中古全浊上声字在现代汉语语音中并没有全部变为去声，其变去与未变的比例是 8.5 比 1.5，也就是说变去的占 85%，未变的占 15%。那宗训由此得出如下观点："全浊上声字变为去声，确是音韵学上的一种现象。但我们绝不能说，所有的全浊上声字都变……把那些未变的字说成是例外，也是值得商讨的。似乎只能说一部分字变为去声，还有一部分字未变。"[①] 笔者赞同此说，因为 15% 的比例的确有点大，难说都是例外。如果说，直到现代汉语全浊上声字都没有完全变读去声，似乎还看不到所谓的"音变终点"，那么我们怎么可能替七百年前的朱熹语音的音变测出其达于终点的距离来。我们可以做的充其量就是对照各自的比例数据推测其古今差距：朱子时代变去比例为 70%，较之现代的 85%，其差距恐怕也只是一步之遥吧？仅从数字比例来看，朱熹之后浊上变去应当没有多大的发展空间了。

由此而产生一个新问题：该怎么认识全浊上声字仍读上声的"未变"？"未变"如果只是说全浊上声字保留上声读音，好像没有什么毛病，但如果像通常理解的那样，赋予"未变"这个术语以历史传承意涵的话，这就涉及是否存古的问题，有必要略作辨析。

少数全浊上声字"仍读上声"是一种存古现象吗？要论存古，存的是什么古？存的当然是"浊上"之古，罗常培说"盖古四声既因清浊而分阴阳，浊上复以'全浊''次浊'之异而分入阳去、阴上两类"[②]，请注意，罗先生所说的是上声因清浊而分为阴阳，浊上也就是阳上中的全浊上变入阳去，次浊上变为清上。

据我们的研究，朱熹音的全浊已经清化[③]，那些没有变入阳去的浊上字，留下来恐怕难说还是传统的浊上或阳上声调了，更大的可能是转读相应的清上。罗常培在《中原音韵声类考》一文中指出《中原音韵》中全浊上声字归去之后，特地表出犹存部分字（按，笔者从罗文中逐个算明为 29 字）归于相

① 那宗训 . 全浊上声字是否均变为去声 [J]. 中国语文，1995（1）：65.

② 罗常培 . 汉语音韵学导论 [M]. 北京：中华书局，1956：82.

③ 刘晓南 . 朱熹音叶全浊清化再论 [J]. 语文研究，2019（1）：33—41.

对的清上，或全清或次清，这个归属条理是非常清晰的①。从这个意义上说，朱熹时代的这个小比例的仍读上声字，即算能保住残存的阳上声调，那也一定为时不久，更有可能是随浊音清化而改变，即从其浊上或阳上的声调转入清上的声调了。由此看来，把"浊上归去"看作浊上字历史语音演变的全部似有欠全面。全面地看，恐怕应当包含两个部分，一为浊上变去，即全浊上声字大部分归入去声，一为浊上变清上，小部分全浊上声字与次浊字混入清上。完整地说，音变的性质是浊上声调消失②，而并非单纯的全浊上归去，全浊上归去仅仅是全体浊上字音变的一个部分而已。因此，无论朱熹音还是中原音韵音，中古全浊上声字仍读上声者恐怕都不是"未变"，而是由阳上或浊上变为阴上或清上，结果就是中古上声的浊上分别归入去声与清上，上声阴阳分别消失。

明确"仍上"部分转变为清上这一点尤为重要，它可以说明，为什么朱熹在非韵语境中的"难字正音"可以大量承用前人浊上读上的旧切且能行得通，就在于全浊清化之后原"浊音读上"的旧切是可以悄然地转换为"清音读上"的。即算口语中这些承前旧切的字实读去声，也不妨碍根据书面记读的雅音而将其以文读的方式读为相应的清上声调。正是因为全浊上归去的同时又有少量归清上，照书面音切拼读就可以切出清上声读，而形成与口语实读去声不同的异读，就如《韵镜》卷首《上声去音字》所谓"以士为史，以上为赏，以道为祷，以父母之父为甫"等等的转读，既有实际语音支持不排斥浊上读上，又有传统力量惯性的制约，甚至在传统力量的大惯性作用下，口语的实际读音还常常被认为"俗读"甚至是误读，这一切都造成了在口语音变势力很大的情况下，仍可以人为保持旧有格局的态势。这就是朱熹大规模承用前人旧音可以成立的原因吧。

综上所述，浊上归去的音变其实并不单纯，其实际表现是大部分变读去声，小部分归入清上，所以，与其说是浊上归去，还不如说是浊上消失乃至于上声的阴阳分别消失。但是，朱熹时代的浊上消失似尚未定型，从其仍上部分中一些字在朱熹口语百分之百读上声，如"道"字，在后续的发展中又

---

① 罗常培.《中原音韵》声类考 [M]// 罗常培. 罗常培语言学论文集.北京：商务印书馆，2004：91.

② 周德清《中原音韵序》云："字别阴阳者，阴阳字平声有之，上去各止一声……又可知上去二声各止一声，俱无阴阳之别矣。"又《正语作词起例》云"平声有阴有阳"，"上声无阳无阴"，"去声无阴无阳"明其浊上声调不存。

有所异动，终于在今天变读去声就可以看出这一点来。

参考文献

[1] 范新干.略论西晋时代的"浊上变去"[J].人文论丛，武汉：武汉大学出版社，1999：250—257.

[2] 范新干.浊上变去发端于三国时代考[J].汉语史研究集刊（第2辑），成都：巴蜀书社，2000：321—329.

[3] 黎新第.从量变看朱熹反切中的浊上变去[J].重庆师院学报（哲学社会科学版），1999（1）：73—82.

[4] 廖名春.从吐鲁番出土文书的别字异文看"浊上变去"[J].古汉语研究，1989（1）：41—43.

[5] 刘晓南.朱熹诗集传韵系新论[J].北斗语言学刊（第1辑），上海：上海古籍出版社，2016：33—59.

[6] 刘晓南.从朱熹音叶看南宋通语声母[J].薪火学刊（第5卷），上海：复旦大学出版社，2018：156—187.

[7] 刘晓南.朱熹音叶全浊清化再论[J].语文研究，2019（1）：33—41.

[8] 刘晓南.朱熹语音浊上变去字次考[J].汉字汉语研究，2019（1）：47—67，128—129.

[9] 罗常培《中原音韵》声类考[M]//罗常培.罗常培语言学论文集.北京：商务印书馆，2004：85—104.

[10] 罗常培.汉语音韵学导论[M].北京：中华书局，1956.

[11] 那宗训.全浊上声字是否均变为去声[J].中国语文1995（1）：61—65.

[12] 许世瑛.再考广韵全浊上声字朱熹口中所读声调[M]//许世瑛.许世瑛先生论文集.台北：弘道文化事业有限公司，1974.

[13] 王力.朱熹反切考[M]//王力文集：第十八卷.济南：山东教育出版社，1982.

[14] 杨耐思.《中原音韵》音系[M].北京：中国社会科学出版社，1981.

中古三四等韵在普通话四呼中的分布①

张英宇[1] 李智强[2]

（1. 美国国防语言学院 2. 美国旧金山大学）

摘要：本文比照《古今字音对照手册》记录的中古音和普通话读音，对三四等韵在普通话四呼中的音系分布和音变趋势进行了量化分析，统计出源于三四等韵的开口呼与合口呼字。同时讨论了普通话中三等韵单用与三四等韵合流这两种分布趋势。分析表明：三等韵单用出现在开齐合撮四呼中，三四等韵合流则出现于齐、撮呼和少量的合口呼中。文章指出，中古音的声韵组合特点对三四等韵在普通话四呼中的分布具有重要影响。

关键词：中古音；三等韵；四等韵；单用；合流；分布

一、引言

关于今音四呼与中古等呼的关系，粗略地说，普通话的开口呼来自中古开口一二等韵，合口呼来自合口一二等韵，齐齿呼来自开口三四等韵，撮口呼来自合口三四等韵②。但开合相互转化、洪细相互转化的现象也比较普遍。王力《汉语史稿》指出："四呼是近代汉语和现代汉语的特点；韵头的转化是具有比较普遍的规律的。开口可以变为齐齿，齐齿可以变为开口；开口可以

---

① 本文的语料收集、构思得到胡安顺教授的帮助，沈建民教授对文章提出中肯的修改意见。特此诚谢。

② （清）李光地《音韵阐微》凡例说："依韵辨音，各有呼法。旧分开合二呼，每呼四等。近来审音者于开口呼内又分齐齿呼，於合口呼内又分撮口呼，每呼二等，以别轻重。"

变为合口，合口可以变为开口；撮口可以变为合口，也可以变为开口。齐齿和合口、撮口的关系不密切，但也有齐齿变合口、撮口的特殊情况。除了零星的例外，凡是转化，都是有条件的，主要是受了声母的影响。"①丁声树、李荣研究开合口与四呼的关系，列举出中古声韵各类组合的北京今音均存在例外②。胡安顺以开口二等、三等与合口一等、三等为对象，归纳出中古音到今四呼的八类非规则音变现象③。本文在此基础上，穷尽统计了中古三四等韵与普通话四呼的对应关系。我们注意到三四等字与四呼的对应关系交错复杂，因此有必要量化分析其在普通话四呼中的实际分布。

本文统计了丁声树、李荣先生《古今字音对照手册》（以下简称《手册》）中的三四等字。④根据《手册》记录的中古音和普通话读音，我们着重考虑以下问题：今音开口呼、合口呼与中古三四等韵的关系，中古齐齿呼、撮口呼与三四等韵的关系，三四等韵在普通话四呼中的分布，三四等韵与声母有哪些搭配限制，其音变条件。

二、三四等韵在普通话四呼中的分布

根据本文统计，《手册》收入三四等字共 4431 个。其中三等字 3740 个，四等字 691 个。从等呼看，开口三等字 2405 个，合口三等字 1335 个；开口四等字 637 个，合口四等字 54 个。

从音系分布看，三等字分布在普通话的开齐合撮四呼中，四等字则分布在齐合撮三呼中。音韵学家或认为，宋元以来，三四等韵已演变为一个韵类⑤。通过观察《手册》中三四等字的语音结构，我们发现三四等韵在普通话四呼中呈出两种分布趋势：1. 三等韵单用；2. 三四等韵合流。其中，大约 68% 的三等字为单用，32% 的三等字与四等字合流。这种音系分布跟中古音的声韵组合特点有关。

---

① 王力 . 汉语史稿 [M]. 北京：中华书局，1980：136.

② 丁声树，李荣 . 汉语音韵讲义 [J]. 方言，1981（4）：257—258.

③ 胡安顺 . 音韵学通论 [M]. 北京：中华书局，2010：165—167.

④ 为了避免出现分类误差，本文未收《手册》第 209—212 页补遗部分散见的 39 个三四等字。

⑤ 丁声树，李荣 . 汉语音韵讲义 [J]. 方言，1981（4）：263—271. 竺家宁 . 声韵学 [M]. 台北：五南图书出版股份有限公司，2012：453—454.

本文所说的"三等韵单用"是指：在普通话中，三等韵不与四等韵共拼某种声母，即三等韵所用的声母，不与四等韵组合。本文所说的"合流"是指：三四等韵可与同一声母组合。这就是说，在特定声韵组合中，三等韵单用，音节只包括一个韵类；三四等韵合流，是两个韵类合二为一。根据统计，《手册》中三四等韵与普通话四呼的对应关系详见表1。

表1　《古今字音对照手册》中古三四等韵与普通话四呼对应

韵类四呼	语料原状				音变分布				
	三等韵		四等韵		三等韵单用	三四等合流		小计	百分比
	开口	合口	开口	合口		三等	四等		
开口呼	861	160			1021			1021	23%
合口呼	44	655		9	652	47	9	708	16%
齐齿呼	1464	65	637	19	507	1022	656	2185	49%
撮口呼	36	455		26	363	128	26	517	12%
总计	2405	1335	637	54	2543	1197	691	4431	100%
	3740		691		2543	1888			

三四等韵在普通话中的音系分布差异显著。从表1右图可以看出，单用的三等韵共有2543个字。这些字分布在开合齐撮口四呼中，约占三等韵总数的68%。其中开口呼的字数最多，为1021个。三四等韵合流有1888个字，主要分布在齐合撮三呼中。需要指出的是，表1中1021个开口呼字、652个合口呼字均来自单用的三等韵，56个合口呼字（47+9）来自合流的三四等韵，三者合计共1729个字，占《手册》所收录三四等字的39%。语言学家对这些字较少系统论述。

三、单用三等韵在普通话中的音系分布

从语音结构来看，语言学家普遍认为，中古三等韵带介音。例如王力先生认为，中古四等韵带 [-i-] 介音；为了区别三四等韵，他将三等韵的介音构拟为 [-ǐ-][①]。李荣、邵荣芬先生根据中古反切上字具有一二四等为一类、三等

[①]　王力. 汉语史稿 [M]. 北京：中华书局，2013：52.

另为一类的倾向，提出四等韵无介音，而将三等韵的介音构拟为 [-i-][1]。李新魁先生支持这一看法[2]。董同龢、竺家宁先生则认为，三等韵的介音具有辅音性，提出三等字的介音为 [-j-][3]。

从《手册》看，普通话开口呼、合口呼的来源不限于中古开合口一二等韵，不少开、合口字也来自三等韵。表2中的数据显示：在2543个单用三等字中，有66%的三等字为开口呼与合口呼，而齐齿呼与撮口呼字仅占34%，这种现象说明，多数三等韵的介音在历史音变中脱落了。

单用三等韵与普通话韵母的对应关系见表2。

表2　中古单用三等韵与普通话韵母对应表[4]

四呼	韵摄＼韵母	止	遇	蟹	效	假	流	通	臻	山	宕	梗	曾	深	咸	小计	百分比
开口呼	ï	102														102	40%
	ï	144		11				23				16	18	8		220	
	e				24		1	12				1	11	2	4	55	
	ei	54		4										1		59	
	en								89			4	1	42		136	
	eng							27				28	36			91	
	o							1								1	
	ou		1	1			75	5								82	
	a					8									2	10	
	ai										3					3	
	ao				33	2		4								39	
	an									68					35	103	
	ang										104					104	
	er	16														16	

(开口呼 小计 1021，百分比 40%)

[1] 李荣. 切韵音系 [M]. 北京：科学出版社，1956：113. 邵荣芬. 切韵研究 [M]. 北京：商务印书馆，1982：132.

[2] 李新魁. 李新魁自选集 [M]. 郑州：河南教育出版社，1993：37.

[3] 董同龢. 上古音韵表稿 [M]. 台北：史语所单刊甲种，1944：161. 竺家宁. 声韵学 [M]. 台北：五南图书出版股份有限公司，2012：336.

[4] 本文对四呼采用传统语音学的分类。董少文把ong归入合口呼，iong归入撮口呼。参见董少文. 语音常识 [M]. 香港：文化教育出版社，1958：56. 表2中 ong 和 iong 韵母有135个字，均来自通摄合口三等韵。见《手册》第202—206页、第208—209页。

续表

四呼	韵摄 韵母	止	遇	蟹	效	假	流	通	臻	山	宕	梗	曾	深	咸	小计	百分比
合口呼	u		170				13	78	19	1				1		282	
	uei	89		15												104	
	uen								52							52	
	uo		1					1		4	12	1				19	
	ua									1						1	652	26%
	uai	4								1						5	
	uan									43						43	
	uang										46					46	
	ong							99				1				100	
齐齿呼	in								144	1		2	1	59		207	
	iou						141	3								144	507	20%
	iao				22		2									24	
	iang										132					132	
撮口呼	ü	1	174				1	35	18			1	1			231	
	üe									11	10					21	363	14%
	üen								71	1				1	3	76	
	iong							31				4				35	
总计：		410	346	30	56	24	234	279	419	148	310	58	72	116	41	2543	100%

　　表2中，单用三等字来自早期的14个韵摄[①]，即：止遇蟹效假流、通臻山宕梗曾深咸等，包含29个韵系（见附录一），共计2543个字。这些单用三等字分布在普通话的31个韵母中，包括：开口呼有14个韵母，合口呼9个韵母，齐齿呼与撮口呼各4个韵母。总体来看，三等韵的 [-ǐ-] 介音在普通话开口呼与合口呼韵母中已经脱落；齐齿呼韵母保留了开口三等韵的 [-ǐ-] 介音；撮口呼韵母 [y] 由合口三等韵 [ǐu-] 演变而来[②]。

[①] 16韵摄中，江摄只含二等韵。单用三等韵中，果摄无字。

[②] 王力. 汉语史稿 [M]. 北京：中华书局，1980：171—174. 丁声树，李荣. 汉语音韵讲义 [J]. 方言，1981（4）：259.

（一）由单用三等韵演变为开口呼

根据我们的统计，三等韵演变为开口呼韵母，有 1021 个字，涉及普通话的 14 个韵母（见表 3）。这些字分别来自中古 14 个韵摄，在音变过程中，[-ĭ-][-ĭw-][-ĭu-] 介音脱落，由三等韵变为开口呼韵母[①]。例字见附录二。

表 3　三等韵单用普通话作开口呼字分布表

等呼	韵摄	韵母	帮组 双唇音 b p m	非组 唇齿音 f	精组 舌尖前 z c s	知庄章日 舌尖后 zh ch sh r	泥来 舌尖中 n l	见组 舌根音 g k h	小计	百分比
开口三等	止	ï			88	14			102	85%
	止 蟹 梗 曾 / 深	ï				220			220	
	假 臻 山 梗 / 曾 深 咸	e			13	42			55	
	止 蟹	ei	23						23	
	臻 曾 深	en				113			113	
	梗 曾	eng	1		3	60			64	
	通 流 效	ou	4	3	2	72			81	
	曾	ai				3			3	
	效 流 宕	ao	2			37			39	
	山 咸	an				72			72	
	宕	ang				77			77	
	止	er				16			16	
小计									865	
合口三等	止 蟹 深	ei		25		1	9	1	36	15%
	臻	en		21		2			23	
	通	eng	1	26					27	
	臻	o				1			1	
	遇	ou				1			1	
	山 咸	a		10					10	
	山 咸	an		31					31	
	宕	ang	2	25					27	
小计									156	
总计：			33	142	106	730	9	1	1021	100%

---

① 本文采用王力先生对《广韵》韵部的拟音。参见王力.汉语史稿 [M].北京：中华书局，1980：52—54.

单用三等韵的开口呼字有两个来源：开口三等、合口三等。来自开口三等的开口呼字共 865 个，占表 3 总数的 85%。来自合口三等的开口呼字有156 个，占 15%。

从音系分布看，单用三等韵开口呼韵母的介音脱落发生在特定的声韵组合中，主要是当唇齿音、舌尖前音、舌尖后音与三等韵拼合时。表 3 中的数据显示，唇齿音 142 个字，舌尖前音 106 个字，舌尖后音 730 个字，三者共计 978 个字，占本类开口呼字的 96%。跟这三组声母拼合时，三等韵介音 [-ǐ-][-ǐw-][-ǐu-] 发生脱落。

具体来说，来自开口三等的开口呼字是介音脱落的结果，主要发生在当声母的发音部位为唇齿音、舌尖前音以及舌尖后音时。这三组声韵组合中，三等韵的介音脱落可分两种：第一，[-ǐ-] 介音脱落。音变条件是：当"止蟹臻山效假宕梗曾流深咸"等摄的开口三等与非组、精组、知庄章组以及日母组合时，[-ǐ-] 介音脱落，主要元音变为一般非高元音。第二，介音脱落，韵母变为跟声母部位相同或相近的元音。音变条件是：当止摄开口三等支脂之韵与精组声母组合，韵母变为舌尖前元音 [ɿ]；[①] 与日母组合，韵母变为卷舌元音 [ɚ]；当知庄章组与支脂之韵及入声韵组合，韵母变为舌尖后元音 [ʅ]。

来自合口三等的开口呼是合口介音脱落的结果，主要发生在跟唇齿音拼合时。在宋初，帮组与合口三等韵（"通止遇蟹臻山宕深咸"等摄合口三等）组合变成非组 [pf][pfʰ][bv]，其后介音 [-ǐw-][-ǐu-] 脱落，导致韵母变成开口呼。例字见附录二。

（二）由单用三等韵转变为合口呼

三等韵演变为合口呼韵母，有 652 个字，涉及普通话的 9 个韵母。其中，来自合口三等韵的合口呼字有 609 个，占表 4 总数的 93%；来自开口三等的合口呼字有 43 个（见表 4）。这些字分布在中古的 8 个韵摄中。在音变过程中，前高元音 [-ǐ-] 从 [-ǐw-][-ǐu-] 介音中消失，由三等韵变为合口呼韵母。例字见附录三。

---

① 表3第一栏的102个三等字，韵母为 [ɿ]；其中14个字的声母来自庄初崇生。见《手册》第37—39页及第22页。

表 4　三等韵单用普通话作合口呼字分布表

等呼	韵摄	韵母	帮组 双唇音 b p m	非组 唇齿音 f	精组 舌尖前 z c s	知庄章日 舌尖后 zh ch sh r	泥来 舌尖中 n l	见组 舌根音 g k h	喉音 零声母 Ø	小计	百分比
开口三等	流 通	u		12		1				13	43　7%
	止	uei							1	1	
	宕	uo				13				13	
	宕	uang				16				16	
合口三等	通遇臻	u	5	78	11	148	7	1	19	269	609　93%
	止蟹	uei			28	29			46	103	
	臻	uen			8	24	5		15	52	
	山通遇	uo				6				6	
	山	ua							1	1	
	止臻	uai				5				5	
	山	uan				31			12	43	
	宕	uang						14	16	30	
	通	ong			24	54	10	12		100	
总计：			5	90	71	327	22	27	110	652	100%

　　三等韵变为合口呼与变为开口呼，在音系分布上很相似。从表 4 看，前高元音 [ǐ] 从合口三等 [-ǐw-][-ǐu-] 介音中消失的音变现象主要发生在声母为唇齿音、舌尖前音、舌尖后音以及零声母的声韵搭配中。按数据排序，舌尖后音 327 个，零声母 110 个，唇齿音 90 个，舌尖前音 71 个，共 598 个字，占表 4 总数的 92%。由于前高元音 [-ǐ-] 消失，介音或主要元音变为 [u]（来自开口三等的合口呼字亦如此），从而变为合口呼。

　　本类合口呼与开口呼的差异是：开口呼没有零声母字，而合口呼零声母字则多达 110 个，分布在 u、uei、uen、ua、uan、uang 六个韵母中，其中 109 字来自合口三等韵，只有 1 字来自开口三等韵。声母大多来自微母（69 个）和疑影云以四母。本类合口呼的特点是：舌尖后音与三等韵组合的字最多；唇齿音既与合口三等组合，也与开口三等组合。就《手册》所收的字来看，来自流摄开口三等的字有 12 个（浮蜉桴罘涪妇负阜富副覆复），来自通摄合口三等的字有78个[①]。这就是说，普通话中与唇齿音组合的合口呼字，有开合口两个来源。唇齿音 [f] 可与开合口三等韵组合，说明它保留了中古唇音无开合口对立的音系特点[②]。

从音系分布看，单用三等韵转变为开口呼与合口呼的音系分布异同如下：

表5　源自单用三等韵的开口呼与合口呼音系分布表

等呼	帮组	非组	精组	知庄章日	泥来	见组	喉音	小计
	双唇音	唇齿音	舌尖前	舌尖后	舌尖中	舌根音	零声母	
	b p m	f	z c s	zh ch sh r	n l	g k h	Ø	
开口呼	33	142	106	730	9	1		1021
合口呼	5	90	71	327	22	27	110	652
总计	38	232	177	1057	31	28	110	1673
	2%	14%	10%	63%	2%	2%	7%	

上表显示：在普通话中，三等韵演变为开口呼、合口呼，主要发生在声母为唇齿音、舌尖前音、舌尖后音和零声母的音节中，四者共1576个字，占表5总数的94%。

在单用的三等韵中，舌尖后音与三等韵组合导致的这种音变最为常见，它发生在普通话12个开口呼、8个合口呼韵母中（见表3、表4），共涉字数1057个。舌尖后音来自中古知组、庄章组和日母[③]，共与"东三钟支脂之鱼祭真谆臻仙宵麻三阳清蒸尤侵盐"等19个三等韵组合。在普通话中上述三等韵与舌尖后音组合，介音 [-ǐ-] 均脱落了，变为开口呼与合口呼。

舌尖后音与三等韵组合致使 [-ǐ-][-ǐw-][-ǐu-] 等介音脱落。从发音生理的角度看，舌尖后音的发音容易受前高元音 [i] 的同化影响，变成跟 [i] 发音部位接近的舌面前擦音。[-ǐ-] 介音脱落，可以避免这种同化作用的出现。舌尖后音与止摄开口三等支脂之韵组合，使韵母变成跟舌尖后音发音部位相近的舌尖后高元音 [ɿ]。舌尖后音与其他摄的三等韵组合[④]，则导致 [-ǐ-] 介音脱落，或

① 胡安顺认为，北宋初年，帮滂並三母逢合口三等韵和流摄开口三等韵，则变为非敷奉。参考胡安顺.音韵学通论 [M].北京：中华书局，2010：159.
② 李荣.音韵存稿 [M].北京：商务印书馆，2014：56—62.竺家宁.声韵学 [M].台北：五南图书出版股份有限公司，2012：330.
③ 单用三等韵开、合口呼包括115个庄组字，其中65个字变为舌尖后音，50个字变为舌尖前音.
④ 舌尖后音共与14个韵摄组合，除江、果摄字.

[-ĭ-] 从 [-ĭw-][-ĭu-] 介音中消失。

舌尖前音是齿龈音，发音时舌尖与上齿龈之间在声腔内形成收紧点，气流通过时出现噪声声源。舌尖前音与开口三等支脂之韵组合，韵母变为跟舌尖前音发音部位相近的舌尖前高元音 [ʅ]；与其他三等韵母组合，则导致其 [-ĭ-] 介音脱落。

在《手册》中，唇齿音与三等韵组合共有 232 个字。其中在演变为 142 个开口呼的字中，有 98% 的字来自合口三等（见表 3）。而在变为 90 个合口呼的字中，只有 12 个来自开口三等（见表 4）。这种现象说明，三等韵与唇齿音组合时，原合口三等易转化为开口呼，而原开口三等不易转变为合口呼。

（三）由单用三等韵转变为齐齿呼与撮口呼

《手册》的统计数据表明：凡是单用三等韵到普通话转变为齐齿、撮口呼的，开口三等字大多数变成了齐齿呼，合口三等字大多数变成了撮口呼，例外很少。详见表 6。

在表 6 中，齐齿呼、撮口呼共有 870 个字，占单用三等字总数（2543）的 34%。这两类韵母均主要与精组、泥组及见系声母组合。二者的差异是：撮口呼（原合口三等）不与帮组声母组合①。

---

① 丁声树，李荣. 汉语音韵讲义 [J]. 方言，1981（4）：256.

表6　单用三等韵在普通中齐齿呼撮口呼字分布表

齐齿呼

等呼	韵摄	韵母	帮组 双唇音 b p m	见组 舌面前 j q x	精组 舌面前 j q x	泥来 舌尖中 nl	疑影云以 零声母 Ø	小计
开口三等	效	iao	24					24
	宕	iang		24	54	23	31	132
	山 梗 臻 曾 深	in	45	42	45	27	48	207
	流	iou	1	40	32	24	45	142
	通	iou				2	2	2
总计:			70	106	131	76	124	507

撮口呼

韵母	韵摄	见组 舌面前 j q x	精组 舌面前 j q x	泥来 舌尖中 nl	疑影云以 零声母 Ø	小计
ü	止			1		1
üen	曾				2	2
ü	遇	84	42	21	83	230
üe	梗 曾 山			5	16	21
üen	深 臻	13	36		25	74
iong	梗 通 流				35	35
总计:		97	78	27	161	363

四、三四等韵的合流

在《手册》中，三四等韵合流有 1888 个字，占三四等总数 4431 字的 43%。三四等韵合流发生在"通止蟹臻山效果假宕梗曾流深咸"14 个韵摄中，共涉及 29 个韵系[①]，分布在普通话 9 个韵母中，详见表 7。

表 7　中古三四等韵在普通话中的合流分布表

韵摄	韵部	等呼	i	ie	iao	ian	ing	uei	üe	üan	iong	例外	小计	
止	支纸寘	三等	113			12							125	347
	脂旨至	三等	82			17							99	
	之止志	三等	79										79	
	微尾未	三等	31			13							44	
蟹	齐荠霁	四等	155	1		9							165	191
	○○祭	三等	19			3							22	
	○○废	三等	2			2							4	
效	宵小笑	三等			66								66	136
	萧篠啸	四等			70								70	
果	戈○○	三等		2					2				4	4
假	麻马禡	三等		28					1				29	29
流	尤○宥	三等	1		1								2	2
通	东○○屋	三等									8		8	18
	钟○○○	三等									10		10	
臻	真○震质	三等	37	1			2						40	49
	○○○物	三等							3				3	
	○○○迄	三等	6										6	
山	元阮愿月	三等		8		20			7	39			74	479
	仙狝线薛	三等		26		113			5	59			203	
	先铣霰屑	四等		52		124			9	17			202	
宕	○○○药	三等			10				11				21	21

[①] 李荣、李新魁认为三等韵有 30 个韵。《手册》中三四等韵合流，无幽韵字。参见李荣.切韵音系 [M].北京：科学出版社，1956.李新魁.李新魁自选集 [M].郑州：河南教育出版社，1993：22.

续表

韵摄	韵部	韵母等呼	i	ie	iao	ian	ing	uei	üe	üan	iong	例外	小计	
梗	庚梗映陌	三等	5				52				3		60	
	清静劲昔	三等	47	3			67				6		123	373
	青迥径锡	四等	58				121				11		190	
曾	蒸○证职	三等	27				21						48	48
深	○寝○缉	三等	26			1	1						28	28
咸	盐琰艳叶	三等		13		75							88	
	添忝添帖	四等		18		41						5	64	163
	严俨酽业	三等		4		6			1				11	
总计:			688	156	147	380	264	56	39	115	38	5		1888
			1635					56	192			5		

表 7 中，蟹效山梗咸各摄内，三四等韵一一对应，呈现在普通话的同一韵母中。据此推断：三四等韵合流，首先发生在同摄邻韵的三四等韵中。《中原音韵》的韵部归并，大致可支持我们的推断。在《中原音韵》中，三四等韵呈现出全面合流的现象[1]。据宁继福先生《中原音韵表稿》[2]，此将《广韵》同摄开口三四等邻韵在《中原音韵》中的合流情况归纳如下：[3]

表 8　中古同摄开口三四等邻韵与《中原音韵》韵部合流表

摄别	《广韵》		《中原音韵》		普通话读音	《广韵》		《中原音韵》		普通话读音
	平上去					入声				
	三等	四等	韵部	拟音		三等	四等	韵部	拟音	
蟹	祭	齐	齐微	i	i ï				ei	ei
效	宵	萧	萧豪	iɛu	iao					

---

[1] 李新魁指出，《五音集韵》中，大多数的纯四等韵与三等韵合并，但齐韵和青韵未与三等韵合并。《四声等子》《切韵指掌图》中，三四等韵已合流。参见李新魁. 中古音 [M]. 北京：商务印书馆，2000：120—122.

[2] 宁继福. 中原音韵表稿 [M]. 长春：吉林文史出版社，1985：232.

[3] 本文采用杨耐思《中原音韵音系》的拟音。参见杨耐思. 中原音韵音系 [M]. 北京：中国社会科学出版社，1981：76—186.

续表

摄别	《广韵》		《中原音韵》		普通话读音	《广韵》		《中原音韵》		普通话读音
	三等	四等	平上去			三等	四等	入声		
			韵部	拟音				韵部	拟音	
山	仙	先	先天	iɛn	ian					
	仙		寒山	ian	ian	薛	屑	车遮	iɛ	ie
梗	清	青	庚青	iəŋ	ing	昔	锡	齐微	i	i
咸	盐	添	廉纤	iɛm	ian	叶	帖	车遮	iɛ	ie

三四等韵合流形成两种分布状态：第一，同韵母必含中古同摄邻韵的三四等字；第二，其他韵部融入合流，遵循韵尾相同的音变原则。例如阴声韵齐祭、宵萧合流，其他三等韵韵部的入声韵尾 [-k][-p][-t] 脱落，融入合流，普通话韵母变为 i、ei、iao 等。又如阳声韵仙先、盐添合流，其他三等韵的 [-m] 韵尾并入 [-n]，普通话韵母变为 ian。再如清青韵合流，普通话韵母变为 ing。《手册》中源于三四等韵合流的齐齿呼分布概况参见附录四。

在普通话中，三四等韵合流后分布在齐、合、撮三呼中，《手册》中共收 1888 字，三等 1197 字，四等 691 字。其中齐齿呼 1640 字，约占合流总数的 87%；合口呼 56 字，约占合流总数的 3%；撮口呼 192 字，约占合流总数的 10%。共涉韵母 i、ie、iao、ian、ing、uei、iong、üe、üan 9 个 [①]。中古三四等韵在普通话中的合流分布情况见表 9。

从《手册》看，三四等韵合流的重要前提是：帮滂並明、精清从心、见溪疑、影晓来母，均与三四等韵组合；泥（娘）也与三四等韵组合（见附录五）。这种基于声母语音特征的搭配关系，为三四等韵合流提供了必要条件。

从表 9 看，三四等韵合流多集中分布在齐齿呼 i、ie、iao、ian、ying 等 5 个韵母中，共计 1635 个字，占表 9 总数 1888 字的 87%。

---

① 《手册》收了 5 个 ia 韵母的四等字"荚颊鋏侠挟"，三等字今音无读 ia 者。

表9　中古三四等韵在普通话中总体合流分布表

韵摄	开合	韵部	等次	四呼	韵母	帮组 b p m	端组、疑 d t n	来 l	见组 g k h	见组 j q x	精组 j q x	喉音 ∅	例外	小计
止蟹臻梗曾流深咸	开口	支脂之微废尤 / 质昔职陌业缉	三等	齐齿	i	105	12	57		139	48	114		688
		齐	四等			29	77	28		47	23	9		
		麻 / 叶帖	三等		ie	7	9	8		17	27	17		156
			四等			12	24	1		23	9	2		
		麻 / 业	三等		ia								5	5
		宵 / 萧药	三等		iao		29	4		15	37	21		147
			四等				6	15		12	7	7		
		仙盐 / 先添	三等		ian	44	59	16		41	49	59		380
			四等			17	1	8		39	28	14		
		清蒸庚 / 青	三等		ing	35	47	10		34	27	36		264
			四等			19		22		22	8	3		
止蟹	合口	支脂祭 / 齐	三等	合口	uei				46					56
			四等						9				1	
通梗	合口	钟 / 东	三等		iong					27				38
			四等							11				
山	开合口	元仙 / 先	三等	撮口	üan					31	30	37		115
			四等							16		1		
臻山果假咸	开合口	月药 / 薛屑业	三等		üe					19	11			39
			四等							9				
总计						268	264	169	55	502	304	320	6	1888

小计：1640（齐齿）　56（合口）　192（撮口）　合计 1888

端组于细音只与开口四等韵组合（参见附录七），分布在普通话 i、ie、iao、ian、ying 等五个韵母中。疑母于细音与三四等韵组合，《手册》中有 19 个字的声母音演变为 [n]，分布在 i、ie、ing 等三个韵母中（参见附录五）。

表 9 中的 iong 韵母，来自合口三四等韵，实际上是撮口呼，其韵头国际音标为 [y]，只是《汉语拼音方案》记作 iong 而已。üe 韵母来自开口三四等与合口四等韵，仅与来自见组和精组的舌面前音组合，《手册》中共收 39 个字，表 9 另列为"开合口"类。

三四等韵合流从今音看，主要发生在舌面前音、零声母、双唇音以及舌尖中音部位。其中舌面前音与三四等韵合流最为普遍。由见组声母变来的舌面前音 [tɕ][tɕʰ][ɕ] 与 i、ie、iao、ian、ing（来自开口三四等）和 iong、üan、üe（来合口三四等）等韵组合的字共 502 个，占表 9 舌面前音组总数 806 字的 62%。由精组声母变来的舌面前音 [tɕ][tɕʰ][ɕ] 与齐齿呼 i、ie、iao、ian、ing（来自开口三四等）等韵母组合的字均较多，与撮口呼组合则较少；这组声母不与 iong 韵母组合，可与 üan、üe（来自合口三等）韵母组合，合计 304 个字，占表 9 本类组合总数的 38%。这种情况说明，来自见组的舌面前音比来自精组的舌面音分布完整。

零声母字主要来自中古"影疑云以"四母，共 320 字。其三四等韵合流分两类：第一，"影疑"两母同时与三四等韵组合，形成合流。第二，"以云"二母只与三等韵组合。但其读音与合流的"影疑"母三四等字同音，因此也归入三四等韵合流（例字见附录六）。

泥娘两母《手册》主张不分，因此书中泥母实际包括了娘母，故与三四等韵均可组合。邵荣芬先生主张泥、娘分开①。早期等韵图显示泥母与一四等韵组合，娘母与二三等组合②。本文中的泥母同于《手册》的主张，即指娘母分化以前的泥母。《手册》中泥母与三四等韵组合共有 45 个字（例字见附录五）③。

根据本文的归纳与分析，中古三四等韵在普通话中单用与合流总体分布如下：

---

① 邵荣芬 . 切韵研究 [M]. 北京：商务印书馆，1982：11.

② 鲁国尧 . 宋本广韵（附韵镜、七音略）[M]. 南京：江苏教育出版社，2008.

③ 见《手册》第 29 页、第 51 页、第 76 页、第 141 页和第 196 页

表 10　中古三四等韵在普通话中单用与合流总体分布表

类别	等呼	四呼	非组	精组	知庄章日	端组	帮组	见组	精组	泥来	见组	喉音	其他	小计	
			f	z c s	zh ch sh r	d t n	b p m	j q x		n l	g k h	Ø			
单用	三等	开口呼	142	106	730		33				9	1		1021	2543
		合口呼	90	71	327		5				22	27	110	652	
		齐齿呼					70	106	131	76		124		507	
		撮口呼						97	78	27		161		363	
合流	三四等	齐齿呼				264	268	394	263	169		282		1640	1888
		合口呼									53		3	56	
		撮口呼						113	41			38		192	
总计			232	177	1057	264	376	1223		303	81	715	3	4431	

五、结论

根据本文统计,《古今字音对照手册》共收中古三四等字 4431 个, 其中三等字 3740 个, 四等字 691 个。在普通话中, 有 1021 个开口呼字来自开口三等与合口三等韵 (参见表 3)。有 652 个合口呼字来自合口三等与少量的开口三等韵 (参见表 4), 有 56 个合口呼字来自合流的合口三四等韵 (参见表 9), 二者合计为 708 个字。数据显示, 中古三四等韵到普通话中, 大约 39% 的字变成了开口呼或合口呼。数据同时显示, 中古三四等韵具有两种分布趋势: 三等韵单用、三四等韵合流。三等韵单用有 2543 字, 分布在开、齐、合、撮四呼中。三四等韵合流有 1888 字 (三等字 1197 个, 四等字 691 个), 分布在齐、撮呼和少量的合口呼中。数据表明, 中古音的声韵组合特点对三等韵单用、三四等韵合流及其在普通话四呼中的分布具有重要影响。

参考文献

[1] 北京大学中文系现代汉语教研室. 现代汉语 [M]. 北京: 商务印书馆, 2015.

[2] 丁声树, 李荣. 古今字音对照手册 [M]. 北京: 中华书局, 1981.

[3] 丁声树, 李荣. 汉语音韵讲义 [J]. 方言, 1981 (4): 241—275.

[4] 董少文. 语音常识 [M]. 香港: 文化教育出版社, 1958.

[5] 董同龢 . 上古音韵表稿 [M]. 台北：史语所单刊甲种，1944.

[6] 董同龢 . 汉语音韵学 [M]. 台北：台北文史哲出版社，1991.

[7] 郭锡良 . 汉字古音手册 [M]. 北京：商务印书馆，2014.

[8] 胡安顺 . 音韵学通论 [M]. 北京：中华书局，2010.

[9] 黄伯荣，廖序东 . 现代汉语 [M]. 北京：高等教育出版社，2002.

[10] 李新魁 . 中原音韵音系研究 [M]. 郑州：中州书画社，1983.

[11] 李新魁 . 李新魁自选集 [M]. 郑州：河南教育出版社，1993.

[12] 李新魁 . 中古音 [M]. 北京：商务印书馆，2000.

[13] 李荣 . 切韵音系 [M]. 北京：科学出版社，1956.

[14] 李荣 . 音韵存稿 [M]. 北京：商务印书馆，2014.

[15] 李智强 . 生成音系学的音节理论 [J]. 外语教学与研究，1997（4）：5—12.

[16] 林焘，王理嘉 . 语音学教程 [M]. 北京：北京大学出版社，1992.

[17] 林焘，耿振生 . 音韵学概要 [M]. 北京：商务印书馆，2004.

[18] 鲁国尧 . 宋本广韵（附韵镜、七音略）[M]. 南京：江苏教育出版社，2008.

[19] 宁继福 . 中原音韵表稿 [M]. 长春：吉林文史出版社，1985.

[20] 邵荣芬 . 切韵研究 [M]. 北京：商务印书馆，1982.

[21] 商务印书馆 . 词源 [M]. 北京：商务印书馆，1989.

[22] 唐作藩 . 音韵学教程 [M]. 北京：北京大学出版社，1987/2014.

[23] 王洪君 . 汉语非线性音系学 [M]. 北京：北京大学出版社，2008.

[24] 王力 . 汉语史稿 [M]. 北京：中华书局，1980/2013.

[25] 王力 . 汉语音韵 [M]. 北京：中华书局，1980.

[26] 王力 . 汉语音韵学 [M]. 北京：中华书局，1982.

[27] 王力 . 汉语语音史 [M]. 北京：中国社会科学出版社 / 商务印书馆，1985.

[28] 许世瑛，刘德智 . 音注中原音韵 [M]. 台北：台湾广文书局印行，1986.

[29] 杨耐思 . 中原音韵音系 [M]. 北京：中国社会科学出版社，1981.

[30] 中国社会科学院语言研究所 . 现代汉语词典（第5版）[M]. 北京：商务印书馆，2009.

[31] 竺家宁 . 声韵学 [M]. 台北：五南图书出版股份有限公司，2012.

附录一：

中古三等韵五家拟音比较表

韵摄	韵系	王力	邵荣芬	李荣	董同龢	竺家宁
通	东	ĭuŋ	iuŋ	iuŋ	juŋ	juŋ
	钟	ĭwoŋ	ioŋ	ioŋ	juoŋ	juoŋ
止	支	ĭe, ĭwe	iɛ	ie, iue	je, jue	je, jue
	脂	i, wi	iɪ	i, ui	jei, juei	jei, juei
	之	ĭə	ie	iə	(j) i	jə
	微	ĭəi, ĭwəi	iəi	iəi, iuəi	jəi, juəi	jəi, juəi
遇	鱼	ĭo	iɔ	iå	jo	jo
	虞	ĭu	io	io	juo	ju
蟹	祭	ĭɛi, ĭwɛi	iæi, iuæi	iäi, iuäi	jæi, juæi	jæi, juæi
	废	ĭei, ĭwei	iɐi, iuɐi	iɐi, iuɐi	jɐi, juɐi	jɐi, juɐi
臻	真	ĭĕn, ĭwĕn	ien, iuen	iĕn	jen	jen
	谆	ĭuĕn		iuĕn	juen	juen
	臻	ĭen		iĕn	en	en
	文	ĭuən	iuən	iuən	juən	juən
	欣	ĭən		iən	jən	jən
山	元	ĭɐn, ĭwɐn	iɐn, iuɐn	iɐn, iuɐn	jɐn, juɐn	jɐn, juɐn
	仙	ĭɛn, ĭwɛn	iæn, iuæn	iän, iuän	jæn, juæn	jæn, juæn
效	宵	ĭɛu	iæu, jæu	iäu	jæu	jæu
果	戈	ĭɑ, ĭuɑ	iâ, iuâ	iâ, iuâ	jɑ, juɑ	jɑ, juɑ
假	麻	ĭa	ia	ia	ja, ua	ja, ua
宕	阳	ĭaŋ, ĭwaŋ	iaŋ, iuaŋ	iaŋ, iuaŋ	jaŋ, juaŋ	jaŋ, juaŋ
梗	庚	ĭɐŋ, ĭwɐŋ	iaŋ, iuaŋ	iɐŋ, iuɐŋ	jɐŋ, juɐŋ	jɐŋ, juɐŋ
	清	ĭɛŋ, ĭwɛŋ	iæŋ, iuæŋ	iäŋ, iuäŋ	jɛŋ, juɛŋ	jæŋ, juæŋ
曾	蒸	ĭəŋ	ieŋ, iueŋ	iəŋ	jəŋ	jəŋ
流	尤	ĭəu	iəu	iu	ju	jəu
	幽	iəu	ieu	iĕu	jəu	jou
深	侵	ĭĕm	iem	iəm	jem	jəm
咸	盐	ĭɛm	iæm	iäm	jæm	jæm
	严	ĭɐm	iɐm	iɐm	jɐm	jɐm
	凡	ĭwɐm	iɐm	iuɐm	juɐm	juɐm

附录二：

由中古三等韵演变来的开口韵今读例表

招	效开三平宵章 [ĭεu]	ao
朝	效开三平宵澄 [ĭεu]	ao
上	宕开三去漾禅 [ĭaŋ]	ang
攘	宕开三平阳日 [ĭaŋ]	ang
色	曾开三入职生 [ĭək]	e
潛	深开三去沁庄 [ĭĕm]	en
身	臻开三平真书 [ĭĕn]	en
搜	流开三平尤生 [ĭəu]	ou
伐	山合三入月奉 [ĭwɐt]	a
范	咸合三上范奉 [ĭwɐm]	an
方	宕合三平阳非 [ĭwaŋ]	ang
飞	止合三平微非 [ĭwəi]	ei
芬	臻合三平文敷 [ĭuən]	en
捧	通合三上肿敷 [ĭwoŋ]	eng
梦	通合三去送明 [ĭuŋ]	eng

附录三：

由中古三等韵演变来的合口韵今读例表

目	通合三入屋明 [ĭuk]	u
府	遇合三上麌非 [ĭu]	u
伟	止合三上尾云 [ĭwəi]	uei
專	山合三平仙章 [ĭwɛn]	uan
晚	山合三上阮微 [ĭwɐn]	uan
准	臻合三上准章 [ĭuĕn]	uen
春	臻合三平谆昌 [ĭuĕn]	uen
筐	宕合三平阳庄 [ĭwaŋ]	uang
富	流开三去宥非 [ĭəu]	u
入	深开三入缉日 [ĭĕp]	u
床	宕开三平阳崇 [ĭaŋ]	uang

附录四：

中古三四等韵与今齐齿呼对应表

等呼	中古韵部 邻韵		中古韵部 其他韵部						中原音韵 韵部	普通话 韵母	字数
三等	祭 [ǐɛi]	昔 [ǐɛk]	支 [ǐe]	脂 [i]	之 [ǐə]	微 [ǐəi]	废 [ǐɐi]	尤 [ǐəu]	齐微 [i]	i	688
				质 [ǐĕt]	迄 [ǐət]	陌 [ǐɐk]	职 [ǐək]	缉 [ǐĕp]			
四等	霁 [iei]	锡 [iek]									
三等	薛 [ǐɛt]	叶 [ǐɛp]	麻 [ǐa]	戈 [ǐɑ]	业 [ǐɐp]	月 [ǐɐt]	质 [ǐĕt]	昔 [ǐɛk]	车遮 [iɛ]	ie	156
四等	屑 [iet]	贴 [iep]	齐 [iei]								
三等	宵 [ǐɛu]		宥 [ǐəu]	药 [ǐak]					萧豪 [iau] [iɛu]	iao	147
四等	萧 [ieu]										
三等	仙 [ǐɛn]	盐 [ǐɛm]	元 [ǐɐn]	严 [ǐɐm]	缉 [ǐĕp]				先天 [iɛn]	ian	380
四等	先 [ien]	添 [iem]									
三等	清 [ǐɛŋ]		庚 [ǐɐŋ]	蒸 [ǐəŋ]	真 [ǐĕn]	寝 [ǐĕm]			庚青 [iəŋ]	ing	264
四等	青 [ieŋ]										

附录五：

中古疑、泥母与部分三四等韵拼合音变例表

ní　　泥　　　　　　　蟹開四平齊泥

倪霓魔猊輗齯蜺　　蟹開四平齊疑

	尼	止開三平脂泥
nǐ	你	止開三上止泥
	擬儗	止開三上止疑
nì	逆	梗開三入陌疑
niē	捏	山開四入屑泥
niè	聶鑷躡	咸開三入葉泥
	孽蠥櫱闑	山開三入薛疑
	臬臲隉	山開四入屑疑

附录六：

中古声母为疑影云以、韵母为三四等的字今读例表

yì	刈乂	蟹開三去廢疑
	詣羿	蟹開四去霽疑
	縊翳	蟹開四去霽影
	誼議	止開三去寘疑
	易	止開三去寘以
	意	止開三去志影
	異廙	止開三去志以
	邑悒浥	深開三入緝影
	熠	深開三入緝云
	屹仡	臻開三入迄疑
	溢逸佚	臻開三入質以
	憶億抑	曾開三入職影
	翼翊	曾開三入職以
	鶃艗	梗開四入錫疑

附录七：

中古端组四等字今读例表

dī	低羝氐隄鞮磾	蟹開四平齊端
	滴	梗開四入錫端

dí	的的確嫡鏑	梗開四入錫端
	笛迪敵狄荻翟糴覿滌	梗開四入錫定
dǐ	底抵牴（觝）邸柢弤	蟹開四上薺端
dì	帝蒂（蔕）諦	蟹開四去霽端
	弟悌娣	蟹開四去薺定
	第遞棣柣睇褅締	蟹開四去霽定
	的目的玓	梗開四入錫端
	（例外：地	止開三去至定）
tī	踢剔	梗開四入錫透
dié	蝶	咸開四入帖定
tiē	貼帖妥帖	咸開四入帖透
diāo	刁貂凋	效開四平蕭端
tiāo	佻挑祧	效開四平蕭透
tiān	添	咸開四平添透
tiān	天	山開四平先透
tián	甜恬湉菾	咸開四平添定
tián	田填闐	山開四平先定
tiǎn	忝舔（*餂）	咸開四上忝透
	腆淟靦	山開四上銑透
	殄	山開四上銑定
tiàn	桥	咸開四去桥透
	瑱	山開四去霰透
dīng	丁釘叮靪*疔	梗開四平青端
dǐng	頂鼎	梗開四上迥端
ding	釘訂矴（碇）	梗開四去徑端
	錠（鋌）	梗開四上迥定
	定	梗開四去徑定

试析《黄侃手批广韵》

张令吾[1] 莫美杏[2]

（肇庆学院 文学院）

摘要：黄侃先生《手批广韵》对《广韵》作了详细的批注，内容涉及汉字的形音义方面，主要有：韵目的声组韵类，《广韵》所载又音、别字、后出字、同异字，《广韵》《唐韵》切语异同，《广韵》所载《说文解字》之或体字，正讹等等。这些批注非常珍贵，有待我们挖掘、探究。本文对黄侃的批注内容进行整理、归类、分析。

关键词：黄侃；手批广韵；批注；整理分析

一、绪论

黄侃（1886—1935），原名乔馨，后更名侃，晚年号量守居士，湖北蕲春人。先生师承章太炎先生，长于小学、经学、文学，是著名的音韵训诂学家，章黄学派的代表人物。严学宭先生认为，"黄侃先生学术博大精深，超迈前古"[①]。先生对音韵学有深入的研究，提出"古韵二十八部"等学说；在训诂学方面，"第一次建立了初具规模的训诂学理论体系"[②]，强调从汉字的形、音、义整体出发考察汉字，"以声音贯串训诂"[③]，影响广泛。其人著作等身，生前公开发表的仅有《音略》和《声韵略说》等，现在流传的著作一般为后人整

---

① 严学宭. 方兴未艾的黄学 [M]// 周凤荣编. 严学宭民族研究文集. 北京：民族出版社，1997：271.

② 中国语言学会《中国现代语言学家传略》编写组. 中国现代语言学家传略：第一卷 [M]. 石家庄：河北教育出版社，2004：503.

③ 黄侃述，黄焯编. 文字声韵训诂笔记 [M]. 上海：上海古籍出版社，1983：49.

理出版。手批本除《广韵》外，还有《白文十三经》和《说文解字》等。

《黄侃手批广韵》（原件已亡佚，今有其弟子殷孟伦的迻录本），批注于页眉、字隙、页脚，随处可见。批注的内容涉及字的形、音、义三方面。字形方面，不仅补充《广韵》不载的字，还指出与《说文解字》（以下简称《说文》）形体不同者，辨别正讹；字音方面，除了注明字的又音、已见音之外，又与《唐韵》比较异同；字义方面，主要是根据《说文》，指出不同。总而言之，黄侃先生的批注大体上分为两类，一是校勘，考证其他书籍借以发现《广韵》的正讹、异同等；二是补充，补充《广韵》失载的字音、字体、字义。

《广韵》为治汉语音韵学之重要典籍，黄侃先生为此书作批注，既通音韵，又通文字和训诂，极有价值，嘉惠学林多多。

《黄侃手批广韵》为今人研究《广韵》补充了丰富的材料，提供了一般的方法论。然而，先生手批随字而注，不论次序，不分类别，难免令人眼花缭乱。因此，本文对批注进行整理、归类、分析，希望对了解或研究《黄侃手批广韵》有所帮助。

1985 年黄侃先生之侄黄焯将批注迻录成书《广韵校录》，黄侃先生哲嗣黄延祖于 2006 年重辑《广韵校录》。目前，学术界对《黄侃手批广韵》重视不够，研究不够。本文的目的在于引起大家对此书的重视，挖掘《广韵》除了作为韵书之外的多重价值，更好地研治《广韵》，更好地利用《广韵》。

二、《黄侃手批广韵》内容整理分析

（一）字音

1. 韵目的声纽韵类

《黄侃手批广韵》扉页处记下了黄侃先生对《广韵》声类的研究，于四百五十二个反切上字中归纳出四十一类，始影终微，每类之下又一一罗列反切上字。声类的清浊、送气、发声与收声各用符号表示，"规志其左者为浊声"（依《黄侃手批广韵》扉页声类标示凡例摘录），不加的则为清声；而在某字之下加弧线的是收声，在上的是发声，送气的加在其右。如此，《广韵》的声类一目了然。

韵目的韵类主要在页眉处用红色字体标示。举例如下（以下所举的例子均在最前面列出其在《黄侃手批广韵》中的页码）：

P9 东二类

一合口洪音 本音 上董 去送一 入屋一

二合口细音 变音 上无 去送二 入屋二

P25 江一类

合口洪音 变音 上讲 去绛 入觉

诸如此类。以东韵为例，先分为洪音和细音两小类，然后分别阐述开合、正变音及其四声。

另外，每个小韵的代表字的左下角标明了其所处的等，右上角标明了声母，举例：P8"中"作为东韵之下一个小韵的代表字，它右上角的"知"即为声母，左下角的"二"是二等字之义。其他的同理。

2. 又音

又音在先生的批注占了较大的比例。这一类的批注以"又音""又见"标示，以区别"已见"一类音。再往下分，"又音"又可以分为两类：可见于本韵或他韵之下、未见于本韵及他韵之下。

（1）又音见于本韵或他韵之下

这里收录的是先生批注的又音。

又音见于本韵：

P17 东韵 通小韵 佟 又徒红切

P31 支韵 衼小韵 忯 又是支切

"佟"的本音"他红切"和又音同见于上平声东韵；"忯"的本音"巨支切"、又音"是支切"二音同收在上平声支韵。

又音见于他韵：

P115 欣韵 斤小韵 斤 又居焮切

P245 覃韵 参小韵 参 又所今切

P393 至韵 媿小韵 騩 又居追切又举韦切

"斤"的本音"举欣切"在《广韵》上平声欣韵斤小韵，又音见于P449去声焮韵靳小韵；参，本音收于《广韵》P245下平声覃韵参小韵，"所今切"一音在P244下平声侵韵森小韵；"騩"的又一音在P45上平声脂韵龟小韵，又二音收录在P58上平声微韵归小韵之下，不同于本音在去声至韵媿小韵。这一类的本音和又音均不同韵，且又音见于他韵之下。

（2）又音未见本韵及他韵之下

在先生的批注中，未见于本韵及他韵的音是在切语的后面用"无"字作标记的。具体如下。

P69 虞韵 儒小韵 懦：人朱切又乃乱切，乃乱切无

先生认为"懦"之又音"乃乱切"是不见于《广韵》的。《说文》心部P219："懦，驽马者也，从心需声"，《唐韵》人朱切。《广韵》P458换韵偄小韵见"偄"字，偄弱也，奴乱切；P478过韵愞小韵又见"愞"：弱也，或从需，下文同，乃卧切又乃乱切；P326狝韵輭小韵：愞，愞弱，而兖切又奴乱切。段玉裁《说文解字注》认为"广韵狝韵愞而兖切。换韵愞奴乱切。过韵愞乃卧切。玉篇心部愞乃乱乃过二切。皆训弱也。此自古相传不误之字也。因形近或讹为懦。再讹为为儒"。又"又考僖二年左传愞字、穀梁传愞字、释文转写皆讹作懦。凡经传愞字皆讹作懦"。因此"懦"之又音"乃乱切"是见于《广韵》的。

P373 琰韵 魇小韵 魇：於琰切又於協切，於協切无

入声怗韵没有"於協切"一音，可证黄侃先生的批注是对的。但是，入声葉韵中有"魇"字，於葉切。大概是因为《广韵》误以为"協"（古文"叶"）、"葉"同音，才出现这样的情况的。

P411 遇韵 娶小韵 趣：七句切又亲足、七俱、仓苟三切，亲足、七俱切无

黄侃先生在"趣"之"亲足切""七俱切"二音作了标记"无"字，表示此二音没有见于《广韵》。但P533入声烛韵促小韵"七玉切"和"亲足切"同音，可证"趣"之"亲足切"一音是存在的，通"促"，作催促、督促义。P72上平声虞韵趋小韵"七逾切"和"七俱切"同音，可证"趣"之"七俱切"一音是存在的，通"趋"，作趋向、奔向义。"仓苟切"见于上声厚韵趣小韵P366。

P603 昔韵 皵小韵 刺：七迹切又七四切，七四切无

查《广韵》P396页，"七四切"下无"刺"字。但此处有误。先生在寘韵刺小韵P388页作批注：刺当依明本作刾，又七四切，无见七迹切。又按《唐韵》：刾，七赐切，《广韵》：刾，七迹切，可知《广韵》把"刾"和"刺"的读音混同。

3.已见音

此类批注"已""已见"标示，主要指《广韵》中收录的音。

P87 齐韵 倪小韵 儿：已见汝移切

P325 狝韵 件小韵 键：已其偃切

P407 御韵 豫小韵 與：已见余吕切

"儿"之"汝移切"一音在《广韵》P33支韵下的儿小韵可以找到；键，P311可见"其偃切"；P283出现了"與"一字，字下有"余吕""余誉"两个切语。

严学宭先生在谈论《广韵》的又切与互见时说道："这丰富多彩的又切，是汉语审音辨义的重要资料，一可考证古今语音分合的流变，二可探索古今词义分化的根源。"[①] 又音和已见音两部分批注的价值由此可见。黄侃先生随字而注，并且"都是把《广韵》中多音的字散见于各处的音读汇集到该字头下"[②]，这在一定程度改善了《广韵》作为一部韵书而同一个字的字音散落四处的不足。

4. 与《唐韵》切语异同比较

徐铉在校定《说文》时增加的切语是"采用孙愐《唐韵》的反切"[③]，由于《唐韵》早已失传，因此这里作为佐证的《唐韵》切语采用的是徐铉为《说文》增加的反切。下面将列出每个例子在《广韵》和《说文》（许慎撰，徐铉校定，中华书局，2013年，下同）中的页码。

（1）与《唐韵》切语相同

P17 东韵 通小韵 俑：《唐韵》他红切又余陇切，此同。

《广韵》P17东韵通小韵下有"俑"字：他红切，又音勇；又音"余陇切"见于P263上声肿韵勇小韵。《唐韵》音在《说文》P164人部。两书对"俑"的反切注音相同。

P125 寒韵 干小韵 乾：《唐韵》渠焉切又古寒切，此同。

"渠焉切""古寒切"分别见于《广韵》P148、P125页，《唐韵》音见于《说文》P310乙部。

P282 语韵 语小韵 衙：《唐韵》鱼举切又音牙，此同。

《广韵》P282页"衙"：鱼巨切又音牙。"举""巨"同属上声语韵，即"衙"的《广韵》和《唐韵》音相同。

① 严学宭. 广韵导读 [M]. 北京：中国国际广播出版社，2008：164.

② 熊桂芬. 黄侃的《广韵》研究 [J]. 武汉大学学报，2009（6）：758—763.

③ 王力. 古代汉语·第一册 [M]. 北京：中华书局，1999：79.

（2）与《唐韵》切语不同

①声、韵、调均不同

P43 脂韵 㼌小韵 䶡《唐韵》：丁礼切

按《唐韵》"丁礼切"（《说文》P307），"䶡"是端母、荠韵、上声字；按《广韵》"直尼切"，"䶡"是澄母、脂韵、平声字。比较可知，《唐韵》和《广韵》二者切语的声纽、韵、声调都不同。

②声、韵不同

P129 桓韵 槃小韵 磻《唐韵》：博禾切

按《唐韵》"博禾切"（《说文》P193），"磻"是帮母、戈韵、平声字；按《广韵》"薄官切"，"磻"是并母、桓韵、平声字。比较可知，《唐韵》和《广韵》二者切语声调相同，声纽和韵不同。

③韵、声调不同

P28 支韵 支小韵 疻《唐韵》：诸氏切

按《唐韵》"诸氏切"（《说文》P152），"疻"是章母、纸韵、上声字；按《广韵》"章移切"，"疻"是章母、支韵、平声字。比较可知，《唐韵》和《广韵》二者切语的声母相同，韵、声调不同。

④声纽不同

P133 山韵 虥小韵 潺《唐韵》：昨闲切

按《唐韵》"昨闲切"（《说文》P237），"潺"是从母、山韵、平声；按《广韵》"士山切"，"潺"是崇母、山韵、平声字；按又音"士连切"，"潺"是崇母、仙韵、平声字。比较可知，《唐韵》和《广韵》本音的切语的韵、声调相同，声纽不同；和《广韵》又音则是声调相同，声纽、韵不同。

⑤韵不同

P114 欣韵 勤小韵 勤《唐韵》：巨巾切

按《唐韵》"巨巾切"（《说文》P294），"勤"是群母、真韵、平声字；按《广韵》"巨斤切"，"勤"是群母、欣韵、平声字。对比可知，《唐韵》和《广韵》二者切语的声纽、声调相同，韵不同。

《唐韵》和《广韵》同为《切韵》系韵书，这一部分比较的价值在于弄清楚一些字音从《唐韵》到《广韵》的变化异同，并为《广韵》音系或者中古音的某些变化觅得研究的材料，从而做出合理、科学的解释。

5. 借切

借切是指由于本韵都是偏僻字或者没有同韵的字等等而借用和本韵同用的字做切语。

P132 山韵 鰥小韵 鰥：古顽切，顽字借切

"鰥"属山韵，"顽"属删韵，山、删韵同用，因而借切。

P317 缓韵 伴小韵 伴：蒲旱切，旱字借切

"伴"属缓韵，"旱"属旱韵，旱、缓韵同用，因而借切。

（二）字际关系

"《广韵》收字凡 25329 个"[①]，数量较多，先生对其中的字际关系做了说明，"这些材料为汉字、汉语的系统性研究提供了大量素材，在语言文字学史上具有重要的参考价值"[②]。

1. 后出字

此部分主要是指出《广韵》当中的后出字。

P40 脂韵 姨小韵 峓即夷之后出

P42 脂韵 饥小韵 虮即肌之后出

P47 脂韵 眉小韵 嵋即眉之后出

P71 虞韵 逾小韵 崳即榆之后出

P72 虞韵 朱小韵 袜即朱之后出

　　虞韵 扶小韵 苻即符之后出

P77 模韵 胡小韵 葫即胡之后出

2. 别字

此类指的是《广韵》中收录的别字。

P25 江韵 江小韵 肛即仜之别

P26 江韵 庞小韵 䪜即桻之别

P82 模韵 枯小韵 挎即刳之别

　　模韵 枯小韵 軲即車之别

P145 仙韵 篇小韵 翩即翻之别

---

① 严学宭 . 广韵导读 [M]. 北京：中国国际广播出版社，2008：164.

② 韩琳 . 黄侃字词关系研究学术史价值考察 [J]. 湖北民族学院学报，2007（6）：92—96.

3. 俗体

俗体指的是民间写法不同于官方规定写法的字。

P11　东韵 风小韵　蘁即梵之俗

P111　文韵 文小韵　蚊螡俗

P112　文韵 煴小韵　蕰薀之俗

P348　养韵 丈小韵　仗杖之俗

P478　个韵 拖小韵　拖即拕之俗

4. 同异字

（1）某亦作某

某亦作某，即某字有两种不同的形体通用。

P67　虞韵 于小韵　杅：已见哀都切作杇

P69　虞韵 儒小韵　臑：已见那到切，彼作腝，与奴低切之腝溷

（2）正体

黄侃先生在《论字体分类》一文中说："今所谓正，并以《说文》正文为主。"[1] 先生在手批中参照《说文》指出正体，区别或体。

P28　支韵 支小韵　胑正肢或

P44　脂韵 鬐小韵　耆正

P123　霰韵 濆小韵　喷正

P551　月韵 月小韵　刖亦正

（3）或体

这里的"或体"指的是《说文》记载的异体字，此类在先生批注中的形式为"某某或"，以区别《广韵》记载的别字。

P124　寒韵 餐小韵　湌餐或。《说文》P102："湌，餐或从水。"

P131　删韵 班小韵　鯿鰯或。《说文》P243："鯿，鰯又从扁。"

P138　先韵 煙小韵　烟煙或。《说文》P208："烟或从因。"

P457　换韵 玩小韵　貦玩或。《说文》P6："貦，玩或从贝。"

---

① 黄侃．论字体之分类 // 黄侃．黄侃论学杂著 [M]．武汉：武汉大学出版社，2013：13—15．

（三）与《说文》比较

1. 补充《广韵》失载的字

P23 钟韵 縱韵 縱字不载

《说文》糸部 P276："縱，緘属，从糸，从從省声。"黄氏认为此字与"縱"别为一字。《说文》糸部 P273："縱，缓也，一曰舍也。从糸，從声。"根据《说文》的释义可知："縱"与"縱"是两个不同的字。

P52 之韵 而小韵 茑字不载

《说文》艸部 P17："茑，艸多叶皃。从艸，而声。沛城父有杨茑亭。"

P107 真韵 彬小韵 豩字不载

《说文》豕部 P195："豩，二豕也。豳从此，阙。"

P298 荠韵 邸小韵 呧字不载

《说文》口部 P27："呧字，苛也。从口，氐声。"黄侃先生认为《广韵》将"呧"字误并入"诋"才导致失载的。《说文》言部 P51："诋，苛也，一曰诃也。从言，氐声。"由此可见，"呧""诋"二字音同义近，先生的说法不是没有道理的。

P340 果韵 果小韵 婐字不载

《说文》水部 P228："婐，水也。从水，果声。"

P459 谏韵 晏小韵 晏字不载

《说文》女部 P263："晏，安也。从女日。诗曰以晏父母。"先生也补充了徐锴对此字的分析："从女，晏省声。"

P462 霰韵 练小韵 炼字不载

《说文》火部 P208："炼，铄冶金也。从火，柬声。"

P492 劲韵 净小韵 瀞字不载

《说文》水部 P235："瀞，无垢薉也。从水，静声。"

P546 术韵 术小韵 鉥字不载

《说文》金部 P297："鉥，綦鍼也。从金，术声。"

P578 薛韵 拙小韵 棳字不载

《说文》木部 P111："棳，木也。从木，叕声。"

P622 合韵 拉小韵 柆字不载

《说文》木部 P120："柆，折木也。从木，立声。"

P628 怗韵 协小韵 愶字不载

《说文》劦部 P294："愶，同心之和。从劦从心。"

2. 字体不同者

下文将对这部分的批注补充《说文》的材料作为佐证，便于理解先生的批注。根据《广韵》与《说文》字体不同的几种情况可具体分为以下四类：

（1）《广韵》混淆字义造成的字体不同

P206 耕韵 峥小韵 埩当作净

先生批注：此埩亦正字。说文治也。唐韵疾郢切。如此注则埩当作净，唐韵士耕切又才性切。此书疾政切下仍作净。按《广韵》耕韵峥小韵 P206："埩，鲁北城门池也，说文作净"；P492 去声劲韵净小韵："净，无垢也。疾政切"；P207 耕韵争小韵下又有"埩"字：治也，埋也。按《说文》水部 P226："净，鲁北城门池也。从水，争声。"又土部 P290："埩，治也。从土，争声。"显然，《广韵》一定程度上混淆了"埩"和"净"的字义，从而造成两者的字体不同。

P449 愿韵 券小韵 券当劵，从刀

《广韵》P449："券，券约。说文契也。释名曰券绻也，相约束缱绻为恨也。去愿切。"《说文》P87 刀部："券，契也，券别之书，以刀判契其旁，故曰契券。"又力部 P294："劵，劳也。从力，卷省声。""券"当依《说文》作"劵"，《广韵》混淆了此二字的字义。

（2）用字不同造成的字体不同

这一类字在《说文》和《广韵》中的释义都是相同的，只是所用的字体不同。

P16 东韵 怱小韵 怱当作恖

《广韵》P16："怱，速也。"《说文》囱部 P212："恖，多遽恖恖也。从心囱，囱亦声。"字义同，用字不同。

P75 模韵 摸小韵 摸当摹

《广韵》P75："摸，以手摸也，亦作摹。"《说文》手部 P256："摹，规也。从手，莫声。"二字义近，用字不同。

P138 先韵 莲小韵 㦇当謰

《广韵》P138："㦇，㦇嘍，言语繁絮皃。"《说文》言部 P48："謰，謰謱也。从言，连声。"二字字异义同。

P420 霁韵 媲小韵 渒,《说文》作渒

《广韵》P420:"渒,水名,在汝南。"《说文》水部 P226:"渒,水出汝南弋阳垂山,东入淮。从水,畀声。"义同字异。

P500 候韵 茂小韵 姆当依《说文》作姆

《广韵》P500:"姆,女师。说文作姆。"《说文》女部 P260:"姆,女师也。从女,每声。读若母。"义同字异。

（3）将别体、俗体等当作正体

P313 混韵 夲小韵 夲当作本

《广韵》P313:"夲,本末又始也,下也,旧也。"又云:"俗作本。"根据《说文》木部 P114:"本,木下曰本,从木,一在其下。"又大部 P214:"夲,进趣也。从大从十,大十,犹兼十人也。读若滔。"由此可知,《广韵》错当"本"为俗体而造成的与《说文》字体不同,且《广韵》没有收"本"字。

P353 梗韵 矿小韵 礦当作磺

《广韵》P353:"礦,金璞也。"《说文》石部 P192:"磺,铜铁璞石也。从石,黄声。读若穬。古文礦。"《广韵》收了古文"礦"字作正体,因而与《说文》的"磺"字不同。

P426 祭韵 憩小韵 憩当作愒

《广韵》P426:"憩,息也。"《说文》心部 P219:"愒,息也。从心,曷声。"徐铉在该字下曰:"今别作憩,非是。"《广韵》却收录了"憩"字作正体,因而不同于《说文》的"愒"字。

（4）误作

P8 东韵 同小韵 穜当作种

《广韵》东韵同小韵 P8:"穜,穜稑。先种后熟谓之穜,后种先熟谓稑,又音重",又钟韵重小韵 P22 下有"種"字:"先種晚熟曰種。"据《说文》禾部 P140:"穜,埶也。从禾,童声",又"種,先種后孰也。从禾,重声"。由此可知,《广韵》错当"穜"为"種"。

P450 愿韵 嬎小韵 娩当作嬎,从女兔

《广韵》P450:"娩,说文云兔子也,娩疾也。"《广韵》P450 愿韵万小韵下也有"娩"字:"娩,篆文云姓也,古万字。"《说文》兔部 P202 对"嬎"字的解释:"嬎,兔子也,嬎疾也。从女兔。"如此,《广韵》中"兔子"之义的"娩"当"嬎"之误。

P417 霁韵 替小韵 戾当作戾

《广韵》P417："戾，辒车。"《说文》户部 P248："戾，辒车旁推户也。从户，大声。读与釱同。"又犬部 P204："戾，曲也，从犬出户下。戾者，身曲戾也。"《广韵》"戾"的释义同《说文》之"戾"字，因此《广韵》误作"戾"为"戾"。

P431 泰韵 眛小韵 沫当作沫

《广韵》泰韵眛小韵 P431："沫，水名"；入声末韵末小韵 P561 又有"沫"字："沫，水沫，一曰水名，在蜀。"《说文》水部 P236："沫，洒面也。从水，未声"；水部 P224："沫，水出蜀西徼外，东南入江。从水，末声。"《广韵》"沫"之字义和《说文》相符合。因此，《广韵》是将"沫"错当作"沫"。

3. 释义与《说文》不同者

对于《广韵》释义与《说文》不同的，先生一般直接标出某字的《说文》释义。本文在整理这部分批注的同时，补充《广韵》的释义，使得两者对比起来一目了然。分析均采用先列出《广韵》的释义、再列出《说文》的释义的格式。比较两者释义的不同，可以得出如下分类：

（1）完全不同

脂韵 茨小韵 薋

《广韵》P42："薋，蒺藜，诗作茨。"《说文》艸部 P17："薋，艸多皃。"

脂韵 墀小韵 茎

《广韵》P43："茎，尔雅云檀桎，今之刺榆也。"《说文》艸部 P15："茎，茎藉艸也。"

脂韵 锥小韵 萑

《广韵》P47："萑，萑蓷，茺蔚，又名益母。"《说文》艸部 P11："萑，艸多皃。"

之韵 其小韵 萁

《广韵》P51："萁，州名，又姓也。"《说文》艸部 P11："萁，艸也。"

鱼韵 且小韵 苴

《广韵》P64："苴，苞苴，亦姓。"《说文》艸部 P19："苴，履中艸。"

模韵 胡小韵 瑚

《广韵》P77："瑚，琏瑚。"《说文》玉部 P7："瑚，珊瑚也。"

文韵 汾小韵 蕡

《广韵》P113："蕡，草木多实。"《说文》艸部 P18："蕡，杂香草。"

文韵 薰小韵 熏

《广韵》P113："熏，火气盛皃。"《说文》中部 P9："熏，火烟上出也。"

元韵 烦小韵 蕃

《广韵》P116："蕃，似蘋而大。"《说文》艸部 P14："蕃，青蕃，似莎者。"

清韵 精小韵 菁

《广韵》P207："菁，蕪菁菜也。"《说文》艸部 P10："菁，韭华也。"

语韵 举小韵 莒

《广韵》P286："莒，草名，亦国名；又姓。"《说文》艸部 P10："莒，齐谓芋为莒。"

（2）种属之别

鱼韵 除小韵 蒢

《广韵》P64："蒢，草名。"《说文》艸部 P11："蒢，黄蒢，职也。"

青韵 汀小韵 艼

《广韵》P216："艼，草名。"《说文》艸部 P15："艼，艼荧朐也。"

寝韵 荏小韵 荏

《广韵》P367："荏，菜也，又荏苒。"《说文》艸部 P9："荏，桂荏，蘇。"

以上三例都是：前者包含后者，是属种之别。

齐韵 㜎小韵 黀

《广韵》P85："黀，黀秀。"《说文》艸部 P11："黀，艸也。"

魂韵 昆小韵 琨

《广韵》P119："琨，琨珸，玉名。"《说文》玉部 P7："琨，石之美者。"

黄侃先生对此字的批注"崐，石之美者"，案《广韵》P119、《说文》P189"崐"的字条皆可知：崐，崐崘山名，又根据《说文》P7 知"琨"义为石之美者，由此可知，先生批注中的"崐"当为"琨"之误。

歌韵 珂小韵 珂

《广韵》P172："珂，马脑。"《说文》玉部 P8："珂，玉也。"

此四例都是：前者包含于后者之中，是种属之别。

（3）内延大小之别

模韵 卢小韵 卢

《广韵》P80："卢，卢苇之未秀者，又卢菔菜名，亦路姓。"《说文》艸部

P10："卢，卢菔也，一曰荠根。"

前者的外延大于后者。

虞韵 朱小韵 珠

《广韵》P71："珠，珠玉。"《说文》玉部 P7："珠，蚌之阴精。"

前者的外延小于后者。

4. 只载《说文》或体，当补正体

《广韵》有只载《说文》或体而没有载正体的，先生一一指出，并认为当补正。举例：

P102 真韵 辰小韵 "晨" 当依《说文》晶部 P137："晨，曟或省" 补正体 "曟"。

P143 仙韵 羶小韵 "羶" 当依《说文》羊部 P73："羶，羴或从亶" 补正体 "羴"。

P189 阳韵 创小韵 "创" 当依《说文》刃部 P87："创或从刀，仓声" 补正体 "刅"。

P284 语韵 杵小韵 "處" 当依《说文》几部 P301："處，处或从虍声" 补正体 "处"。

5、补充《说文》注文

P45 脂韵 惟小韵 "瓗" 依《说文》玉部 P7 补 "豆如维"。

P48 脂韵 丕小韵 "丕" 依《说文》一部 P1 补 "从一不声"。

（四）辨正讹

于字有疑者，先生审读或校勘其他书籍以证正讹。

1. 字音

P8 东韵 同小韵 鲖 徒红切又直冢、直柳二切。先生认为：直冢无此音，故定为冢直。

P39 脂韵 脂小韵 脂 旨夷切。先生认为：古逸本 "夷" 作 "支"，当该从 "夷"。

P48 脂韵 丕小韵 秠 敷悲切又匹凡切。先生认为：当改 "凡" 为 "几"，即又匹几切。

P129 桓韵 槃小韵 槃 薄官切。先生认为：当改 "官" 为 "宫"，即薄宫切。"官" 属桓韵，而 "宫" 属东韵，此处当是误改。

P132 删韵 蛮小韵 獌 莫还又莫于、晚贩切。先生认为："莫于切"当改为"莫干切"。

2.字形

（1）讹体

讹体指某字由某字讹变而成的。

P46 脂韵 灅小韵 纝即纍之讹体

P36 支韵 斯小韵 傂即虒之讹

P44 脂韵 棃小韵 叝不成字，盖叕之讹

P56 微韵 斐小韵 奜即斐之讹

P62 鱼韵 疏小韵 疎即疏之讹

（2）不成字

P44 脂韵 棃小韵 叝不成字，盖叕之讹

P59 鱼韵 渠小韵 㳧不成字，即渠之讹

（3）两字误为一字

P298 茅韵 邸小韵 "呧"误并入"诋"

"呧"误并入"诋"，所以《广韵》不载"呧"字。见上文对《广韵》失载的"呧"字的分析可知，"呧"、"诋"实为同义字也。

P492 劲韵 净小韵《说文》有瀞字，云无垢薉也，疾政切，此以净为之，当补正。

《说文》水部 P235 有"瀞"字："瀞，无垢薉也。从水，静声。"《广韵》以"净"为之，误，实为二字也。

（五）其他

1.增加字

增加字是据陈澧《切韵考》所云而记载的。凡一韵之中同纽同等而分列两处的字、用韵不妥者，陈澧都认为是增加字，黄侃先生据陈澧所云在《广韵》中指出。

P94 皆韵 嵔小韵 乙皆切字陈云增加

陈澧认为乙皆切"与乙谐切音同，增加字也"①。据此，"嵔""碨""溾"

等四个字与"乙谐切"音同而分列两处，是皆韵增加字也。

P126 寒韵 濡小韵 乃官切字陈云此桓韵增加字，误入此韵

濡，乃官切，"官"字在桓韵，因此陈澧认为"濡"是桓韵的增加字，误入寒韵。

2. 补充大小徐的意见

对于大徐（徐铉）、小徐（徐锴）有不同意见的地方，黄侃先生会作批注说明。

（1）对形声字声符的不同意见

P49 之韵 之小韵 芝：从之，小徐之声

《说文》艸部 P9："从艸从之。"小徐："从艸之声。"

P57 微韵 希小韵 莃：稀省声，小徐希声

《说文》艸部 P12："从艸，稀省声。"小徐："从艸希声。"

（2）对字体的不同看法

P147 仙韵 旋小韵 璿：叡，小徐籀，大徐作叡

《说文》玉部 P4："叡，籀文璿"，大徐同，小徐认为籀文作叡。

（3）字义

P56 微韵 祈小韵 顾：大徐无，小徐云无此字

《广韵》："顾，长皃。"小徐云项佳也，大徐无此字。

3.《集韵》不载

P7 东韵东小韵"涷"、东韵同小韵"仝"，P15 东韵笼小韵"笼"，P16 东韵丛小韵"藜"，P17 东韵烘小韵"烘"等都是《集韵》不载的字。

三、结语

黄侃先生手批广韵的内容丰富，涉及音韵、训诂和文字方面的研究，数量庞大。《黄侃手批广韵》从字的形音义整体出发，"既能从本体上辨析和确定每个字的形、音、义属性，又注重从形义关系和音义关系上对字的形、音、义属性作综合考察"[①]，从多方面探究《广韵》的价值，这在今天仍然具有非常重要的学术价值，值得我们好好探索。

---

① 李运富.章太炎黄侃先生的文字学研究 [J].古汉语研究，2004（2）：39—45.

本文对黄侃先生的批注从字音、字形、字义三方面进行了分类，其下再视内容分为若干小类，并进行了简单的说明和分析，希望对了解或研究《黄侃手批广韵》提供一点帮助。

由于自身水平有限，本文还存在不少问题，敬请方家斧正。

参考文献

[1] 黄侃.论字体之分类 [M]// 黄侃.黄侃论学杂著.武汉：武汉大学出版社，2013：13—15.

[2] 黄侃述.黄焯编.文字声韵训诂笔记 [M].上海：上海古籍出版社，1983.

[3] 黄侃著.黄焯整理.黄延祖重辑.广韵校录 [M].北京：中华书局，2006.

[4] 韩琳.黄侃字词关系研究学术史价值考察 [J].湖北民族学院学报，2007（6）：92—96.

[5] 李运富.章太炎黄侃先生的文字学研究 [J].古汉语研究，2004（2）：39—45.

[6] 王力.古代汉语：第一册 [M].北京：中华书局，1999.

[7] 熊桂芬.黄侃的《广韵》研究 [J].武汉大学学报，2009（6）：758—763.

[8] 严学宭.广韵导读 [M].北京：中国国际广播出版社，2008.

[9] 严学宭.方兴未艾的黄学 [M]// 周凤荣编.严学宭民族研究文集.北京：民族出版社，1997：271—275.

[10] 中国语言学会《中国现代语言学家传略》编写组.中国现代语言学家传略·第一卷 [M].石家庄：河北教育出版社，2004.

古今汉语中的唇音音素异化现象

严至诚

（香港中文大学 中国语言及文学系）

摘要：古汉语和现代方言中，都不乏唇音音素（唇音声母、韵尾，圆唇介音、元音）共现在同一音节而异化的现象。本文举出上古到中古一些唇音音素异化例子，并引用现代客粤方言的记音材料，分析当中的共时和历时音变，讨论相关的语音和音韵问题，最后并归纳出四种异化类型：韵尾受声母异化型、韵尾受元音异化型、介音受元音异化型、元音受韵尾异化型。

关键词：异化；唇音声母；唇音韵尾；圆唇元音；圆唇介音；上古；中古；粤语；客语

一、小引

所谓异化（dissimilation）是指两个音素变得互不相似或者不同的一种音变。Trask（1996：55）指出异化出现的原因就是"拗口效应"（tongue-twister effect）：绕口令说来所以困难，是因为重复地发相同或相似的音素，会让发音器官感到疲累①。

异化在汉语中并不罕见，北京话的上声连读变调，就是异化的例子。另一方面，唇音音素的音变，比如清人钱大昕提出的"古无轻唇音"（双唇音声

---

① Trask. R. L. Historical Linguistics[M]. London：Edward Arnold Publishers Ltd，1996：55.

母变为唇齿音声母），以及双唇鼻音与塞音韵尾于中古后期在北方方言渐次消失等，又是汉语音韵史的重要课题。由于北方方言的双唇音 -m、-p 尾已然失落，唇音音素共现于同一音节的情况较南方方言少多了。其实北京话也有唇音异化的痕迹，例如 "风、蒙" 等字读展唇元音 ə 而不读圆唇元音 o，就是受唇音声母影响而异化的结果。

有趣的是，除了处于音节开头的滑音 w-，唇音声母似乎不受异化影响，此外还有圆唇滑音尾 -w。同样是半元音，滑音 w 在充当声母、介音、韵尾时的表现却很不一样 —— -w- 介音会异化而脱落（详下文粤语部分），可是声母 w- 与滑音尾 -w 却似乎不受异化影响。w- 的问题在下文粤语的相关部分还会谈到，至于后滑音 -w，方言中就有不少唇音声母字是以之为韵尾的，例如北京话 "包" paw、"苗" mjaw，广府粤语 "步" pow、"否" fɐw 等。为了行文方便，下文提到唇音声母和韵尾时，就只指 p- pʰ- f- m- 和 -m -p 而不包括滑音 w- 和 -w 了。

本篇以古汉语和客、粤方言中唇音音素的异化为观察对象，以下先由上古的一些例子说起。

二、上古到中古的唇音音素异化

（一）风

"风" 字《说文》从虫，凡声。凡声上古属侵部，"风" 字《诗》韵也属侵部，见周祖谟[①]。李方桂提到侵部的唇音字的韵尾 *-m，因唇音声母的异化作用，变成《切韵》时代的 -ng，其中 "风" *pjəm>pjung 即为一例[②]。潘悟云则认为上古的唇音尾韵部（*-m、*-p）在中古不跟圆唇元音相配是异化的结果[③]，他也举了 "风" 字为例子：

> "风" *plŭm 中古东韵三等，如折合作上古音应是冬部 *-ŭŋ。但是该字从 "凡" 得声应该收 *-m 尾。在《诗经》的《邶·绿衣》、《邶·谷风》、

---

① 周祖谟．诗经韵字表 [M]// 问学集：上册．北京：中华书局，1966：255—256.

② 李方桂．上古音研究 [M]．北京：商务印书馆，1980：45.

③ 潘悟云．汉语历史音韵学 [M]．上海教育出版社，2000：236-237.

《秦·晨风》、《大雅·桑柔》中都与侵部字押韵，说明当时的"风"还带 *-m 尾，后来受圆唇主元音 u 的异化变作 *-ŋ：*plŭm>*plŭŋ>piuŋ。可比较壮语的"风"ɣum² < rum²，布衣语的 zum²，西双版纳傣语的 lum²。

同一例子，由于拟音不同，李方桂以"风"为唇音韵尾受唇音声母影响而异化，潘悟云却以"风"为唇音韵尾受圆唇元音影响而异化的例子。俞敏根据藏文，认为"风"字的古汉语音为 rphum，也是圆唇的 u 元音①。

（二）隆、降

《说文》："降，下也。从自，夅声。"又："隆，丰大也。从生，降声。"夅声冬部，"降、隆"二字同，见周祖谟②。潘悟云指出：

> 中古东韵三等"隆"、冬韵"浲"，折作上古音为冬部 *-uŋ。它们与"夅"谐声，上古当带有 -m 尾。*-um 中的 -m 受圆唇元音的异化变作 -ŋ。"降"在《诗》韵中只与冬部（*-uŋ）字押韵而不与收 -m 的字押韵，如《草虫》叶"虫螽忡"，《小雅·出车》叶"虫螽忡仲戎"，《大雅·旱麓》叶"中"，可见在《诗经》时代已经从 *-um 变作 *-uŋ 了。③

可见"降、隆"二字都是唇音鼻韵尾受元音影响而异化的例子，但要比"风"字变得更早。

（三）赣

"赣"字一般写作"赣"，也许是误以为从贡得声。《说文》："赣，赐也。从贝，竷省声。"孔子弟子端木赐，字子贡，《说文》段注云："《释诂》曰：'赣，赐也。'据《释文》本作赣，后人改作贡耳。端木赐字子赣，凡作子贡者，亦皆后人所改。《淮南》《道应》《要略》二训注皆云：'赣，赐也。'古送切。按竷声当在八部而读同贡，则音之转也。赣之古义、古音皆与贡不同。"先秦两汉典籍即往往作"子赣"，如《荀子·大略》："子赣、季路故鄙人也，被文学，

---

① 俞敏.汉藏同源字谱稿 [M]// 俞敏.俞敏语言学论文集.北京：商务印书馆，1999：112.
② 周祖谟.诗经韵字表 [M]// 问学集：上册.北京：中华书局，1966：257—258.
③ 潘悟云.汉语历史音韵学 [M].上海：上海教育出版社，2000：246.

服礼义，为天下列士。"①可见"贛、贡"二字音近通假。

　　段氏认为"贛"本在第八部覃（即谈部），后来才音转读"贡"（工声在段氏第九部东）。查《广韵》"贛"字有三读：上声感韵古禫切："水名，在豫章。"去声勘韵古暗切："贛榆县，在琅邪邵。"送韵古送切："赐也。"②正有 -m 尾与 -ŋ 尾两类读法。潘悟云指出："'贛'、'醠'既读覃韵，又读东韵。东韵的读音是韵尾 *-m 受 o 异化而来：*koms>koŋs。"③虽然也有学者把"贛"字归于侵部（详下文），但侵部应也是圆唇元音韵部，所以"贛"字算是双唇鼻韵尾受圆唇元音影响而异化的例子。

（四）冬侵分合

　　回头再看"贛"字声旁"竷"字。"竷"字《广韵》上声感韵苦感、去声勘韵苦绀二切，可见中古仍读 -m 韵尾。《说文》云："竷，繇也，舞也。乐有章，从章，从夅、从夊。《诗》曰：'竷竷舞我。'"④段玉裁《注》改从夅声。据周祖谟，夅声属冬部，"竷"声归谈部⑤。即使是段玉裁《六书音均表》，也是"夅"在第七部东（含冬部），"竷"在第八部覃（谈部）。不过，郑张尚芳⑥却依《周法高上古音韵表》⑦把"竷、贛"列于侵部。若根据郑张尚芳的六元音系统（i ɯ u e a o）而略其元音长短和同部元音不同的构拟，终（冬）部为 *-uŋ，包含中古覃韵之谈部为 *-om、侵部为 *-um。若以"贛"属侵部而谐冬部"夅"声，那就是冬侵合韵的例子了。王力《汉语史稿》在讨论冬侵分合时，就提到唇音异化的现象：

　　　　我们认为冬侵合一是对的。冬部的字那样少，而《诗经》里冬侵"合韵"达五次之多。直到西汉，冬侵仍有同用的，可见冬部字到公元前一世纪仍收 -m 尾。-m 尾合口呼的变为 -ŋ 尾，是由于异化作用。-m 尾是容许有合口呼的（例如越南语的 buôm，"帆"），但是，由于韵头 u 和韵尾 -m

①　（清）段玉裁.说文解字注 [M].上海：台北：艺文印书馆，1974：283.

②　余迺永.上古音系研究 [M].香港：香港中文大学出版社，1985：330，441，342.

③　潘悟云.汉语历史音韵学 [M].上海：上海教育出版社，2000：246.

④　（汉）许慎.说文解字（陈昌治一篆一行本）[M].香港：中华书局，1989：112.

⑤　周祖谟.诗经韵字表 [M]// 问学集：上册.北京：中华书局，1966：257—258.

⑥　郑张尚芳.上古音系 [M].上海：上海教育出版社，2013：608.

⑦　张日升，林洁明编.周法高上古音韵表 [M].香港：香港中文大学出版社，1973：248.

都需要唇的作用（o 和 ǐw 同样要圆唇），所以 -m 尾容易变为 -ŋ 尾（或 -n 尾）。这样，冬和侵就分家了。①

余迺永反对王力所说冬部因唇音尾受圆唇元音异化而由侵部析出的说法，因为侵部有大量没有经历唇音异化的喉、牙、舌、齿音声母字②。他认为"风、凤、芃、丰"等字由侵部分出为冬部，当中 -m>-ŋ 的异化作用来自唇音声母，这正好跟李方桂说"风"字 -m 尾受声母 p- 所异化相同，但这种说法解释不了上文属牙音的"降、赣、赣"和来母的"隆"字的情况。若以侵部元音为圆唇的 u，"风"*plŭm>*plŭŋ 的异化音变就有两种可能：由唇音声母或由圆唇元音引起。由圆唇元音引起唇音韵尾的异化，好处在于能够解释喉、牙、舌、齿音字的变化。音变不是一步到位的，透过词汇逐步扩散，所以会有遗漏的可能而出现例外的情况。即使"风"等字的 -m 韵尾确是因唇音声母而异化，但这几个侵部的唇音声母字却很可能成了同部其他喉牙唇音字 -m 尾受圆唇元音异化的诱因。

三、客语的唇音韵尾异化

李如龙、张双庆调查了十七个客家方言点，当中有九个点保留了 -m -n -ŋ 和 -p -t -k 三分的韵尾格局③。有不少保留了 -p 韵尾的客家方言，都把中古收唇音 -p 尾的乏韵读为 at，原因是整个乏韵都只配轻唇音 f-，韵尾 -p 因受声母影响而异化。李如龙等又调查了粤西九个客家方言点，这九个点也都 -m -n -ŋ 和 -p -t -k 三分④。兹根据李如龙、张双庆⑤和李如龙⑥等两书中的字音对照表，把中古咸摄和深摄七个唇音声母字的读法归纳如下（声调因与本篇无涉，径行略去）：

①　王力.汉语史稿 [M].北京：中华书局，1980：99.
②　余迺永.上古音系研究 [M].香港：香港中文大学出版社，1985：80.
③　李如龙，张双庆主编.客赣方言调查报告 [M].厦门：厦门大学出版社，1992：194，197.
④　李如龙，等.粤西客家方言调查报告 [M].广州：暨南大学出版社，1999.
⑤　李如龙，张双庆主编.客赣方言调查报告 [M].厦门：厦门大学出版社，1992：82，87.
⑥　李如龙，等.粤西客家方言调查报告 [M].广州：暨南大学出版社，1999：52—53.

表 1　咸深二摄唇音七字客家十八点读法归纳表

凡	咸合三 平凡奉	-m	fam 梅县、清溪、揭西、宁都、钱排、新安、石角
		-n	fan 河源、秀篆、西河、陆川、香港、塘口、三甲、思贺、新垌、沙琅、青平
犯	咸合三 上范奉	-m	fam 梅县、清溪、揭西、秀篆、宁都、钱排、沙琅、新安、石角、青平
		-n	fan 河源、西河、陆川、香港、塘口、三甲、思贺、新垌
乏	咸合三 入乏奉	-p	fap 宁都
		-t -k	fat 梅县、河源、清溪、揭西、秀篆、西河、陆川、香港、塘口、三甲、思贺、钱排、沙琅、新安、石角、青平 fak 新垌
法	咸合三 入乏非	-p	fap 梅县、清溪、揭西、秀篆、石角
		-t -k	fat 河源、宁都、西河、陆川、香港、塘口、三甲、思贺、钱排、沙琅、新安^a、青平 fak 新垌
泛	咸合三 去梵敷	-m	fam 梅县、清溪、揭西、秀篆、宁都、陆川、钱排、沙琅、石角、青平
		-n	fan 河源、西河、香港、塘口^b、三甲、思贺、新垌、新安
贬	咸开三 上琰帮	-m	piam 钱排
		-n	piɛn 河源、揭西、西河、陆川、塘口、新安、石角、青平 pian 梅县、宁都、三甲、思贺、新垌 pien 秀篆、沙琅 pen 清溪 pɛn 香港
品	深开三 上寝滂	-m	pʻim 钱排
		-n	pʻin 梅县、河源、揭西、秀篆、宁都、西河、陆川、香港、三甲、思贺、石角、青平 pʻen pʻɛn 新安 pʻən 沙琅 pʻɛn 新垌 pʻun 塘口

注：① "法"字新安原表作 fɐt，今依音系描写部分（李如龙等 1999：13）改 fat。② "泛"字李如龙等（1999：53）原表塘口读 tan，疑误，今改 fan。

上表所显示的唇音异化情况，可以归纳为以下几点：

（一）除"贬""品"各有一例，双唇音声母不与双唇音韵尾共现。

（二）收鼻音尾的阳声字中，不异化的 fam 跟异化的 fan 互有胜数。

（三）收塞音尾的入声字中，不异化的 fap 要比 fat 少得多。看来唇音入声尾要比唇音鼻韵尾更易于异化。

（四）客语 -m 只异化为 -n；除了一个方言点异化为 -k 外，-p 也只异化为 -t。

钟荣富提出客家话跟闽南话、北京话都有唇音异化原则[①]，就是如果韵尾是唇音，音节内不可再有其他唇音，而所谓唇音包括后元音 o u 和双唇音 p- pʻ- m-。唇齿音声母却例外，因为可以跟唇音韵尾共存，如"犯"fam、

---

① 钟荣富 . 台湾客家语音导论 [M]. 台北：五南图书出版股份有限公司，2004：184.

"法"fap，不过有不少客家方言已因异音异化而分别读作 fan 和 fak 了。钟氏因而指出客家话没有以下音节结构：

（1）p/p'/mVm/p（元音前后的声母与韵尾，不可同为双唇音）

（2）uam/p（合口韵的韵尾不能是双唇音）

（3）om/p（o 元音排除双唇音韵尾）

其后，钟荣富再指出台湾南部内埔区客家话"犯法"fam fap 一词经历了两重音变[①]：

a. 唇音异化：fam fap > fan fap > fan fat

b. 塞音弱化：fan fat > fan fak > fan fa（弱化由前向后）

钟荣富先是认为 fap 异化为 fak[②]，后来改为 fap 先异化为 fat，再由 fat 弱化为 fak[③]。一步到位的 fap>fak 与链式推移 fap>fat>fak 都有可能，不过由鼻音尾 fam>fan 的情况观之，似乎由前到后的 fap>fat>fak 更为合理。

四、粤语的唇音音素异化

（一）粤语的唇音韵尾异化

以下先据詹伯慧[④]的十一个粤方言点单字表，列出六个咸摄和深摄唇音字在各方言点的读法（声调兹予略去；"泛"字不见表中，只有从略）：

表 2　咸深二摄唇音六字粤语十一点读法归纳表

凡	咸合三 平凡奉	-n	fan 广州、顺德、中山、斗门、台山、开平、韶关、信宜
		-ŋ	faŋ 云浮、廉江 fɐŋ 东莞
犯	咸合三 上范奉	-n	fan 广州、顺德、中山、斗门、台山、开平、韶关、信宜
		-ŋ	faŋ 廉江 faŋ 云浮[a] fɐŋ 东莞

---

① 钟荣富.台湾南部客家话内部的发展与变化——以内埔为例谈"fam55fap3"的语音演变 [M]// 张双庆，刘镇发.客语纵横——第七届国际客方言研讨会论文集.香港：香港中文大学中国文化研究所吴多泰中国语文研究中心，2008：392—393.

② 钟荣富.台湾客家语音导论 [M].台北：五南图书出版股份有限公司，2004.

③ 钟荣富.台湾南部客家话内部的发展与变化——以内埔为例谈"fam55fap3"的语音演变 [M]// 张双庆，刘镇发.客语纵横——第七届国际客方言研讨会论文集.香港：香港中文大学中国文化研究所吴多泰中国语文研究中心，2008：385—394.

④ 詹伯慧主编.广东粤方言概要 [M].广州：暨南大学出版社，2002：342，344.

乏	咸合三 入乏奉	-t	fat 顺德、斗门、台山、开平 fɐt 广州、韶关、信宜、云浮
		-k	fak 廉江 fɛk 东莞
		Ø	fa 中山
法	咸合三 入乏非	-t	fat 广州、顺德、中山、斗门、台山、开平、韶关、信宜
		-k	fak 云浮、廉江
		-Ø	fɛ 东莞
贬	咸开三 上琰帮	-n	pin 广州、顺德、中山、东莞、斗门、韶关、云浮 pɐn 信宜 pen 台山 vin 开平
		-ŋ	piŋ pieŋ 廉江
品	深开三 上寝滂	-n	p'ɐn 信宜、廉江 pɐn 广州、顺德、中山、东莞、斗门、韶关、云浮 pin 台山 ven 开平

注：①云浮无 ɐŋ 韵母，原书"犯"字音 fɐŋ 疑误，今改 faŋ，同平声"凡"字。

　　粤语这几个字的唇音韵尾异化已彻底完成，无论是双唇音声母 p- 或唇齿音声母 f- 的音节，鼻音尾 -m 或塞音尾 -p 都不见痕迹。中山（石歧）的"乏"fa、东莞（莞城）的"法"fɛ，甚至失掉入声塞音尾而变成开音节。这两个方言点，中山仍然保留 -p -t -k 三种韵尾，东莞虽然 -p -t -k 齐全，可是收 -p 的却只剩下 -ɐp 韵母了①，可见 -p 尾韵较诸 -t -k 尾韵更易变化或失落。此外，粤语唇音韵尾异化的结果，跟客语方言同样是以 -t、-n 占大多数，-ŋ、-k 占少数。

　　上文引述过钟荣富针对台湾内埔客语"犯法"fam fap 二字所提出的音变路径：先是唇音异化 fam fap > fan fap > fan fat，再是由前到后的塞音弱化 fan fat > fan fak > fan fa②。其实客语 -p 由前到后的弱化和开化过程，也许可以在开韵尾前补充喉塞音 -ʔ，整个过程就变成 -p>-t>-k>-ʔ>-Ø。中山的"乏"fa、东莞的"法"fɛ，同样是入声开化，但当中的过程未必跟客语一样。朱晓农、严至诚曾经指出粤语共时入声韵尾的演变，在元音相同的情况下，既有由前到后的 -t>-k，也有由后到前的 -k>-t③。无论如何，客粤语都透露出一个讯息：-p

---

① 詹伯慧主编 . 广东粤方言概要 [M]. 广州：暨南大学出版社，2002：192，295.

② 钟荣富 . 台湾南部客家话内部的发展与变化——以内埔为例谈"fam55fap3"的语音演变 [M]// 张双庆，刘镇发 . 客语纵横——第七届国际客方言研讨会论文集 . 香港：香港中文大学中国文化研究所吴多泰中国语文研究中心，2008：385—394.

③ 朱晓农，严至诚 . 入声唯闭韵尾的共时变异和历时演化——香港粤语个案研究 [J]. 南方语言学（第 1 辑），2010：34-44.

韵尾在入声韵尾中最早消失，而且也许跟唇音异化有关。

东莞 -p 尾韵只剩下一个 -ɐp 韵母，其实 -m 尾韵也只剩一个 -ɐm 韵母，可见鼻尾韵与塞尾韵在演变上的平行。东莞"凡犯乏法"读 fɐŋ fɐk fɐ，"贬"读 piŋ，"品"读 pɐŋ，既变 -n，也变 -ŋ -k，骤看好像变化无定，原来莞城话恰好没有韵母 ɛn ɛt iŋ ɐŋ①，所以就变成同元音的 ɐŋ ɐk in ɐn 了。情况类似的还有云浮，没有 an at 二韵母，"凡犯法"读 faŋ fak，"乏"就读 fɐt 了。又如廉江无 an at in 三韵母，"凡犯乏法"就读 faŋ fak，"贬"就读 piŋ piɐŋ 了。可见 -m -p 尾唇音异化的结果，还得看某方言的元音跟韵尾的搭配，也就是韵母的格局。

（二）粤语中的圆唇介音异化

张洪年："今日的香港粤语中，ɔŋ、ɔk 两个韵母前的 kw 和 k'w 都渐渐失去 w 了，像'广、光、国、廓'都只念成 [kɔŋ kɔk k'ɔk] 这样的音节，而没有圆唇的成分。"② 张洪年指出了 w 的失落，但却没有留意到这是 w 跟 ɔ 的异化现象。后来他在另一篇文章里明确指出了这个现象跟异化有关：

> 不过20世纪 60 年代期间，圆唇舌根已开始转读不圆唇舌根，而且只在 ɔŋ、ɔk 两韵之前发生。ɔ 是圆唇元音，w 的生落，显然是异化作用的结果。[……] 张（1972）指出如"广光国廓"等字当时已渐渐失去圆唇成分，读如"讲江觉确"。这种异化现象在袁家骅书中（诚按：指 1960 年版《汉语方言概要》）并没有提及。半个世纪之后，变化已接近完成，一般人说话都不用圆唇舌根音。广讲、光刚无别，狂人的狂读作 khwɔŋ，反觉刺耳。变化亦扩展至单元音 ɔ，如果戈皆读作 kɔ。坊间书写有时把"嗰个"写作"果个"，可见果嗰同音。③

其实这个现象，不单见于广府粤语，也见于其他粤语方言。以下再据詹伯慧所列十一个粤方言点的单字音表④，列出果、宕、曾三摄十二个喉牙音合口字在各方言点的读法（声调兹予略去；一地有两音者，二音分见，并各以

---

① 詹伯慧主编.广东粤方言概要 [M].广州：暨南大学出版社，2002：295.
② 张洪年.香港粤语语法的研究 [M].香港：香港中文大学出版社，1972：3.
③ 张洪年.21世纪的香港粤语：一个新语音系统的形成 [M]// 詹伯慧，伍巍，甘于恩.第八届国际粤方言研讨会论文集.北京：中国社会科学出版社，2003：133—134.
④ 詹伯慧主编.广东粤方言概要 [M].广州：暨南大学出版社，2002：305，370—371，375.

底杠为志）：

表 3　果宕曾三摄喉牙合口十二字粤语十一点读法归纳表

果	果合一上果见	ku-	kuɔ 广州、东莞、云浮 kua 开平
		k-	kɔ 顺德、中山、斗门、台山、韶关、信宜、廉江
过	果合一去过见	ku-	kuɔ 广州、东莞、云浮 kua 开平
		k-	kɔ 顺德、中山、斗门、台山、韶关、信宜、廉江
科	果合一平戈溪	fu-	fua 开平
		f-	fɔ 广州、顺德、中山、东莞、斗门、台山、韶关、信宜、云浮、廉江
光	宕合一平唐见	ku-	kuɔŋ 广州、顺德、东莞、云浮
		k-	kɔŋ 中山、斗门、台山、开平、韶关、信宜、廉江
郭	宕合一入铎见	ku-	kuɔk 广州、顺德 kuɔ 东莞
		k- kʻ-	kɔk 中山、韶关、信宜、廉江 kʻɔk 斗门、台山、开平、云浮
旷	宕合一去宕溪	kʻu-	kʻuɔŋ 顺德、东莞
		kʻ-	kʻɔŋ 广州、中山、斗门、台山、开平、韶关、信宜、云浮、廉江
扩	宕合一入铎溪	kʻu-	kʻuɔŋ 东莞
		kʻ-	kʻɔŋ 广州、顺德、中山、斗门、台山、开平、韶关、信宜、云浮、廉江
霍	宕合一入铎晓	f-	fɔk 广州、顺德、韶关、信宜、云浮
		kʻ-	kʻɔk 中山、斗门、台山、开平、廉江、云浮 kʻɔ 东莞
逛	宕合三去漾见	ku- kʻu-	kuaŋ 广州 kʻuaŋ 广州、顺德、中山、廉江、云浮 [a] kʻuɐŋ 东莞
		kʻ-	kʻɔŋ 斗门、台山、开平、韶关、信宜、云浮
匡	宕合三平阳溪	kʻu-	kʻuaŋ 廉江
		kʻ- h-	kʻɔŋ 斗门、台山、廉江 hɔŋ 广州、顺德、中山、东莞、开平、韶关、云浮 [b]
狂	宕合三平阳群	kʻu-	kʻuɔŋ 广州、顺德、东莞
		kʻ-	kʻɔŋ 中山、斗门、台山、开平、韶关、信宜、云浮、廉江
国	曾合一入德见	ku-	kuɔk 广州、顺德、云浮 kuɔ 东莞
		k-	kɔk 中山、斗门、台山、开平、韶关、信宜、廉江

注：①"逛"字原书云浮音 kʻɔŋ kʻuak（詹伯慧 2002：371），-k 尾疑误，今正。②"匡"字原书信宜无音。

上表除了"逛"字，都是 k- kʻ- 比 ku- kʻu- 读法为多的。中山、斗门、台山、韶关、信宜、廉江六点，各字均不读 ku- kʻu-。不过有些方言点的内部并不一致：例如广州"旷扩"读 kʻɔŋ kʻɔk，可是"狂国"又读 kʻuɔŋ kʻuɔk。东莞（莞城）"郭霍国"三个入声字都开化了，但不影响圆唇介音受元音异化。又果、宕二摄一等字，粤方言一般都读 ɔ 元音的，开平比较特别，果摄字只有小部分仍为 ɔ，其余多变为 a 或 u。"逛"字广州、顺德、中山、廉江都读作 kʻuaŋ，云浮有 kʻuaŋ、kʻɔŋ 两读，廉江"匡"字相同。kʻuaŋ 这个音很可能是由官话借来的。

上面十二个字都是合口字，除"霍"字为晓母字外，其余八字都是牙音见溪群母字，而且也只有"霍"字的读法没有圆唇介音。"霍"字各点有 fɔk kʻɔk kʻɔ 三种读法，有趣的是云浮有两读：kʻɔk（老派音）、fɔk（新派音）。中古喉音晓匣二母合口字，广府粤语一般都读 f- 声母，比方"花、华、火"，也就是没有 hu- 这样的结合。这明显是 h- 声母受圆唇介音同化为 f-，-u- 把 h- 同化为 f- 后，又受 f- 声母影响而异化失落。溪母合口"科"字颇能说明这个问题——除了开平读 fua，各点都读 fɔ，没有读 kʻuɔ 的，似乎是 kʰ- 先擦化为 h-，再经历同化和异化的音变。结合这几个字的不同读法，"科"字擦化、同化、异化的音变过程可以这样表达：kʰu->hu->fu->f-。至于云浮"霍"字两读的现象，也可以有两种假设：一是 hɔk>kʰɔk>hɔk>fɔk，kʻɔk fɔk 二音都在演变链之上，不过这种演变似乎比较迂回（晓母字读作溪母的例子，例如晓母开口的"郝"字，广府粤语读 kʰɔk）；二是 hɔk>kʰɔk 为云浮自身的演变，fɔk 则是自其他方言点而来的读法，这种假设似乎更为合理。

（三）粤语中的圆唇元音异化

"鸽"字在不少粤语方言点都是读 ɐ 元音的，香港粤语则有新旧两读：老派读 kɐp，新派读 kap。其实这个字在早期粤语是读圆唇 ɔ 元音的。根据乾隆年间的粤语韵书《分韵撮要》，"鸽"字属"第三十一甘敢绀蛤"韵，跟"第十七金锦禁急"分列，但这两个韵现代广府粤语都读 ɐ 元音了。香港地名"红磡"英文拼音为 Hung Hom，当中"磡"字也见于"第三十一甘敢绀蛤"韵。hom 跟今天的读法 hɐm 不同，原来这是十九世纪的英文音译。根据早期粤语的记音资料，彭小川、刘镇发、张群显分别把《分韵撮要》"第三十一甘敢绀蛤"的韵母，拟为 om op 与 ɔm ɔp，都是圆唇元音。以下再据詹伯慧列出六个见于《分韵撮要》"第三十一甘敢绀蛤"的字[①]，以及粤语十一个方言点的读法。
这几个字都是中古咸摄一等的喉牙音字（表例见上各表）。

表 4　咸摄开口六字粤语十一点读法归纳表

感	咸开一 上感见	-m	kɔm 中山 kom 顺德 kam 斗门、台山、开平、信宜 kɐm 广州、韶关、云浮
		-ŋ	kaŋ 东莞、廉江
鸽	咸开一 入合见	-p	kɔp 中山 kop 顺德 kap 开平、韶关、信宜 ap 台山 kɐp 广州、斗门、云浮
		-k	kak 廉江
		-∅	ka 东莞
含	咸开一 平覃匣	-m	hɔm 中山 hom 顺德 ham 台山、开平、信宜 hɐm 广州、东莞、斗门、韶关、云浮、廉江
合	咸开一 入合匣	-p	hɔp 中山 hop 顺德 hap 台山、开平、信宜、廉江 hɐp 广州、斗门、韶关、云浮
		-ʔ	haʔ 东莞
暗	咸开一 去勘影	-m	ɔm 中山 om 顺德 am 台山、开平、信宜 ɐm 广州、斗门、韶关、云浮、廉江
		-ŋ	ŋaŋ 东莞
敢	咸开一 上敢见	-m	kɔm 中山 kom 顺德 kam 斗门、台山、开平、信宜 kɐm 广州、韶关、云浮
		-ŋ	kaŋ 东莞、廉江

这几个咸摄喉牙音字在粤方言的读法，可依韵尾分成 -m -p、-ŋ -k、-ʔ、-∅
四类。收 -m -p 尾的字又可分成圆唇元音 ɔ o 和展唇元音 a ɐ 两类。ɔ o 与 a ɐ 两
组元音，都是一个舌位较低，一个舌位较高，又可再分成两类。总共有七组：
ɔm ɔp、om op、am ap、ɐm ɐp、aŋ ak、aʔ、a。张洪年曾据早期粤语材料，指
出香港粤语 ɔm ɔp > om op > ɐm ɐp 的音变，音韵系统因而少了两个韵
母：

> 似乎在 19 世纪时甘、合的元音是 ɔ，正配合粤语中一等字的读法，
> 由 ɔ 变 o 大概是 20 世纪初的事，由 o 变 ɐ 恐怕是 20 世纪三四十年代的事
> [……] 为甚么 ɔ 在别的韵母中不动，而偏在 -m/-p 之前改变，这大概是异

---

① 詹伯慧主编. 广东粤方言概要 [M]. 广州：暨南大学出版社，2002：340—341.

化作用的结果。唇音不共存，所以元音变质。[①]

结合香港"鸽"字因入声长化而引起的主元音低化 ɐp > ap 的例子，若在张洪年的三组韵母再加上 am ap 一组，首四组韵母可以排列成以下的演变路径：

（1）ɔm ɔp > om op（主元音高化）

（2）om op > ɐm ɐp（圆唇元音异化）

（3）ɐm ɐp > am ap（主元音低化）

剩下来见于东莞、廉江的后三组韵母 aŋ ak、aʔ、a，韵尾已经异化、弱化，甚至脱落了。廉江只有少数字仍然读 am ap，咸摄一二等字大都读作 aŋ ak ɐŋ ɐp；东莞没有 am an ap at 诸韵母，咸摄一二等又主要变为 aŋ ak aʔ a。由于 ɔm ɔp 两个韵母在其他粤方言点都是元音受韵尾影响而异化的类型，因此"感鸽含合暗敢"这些字在廉江和东莞的合理演变也许是：

（1）ɔm ɔp > am ap（唇音异化）

（2）am ap > aŋ ak（韵尾因韵母格局而变异）

（3）aŋ ak > aŋ aʔ（塞音尾弱化）

（4）aŋ aʔ > aŋ a（喉塞尾脱落）

五、总结与余论：汉语唇音音素异化的类型

综观古汉语与现代方言的唇音音素异化现象，主要有五种类型：

（a）韵尾受声母异化型——唇音韵尾变非唇音韵尾（上古"风"等、客粤语）

（b）韵尾受元音异化型——唇音韵尾变非唇音韵尾（上古"降隆赣"等）

（c）介音受元音异化型——圆唇介音失落（粤语）

（d）元音受韵尾异化型——圆唇元音变展唇元音（粤语）

（e）元音受声母异化型——圆唇元音变展唇元音（北京话"风、蒙"等）。

从唇音音素的相互位置而言，"韵尾受元音异化型""介音受元音异化型""元音受韵尾异化型""元音受声母异化型"均属邻接异化（contact dissimilation），"韵尾受声母异化型"则属隔离异化（distant dissimilation）。

[①] 张洪年 .21世纪的香港粤语：一个新语音系统的形成 [M]// 詹伯慧，伍巍，甘于恩 . 第八届国际粤方言研讨会论文集 . 北京：中国社会科学出版社，2003：141—142.

从异化发生的方向而言，"韵尾受声母异化型""韵尾受元音异化型""元音受声母异化型"属顺异化（progressive dissimilation），"介音受元音异化型""元音受韵尾异化型"是逆异化（regressive dissimilation）。

　　唇音音素中最易于异化而音变的，似乎是韵尾辅音（除滑音外），然后是韵腹元音和韵头介音，声母不异化而只具影响作用。值得一提的是，粤语"王、枉、黄、镬"等字的 w- 声母（或处理为零声母后接之介音 -w- 或 -u-），虽然都后随 ɔ 元音，但并没有因异化而失落，有的粤方言点更唇化为 v- 声母（东莞、斗门、台山、开平①）。这跟在声母位置的 p- pʰ- m- f- 不受异化影响一样，可见把 w- 处理为声母而非零声母后之介音，实在不无道理。辅音在声母和韵尾的位置上，往往有不同的语音特征和音韵限制。比方汉语塞音韵尾是唯闭音，不像塞音声母般具备除阻阶段，故此听感也颇有不同。由此也可见音变跟音素在音节的位置密切相关。另外有些音节类型，例如唇音声母配圆唇元音在汉语方言中都是常见的，但却没有发生唇音异化，例如"波"字粤语读 pɔ，北京话的 p- 更是略带圆唇的唇化声母，可以标作 pʷɔ。唇音一般没有开合口的对比，唇化的 pʷ 很可能是因后面圆唇元音 ɔ 而被同化。

　　由上古冬侵分合，到现代客粤语合口、唇音尾韵母的变化，可见唇音异化所引起的介音、元音、韵尾的音变，跟古汉语和现代方言韵母系统的演化有莫大关系。最后要一提的是在粤语里没有发生唇音异化的一些例外：一个是"泵"，另一个是"餤"。"泵"是英语 pump 的粤语译音词。至于"餤"则是小儿语。《广韵》敢韵谟敢切字作"餤"云："吴人呼哺儿也。"②《集韵》敢韵母敢切从岩作"餤"云："吴人谓哺子曰餤。"③粤语连称"餤餤"，作名词用。还有一些象声字，例如"□□跳"[pop pop thiw]（形容心跳）、"□□声"[pom pom sɛŋ]（撞击声），都是无字可写的，只用于口语。

参考文献

[1]（宋）丁度等编 . 宋刻集韵 [M]. 北京：中华书局，1989.

[2]（清）段玉裁 . 说文解字注 [M]. 台北：艺文印书馆，1974.

[3]（清）温仪凤 . 分韵撮要字汇 [M]. 香港：陈湘记书局影印民国四年《新

---

① 詹伯慧主编 . 广东粤方言概要 [M]. 广州：暨南大学出版社，2002：371.

② 余迺永 . 新校互注宋本广韵 [M]. 台北：里仁书局，2010：333.

③（宋）丁度等编 . 宋刻集韵 [M]. 北京：中华书局，1989：128.

辑写信必读分韵撮要合璧》，出版年份不详．

[4]（汉）许慎．说文解字（陈昌治一篆一行本）[M]．香港：中华书局，1989．

[5]李方桂．上古音研究 [M]．北京：商务印书馆，1980．

[6]李如龙，张双庆主编．客赣方言调查报告 [M]．厦门：厦门大学出版社，1992．

[7]李如龙，等．粤西客家方言调查报告 [M]．广州：暨南大学出版社，1999．

[8]刘镇发，张群显．清初的粤语音系——《分韵撮要》的声韵系统 [M]//詹伯慧，伍巍，甘于恩．第八届国际粤方言研讨会论文集．北京：中国社会科学出版社，2003：206—223．

[9]潘悟云．汉语历史音韵学 [M]．上海教育出版社，2000．

[10]彭小川．粤语韵书《分韵撮要》及其声母系统 [M]// 彭小川．粤语论稿．广州：暨南大学出版社，2004：15—24．

[11]彭小川．粤语韵书《分韵撮要》的韵母系统 [M]// 彭小川．粤语论稿．广州：暨南大学出版社，2004：25—36．

[12]王力．汉语史稿 [M]．北京：中华书局，1980．

[13]俞敏．汉藏同源字谱稿 [M]// 俞敏．俞敏语言学论文集．北京：商务印书馆，1999：63—120．

[14]余迺永．上古音系研究 [M]．香港：香港中文大学出版社，1985．

[15]余迺永．新校互注宋本广韵 [M]．台北：里仁书局，2010．

[16]袁家骅主编．汉语方言概要 [M]．北京：语文出版社，2001．

[17]詹伯慧主编．广东粤方言概要 [M]．广州：暨南大学出版社，2002．

[18]张洪年．香港粤语语法的研究 [M]．香港：香港中文大学出版社，1972．

[19]张洪年．21世纪的香港粤语：一个新语音系统的形成 [M]//詹伯慧，伍巍，甘于恩．第八届国际粤方言研讨会论文集．北京：中国社会科学出版社，2003：129—152．

[20]张日升，林洁明编．周法高上古音韵表 [M]．香港：香港中文大学出版社，1973．

[21]郑张尚芳．上古音系 [M]．上海：上海教育出版社，2013．

[22] 钟荣富.台湾客家语音导论 [M].台北：五南图书出版股份有限公司，2004.

[23] 钟荣富.台湾南部客家话内部的发展与变化——以内埔为例谈"fam55fap3"的语音演变 [M]// 张双庆，刘镇发.客语纵横——第七届国际客方言研讨会论文集.香港：香港中文大学中国文化研究所吴多泰中国语文研究中心，2008：385—394.

[24] 周祖谟.诗经韵字表 [M]// 问学集：上册.北京：中华书局，1966：218—269.

[25] 朱晓农，严至诚.入声唯闭韵尾的共时变异和历时演化 —— 香港粤语个案研究 [J].南方语言学（第 1 辑），2010：34—44.

[26] Trask. R. L. Historical Linguistics[M]. London: Edward Arnold，1996.

从《等韵一得》语音特点再探劳乃宣的"自然之音"

曹祝兵 ①

（陕西师范大学 文学院）

　　摘要:《等韵一得》，清末劳乃宣所著。劳乃宣身处"西学东渐"时期，受西方语言学理论影响，崇尚"自然之音"。《等韵一得》一书的编写目的既非描写一时一地之音，也非描写综合之音，而是要"一本人声之自然"。本文以《等韵一得》为例，从"清浊对立""知照（章庄）分立"等声母特点再探劳乃宣的"自然之音"。

　　关键字:《等韵一得》；劳乃宣；清浊对立；知照（章庄）分立；"自然之音"

《等韵一得》，清末劳乃宣所著。劳乃宣身处"西学东渐"时期，受西方语言学理论影响，崇尚"自然之音"。《等韵一得·序言》曰:"因厘为十谱，各系以说为内篇，录平昔讨论之语为外篇，以俟知者。专重人声而不尚考订，所以别乎古韵今韵也。"又曰:"累年参订，定为母韵诸谱，一本人声之自然。""一本人声之自然"即以"自然之音"作为根本。由此可见,《等韵一得》将"专重人声而不尚考订"作为编写原则之一。

《等韵一得》韵图的安排始终坚持"专重人声而不尚考订"的原则，笔者2014年已撰文初步探讨，本文通过考察《等韵一得》声母特点再次探讨劳乃宣的"自然之音"理论。

一、清浊对立

（一）学界对于清浊的讨论

---

① 曹祝兵：陕西师范大学文学院博士后.

清声母和浊声母的对立是中古音的语音特点之一,三十六字母按发音方法包括全清、次清、全浊、次浊,清浊对立分明。随着语音的发展,清声母和浊声母由对立转向融合,其表现就是浊音清化现象,对于浊音清化的时间,学界存在不同的看法。

据冯蒸先生考察,与《切韵》同时代的《博雅音》已经出现少量字例的"浊音清化"现象。① 罗常培先生认为唐五代西北方言的全浊塞音声母已经清化;② 邵荣芬先生认为十世纪西北方言全浊声母已经消失;③ 周祖谟先生《唐五代的北方语音》说:"从书音中有以全浊仄声切全清和以全清切全浊仄声的例子来推测,北方音的全浊声母已开始有清音化的倾向……从书音中有以次清切全浊平声和以全浊平声切次清的例子来推测,全浊平声字有读为次清音的迹象,也很值得注意。"④ 黄笑山先生认为"从发展的角度看,中唐五代时的浊送气成分逐渐发生变化……全浊声母的发音方式发生变化了,它的音位对比关系却仍然没有变,因此韵图家们把它们放在全浊的地位。"⑤

李如龙先生认为唐宋西北方音全浊声母已经清音化。⑥ 王力先生发现朱熹时代全浊声母已经消失。⑦ 黎新第先生不同意王力先生的看法,他采用定量分析方法得出结论说:"有足够的理由可以认定,在朱熹反切音系中,全浊清化尚在进行,全浊声母并没有全部消失。"⑧ 李无未先生详尽地考察了南宋孙奕作品《示儿篇》和《九经直音》音注,发现了丰富的"浊音清化"材料,经过研究,认为孙奕的口语中很多清浊声母已经混同,"一贯以读正音自居的孙奕,在他的音注上列出这样多的清浊声母相混的字例确实让人惊叹不已,说明他的口语中,这些浊声母肯定读为清音了,不然难以解释他的正音为何会形成如此局面。"据此,李先生得出结论,"全浊声母在十二世纪的汉

---

① 冯蒸.《尔雅音图》音注所反映的宋代浊音清化 [J].语文研究,1991(2):21—29.

② 罗常培.唐五代西北方音 [J].国立中央研究院历史语言研究所单刊甲种之十二,1933:20—25.

③ 邵荣芬.敦煌俗文中的别字异文和唐五代西北方音 [M]// 邵荣芬.邵荣芬语言学论文集.北京:商务印书馆,2009:215—228.

④ 周祖谟.唐五代的北方语音 [M]// 周祖谟.周祖谟语言学论文集.北京:商务印书馆,2001:303-304.

⑤ 黄笑山.试论唐五代全浊声母的"清化" [J].古汉语研究,1994:38—40.

⑥ 李如龙,辛世彪.晋南、关中的"全浊送气"与唐宋西北方音 [J].中国语文,1999(3):197—204.

⑦ 王力.朱熹反切考 [M]// 王力.龙虫并雕斋文集:第三册.北京:中华书局,1982:962—1044.

⑧ 黎新第.从量变看朱熹反切中的全浊清化 [J].语言研究,1999(2):47—60.

语时音中已经清化，孙奕的音注业已证明了这一点"①。而与孙奕生活时间相近的金人韩道昭的《改并五音集韵》中，学者也发现了浊音清化现象，宁忌浮先生在《韩道昭〈五音集韵〉第二音系考》一文中，通过考察韩书金元刻本的一些错别字和韩氏审音失误情况，发现韩书中全浊声母清化十分明显。②因此，冯蒸先生认为"我们基本可以肯定这项音变（笔者注：浊音清化）在宋代的大部分官话语言中已经完成。"③而《中原音韵》标志着这一变化的彻底完成。

（二）《等韵一得》的清浊对立现象

综合众多学者意见，浊音清化到元代时期已经彻底完成。《等韵一得》成书于 19 世纪末 20 世纪初，当时官话语音浊音应当已经清化，清浊不应对立安排，然而通过考察，我们发现事实并非如此。

劳氏多次强调"清浊对立"，劳氏说："五十八母清音半浊音半，字字相对。知其清者，则浊者可推。兹以清浊之半合为一谱，以便读者。当先全作清音读之，读熟再作浊音读之，即得矣。"（《内篇·字母简谱》）"母之清浊相对者：影与喻、见与群、晓与匣、端与定、知与澄、照与床、审与禅、精与从、心与邪、帮与并、非与奉，各有四声，合之为八声。平声清浊之辨显，仄声清浊之辨微。今以有入声之六韵，择其有音有字者，各以四声清浊对列之，而注其母于下，以类而推，清浊之辨可知矣。"（《内篇·四声清浊举隅谱》）

劳氏为了说明清浊的对立，在内篇特设立"四声清浊举隅谱"，图谱如下：

表 1　四声清浊举隅谱

		昂 韵		鞶 韵		安 韵		恩 韵		谙 韵		厄音 韵	
		清	浊	清	浊	清	浊	清	浊	清	浊	清	浊
开 口	平	商	裳	绷	彭	顸	寒	珍	陈	耽	覃	斟	岑
	上	赏	上	饼	偋	罕	旱	黪	綝	胆	口敢	枕	顅
	去	饷	尚	进	膨	汉	翰	镇	阵	担	淡	枕	赞
	入	铄	杓	伯	白	喝	曷	窒	秩	答	踏	执	嚡

① 李无未. 南宋《示儿篇》音注的"浊音清化"问题 [M]// 李无未. 音韵文献与音韵学史——李无未文存. 长春：吉林文史出版社，2005：70.

② 宁忌浮. 韩道昭《五音集韵》第二音系考 [M]// 宁忌浮. 宁忌浮文集. 长春：吉林人民出版社，2010：79—85.

③ 冯蒸.《尔雅音图》音注所反映的宋代浊音清化 [J]. 语文研究，1991（2）：21—29.

续表

		昂韵		鞬韵		安韵		恩韵		谙韵		厄音韵	
		清	浊	清	浊	清	浊	清	浊	清	浊	清	浊
声母		审	禅	帮	並	晓	匣	知	澄	端	定	照	床
齐齿	平	央	阳	丁	庭	笺	前	斤	勤	猒	盐	今	琴
	上	鞅	养	顶	挺	翦	践	谨	近	黡	琰	锦	噤
	去	怏	漾	订	定	箭	贱	靳	近	厌	艳	禁	訡
	入	约	药	的	荻	节	截	讫	起	魇	叶	急	及
声母		影	喻	端	定	精	从	见	群	影	喻	见	群
合口	平	荒	黄	封	逢	端	团	尊	存				
	上	慌	晃	覂	奉	短	断	撙	鳟				
	去	荒	潢	葑	缝	锻	段	俊	鐏				
	入	霍	获	韈	幞	掇	夺	卒	捽				
声母		晓	匣	非	奉	端	定	精	从				
撮口	平			邕	容	鸳	袁	荀	旬				
	上			拥	勇	婉	远	笋	○				
	去			雍	用	怨	远	濬	徇				
	入			鬱	欲	盌	越	邮	○				
声母				影	喻	影	喻	心	邪				

由上表可知，在《等韵一得》中，劳氏刻意将清声母和浊声母放在相对立的位置，以此表明清浊并不混同，而是相互对立。

我们再来通过考察《母韵合谱》(《母韵合谱》按五十八母列表，每个字母按五十二摄列字，无字之音列。表示) 中清浊声母的音韵地位（中古来源）来观察他们之间的关系是对立还是合流：

见母：见母 52 个代表字，重同 16 个，实际用字 36 个。有 2 组反切使用入声字"嘎""祴"为反切上字，其余均用平声字为代表字或反切上字，如"歌""该""高""居"等。经考察，见母 52 代表字均来自中古"见"母。

群母：群母 52 个代表字，重同 34 个，实际用字 18 个。群母所用代表字或反切上字均为平声字，如"乔""求""狂""琴"等。经考察，群母 52 代表字基本来自中古"见"母，有一组例外，即喉一阳声开口用"噶"作反切上字，经查，"噶"不见于《广韵》《集韵》，《字汇补》为"古渴切"，见母。

119

帮母：帮母 52 个代表字，重同 31 个，实际用字 21 个。帮母所用代表字或反切上字基本为平声字，如"帮""兵""般""彪"等，有 2 组使用入声字"伯"作反切上字。经考察，帮母 52 代表字均来自中古"帮"母。

並母：並母 52 个代表字，重同 30 个，实际用字 22 个。並母所用代表字或反切上字基本为平声字，如"皮""瓢""蓬""盆"等，有 6 组分别用入声字"白""拔""菔"作反切上字。经考察，並母 52 代表字均来自中古"並"母。

审母：审母 52 个代表字，重同 26 个，实际用字 26 个。审母所用代表字或反切上字基本为平声字，如"师""生""收""霜"等，有 2 组使用入声字"栋"作反切上字。经考察，审母 52 代表字有两个来源，来源于中古的"书"母和"生"母，其中"书"母主要排在齐齿和撮口，"生"母主要排在开口和合口（有 2 组例外，即"栓""薛"为"书"母字）。

禅母：禅母 52 个代表字，重同 36 个，实际用字 16 个。禅母所用代表字或反切上字基本为平声字，如"时""蛇""裳""辰"等，有 12 组使用入声字"蜀"作反切上字。经考察，禅母 52 代表字均来自中古"禅"母。

晓母：晓母 52 个代表字，重同 21 个，实际用字 31 个。晓母所用代表字或反切上字基本为平声字，如"休""昏""荒""希"等，有 1 组用入声字"黑"作为反切上字。经考察，晓母 52 代表字均来自中古"晓"母。

匣母：匣母 52 个代表字，重同 21 个，实际用字 31 个。匣母所用代表字或反切上字基本为平声字，如"豪""航""降""黄"等，有 1 组用入声字"劾"作为反切上字。经考察，匣母 52 代表字基本来自中古"匣"母，仅"雄"字例外，"熊"《广韵》羽弓切，云母（喻三）东韵字。

心母：心母 52 个代表字，重同 22 个，实际用字 30 个。心母所用代表字或反切上字基本为平声字，如"骚""新""心""思"等，有 2 组分别使用入声字"萨"和"涑"为反切上字和代表字。经考察，心母 52 代表字均来自中古"心"母。

邪母：邪母 52 个代表字，重同 37 个，实际用字 15 个。邪母所用代表字或反切上字基本为平声字，如"囚""寻""旋""旬"等，有 12 组使用入声字"俗"作反切上字。经考察，邪母 52 代表字均来自中古"邪"母。

知母：知母 52 个代表字，重同 31 个，实际用字 21 个。知母所用代表字或反切上字均为平声字，如"知""张""中""屯"等。经考察，知母 52 代表字均来自中古"知"母。

澄母：澄母 52 个代表字，重同 34 个，实际用字 18 个。澄母所用代表字或反切上字均为平声字，如"茶""池""长""虫"等。经考察，澄母52代表字均来自中古"澄"母。

精母：精母52个代表字，重同23个，实际用字29个。精母所用代表字或反切上字基本为平声字，如"遭""增""宗""遵"等，有5组分别用入声字"帀""作"为反切上字。经考察，精母52代表字均来自中古"精"母。

从母：从母52个代表字，重同23个，实际用字29个。从母所用代表字或反切上字基本为平声字，如"裁""曹""情""存"等，有1组用入声字"杂"作反切上字。经考察，从母52代表字均来自中古"从"母。

端母：端母52个代表字，重同30个，实际用字22个。端母所用代表字或反切上字基本为平声字，如"低""都""东""端"等，有1组使用入声"德"作反切上字。经考察，端母52代表字均来自中古"端"母，"爹"《广韵》陟邪切，知母；《正字通》丁邪切，端母。

定母：定母52个代表字，重同32个，实际用字20个。定母所用代表字或反切上字基本为平声字，如"庭""腾""同""团"等，有2组分别使用入声"达""特"作反切上字。经考察，定母52代表字均来自中古"定"母。

照母：照母52个代表字，重同25个，实际用字27个。照母所用代表字或反切上字基本为平声字，如"抓""昭""周""章"等，有2组使用入声字"责"作反切上字。经考察，照母52代表字来源于中古的"章"母和"庄"母，其中"章"母字主要排在齐齿和撮口（"斋"为庄母字，例外），"庄"母字主要排在开口和合口（"詹""锥"为章母字，"簪"为精母字，例外）。

床母：床母52个代表字，重同32个，实际用字20个。床母所用代表字或反切上字基本为平声字，如"楂""乘""床""船"等，有2组使用入声字"咋"作反切上字。经考察，床母52代表字大部分来自于中古的"崇"母，少部分来自于中古"船"字，有"乘""神""船""脣"等4个字，排列在齐齿和撮口位置。

非母：非母52个代表字，实际用字9个，即"夫""不""非""方"等，重同43个，重同字皆为"夫"字。非母所用代表字或反切上字基本为平声字，有1组使用入声字"不"为代表字。脣音开口阳声字使用"腶"为代表字，查"腶"《广韵》徒滥切，定母字，疑误。经考察，非母52代表字基本来自中古"非"母。

奉母：奉母52个代表字，实际用字10个，即"符""凡""扶""汾"等，重同 42 个，重同字皆为"符"字。奉母所用代表字或反切上字均为平声字。经考察，奉母 52 代表字均来自中古"奉"母。

（三）清浊对立现象分析

通过对《等韵一得》（全）清（全）浊声母详尽的对比分析，我们看出劳氏对清浊声母的安排完全遵照中古时期清浊的安排，应该不是当时实际语音的反映。观察劳氏表中所用例字（单字代表字），浊声母用阳声调字，清声母用阴声调字，很少有例外情况。按照语音发展规律，浊声母清化后一般读为阳平调，劳氏是否因此将声母之清浊与声调之阴阳混同，认为阳声调字皆为浊声母，阴声调字皆为阴声母呢？郑巧梅说："劳氏将影母和喻母分为清、浊二母，影母、喻母在表中为零声母，仅占位置，无辅音的性质，今查影母、喻母字的北京、苏州声调，影母为阴调，喻母为阳调，劳氏依据调值的不同强分为二，实在不必要……"[1]

劳氏清浊对立不仅表现在全清声母和全浊声母的对立，次浊和次清也是如此，如劳氏在《外篇·字母》曰："疑、泥、娘、明、微、来、日七母，皆浊声，无清声。按今俗音如娘母黏字、明母妈字、来母拉字之类皆读清声。虽然无字，实有其音，故所增配专浊之七清母，皆当如俗音所读清声读之。"应裕康先生对此批评说："案浊音字大略无阴声调，然鼻音、边音则有例外。劳氏所举之例，黏为舌头鼻音，妈为双唇鼻音，拉为舌头边音，故三字读阴平调，为鼻音、边音等浊声母有读阴平调之好例也。然声调虽为阴声调，其声母则仍为浊声母，初未以其声调之变而为清声母也。劳氏以阴声调字皆为清声母，阳声调字皆为浊声母，则观念错误……"[2] 许世瑛先生对此批评说："唯劳氏常混字母之清浊与声调于一谈也。浊音字固无阴调，然鼻音与边音则有例外。盖声母为响音，依通例必为阳声调之字，然有读阴声调时，劳氏所举黏妈拉等，即为好例。唯因声母仍为浊音，仅声调变为清声调，实不能认为清音也。劳氏以此等声调改变之浊声母为清声母，实为一错误观念。且由此亦可知劳氏以四声之清浊是产自字母之清浊之言亦不足信也。"[3]

我们认为，从汉语有字之音来看，劳氏依据语音发展的基本规律——阳

---

① 郑巧梅.《等韵一得》音系研究 [D]. 福州：福建师范大学，2008：49—52.

② 应裕康. 清代韵图之研究 [M]. 台北：弘道文化事业有限公司，1972：324.

③ 许世瑛.《等韵一得》研究 [J]. 文学年报，1939（5）：73—86.

声调大都来自于中古浊声母，去安排娘母黏字、明母妈字、来母拉字之类，确实是一个较大失误，许世瑛、应裕康两位先生的批评是中肯的。但劳氏作为清末著名的等韵学家，精于审音，"在等韵学的书籍当中，说理最清晰，而又可为古音学的门径者，除了江永的《音韵辨微》之外，要算劳乃宣的《等韵一得》。专就音理而论，劳氏似乎还有胜过江氏的地方。"[1]他不可能不知道当时官话语音清浊已经合流。劳氏对"疑、泥、娘、明、微、来、日"七母增设对立的清声，不是为了有字之音，而实为"自然之音"而设，对此，劳氏解释十分清楚，"疑、泥、娘、明、微、来、日七母，皆浊声，无清声。按今俗音如娘母黏字、明母妈字、来母拉字之类皆读清声。虽然无字，实有其音，故所增配专浊之七清母，皆当如俗音所读清声读之。"

劳氏在韵图中将五十八声母完全按照清浊对立安排，固然是"不悖旧法"，遵从古书韵图安排所致，但更重要的原因是遵循"一本人声之自然"，以描述"自然之音"，从而囊括天下之音。劳氏说："喉音一清一浊，余七音各四清四浊。于三十六母之外，加原专有清之七浊、原专有浊之七清，及邵氏所增之一清一浊、比类新增之三清三浊，共为五十八母，清浊各二十九……爰依此为谱，于古母三十六仍无出入，而有条不紊，纯乎天籁，较之古法有渐近自然之妙"。(《等韵一得·外篇》)

"纯户天籁""渐近自然之妙"，体现了劳氏苦心，这反映出劳氏追求"自然之音"的语言观，是清浊对立安排的根本原因。

二、知照（章庄）分立

（一）学界对于知照（章庄）合流的讨论

知、章、庄，指的是知组声母（知彻澄）、章组声母（章昌船书禅）和庄组声母（庄初崇生），章组声母和庄组声母在宋人三十六字母中都归于照组（照穿床审禅）。在等韵图上，章组声母排在三等位置上，称为照三；庄组声母排在二等位置上，称为照二。《等韵一得》中图谱安排遵从宋人三十六字母安排，谱中只见照组声母，章、庄组声母并于其中。

---

① 王力. 汉语音韵学 [M]. 北京：中华书局，1980：167.

知、章、庄三组声母在今天北京话中已经合并，演变成声母 tʂ、tʂʰ、ʂ，但是从知、章、庄三组合流为一组声母 tʂ、tʂʰ、ʂ，其过程无疑是相当漫长的。李行杰先生（1994）认为："从上古到中古，知庄章分立；从中古到近代，知庄章由三分到二分；近代以后，三系完全合流。"①

关于知章庄合流情况，目前学术界大部分学者主要是依据《中原音韵》（1324年），但看法不一：罗常培（1963）、赵荫棠（1957）、李新魁（1983）、杨耐思（1981）、薛凤生（1990）、麦耘（2001）都主张知章庄合流，陆志韦（1988）、甯忌浮（1985）主张知章庄二分。②

知章庄组声母在《中原音韵》中出现部分合并已是不争的事实，但是知章庄声母在《中原音韵》中的合并不是一蹴而就的，而是经历了一个过程，唐作藩先生说：这也并不是一下子就变成卷舌音，合流以后又重新组合。"知、庄、章合流的时间，唐先生认为："从中原雅音（官话）来看，大约在南宋（十三世纪）时候，知庄章三组就已经合流。"③有学者经过研究，也发现知章庄合并现象在《中原音韵》之前的文献中就已经出现：冯蒸先生认为《尔雅音图》知庄章组声母二分，知二庄为 ʧ、ʧʰ、ʃ，与洪音相配，知三章为 tʂ、tʂʰ、ʂ，与细音相配。④李红先生发现《九经直音》中知章混同读如 t 的现象，这是一个新的发现，展示给我们另外一种现象，那就是知章混同不必一定读如 ʧ 或 tʂ，认为这可能是作者孙奕的家乡方言——江西赣方言特点的流露。⑤

《中原音韵》之前的文献中存在知章庄合流现象的还有《诗集传》《楚辞集注》⑥吴棫《韵补》⑦邵雍《皇极经世声音唱和图》⑧《番汉合时掌中珠》⑨和韩道昭的《改并五音集韵》⑩。邵荣芬先生认为，唐五代西北方音中已经出现知庄

① 李行杰.知庄章流变考论 [J].青岛师专学报，1994（6）：19—28.
② 桑宇红，张智慧.破解中国音韵学史上的一桩悬案—《中原音韵》知、庄、章声母研究论析 [J].河北学刊，2009（6）：237—242.
③ 唐作藩.音韵学教程 [M].北京：北京大学出版社，2002：126.
④ 冯蒸.《尔雅音图》音注所反映的宋代知章庄三组声母演变 [J].汉字文化，1994（6）：32.
⑤ 李红《九经直音》所反映的知、章、庄、精组声母读如 [t] 显现 [J].延边大学学报（社会科学版），2005（6）：103—106.
⑥ 王力.汉语语音史 [M].北京：中国社会科学出版社，1985：260.
⑦ 李行杰.《韵补》声类与南宋声母 [J].徐州师范学院学报，1983（6）：39—47.
⑧ 周祖谟.宋代汴洛语音考 [M]// 周祖谟.问学集.北京：中华书局，1966：396.
⑨ 蒋骥骋.近代汉语音韵研究 [M].长沙：湖南师范大学出版社，1997：114.
⑩ 宁忌浮.校订《五音集韵》[M].北京：中华书局，1992：17.

章合并的迹象。①

知章庄合流时间，学者见仁见智，众说纷纭，但是其最终完成时间不会晚于 1587 年，明代李登在其著作《书文音义便览私编》中将声母总结为 31 个，这 31 个声母包括清浊，而中古的知章庄组声母只剩下照、穿、审三母了。

（二）《等韵一得》的知照（章庄）分立现象

《等韵一得》所处时代晚于《书文音义便览私编》300 年，知章庄声母在官话音系中应当是完全合流的，然而书中情况究竟如何呢？我们将《母韵合谱》中知母作为知组的代表音，将照母作为照组的代表音，并对其他知照组声母进行穷尽比较分析，看其分合情况，以此推断《等韵一得》中知章庄是否合流。

表 2　知、照母母韵配合表

			轻舌			
			清			
			戛			
			吒　　母			
喉一	阳	阿韵	吒	秅	樝	猪俞阿
	阴	厄○韵	吒绹	知伊绹	猪窝	猪俞绹
	下	餘○韵	知	知伊	猪	猪俞
喉二	阳	埃韵	吒埃	桎	猪歪	猪俞埃
	阴	额○韵	吒额○	知伊额○	追	猪俞额○
喉三	阳	敖○韵	嘲	朝	猪敖	猪俞敖
	阴	欧韵	吒欧	輖	猪欧	猪俞欧
鼻	阳	昂○韵	吒昂	张	椿	猪俞昂
	阴	鞿韵	丁	征	猪翁	中
舌齿	阳	安○韵	吒安	遭	猪弯	猪渊
	阴	恩韵	吒恩	珍	猪温	屯
唇	阳	谐韵	詀	沾	猪谐	猪俞谐
	阴	厄○音○韵	磴	知音	猪音○	猪俞音○
			开　口	齐　齿	合　口	撮　口
			知			

---

① 邵荣芬 . 敦煌俗文中的别字异文和唐五代西北方音 [M]// 邵荣芬 . 邵荣芬语言学论文集 . 北京：商务印书馆，2009：211—214.

续表

			重齿 清 戞 查　母			
喉一	阳	阿韵	查	遮	戞	诸阿
	阴	厄○韵	责绸	支绸	蒩绸	诸绸
	下	餘○韵	蒩	支	蒩	诸
喉二	阳	埃韵	查埃	斋	蒩歪	诸埃
	阴	额○韵	责额○	支额○	锥	诸额○
喉三	阳	敖○韵	抓	昭	蒩敖	诸敖
	阴	欧韵	邹	周	蒩欧	诸欧
鼻	阳	昂○韵	查昂	章	庄	诸昂
	阴	鞿韵	争	征	蒩翁	锺
舌齿	阳	安韵	查安	枬	跧	专
	阴	恩韵	臻	真	蒩温	谆
屑	阳	谙韵	詹	支谙	蒩谙	诸
	阴	厄○音○韵	簪	支音	蒩音○	诸音○
			开口	齐齿	合口	撮口
			照			

由上表可以看出，知母共使用 9 个字作声母代表字或反切上字，分别为"咤、知、嘲、丁、知、张、猪、追、中"等字，经考察，这个字均来自于中古"知"母，无一例外；照母共使用 27 个字作声母代表字或反切上字，分别为"支、蒩、诸、跧、谆、真、枬、臻、詹、征、昭等。经考察，照母 27 个代表字来源于中古的"章"母和"庄"母，其中"章"母字主要排在齐齿和撮口（"斋"为庄母字，例外），"庄"母字主要排在开口和合口（"詹""锥"为章母字，"簪"为精母字，例外）。《母韵合谱》中知照组其他声母（彻澄、穿床审禅）在图谱中的安排也是泾渭分明，不相混同。

由此，我们可以看出《等韵一得》知、照（章庄）组声母并没有出现与时音（官话音系）相一致的合流现象，而是分立的。

（三）知照（章庄）分立现象分析

《等韵一得》中知、照（章庄）组声母的分立，并不表示当时实际语音中照组声母仍然读作 tɕ、tɕʰ、dʑ、ɕ、z，而当读作 tʂ、tʂʰ、ʂ 等，明清官话语音中，基本都包括卷舌声母 tʂ、tʂʰ、ʂ，如《韵略汇通》《等韵图经》《李氏音鉴》等。[①]

《等韵一得》中劳氏将知、照（章庄）组声母分立安排，一方面是劳氏尊古思想在作祟，为了遵从"不悖旧法"原则所致，更重要的是想兼顾所有方言，从而达到囊括一切"自然之音"的目的，劳氏《等韵一得·外篇·字母》说："皇朝《通志七音略》曰：知彻澄，古音与端透定相近，今音与照穿床相近；泥嬢、非敷，古音异读，今音同读，性理精义。御案曰：知彻澄娘，等韵本为舌音，不知何时变入齿音，今惟闽广间尚是舌音不改耳。"劳氏自己也承认"知彻澄娘"已经变入齿音——即知照（章庄）早已合流的事实，而仍将其分立安排的原因是因为方言有区别。

章组、庄组分立安排的原因也是如此。劳氏在《等韵一得·内篇·母韵合谱》中将章母字安排在齐齿、撮口，庄母字安排在开口、合口，对照图谱，齐齿、撮口中字，现代北京话都读作开口或合口，如"支""周""诸""专"等。对此，劳氏解释说："照、穿、床、审、禅、日等母齐齿撮口之字，今人多混作开口合口，如：支、斋、昭、周、章、伥……等字，古皆读齐齿，今读开口。诸、钟、专、谆、枢、充、穿、春、书、春……等字，古皆读撮口，今皆读合口。此古今之别也。然今时之音亦有读作齐撮之处，如扬州等处皆山读开口、膻读齐齿，安徽有数处专、春、船、脣等字皆读撮口，分析甚清，故母韵合谱中除时字加伊字以别开口，余悉照旧谱列之。其方音不合之处，以意辨之可也。"（《外篇·韵摄》）

由此，我们可以看到，劳氏将今读开、合口的字安排在齐齿、撮口位置上，是为了体现扬州、安徽等地方言。

综合以上对知照（章庄）分立现象的考察与分析，我们认为劳氏将知照（章庄）分立是为了尽最大可能囊括不同地区的方言，从而达到囊括一切"自然之音"的目的。

---

① 叶宝奎．明清官话音系 [M]．厦门：厦门大学出版社，2001：135，140，184，269．

声律在唐人近体诗中的运用概论

胡安顺

（陕西师范大学 文学院）

摘要：近体诗的格律在初唐已经成熟，并已成为人人遵守的戒律。整个有唐一代，诗人总体上是严守格律的，其原因除了和社会风尚有关外，更和国家的重视、功令的要求密不可分。唐人虽然重视格律，但不为格律所束缚，尤看重意境和神韵的创造。当意境和格律形式发生冲突时，他们会毫不犹豫地牺牲格律，不会因词害义，因声夺义，这是大唐气象和精神的体现。守格律而不为格律所囿，以意求胜，绝不屑犯难于平仄粘对之间，正由于此，他们创作出了无数千古绝唱，为唐诗百花园中增添了奇光异彩。

关键词：唐代；近体诗；格律

所谓声律，这里是指诗、词、曲、赋等文学作品在声韵格式方面所立的规矩。本文拟以《唐诗三百首》（以下简称《三百首》）、《唐诗别裁集》（以下简称《别裁集》）为例，谈谈唐人在近体诗声律运用方面的一些特点，以期与读者共勉，所谓燕石妄珍，野人献曝而已。

一、避大韵、小韵

所谓大韵，是指近体诗同一联中使用了与韵脚同韵的字。遍照金刚《文镜秘府论·文笔十病得失》："大韵：一韵以上，不得同于韵字。如以'新'字为韵，勿复用'邻''亲'等字。"所谓小韵，是指五言诗一联中除韵脚外，其余九字中重复使用了同韵字。宋人魏庆之《诗人玉屑》卷十一："六曰小韵，谓除本韵一字外，九字中不得有两字同韵，如'遥''条'不同。"诗家为什么要避大韵、小韵？因为同一联中重复使用同韵字读起来比较拗口。根据本文观察，在《三百首》中，五律共80首，其中犯大韵的仅有4首，占总数的5%，4首共含涉及4联。犯小韵仅有1例。具体内容见下：

> 襄阳好风（东）日，留醉与山翁（东）。王维《汉江临眺》
> 青山横（庚）北郭，白水绕东城（庚）。李白《送友人》
> 五更（庚）疏欲断，一树碧无情（庚）。李商隐《蝉》
> 移家（麻）虽带郭，野径入桑麻（麻）。僧皎然《寻陆鸿渐不遇》
> 天（先）秋月又满，城阙夜千（先）重。戴叔伦《江乡故人偶集客舍》

避大韵、小韵虽然是对五言而言的，对于七律，唐人同样遵守。根据本文观察，《三百首》中七律共51首。犯大韵的仅有6首，约占总数的11.8%，6首共涉及7联。犯小韵的情况未见。具体内容见下：

> 万里寒光生（庚）积雪，三边曙色动危旌（庚）。祖咏《望蓟门》
> 吴宫花草埋幽（尤）径，晋代衣冠成古丘（尤）。
> 总为浮（尤）云能蔽日，长安不见使人愁（尤）。李白《登金陵凤凰台》
> 旧业已随征（庚）战尽，更堪江上鼓鼙声（庚）。卢纶《晚次鄂州》
> 沧海月明珠有泪，蓝田（先）日暖玉生烟（先）。李商隐《锦瑟》
> 云边（先）雁断胡天月，陇上羊归塞草烟（先）。温庭筠《苏武庙》
> 白狼（阳）河北音书断，丹凤城南秋夜长（阳）。沈佺期《独不见》

以上情况说明，唐代诗人无论写五律、七律都很忌讳大韵、小韵，不到不得已时不会犯忌。

需要指出的是，具有同韵关系的迭音词、连绵词、双音节地名、句中具有对照关系的词不算大韵、小韵，故无需避忌，这类情况在唐诗中触目皆是，例如：

> 举头望明月，低头思故乡。李白《夜思》

花隐掖垣暮，啾啾（尤）栖鸟过。杜甫《春宿左省》

无边落木萧萧（萧）下，不尽长江滚滚（阮）来。杜甫《登高》

跨马出郊时极目，不堪人事日萧条（萧）。杜甫《野望》

即从巴峡穿巫峡，便下襄阳（阳）向洛阳（阳）。杜甫《闻官军
收河南河北》

寂寂（锡）竟何待，朝朝（萧）空自归。 孟浩然《留别王维》

故园东望路漫漫（元），双袖龙钟（冬）泪不干。岑参《逢入京使》

为问元戎窦车骑，何时返旆勒燕然（先）。皇甫冉《春思》

刘郎已恨蓬山远，更隔蓬山一万重。李商隐《无题之一》

日暮瀍陵原上猎，李将军是故将军。李商隐《旧将军》

十二楼中尽晓妆，望（漾）仙楼上望（漾）君王。薛逢《宫词》

还有些诗，按今音来看看犯了大韵或小韵，但从《平水韵》来看不犯。
例如：

香雾云鬟（删）湿，清辉玉臂寒（寒）。杜甫《月夜》

气蒸（蒸）云梦泽，波撼岳阳城（庚）。孟浩然《临洞庭赠张丞相》

木落雁南（覃）渡，北风江上寒（寒）。 孟浩然《早寒有怀》

金灶初开火，仙桃正发（月）花（麻）。孟浩然《宴梅道士山房》

风（东）枝惊暗鹊，露草覆寒虫（冬）①。 戴叔伦《江乡故人偶集
客舍》

碧玉妆成一树高，万条（萧）垂下绿丝绦（豪）。贺知章《咏柳》

岧峣太华俯咸京，天外三峰（冬）削不成（庚）。崔颢《行经华阴》

孤城背岭寒（寒）吹角，独树临江夜泊船（先）。 刘长卿《自夏
口至鹦鹉洲望岳阳寄元中丞》

三分割据纡筹策，万古云霄（萧）一羽毛（豪）。杜甫《咏怀古
迹·诸葛亮》

春蚕（覃）到死丝方尽，蜡炬成灰泪始干（寒）。 李商隐《无题》

对于今人来说，凡今音属于大韵、小韵的，无论"平水韵"如何，都应

---

① 按：戴叔伦《江乡故人偶集客舍》全首用冬韵。"虫"在"平水韵"中分属东、冬二部，诗中用
的是东韵（东韵义为昆虫）之义，借的是冬韵（虫字冬韵今音读 tóng，虫虫，灼热貌）之声。

尽量避免，因为作品毕竟是给今人吟诵观赏的，当以上口顺眼为要。

二、不避三仄调

"三仄调"是古体诗常用的格式，近体诗同样使用，不需避，这在五律五绝中尤为明显。根据本文统计，《三百首》共收五律80首，其中"三仄调"出现18例；《别裁集》共收五律453首，"三仄调"出现109例。《三百首》共收五绝36首，其中"三仄调"出现3例；《别裁集》共收五绝134首，"三仄调"出现16例。具体用例如下：

  云霞出海曙，梅柳渡江春。 杜审言《和晋陵路丞早春游望》

  潮平两岸阔，风正一帆悬。 王湾《次北固山下》

  山中一夜雨，树杪百重泉。 王维《送梓州李使君》

  林花扫更落，径草踏还生。 孟浩然《春中喜王九相寻》（一题作晚春）

  星临万户动，月傍九霄多。 杜甫《春宿左省》

  承恩不在貌，教妾若为容。 杜荀鹤《鹤春宫怨》

  何年有此路，几客共沾襟。 释皎然《啼猿送客》

  （以上五律例，其中后2例取自《别裁集》）

  浮香绕曲岸，圆影覆华池。 卢照临《邻曲池荷》

  停船暂借问，或恐是同乡。 崔颢《长干行》

  相看两不厌，只有敬亭山。 李白《独坐敬亭山》

  江流石不转，遗恨失吞吴。 杜甫《八阵图》

  铅华不可弃，莫是槁砧归。 权德舆《玉台体》

  孤臣泪已尽，虚作断肠声。 柳宗元《入黄溪闻猿》

  （以上五绝例，其中后3例取自《别裁集》）

和五言律诗相比，七言律诗中的"三仄调"明显较少。《三百首》共收七律51首，"三仄调"仅出现3例；《别裁集》共收七律342首，"三仄调"也只出现12例。《三百首》共收七绝60首，"三仄调"未见；《别裁集》共收七绝210首，"三仄调"仅出现4例。具体用例如下：

黄鹤一去不复返，白云千载空悠悠。　　崔颢《黄鹤楼》

朝罢须裁五色诏，佩声归向凤池头。　　王维《和贾舍人早朝大明宫
之作》

谁为含愁独不见，使妾明月照流黄。　　沈佺期《独不见》

青草瘴时过夏口，白头浪里出溢城。　　王维《送杨少府贬郴州》

秦女峰头雪未尽，胡公陂上日初低。　　岑参《首春渭西郊行呈蓝
田张二主簿》

秋水才深四五尺，野航恰受两三人。　　杜甫《南邻》

（以上七律例，后3例取自《别裁集》）

闻道神仙不可接，心随湖水共悠悠。　　张说《送梁六自洞庭山作》

休唱贞元供奉曲，当时朝士已无多。　　刘禹锡《听旧宫中乐人穆氏
唱歌》

忽恐匆匆说不尽，行人临发又开封。　　张籍《秋思》

南朝四百八十寺，多少楼台烟雨中。　　杜牧《江南春绝句》

（以上七绝例，取自《别裁集》）

以上事实说明，无论五律、七律，还是五绝、七绝，都可以使用"三仄
调"，这无疑扩大了诗人选字的范围。至于"三仄调"在五律、五绝中的使用
何以会明显多于七律、七绝，这应该不是偶然现象，它从一个角度反映了五
言律诗在声律方面和七言律诗的差异。下面是"三仄调"在《三百首》和《别
裁集》中使用情况的对照：

表1　"三仄调"在《三百首》《别裁集》中使用情况对照表

材料出处	律诗类别及收入数		"三仄调"数及比率	律诗类别及收入数		"三仄调"数及比率
《唐诗三百首》	五律	80	18：23%	五绝	36	3：8%
	七律	51	3：6%	七绝	60	0：0%
《唐诗别裁集》	五律	453	109：24%	五绝	134	16：12%
	七律	342	12：4%	七绝	210	4：2%

三、"三平调"的使用

"三平调"也是古体诗常用的格式，近体诗视为大忌，禁止使用，不过在唐人的实践中，并未严格遵守，使用"三平调"的现象间或可见。在《三百首》的 80 首五律中，"三平调"共出现了 4 例，在《别裁集》的 453 首五律中，"三平调"共出现了 6 例。在《三百首》的 36 首五绝中，"三平调"共出现了 4 例；在《别裁集》的 134 首五绝中，"三平调"共出现了 15 例。具体用例如下：

偶然值林叟，谈笑无还期。　　王维《终南别业》
山光悦鸟性，潭影空人心。　　常建《破山寺后禅院》
蜀僧抱绿绮，西下峨眉峰。　　李白《听蜀僧浚弹琴》
道由白云尽，春与青溪长。　　刘眘虚《阙题》
泊舟浔阳郭，始见香炉峰。　　孟浩然《晚泊浔阳望庐山》
义公习禅处，结构依空林。　　孟浩然《题大禹寺义公禅房》
边兵春尽回，独上单于台。　　张蠙《登单于台》
（以上五律例，其中后 3 例取自《别裁集》）
终南阴岭秀，积雪浮云端。　　祖咏《终南望余雪》
泠泠七弦上，静听松风寒。　　刘长卿《弹琴》
美人卷珠帘，深坐颦蛾眉。　　李白《怨情》
打起黄莺儿，莫教枝上啼。　　金昌绪《春怨》
沙头一水禽，鼓翼扬清音。　　张文姬《沙上鹭》
故园渺何处，归思方悠哉。　　韦应物《闻雁》
（以上五绝例，其中后 2 例取自《别裁集》）

"三平调"在七言律诗中的使用情况和五律差不多，为数也很少。根据本文统计，在《三百首》的 51 首七律中，"三平调"共出现了 2 例；在《别裁集》的 342 首七律中，"三平调"共出现了 10 例。在《三百首》的 60 首七绝中，"三平调"未见；在《别裁集》的 210 首七绝中，"三平调"共出现了 5 例。具体用例如下：

黄鹤一去不复返，白云千载空悠悠。　　崔颢《黄鹤楼》
远公遁迹庐山岑，开士幽居祇树林。　　李颀《题璇公山池》

鹦鹉西飞陇山去，芳洲之树何青青。　李白《鹦鹉洲》

客子入门月皎皎，谁家捣练风凄凄。　杜甫《暮归》

锦瑟无端五十弦，一弦一柱思华年。　李商隐《锦瑟》

江头日暖花又开，江东行客心悠哉。　罗隐《曲江春感》（一题作

《归五湖》）

（以上七律例，其中后4例取自《别裁集》）

秋在水清山暮蝉，洛阳树色鸣皋烟。

送君归去愁不尽，又惜空度凉风天。　王昌龄《送狄宗亨》

日午独觉无余声，山童隔竹敲茶白。　柳宗元《夏昼偶作》

道士夜诵蕊珠经，白鹤下绕香烟听。

夜移经尽人上鹤，天风吹入青冥冥。　鲍溶《寄峨嵋山杨炼师》

（以上七绝例，取自《别裁集》）

以上事实说明两个问题：一是唐人确实在力避"三平调"，否则所用数量不会这么少；二是部分诗人在诗意和格律发生冲突时更看重诗意，突破了格律，这自然和诗家个人气质、风格、时代特点等有关。其中有些"三平调"只是出现在古风式律诗中，既然是古风式，使用"三平调"就不足为奇了，像上例五言中的王维《终南别业》、七言中的崔颢《黄鹤楼》、杜甫《暮归》、罗隐《曲江春感》、王昌龄《送狄宗亨》、柳宗元《夏昼偶作》、鲍溶《寄峨嵋山杨炼师》等，在粘、对或用韵方面均与典范的律诗不合，即属于古风式律诗。由于古风式律诗多出现在五言中，尤其多出现在五绝中，故无论是从《三百首》还是从《别裁集》看，五绝中的"三平调"都明显多于七绝中的"三平调"，这可看作五绝与七绝的一个差别。下面是"三平调"在《三百首》和《别裁集》中使用情况的对照：

表2　"三平调"在《三百首》和《别裁集》中使用情况对照表

出处　材料	律诗类别及收入数		"三平调"数及比率	律诗类别及收入数		"三平调"数及比率
《唐诗三百首》	五律	80	4：5%	五绝	36	5：14%
	七律	51	2：4%	七绝	60	0：0%
《唐诗别裁集》	五律	453	6：1%	五绝	134	17：13%
	七律	342	10：3%	七绝	210	5：2%

四、“平平仄平仄”句式的位置

“平平仄平仄”是近体诗的拗救格式之一，使用频率很高。根据这一格式平起仄收的特点，从理论上看，第一、三、五、七句均可使用，至于唐人在实际运用中有无讲究，需要探讨。根据本文的观察，在唐人的五律七律中，“平平仄平仄”在第一、三、五、七句均可使用，其中第七句的使用频率最高；在五绝七绝中，除七绝第一句未见用例外，在五绝第一、三句、七绝第三句均可使用，其中第三句的使用频率最高。这种情况是对一般五律七律而言的，至于古风式律诗，“平平仄平仄”则只使用于一、二、四句，与一般律诗的情况正好相反。以下是统计结果：

表3　“平平仄平仄”拗救格式在唐人律诗中的使用频率抽样统计表 [①]

材料出处	五律		七律		五绝		七绝	
	五律总数	拗救句数	七律总数	拗救句数	五绝总数	拗救句数	七绝总数	拗救句数
《唐诗三百首》	80	第1：7 第3：6 第5：5 第7：24	51	第1： 第3：1 第5：1 第7：5	36	第1：4 第2：2 第3：1 第4：4	60	第1： 第3：6
		合计：41		合计：7		合计：10		合计：6
《唐诗别裁集》	453	第1：25 第3：35 第5：15 第7：85	342	第1：3 第3：11 第5：2 第7：46	134	第1：5 第2：4 第3：25 第4：7	210	第1： 第3：21 第4：3
		合计：159		合计：62		合计：41		合计：24

从表中的资料可以看出，“平平仄平仄”式使用的位置相当自由，多数用于五律七律第七句、五绝七绝第三句的现象只是诗家的习惯，而非硬性规定，如果把这也视为是格律的要求显然缺乏依据。表中出现在第2、第4句的用例均属于古风式律诗。此将表中所列类型各举一例如下：

五律例：

寒山转苍翠（第一句），秋水日潺湲。　王维《辋川闲居赠裴秀

---

① 表中“第1：7”表示律诗第一句，“平平仄平仄”句式共出现7例，余类推。

才迪》

情人怨遥夜（第三句），竟夕起相思。　张九龄《望月怀远》

泉声咽危石（第五句），日色冷青松。　王维《过香积寺》

无为在歧路（第七句），儿女共沾巾。　王勃《送杜少府之任蜀州》

七律例：

蜀主窥吴幸三峡（第一句），崩年亦在永安宫。　杜甫《咏怀古迹之四》

巫峡啼猿数行泪（第三句），衡阳归雁几封书。　高适《送李少府贬峡中王少府贬长沙》

伯仲之间见伊吕（第五句），指挥若定失萧曹。杜甫《咏怀古迹之五》

千载琵琶作胡语（第七句），分明怨恨曲中论。杜甫《咏怀古迹之三》

五绝例：

移舟泊烟渚（第一句），日暮客愁新。　孟浩然《宿建德江》

凭添两行泪（第三句），寄向故园流。　岑参《见渭水思秦川》

七绝例：

行到中庭数花朵（第三句），蜻蜓飞上玉搔头。　刘禹锡《春词》

古风式五绝例：

千山鸟飞绝，万径人踪灭。孤舟蓑笠翁，独钓寒江雪。　柳宗元《江雪》

相送临高台，川原杳何极。日暮飞鸟还，行人去不息。　王维《临高台送黎拾遗》

幼女才六岁，未知巧与拙。向夜在堂前，学人拜新月。　施肩吾《幼女词》

古风式七绝例：

春日迟迟春草绿，野棠开尽飘香玉。绣岭宫前鹤发翁，犹唱开元太平曲。　李洞《绣岭宫词》

五、失调失对失粘现象

平仄交替和粘对是近体诗的基本要求，唐人近体诗一般也都严格遵守这些规定，但是应该看到，唐人作品中同时也存在着为数不少的拗体诗，这一点前人早就指出。例如赵翼《瓯北诗话》："拗体七律，如'郑县亭子涧之滨'、'独立缥缈之飞楼'之类，《杜少陵集》最多，乃专用古体，不谐平仄。"拗体诗的主要特点是宽松自由，颇存古风，故诗家往往有意为之。拗体有多种，这里仅谈唐人近体诗中的失调失对失粘现象①。根据本文观察，唐人的失调失对失粘用例在五律、五绝、七律、七绝中基本上都存在，唯五律中未见失对例。用例如下：

五律失调失粘例：
高阁横秀气，清幽并在君。（首联）李白《过崔八丈水亭》
无辞一杯酒，昔日与君深。（首联）许辉《送客归湘楚》
单车欲问边，属国过居延。（首联）
征蓬出汉塞，归雁入胡天。（颔联）王维《使至塞上》

七律失调失对失粘例：
昔人已乘黄鹤去，此地空余黄鹤楼。（首联）崔颢《黄鹤楼》
龙池跃龙龙已飞，龙德光天天不违。（首联）沈佺期《龙池篇》
盘剥白鸦谷口栗，饭煮青泥坊底芹。（颈联）杜甫《崔氏东山草堂》
江头日暖花又开，江东行客心悠哉。（首联）罗隐《曲江春感》
山压天中半天上，洞穿江底出江南。（颔联）
瀑布杉松常带雨，夕阳苍翠忽成岚。（颈联）
借问迎来双白鹤，已曾衡岳送苏耽。（尾联）王维《送方尊师归嵩山》

五绝失调失对失粘例：
人闲桂花落，夜静春山空。

---

① 本文把诗句中节拍（音步）之间未做到平仄交替的现象叫作"失调"。"失对"即"四声八病"说中的所谓"平头"。

月出惊山鸟，时鸣春涧中。　王维《鸟鸣涧》

三日入厨下，洗手作羹汤。

未谙姑食性，先遣小姑尝。　王建《新嫁娘》

床前明月光，疑是地上霜。

举头望明月，低头思故乡。　李白《静夜思》

客心争日月，来往预期程。

秋风不相待，先至洛阳城。　张说《蜀道后期》

七绝失调失对失粘例：

故人西辞黄鹤楼，烟花三月下扬州。

孤帆远影碧空尽，惟见长江天际流。　李白《送孟浩然之广陵》

劝君莫惜金缕衣，劝君惜取少年时。

花开堪折直须折，莫待无花空折枝。　杜秋娘《金缕衣》

独怜幽草涧边生，上有黄鹂深树鸣。

春潮带雨晚来急，野渡无人舟自横。　韦应物《滁州西涧》

渭城朝雨浥轻尘，客舍青青柳色新。

劝君更尽一杯酒，西出阳关无故人。　王维《渭城曲》

　　通过进一步观察可以发现，除了普遍性外，失调失对失粘用例在唐人近体诗中还有以下几个特点。

　　首先，同为拗句，失对用例明显少于失调例和失粘例[①]，例如在《别裁集》中，失调总共有 50 例，失粘总共有 49 例，而失对总共只有 23 例。又如其中五律失调数为 4 例，失粘数为 3 例，而失对数为 0 例；七律失调数为 14 例，失粘数为 17 例，而失对数只有 2 例。这说明唐人最看重对句和出句的平仄对立关系，一般不会犯忌。犯忌往往是为了实现修辞上的某种需要，例如杜秋娘《金缕衣》，首联的失对就是为了达到对比的效果。王力先生指出："失对比孤平为轻，失粘又比失对为轻。"这句话正确反映了失对和失粘的关系。

　　其次，失调失对失粘在七律、五律中的用例都相对较少，而在五绝、七绝中的用例相对较多。下面以《三百首》《别裁集》为例看看统计结果：

---

① 王力. 汉语诗律学 [M]. 上海：上海教育出版社，1979：119.

表4 《三百首》《别裁集》所收近体诗失调失对失粘比较表

材料出处	失调例		失对例		失粘例		
《唐诗三百首》	五律	4	五律	0	五律	0	4
	七律	2	七律	0	七律	3	5
	五绝	5	五绝	8	五绝	7	22
	七绝	1	七绝	1	七绝	3	5
《唐诗别裁集》	五律	5	五律	0	五律	2	7
	七律	14	七律	2	七律	17	33
	五绝	15	五绝	11	五绝	16	42
	七绝	17	七绝	10	七绝	13	40
合计		63		32		61	

从表中可以看出，无论是《三百首》还是《别裁集》，绝句的拗句用例总体上都多于律诗（指五律七律），这说明拗句在律诗和绝句中的使用是有差别的，绝句的要求宽于律诗。

第三，盛唐以前失调、失对、失粘的用例较多，盛唐以后的用例较少。王力先生在《汉语诗律学》中指出："'粘'和'对'的格律在盛唐以前并不十分讲究；二者比较起来，'粘'更居于不甚重要的地位，甚至中唐以后，还偶然有不对不粘的例子。"[①]王力的说法比较笼统，但基本上符合事实。从《三百首》和《别裁集》的情况来看，失调失对失粘用例较多的用例基本上都在盛唐以前，涉及诗人主要有沈佺期、宋之问、张说、祖咏、贺知章、孟浩然、王昌龄、王维、李白、崔颢、高适、杜甫、岑参、张志和、韦应物、孟郊等。中唐以后，诗人对格律的要求越来越严格，在王建、韩愈、薛涛、刘禹锡、白居易、元稹、李端、李贺、杜牧、温庭筠、李商隐等人的作品中失调、失对、失粘的用例都很少，甚至没有。不过这种划分是相对的，因为即使到了宋代，拗体诗也并未绝迹。例如：

黄流不解浣明月，碧树为我生凉秋。 黄庭坚《汴岸置酒赠黄十七》：

蜂房各自开户牖，蚁穴或梦封侯王。 黄庭坚《题落星寺四首》（其一）

---

① 王力．汉语诗律学 [M]．上海：上海教育出版社，1979：112.

沧江万古流不尽，白鸟双飞意自闲。 欧阳修《和韩学士襄州闻喜亭置酒》

生当作人杰，死亦为鬼雄。

至今思项羽，不肯过江东。 李清照《夏日绝句》

　　第四，由于个人气质、风格、志趣、诗体以及阅历等情况的不同，处在同一时期的不同诗人对格律的把握有明显差异；即使同一诗人，对待不同诗体的处理也会不同。以贺知章、孟浩然、王昌龄、王维、李白、崔颢、高适、岑参、杜甫九人为例，这几位都是盛唐诗人，都创作了一些拗体诗，但数量上有差异，出发点也不尽相同。其中数量最多的应该是王维、李白和杜甫三人。其中贺知章、王昌龄、李白、高适、岑参五人，或旷达豪放，不拘小节，或一生戎马，驰骋疆场，其作品或潇洒飘逸，色彩瑰丽，或慷慨悲歌，热情奔放，故均不太受格律的束缚，所谓"才大而失之于放"（徐学夷《诗源辨体》）。其中王维参禅尚佛，超然物外，孟浩然则一生未仕，寄情山水，诗风冲淡自然，故也不会拘泥于格律，甚而钟情古风。在此将这几人的拗体诗各举一例如下：

离别家乡岁月多，近来人事半销磨。

唯有门前镜湖水，春风不改旧时波。（失粘）贺知章《回乡偶书二首》（其二）

白花垣上望京师，黄河水流无尽时。（失对、失调）

穷秋旷野行人绝，马首东来知是谁。 王昌龄《出塞》（其二） [①]

凤凰台上凤凰游，凤去台空江自流。

吴宫花草埋幽径，晋代衣冠成古丘。（失粘）

三山半落青天外，二水中分白鹭洲。（失粘）

总为浮云能蔽日，长安不见使人愁。 李白《登金陵凤凰台》

营州少年厌原野，狐裘蒙茸猎城下。（失调、失对）

虏酒千钟不醉人，胡儿十岁能骑马。（失粘） 高适《营州歌》

火山五月行人少，看君马去疾如鸟。

---

① 此首取自《全唐诗》卷18。

都护行营太白西，角声一动胡天晓。（失粘）岑参《武威送刘判官
赴碛西行军》

中岁颇好道，晚家南山陲。（失调，三平）

兴来每独往，胜事空自知。（失调）

行到水穷处，坐看云起时。

偶然值林叟，谈笑无还期。（三平）王维《终南别业》

八月湖水平，涵虚混太清。（失调）

气蒸云梦泽，波撼岳阳城。

欲济无舟楫，端居耻圣明。

坐观垂钓者，空有羡鱼情。　孟浩然《临洞庭赠张丞相》

至于杜甫，其为人既有谨饬的一面，也有狂放的一面①，诗风沉郁顿挫，
忧国忧民，于格律一丝不苟，严如城府，如《别裁集》所收其五律 63 首，七
律《秋兴八首》，未见一字出格，虽拗必救，似常山之蛇。他写拗体诗，与
其说是其狂放一面的表露，毋宁说他是在有意拟古，在追求另一种风格，增
加多样性，就好像一个常演正面角色的名伶改演反面角色以求开拓戏路一样。
正由于此，他的拗体特别拗，失调、失对、失粘及三仄、三平调占全，且多
出现于七律，明显是刻意为之。《别裁集》共收杜甫七律 31 首，拗体竟多达 6
首（出现失调、失对、失粘、三平即视为拗体），此举二首如下：

爱汝玉山草堂静，高秋爽气相鲜新。

有时自发钟磬响，落日更见渔樵人。（失调、三平调）

盘剥白鸦谷口栗，饭煮青泥坊底芹。（三仄、失对）

何为西庄王给事，柴门空闭锁松筠。《崔氏东山草堂》

城尖径昃旌旆愁，独立缥缈之飞楼。（失调、三平）

峡坼云霾龙虎卧，江清日抱鼋鼍游。（三平）

扶桑西枝对断石，弱水东影随长流。（三仄、失调）

杖藜叹世者谁子，泣血迸空回白头。（失粘）《白帝城最高楼》

① 《新唐诗》言杜甫：“放旷不自检，好论天下大事，高而不切。”

试想，如果不是为了刻意求拗拟古，像杜甫这样严守格律后人视为可挟天子以令诸侯的诗圣①，是绝不会如此肆意犯忌的。

六、借声现象和平仄两用现象

借声现象是指一个字有平、仄两读而义不同，诗人在诗中用此义而借彼声。借声现象在唐人近体诗中间或存在，例如：

> 昔年分鼎地，今日望陵台。
> 一旦雄图尽，千秋遗令开。
> 绮罗君不见，歌舞妾空来。
> 恩共漳河水，东流无重回。 沈佺期《铜雀妓》

"重"在《广韵》有平、仄两读。平声在钟韵（诗韵"冬"）："复也，迭也。"仄声在上声肿韵（诗韵"肿"）："多也，厚也，善也，慎也。"又在去声用韵（诗韵"宋"）："更为也。"据《广韵》可知，"重"字的"重复"义只读平声不读仄声，这首诗中"重"义为"重复"，为了与"流"交替而借用了其仄声一读。此类用例又如：

> 亦知戍不返，秋至拭清砧。
> 已近苦寒月，况经长别心。
> 宁辞捣衣倦，一寄塞垣深。
> 用尽闺中力，君听空外音。杜甫《捣衣》

"衣"在《广韵》有平、仄两读。平声在微韵（诗韵"微"）："上曰衣。"仄声在去声未韵（诗韵"未"）："衣着。"（《集韵》释作"服之也"）。据《广韵》可知，这首诗中"衣"用的是平声义"衣服"，为了与"辞"交替而借用了其仄声一读。

平仄两用现象是指一字有平、仄两读而义同，诗人在诗中任意使用，需

---

① 严羽《沧浪诗话·诗评》："论诗以李杜为准，挟天子以令诸侯也。"参见陈超敏.沧浪诗话评注[M].上海：上海三联书店，2013：175.

要平声时按平声对待，需要仄声时按仄声对待。平仄两用现象在唐人近体诗中很常见，例如：

①日暮荒亭上，悠悠旅思多。

故乡临桂水，今夜渺星河。

暗草霜华发，空亭雁影过。

兴来谁与晤，劳者自为歌。张九龄《旅宿淮阳亭口号》

②海上生明月，天涯共此时。

情人怨遥夜，竟夕起相思。

灭烛怜光满，披衣觉露滋。

不堪盈手赠，还寝梦佳期。 张九龄《望月怀远》

③朝辞白帝彩云间，千里江陵一日还。

两岸猿声啼不住，轻舟已过万重山。 李白《下江陵》

"思"在①中作仄声用，在②中作平声用。"过"在①中作平声用，在③中作仄声用。"思"在中古有平、仄两读，均有"思念"义，今音合并为平声。《广韵》平声之韵（诗韵"支"）："思念也。"又去声志韵（诗韵"寘"）："念也。""过"在中古有平、仄两读，均有"经过"义，今音合并为去声。《广韵》平声戈韵（诗韵"歌"）："经也。"又去声过韵（诗韵"个"）："误也，越也，责也，度也。"此类例子又如：

①心事同漂泊，生涯共苦辛。

无论去与住，俱是梦中人。（五律颈联、尾联）王勃《别薛华》

②始觉浮生无住着，顿令心地欲皈依。（七律尾联）李颀《宿莹公禅房闻梵》

③碧窗斜日蔼深晖，愁听寒螀泪湿衣。

梦里分明见关塞，不知何路向金微。（七绝）张仲素《秋思二首》（其一）

④觥船一棹百分空，十岁青春不负公。

今日鬓丝禅榻畔，茶烟轻扬落花风。（七绝）杜牧《醉后题僧院》

①中"论"作平声用。"论"在中古"论"有平、仄两读，均有"议"义，今音合并为去声。《广韵》平声魂韵（诗韵"元"）："说也，议也，思也。"又去声恩韵（诗韵"愿"）："议也。"②中"令"作平声用。"令"在中古有平、仄两读，均有"使"义，今音"使"义只用去声表示。《广韵》平声清韵（诗韵"庚"）："使也。"又去声劲韵（诗韵"映"）："善也，命也，律也，法也。"③中"听"作平声用。"听"在中古有平、仄两读，均有"以耳受声"义，今音该义只用平声表示。《广韵》平声青韵（诗韵"青"）："聆也。"又去声证韵（诗韵"证"）："待也，聆也，谋也。"④中"扬"作仄声用。"扬"在中古有平、仄两读，均有"飞扬"义，今音合并为平声一读。《广韵》平声阳韵（诗韵"阳"）："风所飞扬。"又去声漾韵（诗韵"漾"）："风飞。"

除了平、仄两用现象外，还有两种类似的现象需要提及。其一是某字中古有平、仄两读而义不同，诗人采用了其中一音，而此音到今音发生了平仄的改变。例如：

①赵佗西拜已登坛，马援南征土宇宽。（七律首联）许浑《朝台送客有怀》

②屏间佩响藏歌妓，幕外刀光立从官。（七律颈联）张蠙《钱塘夜宴留别郡守》

①中"援"作仄声用。"援"在中古有平、仄两读，义不同，今音合为平声一读。平声一读在《广韵》元韵（诗韵"元"）："援引也。"仄声一读在去声线韵（诗韵"愿"）："接援，救助也，亦姓。"②中"从"作仄声用。"从"在中古有平、仄两读，其中仄声有"随行"义，今音改用平声表示。《广韵》平声钟韵（诗韵"冬"）："就也，又姓；从容。"又去声用韵（诗韵"宋"）："随行也。"

其二是某字古音只有一音，此音到今音发生了改变，由平声变成了仄声，或由仄声变成了平声。例如：

野径云俱黑，江船火独明。（五律颈联）杜甫《春夜喜雨》

其中"俱"作平声用。"俱"在中古只有平声一读，义为"全"，今音改读成了去声。《广韵》平声虞韵（诗韵"虞"）："皆也，具也，又姓。"

以上这两种现象均不属于平仄两用，作为今人应该了解古代音义关系到今天的变化，避免对唐诗中的一些用法作出误判。

余论

唐人近体诗无论五律、七律、五绝、七绝，总体上是严守格律的，不要说盛唐诗人，就是初唐四杰以及沈佺期、宋之问等人的一些近体诗也写得很规范。也不要说刻意求工的杜甫，即使像王维、李白这两位比较率性的诗人，其不少近体诗于格律亦未越雷池半步。这种情况说明格律在初唐已经成熟，并已成为人人遵守的戒律，其原因除了和社会风尚有关外，更和国家的重视、功令的要求密不可分。唐人虽然重视格律，但不为格律所束缚，他们尤看重的是意境和神韵的创造。除非参加科举考试当意境和格律形式发生冲突时，他们会毫不犹豫地牺牲格律，不因词害义，因声夺义，这就是大唐气象和精神。注重现实，勇于批判，着眼千古，苦求完美，所谓"文章千古事""语不惊人死不休"，守格律而不为格律所囿，绝不屑犯难于平仄粘对之间。正由于此，他们在创作大量规范作品的同时，写出了不少古风式的拗体作品，为唐诗百花园中增添了奇光异彩。事实证明，唐人不少流传千古的伟大作品，其实是不合律的，如王维《鸟鸣涧》《鹿寨》、孟浩然《春晓》、崔颢《黄鹤楼》、李白《登金陵凤凰台》《静夜思》《送孟浩然之广陵》、杜甫《咏怀古迹·宋玉》、韦应物《滁州西涧》、柳宗元《江雪》、杜牧《赠别二首》（其一）等等。了解唐人在近体诗创作中的声律运用问题，无疑对我们今天欣赏唐诗和创作近体诗具有重要的借鉴意义。

参考文献

[1] 陈超敏. 沧浪诗话评注 [M]. 上海：三联书店，2013.

[2] 沈德潜. 唐诗别裁集 [M]. 北京：中华书局，1975.

[3] 江守义，李成玉. 瓯北诗话校注 [M]. 北京：人民文学出版社，2013.

[4] 启功. 诗文声律论稿 [M]. 北京：中华书局，2000.

[5] 王力. 汉语诗律学 [M]. 上海：上海教育出版社，1979.

[6] 王利器. 文镜秘府论校注 [M]. 北京：中国社会科学出版社，1983.

[7] 喻守真. 唐诗三百首详析 [M]. 北京：中华书局，1957.

唐、宋诗格律"违韵现象"的一种解释

金周生

（辅仁大学中文系）

摘要：古代韵文讲究格律，《诗经》《楚辞》的"押韵"最为明显。这里所谓的"韵"，应还包含"声调"的统一，这种现象一直延伸到唐诗、宋词，直到元曲"四声通押"才完全打破。唐代以来律诗讲求押韵，有"同用""独用"的规范，古体诗或其他文体的韵文，也基本按四声分押与一般用韵较宽的规范押韵。在律诗之外，唐、宋著名文学家的诗作中，也可以看到一些不合《切韵》系韵书分类的押韵方式，包含不同声调字的混押，或韵母相远的合韵。本文称之为"违韵现象"。唐、宋诗格律"违韵现象"，是以"时音"押韵？"方音"押韵？刻意用"古韵"？用了"伪"古韵？还是偶有"混押"的失误？其实古人已经注意到这现象了，曾一一为之改读增音，或取名为"叶韵"音。本文就介绍这种说法，并说明其历史脉络与得失。

关键词：诗韵；古韵；叶韵；《钦定叶韵汇集》

一、前言

唐、宋二代，诗律发展已达成熟阶段，押韵规范多依据韵书，但著名诗人的"违韵现象"却不罕见。这些特例，我们可依不同作者分别研究，[①] 也可

---

① 唐作藩．苏轼诗韵考 [M]// 唐作藩，等．王力先生纪念论文集．北京：商务印书馆，1990：91—113.

就某一语音现象单独分析，① 当然更应该做整体性的论述。本文将从古人改读以叶韵的方式，提出他们对此一问题的具体作为。《韵补》与《钦定叶韵汇集》是两本很特别的韵书，它们对不习见的押韵现象有一贯的解释，也是本文据以说明问题的主要材料。

二、现代学者对"违韵现象"的解释

目前古汉语的研究已迈向科学化，音韵理论、方言调查、音变规律、文献统整等，配合数据的统计分析，获得许多新的成果。但用科学方法解读古代人文创作，也产生不少问题与意见的分歧。

针对古代诗作不按押韵规范的"违韵现象"，如发现"异调""异部"押韵，都能成为研究讨论的热点。下面先以两篇讨论杜甫、苏轼诗韵的专文为例，作一介绍。

马重奇先生有《从杜甫诗用韵看"浊上读去"问题》一文，最初发表于1982 年《福建师范大学学报》，其后也收入 2015 年《汉语音韵与方言史论集》中。该文借着"浊上读去"这一重要音变现象，对杜诗"上去通押"，做全面的筛检与解释。为呈现原文分析的细致，下面录出文中"浊上变去"语音现象的一个完整韵例及对整体现象的总结语。

杜甫作品中已有"浊上变去"的语音现象了。例如：

题衡山县文宣王庙新学堂呈陆宰

旄头彗紫微，无复俎豆事。金甲相排荡，青衿一憔悴。呜呼已十年，儒服敝于地。征夫不遑息，学者沦素志。我行洞庭野，欻得文翁肆。俯俯胄子行，若舞风雩至。周室宜中兴，孔门未应弃。是以资雅才，涣然立新意。衡山虽小邑，首唱恢大义。因见县尹心，根源旧宫阙。讲堂非曩构，大屋加涂塈。下可容百人，墙隅亦深邃。何必三千徒，始压戎马气。林木在庭户，密干迭苍翠。有井朱夏时，辘轳冻阶陛。耳闻读书声，杀伐灾髣髴。故国延归望，衰颜减愁思。南纪收波澜，西河共风味。采诗倦跋涉，载笔尚可记。高歌激宇宙，凡百慎失坠。

---

① 如马重奇. 从杜甫诗用韵看"浊上变去"问题 [J]. 福建师范大学学报（哲学社会科学版），1982（3）：65-70.

诗中"呸",据《广韵》:"锄里切",床纽止韵（简称"床止"），全浊上声字。而事（床志）、悴（从至）、地（定至）、志（照志）、肆（心至）、至（照至）、弃（溪至）、意（影志）、义（疑寘）、閟（帮至）、墍（晓至）、邃（心至）、气（溪未）、翠（清至）、髴（敷未）、思（心志）、味（微未）、记（见志）、坠（定至），皆属去声字。清仇兆鳌《杜诗详注》:"鹤注：当是大历五年制衡山时作。"即公元七七〇年[1]。

这一段表达杜甫将"语音"的"浊上读去"呈现于诗作中，而这种新形态的音变现象，要比王力先生《汉语史稿》推始于中唐的韩愈，还要提早甚多！文中其他"浊上读去"的六个韵例不再举出。该文最后总结说：

> 以上述罗列的材料可以看出：杜甫诗上去相叶的情况是很复杂的。但是，我们应该分清是混押还是音变。王力先生认为，唐代古体诗既可以押平声韵，又可以押仄声韵。在仄声中，还是区别上声韵，去声韵和入声韵，不同声韵一般是不押韵的，只有上声韵和去声韵偶然可以押韵。从杜甫古诗押韵情况来看，平声韵、上声韵、去声韵、入声韵，不同声调一般也是不相押的，而"浊上叶去"、"次浊上叶去"、"全浊上叶去"、"次清上叶去"、"浊上叶清上"或者"全浊去叶上"、"次浊去叶上"、"次清去叶上"等等现象毕竟是少数。但是，究竟哪些是符合汉语拼音历史发展规律，哪些是不符合汉语语音历史发展规律，应该区别清楚……我们可根据语音声调发展规律来分析上述杜甫诗中的种种叶韵现象。首先，"浊上变去"的七个例字"呸"、"柱"、"胫"、"静"、"下"、"旱"、"弟"，中古时代是全浊上声字，在杜甫时期开始变为去声，直至今天的普通话里也完全变为去声。这是符合语音发展规律的。可见，这些字与去声韵相押是音变现象，而不是无规律的混押。其次，我们再看一看叶去声的全清上声字"改"、"驶"、"使"，至今仍为上声字；叶去声的次浊上声字"暖"，至今仍读上声。因此，杜甫诗中的"全清上叶去"和"次浊上叶去"的现象，乃是唐诗中偶然的混押，而不是音变。再次，杜甫诗中的次清去声字、次浊去声字和全浊去声字叶上声的，如"趣"、"泥"、"授"字，现代汉语

---

[1] 马重奇 . 汉语音韵与方言史论集 [M]. 台北：万卷楼图书，2015：48.

仍读去声，其调类仍未改变。显然，这种现象也是一种混押。当然，我们并不否定杜甫诗中大多数的全浊上声字仍与清上相叶。这是客观存在的，它反映了中古语音声调的特点。然而，"浊上变去"正是浊上叶清上现象的分化，亦是"浊上变去"的开始。由此可见，"浊上变去"的起始、发展、和形成，是一个渐变过程，时间是悠久的，他可上溯到宋、五代、唐末、中唐，还可以上溯到盛唐时代。研究和探讨这个问题，对于汉语语音历史发展的规律问题，对于汉语的声调变化问题，都是有着极其重要的意义。[①]

这段话透露出作者对杜甫诗的押韵，分为合于韵书规范的"上""去"分押、打破成规用"浊上变去"口语音押韵、"上""去"声字"混押"三种，虽然面面俱到，但对杜诗押韵的"复杂"性，也难免让人起疑。

苏轼的诗作甚多，唐作藩先生有《苏轼诗韵考》，发表于 1990 年《王力先生纪念论文集》中，对近三千首苏诗的用韵现象及分部，做了总结式的说明。其中注意到苏轼 122 首"和陶诗"，129 个韵段也用陶渊明韵字，所以不在统计研究之列；也注意到有"仿古"之作：

> 《迁居之夕闻邻舍儿诵书欣然而作》叶"禽音衿吟南今参深斟琴"。侵韵中杂入了一个覃"南"字。冯应榴《合注》引《韵补》："南，尼心切"，这是仿古之作。[②]

有按"口语"音押的，如：

> 流摄有韵"妇、否"、厚韵"母、亩"、宥韵"富"字与遇摄语姥虞暮诸韵通押 7 例：八·404《吴中田妇叹》叶"苦妇"，……这表明苏轼口语里，"妇、否、母、亩、富"等流摄唇音字已像后代北方话一样转入遇摄了。[③]

---

① 马重奇. 从杜甫诗用韵看"浊上变去"问题 [M]// 马重奇. 汉语音韵与方言史论集. 台北：万卷楼图书，2015：55-56.

② 唐作藩. 苏轼诗韵考 [M]// 唐作藩，等. 王力先生纪念论文集. 北京：商务印书馆，1990：101.

③ 唐作藩. 苏轼诗韵考 [M]// 唐作藩，等. 王力先生纪念论文集. 北京：商务印书馆，1990：96.

有"合韵"之作，如：

　　梗摄青韵与臻摄文韵通押一例：四十八·2644《上清词》叶"冥君"（"南山之幽，云冥冥兮；孰居此者？帝侧之神君"），这是合韵。[①]

有"通押"之作，如：

　　梗摄庚韵合口"横"字与通摄钟韵通押一例：九·426《法惠寺横翠阁》叶"横纵容"。[②]

还有些不太能准确判断的，如：

　　有个别遇摄字与流摄字和止摄字通押的。如二十·1045《五禽言五首其四》："丝雏"（这是虞韵"雏"字与之韵"丝"相押），……这只能看作偶然现象，或是一种仿古。[③]

唐先生文后总结认为：

　　苏轼的近体诗韵（限于平声），……共二十六部。
　　苏轼古体诗韵则有（包括平仄），……共二十二部。这与宋词用韵已非常接近，如果将其中有关的八部（齐与支、豪与宵、覃与添、蒸与庚）两两加以归并，就只有十八部了，与鲁国尧同志的论文提出的苏轼等宋代四川词人用韵十七部更是相差无几，仅多出上文讨论的一部入声韵。
　　此外，苏轼用韵中佳韵部分字（"佳鲑话画罢"）并入麻部，尤侯部分唇音字（"妇富母亩"）转入鱼部以及一批全浊上声字（"动上丈像断伴后悄倍市士仕似妇坐"等）变读或产生去声，都反映了宋代口语的变化。
　　看来，宋诗用韵特别其中的古体诗对汉语语音史的研究，同样是

---

① 唐作藩.苏轼诗韵考 [M]// 唐作藩，等.王力先生纪念论文集.北京：商务印书馆，1990：106.

② 唐作藩.苏轼诗韵考 [M]// 唐作藩，等.王力先生纪念论文集.北京：商务印书馆，1990：106.

③ 唐作藩.苏轼诗韵考 [M]// 唐作藩，等.王力先生纪念论文集.北京：商务印书馆，1990：98—99.

不可忽视的材料。①

上面引用现代著名学者对唐、宋二代最著名诗人杜甫与苏轼诗韵"违韵现象"的观察与解释，已经能基本掌握当今音韵学家，用了哪些理由推测古人非常态的用韵现象，这可能是受到音韵学知识影响的最佳解释。但古人难道没有察觉这种现象？没评论过？没处理过？对古体诗的押韵用"时音"或当代"方音"押韵，似乎也有商榷的空间。在存疑的心态下，我们就看看古代是如何处理"违韵现象"的。

三、古代对"违韵现象"的处理方式

"违韵"通常是指在有押韵规范下的出韵，在没有韵书或官韵制约下，古人读古代韵文，感知失韵，"改读"使其押韵，是最常见的一种模式。"改读"的名称有"叶韵""协句""合韵"等，是为韵字造个"叶音"。《中国大百科全书》"叶音"条中说：

南北朝以后的人读周秦两汉韵文感到不押韵，就临时改变其中一个或几个押韵字的读音，使韵脚和谐。这是由于不懂古今语音不同所致。

笔者从《经典释文》的《毛诗音义》中找出 29 个"叶韵字"，今制成简表如下：

叶音字	《毛诗音义》收录的叶音	《广韵》音	《集韵》音
下	"下"下注："如字，协韵则音户，后皆放此。"	（无）	后五切
且	"曰父母且"下注："徐七余反，协句应尔。观笺意宜七也反。"	（无）	千余切
芒	"芒芒"下注："音亡。依韵音忙。"	（无）	谟郎切
车	"之车"下注："协韵尺奢反，又音居。或云古读华为敷，与居为韵。后放此。" "有女同车"下注："读与《何彼襛矣》诗同。"	尺遮切	昌遮切
来	"骄来"下注："如字。古协思韵多音犁，后皆放此。"	（无）	陵之切
居	"其居"下注："义如字。协韵音据。"	（无）	（无）
南	"于南"下注："如字。沈云协句、宜乃林反。"	（无）	（无）

---

① 唐作藩.苏轼诗韵考 [M]// 唐作藩，等.王力先生纪念论文集.北京：商务印书馆，1990：112—113.

续表

叶音字	《毛诗音义》收录的叶音	《广韵》音	《集韵》音
怒	"之怒"下注："协韵乃路反。" "悔怒"下注："协韵乃路反。"	乃故切	奴故切
厖	"厖"下注"莫邦反。厚也。徐云：郑音武讲反，是叶拱及宠韵也。"	（无）	母项切， 徐邈读
驱	"载驱"下注："字亦作驱，如字。协韵亦音丘。"	（缺）	祛由切
望	"所望"下注："如字。协韵音亡。" "令望"下注："如字。协韵音亡。"	武方切	武方切
莫	"莫止"下注："音暮，本或作暮。协韵武博反。"	慕各切	末各切
讼	"我讼"下注："如字，徐取韵音才容反。"	（无）	墙容切
野	"于野"下注："如字。协韵羊汝反。沈云协句、宜音时预反，后放此。"	承与切	上与切
著	"著"下注："直居反，又直据反，又音于。诗内协句，宜音直据反。"	（无）	（无）
贻	"贻我"下注："本又作诒，音怡。遗也。下句协韵，亦音以志反。"	（无）	羊吏切
号	"号"下注："户报反。召也。协韵户刀反。"	胡刀切	乎刀切
叹	"叹矣"下注："本亦作叹。吐丹反，协韵也。" "永叹"下注："吐丹反，又吐旦反，以协上韵。"	他干切	他干切
说	"归说"下注："音税，舍息也，协韵如字。"	失爇切	输爇切
远	"不远"下注："于万反，注同。协句如字。"	云阮切	雨阮切
乐	"乐之"下注："音洛，又音岳。或云协韵、宜五教反。" "以乐"下注："音洛。协句五教反。"	五教切	鱼教切
翰	"良翰"下注："协句音寒。"	胡安切	河干切
难	"多难"下注："如字。协韵乃旦反。"	奴案切	乃旦切
议	"议"下注："如字。协句音宜。"	（无）	鱼羁切
誉	"燕誉"下注："于遍反。又于显反。安也。誉、协句音余。"	以诸切	羊诸切
顾	"我顾"下注："徐音古，此亦协韵也，后放此。"	（无）	果五切， 徐邈读
听	"我听"下注："依义吐定反。协句吐丁反。"	他丁切	汤丁切

　　29个"叶韵字"，《广韵》只收了16个，《集韵》则收了25个，可见这种改读字音，并没有完全被认可而一一收入官方的韵书中。

　　由于《经典释文》集汉魏六朝音义的大成，书中的叶韵音可视为对"违韵现象"的早期处理方式。此后，颜师古注《汉书》中的"合韵"音、李贤注《后汉书》、李善注《文选》、公孙罗《文选音决》及张守节《史记正义》、司马贞《史记索隐》等，都可以发现不少为押韵而设的改读字音，他们的文本资料已不限于《诗经》，叶韵音使用范围遍及"古代韵文"，改读以求押韵成为古人的习惯与共识。

宋代朱熹逐章逐句为《诗经》《楚辞》注音，因为古今音韵的变化，读之不协的情形更为显著，朱熹大量改读字音，来应对口头上的"违韵现象"。以《鄘风·君子偕老》为例：

> 君子偕老，副笄六珈（朱注：音加，叶居河反）。委委佗佗，如山如河。象服是宜（朱注：叶牛何反）。子之不淑，云如之何。
>
> 玼兮玼兮，其之翟（朱注：叶去声）也。鬒发如云，不屑髢也。玉之瑱也，象之揥也。扬且之晳（朱注：音锡，叶征例反）也。胡然而天也，胡然而帝也。
>
> 瑳兮瑳兮，其之展（朱注：音战，叶诸延反）也。蒙彼绉絺，是绁袢（朱注：音半，叶汾干反）也。子之清扬，扬且之颜（朱注：叶鱼坚反）也。展如之人兮，邦之媛（朱注：音院，叶于权反）也。

三章 16 个韵字，用叶韵音改读了 8 字，末章 4 个韵字都改读，不可说不奇；但这种方式如不被认可，为何稍晚的王质（1135—1189）《诗总闻》、杨简（1141—1226）《慈湖诗传》也都是如此处理的？明代学者杨慎（1488—1559）《古音丛目》《古音猎要》《古音余》《转注古音略》等书中搜罗、增添了更多的叶韵音，也能名世？可见古人对"违韵现象"的处理，有另一套完整的处理模式，与现代音韵学者是完全不同的。

四、《韵补》至《钦定叶韵汇集》的观点

古今韵书基本只标"单字音"，连音变化音读与"叶韵音"是不见收录的；但《集韵》似开了收叶韵音的先河，邵荣芬先生写《〈集韵〉音系简论》，文中曾说《集韵》有误录一种"人造音"：

有两种人造音。一种是音译梵文时所创制的字音。……另一种是南北朝以来音注家为协读古韵而主观想象出来的字音，即所谓的叶韵音。这种字音在实际语言里当然也是不存在的。……比如表四真韵端组四个小韵，即"颠，典因切"，"天，铁因切"，"田，地因切"，"年，祢因切"，就都有可能是叶韵音。由于这些字在上古都与中古真韵系的字押韵，音注家于是就为它们想象出来一个真韵系的音，以求跟真韵系的字相谐。吴棫《韵补》直接采用这几个反切作为他所设想的古音，说不定也跟受音注家的叶韵影响有关。[①]

这是十分正确的判断。我在 2006 年指导康欣瑜写成硕论《〈集韵〉增收叶韵字字音研究》，就从书中找出了 219 个这里所谓的"误录人造音"。

邵先生所提的吴棫《韵补》，应该就是第一部大量搜罗、制造叶韵音的韵书。学者或视吴棫《韵补》为探讨上古音的专著，将古韵分为 9 类，这是今人依书中韵目下"通""转"注语所归纳出来的结论，并不全然可信[②]。吴棫有《毛诗叶韵补音》，是对《诗经》的音注。而徐蒇《韵补·序》中就说：

自《补音》之书成，然后三百篇始得为诗，从而考古铭、箴、诵、歌、谣、谚之类，莫不字顺音叶，而腐儒之言曰：《补音》所据多出于《诗》后，殆后人因《诗》以为韵，不当以是韵诗也。殊不知音韵之正，本诸字之谐声，有不可易者，如"霾"为"亡皆切"，而当为"陵之切"者，由其以"狸"得声。"浼"为"每罪切"，而当为"美辨切"者，由其以"免"得声。"有"为"云九切"，"贿痏鲔"皆以"有"得声，则当为"羽轨切"矣。"皮"为"蒲縻切"，而"波坡颇跛"皆以"皮"得声，则当为"蒲禾切"矣。又如"服"之为"房六切"，其见于《诗》者凡十有六，皆当为"蒲北切"，而无与"房六"叶者。"友"之为"云九切"，其见于《诗》者凡十有一，皆当作"羽轨切"，而无与"云九"叶者。以是类推之，虽毋以它书为证可也，腐儒安用謏譊为？《补音》引证初甚博，才老惧其繁重，不能行远，

---

① 邵荣芬．《集韵》音系简论 [M]// 邵荣芬．邵荣芬音韵学论集．北京：首都师范大学出版社，1997：541．

② 依据笔者的整理，《韵补》各韵通转系联后，平声、上声各 9 部，去声韵 11 部，入声韵 6 部，古音通转系统并不严密。见《吴棫与朱熹音韵新论》234—237 页。

于是稍削去，独于最古者、中古者、近古者各存三二条。

其间或略远而举近，非有所不知也。

从书名上看，《韵补》是为"补韵"而作，专补韵书失收的字音，也就是以韵书形式呈现叶韵音的总汇。《韵补》收录一千一百余字，除去搜录旧有音读与前代"合韵""协音"等叶韵音外，总加字音也超过一千，"人造音"是十分可观的。

前节提到朱熹对古代对"违韵现象"的处理方式，是大量使用改读的叶韵音，这些叶韵音基本上也是参考或抄录吴棫的"人造音"，《朱子语类》卷8记载：

或问吴氏叶韵何据？曰："他皆有据，泉州有其书，每一字多者引十余证，少者亦两三证，他说元初更多，后删去，姑存此耳。"

问：《诗》叶韵，有何所据而言？曰："叶韵乃吴才老所作，某又续添减之。盖古人作诗皆押韵，与今人歌曲一般。今人信口读之，全失古人咏歌之意。"先生因言："看《诗》须并叶韵读，便见得他语自整齐，又更略知叶韵所由来，甚善。"

器之问《诗》叶韵之义……又曰叶韵多用吴才老本。

吴棫字才老，所造的字音不仅受到朱熹的认可，也深深影响宋代以来读书人的创作或注音，并且有踵事增华、变本加厉的情形，杨慎古音的相关著作最为明显。直到乾隆时编出一部《钦定叶韵汇集》，将《诗经》至唐、宋以降作品中的"违韵现象"，汇集后全面改读叶韵音，可谓"集大成"之作。《钦定叶韵汇辑》编写体制中所分的韵部，较为规律有序，与《韵补》并不一致，《四库提要》说：

字数部分皆仍《佩文》诗韵，惟以今韵之离合，别古韵之同。如江韵独用，则一韵为一部；东冬两韵同用，则两韵为一部；支微齐三韵同用，则三韵为一部是也。每部皆附叶韵，略如吴棫《韵补》。惟《韵补》于今韵各部各载叶韵，此则一部独用者，附本部末；诸位部同用者，即总附诸部末。如"蒙"字莫邦切，则独附江部后；"江"字叶户公切，则总附东冬二部后；"鱼"字叶鱼羁切，则总附支微齐三部后是也。

可见《佩文韵府》韵类是《钦定叶韵汇辑》中叶韵音的区分准则。

本文主要探讨唐、宋诗格律"违韵现象"的问题，重点不在比较各家叶韵音的异同，或比较《韵补》与《钦定叶韵汇辑》二书的差异，因此下面就直接以清代官修的《钦定叶韵汇辑》为准，看看该书是如何标注并解决这些"落韵"字读音的。

前面提到马重奇先生《从杜甫诗用韵看"浊上变去"问题》一文，把杜甫上、去声字押韵的诗，都分别做了"混押"与"音变"的说解；如按《钦定叶韵汇辑》的解释，会呈现出另一套作法，下面举例说明。

马文找出杜诗"岊""柱""胫""静""下""旱""弟"七个"浊上变去"的字，在《钦定叶韵汇辑》中都有上、去二读，"岊"下注：

> 岊，鉏里切。砌也，阈也，厄同。
> 岊，音弃。杜甫诗："林木在庭户，密干迭苍翠。有井朱夏时，辘轳冻阶岊。耳闻读书声，杀伐灾莩鬋。"

音"弃"的去声一读，直接引用杜诗，收在"寘未霁叶韵"之后。"柱"下注：
> 柱，直主切。《广雅》曰：楹谓之柱。又姓。
> 柱，《集韵》株遇切。《汉书·朱云传》："连柱五鹿君。"杜甫诗："公宫造广厦，木名乃无数。初闻伐松柏，犹卧天一柱。我瘦书不成，成字读亦误。"白居易诗："每因匪躬节，知有匡时具。张为坠网纲，倚作颓檐挂。悠悠上天意，报施纷回互。"元稹诗："切切主人聪，主人轻细故。延缘蚀栎枦，渐入栋梁柱。梁栋尽空虚，攻穿痕不露。"孙觌诗："生息自相吹，晨门黝如雾。超然尘外躅，崒兀见砥柱。汤汤海横流，自有安立处。"

音"株遇切"的去声一读，引用杜甫、白居易、孙觌三人的诗句为例，收在"御遇叶韵"之后。"胫"下注：

> 胫，胡顶切。脚胫。
>
> 胫，胡定切。脚胫。《释名》："胫，茎也。直而长，似物茎也。"踁同。

"胫"字本有上、去二读。"静"下注：

> 静，疾郢切。安也，谋也，和也，息也。
>
> 静，《韵会》疾正切。《汉书·扬雄传》："维寂寞，自投阁。爰清静，作符命。"《太玄》："贫不贫，何足敬也。密雨射谷，谦之静也。"杜甫诗："黄精无苗山雪盛，短衣数挽不掩胫。此时与子空归来，男呻女吟四壁静。"刘长卿诗："江枫日摇落，转爱寒潭静。水色淡如空，山光复相映。"孟郊诗："凄凄天地秋，凛凛军马令。驿尘时一飞，物色极四静。"梅尧臣诗："及亲贤豪游，所尚志已定。不厌朝市喧，不须山林静。"张耒《大礼庆成赋》："貔貅六师，雷霆万乘。初海沸而云涌，忽山峙而川静。"

音"疾郢切"的去声一读，引用《汉书》《太玄》及杜甫、刘长卿、孟郊、梅尧臣四人的诗句与张耒赋作为例，收在"梗敬径叶韵"之后。"下"字注：

> 下，胡雅切。去也，后也，底也，降也，古作丅。
>
> 下，胡驾切。行下。

"下"字本有上、去二读。"旱"下注：

> 旱，胡笴切。不雨。
>
> 旱，《韵补》形甸切。《史记》贾谊《鵩鸟赋》："水激则旱。"注："读与悍同。"苏辙诗："宿雪虽盈尺，不救春夏旱。吁嗟偏野天不闻，歌舞通宵龙一战。"郑侠诗："奔逃苟自活，父子潜分散。以天征不义，如以雨苏旱。箪食迎王师，东征西夷怨。"

音"形甸切"的去声一读，引用《鵩鸟赋》注及苏辙、郑侠二人的诗句为例，收在"翰谏霰叶韵"之后。"弟"字注：

> 弟，徒礼切，兄弟。
> 弟，特计切，孝弟。

"弟"字本有上、去二读。

上面七个"浊上"的字，《钦定叶韵汇集》都赋予上、去两种读音，自然就不存在全浊上声字与去声字押韵的"违韵现象"了。再举文中"全清上声字叶去声的"韵例：

> 《病柏》：盖、会、拜、坏、大、改、外、内、怪、赖。"改"，《广韵》："古亥切"（见海），全清上声，其余诸字皆属去声①。

"改"字，《钦定叶韵汇集》也有二音：

> 改，古亥切。更也，又姓。
> 改，古太切。音盖。杜甫诗："出非不得地，蟠据亦高大。岁寒忽无凭，日夜柯叶改。丹凤领九雏，哀鸣翔其外。"李贺诗："徘徊沿石寻，照出高峰外。不得与之游，歌成鬓先改。"苏轼诗："野雁见人时，未起意先改。君从何处看，得此无人态。"叶适诗："萧条别离风雨外，杨柳自青君貌改。"刘宰诗："朝方得其情，暮祈当路改。过客纷如织，刺口说行在。丐求小不惬，百计工组缋。"

音"古太切"的去声一读，引用杜甫、李贺、苏轼、叶适、刘宰五人的诗句为例，收在"泰卦队叶韵"之后，当成叶韵音。再举文中"次浊上声字叶去声"的韵例：

> 《逃难》：难、暖、炭、畔、叹、散、岸。"暖"乃管切（泥暖），次

---

① 马重奇．从杜甫诗用韵看"浊上变去"问题 [M]// 马重奇．汉语音韵与方言史论集．台北：万卷楼图书，2015：53．

浊上声，而其余诸字皆属去声①。

"暖"字，《钦定叶韵汇集》也有二音：

> 暖，乃管切。火气。暖煖暅并同。
> 暖，《韵补》乃眷切。杜甫诗："五十头白翁，南北逃世难。疏布缠枯骨，奔走苦不腜。已衰病方入，四海一涂炭。"李贺诗："野水泛长涧，宫牙开小蒨。无人柳自春，草渚鸳鸯暖。"苏轼诗："墨突不暇黔，孔席未尝暖。安知渭上叟，跪石留双骭。"苏辙诗："江流日益深，民语渐已变。惨惨障气青，薄薄寒日暖。"黄庭坚诗："晁子已不疑，冬寒春自暖。緊表知药言，择友得荀粲。"

音"乃眷切"的去声一读，引用杜甫、李贺、苏轼、苏辙、黄庭坚五人的诗句为例，收在"翰谏霰叶韵"之后，当成叶韵音。

以上《钦定叶韵汇集》所举出的叶韵读音，其实已经注意到杜甫的押韵行为，并且一致用叶音处理。并没有以"音变"与"混押"两套标准来做解读。而此种押韵方式，杜甫之前与之后都不鲜见，可知借此把"浊上读去"提早到盛唐的杜甫时代，也不可尽信。

其实"叶韵音"的运用范畴，并不限于不同"声调"的押韵，出现中古音韵类差异较大的互押，也是常见的。如真韵的"嗔"字，《钦定叶韵汇集》就有"寒删先叶韵"一读：

> 嗔，《集韵》亭年切，音田。《说文》：盛气也。引《诗》"振旅嗔嗔"。杜甫诗："参差谷鸟吟，不见游子还。痴女饥咬我，啼畏虎狼闻。怀中掩其口，反侧声愈嗔。小儿强解事，故索苦李餐。"闻，无沿切。韩愈诗："我不出应，客去而嗔。从者语我，子胡为然？"

文韵的"云"字，《钦定叶韵汇集》也有"寒删先叶韵"一读：

---

① 马重奇.从杜甫诗用韵看"浊上变去"问题[M]//马重奇.汉语音韵与方言史论集.台北：万卷楼图书，2015：54.

云，《韵补》于员切。《礼记》："者欲将至，有开必先。天降时雨，山川出云。"闵鸿《芙蕖赋》："竦修干以凌波，建绿叶之规圆。灼若夜光之在元岫，亦若太阳之映朝云。"陈琳《马瑙勒赋》："初伤勿用，俟庆云兮。君子穷达，亦时然兮。"刘桢诗："鸣鸢弄双翼，飘飘薄青云。我后横怒起，意气凌神仙。发机如惊焱，三发两鸢连。"杜甫诗："少留周家洼，欲出芦子关。故人有孙宰，高义薄曾云。"

入声质韵的"一"字，《钦定叶韵汇集》也有增加去声"寘未霁叶韵"一读：

一，《韵补》固利切。左思《吴都赋》："藿蒳豆蔻，姜彙非一。江蓠之属，海苔之类。"杜甫《朝享大庙赋》："初高祖太宗之栉风沐雨，劳身焦思。用黄钺白旗者五年，而天下始一。历三朝而戮力，今庶绩之大备。"

我们看以上三个例子，都不是单纯同韵母"上""去"二声互押的韵例，也都与杜甫作品相关，所以杜甫所有"违韵现象"要一并讨论，找出症结所在。不能以后代音变常态，就认为盛唐已"浊上读去"；非音变常态，例外的押韵就以"混押"带过。

至于苏轼诗作的"违韵现象"，更是多元而明显。以前引唐作藩先生所说用"口语"音押韵的韵例看，所谓：流摄有韵"妇、否"、厚韵"母、亩"、宥韵"富"字与遇摄语姥麌暮诸韵通押，代表明苏轼口语里，"妇、否、母、亩、富"等流摄唇音字已像后代北方话一样转入遇摄。《钦定叶韵汇集》也注意到这种现象，我们看书中是怎么处理的。"妇"字下云：

妇，《韵补》奉甫切。《易林》："宜昌娶妇，东家歌舞。"《诸葛亮传》："谚曰：莫学孔明择妇，正得阿承丑女。"李庚《东都赋》："冠冕之夫，绮罗之妇。百室连歌，千筵接舞。高楼大观，陈宾宴侣。"苏轼诗："龚黄满朝人更苦，不如却作河伯妇。"唐庚诗："西门君去老巫舞，明年却娶河伯妇。"汪无亮诗："有妻有妻不得顾，饥走荒山汗如雨。一朝中道逢狼虎，不肯偷生作人妇。"顾，果五切。

"否"字下云：

否,《韵补》匪父切。陈琳《大荒赋》:“览六合之休咎兮，乃贫尼而富虎。嗣反复其若兹兮，岂云行之臧否。”韩愈诗:“皇帝正直，别白善否。擅命而狂，既翦既去。尽逐群奸，靡有遗侣。”卢仝诗:“知君家近父母家，小人安得不怀土。怜君与我金石交，君归可得共载否。”李商隐《祭杨郎中文》:“寄奠緘词，呼风泣雨。噫嘻噫嘻，宗尹之魂来否。”苏轼诗:“龙眼与荔枝，异出同父祖。端如甘与橘，未易相可否。”黄庭坚诗:“谢公书堂迷竹坞，手种竹今青青否。我思谢公泪成雨，属公去洒穰下土。”

“母”字下云:

母,《韵补》满补切。《诗》:“朝隮于西，崇朝其雨。女子有行，远兄弟父母。”《易林》:“少无强辅，长不见母。劳心远思，自伤忧苦。”焦仲卿诗:“举言谓新妇，哽咽不能语。我自不驱卿，逼迫有阿母。”白居易乐府:“母别子，子别母。白日无光哭声苦。”李商隐诗:“八蚕茧绵小分炷，兽焰微红隔云母。白天月泽寒未冰，金虎含秋向东吐。”苏轼诗:“先生堂上霜月苦，弟子读书喧两庑。推门入室书纵横，蜡纸笼灯晃云母。”

“亩”字下云:

亩,《韵补》满补切。《易林》:“童女不织，士弃耕亩。暴骨千里，岁饥民苦。”班固《西都赋》:“士食旧德之名氏，农服先畴之畎亩。商修族世之所鬻，工用高曾之规矩。”柳宗元《牛赋》见脰字注。张籍诗:“老农家贫在山住，耕种山田三四亩。苗疏税多不得食，输入官仓化为土。”皮日休诗:“闲寻尧氏山，遂入深深坞。种荈已成园，栽葭宁记亩。”苏轼诗:“嗟我独何求，万里涉江浦。居贫岂无食，自不安畎亩。念此坐达晨，残灯翳复吐。”

“富”字下云:

富,《韵补》方遇切。《易林》:“昔忧解笑，故贫今富。戴荣履喜，与福相遇。”韩愈《卢处士墓志铭》:“贵兮富兮，如其材，得何数兮。”王禹偁诗:“跃身入三馆，烂目阅四库。孟贫昔不贫，孙贫今暴富。暴富亦须防，文高被人妒。"

"妇、否、母、亩、富" 5字，有4字都引用到苏轼的作品，而且引用书证，多在苏轼之前就已如此押韵，我们不能径说早期"流摄唇音字已像后代北方话一样转入遇摄"，可见这不是苏轼的口语发音，更不是四川地区独有的押韵方式。《钦定叶韵汇集》一律将其改读为"遇摄"读法，暂不论其是非，至少可以破解苏轼是用当时"口语"押韵的。

五、余论

汉语语音发展中出现的"叶韵"音读，是古人不懂古音，擅自"改读"以求押韵的产物，本不可信；所以《韵补》《转注古音略》《钦定叶韵汇集》等书不能流行于今日，宋、明以来如朱熹《诗集传》中的叶韵读法，也不被认可，各种"人造音"几乎都不再使用。

当今研究汉语音韵，除调查汉语方言外，积极建构古代音系、拟测古音音值、探讨音变规律、发掘方音层次等，都是重要的课题。古代韵文中的押韵字，自然是绝好的数据：先秦古籍的韵文，成为研究上古音不可缺少的材料，唐、宋诗韵，也是研究中古音与古今音韵变化的重要依据。它们的重要性及价值是不容否定的。

文字是语言的载体，但语言与文字最大的差异是能否长期保存原样。语言的声音是音波，消失就不复存在；文字是书写的形体，可以长期保留。我们阅读古籍，是看见字形，而不能读出古音；同理，古人读古书，也不能读出古音。面对音变后不能押韵的古韵语，古人如何解决此一问题？在未产生较科学的研究古音方法前，创造"叶韵音"获得暂时的押韵感，就是一个可行的方法。

好古是一种文化现象，产生近体诗后，还刻意要写出不合律的"古体"；五、七言诗产生后，庙堂颂赞诗歌还要用四言体表达；当代的职称不用，好以古代官名代之；放弃现今的地名，偏好使用古称。这种"好古"在诗歌押韵上，也充分展现出来。吴棫《韵补》中曾中说韩愈、柳宗元、白居易、欧阳修、苏轼、苏辙多用古韵，律诗以外的各体韵文模仿"古韵"也是不争的事实。

现代汉语有方言，古代自然也存在方言，唐代胡曾《戏妻族语不正》诗："呼十却为石，唤针将作真。忽然云雨至，总道是天因。"一个"戏"字，一个"不正"，说明了古代通语、雅言与官修韵书具尊崇的地位，方音土语不是读书人乐意推行提倡的。我们看古代文人的言论与作品，鲜少说到用方音乡语，今人却说古人作品方音入韵，也值得再三斟酌。

唐、宋诗人写"古体诗"仿古韵，出现许多与近体诗规范不同的"违韵现象"，有些可以直接说是仿《诗经》，如覃韵的"南"字，韦应物《拟古诗》、韩愈《孟生诗》、柳宗元《奉平淮夷雅表》《唐铙歌鼓吹曲十二篇》、卢肇《汉堤诗》、苏轼《迁居之夕，闻邻舍儿诵书，欣然而作》等，都与侵韵的"林""心""音"等字押韵，与《诗经·燕燕》相同。也有更多的"仿古"，实际是不懂古韵而擅自牵连的"伪古韵"，王力先生曾说：

> 古韵和《唐韵》不同，这是语音的实际演变，唐朝的诗人，不明此理，以为古今的韵部是一样的，于是误会古人某字与某字押韵为邻韵通押，而他们也想模仿古人用起通韵来，如果真的是这种心理，他们是于古于今都无是处。例如他们看见《诗经》里"人"字和"田"字押韵，因而猜想古人的"真"韵和"先"韵完全相通，于是把随便一个"真"韵的字（包括《广韵》"真""谆""臻"三韵）和随便一个"先"韵的字（包括《广韵》"先""仙"两韵）押起韵来，他们并不知道有些字依古韵却是不相通的，例如"人""钱"与"迁"，一个在古韵"真"部，一个在古韵"寒"部，又一个在古韵"文"部，就不能相通了。①

可谓一语中的。

面对庞大的"伪古韵"，六朝以来的"改读"与创造"叶韵音"，就成为一种风气，创音者自认有书证可稽，用改读音念韵文得到押韵效果，于是这种叶音文化就有系统的传承且光大起来。

本文对唐、宋诗的"违韵现象"，作出诗人沉溺"伪古韵"的仿作，与改读文化盛行的看法，固然是对现代学者附会唐、宋人用"方音""时音"或"合韵"押韵说法的质疑；更重要的是彰显音韵学的研究，在人文主观习性与科

---

① 王力.汉语诗律学 [M].上海：上海教育出版社，2002：331.

学客观分析之间，仍然是需要掌握正确的先备知识，才能使研究成果更趋于完善！

参考文献

[1]（唐）陆德明.经典释文[M].北京：中华书局，1983.

[2]（宋）陈彭年，等.广韵[M].台北：洪叶文化事业有限公司，2001.

[3]（宋）丁度等.集韵[M].台北：学海出版社，1986.

[4]（宋）朱熹.诗集传[M].台北：华正书局，1980.

[5]（宋）吴棫.韵补[M].北京：中华书局，1987.

[6]陈新雄.音略证补[M].北京：文史哲出版社，1979.

[7]金周生.吴棫与朱熹音韵新论[M].台北：洪叶文化事业有限公司，2005。

[8]马重奇.汉语音韵与方言史论集[M].台北：万卷楼图书，2015.

[9]邵荣芬.邵荣芬音韵学论集[M].北京：首都师范大学出版社，1997.

[10]唐作藩，等.王力先生纪念论文集[M].北京：商务印书馆，1990.

[11]王力.汉语语音史[M].北京：中国社会科学院出版社，1985.

[12]王力.汉语史稿[M].北京：中华书局，2002.

[13]王力.汉语诗律学[M].上海：上海教育出版社，2002.

[14]康欣瑜.《集韵》增收叶韵字字音研究[D].台北：辅仁大学，2005.

王士禛《律诗定体》所反映的近体诗格律问题

李斐

（香港岭南大学 中国语文教学与测试中心）

摘要：王士禛的《律诗定体》在清人诗律研究著作中是比较有代表性的一部。王士禛诗论以"神韵说"最为知名，但他也很重视诗词的音节和格律。《律诗定体》共一卷，此书虽只寥寥数百字，但论及近体诗却能概括性地说明唐人格律，以破除流俗"一三五不论"之说。这本书对于后世的影响深远，如李郁文《律诗四辨》、日本谷立德之《全唐声律论》等书，其大旨未能外于王氏之语。《律诗定体》对近体诗格律的说明，共三条，凡八句，本文将逐一细读分析。

关键词：《律诗定体》；近体诗；一三五不论；细读分析

自有唐一代，近体诗创作繁盛，诗体格律随之定矣。古人有云："诗人之难也，不敢有傲气，不敢有躁心，不敢有乖调。"[①] 所谓"不敢有乖调"是说不可违背平仄规律。这些平仄规则在诗人进行创作时是要严格遵守的，对这些规则的研究，在清代以前都是一些零言片语、不成系统的记述，故清人认为谈论诗律犹如"谈龙"，见其首而不见其尾，实难琢磨（见《谈龙录》）。

然自清以降，探讨诗词格律的书可谓蜂拥而出，内容或简或繁，不下十数种，直至20世纪中叶王力先生《汉语诗律学》的出版，该类书籍逐渐可谓洋洋大观矣。王氏之书可以看作是诗词格律研究的集大成之作。清代学者对

---

① （清）宋征璧．抱真堂诗话 [M]// 郭绍虞编选．富寿荪校点．清诗话续编．上海：上海古籍出版社，1983：128．

于诗律的研究，丰富详瞻，且具很高的学术价值。王力先生在《汉语诗律学》中曾举例说："在没有看见董文涣的《声调四声谱图说》以前，我自己就不知道律诗中有所谓'拗救'（更确切地说，我从前只知道有'拗'而不知道有救），有所谓'上尾'等等。而'拗救'之类正是前人所研究出来可靠的诗律。"[①] 然而清代学者对于诗律的研究成果并没有得到应有的重视和细致的整理。看来为了继承王力先生的传统，在诗律问题上做更加深入的研究，已经是到了对清人诗律进行大规模、系统性研究的时候了。

在清人诗律研究著作中，王士禛的《律诗定体》是比较有代表性的一部。王士禛（1634—1711），字子真，一字贻上，号阮亭，又号渔洋山人，山东新城人。顺治十二年进士。历任户部郎中，国子监祭酒，刑部尚书等。王士禛初名王士禛，自号渔洋山人。卒后，为避清世宗胤禛（雍正）名讳，追改名为王士正。乾隆三十年（1766），追谥"文简"。乾隆三十九年（1775），改名为王士禛。王士禛诗论以"神韵说"最为知名。"神韵说"是对诗歌内容及韵味的探求，希望诗的境界达到不着形迹、超逸空寂之感。此外，王士禛也很重视诗词的音节和格律。《律诗定体》共一卷，此书虽然只有寥寥数百字，但论及近体诗却能概括性地说明唐人格律，以破除流俗"一三五不论"之说。这本书对于后世的影响深远，如李郁文《律诗四辨》、[日]谷立德之《全唐声律论》等书，例证虽较王书多，但其大旨未能外于王氏之语。《律诗定体》对近体诗格律的说明，共3条，8句，本文逐一作细读式分析。

一、五言律诗总论

"五律，凡双句二四应平仄者，第一字必用平，断不可杂以仄声，以平平只有二字相连，不可令单也。其二四应仄平者，第一字平仄皆可用，以仄仄仄三字相连，换以平韵无妨也。大约仄可换平，平断不可换仄，第三字同此。若单句第一字，可勿论。"

（一）凡双句二四应平仄者，第一字必用平，断不可杂以仄声，以平平只有二字相连，不可令单也

在五言律诗的句式中，第二字、第四字分别是平声、仄声的有两种，一

---

① 王力. 汉语诗律学 [M]. 上海：上海教育出版社，2002：2.

是平平仄仄平,一是平平平仄仄,王力先生分别将这两种句式称为 B 和 b,这里依照王先生的说法,下同。

1.B 句式"平平仄仄平",第一字必须用平声,不可以用仄声。若首字用以仄声,其句式势必变为仄平仄仄平,这种句式在诗病中叫"孤平",乃近体诗之大忌之一。例如:

杜甫《冬日洛城北谒玄元皇帝庙》(节选)
配极玄都閟,凭虚禁御长。(B)碧瓦初寒外,金茎一气旁。(B)
仙李盘根大,猗兰奕叶光。(B)画手看前辈,吴生远擅场。(B)
无圣联龙衮,千官列雁行。(B)翠柏深留景,红梨迥风霜。(B)
身退卑周室,经传拱汉皇。(B)
杜甫《赠韦左丞丈济天宝七年以韦济为河南尹迁尚书左丞)》
(节选)
左辖频虚位,今年得旧儒。(B)时议归前烈,天伦恨莫俱。(B)
有客虽安命,衰容岂壮夫。(B)不谓矜馀力,还来谒大巫。(B)
老骥思千里,饥鹰待一呼。(B)
杜甫《投赠哥舒开府二十韵》(节选)
今代麒麟阁,何人第一功。(B)开府当朝杰,论兵迈古风。(B)
青海无传箭,天山早挂弓。(B)每惜河湟弃,新兼节制通。(B)
日月低秦树,乾坤绕汉宫。(B)受命边沙远,归来御席同。(B)
茅土加名数,山河誓始终。(B)勋业青冥上,交亲气概中。(B)
壮节初题柱,生涯独转蓬。(B)军事留孙楚,行间识吕蒙。(B)

以上所举的三首诗 23 例 B 句式首字均为平声,无一出律。

然而王士禛在这里说的过于片面,对于 B 句式来说,首字固应用平声,然而诗人有时也会用仄声,形成"拗"体,这种"拗"必须"救",救的办法有以下两种:

其一,本句自救。就是说,首字用仄声,第三字变仄声为平声,以避免孤平,句式为仄平平仄平,一般称为孤平拗救。例如:

不敢高声语,恐惊天上人。 李白《夜宿山寺》

颔联对句首字"恐"应平而仄，第三字"天"变仄为平。

　　跪进雕胡饭，月光明素盘。　李白《宿五松山下荀媪家》

颈联对句首字"月"应平而仄，第三字"明"变仄为平。

　　沉约台榭故，李衡墟落存。三秀悲中散，二毛伤虎贲。刘禹锡《五陵书怀五十韵》（节选）

"李衡墟落存"与"二毛伤虎贲"二句首字"李""二"本应用平声，但是这里诗人用了仄声，所以第三字就由原来的仄声字改为平声字"墟"和"伤"。

　　尽室居幽谷，乱山为四邻。　储嗣宗《赠隐者》

首联对句首字"乱"应平而仄，第三字"为"变仄为平。

　　在日贪为善，昨来闻更贫。　刘昚虚《寄江滔求孟六遗文》

颈联对句首字"昨"应平而仄，第三字"闻"变仄为平。

　　不愤连年别，那堪长夜啼。　赵嘏《倦寝听晨鸡》

颈联对句首字"那"应平而仄，第三字"长"变仄为平。
其二，本句与出句同时相救。
孤平拗救与出句第三字由正变拗同时应用，例如：

　　木落雁南渡，北风江上寒。　孟浩然《早寒有怀》
　　我宿五松下，寂寥无所欢。　李白《宿五松山下荀媪家》
　　以我独沈久，愧君相见频。　司空曙《喜外弟卢纶见宿》
　　及送故人尽，亦嗟归迹留。　梅尧臣《依韵和子聪见寄》

在以上四例中，出句第三字应平而仄，对句第三字用平声同时对该字也起到了救的作用。

孤平拗救与出句第一、三字由正变拗同时应用，例如：

荒戍落黄叶，浩然离故关。　温庭筠《宋人东游》
明日受降初，甲奇熊耳高。　陆游《小出塞曲》

在以上两例中，出句首字应仄而平，第三字应平而仄，对句为孤平拗救。

孤平拗救与出句第四字由正变拗同时应用，例如：

且复伤远别，不然愁此身。　高适《别刘大校书》
相识仍远别，欲归翻旅游。　高适《别韦五》
本欲云雨化，却随波浪翻。　吕温《及第后答潼关主人》
木落山觉瘦，雨晴天似高。　（宋）刘敞《秋晴西楼》

在以上四例中，出句第四字拗，对句第三字除救孤平外，同时救出句第四字。

孤平拗救与出句第一字、第四字由正变拗同时应用，例如：

流水如有意，暮禽相与还。　王维《归嵩山作》
正月今欲半，陆浑花未开。　岑参《送杜佐下第归陆浑别业》
常恨言语浅，不如人意深。　刘禹锡《视刀环歌》

在以上三例中，出句首字应仄而平，第四字应平而仄，对句第三字除救孤平外，同时救出句第四字。

孤平拗救与出句第三字、第四字由正变拗同时应用，例如：

渐与骨肉远，转于奴仆亲。　孟浩然《除夜有怀》
对酒不觉暝，落花盈我衣。　李白《自遣》
待月月未出，望江江自流。　李白《挂席江上待月有怀》
致此自僻远，又非珠玉装。　杜甫《蕃剑》
数里塔乱石，一川环碧峰。　（宋）苏舜钦《独游辋川》
素月自有约，绿瓜初可尝。　（宋）周紫芝《芝雨过》

　　　　畎畎意不适，出门聊散忧。（宋）陈与义《晚步》

　　在以上七例中，出句第三、四均应平而仄，对句第三字除救孤平外，同时救出句第三、四字。

　　孤平拗救与出句第一字、第三字、第四字由正变拗同时应用，例如：

　　　　人事有代谢，往来成古今。　孟浩然《与诸子登岘山》
　　　　高阁客竟去，小园花乱飞。（首联）
　　　　肠断未忍扫，眼穿仍欲归。（颈联）李商隐《落花》
　　　　闲赏步易远，野吟声自高。　许棠《野步》
　　　　之子固绝俗，少年甘寂寞。（宋）周孚《赠萧光祖》
　　　　池面过小雨，树腰生夕阳。（宋）周紫芝《芝雨过》

　　在以上六例中，出句首字应仄而平，第三、四字应平而仄，对句第三字除救孤平外，同时救出句第三、四字。

　　2.b 句式"平平平仄仄"，第一字可平可仄。

　　例如：

　　　　患气经时久，临江卜宅新。喧（平）卑方避俗，疏快颇宜人。
　　　　有客过茅宇，呼儿正葛巾。自（仄）锄稀菜甲，小摘为情亲。
　　　　　　　　　　　　　　　　　　　　—— 杜甫《巴上人茅斋》
　　　　海上生明月，天涯共此时。情人怨遥夜，竟夕起相思。
　　　　灭烛怜光满，披衣觉露滋。不（仄）堪盈手赠，还寝梦佳期。
　　　　　　　　　　　　　　　　　　　　—— 张九龄《望月怀远》
　　　　城阙辅三秦，风烟望五津。与（仄）君离别意，同是宦游人。
　　　　海内存知己，天涯若比邻。无为在歧路，儿女共沾巾。
　　　　　　　　　　　　　　　　　　　　—— 王勃《杜少府之任蜀州》

　　虽然从以上的诗例看来，b 句式的首字平仄皆可用，然而诗人在写诗的时候还是有很多变例的。其第三字可以变平声为仄声，这是第一字仍然是可平可仄的。例如：

二月湖水清，家家春鸟鸣。林（平）花扫更落，径草踏还生。
酒伴来相命，开尊共解酲。当（平）杯已入手，歌妓莫停声。

—— 孟浩然《晚春》

光细弦岂上，影斜轮未安。微（平）升古塞外，已隐暮云端。
河汉不改色，关山空自寒。庭（平）前有白露，暗满菊花团。

—— 杜甫《初月》

清（平）晨入古寺，初日照高林。竹径通幽处，禅房花木深。
山（平）光悦鸟性，潭影空人心。万籁此都寂，但馀钟磬音。

—— 常建《题破山寺后禅院》

清秀过终童，携书访老翁。以（仄）吾为世旧，怜尔继家风。
淮岸经霜柳，关城带月鸿。春（平）归定得意，花送到东中。

—— 李嘉佑《送张惟俭秀才入举》

幸（仄）因腐草出，敢近太阳飞。未足临书卷，时能点客衣。
随（平）风隔幔小，带雨傍林微。十月清霜重，飘零何处归。

—— 杜甫《萤火》

故使笯宽织，须知动损毛。看（仄）云莫怅望，失水任呼号。
六翮曾经剪，孤飞卒未高。且无鹰隼虑，留滞莫辞劳。

—— 杜甫《江头五咏·鸂鶒》

另一种变例是第三字由平变仄，第四字由仄变平，既由原本的平平平仄
仄，变为平平仄平仄，也是就说第三字拗，第四字救。此种形式，王力先生
认为首字应该"以避免仄声为原则"。例如：

海上生明月，天涯共此时。情（平）人怨遥夜，竟夕起相思。
灭烛怜光满，披衣觉露滋。不堪盈手赠，还寝梦佳期。

—— 张九龄《望月怀远》

城阙辅三秦，风烟望五津。与君离别意，同是宦游人。
海内存知己，天涯若比邻。无（平）为在歧路，儿女共沾巾。

—— 王勃《杜少府之任蜀州》

然而细究诗例，还有很多诗句是不避仄声的，例如：

百草竞春华，丽春应最胜。少（仄）须好颜色，多漫枝条剩。
纷纷桃李枝，处处总能移。如何贵此重，却怕有人知。
——杜甫《江头无咏·丽春》

春静晓风微，凌晨带酒归。远（仄）山笼宿雾，高树影朝晖。
饮马鱼惊水，穿花露滴衣。娇莺似相恼，含啭傍人飞。
——元稹《早归》

小（仄）园足生事，寻胜日倾壶。莳蔬利于鬻，才青摘已无。
四邻依野竹，日夕采其枯。田家心适时，春色遍桑榆。
——杨颜《田家》

山郡多暇日，社时放吏归。坐（仄）阁独成闷，行塘阅清辉。
春风动高柳，芳园掩夕扉。遥思里中会，心绪怅微微。
——韦应物《社日寄崔都水及诸弟群属》

可（仄）怜白雪曲，未遇知音人。恓惶戎旅下，蹉跎淮海滨。
涧树含朝雨，山鸟哢馀春。我有一瓢酒，可以慰风尘。
——韦应物《简卢陟》

门生故来往，知欲命浮觞。忽奉朝青阁，回车入上阳。
落（仄）花满春水，疏柳映新塘。是日归来暮，劳君奏雅章。
——储光羲《答五十三维》

骑马踏烟莎，青春奈怨何。蝶（仄）翎朝粉尽，鸦背夕阳多。
柳艳欺芳带，山愁萦翠蛾。别情无处说，方寸是星河。
——温庭筠《春日野行》

晓（仄）雨暗人日，春愁连上元。（宋）苏轼《新年》
古（仄）寺满修竹，深林闻杜鹃。（宋）苏轼《游鹤林招隐》

所以对于 b 句式平平平仄仄及其变体而言，首字可平可仄。《律诗定体》说"第一字必用平，断不可杂以仄声"，是不全面的。

172

（二）其二四应仄平者，第一字平仄皆可用，以仄仄仄三字相连，换以平韵无妨也

第二字、第四字分别为仄声和平声，并且在一句之中有三个仄声字相连的诗句只有"仄仄仄平平"，王力先生称之为 A 句式。该句式首字可平可仄，例如：

素幔随流水，归舟返旧京。老亲如宿昔，部（仄）曲异平生。

风送蛟龙雨，天长骠骑营。一哀三峡暮，遗（平）后见君情。

————杜甫《哭严仆射归榇》

胜（仄）绝惊身老，情忘发兴奇。座从歌妓密，乐（仄）任主人为。

重碧拈春酒，轻红擘荔枝。楼高欲愁思，横（平）笛未休吹。

————杜甫《宴戎州杨使君东楼》

调角断清秋，征人倚戍楼。春风对青冢，白（仄）日落梁州。

大汉无兵阻，穷边有客游。蕃情似此水，长（平）愿向南流。

————张乔《书边事》

移家虽带郭，野（仄）径入桑麻。近种篱边菊，秋来未著花。

扣门无犬吠，欲去问西家。报道山中去，归（平）来每日斜。

————皎然《寻陆鸿渐不遇》

A 句式的第三字可以变仄声为平声，首字仍然可平可仄。例如：

萧萧古塞冷，漠（仄）漠秋云低。黄鹄翅垂雨，苍鹰饥啄泥。

————杜甫《秦州杂诗》（节选）

季冬忆淇上，落日归山樊。旧宅带流水，平田临古村。

雪中望来信，醉（仄）里开衡门。果得希代宝，缄之那可论。

————高适《酬卫八雪中见寄》

可怜白雪曲，未（仄）遇知音人。恓惶戎旅下，蹉跎淮海滨。

涧树含朝雨，山鸟哢馀春。我有一瓢酒，可以慰风尘。

————韦应物《简卢陟》

故人越五岭，旅（仄）雁留三湘。 贺铸《登乌江柏子冈》

道由白云尽，春（平）与青溪长。时有落花至，远随流水香。

闲门向山路，深柳读书堂。幽映每白日，清辉照衣裳。

　　　　　　　　　　　　　　　　　—— 刘昚虚《阙题》

中岁颇好道，晚家南山陲。兴来每独往，胜（仄）事空自知。

行到水穷处，坐看云起时。偶然值林叟，谈（平）笑无还期。

　　　　　　　　　　　　　　　　　—— 王维《终南别业》

蜀僧抱绿绮，西（平）下峨眉峰。为我一挥手，如听万壑松。

客心洗流水，馀响入霜钟。不觉碧山暮，秋云暗几重。

　　　　　　　　　　　　　　　—— 李白《听蜀僧濬弹琴》

清晨入古寺，初日照高林。竹径通幽处，禅房花木深。

山光悦鸟性，潭（平）影空人心。万籁此都寂，但馀钟磬音。

　　　　　　　　　　　　　　—— 王建《题破山寺后禅院》

一台称二妙，归路望行尘。俱是攀龙客，空为避马人。

见招翻蹀躞，相（平）问良殷勤。日日吟趋府，弹冠岂有因。

　　　　　　—— 韦应物《路逢崔、元二侍御避马见招，以诗见赠》

　　然而这种变例在近体诗中是诗人极力避免的，因为仄仄平平平的句式并不符合近体诗格律的要求，句尾三个平声字相连，构成所谓的"三平调"，这正是古风的特点。

（三）大约仄可换平，平断不可换仄，第三字同此

　　1. 仄可换平。

　　首字为仄声的句式是 A 句式"仄仄仄平平"，上文已经说过，A 句式的首字可平可仄。

　　2. 平断不可换仄

　　首字为平声的句式是 B 句式"平平平仄仄"，上文提到 B 句式首字可平可仄，以用平声为正。若第一字变平为仄，则第三字势必由仄为平，既"仄平平仄平"，是为拗救。

　　3. 第三字同此

　　对于 A 句式而言，第三字可平可仄，是一种变例，但是如果第三字变为平声以后，其句式变为"仄仄平平平"，三个平声连用是古风的三平调，在近

体诗中是要绝对避免的。

对于 B 句式而言，若第一字由平而仄，第三字仄声可以换为平声，既"仄平平仄平"，是为拗救。

可见这一条王士禛说的不完全正确。

（四）若单句第一字，可勿论

单句第一字就是出句首字。B 句式多用于对句，用于出句的很少，只有平起首句入韵五言律诗的首联出句才是 B 句式，这里王士禛讨论的是五言仄起首句不入韵诗，所以在这种情况下，B 句式不用于首句。

就 A 句式而言，只有 AB 一种句式组合，而且需要首句入韵。例如，

城（平）阙辅三秦，风烟望五津。与君离别意，同是宦游人。
海内存知己，天涯若比邻。无为在歧路，儿女共沾巾。

———— 王勃《杜少府之任蜀州》

独（仄）有宦游人，偏惊物候新。云霞出海曙，梅柳渡江春。
淑气催黄鸟，晴光转绿蘋。忽闻歌古调，归思欲沾巾。

———— 杜审言《和晋陵陆丞早春游望》

戍（仄）鼓断人行，秋边一雁声。露从今夜白，月是故乡明。
有弟皆分散，无家问死生。寄书长不避，况乃未休兵。

———— 杜甫《月夜忆舍弟》

太（仄）乙近天都，连山接海隅。白云回望合，青霭入看无。
分野中峰变，阴晴众壑殊。欲投人处宿，隔水问樵夫。

———— 王维《终南山》

万（仄）壑树参天，千山响杜鹃。山中一夜雨，树杪百重泉。
汉女输橦布，巴人讼芋田。文翁翻教授，不敢依先贤。

———— 王维《送梓州李使君》

楚（仄）塞三湘接，荆门九派通。江流天地外，山色有无中。
郡邑浮前浦，波澜动远空。襄阳好风日，留醉与山翁。

———— 王维《汉江临泛》

山（平）暝闻猿愁，沧江急夜流。风鸣两岸叶，月照一孤舟。
建德非吾土，维扬忆旧游。还将两行泪，遥寄海西头。

———— 孟浩然《宿桐庐江，寄广陵旧游》

静（仄）夜四无邻，荒居旧业贫。雨中黄叶树，灯下白头人。
以我独沈久，愧君相见频。平生自有分，况是蔡家亲。

—— 司空曙《喜外弟卢纶见宿》

红（平）叶晚萧萧，长亭酒一瓢。残云归太华，疏雨过中条。
树色随山迥，河声入海遥。帝乡明日到，犹自梦渔樵。

—— 许浑《秋日赴阙题潼关驿楼》

客（仄）去波平槛，蝉休露满枝。永怀当此节，倚立自移时。
北斗兼春远，南陵寓使迟。天涯占梦数，疑误有新知。

—— 李商隐《凉思》

可以看出，第一字不拘平仄，可以通用。

二、五言平起不入韵

"凡第三字俱以平仄平仄联下，与仄起不入韵者相同"。

（一）凡第三字俱以平仄平仄联下

这里王士禛提出一个迷题，所谓"第三字俱以平仄平仄联下"是什么意思呢？把五言律诗的4种句式全部分析一遍，得出以下三种可能：

第一，指四个出句的第三字分别是平仄平仄，然而这样的情况是不可能出现的，因为若四个出句的第三字分别是平仄平仄，则就犯了近体诗的大忌"失粘"。所以可以排除这种可能。

第二，指出句与对句的第三字分别为"平仄平仄"，这样也会犯诗病之一"失对"。这种推测也可以排除。

第三，指首联、颔联的出、对句第三字分别为"平仄平仄"，颈联、尾联同此。

如果要首联、颔联的出、对句第三字分别为"平仄平仄"，那么有两种诗歌格式符合这种情况，既五言平起首句不入韵式和五言仄起首句不入韵式。

五言平起首句不入韵式的格律形式是：

平平平仄仄，仄仄仄平平。仄仄平平仄，平平仄仄平。
平平平仄仄，仄仄仄平平。仄仄平平仄，平平仄仄平。

例如：

离离原上草，一岁一枯荣。野火烧不尽，春风吹又生。
远芳侵古道，晴翠接荒城。又送王孙去，萋萋满别情。

—— 白居易《赋得古原草送别》

首联出句第三字为"原"，对句的第三字为"一"；颔联出句第三字为"烧"，对句的第三字为"吹"，"原""一"与"烧""吹"这两组字分别可以构成平仄平仄的声调对立。颈联出句第三字为"侵"，对句的第三字为"接"；尾联出句第三字为"王"，对句的第三字为"满"，"侵""接"与"王""满"构成平仄平仄的声调对立。

五言仄起首句不入韵式的格律形式是：

仄仄平平仄，平平仄仄平。平平平仄仄，仄仄仄平平。
仄仄平平仄，平平仄仄平。平平平仄仄，仄仄仄平平。

例如：

国破山河在，城春草木深。感时花溅泪，恨别鸟惊心。
烽火连三月，家书抵万金。白头搔更短，浑欲不胜簪。

—— 杜甫《春望》

首联出句第三字为"山"，对句的第三字为"草"；颔联出句第三字为"花"，对句的第三字为"鸟"，"山""草"与"花""鸟"这两组字分别可以构成平仄平仄的声调对立。颈联出句第三字为"连"，对句的第三字为"抵"；尾联出句第三字为"搔"，对句的第三字为"不"，"连""抵"与"搔""不"这两组字构成平仄平仄的声调对立。

从两首具体诗例及对其平仄的分析来看，我们的推测是符合王士禛《律诗定体》的意思的，既就是说，"第三字俱以平仄平仄联下"是指首联、颔联的出、对句第三字分别为"平仄平仄"，颈联、尾联同此。

五言平起首句不入韵式和五言仄起首句不入韵式两种诗体的格律基本一致，唯一区别之处在于诗句的顺序不同，五言平起首句不入韵式的首联和颔联恰好是五言仄起首句不入韵式的颔联和首联，五言平起首句不入韵式的颈联和尾联也正好是五言仄起首句不入韵式的尾联和颈联。

三、五言平起入韵

"平起入韵者少，与仄起入韵同"。

（一）平起入韵者少

近体诗可以分成 4 种形式，平起入韵，平起不入韵，仄起入韵，仄起不入韵。为分析平起入韵诗在所有近体诗中所占的比率，我们统计了杜甫所有的五言近体诗。《杜甫全集》中共收录五言近体诗 799 首，五言平起首句入韵的一共有 9 首，它们分别是：

华亭入翠微，秋日乱清晖。崩石欹山树，清涟曳水衣。
紫鳞冲岸跃，苍隼护巢归。向晚寻征路，残云傍马飞。（押微韵）
——《重题郑氏东亭》

宫衣亦有名，端午被恩荣。细葛含风软，香罗叠雪轻。
自天题处湿，当暑著来清。意内称长短，终身荷圣情。（押庚韵）
——《端午赐衣》

何年顾虎头，满壁画瀛州。赤日石林气，青天江海流。
锡飞常近鹤，杯度不惊鸥。似得庐山路，真随惠远游。（押尤韵）
——《题玄武禅师屋壁》

凭高送所亲，久坐惜芳辰。远水非无浪，他山自有春。
野花随处发，官柳著行新。天际伤愁别，离筵何太频。（押真韵）
——《郪城西原送李判官兄武判官弟赴成都府》

夜深露气清，江月满江城。浮客转危坐，归舟应独行。
关山同一照，乌鹊自多惊。欲得淮王术，风吹晕已生。（押庚韵）
——《玩月呈汉中王》

牛头见深林，梯径绕幽深。春色浮山外，天河宿殿阴。
传灯无白日，布地有黄金。体作狂歌老，回看不住心。（押侵韵）
——《望牛头寺》

东屯复瀼西，一种住青溪。来往皆茅屋，淹留为稻畦。
市喧宜近利，林僻此无蹊。若访蓑翁语，须令乘客迷。（押齐韵）
——《自瀼西荆扉且移居东屯茅屋四首》（其二）

君行别老亲，此去苦家贫。藻镜留连客，江山憔悴人。
秋风楚竹冷，夜雪巩梅春。朝夕高堂念，应宜彩服新。（押真韵）

——《送孟十二仓曹赴东京选》

江头且系船，为尔独相怜。云散灌坛雨，春青彭泽田。
频惊适小国，一拟问高天。别后巴东路，逢人问几贤。（押先韵）

——《题郪县郭三十二明府茅屋壁》

这9首五言平起首句入韵诗在779首五言近体诗中只占1.1%，比率非常小，所以王士禛说"平起入韵者少"。

（二）"与仄起入韵同"

这句话从表面看可以有两种理解方式，一是平起首句入韵诗与仄起首句入韵诗的格律相同；一是平起首句入韵诗与仄起首句入韵诗同样少。这里是指第二种。因为就第一种而言，平起首句入韵诗与仄起首句入韵诗格律形式并不相同，平起首句入韵诗首联平仄格式是"平平仄仄平，仄仄仄平平"，仄起首句入韵诗首联是"仄仄仄平平，平平仄仄平"，差别非常明显。为了检验第二种理解是否正确，我们同样统计了杜甫所有的五言近体诗。《杜甫全集》中五言仄起首句入韵诗共有27首，这些诗是：

胡马大宛名，锋棱瘦骨成。竹批双耳峻，风入四蹄轻。
所向无空阔，真堪托死生。骁腾有如此，万里可横行。（押庚韵）

——《房兵曹胡马诗》

守岁阿戎家，椒盘已颂花。盍簪喧枥马，列炬散林鸦。
四十明朝过，飞腾暮景斜。谁能更拘束？烂醉是生涯。（押麻韵）

——《杜位宅守岁》

骥子好男儿，前年学语时。问知人客姓，诵得老夫诗。
世乱怜渠小，家贫仰母慈。鹿门携不遂，雁足系难期。
天地军麾满，山河战角悲。倘归免相失，见日敢辞迟。（押支韵）

——《遣兴》

莽莽万重山，孤城山谷间。无风云出塞，不夜月临关。
属国归何晚？楼兰斩未开。烟尘独长望，衰飒正摧颜。（押删韵）

　　　　　　　　　　　　　　　　——《秦州杂诗二十首》（其七）

戍鼓断人行，秋边一雁声。露从今夜白，月是故乡明。
有弟皆分散，无家问死生。寄书长不避，况乃未休兵。（押庚韵）

　　　　　　　　　　　　　　　　　　　——《月夜忆舍弟》

时出碧鸡坊，西郊向草堂。市桥官柳细，江路野梅香。
傍架齐书帙，看题减药囊。无人觉来往，疏懒意何长。（押阳韵）

　　　　　　　　　　　　　　　　　　　　——《西郊》

霜露晚凄凄，高天逐望低。远烟盐井上，斜景雪峰西。
故国犹兵马，他乡亦鼓鼙。江城今夜客，还与旧乌啼。（押齐韵）

　　　　　　　　　　　　　　　　　　　　——《出郭》

相近竹参差，想过人不知。幽花欹满树，小水细通池。
归客村非远，残樽席更移。看君多道气，从此数追随。（押支韵）

　　　　　　　　　　　　　　　　——《过南邻朱山人水亭》

落日在帘钩，溪边春事幽。芳菲缘岸圃，樵爨倚滩舟。
啅雀争枝坠，飞虫满院游。浊醪谁造汝？一酌散千忧。（押尤韵）

　　　　　　　　　　　　　　　　　　　　——《落日》

整履步青芜，荒庭日欲晡。芹泥随燕觜，花蕊上蜂须。
把酒从衣湿，吟诗信杖扶。敢论才见忌，实有嘴如愚。（押虞韵）

　　　　　　　　　　　　　　　　　　　　——《徐步》

楠树色冥冥，江边一盖青。近跟开药圃，接叶制茅亭。
落景阴犹合，微风韵可听。寻常绝醉困，卧此片时醒。（押青韵）

　　　　　　　　　　　　　　　　　　　　——《高楠》

凉气晚萧萧，江云乱眼飘。风鸳藏近渚，雨燕集深条。
黄绮终辞汉，巢由不见尧。草堂樽酒在，幸得过清朝。（押萧韵）

　　　　　　　　　　　　　　　　　　　　——《朝雨》

马首见盐亭，高山拥县青。云溪花淡淡，春郭水泠泠。
全蜀多名士，严家聚德星。长歌意无极，好为老夫听。（押青韵）

　　——《行次盐亭县聊题四韵奉简严遂州蓬州两使君咨议诸昆季》

山木抱云稠，寒江绕上头。雪崖才变石，风幔不依楼。
社稷堪流涕，安危在运筹。看君话王室，感动几销忧。（押尤韵）

　　　　　　　　　　　　　　　　　　　——《西阁口号》

峡口大江间，西南控白蛮。城欹连粉堞，岸断更青山。
开辟多天险，防隅一水关。乱离闻鼓角，秋气动衰颜。（押删韵）

——《峡口二首》（其一）

鹦鹉含愁思，聪明忆别离。翠衿浑短尽，红觜漫多知。
未有开笼日，空残旧宿枝。世人怜复损，何用羽毛奇。（押支韵）

——《鹦鹉》

西阁百寻余，中宵步绮疏。飞星过水白，落月动沙虚。
择木知幽鸟，潜波想巨鱼。亲朋满天地，兵甲少来书。（押鱼韵）

——《中宵》

竟日雨冥冥，双崖洗更青。水花寒落岸，山鸟暮过庭。
暖老须燕玉，充饥忆楚萍。胡笳在楼上，哀怨不堪听。（押青韵）

——《独坐二首》（其一）

日下四山阴，山庭岚气侵。牛羊归径险，鸟雀聚枝深。
正枕当星剑，收书动玉琴。半扉开烛影，欲掩见清砧。（押侵韵）

——《暝》

江雨旧无时，天晴忽散丝。暮秋沾物冷，今日过云迟。
上马回休出，看鸥坐不辞。高轩当滟滪，润色静书帷。（押支韵）

——《雨四首》（其二）

楚雨石苔滋，京华消息迟。山寒青兕叫，江晚白鸥饥。
神女花钿落，鲛人织杼悲。繁忧不自整，终日洒如丝。（押支韵）

——《雨四首》（其四）

清旭楚宫南，霜空万岭含。野人时独往，云木晓相参。
俊鹘无声过，饥乌下食贪。病身终不动，摇落任江潭。（押覃韵）

——《朝二首》（其一）

白夜月休弦，灯花半委眠。号山无定鹿，落树忧惊蝉。
暂忆江东鲙，兼怀雪下船。蛮歌犯星起，空觉在天边。（押先韵）

——《夜二首》（其一）

禁脔去东床，趋庭赴北堂。风波空远涉，琴瑟几虚张。
渥水出骐骥，昆山生凤皇。两家诚款款，中道许苍苍。
颇谓秦晋匹，从来王谢郎。青春动才调，白首缺辉光。
玉润终孤立，珠明得暗藏。馀寒折花卉，恨别满江乡。（押阳韵）

——《送大理封主簿五郎亲事不合却赴通州主簿前阆州贤子余与主簿平章郑氏女子垂欲纳郑氏伯父京书至女子已许他族亲事遂停》

涕泗不能收，哭君余白头。儿童相识尽，宇宙此生浮。

江雨铭旌湿，湖风丼径秋。还瞻魏太子，宾客减应刘。（押尤韵）

——《重题》

野旷吕蒙营，江深刘备城。寒天催日短，风浪与云平。

洒落君臣契，飞腾战伐名。维舟倚前浦，长啸一含情。（押庚韵）

——《公安县怀古》

北雪犯长沙，胡云冷万家。随风且间叶，带雨不成花。

金错囊从罄，银壶酒易赊。无人竭浮蚁，有待至昏鸦。（押麻韵）

——《对雪》

从比例上看，27 首五言仄起首句入韵诗在 799 首五言近体诗中占 3.4%，比例依然很小，所以它和五言平起首句入韵诗情况基本相同，所以王士祯说"平起入韵者少，与仄起入韵同"。

四、七言律诗总论

"凡七言第一字俱不论。第三字与五言第一字同例。凡双句第三字应仄声者可换平声，应平声者不可换仄声。"

（一）凡七言第一字俱不论

1. 七言平起首句不入韵句式"平平仄仄平平仄"，首字可以用平声，也可以用仄声。

和举一例：

支离东北风尘际，漂泊西南天地间。三峡楼台淹日月，五溪衣服共云山。

羯胡事主终无赖，词客哀时且未还。庾信平生最萧瑟，暮年诗赋动江关。

——杜甫《咏怀古迹》（其一）

去年花里逢君别，今日花开已一年。世事茫茫难自料，春愁黯黯独成眠。

身多疾病思田里，邑有流亡愧俸钱。闻道欲来相问讯，西楼望月几回圆。

——韦应物《寄李儋、元锡》

2. 七言平起首句入韵句式"平平仄仄仄平平"，首字可平可仄。
首字用平声，例如：

嗟君此别意何如，驻马衔杯问谪居。巫峡啼猿数行泪，衡阳归雁几封书。

青枫江上秋天远，白帝城边古木疏。圣代即今多雨露，暂时分手莫踌躇。

——高适《送李少府贬峡中，王少府贬长沙》

群山万壑赴荆门，生长明妃尚有村。一去紫台连朔漠，独留青冢向黄昏。

画图省识春风面，环佩空归月夜魂。千载琵琶作胡语，分明怨恨曲中论。

——杜甫《咏怀古迹》（其三）

3. 七言仄起首句不入韵句式"仄仄平平平仄仄"，首字可以用仄声，也可以用平声。
首字用仄声，例如：

剑外忽传收蓟北，初闻涕泪满衣裳。却看妻子愁何在，漫卷诗书喜欲狂。

白日放歌须纵酒，青春作伴好还乡。即从巴峡穿巫峡，便下襄阳向洛阳。

——杜甫《闻官军收河南河北》

昔日戏言身后意，今朝皆到眼前来。衣裳已施行看尽，针线犹存未忍开。

尚想旧情怜婢仆，也曾因梦送钱财。诚知此恨人人有，贫贱夫妻百事哀。

——元稹《遣悲怀》（其三）

首句用平声的，例如：

诸葛大名垂宇宙，宗臣遗像肃清高。三分割据纡筹策，万古云霄一羽毛。

伯仲之间见伊吕，指挥若定失萧曹。福移汉祚难恢复，志决身歼军务劳。

——杜甫《咏怀古迹》（其五）

东阁官梅动诗兴，还如何逊在扬州。此时对雪遥相忆，送客逢春可自由。

幸不折来伤岁暮，若为看去乱乡愁。江边一树垂垂发，朝夕催人自白头。

——杜甫《和裴迪登蜀州东亭送客逢早梅相忆见寄》

4.七言仄起首句不入韵句式"仄仄平平仄仄平"，首字可仄可平。
首字仄声的，例如：

闲坐悲君亦自悲，百年都是几多时。邓攸无子寻知命，潘岳悼亡犹费词。

同穴窅冥何所望，他生缘会更难期。唯将终夜长开眼，报答平生未展眉。

——元稹《遣悲怀》（其三）

锦瑟无端五十弦，一弦一柱思华年。庄生晓梦迷蝴蝶，望帝春心托杜鹃。

沧海月明珠有泪，蓝田日暖玉生烟。此情可待成追忆，只是当时已惘然。

——李商隐《锦瑟》

首字用平声的，例如：

风急天高猿啸哀，渚清沙白鸟飞回。无边落木萧萧下，不尽长江衮衮来。

万里悲秋常作客，百年多病独登台。艰难苦恨繁霜鬓，潦倒新停浊酒杯。

———— 杜甫《登高》

相见时难别亦难，东风无力百花残。春蚕到死丝方尽，蜡炬成灰泪始干。

晓镜但愁云鬓改，夜吟应觉月光寒。蓬山此去无多路，青鸟殷勤为探看。

———— 李商隐《无题》（相见时难）

由于七言诗句的首字距离句尾最远，并且不处在节奏点上，所以相比较其他字地位最不重要，故而平仄一律不论。然而细究诗例，首字应平而用仄或者应仄而用平时，诗人虽然不把这种情况看作"拗"，但是往往还是会利用一些办法来"救"之。这样一救，在声调方面"更觉铿锵可喜"。[1]这种特殊的"救"可以分为以下几种类型：

（1）本句自救

七言第一字应平而仄，第三字则变仄为平以救之。具体而言就是说，原来的"平平仄仄平平仄"句式，变为"仄平平仄平平仄"，例如王昌龄《从军行》"更吹羌笛关山月"。原来的"平平仄仄仄平平"句式，变为"仄平平仄仄平平"，例如崔曙《九日登望仙台呈刘明府》"汉文皇帝有高台"，李白《登凤凰台》"凤凰台上凤凰游"，李商隐《隋宫》"紫泉宫殿锁烟霞"，温庭筠《利州南渡》"澹然空水对斜晖……数丛沙草群鸥散……"等。

七言第一字应仄而平，第三则仄变平为仄以救之。具体而言就是说，原来的"仄仄平平平仄仄"句式，变为"平仄仄平平仄仄"，例如杜甫《咏怀古迹》（其五）"诸葛大名垂宇宙"，《少年行二首》（其二）"巢燕养雏浑去尽"等。

---

[1] 王力.汉语诗律学 [M].上海：上海教育出版社，2002：94.

185

（2）对句相救

出句第一字应平而仄，或者应仄而平，可以将对句的头节首字改变声调以救其拗。具体而言，原来的"平平仄仄平平仄，仄仄平平仄仄平"变为"仄平仄仄平平仄，平仄平平仄仄平"，例如张祜《爱妾换马》"乍牵玉勒辞金栈，催整花钿出绣闱"。原来的"平平仄仄仄平平，仄仄平平仄仄平"变为"仄平仄仄仄平平，平仄平平仄仄平"，例如白居易《蔷薇正开，春酒初熟》"瓮头竹叶经春熟，阶底蔷薇入夏开"。原来的"仄仄平平平仄仄，平平仄仄仄平平"变为"平仄平平平仄仄，仄平仄仄仄平平"，例如韩偓《雨后月中玉堂闲坐》"唯对松篁听刻漏，更无尘土翳虚空"，鲍溶《夏日怀杜悰驸马》"闲遣青琴飞小雪，自看碧玉破甘瓜"等等。

（3）本句与对句同时相救

出句的第一字应平而仄，或者应仄而平，本句的第三字和对句头节首字改变平仄同时相救。也就是说原本"平平仄仄平平仄，仄仄平平仄仄平"的句式，变为"仄平平仄平平仄，平仄平平仄仄平"，例如杜甫《将赴荆南寄别李剑州》"使君高义驱古今，寥落三年坐剑州"，韦应物《寄李儋、元锡》"去年花里逢君别，今日花开已一年"。原来的"平平仄仄仄平平，仄仄平平仄仄平"句式，变为"仄平仄仄仄平平，平仄平平仄仄平"，例如王维《酬郭给事》"洞门高阁霭馀辉，桃李阴阴柳絮飞"。原本的"仄仄平平平仄仄，平平仄仄仄平平"，变为"平仄仄平平仄仄，仄平仄仄仄平平"，例如杜甫《戏作寄上汉中王二首》"云里不闻双雁过，掌中贪见一珠新"等。

一般以为，本句与对句同时相救时，除了本句的第三字、对句的第一字以外，对句的第三字也改变其平仄以救。例如王建《九仙公主旧庄》"楼上凤凰飞去后，白云红叶属山鸡"，杜牧《长安》"南苑草芳眠锦雉，夹城云暖下霓旄"，姚合《送唐中丞开淘西湖夏日游泛》"红旆路幽山翠湿，锦帆风起浪花飘"等。然而这些诗例并不能证明对句的第三字参与相救出句首字，因为对句第三字之所以变换平仄，是为了救出句第三字之拗。这就是说，出句第三字变换平仄以救本句首字之拗，同时，第三字也在形式上形成了新的拗，那么对句第三字变换平仄来救这个新的拗。为了证明这个论断，我们找到了出句首字不拗，单单第三字拗的诗句，若对句第三字变换平仄，则可以证明这个论断的正确与否。例如许浑《秋日候扇》"井转辘轳千树晓，门开阊阖万山秋"，这联诗句的格律本来应该是"仄仄平平平仄仄，平平仄仄仄平平"，出句第三字应作平声，但是现在变成了仄声字"辘"，对句第三字也由本来规定的仄声变成了平声字"闻"来救出句之拗。再如许浑《南康阻涉》"马上折残江北柳，舟中开尽岭南花"，亦是同理。所以说本句与对句同时相救时，必须是出句第三字和对句第一字相救，对句的第三字对于出句首字之拗不参与相救。

从以上分析来看，除了"仄仄平平仄仄平"句式无拗救形式以外，其它三种句式首字虽可以变换平仄，但是诗人依然会把它看成一种拗体，并对之相救。甚至"仄仄平平平仄仄，平平仄仄仄平平"式的拗体形式"平仄仄平平仄仄，仄平平仄仄平平"在中晚唐以后，差不多成了一种文人习用的风尚。①

（二）第三字与五言第一字同例

七律的句子可以看作是五律句子的延长，既是在"仄仄平平仄"前加"平平"，变为"平平仄仄平平仄"（a）；在"仄仄仄平平"前加"平平"，变为"平平仄仄仄平平"（A）；在"平平平仄仄"前加"仄仄"，变为"仄仄平平平仄仄"（b）；在"平平仄仄平"前加"仄仄"，变为"仄仄平平仄仄平"（B）。

因为七律的第三字与五律的第一字所处的位置相同，所以它们在句中的平仄地位相当。举例来说，a句式，第三字用如仄声，岑参《和贾至舍人早朝大明宫之作》"花迎剑佩星初落"，第三字用如平声，高适《送李少府贬峡中，王少府贬长沙》"青枫江上秋天远"；A句式，第三字用如仄声，祖咏《望蓟门》"燕台一去客心惊"，第三字用如平声，崔颢《黄鹤楼》"烟波江上使人愁"；b句式，第三字用如平声，崔颢《黄鹤楼》"日暮乡关何处是"，第三字用如仄声，王维《积雨辋川庄作》"漠漠水田飞白鹭"。以上三种句式的第三字和五律第一字一样可平可仄。对于B句式，第三字也是和五律第一字一样，只能用平不可用仄，例如李白《登金陵凤凰台》"二水中分白鹭洲"，因为如果第三字如果用为仄声，则该句救变成了孤平句。如同五律一样，如果七律第三字用了仄声字，那么可以把第五字从仄声变为平声来补救，句子变成"仄仄平平平仄平"。例如杜甫《蜀相》"隔叶黄鹂空好音"，钱起《赠阙下裴舍人》"二月黄鹂飞上林"，刘禹锡《西塞山怀古》"故垒萧萧芦荻秋"等等。

---

① 王力. 汉语诗律学 [M]. 上海：上海教育出版社，2002：94.

所以说七言的第三字和五言的第一字平仄地位相同。

（三）凡双句第三字应仄声者可换平声，应平声者不可换仄声

1. 凡双句第三字应仄声者可换平声

出现于对句并且第三字为仄声的是 A 句式，即"平平仄仄仄平平"（A1①），该句式第三字可以换为平声，既"平平平仄仄平平"（A2），前文已经举过崔颢《黄鹤楼》的例子，现在再补充几个例证：

青枫落叶正堪悲，黄菊残花欲待谁。水近偏逢寒气早，山深常见日光迟（A2）。

愁中卜命看周易，病里招魂读楚词。自恨不如湘浦雁，春来即是北归时（A2）。

——张谓《辰阳即事》

铜柱朱崖道路难，伏波横海旧登坛（A2）。越人自贡珊瑚树，汉使何劳獬豸冠。

疲马山中愁日晚，孤舟江上畏春寒（A2）。由来此货称难得，多恐君王不忍看。

——张谓《杜侍御送贡物戏赠》

满空寒雨漫霏霏，去路云深锁翠微。牧竖远当烟草立，饥禽闲傍渚田飞（A2）。

谁家树压红榴折，几处篱悬白菌肥。对此不堪乡外思，荷蒉遥羡钓人归。

——韦庄《途中望雨怀归》

满匣冰泉咽又鸣，玉音闲淡入神清。巫山夜雨弦中起，湘水清波指下生。

蜂簇野花吟细韵，蝉移高柳递残声（A2）。不须更奏幽兰曲，卓氏门前月正明。

——韦庄《听赵秀才弹琴》

嘉陵江岸驿楼中，江在楼前月在空。月色满床兼满地，江声如鼓复

---

① A1 为笔者命名，是指 A 句式的第一种变体，A2、B1、B2、B3同此。

如风（A2）。

诚知远近皆三五，但恐阴晴有异同。万一帝乡还洁白，几人潜傍杏
园东。

——元稹《江楼月》

嶓冢去年寻漾水，襄阳今日渡江濆（A2）。山遥远树才成点，浦静
沉碑欲辨文。

万里朝宗诚可羡，百川流入渺难分。鲵鲸归穴东溟溢，又作波涛随
伍员。

——元稹《渡汉江》

2. 应平声者不可换仄声

凡双句对句第三字为平声的句子是 B 句式，既"仄仄平平仄仄平"。若将
第三字由平换仄，句式则变为"仄仄仄平仄仄平"。这种变例除了句尾有一个
平声字以外，句中只有一个平声字，犯了孤平大忌，这种情况是诗人极力避
免的。在唐人七律中孤平的例子很少见，王力先生《汉语诗律学》中指出《全
唐诗》中只有 1 则七律孤平例句，李颀《野老曝背》"百岁老翁不种田，惟知
曝背乐残年。有时扪虱独搔首，目送归鸿篱下眠。"[①]然而这句"百岁老翁不种
田"并不出现在对句。我们在宋诗中也发现一例，黄庭坚《次韵裴仲谋同年》
"舞阳去叶才百里，贱子与公俱少年"。

在唐人的诗句中，B 句式第三字如果由平变仄，可以用第五字救之，具
体办法是将第五字由仄变平，既"仄仄仄平平仄平"（B1），从而句中便有了
两个平声字，句子的平仄也就协调了。例如：

冬至至后日初长，远在剑南思洛阳（B1）。青袍白马有何意，金
谷铜驼非故乡。

梅花欲开不自觉，棣萼一别永相望。愁极本凭诗遣兴，诗成吟咏转
凄凉。

——杜甫《至后》

少小离乡老大回，乡音难改鬓毛衰。儿童相见不相识，笑问客从

---

① 王力. 汉语诗律学 [M]. 上海：上海教育出版社，2002：103.

何处来（B1）。

—— 贺知章《回乡偶书》（其一）

另外，也可以将 B 句式的第一字用为平声，既"平仄仄平仄仄平"（B2），以协调平仄，来救孤平，例如：

今春有客洛阳回，曾到尚书墓上来（B2）。见说白杨堪作柱，争教红粉不成灰。

—— 白居易《燕子楼三首》（其三）

前山极远碧云合，清夜一声白雪微（B2）。欲寄相思千里月，溪边残照雨霏霏。

—— 杜牧《寄远三首》（其一）

云斋曾宿借方袍，因说浮生大梦劳。言下是非齐虎尾，宿来荣辱比鸿毛。孤舟千棹水犹阔，寒殿一灯夜更高（B2）。明日东林有谁在，不堪秋磬拂烟涛。

—— 许浑《泊蒜山津闻东林寺光仪上人物故》

蔡伦池北雁峰前，雁乱相兼十九年。所喜故人犹会面，不堪良牧已重泉。

醉思把箸欹歌席，狂忆判身入酒船（B2）。今日与君赢得在，戴家湾里两蹯然。

—— 罗隐《钱唐见芮逢》

这两种方法还可以同时使用，既第三字由平变仄，造成孤平格局，而第一字和第五字均由仄声变为平声，句式变为"平仄仄平平仄平"（B3），来救孤平。例如：

闲坐悲君亦自悲，百年都是几多时。邓攸无子寻知命，潘岳悼亡犹费词（B3）。

同穴窅冥何所望，他生缘会更难期。唯将终夜长开眼，报答平生未展眉。

—— 元稹《遣悲怀》（其三）

江上阴云锁梦魂，江边深夜舞刘琨。秋风万里芙蓉国，暮雨千家薜荔村。

乡思不堪悲橘柚，旅游谁肯重王孙。渔人相见不相问，长笛一声归岛门（B3）。

—— 谭用之《秋宿湘江遇雨》

一上高城万里愁，蒹葭杨柳似汀洲。溪云初起日沈阁，山雨欲来风满楼（B3）。

鸟下绿芜秦苑夕，蝉鸣黄叶汉宫秋。行人莫问当年事，故国东来渭水流。

—— 许浑《咸阳城楼东》

综上所述，王士禛的《律诗定体》一书由于是草创之作，疏漏在所难免，但是该书却能用寥寥百余字概括性地说明近体诗格律的大旨总纲，启发后来学者，在今天的音韵和诗律研究中需要给予足够的重视，在汉语诗律学史上应该占有一席之地。

参考文献

[1] 郭绍虞.清诗话续编 [M].上海：上海古籍出版社，1983.

[2] 郭芹纳.诗律 [M].北京：商务印书馆，2004.

[3] 李斐.律诗定型及其成因浅探 [J].语言学论丛（第41辑），北京：商务印书馆，2010：97-117.

[4] 李斐.王力《汉语诗律学》研读札记（一）[J].北斗语言学刊（第3辑），上海：上海古籍出版社，2017：206-224.

[5] 启功.诗文声律论稿 [M].北京：中华书局，2000.

[6] 王力.汉语诗律学 [M].上海：上海教育出版社，2002.

[7] 王力.诗词格律十讲 [M].北京：商务印书馆，2002.

[8] 王力.诗词格律 [M].北京：中华书局，2000.

[9] 王士禛.律诗定体 [M].上海：上海古籍出版社，1999.

[10] 赵执信.谈龙录 [M].北京：人民文学出版社，1981.

张说近体诗的分类

陆梅珍

（江苏省委党校）

摘要：唐人张说诗十卷共 340 首，文章对其中的近体诗进行了分类。除去各类古体诗及赋，张说近体诗共计 227 首，其中五绝 29 首，五言小韵 1 首，五律 109 首，五排 60 首，七绝 15 首，七律 11 首，七排 2 首。

关键词：张说；近体诗；分类

熊飞《张说集校注》四册三十卷（《四部丛刊初编·集部·张燕公集》，上海书店，1989 年），卷一至卷十是诗歌。古体诗、近体诗大多泾渭分明，但有些归属难定，争议不少。本文依据遍照金刚《文镜秘府论》、王力《汉语诗律学》的相关论述，参照曹中孚《王维全集附孟浩然集》、沈德潜《唐诗别裁集》，在谢心丽硕士学位论文《张说诗歌声律研究》分类的基础上，对张说近体诗重新进行了分类。

张说（667—731），开元诗坛著名诗人。其诗现存共 340 首（赋 5 篇不计入），其中古体三言、四言、杂言以及转韵诗 32 首以及六言 8 首（律诗 2 首，绝句 6 首）等，暂且不论。

平韵近体诗除首句入韵外，每联出句末字必须仄脚。王力《汉语诗律学》："凡出句用平脚者，和律诗最相违异，即使在古风式的律诗里，也没有用平脚的出句。"[①] 遍照金刚《文镜秘府论》："第二，上尾（或名土崩病）。上

---

① 王力.汉语诗律学 [M].上海：上海教育出版社，2002：468.

尾诗者，五言诗中，第五字不得与第十字同声，名为上尾。诗曰：'西北有高楼，上与浮云齐'如此之类，是其病也。"①第十字韵脚，平声，第五字不得同声。据此，张说《奉和赐诸州刺史以题座右应制》（第五联出句末字"诗"）、《奉和送宇文融安辑户口应制》（第七联出句末字"安"）、《奉和过晋阳宫应制》（第二、三、五、六、八、十、十一联出句末字先后是"躔、鹏、期、来、楼、追、心"）、《别平一师》（第四联出句末字"心"）、《过汉南城叹古坟》（第二、四联出句末字"冈、余"）、《入海二首》其二（第二联出句末字"同"）等6首诗是古体，非近体。

分类结果如下：

一、五绝（29 首，平韵 28 首，仄韵 1 首；谢心丽文 22 首。平韵为正例，不再标注）

平韵

（1）奉和潼关口号应制（卷三）

（2）奉萧中令酒并诗（卷四）

（3）奉宇文黄门酒并诗（卷四）

（4）奉裴中书酒并诗（卷四）

（5）醉中作（卷五。添入。首联对句"弥胜未醉时"，胜，《广韵》199页识蒸切，433页诗证切。依照格律平仄变通，取平声，律句）

（6）（7）岭南送使三首其二三（卷六。其二添入，失粘）

（8）寄刘道士舄（卷七。添入。首联三仄对三平，律句）

（9）被使在蜀（卷八。添入，失粘）

（10）正朝摘梅（卷八）

（11）蜀道后期（卷八。添入，失粘）

（12）广州江中作（卷八）

（13）江中诵经（卷八）

（14）江中遇黄领子刘隆塕（卷八）

（15）钦州守岁（卷九）

（16）（17）岳州守岁三首其二三（卷九）

---

① （日）遍照金刚著．卢盛江校考．文镜秘府论汇校汇考：第二册 [M].北京：中华书局，2006：931.

（18）耗磨日饮（卷九）

（19）—（23）九日游茱萸山诗五首（卷九）

（24）岳州看黄叶（卷九。全合平仄谱）

（25）—（28）伤妓董氏四首（卷九。其一，添入。首句"董氏娇娆性"，娆，《古今韵会举要》如招切，律句。全合平仄谱）

仄韵

（1）送梁知微渡海东（卷六。海韵，失粘）

二、五言小韵（1首，仄韵；谢文0首）

仄韵

（1）出湖寄赵冬曦二首其二（卷七。铎韵。赐，偶拗）

三、五律（109首，平韵103首，仄韵6首；谢文87首）

平韵

（1）侍宴武三思山第应制赋得风字（卷一）

（2）侍宴襄荷亭应制（卷一）

（3）侍宴浐水应制赋得浓字（卷一）

（4）奉和登骊山瞩眺应制（卷一）

（5）奉和幸白鹿观应制（卷一，全合平仄谱）

（6）奉和送金城公主应制（卷一）

（7）（8）奉和同皇太子过荷恩寺应制二首（卷一）

（9）奉和同刘晃喜雨应制（卷二）

（10）奉和观拔河俗戏应制（卷二）

（11）奉和过宁王宅应制（卷二）

（12）奉和同玉真公主游大哥山池题石壁应制二首其二（卷二）

（13）奉和赐王公千秋镜应制（卷二）

（14）奉和途次陕州应制（卷三）

（15）奉和经邹鲁祭孔子而叹之应制（卷三）

（16）奉和野次喜雪应制（卷三）

（17）奉和惟此温泉是称愈疾岂予独受其福思与兆人共之乘暇巡游乃言其志应制（卷三。首句熊本"温泉媚新豊"，二四同平。校勘：泉，朱刻作"谷"，宜。"温谷媚新豊"，律句）

（18）羽林恩召观御书王太尉碑（卷三）

（19）—（22）东都酺宴五首其二三四五（卷五。有1首添入，颔联失粘）

（23）晦日诏宴永穆公主亭子赋得流字（卷五）

（24）凤楼寻胜地（卷五）

（25）皇帝降诞日集贤殿赐宴（卷五）

（26）恩制赐食于丽正书院宴赋得林字（卷五）

（27）幽州夜饮（卷五）

（28）崔礼部园亭赋得深字（卷五）

（29）送郑大夫惟忠从公主入蕃赋得还字（卷六）

（30）送崔二长史日知赴潞州（卷六。添入。颈联出句"莫轻一筵宴"，仄平仄平仄，律句）

（31）同贺八送兖公赴荆州（卷六）

（32）送高唐州（卷六）

（33）送王晙自羽林赴永昌令（卷六。添入。颈联出句"白云向伊阙"，仄平仄平仄）

（34）送任御史江南发粮以赈河北百姓（卷六）

（35）送王尚一严嶷二侍御赴司马都督军（卷六）

（36）送李问政河北简兵（卷六。颈联出句"密亲仕燕蓟"，仄平仄平仄。该处应a型句而用了b型句，致使失粘失对，有瑕疵）

（37）送薛植入京（卷六）

（38）相州前池别许郑二判官景先神力（卷六）

（39）（40）岳州宴别潭州王熊二首（卷六。其一，添入。首联"丝管清且哀，一曲倾一杯"，2个仄平仄平，暂定律句。对句应B型句而用了A型句，致使失对失粘）

（41）岳州别王十一赵公入朝（卷六）

（42）广州萧都督入朝过岳州宴饯赋得冬字（卷六）

（43）岳州别姚司马绍之（卷六）

（44）岳州送李十从军归桂州（卷六）

（45）岳州别子均（卷六）

（46）见诸人送杜承诗因以成作（卷六。添入。尾联出句"寄言洞庭郡"，仄平仄平仄）

（47）幽州别阴长河（卷六）

（48）幽州送尹懋成妇（卷六。谢文"阙题"）

（49）岭南送使三首其一（卷六）

（50）端州别高六戬（卷六。末句"此别伤如何"，三平）

（51）南中别蒋五岑向青州（卷六）

（52）南中别陈七李十（卷六。添入。首句"二年共游处"，仄平仄平仄。颔联失粘）

（53）留赠张御史张判官（卷七）

（54）南中赠高六戬（卷七）

（55）赠广平公宋大（卷七）

（56）和魏仆射还乡（卷七）

（57）和张监观赦（卷七）

（58）和朱使欣道峡似巫山之作（卷七。添入，颔联失粘。对句"宛若巫山阳"，三平）

（59）（60）和朱使欣道峡似巫山二首（卷七）

（61）出湖寄赵冬曦二首其一（卷七。添入。尾联失粘）

（62）寄天台司马道士（卷七）

（63）深渡驿（卷八）

（64）还至端州驿前与高六别处（卷八）

（65）四月一日过江赴荆州（卷八）

（66）相州北亭（卷八）

（67）荆州亭入朝（卷八）

（68）岳州山城（卷八）

（69）岳州晚景（卷八。添入）

（70）秋夜游滳湖二首其一（卷八）

（71）游滳湖上寺（卷八）

（72）与赵冬曦尹懋子均登南楼（卷八）

（73）庾信宅（卷八）

（74）岳州守岁三首其一（卷九。添入。末句"来岁知如何"，三平）

（75）晦日（卷九。添入。首联对句应 B 型句而用了 A 型句，致使失对失粘）

（76）相州九日城北亭子（卷九）

（77）戏草树（卷九。添入。首句"忽惊石榴树"，仄平仄平仄）

（78）咏尘（卷九。添入。尾联出句"独怜范甑下"，仄平仄仄仄，律句）

（79）—（82）道家四首（卷九）

（83）杂诗四首其四（卷九）

（84）蜀路二首其一（卷九。添入。尾联出句应 a 型句而用了 b 型句，致使失粘失对）

（85）（86）惠文太子挽歌词二首（卷九）

（87）（88）韦谯公挽歌二首（卷九）

（89）（90）右丞相苏公挽歌词二首（卷九。其二首句熊本"阙歌出野田"，犯孤平，偶拗）

（91）崔尚书挽词（卷九）

（92）右常侍集贤院学士徐公挽歌二首其一（卷九。首联对句熊本"名高淮河东"，二四同平。校勘：河，伍刻、诗集、统签等六种本均作"海"，宜。"名高淮海东"，律句）

（93）（94）崔司业挽歌二首（卷九）

（95）—（97）李工部挽歌三首（卷九）

（98）—（100）赠工部尚书冯公挽歌三首（卷九。其三，添入。尾联出句熊本"谁言辽东鹤"，二四同平。校勘：统签作"遥望"，宜。"遥望辽东鹤"，律句）

（101）徐高御挽歌（卷九）

（102）（103）节愍太子杨妃挽歌二首（卷九。其二，添入。颔联对句"隐髻连支花"，三平；颈联出句应 a 型句而用了 b 型句，致使失粘失对）

仄韵

（1）四月十三日诏宴宁王亭子赋得好字（卷五。皓韵。简式：ab，Ab，ab，Ab。三联失粘。颔联出句"绿嫩鸣鹤洲"，仄仄平仄平）

（2）修书学士奉敕宴梁王宅赋得树字（卷五。遇暮。简式：ab，Ab，ab，Ab。三联失粘。尾联出句"共惜朱邸欢"，仄仄平仄平）

（3）秋夜游瀖湖二首其二（卷八。月韵3屑韵1。简式：Ab，ba，Ba，ba。颈联尾联失粘。首联出句"坐啸人事闲"，仄仄平仄平）

（4）冬日见牧羊人担青草归（卷九。屑薛。简式：aB，Ba，aB，Ba。尾联"苟齐两地心，天问将何设"，出句犯孤平，对句第一字仄改平，仍定偶拗）

（5）咏瓢（卷九）

（6）亚献终献武舞凯安之乐四章其四（卷十。海贿。简式：Ab，ab，Ba，ba。二四联失粘）

四、五排（60首，平韵58首，仄韵2首；谢文45首）

平韵

5韵（6首；谢文4首）

（1）宿直温泉宫羽林献诗（卷三）

（2）石门别杨六钦望（卷六）

（3）南中送北使二首其一（卷六。添入。第四联出句"高阙何由见"，底本作"歌"，据英华改，律句）

（4）却归在道中作（卷八）

（5）闻雨二首其一（卷九）

（6）五君咏五首其二许公苏瓌（卷十。添入。首句犯孤平，偶拗）

6韵（31首；谢文27首）

（1）奉和喜雪应制（卷二）

（2）奉和寒食作应制（卷二。添入。第二联对句"会接清明朝"，三平）

（3）奉和赐崔日知往潞州应制（卷二）

（4）春晚宴两相及礼官丽正学士侍宴应制（卷二）

（5）奉和花萼楼下宴应制（卷二）

（6）奉和早渡蒲津关应制（卷三）

（7）奉和途中经华岳应制（卷三）

（8）奉和过王浚墓应制（卷三。添入。首句熊本"斗牛三分国"，二四同平。校勘：斗牛，伍刻、统签、全诗等六种本作"牛斗"，宜。"牛斗三分国"，律句。尾联失粘）

（9）奉和经河上公庙应制（卷三）

（10）奉和幸鳳泉汤应制（卷三）

（11）玄武门侍射（卷三）

（12）扈从南出雀鼠谷（卷四）

（13）奉和送赴集贤殿书院上学士赐宴应制赋得辉字（卷四）

（14）恩赐乐游园宴（卷四）

（15）三月二十日诏宴乐游园赋得风字（卷五）

（16）洛桥北亭诏饯诸刺史（卷五）

（17）岳州宴姚绍之并序（卷五）

（18）温泉冯刘二监客舍观妓（卷五）

（19）对酒行巴陵作（卷五）

（20）送赵二尚书彦昭北伐（卷六）

（21）送苏合宫颋（卷六）

（22）送乔安邑备（卷六）

（23）同刘给事城南宴集（卷七）

（24）寄许八（卷七）

（25）相州冬日早衙（卷八）

（26）岳州作二首其一（卷八。添入。第四联出句熊本"日昏闻鸺鸟"，二四同平。校勘：鸺，底本原作"鸹"，统签、全诗、聚珍作"怪"，朱刻作"鹏"，据伍刻、四库改。取"鹏"，《广韵》453 页，房六切，不祥鸟。"日昏闻鹏鸟"，律句。第五联出句"远人梦归路"，仄平仄平仄，与上联失粘）

（27）别澧湖（卷八）

（28）巴丘春作（卷八）

（29）春雨早雷（卷九。添入。第五联出句应 a 型句而用了 b 型句，致使失粘失对）

（30）岳州夜坐（卷九）

（31）岳州观竞渡（卷九）

7 韵（4 首；谢文 3 首）

（1）奉和端午三殿侍宴应制探得鱼字（卷二）

（2）伯奴边见归田赋因投赵侍御（卷七。添入。首句"尔家叹穷鸟"，尾联出句"放言久无次"，2 个仄平仄平仄）

（3）清远江峡山路（卷八。第六联出句"猿鸣知山静"，二四同平，拗

句，偶拗。尾联熊本"静默将何贵，所贵心镜同"，失对。校勘：所贵，聚珍作"惟应"，宜。"惟应心镜同"，律句）

（4）游洞庭湖湘二首其一（卷八）

8 韵（6首；谢文4首）

（1）扈从幸韦嗣立山庄应制二首其一（卷一。添入。尾联失粘）

（2）奉和春中兴庆宫酺宴应制（卷二）

（3）奉和太行山中言志应制（卷三。添入。第六联"既立省方馆，复建礼神坛"，失对，瑕疵）

（4）奉和与右丞相璟太子少傅干曜同日上官命宴东堂赐诗应制（卷四）

（5）送赵颐贞郎中赴安西（卷六）

（6）岳州西城（卷八）

9 韵（1首；谢文1首）

（1）岳州别梁六入朝（卷六）

10 韵（6首；谢文4首）

（1）奉和暇日游兴庆宫作应制（卷二）

（2）奉和送王晙巡边应制（卷二）

（3）将赴朔方军应制（卷四）

（4）东都酺宴五首其一（卷五）

（5）奉酬龙门北溪作（卷七。添入。第二四联对句"想象南山隈""空觌斯文来"，两个三平）

（6）酬韦祭酒自汤还都经龙门北溪见赠（卷七。添入。第六七联失粘；第六九联对句"繋马香树阴""重德匪转临"，2个仄仄平仄平。匪，《宋刻集韵》94页：府尾切。一曰非也）

11 韵（2首；谢文1首）

（1）南中送北使二首其二（卷六）

（2）赠崔公（卷七。添入。第二七八九联失粘，首联对句"四老南山幽"，三平，第八联对句"名与图籍留"，平仄平仄平。）

12 韵（2首；谢文1首）

（1）奉和爱因巡省途次旧居应制（卷三。第六联对句熊本"新丰国容殊"，二四同平。校勘：丰，英华等三种本作"化"，朱刻作"礼"，皆宜。"新礼国容殊"，律句）

（2）喜度岭（卷八。添入。首联对句熊本"南河复禹谟"，校勘：谟，英华等三种本作"谋"作"谋"，宜，尤侯同用。第四联对句"登降闽山陬"，三平。第六联出句"见花便独笑"，仄平仄仄仄）

仄韵

6韵（1首；谢文0首）

（1）相州山池作（月没。卷八）

8韵（1首；谢文0首）

（1）早霁南楼（卷八。烛韵。简式：ab，Ba，ab，Ba，ab，Ba，Ab，Ab。尾联失粘，出句"白发悲上春"，仄仄平仄平）

五、七绝（15首，平韵14首，仄韵1首；谢文平韵10首）

平韵

（1）侍宴临渭亭应制（卷一）

（2）桃花园马上应制（卷一）

（3）奉和同玉真公主游大哥山池题石壁应制二首其一（卷二）

（4）舟中和萧令赋得潭字（卷五）

（5）送梁六自洞庭山作（卷六）

（6）同赵侍御望归舟（卷七）

（7）泛洞庭（卷八。添入。失粘。）

（8）（9）十五日夜御前口号踏歌词二首（卷十）

（10）—（14）苏摩遮五首（卷十。添入3首。其一，首联对句应B型句而用了A型句，致使失对失粘；其二，首联失对；其三，尾联失对，不知何故谢文认可；其四，尾联出句应a型句而用了b型句，致使失粘失对）

仄韵

（1）襄阳路逢寒食（卷八。暮韵。首联失对）

六、七律（平韵11首；谢文平韵9首）

（1）侍宴隆庆池应制（卷一）

（2）奉和春日幸望春宫应制（卷一。全合平仄谱）

（3）奉和春日出苑游瞩应令并墨令答赞（卷一）

（4）扈从温泉宫献诗（卷三。添入。尾联出句应 b 型句而用了 a 型句，致使失粘失对）

（5）三月三日诏宴定昆池官庄赋得筵字（卷五）

（6）同赵侍御巴陵早春作（卷七。添入。韵字：观寒栏圆残，寒桓 3 仙韵 1。同为山摄）

（7）湰湖山寺二首其一（卷八）

（8）幽州新岁作（卷九）

（9）—（11）舞马千秋万岁乐府词三首（卷十）

七、七排（平韵 2 首；谢文 0 首）

平韵

5 韵（2 首；谢文 0 首）

（1）遥同蔡起居偃松篇（卷七。添入。尾联出句应 a 型句而用了 b 型句，致使失粘失对）

（2）赠崔二安平公乐世词一首（卷十。添入。第三联失粘）

笔者暂定张说近体诗 227 首（比谢文多 54 首），古体 67 首。227 首中，有"一个拗句"（有所延伸）等瑕疵的 39 首，占比 17.18%。

还有 16 首诗，每首格律有 2 个巨病，对仗尚工整，近体还是古体，笔者揣测当时可能被看作近体。具体如下：

五律 7 首：《同王仆射山亭饯岑广武羲赋得言字》《送敬丞》《南中别王陵成崇》（皆卷六），《翻着葛巾呈赵尹》（卷七）《下江南向鄂州》《一柱观》《怀王墓》（皆卷八）。

五排 6 首：5 韵《清明日诏宁王山池赋得飞字》（卷五）、《答李伯鱼桐竹》（卷七）、6 韵《奉和行次成皋途经先圣擒建德之所缅怀功业感而赋诗应制》（卷三）、《襄州景空寺题融上人兰若》（卷八）、8 韵《奉和千秋节宴应制》（卷二）、22 韵《酬崔光禄冬日述怀赠答并序》（卷七）。

七绝 1 首：《扈从幸韦嗣立山庄应制二首》其二（卷一）。

仄韵五律 2 首：《幽州别随军入秦》（卷六）、《代书答姜七崔九》（卷七）。

前述卷八冠名"律诗"近体诗近六成，即使加上有 2 个巨病的 4 首，也占 66%。

拙文定有错误不妥之处，敬请批评指正。

参考文献

[1]（唐）沈佺期，宋之问著.陶敏，易淑琼校注.沈佺期宋之问集校注 [M].北京：中华书局，2001.

[2]（唐）王维，孟浩然著.曹中孚标点.王维全集附孟浩然集 [M].上海：上海古籍出版社，1997.

[3]（唐）张说著.熊飞校注.张说集校注 [M].北京：中华书局，2013.

[4]（宋）陈彭年，邱雍著.余迺永校注.新校互注宋本广韵定稿本 [M].上海：上海人民出版社，2008.

[5]（宋）丁度等.宋刻集韵 [M].北京：中华书局，2005.

[6]（明）释真空.新编篇韵贯珠集 [M].济南：齐鲁书社，1997.

[7]（清）沈德潜.唐诗别裁集 [M].长春：吉林出版集团，2017.

[8][日]遍照金刚著.卢盛江校考.文镜秘府论汇校汇考 [M].北京：中华书局，2006.

[9]丁声树编录.李荣参订.古今字音对照手册 [M].北京：中华书局，1981.

[10]林庚.唐诗综论 [M].北京：清华大学出版社，2006.

[11]刘晓南.汉语音韵研究教程 [M].北京：北京大学出版社，2007.

[12]任环.论张说对古体及近体诗的探索与开拓 [J].黑龙江社会科学，2004（6）：89-91.

[13]王力.汉语诗律学 [M].上海：上海教育出版社，2002.

[14]谢心丽.张说诗歌声律研究 [D].济南：山东师范大学，2011.

[15]张培阳.近体诗律句考——以唐五律为中心 [J].文学遗产，2013（3）：49—60.

《诗韵辑略》著作体例及其相关问题研究

黄文慧

（高雄师范大学 国文系）

摘要:《诗韵辑略》为明朝潘恩所撰，此书将"古韵"及"今韵"编入同一本韵书之中，"古韵"乃是引用宋人吴棫的《韵补》以及明人杨慎的《转注古音略》，今韵则是时人所谓的"沈韵""诗韵"，潘恩的"诗韵"其实是承袭自《古今韵会举要》和《韵府群玉》二书。明人受到吴棫《韵补》、"叶音说"及杨慎《转注古音略》之影响，对古诗辞赋中的古韵产生兴趣，因而编纂"古今韵"韵书。此书的编纂形式及目的与前代韵书有极大的差异，故本文以著作体例为主要论述。潘恩的《诗韵辑略》虽以"诗韵"为名，但是作者的企图却不仅仅限于作诗而已，其书序云:"夫音韵之衷，权舆于诗，故系之以诗名云尔，其义则不止言诗也。学者繇此求之，上沂六书之源，以赞国家同文之治，是编不无裨助也已，岂直作诗者所当知哉。"潘恩《诗韵辑略》改善了当时所流传的《古今韵》韵书的阙漏，因此对于后来"古今韵"韵书的影响不小，如吕维祺《同文铎》、梁应圻《诗韵释略》、清邵长蘅《古今韵略》等皆受其影响。明朝因科举不考诗赋，韵书的编纂开创了不同于唐宋的风貌，类似潘恩《诗韵辑略》的"古今韵"韵书，其编纂目的虽和清代古音学家不尽相同，其研究结果亦无法与清代古音学相比，然而其承先启后的历史价值却不容忽视。

关键词: 诗韵辑略；潘恩；古今韵

一、前言

《诗韵辑略》（简称《辑略》）是明朝潘恩的著作，此书将诗韵（今韵）以及古韵合为一编，宁忌浮将此类韵书归之为"古今韵"韵书①。

宁忌浮说："将'古韵'编入韵书，是明朝人的创举"②，之所以会有如此的创举，和国家政策、社会文化、文学思潮有很密切的关联。科举制度行至元代已产生很大的变革，元代不采用唐宋举才的考试科目，明代亦是如此。明代科举重视儒家经典，并且改变科考的方式，之后还创立以八股文取士的制度。科举制度的变革影响社会文化教育的走向，律诗、律赋不再是国家考试的科目，士子再也不需要将官方韵书视为不可违背的考试必备用书，韵书的编纂不受到制式的规定和束缚，《辑略》即在此背景下应运而生。

《辑略》并非明代第一本"古今韵"韵书，也不是唯一的一本。宁忌浮在"'古今韵'韵书"一章共列出15本③，虽然部分已亡佚，但仍可见古今韵韵书在明代韵书中有着举足轻重的地位。此类韵书的出现和明代复古文学思潮有着密不可分的关联，然而复古、尊古的文学思想可溯源至唐朝，初唐文人对魏晋南北朝绮靡的文风已有反动，陈子昂、萧颖士、李华等人提倡诗文复古改革，中唐韩愈、柳宗元在复古思想、文学的推动上更加积极，蒋寅曾说："唐以前的诗歌，原则上是没有声调规则的，所以也没有古体的概念。自近体产生，才相应地有所谓古体。在近体格律形成之前，作诗概用自然声调……随着近体声律与技巧的日益成熟，人们渐不满足于近体格律的死板，转而寻求古体的放纵不羁。杰出之士如韩愈等也许是在'影响的焦虑'驱使下，有意识地以反律化的声调来作古诗，显示出有意为古诗的体制意识。"④在韩愈的作品当中，有许多皆以古韵入诗、作文，这样的复古思潮在宋朝更加的兴盛，不仅仅在诗文中看见古韵，韵书的编纂亦融入古字、古韵，平田昌司提到："韵书大量采录古字古音的倾向由丁度《集韵》开始。南宋初期的毛晃、毛居正父子《增修互注礼部韵略》依承这传统，在《礼部韵略》里大量增入了

---

① 宁忌浮. 汉语韵书史·明代卷 [M]. 上海：上海人民出版社，2009：120.

② 宁忌浮. 汉语韵书史·明代卷 [M]. 上海：上海人民出版社，2009：120.

③ 宁忌浮. 汉语韵书史·明代卷 [M]. 上海：上海人民出版社，2009：120.

④ 蒋寅. 王渔洋与康熙诗坛 [M]. 南京：凤凰出版社，2013：93.

古诗赋的韵读。"① 韵书的出现本和诗赋创作有着紧密的关联，兰廷秀《韵略易通·凡例》即云："古之韵书本为赋咏者设"，韵书反映了文人思想和文学创作的走向，复古不再只是文人的心之所向，而是更进一步地开始追寻规则和建立系统，他们深刻的意识语音的古今变化，体认到古音的存在，吴才老的《韵补》即是古音学的创始之作。以今日的眼光来看，吴棫的《韵补》自然是有许多错误，也无法很全面地诠释古音学上的问题，但不能否认的是：《韵补》开启了古音研究的大门，并且对后代产生极深远的影响。学术研究犹如接力赛，一项成功的学术成果往往奠基于前人的积累，并非一蹴而就，古音研究也是如此。

吴棫的《韵补》深受朱熹的推崇，平田昌司说："吴棫的古音学透过朱熹的引述和阐释渗透到了经学世界，还影响到了南宋古诗用韵。"平田昌司强调"《韵补》成为南宋文人作古体诗赋时非常实用的押韵规范"②。《韵补》的影响不仅限于宋朝，更影响至明清。明代复古文学思潮盛行，文人对于诗文格律、用韵相当重视。茶陵诗派的核心人物李东阳曾在《怀麓堂诗话》中说："古诗与律不同体，必各用其体乃为合格。然律犹可阐出古意，古不可涉律。"③胡震亨也在《唐音癸签》中强调古诗用古韵的重要："近体诗即不得押古韵，然欲从事古诗，古韵叶字当讲求……夫韵，歌诗之轮也，失之一字，全与有所不行，职此故矣。"④杨慎的古音学也深受吴棫《韵补》影响，杨慎在《音韵之原》一文中提到："大凡作古文赋颂当用吴才老古韵，作近代诗词当用沈约韵，近世有倔强好异者，既不用古韵，又不屑用今韵，惟取口吻之便，乡音之叶而着之诗焉，良为后人一笑资尔。"⑤杨慎之说可见《韵补》的重要性及普及性，凡是作古文、古诗，皆须使用吴棫的古韵，不用者被视作"倔强好异者"，由此可见《韵补》在明代的地位。

正因为作近体诗需用今韵，作古诗需用古韵，而韵书编纂的核心原因又是为了创作诗文，结合古韵、今韵的韵书在这样的前提之下产生也不足为奇了。在潘恩《辑略》之前，据《千顷堂书目》记载，张颖有《古今韵释》五卷、许宗鲁有《古今韵》五卷，虽然这两书今已亡佚，但是从其书名仍可窥其梗概。

---

① [日]平田昌司．文化制度和汉语史 [M]．北京：北京大学出版社，2016：133．

② [日]平田昌司．文化制度和汉语史 [M]．北京：北京大学出版社，2016：134—135．

③ （明）李东阳．李东阳集 [M]．长沙：岳麓出版社，1984：529．

④ （明）胡震亨．唐音癸签 [M]．上海：上海古籍出版社，1981：85．

⑤ （明）杨慎．丹铅总录 [M]．上海：上海古籍出版社，1987．

胡缵宗在《西玄诗集序》中提到："弘治间李按察梦阳谓诗必宗少陵，康殿撰海谓文必祖马迁，天下学士大夫多从之……王太史九思、张民部凤翔、段翰检炅、马太卿理、吕宗伯柟、韩中丞邦奇、参伯邦靖、王翰检元正、南郡守大吉、刘宪史储秀、马太史汝骥、许中丞宗鲁、王金宪讴、何中丞栋、张比部治道、李金宪宗枢、王宫谕用宾、吕郡守颙、赵兵部时春、孙羽士一元，实与李、康同趣，虽言人人殊，而其归则迁与甫也。"①胡缵宗认为这二十人的观点虽有差异，但其核心想法却与李梦阳、康海一致，《古今韵》的作者许宗鲁即是其中一人，如此更可了解复古思想对古今韵韵书出现之影响。

在张颖、许宗鲁之后，张之象也著有古今韵韵书——《韵经》，根据宁忌浮的研究，《韵经》成书于嘉靖十七年（1538 年），而且是"现在能见到最早的一部成书时间确切的古韵今韵合编的韵书"②，但是《韵经》的编排过于简略，仅列出韵字，而没有注释，其影响力未若之后出现的《辑略》。《辑略》一改《韵经》的编排方式，后出的古今韵韵书多以《辑略》为蓝本进行编纂，至于龚大器《古今诗韵释义》、梁应圻《诗韵释略》③等书，甚至一字不漏地抄袭，可见《辑略》影响后出的古今韵韵书甚深。平田昌司说："诗必汉魏，韵也必汉魏；诗必盛唐，韵也必盛唐。潘恩《诗韵辑略》总括古今诗韵，正是支撑嘉隆七子之学的'定则'之一。到后七子的余响'末五子'时代，兼赅古今两体的韵书流行更多。"④经由以上论述可以了解古今韵韵书反映了明代的复古文学思潮，也呈现了时人研究古音的成果，应是汉语史上不可磨灭的一环，然而今人研究却鲜少着墨于此，仅有宁忌浮《汉语韵书史（明代卷）》以"'古今韵'韵书"一章进行讨论，笔者认为实有更进一步研究的必要。

二、《诗韵辑略》作者

《辑略》一书共五卷，作者为潘恩，潘恩的生平事迹可见于《明史·周延

---

① （明）胡缵宗 . 鸟鼠山人小集 · 卷十二 [M]. 台北：图书馆摄制，明嘉靖间刊本 .

② 宁忌浮 . 汉语韵书史 · 明代卷 [M]. 上海：上海人民出版社，2009：128.

③ 见邵长蘅《古今韵略·例言》段末注解："明崇祯间有梁应圻者，取是书翻板行，不增损一字，更名诗韵释略，每卷首列关中梁某订。入本朝，其子又翻板行世，渐尟有知是书出潘氏者，今坊行韵亡，虑皆梁本也，为之一笑。"参见（清）邵长蘅 . 古今韵略 [M]. 国学基本丛书72. 台北：台湾商务印书馆，1968：32.

④ [日] 平田昌司 . 文化制度和汉语史 [M]. 北京：北京大学出版社，2016：143.

传》《明实录》《明分省人物考》《弇州山人续稿碑传》《云间志略》《西园闻见录》《明诗纪事》《静志居诗话》《国朝列卿纪》等书。

潘恩，字子仁，别号湛江，后更号笠江。生于明孝宗弘治九年（1496年），卒于明神宗万历十年（1582年），其五世祖潘添二为毗陵人（今江苏省常州市），元末为避兵祸迁徙至上海，遂定居于此。①潘恩祖父名潘庆，其人重信诺、有善行，虽无功名，但为乡里所称颂。潘恩于《先祖默轩府君行实》②中写道："翁秉诚悫之资，总仁爱之德，处物无忤，不急言遽色，亦不为表暴之行。"由此可见潘庆为人处世之道。除了祖父的品格德行可为之表率之外，潘恩于文中亦写道："恩忆为童暨幼学时，翁督课诵诗读书，焚膏继晷。恒夜阑忘寝，旦则鸡鸣起坐，阅寒暑无斁焉。间常谈说往事，若家国兴废之由，善恶感召之迹，某事某应孰可为法，孰可以惩，有伦有脊。"潘庆不仅勤学不懈，对于家国大事更有其见解，藉此或可了解潘恩好学、善政的原因。

潘恩自小便崭露过人的才华，他"生有异质，雅负凝重，离襁褓即不妄言笑。六岁，父教以四声高下抑扬，过耳即悉"③。又"稍长试博士业，辄冠其曹偶"④，由此可见潘恩过人的资质天分。除了在同辈中的表现不同凡响之外，潘恩还曾就教于同乡的前辈陆深（陆文裕），陆深见过他的文章之后十分赞赏，还说："文不在兹乎，吾何敢居先达焉。"⑤

潘恩于嘉靖二年登进士，授祈州，后"以平赋折狱能治办调禹州（钧州）"⑥，钧州是徽王的封国，宗戚豪悍，但潘恩却能使其遵守法规，受其管束，钧州居民甚至以"毋相雠避潘侯，毋甚口愧太守"⑦两句称扬之。他对民生问题也相当重视，虽然在钧州任官不久，但却能在官仓储备足够的谷物、钱财，因此虽然钧州遭遇饥年，但百姓却不受到影响。潘恩因为卓越的才能升任南京刑部员外郎。后任职浙江左参政时，在海盐与部属共同抵抗倭寇，获得胜

① （明）王世贞.行状[M].四库全书存目丛书·别集类4.台南：庄严文化，1997：526—527.

② （明）潘恩.潘笠江先生集[M].四库全书存目丛书·别集类4.台南：庄严文化，1997：449.

③ （明）徐学谟.神道碑[M].四库全书存目丛书·别集类4.台南：庄严文化，1997：520.

④ （明）申时行.墓志铭[M].四库全书存目丛书·别集类4.台南：庄严文化，1997：517.

⑤ （明）王世贞.行状[M].四库全书存目丛书·别集类4.台南：庄严文化，1997：529.

⑥ （明）申时行.墓志铭[M].四库全书存目丛书·别集类4.台南：庄严文化，1997：517. 钧州：金朝时设置的州，辖今河南省禹州、新郑两市一带。明朝万历三年（1575年），因避明神宗朱翊钧讳，改名禹州。

⑦ （明）申时行.墓志铭[M].四库全书存目丛书·别集类4.台南：庄严文化，1997：517.

利。潘恩不畏强权的姿态不因年岁增长而有所改变，当他以右副都御史的身分巡抚河南时，当地人民正陷于徽王朱载埨、伊王朱典楧贪虐、蛮横的暴行之中，潘恩弹劾、制裁两大藩王，因此声名大噪。潘恩的仕途虽然并非一帆风顺，但其操守、人品以及政治才能却始终为人所称颂，王世贞在行状中如此描述潘恩："自通籍以至悬车，出入险阻，跋涉万里，蛮烟瘴雨之途靡所不历。间以微絓婴制禁，都官桁杨之味，靡所不尝，竟能保躬完名，出险就夷，鸿猷懿烈，为贤士大夫所推重。陆公（陆平泉）则谓公长者淳实，居身廉靖，鲜衒饰以暴人耳目，而其中介介不可犯，猥滥请谒者望风屏迹，一时朝士皆惮服。"[①] 对照潘恩的生平事迹、人格特质，王世贞之言绝非溢美之词。

根据明史的记载，潘恩晚年受到弹劾，遂致仕归家，自此之后，潘恩读书更勤，王世贞如此描述："生平无他嗜，唯独嗜书，晚而弥笃，未尝一日释卷。自六经子史以及国家典故，毋论金匮石室之藏即虞初小黄衣所纂，靡不手录而汇之。一室萧然，唯图书自环而已。诗根抵东京邺中，间及开元大历，文则规摹昌黎四子以上沿先秦要而归之六经，纯如也。"[②]潘恩博览群书，无论是流传已久的经典书籍，抑或是小说作品，无不涉猎。从潘恩的著作可反映此一特点，他着有《易经辑义》三卷、《诗经辑说》七卷、《诗韵辑略》五卷、《美芹录》二卷、《祁州志》八卷、《笠江集》若干卷。陆树声《潘恭定公全集小引》："中丞笠江潘公平生所著述曰笠江集，曰笠江近稿者，既梓行矣。公殁而公二子学宪方伯合前后剩汇萃成编，总之曰潘恭定公全集。"[③]潘恩的长子潘允哲、次子潘允端将父亲的《笠江集》《笠江近稿》以及附录并为《潘恭定公全集》，此书收录潘恩的诗、文、赋、策、笺、序、碑、记、说、对、赞、墓志铭、祭文以及杂述等作品。另外，陆树声在小引中亦提到潘恩之文的特色："大都尔雅醇厚，藻蔚而不失之琱镌，沉郁而不伤于钩棘，敷腴闳衍而不流于曼衍，纡徐娴雅，迪则古昔而不泥于成迹，斌斌乎质有其文備，作者之典型焉。"[④]借此可以了解他的文风符合当时的复古文学思潮，雄丽典雅、质文兼备。潘恩的著作今存《诗韵辑略》五卷以及《潘恭定公全集》。

① （明）王世贞．行状 [M]. 四库全书存目丛书 · 别集类4. 台南：庄严文化，1997：530.

② （明）王世贞．行状 [M]. 四库全书存目丛书 · 别集类4. 台南：庄严文化，1997：529.

③ 陆声树．潘恭定公全集小引 [M]. 四库全书存目丛书 · 别集类4. 台南：庄严文化，1997：139.

④ 陆声树．潘恭定公全集小引 [M]. 四库全书存目丛书 · 别集类4. 台南：庄严文化，1997：140.

三、《诗韵辑略》编纂体制、理念及特色

《辑略》是一本因应时代文学潮流，结合今韵与古韵而编纂的韵书。上承《韵经》等古今韵韵书之精神，进而改革编纂体制，开启了古今韵韵书不同的面貌。本节以序文及内容探讨《辑略》编纂体制、理念及特色。

（一）改革当时古今韵韵书的体制

潘恩所编纂的《辑略》体制与当时流行的古今韵韵书有极大的差异，首先是加入注释，如此更便于诗家使用。《辑略序》云："近刻古今韵，传行于时矣。第注释不具，开卷茫然，点画讹谬，俗书孔多，义理淆杂，余病翻阅之难，乃于暇日取韵会诸编视之，寻文疏义，去复芟繁，缮写成秩，以便览观，藏之家塾，名曰《诗韵辑略》。"根据潘恩的序文，虽然不能肯定文中所指的古今韵书就是张之象的《韵经》，但《韵经》确有"注释不具，开卷茫然"的问题。

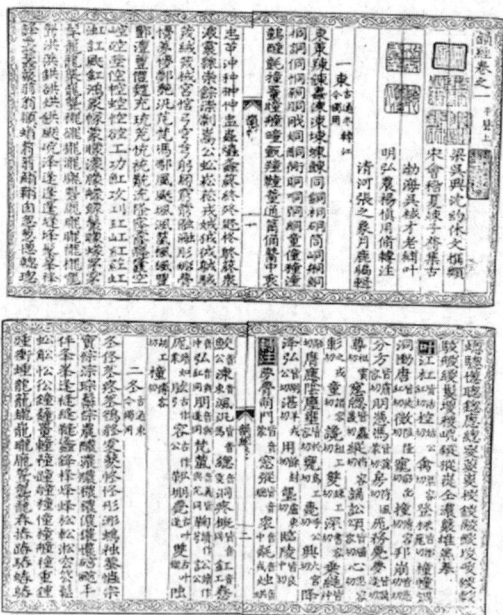

图1 《韵经》卷一（一东韵）

从图一可以清楚地看出除了韵目之外，今韵的部分只列出韵字，韵字根据谐声偏旁排序，仅有古韵的部分标示切语，而且全书毫无注释，如此编排的确不利读者翻阅检索。

潘恩改变这样的编纂体制，根据《韵府》的韵目及小韵次序为基础，对照其他韵书、字书，修正韵字及切语用字，并且加入注释（见图2—1、2—2）。如此一来便于读者翻阅、引用。《辑略》的体制为后出韵书所承袭，影响甚深。

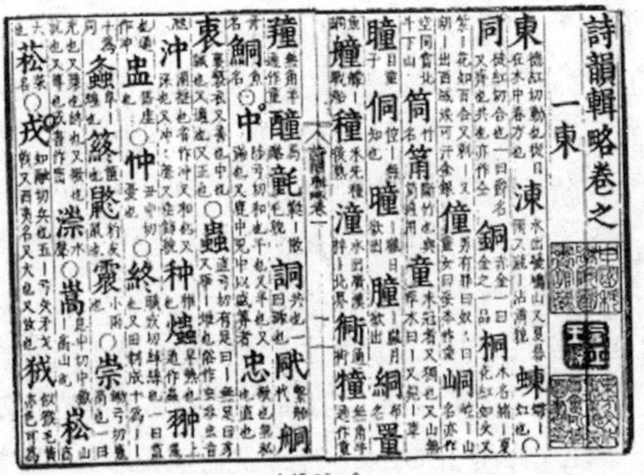

图2—1　《诗韵辑略》卷一 第一页（一东韵节录）

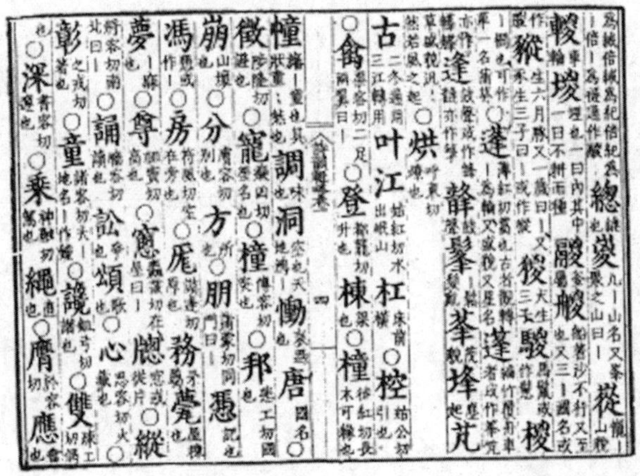

图2—2　《诗韵辑略》卷一 第四页（一东韵节录）

（二）古今韵的依据及其编排模式

1.今韵和古韵的依据

《辑略》兼括今韵、古韵，然而何谓"今韵"？何谓"古韵"？今可从其序文探讨此书选韵的依据，《辑略序》云："江左崇尚风骚，沈休文分部四声，聿严音律之谐，由是迄今，凡为近体诗者必宗焉，莫之易也。宋吴才老谓其未备，又作韵补，尽叶音声之变，由是迄今，凡为古体诗者必宗焉，亦莫之易也。"潘恩虽然没有明言"今韵"一词，但却提到凡是创作近体诗者必宗沈休文四声韵，在陈士元、甘雨的《古今韵分注撮要·凡例》第二点中提到："今韵者，沈约四声韵也"，宁忌浮说："明代以八股文取士，不考词赋。《洪武正韵》是国家韵书。文人学士吟诗作赋却袭用金元两代的一百零六韵韵书，他们称之为'唐韵''沈韵''诗韵'。"[1] 所谓金元两代的106韵韵书即是王文郁《平水新刊韵略》的系统，林焘、耿振生说："明代把平水韵定为官韵，出现了同一系统的多种版本的韵书，明人笼统地称之为'诗韵'，以106韵为准。"[2]《辑略》所提到的"沈休文分部四声"是否就是指106韵？清邵长蘅在《古今韵略·例言》中提到："按《诗韵辑略》原收八千八百余字，校《集韵》仅十之二，《广韵》仅十之四，校刘黄韵亦仅及四之三，字则一遵阴氏韵府，注则采之黄氏韵会居多。"[3] 藉由邵长蘅的说明，可以得知《辑略》的反切采用《韵府群玉》（简称《韵府》），注文则采用《古今韵会》。经笔者对照《辑略》《韵府》以及《古今韵会举要》之后，邵氏之说大抵无误，《辑略》的韵目名称、韵部次第、小韵名称及次第几乎和《韵府》一般无二，仅有少数的歧异，反切用字也大致相同，部分反切和直音则承袭自《古今韵会举要》一书。潘恩以《韵府》为蓝本，比较诸韵书、字书，修正阴氏一书的讹误。古韵则是采用吴棫的《韵补》，潘恩清楚地指出凡是创作古体诗者，皆以《韵补》为宗，潘恩在古韵部分基本上承袭宋代对古音的认定，没有太大的出入。

2. 今韵、古韵的编排模式

《辑略》分上平声、下平声、上声、去声、入声五卷。上平声十五部：东、冬、江、支、微、鱼、虞、齐、佳、灰、真、文、元、寒、删；下平声十五部：先、萧、肴、豪、歌、麻、阳、庚、青、蒸、尤、侵、覃、盐、咸；上声二十九部：董、肿、讲、纸、尾、语、麌、荠、蟹、贿、轸、吻、阮、旱、潸、铣、筱、巧、皓、哿、马、养、梗、迥、有、寝、感、琰、豏；去声三十部：送、宋、绛、寘、未、御、遇、霁、泰、卦、队、震、问、愿、翰、谏、霰、啸、效、号、个、祃、漾、敬、径、宥、沁、勘、艳、陷；入声十七部：屋、沃、觉、质、物、月、曷、黠、屑、药、陌、锡、职、缉、合、叶、洽，共

① 宁忌浮.汉语韵书史·金元卷[M].上海：上海人民出版社，2016：80.

② 林焘，耿振生.声韵学[M].台北：三民书局，2004：94.

③ （清）邵长蘅.古今韵略[M].国学基本丛书72.台北：台湾商务印书馆，1968：4-5.

计一百零六部。韵目名称和分部次序与《韵府》相同，古韵分别归入部分韵部之后，以今韵的韵部为主要架构，古韵则以附属的形式来呈现。

（1）今韵

《辑略》韵目以《韵府》为蓝本，韵目名称和《韵府》一致，但在韵目之下关于独用、同用的说明则略有出入，《辑略》各韵韵目、韵字数、直音数以及《韵府》各韵韵目如表1~5：

表1　《辑略》《韵府》上平声

《辑略》卷一 上平声				《韵府》上平声
序号	韵目	韵字数	直音数	韵目
1	东	172	0	东_{独用}
2	冬	114	0	冬_{与钟同用}
3	江	26	0	江_{独用}
4	支	426	0	支
5	微	70	0	微_{独用}
6	鱼	102	0	鱼_{独用}
7	虞	255	0	虞_{与模同用}
8	齐	125	0	齐_{独用}
9	佳	49	0	佳_{与皆同用}
10	灰	100	0	灰_{与咍同用}
11	真_{与谆臻同用}	162	0	真_{与谆臻同用}
12	文_{与殷同用}	78	0	文_{与殷同用}
13	元	139	0	元_{与魂痕同用}
14	寒_{与桓同用}	83	0	寒_{与桓同用}
15	删_{与山同用}	43	0	删_{与山同用}

表2　《辑略》《韵府》下平声

《辑略》卷二 下平声				《韵府》下平声
序号	韵目	韵字数	直音数	韵目
1	先_{与仙同用}	210	1	先_{与仙同用}
2	萧_{与宵同用}	177	0	萧_{与宵同用}
3	肴_{独用}	68	1	肴_{独用}

《辑略》卷二 下平声				《韵府》下平声
序号	韵目	韵字数	直音数	韵目
4	豪_{独用}	109	0	豪_{独用}
5	歌_{与戈同用}	99	0	歌_{与戈同用}
6	麻_{独用}	86	0	麻_{独用}
7	阳_{与唐同用}	210	0	阳_{与唐同用}
8	庚_{与耕清同用}	165	18	庚_{与耕清同用}
9	青_{独用}	73	3	青_{独用}
10	蒸_{与登同用}	86	17	蒸_{与登同用}
11	尤_{与侯幽同用}	186	1	尤_{与侯幽同用}
12	侵_{独用}	62	1	侵_{独用}
13	覃_{与谈同用}	58	6	覃_{与谈同用}
14	盐_{与添盐同用}	81	0	盐_{与添盐同用}
15	咸_{与衔凡同用}	33	6	咸_{与衔凡同用}

表3　《辑略》《韵府》上声

《辑略》卷三 上声				《韵府》上声
序号	韵目	韵字数	直音数	韵目
1	董	25	0	董
2	肿_{独用}	36	2	肿_{独用}
3	讲_{独用}	7	0	讲_{独用}
4	纸_{与旨止同用}	196	23	纸_{与旨止同用}
5	尾_{独用}	30	4	尾_{独用}
6	语_{独用}	76	1	语_{独用}
7	麌_{与姥同用}	134	14	麌_{与姥同用}
8	荠_{独用}	40	2	荠_{独用}
9	蟹_{与骇同用}	20	2	蟹_{与骇同用}
10	贿_{与海同用}	56	4	贿_{与海同用}
11	轸_{与准同用}	55	0	轸_{与准同用}
12	吻_{与隐同用}	29	1	吻_{与隐同用}

续表

《辑略》卷三 上声				《韵府》上声
序号	韵目	韵字数	直音数	韵目
13	阮与混猥同用	57	1	阮与混猥同用
14	旱与缓同用	43	0	旱与缓同用
15	潸与产同用	26	1	潸与产同用
16	铣与狝同用	100	4	铣与狝同用
17	筱与小同用	68	1	筱与小同用
18	巧独用	18	1	巧独用
19	皓独用	58	1	皓独用
20	舸[哿]与果同用	51	0	哿与果同用
21	马独用	39	0	马独用
22	养与荡同用	60	2	养与荡同用
23	梗与耿静同用	64	5	梗与耿静同用
24	迥与拯等同用	34	2	迥与拯等同用
25	有与厚黝同用	105	2	有与厚黝同用
26	寝独用	31	2	寝独用
27	感与敢同用	37	1	感与敢同用
28	琰与忝俨同用	45	0	琰与忝俨同用
29	豏与槛范同用	17	1	豏与槛范同用

表4 《辑略》《韵府》去声

《辑略》卷四 去声				《韵府》去声
序号	韵目	韵字数	直音数	韵目
1	送独用	43	1	送独用
2	宋与用同用	21	4	宋与用同用
3	绛独用	7	0	绛独用
4	寘与至志同用	220	32	寘与至志同用
5	未独用	44	6	未独用
6	御独用	51	0	御独用
7	遇与暮同用	140	13	遇与暮同用

续表

	《辑略》卷四 去声			《韵府》去声
序号	韵目	韵字数	直音数	韵目
8	霁与祭同用	173	32	霁与祭同用
9	泰独用	65	5	泰独用
10	卦与怪夬同用	70	16	卦与怪夬同用
11	队与代废同用	117	26	队与代废同用
12	震与稕同用	80	0	震与稕同用
13	问与焮同用	32	0	问与焮同用
14	愿与恩恨同用	43	0	愿与恩恨同用
15	翰与换同用	103	0	翰与换同用
16	谏与裥同用	35	1	谏与裥同用
17	霰与线同用	123	5	霰与线同用
18	啸与笑同用	65	1	啸与笑同用
19	效独用	41	0	效独用
20	号独用	57	0	号独用
21	个与过同用	39	0	个与过同用
22	祃独用	63	2	祃独用
23	漾与宕同用	100	3	漾与宕同用
24	敬诤劲同用	53	3	敬诤劲同用
25	径与证嶝同用	52	10	径与证嶝同用
26	宥与候幼同用	133	1	宥与候幼同用
27	沁独用	32	2	沁独用
28	勘与阚同用	24	1	勘与阚同用
29	艳与酽同用	33	0	艳与酽同用
30	陷与鉴梵同用	18	2	陷与鉴梵同用

表5 《辑略》《韵府》入声

	《辑略》卷五 入声			《韵府》入声
序号	韵目	韵字数	直音数	韵目
1	屋独用	153	1	屋独用

续表

2	沃_{与烛同用}	70	15	沃_{与烛同用}
2	沃与烛同用	70	15	沃与烛同用
3	觉独用	68	1	觉独用
4	质与术栉同用	117	8	质与术栉同用
5	物与迄同用	44	3	物与迄同用
6	月与没同用	86	1	月与没同用
7	曷与末同用	73	0	曷与末同用
8	黠与鎋同用	40	2	黠与鎋同用
9	屑与薛同用	140	3	屑与薛同用
10	药与铎同用	158	2	药与铎同用
11	陌与麦昔同用	169	2	陌与麦昔同用
12	锡独用	83	2	锡独用
13	职与德同用	106	1	职与德同用
14	缉独用	49	0	缉独用
15	合与盍同用	49	0	合与盍同用
16	叶与帖业同用	75	8	叶与帖业同用
17	洽与狎乏同用	38	1	洽与狎乏同用

从表1可以看到《辑略》上平声东、冬、江、支、微、鱼、虞、齐、佳、灰、元等韵目下皆是空白，除了支韵之外，其他韵目在《韵府》中皆有独用或同用的说明。笔者认为东、冬、江、微、鱼、虞、齐、佳、灰、元等韵目下缺漏独用或同用的说明，有可能是版本翻刻造成的脱漏。下平声、上声、去声、入声（见表2~5）的韵目及其说明，《辑略》几乎完全承继《韵府》，唯有上声二十舸［哿］,《辑略》目录与内文的韵目有歧异，目录作"舸"，内文作"哿"。

（2）古韵

《辑略》的古韵完全承继自《韵补》，但和张之象《韵经》不同的是，《辑略》不采用杨慎的《转注古音略》，而且加入了《韵补》中的注释，但是没有全部采录，潘恩略去了吴棫纂辑的文献资料，宁忌浮说："《韵经》的古叶字无注释，只抄录了《韵补》的反切。《辑略》既抄录了《韵补》的反切，也抄录了注释，但舍弃至关重要的书证。"① 吴棫在各韵字底下所引用的文献数据，攸关他对于古音的认定，省去此项数据，对于古音研究相当不利。除此之外，潘恩改变吴棫《韵补》中的术语，《韵补》的编排模式以《广韵》韵目为基础，加以注明各韵"通""转入""转声通"的关系，《辑略》则改以《韵府》韵目为基础，仅注明"通用""转用"，在通、转的术语使用上稍有不同。再者，《辑略》古韵的排序与《韵补》偶有出入，另有部分韵字或许因为版本的不同而有所差异。《辑略》古韵通转配置如下：

上平声：

一东：古二冬通用、三江转用（叶）

四支：古五微八齐通用、九佳十灰转用（叶）

六鱼：古七虞通用（叶）

十一真：古十二文十三元转用、八庚九青十蒸十二侵通用（叶）

下平声：

一先：古十四盐十五咸通用、十四寒十五删转用（叶）

二萧：古三肴四豪通用（叶）

五歌：古六麻转用（叶）

七阳：古三江通用、八庚转用（叶）

十一尤：（叶）

上声：

一董：古二肿通用、三讲转用（叶）

四纸：古五尾八荠通用十贿亦通用、九蟹转用（叶）

六语：古七麌通用（叶）

十一轸：古十二吻转用、二十三梗二十四迥二十六寝通用（叶）

十六铣：古二十七感转用十四旱十五潸亦转用、二十八琰通用十三阮二十九豏亦通用（叶）

十七筱：古十八巧十九皓通用（叶）

二十哿[哿]：古二十一马转用（叶）

二十二养：古二十一马通用（叶）

二十五有：古二十四迥二十七感通用（叶）

① 宁忌浮. 汉语韵书史·明代卷[M]. 上海：上海人民出版社，2009：136.

去声：

一送：古二宋通用、三绛转用（叶）

四寘：古五未八霁十一队通用、九泰十卦转用（叶）

六御：古七遇通用（叶）

十二震：古十三问二十五径二十七沁通用二十四敬亦通用（叶）

十五翰：古二十八勘通用（叶）

十六谏：古三十陷通用

十七霰：古十六谏转用三十陷亦转用、十四愿二十九艳通用（叶）

十八啸：古十九效二十号通用（叶）

二十一个：（叶）

二十二祃：（叶）

二十三漾：古三绛通用（叶）

二十六宥：古二十七沁通用（叶）

入声：

一屋：古二沃通用、三觉转用（叶）

四质：古五物转用、十三职十四缉通用（叶）

六月：古七曷八黠转用、九屑十一陌十六叶通用十二锡亦通用（叶）

十药：古三觉通用（叶）

十五合：古十七洽通用（叶）

十七洽：（叶）

（三）以复古思想为宗，修正韵书用字

《辑略》一书的复古思想不仅仅表现在古今韵合编的编纂体制上，也表现在潘恩对韵字及反切用字的选择之上。潘恩在《辑略序》中曾说："夫音韵之袞，权舆于诗，故系之以诗名云尔，其义则不止言诗也。学者繇此求之，上泝六书之源，以赞国家同文之治，是编不无裨助也已，岂直作诗者所当知哉。"由此段文字可以清楚得知潘恩编纂此书不只是为了文人便于作古诗、古文之用，更为了"上泝六书之源，以赞国家同文之治"。《辑略》的编纂企图呼应了当时的时代氛围，平田昌司说："华夏沦为夷狄的潜在恐惧成为明代文

化意识的底流之一，文明典型的复兴成为读书人应该追求的高尚目标。"①潘恩虽以《韵府》为蓝本编纂《辑略》，但是却未全盘接收，他仔细修正了《韵府》韵字、切语用字中的错字、俗字，将之逐一改正、替换，以此体现了复古思想和国家同文之治的理念。下文列举例证说明之：

1.改俗体为正体

《韵府·下平声·十一尤》："留，力求切。《说文》：'止也，从田卯声。'又驻也。"

《辑略·下平声·十一尤》："畱，力求切。止也，住也，又驻也。又陈留，地名，俗作留。"

潘恩改"留"字为"畱"字，潘恩在注释中说明"留"为俗字，根据《说文解字》（大徐本）："畱，止也，从田卯声，力求切。"由此可知"畱"为正体，元；周伯琦《六书正讹》也记载："畱，力求切，止也，从田，田犹土也。会意。卯即酉字，谐声，俗作留，从卯非。"

2.改俗体为正体，并且修正误用的切语用字

《韵府·下平声·十一尤》："収，戎州切。"

《辑略·下平声·十一尤》："收，式州切。"

"收"，《广韵》为书母，《韵府》以"戎"为反切上字有误。潘恩除了改正反切用字之外，也不沿用《韵府》的字体写法，改"収"为"收"。《说文解字》（大徐本）："攸，捕也。从攴，丩声。式州切。"元·李文仲《字鉴》云："收，尸周切。《说文》捕也，从击夂之夂，丩声，丩音鸠。《五经文字》云作收讹。俗又作収，误。"

3.改通用字为古字

《韵府·上平声·八齐》："圭，古携切。瑞玉，从重土，圭以封诸侯也。上圆下方，古作珪。"

《辑略·上平声·八齐》："珪，古携切。上圆下方，既分土田，又以玉为信，……，通作圭。"

《说文解字》（大徐本）："大徐本：圭，瑞玉也。上圜下方。公执桓圭，九寸；侯执信圭，伯执躬圭，皆七寸；子执谷璧，男执蒲璧，皆五寸。以封诸侯。从重土。楚爵有执圭。珪，古文圭，从玉。""圭"、"珪"音义皆同，

---

① ［日］平田昌司.文化制度和汉语史[M].北京：北京大学出版社，2016：141.

潘恩选择古文写法，舍弃通用字体，由此亦可看出潘恩的复古思想。

4.修正《韵府》误用的韵字

（1）睽、睽

《韵府·上平声·八齐》："睽，苦圭切。《说文》：目不相视也，目目癸声。"

《辑略·上平声·八齐》："睽，苦圭切。目少精也。又异也，乖也，又卦名睽，外也。"

《韵府》"睽"字的字音及释义皆误，《广韵·上声·旨韵》："癸，辰名。《尔雅》太歲在癸曰昭阳，古作癸。又姓，《姓苑》云：出齐癸公后。居诔切。"《广韵·平声·齐韵》："睽，异也，乖也，外也，《说文》云：目少睛。苦圭切。"潘恩修正《韵府》误用的韵字，改"睽"为"睽"。

（2）跳、跳

《韵府·下平声·二萧》："跳，徒聊切。跳，跃。《汉书》：项羽围成皋，汉王独出意也。杜'翻藻白鱼跳'。"

《辑略·下平声·二萧》："跳，徒聊切。蹶也，一曰跃也，又舞貌，又独出意。"

《韵府》"跳"字的字音及释义皆误，"跳"为古代断足之刑名。《说文解字》（大徐本）："跳，跀也。从足，非声。读若匪，扶味切。"《广韵·去声·八未》（嬲，扶沸切）："跳，刖足，亦作刜。"潘恩修正《韵府》误用的韵字，改"跳"为"跳"。

5.修正《韵府》误用的切语

（1）声母

a.《韵府·上平声·四支》："差，义宜切。次也，不齐等也。"（义，《广韵》疑母）

《辑略·上平声·四支》："差，叉宜切。次也，参差不齐也。"（叉，《广韵》初母）

潘恩改"义"为"叉"。

b.《韵府·下平声·二萧》："漂，姚招切。"（姚，《广韵》喻母）

《辑略·下平声·二萧》："漂，纰招切。"（纰，《广韵》滂母）

潘恩改"姚"为"纰"。

（2）韵母

a.《韵府·上平声·四虞》："厨，直谏切。"（谏，《广韵》谏韵）

《辑略·上平声·七虞》:"厨,直诛切。"(诛,《广韵》虞韵)

潘恩改"谏"为"诛"。

b.《韵府·上平声·十灰》:"杯,布国切。"(国,《广韵》德韵)。

《辑略·上平声·十灰》:"杯,布回切。"(回,《广韵》灰韵)

潘恩改"国"为"回"。

四、结语

潘恩《辑略》因应时代文学思潮以及国家文化思维而生,将今韵和古韵编于同一韵书之中。在当时的时空背景之下,古今韵韵书可说是不少,但《辑略》可说是相当具有影响力的一本,后出的韵书或多或少皆受其影响,《辑略》的价值之一正在于此。除了建立不同于之前韵书的编纂模式之外,《辑略》也透过韵书的编纂企图实现"国家同文之治"的理念,对于考订正音、正体字,并且以韵字、切语的选择呼应当代的复古文学思想,《辑略》在于韵书研究上是不可被忽略的一块。

参考文献

[1](宋)吴棫.韵补 [M].丛书集成初编 1235—1236.北京:中华书局,1985.

[2](元)黄公绍原编.熊忠举要.古今韵会举要 [M].景印文渊阁四库全书 238.台北:台湾商务印书馆,1986.

[3](元)阴劲弦,阴复春编.韵府群玉 [M].景印文渊阁四库全书 951.台北:台湾商务印书馆,1986.

[4](明)胡震亨.唐音癸签 [M].上海:上海古籍出版社,1981.

[5](明)胡缵宗.鸟鼠山人小集(明嘉靖间刊本)[M].台北:图书馆摄制.(微卷)

[6](明)李东阳.李东阳集 [M].长沙:岳麓出版社,1984.

[7](明)潘恩.潘笠江先生集 [M].四库全书存目丛书 集部 别集类 4.台南:庄严文化,1997.(据苏州市图书馆南京图书馆藏明嘉靖至万历刻本影印)

[8](明)潘恩.诗韵辑略 [M].四库未收书辑刊·第一辑·第 10 册.北京:北京出版社出版,2000.(明隆庆刻本)

[9]（明）宋濂，王祎等.元史 [M].景印文渊阁四库全书 292、293、294、295.台北：台湾商务印书馆，1983.

[10]（明）杨慎.转注古音略 [M].丛书集成初编 1243.北京：中华书局，1985.

[11]（明）杨慎.丹铅总录 [M].四库全书 855.上海：上海古籍出版社，1987.

[12]（明）张之象编.韵经 [M].四库全书存目丛书 206.台南：庄严文化，1997.

[13]（清）黄虞稷.千顷堂书目 [M].景印文渊阁四库全书 676.台北：台湾商务印书馆，1983.

[14]（清）邵长蘅.古今韵略 [M].国学基本丛书 72.台北：台湾商务印书馆，1968.

[15]（清）张廷玉等.明史 [M].景印文渊阁四库全书 297、298、299、300、301、302.台北：台湾商务印书馆，1983.

[16]陈国球.唐诗的传承：明代复古诗论研究 [M].台北：台湾学生，1990.

[17]蒋寅.王渔洋与康熙诗坛 [M].南京：凤凰出版社，2013.

[18]林焘，耿振生.声韵学 [M].台北：三民书局，2004.

[19]宁忌浮.古今韵会举要及相关韵书 [M].北京：中华书局，1997.

[20]宁忌浮.汉语韵书史·明代卷 [M].上海：上海人民出版社，2009.

[21]宁忌浮.汉语韵书史·金元卷 [M].上海：上海人民出版社，2016.

[22][日]平田昌司.文化制度和汉语史 [M].北京：北京大学出版社，2016.

[23]王凯旋.中国科举制度史 [M].沈阳：万卷出版公司，2012.

[24]汪业全.叶音研究 [M].长沙：岳麓书社，2009.

[25]张民权.宋代古音学与吴棫《诗补音》研究 [M].北京：商务印书馆，2005.

[26]张民权.清代前期古音学研究 [M].北京：北京广播学院出版社，2002.

浅谈传统戏曲音韵研究中的一些问题

于昕

（香港大学 中文学院）

摘要：戏曲音韵研究对继承乃至弘扬传统戏曲至关重要。戏曲音韵是以实际语言为基础，经过人为修饰、加工而成的舞台音韵。作为音韵学的分支，传统戏曲音韵研究各剧种历时、共时的音韵特点及演变规律；可以架起音韵学和传统戏曲研究之间的桥梁，拓展音韵学的领域；对音韵学和传统戏曲都有研究的价值和空间。本文以京剧、昆曲为对象，讨论目前研究中存在的一些问题。

笔者认为，欲研究戏曲音韵，研究者必须先把自己培养成相关剧种的"内行"，对其艺术发展史、舞台实践有足够的感性认识乃至实际经验以后再行研究，庶几可臻于"实践出真知"。就个人30余年的经验来看，从戏曲门外汉到内行的路很难走，需要时间、精力甚至先天禀赋的配合。路虽然难走，但为了戏曲事业，为了音韵学者筚路蓝缕所取得的研究成果得以继承与发扬，还是需要知难而进。

关键词：戏曲音韵研究；音韵学；传统戏曲；京剧；昆曲

目前，如何继承、发扬传统戏曲已提上了国家文化建设的日程，是亟须探讨并予以解决的问题。这个问题牵涉的范围甚广，非一篇文章所能概括。本文仅对传统戏曲音韵研究中的一些问题，陈述一些不成熟的见解，希望对解决问题有所帮助。

戏曲音韵研究对继承乃至弘扬传统戏曲至关重要。传统戏曲离不开唱、念，其传承与影响力均与之密切相关。唱、念是戏曲音韵的表现形式。戏曲音韵是以实际语言为基础，经过人为修饰、加工而成的舞台音韵，是音韵学的研究对象。作为音韵学的分支，传统戏曲音韵研究各剧种历时、共时的音韵特点及演变规律；可以架起音韵学和传统戏曲研究之间的桥梁，拓展音韵学的领域；对音韵学和传统戏曲都有研究的价值和空间。

中国传统戏曲是世界艺术殿堂的瑰宝，其数量与种类繁多，也不是一篇文章能分析完的。京剧、昆曲是当下最具代表性的剧种，京剧是"国粹"，昆曲是世界非物质文化遗产。本文依次以与京剧、昆曲音韵研究相关的新近著作为典型例证，进行讨论。

一、京剧音韵研究著作举例

京剧音韵研究著作的典型例证是《京剧传统戏字韵研究》(载于《地方戏曲音韵研究》，北京：商务印书馆，2006：238—306)，以下简称《字韵研究》。

《字韵研究》一开始就介绍了"调查京剧传统戏字韵"的三个发音人：第一位是国家二级演员，兼学余派、麒派老生；第二位是曾经开设"京剧艺术欣赏"课的业余爱好者，但没有说明是否有实际演出经验；第三位是一位业余琴师。①

这一段介绍，已表现出其研究观念和研究方法上的问题。研究观念上的偏差会影响研究方法，从设定取证范围、选择材料直至得出结论，都可能失之毫厘，差之千里。

先谈其研究观念上的问题——缺乏京剧音韵和京剧艺术发展史的观念。

京剧音韵发展史方面，京剧形成至今百有余年，除了音韵系统曾发生阶段性变化外，生、旦、净、丑各行在不同的时期还产生了许多艺术流派。早期流派最显著的特点，即各自不同的音韵特征。

以生行中的老生为例，清道光年间就产生了程长庚代表的徽派，余三盛代表的汉派和张二奎代表的京派。徽派重徽调音，昆曲音；汉派重"湖广音"；京派重北京音。清末又形成了以谭鑫培、孙菊仙和汪桂芬为代表的三大流派。谭、孙、汪虽均从学程长庚入手，汪更曾为程操琴伴奏，但谭倾向于汉派，孙接近京派，汪接近徽派。需要说明的是，所谓"重"，指偏重某"音"而兼蓄他"音"，不是全宗某"音"而偏废别"音"。

---

① 游汝杰．地方戏曲音韵研究 [M]．北京：商务印书馆，2006：239．

比谭、孙、汪稍晚的有汪笑侬和刘鸿升。刘氏嗓音天赋奇佳，演唱多用京音。汪氏嗓音远不如刘，音韵成分亦较复杂。

进入民国，老生行是谭派天下。余叔岩、言菊朋是谭派传人的佼佼者，后创出了各自的艺术流派。余派更将满城学谭扭转为了满城学余，其传人之中，孟小冬、杨宝森是自成一家的人物。孟小冬偏于守成，杨宝森则创立了杨派而影响至今不衰。

成名较余、言稍晚的高庆奎和马连良都偏重京音，创立了高派和马派。

上举自成一家的老生演员已有14位，有成就但没有开宗立派者还有很多。这些演员大都有唱片传世，是研究京剧音韵发展史的第一手材料。《字韵研究》对此全未提及。

以上简短的叙述已可说明京剧音韵系统具有多元及阶段性的特点。欲研究京剧音韵，对此二者必须至少从剧种、流派及演员三方面予以考虑。以流派为例：老生行从开创之时就在核心音韵系统上各有依傍；四大名旦中，梅兰芳偏重昆曲音，程砚秋偏重"湖广音"。以演员为例：马连良早年拜孙菊仙为师，新中国成立前的唱片中京音比例很高；新中国成立后，唱念中的湖广音比例大增；在蓓开唱片公司（1929）、国乐唱片公司（1937）及新中国成立后录制的《甘露寺》"劝千岁杀字休出口"一段即为明例，非但唱词有所改动，对字音的处理以及整体风貌也有所不同。这种转变说明演员自身的艺术观念发生了变化。如果仅以新中国成立后的唱念入手，则此前的特点与发展的轨迹全被淹没，以致不能全面、系统地研究马派音韵。由是推之，大范围的类似缺陷，也不能为京剧音韵研究提供坚实的基础。

下面看看《字韵研究》的实际情况。第一位发音人兼学余派和麒派老生。余派是在全盘继承谭派的基础上形成的。麒派形成于上海，创始人周信芳年轻时曾受王鸿寿、汪笑侬、谭鑫培的影响，并且与梅兰芳一起在北京的喜连成科班学习，受所谓"京朝班"的影响。分析余叔岩而不及谭鑫培，分析周信芳而不及王、汪、谭（三人均有唱片传世）与喜连成科班，则其源不明，其流亦难清矣。况且，京剧发展史上老生行流派纷呈，余、周二家并不能完全代表这个行当的音韵特点。书中也没有以分期的方式记录发音，也就是说，其记音最多只能代表二家在发音人发音当时的情况，不能反映其起源与流变的过程。

京剧艺术发展史方面，京剧是综合艺术，除演员要综合地体现唱、念、做、打外，各个行当还必须紧密合作以保证效果。除前文涉及的老生行外，京剧艺术结构中还包括许多行当，计有：生行的武生、红生、小生；旦行的青衣、花旦、武旦、刀马旦、老旦；净行的铜锤花脸、架子花脸、武花脸；丑行的文丑、武丑。每个行当的唱念，都是京剧音韵的组成部分，且均有自身的规则和特点，都是研究时不应遗漏的成分。

在京剧艺术史上，行当之间又存在此消彼长和新旧更替，对京剧音韵亦有影响。举例来说，武生行是逐渐从武小生行中演化出来的新行当，唱、念自须与武小生有所区别。区别一旦定型，自身的音韵特点也就确立，整个剧种亦随之增添新的音韵色彩。行当音韵特点的确立需要一个过程。与剧种的发展情况相同，其间也会出现阶段性的变化。变化快而多的行当，其音韵特点会更多地吸收一些与其所处时代同步的实际语音和其他剧种的艺术语音。相反，变化慢而少者，则会保留较多传统的、固有的音韵特点。

《字韵研究》的三位发音人，一是老生演员，一是业余琴师，曾师从青衣琴师何顺信（青衣行演员张君秋的专用琴师），另一业余爱好者则不知所工的行当，或者说，《字韵研究》没有意识到应该说明其所属的行当。三位发音人充其量能概括老生的余、麒两派和青衣的张君秋一枝，两个行当的其他派别和其他各行均未涉及。这样做，很难令人相信其对京剧艺术发展史有足够的认识。在缺乏认识的前提下研究京剧音韵，取证的范围连京剧行当的十分之一都不到，不足为奇。但其基础是否坚实，结论又是否可信呢？

附带说一句，音研究京剧音韵不自蒋文始，《京剧唱腔中的字调》[①]即为前辈专文。文章伊始即开宗明义："京剧的字调，用的是湖广音。"[②]文中虽承认京剧字调含有京音，但不起主要作用。这一观点即与京剧艺术的实际发展情况不符。

形成京剧的核心剧种是徽调和汉调。徽调成于安庆、桐城，汉调成于武汉。二者在进京之前已长期合演，进京后又和昆曲、京腔、梆子的戏曲音及北京话的实际音开始接触与混合。即使到了光绪末年，湖广音因谭鑫培大红而盛行的时候，也没有把徽调音和京音完全排挤出去。这也就是前文谈到的，京剧音韵多元性的特点。《京剧唱腔中的字调》举证以谭鑫培一派为主，但与

---

① 王力 . 京剧唱腔中的字调 [M]// 王力文集：第18卷 . 济南：山东教育出版社，1991：420—459.

② 王力 . 京剧唱腔中的字调 [M]// 王力文集：第18卷 . 济南：山东教育出版社，1991：420.

谭同时的孙菊仙，略晚的王凤卿、刘鸿升，后起的周信芳、高庆奎、马连良，均有唱片传世且都不以湖广音为主。抛开唱片不谈，京剧花脸、老旦两行的唱念，至今仍不以湖广音为主。况且在20世纪50年，现代戏走上京剧舞台，京音的比重越来越大；文革时，整个剧种更只剩下几个以普通话音为标准的样板戏。根据《京剧唱腔中的字调》的观点，则样板戏乃至于现代戏都不能称作京剧了，三分之一的京剧史，也就凭空消失了。

再谈《字韵研究》的研究方法。研究方法受研究观念支配，两者不可能截然分开。《字韵研究》记录京剧传统戏字韵的方法是：先据《新编京剧大观》中的400出戏选出常用的多字组，再调查记录其韵白读音。[①] 不难看出《字韵研究》分析京剧字韵声、韵、调采用的是现代汉语方言调查的手法。这种手法对研究京剧字韵并不适用，其主要原因有三：

第一，《新编京剧大观》所载剧本没有抄写年代，书中对剧目何时成形也没有说明。径自根据书中的剧本选择常用字组，只能说明《字韵研究》认为京剧音韵从形成到现在就是《新编京剧大观》中的样子，而且各个行当、流派、演员的吐字发音也都一样。只要像方言调查那样，找出字谱，再根据发音人的语音总结一下其声、韵、调的特点就可以了。据上文所述，这恰好说明蒋文的研究方法受到了其研究观念的支配。令人不解的是，方言调查要顾及发音人的性别、年龄和方言的旧音与新音，描写京剧音时反而又不需要了。

第二，京剧音韵是舞台音韵，实际演出和唱片、录像中的唱、念才能反映其真实的特点。京剧四功，首重唱而后及念。发音人的发音，充其量只能代表念而不能代表唱，况且要根据从剧本抽离出来的字组发音，脱离了唱词、话白的整体语境，与舞台实际情况距离很大。

第三，即便撇开唱而只谈念，京剧音韵的灵活性极强，演员可以根据自身的条件和临场的身体、心理状况随时调整字的发音形式，昨日用徽调音，今日即可能用湖广音而明日或用昆曲音或其他剧种音。同一出戏，师承不同的演员也会体现出不同的音韵特点。这一点，前文已及，无需再赘。值得注意的是，这些变化与差异，在三个发音人的口中是体现不出来的。

这样的研究方法得出的结论，可信性必打折扣，例如：《字韵研究》总结

---

① 游汝杰.地方戏曲音韵研究 [M].北京：商务印书馆，2006：243.

京剧声调特点时，以阳平的单字调为降升调。[①] 这种结论与第一发音人有莫大关系，因为余派在处理阳平字时多用这种声调。但余派阳平字多为降升调，不等于其他老生演员口中的阳平字也作降升调，更不等于各个行当的阳平字也都作降升调。远者不谈，与余叔岩同时，徽派老生汪桂芬的传人王凤卿，即以徽派的高阳平为特点。

总而言之，《字韵研究》在研究观念和研究方法上的缺陷，致使取证范围狭窄，所选材料带有很高的局限性、片面性；将京剧音韵材料等同于汉语方言材料，进而套用方言调查的方法进行分析，没有注意到艺术音韵和实际音韵本质上的区别。

二、昆曲音韵研究著作举例

昆曲音韵研究专著是《〈九宫大成南北词宫谱〉声调寻绎》（天津：天津古籍出版社，2008年），以下简称《声调寻绎》。

《九宫大成南北词宫谱》（以下简称《宫谱》）是清代昆曲曲谱。《声调寻绎》根据曲谱中的字调研究近代汉语共同语的声调，得出了北京音成为共同语标准音的时间应为1746年的结论。[②]

此书是作者的博士论文，根据原书《后记》，作者于2004年9月入学，此书的出版则在2008年11月。作者在后记中提到，入学后开始随昆曲老艺人高准学唱。[③] 满打满算，作者学习昆曲的时间不足4年，且要忙于修课、找材料、写论文，真正学习的时间少之又少。学习昆曲比学习京剧难得多，这是剧界的共识。以笔者为例，学唱昆曲《浣纱记·寄子》，每星期一次，用了近2个月的时间，连一段唱也没学完。进度如此缓慢，昆曲难学可见一斑。作者没有昆曲的根柢，在这段时间到底能学会多少，对昆曲能有多深入的了解，颇耐寻味。

作者在总结其研究意义时，说了下面一段话：

对古声调调值的拟测，现代学者们大多采用古文献数据或方言数据。

---

① 游汝杰. 地方戏曲音韵研究 [M]. 北京：商务印书馆，2006：263—264.
② 高航.《九宫大成南北词宫谱》声调寻绎 [M]. 天津：天津古籍出版社，2008：162.
③ 高航.《九宫大成南北词宫谱》声调寻绎 [M]. 天津：天津古籍出版社，2008：208.

　　这些无声史料对调值的描写难免会给我们的研究工作带来难度，而古乐谱是唯一可以用来拟测古声调调值的声音资料。曲谱作为古乐谱的一种，对谱字曲调的记录则更加准确和翔实，因此，是拟测古声调调值最好的史料。①

　　准确地记录曲调是曲谱的根本目的，但把曲调直接用来拟测古声调调值是否合适，则另当别论。昆曲音韵和京剧音韵都是来自实际语言而经过艺术加工的舞台音韵，艺术加工的成分越多，距离实际语言也就越远。以声调为例，长期的演唱会令字调在唱腔中产生多种变体，这些变体有的可以在实际语言中找到基础，有的则纯为艺术处理。例如，京剧唱片中上声字的高平调变体，在北京话中就很难找出实际语音的基础。如果直接把曲谱中的字调和实际语言中的字调等同起来，认为既然京剧的字调有这种变体，在当时的北京话中也就应该有，或者北京话中有某种变体，京剧中就也应该有，都无异于将二种不同性质的音韵系统混为一谈，得出的结论必然与实际大相径庭。《声调寻绎》以"谱字曲调"作为研究实际语言声调的基础，就是没有对此二者进行区别对待。

　　多数戏曲研究者认为，昆曲音韵受苏州、河南方音的影响很深，《声调寻绎》对此亦不否认。②昆曲于明万历年间进入北京，直至清代中叶才因乱弹勃兴而逐渐衰落，其声调受北京音影响就在这一段时间里。欲分析这种影响，必须先从《宫谱》中把苏州、河南方音声调的影响排除出去，然后将其余与同期或相近的北京音材料比较，庶几可得出比较可靠的结论。《声调寻绎》在《〈九宫大成南北词宫谱〉各声调调值拟测》一章中并没有这样做，只是直接根据对《宫谱》中各种声调的字谱作了统计和比较。③换句话说，《声调寻绎》所总结出的声调调值和调型，反映的并不是纯北京音的影响，而是至少来自苏州、河南、北京三地的影响。这种混合型的艺术调值不宜与北京话语音调值进行比较。

　　综上所述，《声调寻绎》研究昆曲音韵存在的问题是：对昆曲认识有限；把昆曲音韵当作了现实语言的直接反映，将二种不同性质的音韵系统混为一

　①　高航.《九宫大成南北词宫谱》声调寻绎 [M]. 天津：天津古籍出版社，2008：163.

　②　高航.《九宫大成南北词宫谱》声调寻绎 [M]. 天津：天津古籍出版社，2008：116.

　③　高航.《九宫大成南北词宫谱》声调寻绎 [M]. 天津：天津古籍出版社，2008：64—101.

谈；没有从昆曲本身的流变出发，剥离其音韵系统中的方言成分，所拟测的调值无可避免地带有多种语言基础的影响。其实，问题的症结与蒋文相同，仍然是缺乏对昆曲艺术发展史的认识以及没有树立昆曲音韵发展史的观念。

综上所述，这两部研究传统戏曲代表性剧种音韵的专著，表现出的问题可归纳为以下几个：

第一，缺乏"剧种音韵发展史"的观念，把历时性材料放在共时平面上研究；

第二，对剧种的艺术发展史了解不足，选材、取证的范围狭窄；

第三，将戏曲音韵的性质等同于实际语言，没有区别对待；

第四，简单、机械地套用音韵学或方言调查的知识与手法。

隔行如隔山，这些问题均由对戏曲本身认识不足所导致。因此，笔者认为，欲研究戏曲音韵，研究者必须先把自己培养成相关剧种的"内行"，即必须对其艺术发展史、舞台实践有足够的感性认识乃至实际经验以后，再着手进行研究，庶几可获得更丰富的成果，而臻于"实践出真知"。

说来简单，但仅就笔者个人30余年的经验来看，从戏曲门外汉到内行的路是很难走的，需要时间、精力甚至先天禀赋的配合。路虽然难走，但为了戏曲事业，为了音韵学者筚路蓝缕所取得的研究成果得以继承与发扬，还是需要知难而进。至于具体如何走法，因篇幅关系，笔者拟另写专文以作说明。

以上是笔者不成熟的一管之见，衷心地希望前辈、方家多多批评、指正。

段玉裁对《说文》谐声字的归部处理原则初探

——以"斤""卓""俞""罜""舟"声字的归部为例

刘忠华

（陕西理工大学 文学院）

　　摘要：段玉裁对《说文》谐声字的古音归部，并非"谐声必同部"的原则。韵脚字的归部依据押韵情况，其中一字协两部者，选择押韵次数多的归部。非韵脚字的归部，根据古今音对应关系上推，一般情况下，据大徐音上推，遇有一字多音而大徐音是音转的情况，则选择其中一音为正音进行归部。谐声系联，仅限于把同谐声且中古同韵者归入同一韵部。

　　关键词：声符；谐声字；归部原则；今韵；押韵；同韵

　　段玉裁"同谐声者必同部"的论断及其利用谐声关系考订上古韵部系统的方法在学术界产生深远的影响。段氏《六书音均表》"古谐声说"指出："一声可谐万字，万字而必同部，同谐声者必同部。"其《古十七部谐声表》把分析《说文》谐声所得的一千五百多个声旁分列于古十七部各部，并在该表序言中指出："考周秦有韵之文，某声必在某部，至啧而不乱，故视其偏旁以何字为声，而知其音在某部，易简而天下之理得也。"[①]《诗经韵分十七部表》各部韵谱之后设"古本音"栏对发生了古今音转的韵脚字，一律用"某声在此部"指明其古韵归部。段玉裁的以上论述和做法成为利用谐声材料研究古音的理论支撑和方法论指导，以致"后来人讨论上古音的时候，往往就把谐声偏旁分别列出，凡从某某偏旁得声的字，就属于某某韵部"[②]。现代学者尤其是音韵学教材甚至把"同谐声者必同部"当做《说文解字》形声字系联归部的原则。

---

　　① （清）段玉裁 . 说文解字注 [M]. 上海：上海古籍出版社，1988：817—818.

　　② 李方桂 . 上古音研究 [M]. 北京：商务印书馆，1980：3.

　　但是，拿上古韵部系统衡量形声字与声符的语音关系，会发现《说文》谐声系列中同部与异部交织的现象不少。段玉裁为此提出"古谐声偏旁分部互用说"①，把异部现象视作"合韵"。段氏认为异部现象是"音有变转"所致，指出："自音有变转，同一声而分散于各部各韵"，并对"谐声必同部"的理论作了补充："要其始，则同谐声者必同部"。

　　李葆嘉指出："同谐声者必同部"的前提"必须是，处于统一音系中的谐声字。研究表明，《说文》音系并非是一个单一音系。"②刘忠华、赵诗嫚进一步揭示了谐声关系的本质以及声符与所谐字"失谐"的多种原因③。充分理由表明《说文》谐声系统中异部"合韵"与"谐声同部"的矛盾不可避免。既然如此，那么根据"同谐声者必同部"的原则对《说文》谐声字进行归部的办法就行不通。退一步看，如果是按照"同谐声者必同部"的原则来归部的，那么"古谐声偏旁分部互用"及"合韵"的现象就不会出现，同一个主谐字或被谐字，诸家归部意见分歧的情况④也就不会发生。应该反思《说文》谐声字的归部问题，明察段玉裁的归部方法与原则。

　　《说文解字注》对《说文解字》字头所标注的古音归部，是段玉裁运用古音学理念进行归部实践的结果。以《说文解字注》古音为线索，揭示段玉裁对声符与所谐字进行归部处理的原则和方法，能为今人反思谐声字的归部问题、做到合理定音和归部提供借鉴。我们在研究《说文解字注》"合音"现象时发现："段玉裁对非入韵字的归部，根据今音与古音的对应关系，采用以今韵上推古音的方法，而非谐声关系"⑤。拙文《论段玉裁对〈说文〉"世"谐声系列诸字的古音归部》通过个案考察发现，"世"谐声系列中"入韵字的归部，根据押韵情况"，"非入韵字的归部，采用以今音上推古音的办法"，谐声系联法虽是段玉裁的归部方法之一，但是"只限于把同声符且中古同韵的字归入同一韵部"⑥。限于篇幅，下文以《说文》"斤"声、"卓"声、"俞"声、"垔"声、"舟"声字的古音归部为例，进一步考察段玉裁的归部方法和原则。

①（清）段玉裁．说文解字注 [M]．上海：上海古籍出版社，1988：832.

②李葆嘉．清代古声纽学 [M]．上海：上海古籍出版社，2012：133.

③刘忠华，赵诗嫚．论谐声关系与"失谐"现象 [J]．南阳师范学院学报，2006（5）：28—30.

④参见陈复华，何九盈．古音通晓 [M]．北京：中国社会科学出版社，1987：327—331.

⑤刘忠华．《说文解字注》"合音"论析 [J]．宁夏大学学报，2015（5）：1-9.

⑥刘忠华．论段玉裁对《说文》"世"谐声系列诸字的古音归部 [J]．殷都学刊，2016（5）：94-97.

一、对"斤"声字的归部处理

《说文解字》从"斤"谐声者15字，列成表1。

表 1　"斤"声字归部情况表

声符	所谐字		段玉裁归部
	所谐字	大徐切音	
斤 大徐切音：举欣切 （欣韵），段玉裁 归部：第十三部	欣昕忻	许斤切（欣韵）	第十三部
	斯狋觮	语斤切（欣韵）	
	赾	丘堇切（欣韵）	
	靳	居近切（欣韵）	
	芹	巨巾切（真韵）	第十三部
	听	宜引切（真韵）	
	近	渠遴切（真韵）	
	旂祈	渠希切（微韵）	第十三部
	沂	鱼衣切（微韵）	
	蚚	巨衣切（微韵）	

"斤"声诸字，大徐音分属欣、真、微3韵，如按段玉裁《今韵古分十七部表》所示古今语音演变与对应规律，欣韵上推在第十三部，真韵上推在第十二部，微韵上推在第十五部，而在《说文解字注》中，"斤"声诸字同归第十三部。段氏归部的办法是：韵脚字"欣""芹""旂"，据押韵情况归部，其他非韵脚字，与韵脚字进行同韵系联而归部。段氏对"斤"声诸字的归部处理情况分析如下：

1. "斤"与"欣昕忻斯狋觮赾靳"，大徐音属欣韵，其中"欣"是韵脚字，其他几个欣韵字不入韵。按，"欣"，《诗经》押韵1见（《凫鹥》五章与"醽熏芬艰"押第十三部），押韵情况与上推归部的结果一致。"斤"及所谐字"昕忻斯狋觮赾靳"与韵脚字"欣"中古同韵，系联归入第十三部。段氏系联归部的原则，如胡安顺先生揭示的规律："上古同谐声，中古同韵（声调不论）之字必同部。"①

2. "芹听近"3字，大徐音属真韵，其中"芹"是韵脚字，"听近"两个

---

① 胡安顺．音韵学通论 [M]．北京：中华书局，2012：318.

真韵字不入韵。段氏归部的办法是根据押韵和同韵系联。"芹",《诗经》押韵2见(《采菽》二章、《泮水》二章与"旂"押第十三部),段氏据此将"芹"归入第十三部。"听近"与"芹"同韵,故系联归于一部。

3."旂祈沂蕲"4字,大徐音属微韵,其中"旂"是韵脚字,"祈沂蕲"三个微韵字不入韵。段氏归部的办法是根据押韵和同韵系联。"旂",押韵在第十三部,《诗经韵分十七部表》第十三部"古本音"栏注:"旂,斤声在此部。诗《庭燎》《采菽》《泮水》三见,《左传》一见,今入微。"[①]段氏根据押韵将"旂"归入第十三部,用"今入"提示微韵是音转。"祈沂蕲"与"旂"同韵,故系联归于一部。

分析可见,段氏对《说文》"斤"声诸字的归部处理办法是:韵脚字,据押韵情况归部;非韵脚字,与押韵字同韵系联而归于一部。需要注意的是,谐声系联法的运用是有条件的,限于中古同韵的谐声字。郭必之认为段氏"斤"声字的归部准则是"同声必同部"[②],不合段氏归部操作的实际。

二、对"卓"声字的归部处理

《说文解字》从"卓"谐声者13字,列成表2。

表2 "卓"声字归部情况表

声符	所谐字		段玉裁归部
	所谐字	大徐切音	
阜(卓) 大徐切音:竹角切 (觉韵),段玉裁 归部:第二部	踔	知教切(肴韵)	第二部
	婥淖	奴教切(肴韵)	
	罩鯌鯸	都教切(肴韵)	
	悼	徒到切(豪韵)	第二部
	掉	徒吊切(萧韵)	第二部
	犨(绰)	昌约切(药韵)	第二部
	焯	之若切(药韵)	
	倬稆穛	竹角切(觉韵)	第二部
	逴趠	敕角切(觉韵)	

① (清)段玉裁.说文解字注[M].上海:上海古籍出版社,1988:852.

② 郭必之.论段玉裁对《说文》斤声诸字归部的处理——兼论"合韵"与"音转"的关系[J].汉语史研究集刊,2000(000)001:301—311.

  "卓"声诸字，大徐音分属肴、豪、萧、药、觉5韵，如按段玉裁《今韵古分十七部表》所示古今语音演变与对应规律，肴、豪、萧3韵上推在第二部，药韵上推在第五部，觉韵上推在第三部，而在《说文解字注》中，"卓"声诸字同归第二部。段氏对"卓"声诸字的归部处理情况如下：

  1. "卓"，大徐音属觉韵，段氏归部的依据是另外一个音。《说文》"卓"下段注："《史记》多叚淖为卓。"借"淖"表"卓"的情况表明"卓"另有读"淖"（奴教切，肴韵，第二部）之音。段氏取肴韵音为正而上推古音，将"卓"归入第二部。

  2. "倬穛趠逴"4字，大徐音属觉韵，其中"倬穛"同音，"逴趠"同音。"穛"又《集韵》陟教切，属肴韵，"趠"又《广韵》丑教切，属肴韵。段氏依肴韵为正上推，将"穛""趠"归入第二部。"倬""逴"2字，按照"同谐声且中古同韵者必同部"的原则，与"穛""趠"系联归入第二部。

  3. "罩"，大徐音属肴韵，"悼"，大徐音属豪韵，两字是《诗经》韵脚字，押第二部（见《桧风·羔裘》三章"膏曜悼"，《南有嘉鱼》"罩乐"）。段氏据押韵将"悼""罩"归入第二部，与肴豪两韵上推归部的结果一致。"踔婥淖鯟"4字虽非韵脚，但与"悼"同韵（肴韵），故系联归入同一韵部。

  4. "掉"，大徐音属萧韵，上推古音归入第二部。"綽"（绰）和"焯"，大徐音同属药韵，其中"綽"（绰）依押韵归入第二部。《诗经韵分十七部表》第二部"古本音"栏注："绰，卓声在此部，《诗·淇奥》一见，今入药。""焯"与"綽"（绰）同韵系联归入同一韵部。

  分析可见，段氏对《说文》"卓"声字的归部，采用了以今音上推、根据押韵、同韵系联的办法。遇到一字多音字的情况如"卓""穛""趠""焯"4字，则有字音选正的过程，段氏是选择与谐声关系一致的那个音作为正音而上推归部的。

三、对"俞"声字的归部处理

  《说文解字》从"俞"谐声者18字，列成表3。

表3 "俞"声字归部情况表

声符	所谐字		段玉裁归部
	所谐字	大徐切音	
俞 大徐切音：羊 朱切（虞韵）， 段玉裁归部： 第四部	覦揄輸楡崳渝逾踰瑜	羊朱切（虞韵）	第四部
	输	式朱切（虞韵）	
	隃	伤遇切（虞韵）	
	貐愉愈	以主切（虞韵）	
	谕	羊戎（当为"戍"）切（虞韵）	
	偸	托侯切（侯韵）	第四部
	緰腧	度侯切（侯韵）	

"俞"声诸字，大徐音分属虞、侯两韵，如按段玉裁《今韵古分十七部表》所示古今语音演变与对应规律，虞韵上推在第五部，侯韵上推在第四部，而在《说文解字注》统一归入第四部。段氏对"俞"声诸字的归部处理情况如下：

1. 大徐音属虞韵的诸字中，"渝楡愉愈瑜"5字是《诗经》韵脚字，段氏依押韵归入第四部，以虞韵为音转。《诗经韵分十七部表》第四部"古本音"栏注："渝，俞声在此部。诗《羔裘》一见。今入虞。""楡，俞声在此部。诗《山有枢》一见。今入虞。""愉，俞声在此部。诗《正月》《角弓》二见。今入虞。""愈，俞声在此部。诗《正月》一见。今入虞。""瑜，俞声在此部。《左传》一见。今入虞。"段氏用"俞声在此部"提示形声字与其声符同部，引《诗经》押韵例提示归部的依据，用"今入虞"提示虞韵是音转。

2. "俞""揄覦輸崳逾踰输隃貐""谕"11字中，"揄"是合韵字，其他10字不是韵脚字，按照同声符同韵字上古同部的原则，与押韵字系联归入第四部。按，"谕"大徐音"羊戎切"，其中"戎"为"戍"之误。《广韵》"谕"羊戍切，属虞韵。

虞韵"揄"，系联归入第四部，《诗经·生民》七章与"蹂叟浮"押第三部1次，是合韵。

3. "偸緰腧"3个侯韵字不是韵脚字，上推归入第四部。

可见段氏对《说文》"俞"声字的归部，分别是按押韵、同韵字系联、今音上推的办法进行归部处理的。

如果单从归部的结果看，"斤"声、"卓"声、"俞"声诸字是"谐声必同部"，但是从归部过程看，段氏所持的原则并非"谐声必同部"。

其实，谐声造字与古音归部分属两个不同的层面，造字者在谐声造字时，不可能顾及声符或所谐字的读音以后会有什么变化、如何押韵、如何归部。但是，如果声符与所谐字读音变化的方向与速度是一致的，那么，无论是根据押韵归部或者根据今音上推归部，都会出现声符与所谐字同部的结果。如果声符与所谐字读音变化的方向与速度不一致，而归部的依据（押韵、今音）不是谐声造字音，则会出现归部与谐声矛盾的现象。如"求"在第三部，而所谐字"裘"依押韵归入第一部，"真"在第十二部，而所谐字"霣"依大徐音郇夷切（脂韵）上推归入第十五部。

四、对"垔"声字的归部处理

《说文解字》从"垔"谐声者5字，归部比较复杂。列成表4。

表4　"垔"声字归部情况表

声符	所谐字		段玉裁归部
	所谐字	大徐音	
垔 大徐切音：于真切 （真韵），段玉裁归 部：第十三部	禋	于真切（真韵）	第十三部
	䃱	于进切（真韵）	
	烟	乌前切（先韵）	第十二部
	甄	居延切（仙韵）	第十二、十三部
	𤮍	乌闲切（山韵）	第十四部

"垔"声诸字，大徐音分属真、先、仙、山4韵，如按段玉裁《今韵古分十七部表》所示古今语音演变与对应规律，真先两韵上推在第十二部，仙山两韵上推在第十四部。而在《说文解字注》的归部比较复杂，其中"烟""𤮍"两字的归部是以大徐音上推，"禋"字以押韵归部，"垔"及"䃱""甄"的归部另有所据。分析如下：

1. "禋"，大徐音属真韵，段氏以为音转，据押韵归入第十三部。《诗经韵分十七部表》第十三部"古本音"栏注："禋，垔声在此部。诗《维清》一见。今入真。"段氏用"垔声在此部"说明形声字"禋"与其声符"垔"同部（第十三部），用"今入"提示真韵是音转。

"壄""壃"2字与"禋"同韵，系联归入同一韵部。

2．"烟"，大徐音属先韵，上推归入第十二部。"壃"，大徐音属山韵，上推归入第十四部。

3．"甄"，大徐居延切，仙韵，是音转，《广韵》职邻切（真韵）是本音。此字取真韵上推在第十二部，据同韵字（"禋"）系联在第十三部。段玉裁以为"甄"有二音，归部两可，故注"十二十三部"。

段氏对《说文》"壄"声诸字的归部，采取了根据押韵、同韵系联、今音上推三种归部办法。段氏并没有按照"谐声必同部"的原则进行归部，否则，就不会出现"壄"声诸字分属不同韵部的现象，也不会出现"甄"字两部皆可的情况。

五、对"舟"声字的归部处理

《说文解字》从"舟"谐声者7字，分属第三部、第二部，列成表5。

表5　"舟"声字归部情况表

声符	所谐字	大徐切音	段玉裁归部
舟 大徐切音：职流切（尤韵），段玉裁归部：第三部	鵃侜辀	张流切（尤韵）	第三部
	匊匊	职流切（尤韵）	
	受	殖酉切（尤韵）	
	貈	下各切（铎韵）	
	朝	陟遥切（宵韵）	第二部

段玉裁对《说文》"舟"声字诸字的归部，分别采取了依押韵、今音上推、同韵字系联、多音字选正的办法。具体分析如下：

1．"舟"，大徐音属尤韵，上推古音属第三部。该字《诗经》押韵5次，其中押第三部4次（《柏舟》一章押"流忧游"，《谷风》二章押"游求救"，《卫风·竹竿》押"滺游忧"，《采薇·青青者莪》四章押"浮休"），押第二部1次（《大雅·公刘》二章押"瑶刀"）。一字押两部者，段氏取押韵次数多的进行归部，把押韵次数少的当做合韵。《诗经韵分十七部》第二部"古合韵"栏

注："舟，本音在第三部，《公刘》二章合韵瑶刀字"①。段氏解说《诗经》合韵字的通例是：先说本音在某部，再说合韵某部。其言"本音"是为了提示实际押韵音与归部音异部，言"合韵"是为了说明实际押韵音与一起押韵的其它韵脚字同部。"合韵"的本质正是一个字在本音之外还有另外一个异部读音的情况②。一字押两部或一字多音的情况下，段氏选择其中一音为正音进行归部，另外一个音是合韵。

2. "辀鵃侜知受"5字，大徐音属尤韵，按照古今音对应规律上推归入第三部。其中"辀"是《诗经》韵脚字，《秦风·小戎》一章与"收"（第三部）押，与今音上推归部的结果一致。"鵃侜知受"未作韵脚，但是与"辀"同韵，故系联归于同一韵部。

3. "朝"，大徐音属宵韵，上推古音在第二部。从押韵情况看，"朝"在《诗经》中只和第二部字押韵（共5见），分别是《卫风·硕人》一章与"敖郊骄镳劳"押，《氓》五章与"劳暴笑悼"押，《河广》二章与"刀"押，《桧风·羔裘》一章与"摇忉"押，《渐渐之石》一章与"高劳"押。另外，《孟子·公孙丑》"朝"与"逃"（第二部）押。"朝"字押韵的情况与今音上推的结果一致。

按，"朝"从"舟"（第三部）谐声，段氏归入第二部，从而出现归部与谐声的矛盾，这表明段氏的归部原则并非谐声关系。形声字归部与谐声不一致的情况是归部时未取谐声音所致。

4. "貈"，大徐下各切（铎韵），段注："按此切乃貉之古音，非此字本音也。其字舟声，则古音在三部。《邠》诗'貈貍裘'爲韵，一部三部合音也。""凡狐貈连文者、皆当作此貈字，今字乃皆假貉爲貈。"

"貈"是表示狐貈义的本字，后来借"貉"表示。《论语》："狐貈之厚以居。"今本《论语》中作"狐貉"。又，《广韵·铎韵》："貈同貉"。"貈"在本音之外，另有读"貉"（铎韵，第五部）之音，故能借"貉"替代"貈"。

从谐声造字的角度看，"貈""貉"两字是按不同的音分别谐声造字而来，"貈"从"舟"（第三部）谐声，"貉"从"各"（第五部）谐声。结合异文和谐声情况，可以判断"貈"字古有第三部、第五部二音，段氏选定第三部为本音（归部音）。《诗经》"貈"与"貍裘"（第一部）押韵，段氏当做"一部

---

① （清）段玉裁.说文解字注 [M].上海：上海古籍出版社，1988：838.

② 刘忠华.段玉裁诗"合韵"的本质 [J].广西社会科学，2012（3）：166—169.

三部合音"，表明"貘"字还有实际押韵音（第一部）与本音（第三部）之别。

分析可见，"貘"是多音字，又分属第三部（谐声音）、第五部（下各切，铎韵）、第一部（《豳风》押韵音）3音，段氏取第三部为正音进行归部。

从段氏对《说文》"覀"声、"舟"声诸字的归部情况看，同声符的一组字分属不同韵部，是段氏归部处理的原则与方法所致的。段氏没有遵循"同谐声者必同部"的原则。

综合全文，可以看出段玉裁古音归部的原则（方法）主要是：（1）韵脚字的归部根据押韵情况，遇有一字叶两部者，选择押韵次数多的音为正音进行归部；（2）非韵脚字的归部，根据古今音对应规律上推归部，遇有一字多音者，选择其中一音为正音进行归部；（3）谐声系联仅限于中古同韵。归部操作过程中，三个原则往往需要配合使用。"古谐声偏旁分部互用"及归部与谐声异部合韵，是段氏根据上述原则进行归部处理的结果，段氏在归部操作的原则并非"同谐声者必同部"的原则。

实际上，从段玉裁指出"自音有变转，同一声而分散于各部各韵"，强调"要其始，则同谐声者必同部"，就可以推断知"同谐声者必同部"的原则是从发生学的角度、站在谐声造字的立场上提出的，限于字音未变的情况。"古谐声偏旁分部互用"与"合韵"是"音有变转"之后出现的，是归部操作的结果。造字与归部是两个过程，造字原则与归部方法（原则）不在同一个层面。正因如此，段玉裁在归部操作过程中不采纳"同谐声者必同部"的造字谐声原则。当然，如果声符与所谐字读音变化的方向与速度一致，就会出现今音同韵的情况，所以可以把同谐声且今韵同韵者归于一部，系联法的运用也仅限于此。学术界对《说文》段注古音学的研究还在起步阶段，段玉裁的归部原则应该首先引起重视，本文只是抛砖引玉，不妥之处请同仁指正。

战国时期楚方言之鱼部关系考

刘鸿雁[1] 马毛朋[2]

（1. 宁夏大学人文学院；2. 香港岭南大学中国语文教学与测试中心）

摘要：本文统计了郭店楚简与上博简中的音韵材料，同时结合《淮南子》用韵，指出之鱼音近，是战国时期楚方言的语音特点。本文还认为楚方言之部主元音应构拟为 [ɐ] 才能解释之鱼间的关系。根据这一结论也可以解决传世文献中的一些疑难训诂问题。

关键词：楚方言；之鱼音近；三闾大夫；李耳

20世纪90年代以来，地不爱宝，各类楚简相继面世。其中以《郭店楚墓竹简》和《上海博物馆藏战国楚竹书》最为重要。郭店楚简和上博简作为战国时期的出土材料忠实地反映了战国时期楚地方言的面貌，考察这两批楚简中的通假与押韵材料，可窥战国时期楚方言语音之端倪。本文从楚简鱼部字入手，着重探讨战国时期楚方言中之、鱼两部的关系。

上古鱼部作为一个独立的韵部，受学者关注最多的是与侯部的关系问题。清代古音学开山顾炎武鱼、侯不分，其第三部为"鱼虞模侯"及"麻半"，江永则把鱼、侯分立，其鱼部包括"鱼模"，"侯"归入幽部，段玉裁再将侯部从幽部独立出来，完成了鱼、侯两部分立的工作。汉代语音系统研究中，鱼、侯的关系，仍然是研究者的关注点。比如罗常培、周祖谟先生认为鱼侯合为一部，是西汉韵部的显著特点之一[①]。邵荣芬先生则认为西汉鱼、侯仍然是各自独立。至于通语音系中鱼部与之部的关系，并没有鱼部与侯部的这些纠葛[②]。据郭锡良先生统计，《诗经》中之、鱼合韵5次。西汉之、鱼合韵2次，

---

① 罗常培，周祖谟. 汉魏晋南北朝韵部演变研究 [M]. 北京：中华书局，1958：13.

② 邵荣芬. 古韵鱼侯两部在前汉时期的分合 [J]，中国语言学报，1982（1）：127—139.

东汉4次①。可见之、鱼的界限是清晰的。

黄绮以大量的例证说明之、鱼不分是自商周时代起就存在着的一种语音实际②。惜未能对所引材料从地域上进行分类，这就可能将方音与通语音系的特点混在一起。因为《诗经》之、鱼合韵的次数少，之、鱼不分不应是通语中普遍的语音现象。赵彤先生（2006）未论及之、鱼的关系，据我们考察，之、鱼音近可能是战国时期楚地方言的特点。

一、楚简中之、鱼音近例析

从郭店、上博简语音材料的实际情况来看，战国时期楚方言中之、鱼关系密切，之、鱼接触共8次。

（1）走——待

《性自命出》简1："走（待）物而后作，走（待）悦而后行，走（待）习而后奠。"《龙龛手鉴·止部》："走，音步。"《字汇补·止部》："走，同步。"由此可知"走"、"步"音同。"步"，鱼部，"待"，之部，"步""待"通假。

（2）《季庚子问于孔子》简6"孔子曰："丘闻之孟者（子）侧曰：'夫书者以书君子之德也'。""者"，鱼部，"子"，之部，"者""子"通假。

（3）《语丛四》简11："匹妇愚夫，不知其乡之小人君子，食韭恶知终其世。""夫"，鱼部，"子"，之部，之鱼押韵。

（4）《语丛四》简3："三世之福（富），不足以出芒（亡）。""福"，职部，"芒"，阳部，职部为之部入声，阳部为鱼部阳声，此例反映了之鱼音近的关系。

（5）《老甲》简20："名亦既有，夫亦将知止，知止所以不殆。譬道之在天下也，犹小浴之与江海。""有""止""殆""海"属之部，"下"属鱼部，之鱼押韵。

（6）《老甲》简33："含德之厚者，比于赤子。""者"，鱼部，"子"，之部，之鱼相押。

（7）《老甲》简37："天下之物生于有，生于亡。""有"，之部，"亡"，阳部，为鱼部阳声，此例反映了之鱼音近的关系。

---

① 郭锡良.汉字古音表稿专辑[J].文献语言学（第8辑），北京：中华书局，2018.

② 黄绮.之、鱼不分，鱼读入之[J].河北学刊，1992（2）：34—40.

（8）谋—恈

"谋"，郭店楚简中作■，从心母声。《说文·言部》："谋，虑难曰谋。从言某声。■，古文谋；■，亦古文。"《说文》所记载的古文形体分别从"口"从"心"，从言某声是演变后的小篆形体。从字形的角度来说，楚简中部分形声字的声符与通行的写法不同，作为同一字的异体字形，在楚地某、母声符的读音应是相同的。"恈"，郭店楚简中共有14例，分别见于《老甲》《缁衣》《尊德义》《六德》《语丛二》《语丛三》《语丛四》，均与"谋"相通假，上博简亦同。"恈"，《广韵》不录，《玉篇·心部》载其读音"莫胡切"，当属明母鱼部；谋，明母之部。二字相通反映了楚地之鱼音近。

二、《淮南子》、英山方言中的之鱼关系及之部的拟音

上古之部字与鱼部字在楚简中可以通假或者押韵，都说明战国楚地之鱼二部可能音近。考察其它非楚地著作中之鱼合韵的情况，两相比较，足见楚简中之鱼二部关系密切。据江有诰《先秦韵读》和《群经韵读》统计，非楚地著作中之鱼合韵共计7次，分别为：

《逸周书·周祝解》：事迮[1]

《灵枢》：《根结》虚枯着期；《官能》下里止；《九针》右者殆；《刺节真邪》户已

《礼记》：《礼运》户下俎鼓敔祖子下所祜；《射义》举士处所射誉

《礼记》《灵枢》《逸周书》的成书年代一直存在争议，今本都经过后人的整理，并非一时一人之作，其中可能掺入西汉时的一些语音现象。我们仍须从两汉时期之鱼部的发展来确定之鱼合韵是否是楚地的方言特点。

《淮南子》为西汉初年的淮南王刘安与门客所作，作为一本韵语丰富的杂家作品，可窥西汉初年语音发展面貌。从郭店楚简到《淮南子》，正好构成了一条历时的楚地语料链条，在分析楚简语料与这部分秦汉时期楚地语料的基础上，比较研究战国与秦汉时期楚音的语音特点及其流变关系，有利于准确地描述战国时期楚方言的音系特点。

顾炎武在《日知录》中有言："《公羊》多齐言，《淮南》多楚语。"罗常

---

[1] 所举例证中加下划线的为鱼部字，未加下划线的为之部字。

培、周祖谟先生也指出："再从押韵方面来看，《诗经》中虚词多半不作韵脚，而《楚辞》则每每虚词入韵，《淮南子》亦然。由此可以推想《淮南子》所代表的语音可能就是当时江淮一带的楚音。"[①]《淮南子》内的篇目押韵相对集中，而且韵部整齐，是研究西汉时期楚方言语音的宝贵材料。因此本文根据该书《淮南子韵谱》，考察之鱼部的接触情况，以判断汉代楚方言的之、鱼关系。

《淮南子韵谱》中，鱼部独韵201次，之鱼合韵72次；职部独韵共104次，铎部独韵51次，职铎合韵5次。之鱼部共接触77次。例如：

（1）《淮·原道训》"夫释大道而任小数，无以异于使蟹捕鼠，蟾蜍捕蚤，不足以禁奸塞邪，乱乃逾滋。""鼠""邪""滋"相押，之鱼合韵。[②]

（2）《淮·俶真训》"醢鬼侯之女，葅梅伯之骸。""女""骸"相押，之鱼合韵。

（3）《淮·天文训》"日入于虞渊之汜，曙于蒙谷之浦，行九州岛七舍，有五亿万七千三百九里。""汜""浦""舍""里"相押，之鱼合韵。

（4）《淮·缪称训》"禹无废功，无废财，自视犹觖如也；满如陷，实如虚，尽之者也。""财""如""虚"相押，之鱼合韵。

（5）《淮·齐俗训》"有虞氏之祀，其社用土，礼中溜，葬成亩，其乐咸池、承云、九韶，其服尚黄。""祀""土""亩"相押，之鱼合韵。

（6）《淮·主术训》"故汤处亳七十里，文王处酆百里，皆令行禁止于天下。""里""里""下"相押，之鱼合韵。

（7）《淮·览冥训》"飞鸟铩翼，走兽废脚；山无峻干，泽无洼水。""翼"（职）"脚"相押，职铎合韵。

（8）《淮·本经训》"夷羊在牧，飞蛩满野，天旱地坼，凤皇不下。""牧"（职）"坼"相押，职铎合韵。

（9）《淮·缪称训》"男子树兰，美而不芳，继子得食，肥而不泽，情不相与往来也。""食"（职）"泽"相押，职铎合韵。

（10）《淮·修务训》"虽所好恶，其与人无以昰。""恶""昰"（职）相押，职铎合韵。

《淮南子》中之鱼合韵的现象非常突出，与楚简中的押韵情况一致。时至

---

① 罗常培，周祖谟. 汉魏晋南北朝韵部演变研究 [M]. 北京：中华书局，1958：76.

② 所举例证中加下划线的为之部字，未加下划线的为鱼部字。

两汉，之鱼合韵集中体现在个别带有方言色彩的作品之中。司马相如文之鱼合韵8例，枚乘文有1例，王褒文共3例。罗常培、周祖谟先生据此指出："推想汉代四川和江淮汝颍之间之鱼两部的元音可能比较接近。"[①]联系楚简的情况，之鱼音近作为楚地的方言特点可以说从先秦一直延续到两汉。

直到今天，古楚地的方音中，之鱼也是相近的。湖北省英山县古属楚国。1948年发表的《湖北方言调查报告》中，赵元任、丁声树先生将英山方言划归湖北方言第二区，并指出"这第二区可以算典型的楚语"。我们从今天的英山方言中依然可以看到上古之鱼音近的痕迹。英山方言中古的合口三等虞韵、鱼韵（上古属鱼部），声母为精组的字均读i韵母，与英山方言中古支、脂韵大部分字的读音相同。如"徐"ɕi55（邪鱼）、"喜"ɕi34（晓之）同音，"绪"、"序"（邪鱼）ɕi33、"熙"ɕi31（晓之）同音。

据王力先生古韵29部的拟音[②]，之部主元音为ə，鱼部主元音为ɑ，之和鱼语音不相近，这可以很好地解释《诗经》代表的雅言音系中之鱼的关系。上古的鱼部主元音为ɑ，证据可靠，"浮屠"译buddha是其确证。那么楚方言的之部，主元音有可能是比ə更低的ɐ，才能解释和鱼部的音近关系。

三、释"三闾大夫"与"李耳为虎"

承认之鱼音近是楚方言的音韵特点，传世文献中一些难以解释的语言现象也得到解释。

（1）"三闾大夫"之疑

《史记·屈原贾生列传》云："屈原至于江滨，被发行吟泽畔。颜色憔悴，形容枯槁。渔父见而问之曰：子非三闾大夫欤？何故而至此？"文中将屈原称为"三闾大夫"，直到东汉王逸《楚辞·离骚经章句》的题解中方有解释："屈原与楚同姓，仕于怀王，为三闾大夫。三闾之职，掌王族三姓，曰昭屈景。"为何称屈原为"三闾大夫"，未有明确解释。今人或认为"三闾"就是某县管辖下的一个乡的地名，现湖北秭归县境内便有三闾乡，也就是屈原的故里所在地。[③]原故里旧称乐平里，三闾乡应是今人依屈原"三闾大夫"之称

---

① 罗常培，周祖谟.汉魏晋南北朝韵部演变研究 [M].北京：中华书局，1958：81.

② 王力.汉语史稿 [M].北京：中华书局，1980：77—82.

③ 张旋.屈原"三闾大夫"考 [J].云梦学刊，2004（3）：11—13.

所命名。

《广雅·释诂》："里、间，尻也。"王念孙《疏证》："五家为邻，五邻为里。《广韵》引《风俗通义》云：里者，止也，共居止也。《尔雅》：里，邑也。《郑风·将仲子》篇传云：里，居也。间者，《周官·大司徒》：五家为比，五比为间……案：里、间，一声之转，乡谓之间，遂谓之里，其义一也。二十五家谓之间，故其门亦谓之间也。"

王念孙用文献材料证明"里"和"间"意义相通，又用"一声之转"解释了"里""间"二字的音近关系。里、间古属来母双声，分属之部和鱼部，楚方言中之鱼音近，"三间大夫"即"三里大夫"。

"间"又可被解释为里巷的大门，"间"字多出现在楚国墓葬之中，概楚方言中"间"即为"里"。"里""间"都指古代的一种居民组织，楚方言中又习用"间"，王逸所言"掌王族三姓，曰昭屈景"概指掌管"昭、屈、景"三姓之地域。

（2）"李耳为虎"之释义

《广雅疏证》卷十下《释兽》"李耳，虎也"条:《方言》："虎，陈魏宋楚之间，或谓之李父；江淮南楚之间，谓之李耳，或谓之于菟……"于菟、李耳皆迭韵字。李耳、李父，语之变转。

王念孙认为李父、李耳即为老虎之变称。关于老、李二字之音近关系，高亨早已在《老子正诂·前记》中指出："老、李一声之转，老子原姓老，后以音同变为李，非有二也……"[1]上古音"老"属幽部，"李"属之部，之幽二部音近，常有交涉，古或不分。在陈魏宋楚之间，"虎"称为"父"，上古音同属鱼部，现在湖南湖北一代依然读"虎"为"父"。江淮南楚之间，称"虎"为"耳"，如今读来扞挌不通，但上古音"耳"属之部，在楚方言中之鱼音近，之、鱼旁转可通，耳、虎读音相近，所以在《方言》中以方块字的形式记录了楚语"虎"的读音。

至于称虎为"于菟"，历来有多种解释。从楚简文字来看，这一称呼当与文字语音均有关系。楚简中虎作 （上博二·民2），第一人称代词"吾"通常用虍 （郭店·老甲21）字形来表示。虍从"虍"从"壬"，黄德宽先生指出，虍是由"虎"形演变而来，是在 形下加一横划。古文字常常在

---

[1] 高亨. 老子正诂·前记 [M]// 古史辨·第四册. 上海：上海古籍出版社影印本，1982：351—353.

"人"形的下部加一横划①。从郭店和上博楚简用字来看虎、虐二字字形并不相混。当是"虎"专门用来表示动物，由"虎"演变出的虐同音假借用来记录楚简中的第一人称代词"吾"。

《方言》卷八："虎……江淮南楚之间谓之李耳，或谓之于菟。"郭璞注："今江南山夷呼虎为䖘。"郭璞注《方言》重目验，根据其记载，可知在晋代依然有部分地区称"虎"为"菟"。"兔"，一音一形可以记录两种不同的动物，同名异实现象在语言交际中容易造成混淆，于是在"菟"前又加了"虎"字以示区别。在字形的演变过程中，"虎""吾"音同形近，"虎兔"或被抄写为"吾兔"。这一名称后来又被记作"于菟""乌䖘"等同音异体的形式。

从字形来看，"䖘"字的产生也经历了相似的演变过程。"䖘"，《说文解字》未收。徐铉校订《说文解字》时附于"虎"部之末，概为分担"兔"字的多个义项，表示"老虎"义的又添加形符"虎"以示类属。"䖘"字形晚出，恰好体现出汉字孳乳的过程。"于菟"与"䖘"，无论是添加区别词还是添加表示类属的形符，都是为了避免混淆名称。

历来文字学家和考古学家都积极利用古音学的研究成果考释文字，或者利用韵脚字来离章辨句。通过出土材料归纳总结楚方言的语音面貌，相关结论对传世文献的释读具有补正价值。分时分地研究上古音的成果不断涌现，必将对汉语史研究产生深远影响。。

参考文献

[1]（汉）司马迁 . 史记 [M]. 北京：中华书局，1982 年 .

[2]（清）王念孙 . 广雅疏证 [M]. 北京：中华书局，1983.

[3] 高亨 . 老子正诂·前记 [M]// 古史辨·第四册 . 上海：上海古籍出版社影印本，1982：351—353.

[4] 郭锡良 . 汉字古音表稿专辑 [J]. 文献语言学（第 8 辑），北京：中华书局，2018.

[5] 华学诚 . 扬雄方言校释汇证 [M]. 北京：中华书局，2006.

[6] 黄德宽 . 曾姬无恤壶铭文新释 [J]. 古文字研究（第 23 辑），北京：中

---

① 黄德宽 . 曾姬无恤壶铭文新释 [J]. 古文字研究（第 23 辑），北京：中华书局，2002：102—107.

华书局，2002：102—107.

[7] 黄绮.之、鱼不分，鱼读入之 [J]. 河北学刊，1992（2）：34-40.

[8] 荆门博物馆.郭店楚墓竹简 [M]. 北京：文物出版社，1998.

[9] 罗常培，周祖谟.汉魏晋南北朝韵部演变研究 [M]. 北京：中华书局，1958/2007.

[10] 马承源.上海博物馆藏战国楚竹书（一至九册）[M]. 上海：上海古籍出版社，2001—2012.

[11] 邵荣芬.古韵鱼侯两部在前汉时期的分合 [J]，中国语言学报，1982（1）：127-139.

[12] 王力.汉语史稿 [M]. 北京：中华书局，1980.

[13] 赵元任，丁声树.湖北方言调查报告 [M]. 北京：商务印书馆，1948.

[14] 张旋.屈原"三闾大夫"考 [J]. 云梦学刊，2004（3）：11—13.

上古微部的支韵字的等和开合 [①]

雷瑢洵

（北京大学 中文系，东京大学 人文社会系研究科）

摘要：在《汉字古音表稿》[②]中，上古微部的中古支韵字共涉及6个声母，共18个字，中古韵母均为支合三，《表稿》列入上古支部开二。从内证材料，如谐声、联绵词、异文、声训、通假、异读等资料材料入手，这批字均与合口关系密切，列入合口可能更合适。从相对转的微物文三部的平行性来看，微部的支韵字与物部的薛、祭韵，文部的仙韵平行，与微部的微韵字同列合口三等，分化条件是：舌齿音变入中古支韵，喉牙唇音变入中古微韵。"毁"及毁声的字，内证资料反映出与歌部的关系密切，上古或当归入歌部。

关键词：微部；等；开合；《汉字古音表稿》

在《表稿》中，上古微部的支韵字共有6个声母，共18个字，分别是：

影母平声：〈于离〉褘（yī）。

晓母平声：〈许规〉睢仰目（huī）；上声：〈许委〉毁毁椻毇擘嫛（huǐ）。

定母上声：〈驰伪〉缒槌蚕腄（zhuì）。

余母上声：〈羊捶〉茟（wěi）。

来母上声：〈力委〉絫累积累厽垒（lěi）。去声：〈良伪〉累劳累（lèi）。

章母上声：〈之累〉惢（zhuǐ）。

这批字从谐声上看，分属韋声、佳声、毇声、追声、尹声、厽声、累声，

---

① 本文得到中国国家社科基金项目"古汉语联绵词形音义综合研究"（编号：17BYY022）、北京大学研究生学术交流基金资助。

② 以下简称《表稿》。

还有一个单字"烊"。

《汉字古音表稿·例言》中指出："《表稿》将合三（支）韵移至开二，将合三（脂）韵另列合四。"如果按照《汉语史稿》和《汉字古音手册》的处理，这一批字是微部合三的例外字。但《表稿》指出，例外字的数量远超过微部开二（皆韵）规律演变的字的数量。故有上述调整。

本文尝试从上古内证材料和微物文三部的平行性来考虑，探讨上古微部的中古支韵字的音韵地位。

一、毇声之"毁燬橇毇擊嫛"

表1　毇声字的语音情况

汉字	今读	反切	声母	韵	等	开合	调
毇毁燬橇擊嫛	huʏ	许委	晓	纸	三	合	上

《表稿》收毇声六字[①]，《广韵》均收在许委切下。自顾炎武起，毇声列在微部一系[②]，主要的依据是《诗·周南·汝坟》："鲂鱼赪尾，王室如毁。虽则如毁，父母孔迩。""毁"叶"尾迩"。

毇，《说文·毇部》："米一斛春为八斗也。"许委切。古书中有入声读法，《经典释文》卷十五："不鑿，子各反，精米也。《字林》作'毇'，子沃反，云'粝米一斛春为八斗'。"根据王筠《说文解字句读》，应是"鑿"字之讹，与本文的讨论无关。

毁，《说文·土部》："毁，缺也。从土，毇省声。"许委切。《广韵》收许委、况伪二读。"毁"的上去两读别义，贾昌朝《群经音辩·辩彼此异音》："坏他曰毁，许委切；自坏曰毁，况伪切。"

"毁"的押韵材料多，但是情况复杂，可与歌部、支部、鱼部等字押韵。《楚辞·九辩》叶"毁弛"，"弛"入歌部。《康熙字典》释"毁"，"叶后五切，音户。《易林》腰诈庞子，夷灶尽毁。兵休卒发，矢至如雨。""毁雨"相叶，

---

① 《说文》"毁"从"毇"省声。

② 段玉裁十五部，江有诰脂部，脂微分部后列微部。

"雨"是鱼部字。又："叶暄规切，音堕。扬子《太玄经》减其疾不至危也，浏涟之减生根毁也。""危毁"相叶，"危"是支部字。

《释名·释天》："火，化也，消化物也。亦言毁也，物入中皆毁坏也。"毕沅《疏证》："《说文》：'火，毁也。'案毁、毁音皆近火。苏舆曰：《春秋元命苞》：'火之为言委随也。'案委随即毁之合音。"又《释言语》："祸，毁也，言毁灭也。"

这两条材料反映出两点语音信息。第一，"火"本为微部合口字，在东汉已经入歌部[1]；"祸"归歌部，也属合口。声训对开合的要求比较严格。据此则"毁"应该归入合口。第二，"毁"在汉代应读入歌部，并随着歌部三等变入中古支韵。这样上文引证的两则声训，以及上文"毁"与鱼部、支部的押韵数据才能比较好地得到落实。异文材料也能与之映证。《易·谦》象传："天道亏盈而益谦。"音义："亏盈，马本作'毁盈'。""亏"入歌部。

根据丁邦新《魏晋音韵研究》所列韵谱，与"毁"相叶的字都在中古支韵。如：郭璞《封豕赞》：豕毁技。陶潜《饮酒》之六：是毁尔绮。到魏晋时期，"毁"已转入支[2]。

如果将"毁"归入歌部，必须要解释《周南·汝坟》中的韵段。这个字与"毁"关系密切。《说文·火部》："毁，火也。从火，毁声。《春秋传》曰'卫侯毁'。"许伟切。《广韵》作许委切。《诗·周南·汝坟》"毁"入韵两次，但此诗句《说文》引作"焜"。《火部》："焜，火也。从火，尾声。《诗》曰：王室如焜。"许伟切。《广韵》同许伟切。

《经典释文》卷五《毛诗音义》：

> 如毁，音毁，齐人谓火曰毁，郭璞又音货，字书作焜，音毁，说文同。一音火尾反。或云楚人名火曰燥，齐人曰毁，吴人曰焜，此方俗讹语也。

"楚人名火曰燥，齐人曰毁，吴人曰焜，此方俗讹语也"，说明至少在通语中，"毁"和"焜"的读音不同。《说文》同收两字并且两字相邻，也说明

---

① 罗常培、周祖谟. 汉魏晋南北朝韵部演变研究·第一分册 [M]. 北京：科学出版社，1956：153.

② 丁邦新. 魏晋音韵研究 [M]. 台湾"中研院"历史语言研究所专刊第六十五，1975：92-93.（原文献为连续出版物的专刊）

二字存在差异。《广韵》收录的"焜"的读音与"火尾反"相同,《释文》中标"一音火尾反",说明"毁"不应读入尾韵。

《周礼·秋官司寇·序官》:"司烜氏下士六人,徒十有六人。"注:"烜,火也,读如卫侯毁之毁。故书毁为烜。郑司农云:当为烜。"音义:"司烜,音毁,注'毁'同。""烜"是元部字,阴阳对转,故至少在汉代,"毁""毁"与歌部的关系密切。

"毁"与"焜"虽然音近义近,但应为不同的词,中古也保留了读音的差别,"毁"为纸韵,纸韵可由歌部发展而来;"焜"则为尾韵,多由微部发展而来。从上古和中古的对应规则,以及"毁"的上古材料来看,"毁"可以归入歌部,则毁声之字,如"橓",也应归入歌部。

"毁燬擊嬰"均有"坏"之义,是一组同源字。《说文·手部》:"擊,伤击也。从手、毁,毁亦声。"许委切。《女部》:"嬰,恶也,一曰人皃。从女,毁声。"许委切。段注:"许意盖谓毁物为毁,谤人为嬰。"这四个字或与"隳"有同源关系,均有"坏"之义,"隳"《广韵》许规切,与"毁"只是平上的差别。《老子》二十九章"或挫或隳",陆德明《经典释文》:"隳,毁也。""隳"上古在歌部合口,语音非常接近。"燬"是"毁"这一系列字的一个,表示以火为工具手段的"毁坏",与"焜"音义俱近,故二字逐渐相混,"燬"就可以用来记录"焜"。

综上,毁声的六个字,中古均在合口三等,在上古与合口字关系密切,在上古也应列合口。魏晋时毁声字读入支部,汉时与歌部字关系密切,应为歌部字。"燬""焜"有别,从上古与中古的对应关系来看,将先秦时期的毁声归入歌部合口三等比较合适。

二、累声之"累_{积累}"、"累_{劳累}"与厽声之"絫厽垒"

表2　厽声字的语音情况

汉字	今读	反切	声母	韵	等	开合	调
厽垒絫	lěi	力委	来	支	三	合	上
藟	lěi	落猥	来	灰	一	合	上

《说文·糸部》:"纍,缀得理也。一曰大索也。从糸,畾声。"力追切。

畾声无疑应归入微部，《诗经》中有很多韵段。如：《周南·卷耳》二章：嵬隤虺怀。《樛木》一章：纍绥。《邶风·终风》四章：靁怀。《小雅·南有嘉鱼》三章：纍绥。《大雅·旱麓》六章：藟枚回。《泂酌》二章：罍归。这些都是畾声押微部的证据。

段玉裁在"纍"字下注：

> 按"纍""絫"二字大不同。"纍"在十五部，大索也，其隶变不得作"累"；"絫"在十六部，增也，引申之延及也，其俗体作"累"。

《说文·厽部》："絫，增也。从厽，从糸。絫，十黍之重也。"力轨切。《广韵》力委切。段玉裁注：

> 凡增益谓之积絫，"絫"之隶变作"累"，"累"行而"絫"废。古书时见"絫"字，乃不识为今之"累"字。……力轨切，按当云力诡切，在十六部。

段玉裁指出，"累"记录了"絫"和"纍"两个字，"絫""纍"意义不同，"纍"本义为"大索"，而"絫"的本义为"增"；上古也不属于同一韵部，"纍"在十五部（微），"絫"在十六部（支）。王力将"厽絫垒"三字归入歌部，"纍"归入微部，"纍"与"厽絫垒"之间是微歌旁转[1]。上古歌部三等在汉代逐渐转入支部，王力的处理与段玉裁的处理本质上相同。

传世典籍中多数的"絫"和"纍"均写作"累"，大量押韵材料证明畾声应归微部，如果先秦两汉时期"累"有歌部或支部读法，则可以推测厽声归入歌部或者支部[2]。

第一，从押韵上来看，汉代"累"可与支部字押韵，如：[3]《易林·坤之晋》叶"累（'捬结累累，缔结难解'）解"[4]，《比之大有》叶"累（'捬契累累，缔结难解'）解"，《晋之家人》叶"累（'忧凶憎累，患近不解'）解"，这是上声的用例；班固《幽通赋》叶"累（'守孔约而不贰兮，乃辎德而累'）"，

---

① 王力. 同源字典 [M]. 北京：商务印书馆，1982：404.

② "累"及相关的畾声、厽声的音义关系十分复杂，拟另文详述。

③ 韵段摘录自罗常培、周祖谟（1958），孙玉文（2015a）。

④ 《表稿》"解"归锡部长入，至汉代已经转入支部。下文"避"同。

王逸《九思·伤时》叶"累（'览往昔兮俊彦，亦诎辱系纍'）卖"，这是去声的例子。据此，至晚到汉代，"累"与支部已经有密切的联系。

"累"常与"毁"押韵，如《吕氏春秋·恃君览·行论》叶"毁累（'将欲毁之，必重累之'）"，《淮南子·说山训》叶"毁累（'圣人不先风吹，不先雷毁，不得已而动，故无累'）"。上文已述，"毁"的先秦读音不能确定是歌部还是微部，但在汉代与歌部、支部的关系密切，可能已经读入支部，这也与"累"的情况相照应。

第二，从"累"得声的字，有"骡螺"（落戈切）、"瘰"（郎果切）三字属歌部。三字《说文》未收，可能是略晚出现的字，但选用"累"作为声旁，说明"累"与歌部的联系。这三个字中古均属合口，也反映出"累"的合口性质。

第三，"累""缧"与"蠃"构成异文。《周易·大壮》："蠃其角。"《释文》："蠃，王肃作缧。"《周易·井》："蠃其瓶。"《释文》："蠃，蜀才作累。""蠃"是歌部合口三等字。

"累"也可以通"倮"。《礼记·曲礼上》："为大夫累之。"注："累，倮也，谓不巾覆也。"音义："累之，力果反，一音如字。""倮"从"果"得声，是歌部合口字。

第四，"累"与歌部字、支部字构成联绵词。《庄子·在宥》："从容无为而万物炊累焉。"《释文》："炊累，犹动升也。""炊累"是联绵词，"炊"是歌部合口字，则"累"也与歌部关系密切。

《史记·司马相如列传》："连卷累佹。"《汉书》《文选》均作"连卷欐佹"，注："卷音邱专反，又音巨专反。欐音力尔反。佹音诡。""累"和"欐"构成异文，"欐"從"麗"得声，属支部。更重要的是，"连卷"元部叠韵，韵母同为三等合口，"累佹""欐佹"支部叠韵，韵母同为三等合口；"连"和"累""欐"来母双声，"卷""佹"群见准双声，这也说明"累"有支部读法。

从上述所举的例子来看，"累"与歌部、支部的关系很密切[①]；而"累"记录了"厽"和"纍"两个字，畾声应归入微部，如此则厽声归入歌部的可能

---

① 歌部和支部在汉代关系密切，歌部三等字转入支部。

性比较大。①

再来看开合的情况，无论是"厽声"的"絫厽垒"（力委切），还是纍声（累声）的"纝（力遂切）""纝灅蘽樏纝儽纝（力追切）缧藟樏嫘（《集》伦追切）""累（力委切）""累（良伪切）""磥（落猥切）蘽厽傫（《集》鲁猥切）""骡螺（落戈切）""瘰（郎果切）"共 21 字，中古均为合口。同一谐声系列的字，开合一般相同。因此，这些字在上古也应归入合口。

上古的歌部合三，来母只有平声"蠃罏"（力为切）二字，上声、去声无字。"絫厽垒"（力委切）三字，如归入歌部合三，也不会造成上古到中古缺乏分化条件的情况。

总之，从"累"的押韵、谐声、通假和构成联绵词的情况来看，"累"常与合口字发生联系，"连卷累偻"这一则联绵词叠用的情况，说明了"累"应为三等。由此，将这一批字归入合口三等，更加符合内证材料反映出的语音信息，也能更好地解释从上古音到中古音的演变。分列开合，则会造成谐声字的不同开合的局面。

三、追声之"縋槌蚕腿"

表 3 追声字的语音情况

汉字	今读	反切	声母	韵	等	开合	调
追	zhuī	陟佳	知	脂	三	合	平
搥	duī	（集）都回	端	灰	一	合	平
縋槌腿	zhuì	驰伪	澄	寘	三	合	去
槌	chuí	直追	澄	脂	三	合	平

"縋槌蚕腿"，《广韵》驰伪切。根据上表，追声六字中古均为合口，除"搥"之外均为三等。同一谐声系列的字，开合一般相同。这一批字在上古归入合口比较合适，不会造成同谐声不同开合的局面。

"槌"有异读，读直追切时，表示"锤击"；读驰伪切时，训为"丝蚕薄

---

① 上古歌部与微部的关系也很密切，微部的部分字在演变中转入歌部，再变入支部。这种可能性也不能排除。本文主要证明上古微部的中古支韵字的等和开合，文中所罗列的材料主要是要说明这批字的语音特性。至于"絫厽垒"三字是否要归入歌部，还可以继续讨论。

柱"。两个意义在上古文献中均有用例，这一组异读的中古声母、等都相同，上古也应归入同一韵部。虽然中古所属的韵有脂支之别，这有可能是中古支脂混同的结果。脂韵平声字有支韵系的异读，可举例如下：

砥，旨夷切，诸氏切；柅，女夷切，女氏切；狋，儒佳切，如累切。

詑，丑知切，丑利切；帔，匹支切，匹鄙切；眭，许规切，许维切；睢，许规切，许维切。

平声的"槌"，与"棰"等字同源。王力收录"椎（槌）"与"棰（棰）捶"这一对同源字，"定照准双声，微歌旁转"，表示"锤击"之义。与之同组的同源字还有"槌（篕）、揣、楇、錣"等，中古都属合口①。从同源词的语音关联来看，"槌"也应归入合口。

总之，从谐声、异读和同源词的角度，追声字归入合口更为妥当。

四、韦声之"褘"

褘，《说文》未收，《尔雅·释诂下》"美也"，《广韵》于离切，支开三。"褘"从"韦"得声，"韦"从"口"得声。下表列出《表稿》所收韦声之字：

表4　韦声字的语音情况②

汉字	今读	反切	声母	韵	等	开合	调
韦幃闈违 潍骸围	wéi	雨非	云	微	三	合	平
郼	yī	于希	影	微	三	开	平
褘	yī	于离	影	支	三	开	平
褘	huī	许归	晓	微	三	合	平
諱	huì	许贵	晓	未	三	合	去
韑	wěi	（集）于非	云	微	三	合	平
韪煒偉瑋葦 樟韑媁愇	wěi	于鬼	云	尾	三	合	平

---

① 王力.同源字典[M].北京：商务印书馆，1982：402.

② 围声之字未列出。

汉字	今读	反切	声母	韵	等	开合	调
緯	wěi	于贵 （集）宇鬼	云 云	未 尾	三 三	合 合	去 去

"口"是合口三等字。在全部22个韋声字中，只有"郼""褘"中古为开口[①]，其余均为合口字，而且所有的韋声字中古均为三等。谐声字往往同开合，并且倾向于同等，据此将"褘"列入微部合三，更符合谐声关系的语音规律。

《尔雅·释训》"委委，美也"，《释文》引舍人云："褘褘者，心之美。"又有联绵词"褘隋"，《汉语大词典》释为"逶迤，从容自得貌"，引《隶释·汉卫尉衡方碑》："夙夜惟寅，褘隋在公。"洪适释："褘隋，即委蛇。出《韩诗内传》。""褘""委""隋"均为合口字，这也映证了"褘"应归入合口。

五、尹声之"芛"

《说文》："芛，艸之葟荣也。从艸，尹声。"羊捶切。《广韵》同羊捶切。

表5　尹声字的语音情况

汉字	今读	反切	声母	韵	等	开合	调
尹颎	yǐn	余准	余	准	三	合	上
芛	wěi	羊捶	余	纸	三	合	上

"尹"及尹声字中古都是合口三等，"芛"读阴声韵，是阴阳对转。因此"芛"也应归入合口。

《尔雅·释草》："芛，华荣。"《释文》："芛，郭音獮，羊棰反，顾羊述反，谢私尹反，樊本作苇。"从郭璞注音可知，至晚在魏晋时"芛"已读为阴声。

---

① "郼"为国名，读音易出现例外。《吕氏春秋·慎大》"亲郼如夏"，高诱注："郼，读如衣。今充州人谓殷氏皆曰衣。""郼"之音于希切，与"衣"音同。

六、隹声之"睢_{仰目}"

《说文·目部》:"睢,仰目也。"许惟切,在脂韵。《广韵》许规切,在支韵;息遗切,在心母脂韵。孙玉文引用《经典释文》各家的注音,推测"睢"注支韵是支脂混同后的结果,《说文》注许规切,可以作为一条证据①。

郑妞已经分析了"睢"的音义关系:"表示'仰目、自得貌',读为晓母","表示地名、水名,读为心母"②。

《表稿》中收录"隹"及从"隹"得声的字共有 52 个③,均为合口字。根据谐声关系,"睢"应归入合口。"睢"的音注和在赋中的连用情况也能映证:

> 扬雄《蜀都赋》"箟睢暽兮罴布列"注:"睢,许维反。暽,音霍,惊视貌。"
>
> 《文选·马融〈长笛赋〉》"僬眇睢维"注:"僬,子小切…眇,亡小切…睢,仰目也,许惟切。"
>
> 《文选·张衡〈西京赋〉》"睢盱拔扈"注:"睢,仰目也。盱,张目也。睢,火隹切。盱,火于切。"

上述三则材料中的注音均说明"仰目"义的"睢"有脂韵读法。在"僬眇睢维"中,"僬眇""睢维"分别叠韵,"睢""维"的韵母相同,"睢"在上古应归入微部合口。

综上,"睢"字或当取脂韵一读,归入微部合口。微部的脂韵字,《表稿》列四等,"睢"字也应据此列微部合四。

七、结语

微物文三部作为具有对转关系的一组韵部,在与中古音的对应上呈现出

① 孙玉文. 上古汉语韵重现象研究 [J]. 语言学论丛(第55辑),北京:商务印书馆,2017:1—71.

② 郑妞. 上古牙喉音特殊谐声关系研究 [D]. 北京:北京大学,2012:98.

③ 限于篇幅,本文不一一列出。

平行性。《表稿》中，这三部中各个韵母与中古音的对应关系列表如下：

表6　《表稿》微物文三部的韵母与中古音的对应情况

上古等	微	物（短入）	物（长入）	文
开一	咍	没	代	痕
开二	皆、支	黠	怪	山
开三	微	迄	未	真
开四	脂	质	至	先、欣
合一	灰	没	队	魂
合二	皆	黠	怪	山
合三	微	物、术	未、祭	文、仙
合四	脂	质	至	谆

从系统性来看，与支韵相照应的祭韵、仙韵都列在上古的合三。将支韵合口字列在上古微部的开口二等，微物文三部之间的平行性就打破了。如果稍作调整，将物部短入中视为例外的薛韵字处理为规则的音变，并将文部开三的"真"与开四的"欣"略作调整，三部之间的对应关系就非常整齐：

表7　微物文三部的韵母与中古音的对应情况

发音部位	微	物（短入）	物（长入）	文
喉牙	咍	没	代	痕
喉牙舌　唇	皆	黠	怪	山
喉牙舌	微	迄	未	欣
喉牙舌齿唇	脂	质	至	真臻
喉牙舌齿				先
喉牙舌齿唇	灰	没	队	魂
喉牙	皆	黠	怪	山
喉牙　唇	微	物	未	文
喉　舌齿	支	薛	祭	仙
喉牙舌齿	脂	质术	至	真谆

再来看归入微物文合口三等的"支薛祭仙"四韵的字，从表中看有读为喉音声母的字，但是核检例字，只有"睢仰目（许规切）""毁煅橓毇擧嫛（许

委切）"蟨（许劣切）""员（王权切）"等字，"睢"及毁声诸字已见上
文讨论，不形成反例。"支薛祭仙"四韵的上古微物文部字，主要还是拼舌齿
音声母。上古微物文部的合口三等一般列"微物未文"四韵之字，这四韵恰
好是不拼舌齿声母的，"支薛祭仙"与"微物未文"基本上呈现互补的格局。
对于物部合三长入"祭""未"，文部合三"仙""文"，《表稿》确实采用了互
补的处理，将"祭""仙"的分化条件标写为舌齿声母。其实对于微部的支韵
字和物部的薛韵字，也可以做同样的处理。

㳠，《广韵》之累切，《说文》阙。目前所能见到的资料极有限，根据上
古音与中古音的对应关系，应归入微部的合口三等。

总之，无论是搜集内证材料对具体字的读音情况做考察，还是从语音对
应的角度考虑，将上古微部的支韵字归入合口三等，既能解释上古的内证材
料，也符合语音的系统性。

参考文献：

[1] 丁姝. 上古幽觉部开合口研究 [D]. 北京：北京大学，2016.

[2] 丁邦新. 魏晋音韵研究（Chinese Phonology of the Wei-Chin Period
Reconstruction of the Finals as Reflected in Poetry）[M]. 台湾"中研院"历史语
言研究所专刊第六十五，1975.

[3] 华学诚主编. 郭锡良编. 汉字古音表稿专辑 [J]. 文献语言学（第8辑），
北京：中华书局，2018.

[4] 李添富. 广韵又音又切表 [M]// 李添富. 新校宋本广韵. 台北：洪叶文
化事业有限公司，2001.

[5] 梁慧婧. 谐声与等列 [D]. 北京：北京大学，2013.

[6] 罗常培，周祖谟. 汉魏晋南北朝韵部演变研究（第一分册）[M]. 北京：
科学出版社，1956.

[7] 齐晓燕. 上古歌月元三部及其他韵部的通转关系研究 [D]. 北京：北京
大学，2015.

[8] 孙玉文. 汉语变调构词考辨 [M]. 北京：商务印书馆，2015a.

[9] 孙玉文. 上古音丛论 [M]. 北京：北京大学出版社，2015b.

[10] 孙玉文. 上古汉语韵重现象研究 [J]. 语言学论丛（第55辑），北京：
商务印书馆，2017：1—71.

[11] 王力. 上古汉语韵母系统研究 [M]// 王力. 王力文集·第十七卷. 济南：山东教育出版社，1989：116—196.

[12] 王力. 汉语史稿 [M]. 北京：中华书局，1958.

[13] 王力. 同源字典 [M]. 北京：商务印书馆，1982.

[14] 郑妞. 上古牙喉音特殊谐声关系研究 [D]. 北京大学，2012.

王念孙 "古声廿三纽" 考证[①]

赵晓庆

（中国海洋大学 文学与新闻传播学院）

摘要：1922年王国维据《释大》残稿推测王念孙已分古声为廿三纽，但未引起学界重视。近来笔者整理北大藏《王念孙手稿》时发现一部名为《迭韵转语》的联绵字谱正以二十三声纽分类，而另一部《声转义同谱》残稿亦有"古声廿三纽"之迹。由此，王念孙"古声廿三纽"之说可成定论。王念孙是最早科学归纳上古声纽系统且有较高成就的清代古音学家。

关键词：王念孙；《迭韵转语》；古声廿三纽；新证

一、王念孙《释大》与 "古声廿三纽" 之发现

1922年，罗振玉从江姓手中购得高邮王氏父子未刊手稿一箱，并在王国维协助下将部分内容整理刊刻为《高邮王氏遗书》。其中有《释大》八篇，以声纽分列篇目，引起了王国维的注意，其整理附记曰：

> 此第八篇初稿与第七篇及《释始》清从二母字初稿同在一纸上，涂乙草率，几不可读，亟录出之，虽非定稿而牙喉八母字得此乃备致可喜也。王国维识。[②]

① 基金项目：国家社会科学基金项目"《王念孙古音学手稿》整理与研究"（项目编号：16CYY030）。本文承蒙孟蓬生研究员、孙玉文教授、张民权教授指导和鼓励，谨此一并致以诚挚谢意。

② 罗振玉辑. 高邮王氏遗书 [M]. 南京：江苏古籍出版社，2000：81.

《释大》本有誊录稿七篇，王国维后又从杂稿中寻得第八篇草稿补入。他还发现《释大》每篇被训字皆以声纽分列，如第一篇为见纽字，第二篇为溪纽字，第三篇为群纽字，第四篇为疑纽字，第五篇为影纽字，第六篇为喻纽字，第七篇为晓纽字，第八篇为匣纽字。又，文中有"说见第十八篇洒字下""物之大者，皆以牛马称之，说见第二十三篇"等相关表述，王国维据此推测王念孙已分古声母为二十三纽。《高邮王怀祖先生训诂音韵书稿叙录》①曰：

> 正书清稿取字之有大义者，依所隶定之字母，汇而释之，并自为之注，存见溪群疑影喻晓七母，凡七篇，分上下。余从杂稿中搜得匣母一篇，草书初稿附卷末。并为八篇，据第四篇"岸"字注云："说见第十八篇洒字下"，又第三篇"䢼"字注云："物之大者，皆以牛马称之，说见第二十三篇"。是先生此书畧已竣事，惜遗稿中已不可见矣。案，唐宋以来相传字母凡三十有六，古音则舌头、舌上、邪齿、正齿、轻唇、重唇并无差别，故得二十三母，先生此书亦当有二十三篇。其前八篇为牙喉八母，而"洒"字在第十八篇，"马"字在第二十三篇，则此书自十五篇至十九篇当释齿音精、清、从、心、邪五母之字，自二十篇至二十三篇当释帮、滂、並、明四母之字。然则第九至第十四六篇，其释来、日、端、透、定、泥六母字无疑也。今存首七篇，视全书不及三分之一，又观先生遗稿似尚欲为释始、释君诸篇而未就者，殊不无俄空之憾②。

后来，王国维为补王念孙《叠韵转语》而作《联绵字谱》，便应用了他发现的这二十三纽。《联绵字谱》中王国维分列"双声之部""叠韵之部""非双声叠韵之部"，分上、中、下三篇，其中"双声之部"以声纽排列，"非双声叠韵"下注曰"以首字之母为次"，亦以声纽排列，今抄录其所列声纽目录如下：

> 影、喻、晓、匣；见、溪、群、疑；端知、透彻、定澄、泥娘；来、日；精照、清穿、从床、心审、邪禅；帮非、滂敷、並奉、明微

将三十六字母中舌音端、知二组合一，齿音精、照二组合一，唇音帮、

---

① 王国维. 观堂集林·高邮王怀祖先生训诂音韵书稿叙录 [M]. 北京：中华书局，1959：393.
② 按，《释大》《释始》《释君》在北大藏王念孙未刊稿《声转义同谱》中有对应，详见本文第三部分。

非二组合一，共列二十三纽，与所考求之《释大》声类一致。王国维《联绵字谱》据《释大》而列，对其所发现的王念孙古声二十三纽作了应用和阐发。

其实，在王国维之前，就有人发现了王念孙的古声二十三纽，只是未做申发。王念孙之孙王寿同《观其自养斋烬余录》[①]卷二"释大"条下曰：

> 《释大》七卷，先祖手著未刻，庚戌冬十月，启箧出之，属（嘱）张延甫大令录而付梓凡例数则，以明箸书之旨。张君录此书，相与穷思，分部与用圈之，故未得。一日，张君语余曰："昨夜梦白髯老人语之曰：'吾之释大乃转注之说，如干之转钩按，乃见母商音，歌之转瓜按，此侣宫音，不惟释大字可，佗字亦无不可。'因披韵书，见有十二摄韵首法，果有"干、钩""歌、瓜"之转，乃就此例而推之。"……按此，则《释大》之分卷厘然可晓，吾祖之来告正，以教我子孙也。就母推之，祇有七母之余，二十三篇不知何在按，三卷下著字注云："说见第四、第二十三两篇"四卷上犀字注："说见十八篇"，此书乃已成之作。然此以明转注之说，若能因指见月，得鱼忘筌，固亦不必尽罗三十六母字而后为全书。若不能即此识彼，以悟训诂声音之本，则虽尽罗三十六元音，而推之佗字，则仍窒厄不通矣。

1832年王念孙去世，两年后王引之离世。王氏父子大量遗稿转至王引之之子王寿同处，王寿同承担起了整理刊布王念孙遗稿之任务。王寿同，号子兰，为王引之子嗣中最能继承王氏家学之人。然而1852年太平军攻陷武昌，王寿同作为镇守官员以身殉职，其所整理之《王念孙手稿》本已付梓即刊，不幸因遭兵燹而刻板尽毁。此段记载了王寿同离世前托请张延甫协助整理王念孙《释大》之情形。据以上所述，庚戌年（1850）冬，王寿同暇余之时从箧中取出王念孙遗稿中《释大》一部，请张延甫录而作序，以备付梓。二人相与穷思，竟无所得。后来张延甫梦得白髯老人（王念孙），而悟《释大》为转注之说，发现前七篇各以声母分列，又据相关表述而知全书共23篇。王国维之考证及论断与此雷同，盖有出于此。因此，王念孙古声廿三纽之发现最早出自张延甫及王寿同。

二、《迭韵转语》与"古声廿三纽"之证实

1830年，程瑶田后人携程氏遗稿《果赢转语》请王念孙校并作序。《果赢

---

① 王寿同. 观其自养斋烬余录 [M]. 稿本丛书·第五册. 天津：天津古籍出版社，1996：376.

转语》是一部研究联绵词的著作，其开篇曰：

姑以所云“果蠃”者推广言之。《尔雅》：“果蠃之实栝楼”，高诱注《吕氏春秋》曰：“穗，果蠃也。”然则“果蠃”之名无定矣。故又转为“蠕蠃”“蒲卢”，细腰土蜂也（《说文》云“蠕，又作蜾。”），《尔雅》作“蜾蠃”。……①

程瑶田注意到了联绵词据声音以类相从的规律，网罗 k-、l- 及相关声纽之联绵词二百余条，因以成稿。王念孙服膺其学，言此为“训诂家未尝有之书，亦不可无之书也”②。在程氏启发下，王念孙也将联绵词引入到转语中研究，以声系词，作《迭韵转语》二卷。王念孙认识到联绵词的核心在于声音，故而在《迭韵转语》中依据“古声二十三纽”，始“见”终“並”，对迭韵联绵词作了标示和排序。如：

见溪 1.1 具区
见群 1.2 沟渠 砗磲 车渠
见疑 1.3 句吴
端见 1.4 诋諆
定见 1.5 跿跔 梼梡 駃騠 鷤鴂 鷤鳺鶗鳺
精见 1.6 镃錤 镃基兹其兹基 妓娄 子巂 子规秭鳺 蜛蠩 作姑 鶌鸠
见心 1.7 卷施 狼居胥 姑苏 羁绁
心见 1.9/1.10 嵩高 崧高
见来 1.11 句龙 羁旅 江蓠 江离 句丽
来见 1.12 胪句 軥录 觚卢 蝼蛄 蜗蠃 菲③离
帮见 1.13 不其
滂见 1.14 鎃摫
並见 1.15 蒲姑 薄姑 鏷錞 仆姑

① 程瑶田．果蠃转语记 [M]．安徽丛书・第二期・第四〇册．安徽丛书据传抄本影印，1934.

② 王念孙．程易畴《果蠃转语》跋 [M]// 罗振玉辑．高邮王氏遗书．南京：江苏古籍出版社，2000：151.

③ 同“乖”。《说文・𦫳部》：“菲，戾也。”《玉篇・𦫳部》：“菲，戾也，睽也，邪也，背也，差也，离也。今作乖。”

见明 1.16　羁縻_{羁雁}　摹姑　姑幕

溪群 1.17　芎藭　营藭_{鞠穷穷穷}　鹝鹝

群溪 1.18　鹝鹝

溪疑 1.19　曲遇　崆峖

溪定 1.20　倥侗崆峒_{空桐空同}

溪娘 1.21　揩摋

溪从 1.22　龟兹

溪来 1.23　崆巄　穹窿　箜篌

並溪 1.24　徘徊

溪明 1.25　墟墓

（按，声组后序号为原稿页码）

　　以上每组以三十六字母标目，而又以二十三声类排列，如其中 1.1—1.16 为见类，1.17—1.25 为溪类，直至最末之並类。王念孙标示声纽的目的并不仅仅是为了排序，他意在考求古声纽的声转关系，检验自己所建立的古声二十三纽，这就开启了以联绵词考求古音的大道。故而，与《果赢转语记》未作声韵标记仅模糊匹配的情况相比，《迭韵转语》在联绵词研究的广度和深度上都更进了一步。

　　《迭韵转语》中王念孙以三十六字母标明每组迭韵连绵字的声纽，同时又将众多标目划分为二十三个大的组类依次排列：一、见类；二、溪类；三、群类；四、疑类；五、端类；六、透类；七、定类；八、泥类；九、精类；十、清类；十一、从类；十二、心类；十三、禅类；十四、来类；十五、日类；十六、帮类；十七、滂类；十八、明类；十九、晓类；二十、匣类；二十一、影类；二十二、喻类；二十三、並类。此二十三类与王国维《联绵字谱》所列除前者以"禅"代"邪"外内容完全相同（《迭韵转语》全文无"邪"纽字，邪纽阙）。王念孙受钱大昕"古无心、审之别"[1]影响，亦以邪、禅不分，以禅代邪。兹将《迭韵转语》条目标示中出现的三十六字母及其相对应的王念孙古声二十三纽列表如下（方框内为所缺声母）：

---

① 钱大昕. 十驾斋养新录 [M]. 南京：江苏古籍出版社，2001：82.

表 1 《迭韵转语》三十六字母与王念孙古声二十三纽对照表

发音方法 发音部位	全清	次清	全浊	次浊	清	浊
牙音	见	溪	群	疑		
舌音	端知	透彻	定澄	泥娘		
唇音	帮非	滂敷	並奉	明微		
齿音	精照	清穿	从床		心审	邪禅
喉音	影	喻	晓	匣		
半舌音				来		
半齿音				日		

（说明：《迭韵转语》以36字母标示每组连绵字之声类，因其所考求联绵词数量有限，缺邪、床二母之字，故所列仅有34母）

《迭韵转语》以三十六字母标记迭韵联绵词，所以其古声二十三纽之划分表现得更为清晰。王念孙将轻唇音归入重唇音，将舌上音归入舌头音，将正齿音归入齿头音，在《迭韵转语》的标目和组类中有详细体现。《迭韵转语》以声母组列迭韵连绵字，不同的声母组可以划分为不同的声纽大类。如第一见类，包括见溪、见群、见疑、端见、定见、精见、见心、心见、见来、来见、帮见、滂见、並见、见明十四个声组母，每个声组母下列一个至数个不等的联绵词。《迭韵转语》中声母组与大类之标目以及联绵词与声母组之标目并不完全相合，这些差异与不合恰好反映了王念孙对古声母归类的见解，其中可见王念孙"古声二十三纽"之归并。

（一）组与类不合者

第五端类：端定、端来、知来、来端

第六透类：透、澄彻、透照、来彻、彻日、彻並

第七定类：清定、心澄、定来、帮定、滂定、定並、並定、明定

第九精类：精、穿照、定照、澄照、照定、照澄、精定、心照、从精、来精、照来、来照、照日、精帮、非精、並精、精明、微照

第十清类：来清、清滂、並穿、明穿

第十二心类：心来、心帮、並心、心明、审明

第五端类中，有四组标目，有"知来"一组，知端相出入。第六透类，有六组标目，有"澄彻""来彻""彻日""彻並"四组，彻透相出入。第七定类，有八组标目，有"心澄"一组，澄定相出入。第九精类，有十八组标目，有"穿照""定照""澄照""照定""照澄""心照""照來""来照""照日""微照"十组，照精相出入。第十清类，共四组标目，有"並穿""明穿"二组，穿清相出入。第十二心类，有五组标目，有"审明"一组，审心相出入。

此组与类之不合者，至少可见有六母归并："知"并入"端"，"彻"并入"透"，"澄"并入"定"，"照"并入"精"，"穿"并入"清"，"审"并入"心"。已囊括舌、齿、唇音三类。

如果说，组与类的差异反映了声类的部分归并，那么条目与标目之间的差异则对声纽归并反映得更全面。

（二）条目与标目不合者（上古声母标记以王力先生三十三声母，见于中古以后的联绵词不复标示上古音韵地位）

（1）端—知

踶跂（透照1.45）："踶"，《广韵》"池尔切"，澄纸上，上古定支。"跂"，《集韵》"章移切"，章支平，上古章支。按，"踶"字《广韵》"澄"母，王念孙标记为"透"母。

等夷（知喻2846）："等"，《广韵》"多肯切"，端等上，上古端蒸。"夷"，《广韵》"以脂切"，以（喻四）脂平，上古以（喻四）脂。按，"等"字《广韵》"端"母，王念孙标记为"知"母。

（2）透—彻

偷懦（彻日1.47）："偷"，《广韵》"托侯切"，透侯平，上古透侯。"懦"，《广韵》"人朱切"，日虞平，上古日侯。按，"偷"字《广韵》"透"母，王念孙标记为"彻"母。

璗琈（彻並1.48）："璗"，《广韵》"他胡切"，透模平。"琈"，《广韵》"缚谋切"，奉尤平。按，"璗"字《广韵》"透"母，王念孙标记为"彻"母。

（3）定—澄

鸅鸆泽虞（定疑1.34）："鸅""泽"，《广韵》"场伯切"，澄陌入，上古定铎。"鸆"、"虞"，《广韵》"遇俱切"，疑虞平，上古疑鱼。按，"鸅""泽"二字《广韵》"澄"母，王念孙标记为"定"母。

苏屠（心澄1.50）："苏"，《广韵》"素姑切"，心模平，上古心鱼。"屠"，《广韵》"同都切"，定模平，上古定鱼。按，"屠"《广韵》"定"母，王念孙标记为"澄"母。

屠麻屠苏（心澄1.50）："屠""屠"，《广韵》"同都切"，定模平，上古定鱼。"麻""苏"，《广韵》"素姑切"，心模平，上古心鱼。按，"屠""屠"《广韵》"定"母，王念孙标记为"澄"母。

提撕（心澄1.50）："提"，《广韵》"杜兮切"，定齐平，上古定支。"撕"，《广韵》"先稽切"，心齐平，上古心支。按，"提"《广韵》"定"母，王念孙标记为"澄"母。

条支（澄照1.61）："条"，《广韵》"徒聊切"，定萧平，上古定幽。"支"，《广韵》"章移切"，章支平，上古章支。按，"条"《广韵》"定"母，王念孙标记为"澄"母。

洿池（影定2830）："洿"，《广韵》"哀都切"，影模平，上古影鱼。"池"，《广韵》"直离切"，澄支平，上古定歌。按，"池"《广韵》"澄"母，王念孙标记为"定"母。

著雍（影定2830）："著"，《广韵》"直鱼切"，澄鱼平，上古定鱼。"雍"，《广韵》"于容切"，影钟平，上古影东。按，"著"《广韵》"澄"母，王念孙标记为"定"母。

（4）帮—非；帮—奉

藩篱_{藩蓠}（帮来2787）："藩"，《广韵》"甫烦切"，非元平，上古帮元。"篱""蓠"，《广韵》"吕支切"，来支平，上古来歌。"藩"《广韵》"非"母，王念孙标记为"帮"母。

即裴_{椰裴}（精帮1.71）："即""椰"，《广韵》"子力切"，精职入，上古精质。"裴"，《广韵》"符非切"，奉微平，上古并微。按，"裴"《广韵》"奉"母，王念孙标记为"帮"母。

（5）滂—敷

萋斐（清滂1.77）："萋"，《广韵》"七稽切"，清齐平。"斐"，《广韵》"敷尾切"，敷尾上。按，"斐"《广韵》"敷"母，王念孙标记为"滂"母。

玻璃_{玻璃颇黎}（敷来2788）："玻""颇"，《广韵》"滂禾切"，滂戈平。"璃"，《广韵》"吕支切"，来支平。按，"玻""颇"《广韵》"滂"母，王念孙标记为"敷"母。

鬐髵（滂日2794）："鬐"，《广韵》"敷悲切"，敷脂平。"髵"，《广韵》"如之切"，日之平。按，"鬐"《广韵》"敷"母，王念孙标记为"滂"母。

匹妃（滂2798）："匹"，《广韵》"譬吉切"，滂质入，上古滂质。"妃"，《广韵》"芳非切"，敷微平，上古滂微。按，"妃"《广韵》"敷"母，王念孙标记为"滂"母。

铺于（敷喻2856）："铺"，《广韵》"普胡切"，滂模平，上古滂鱼。"于"，《广韵》"羽俱切"，云（喻三）虞平，上古云（喻三）鱼。按，"铺"《广韵》"滂"母，王念孙标记为"敷"母。

（6）並—奉

璂琈（彻並1.48）："璂"，《广韵》"他胡切"，透模平。"琈"，《广韵》"缚谋切"，奉尤平。按，"琈"《广韵》"奉"母，王念孙标记为"並母"。

负兹布兹（並精1.73）："负"《广韵》"房久切"，奉有上，上古並之。"布"，《广韵》"博故切"，帮暮去，上古帮鱼。"兹"，《广韵》"子之切"，精之平，上古精之。按，"负"《广韵》"奉"母，王念孙标记为"並"母。

罘罳罘思（並心2781）："罘"，《广韵》"缚谋切"，奉尤平，上古並之。"罳""思"，《广韵》"息兹切"，心之平，上古心之。按，"罘"《广韵》"奉"母，王念孙标记为"並"母。

扶疏（並心2781）："扶"，《广韵》"防无切"，奉虞平，上古並鱼。"疏"，《广韵》"所葅切"，生鱼平，上古生鱼。按，"扶"《广韵》"奉"母，王念孙标记为"並"母。

扶苏扶胥（並心2781）："扶"，《广韵》"防无切"，奉虞平，上古並鱼。"苏"，《广韵》"素姑切"，心模平，上古心鱼。"胥"，《广韵》"相居切"，心鱼平，上古心鱼。按，"扶"《广韵》"奉"母，王念孙标记为"並"母。

笼箙（来並2789）："笼"，《广韵》"卢红切"，来东平，上古来东。"箙"，《广韵》"房六切"，奉屋入，上古並屋。按，"箙"《广韵》"奉"母，王念孙标记为"並"母。

泛淫（並喻2857）："泛"，《广韵》"房戎切"，奉东平，上古並谈。"淫"，《广韵》"余针切"，以侵平，上古以（喻四）侵。按，"泛"《广韵》"奉"母，王念孙标记为"並"母。

扶舆（並喻2857）："扶"，《广韵》"防无切"，奉虞平，上古並（奉）鱼。"舆"，《广韵》"以诸切"，以（喻四）鱼平，上古以（喻四）鱼。按，"扶"《广韵》"奉"母，王念孙标记为"並"母。

浮沤（並影4105）："浮"，《广韵》"防无切"，奉虞平，上古並侯。"沤"，《广韵》"乌候切"，影候去，上古影侯。按，"浮"《广韵》"奉"母，王念孙标记为"並"母。

（7）明—微

浽溦（审明2783）："浽"，《广韵》"息遗切"，心脂平。"溦"，《广韵》"武悲切"，微脂平。按，"溦"《广韵》"微"母，王念孙标记为"明"母。

无虑、医无闾（明来2793）："无"，《广韵》"武夫切"，微虞平，上古微鱼。"虑"，《广韵》"良倨切"，来御去，上古来鱼。"闾"，《广韵》"力居切"，来鱼平，上古来鱼。"医"，《广韵》"于其切"，影之平，上古影之。按，"无"《广韵》"微"母，王念孙标记为明母。

（8）精—照

鸫鸪（精见1.6）："鸫"，《广韵》"之夜切"，章（照三）祃去，上古章铎。"鸪"，《广韵》"古胡切"，见模平，上古见鱼。按，"鸫"，《广韵》"章（照三）"母，王念孙标记为"精"母。

狷氏（群照1.30）："狷"，《广韵》"巨员切"，群仙平，上古群元。"氏"《广韵》"子盈切"，精清平，上古精耕。按，"氏"《广韵》"精"母，王念孙标记为"照"母。

驺虞_{驺吾}（精疑1.36）："驺"，《广韵》"侧鸠切"，庄（照二）尤平，上古庄侯。"虞"《广韵》"遇俱切"，疑虞平，上古疑鱼。"吾"，《集韵》"牛居切"，疑鱼平，上古疑鱼。按，"驺"《广韵》"庄（照二）"母，王念孙标记为"精"母。

甈齵（精疑1.36）："甈"，《广韵》"侧鸠切"，庄（照二）尤平，上古庄侯。"齵"，《广韵》"五娄切"，疑侯平，上古疑侯。按，"甈"《广韵》"庄（照二）"母，王念孙标记为"精"母。

质剂（精1.58）："质"，《广韵》"之日切"，章（照三）质入，上古章质。"剂"，《广韵》"遵为切"，精支平，上古精脂。按，"质"，《广韵》"章（照三）"，王念孙标记为"精"母。

条支（精定1.64）："条"，《广韵》"徒聊切"，定萧平，上古定幽。"支"，《广韵》"章移切"章（照三）支平，上古章支。按，"支"，《广韵》"章（照三）"母，王念孙标记为"精"母。

蹺蹳_{龙钟笼籦}（来精1.67）："蹺""龙""笼"，《广韵》"力钟切"，来钟平。

"蹱""钟""鏱"，《广韵》"职容切"，章（照三）钟平。按，"蹱""钟""鏱"《广韵》"章（照三）"母，王念孙标记为"精"母。

鏱笼（来精1.67）："鏱"，《广韵》"职容切"，章（照三）钟平。"笼"《广韵》"力钟切"，来钟平。按，"鏱"，《广韵》"章（照三）"母，王念孙标记为"精"母。

支离（来精1.67）："支"，《广韵》"章移切"，章（照三）支平，上古章支。"离"，《广韵》"吕支切"，来支平，上古来歌。按，"支"《广韵》"章（照三）"母，王念孙标记为"精"母。

离支荔枝_{离支}（来精1.67）：即荔枝。"离""离"，《广韵》"吕支切"，来支平。"荔"，《广韵》"郎计切"，来霁去。"支""枝"，《广韵》"章移切"，章（照三）支平。按，"支""枝"《广韵》"章（照三）"母，王念孙标记为"精"母诸忠（来精1.67）："诸"，《广韵》"章鱼切"，章（照三）鱼平，上古章鱼。"忠"，《集韵》"凌如切"，来鱼平，上古来鱼。按，"诸"《广韵》"章（照三）"母，王念孙标记为"精"母。

属镂_{独鹿}（来精1.67）："属"，《广韵》"之欲切"，章（照三）烛入，上古章屋。"独"，《广韵》"徒谷切"，定屋入，上古定屋。"镂"，《广韵》"卢候切"，来候去，上古来侯。"鹿"，《广韵》"卢谷切"，来屋入，上古来屋。按，"属"《广韵》"章（照三）"母，王念孙标记为"精"母。

猗嗟（影照2836）："猗"，《广韵》"于离切"，影支平，上古影歌。"嗟"，《广韵》"子邪切"，精麻平，上古精歌。按，"嗟"《广韵》"精"母，王念孙标记为"照"母。

（9）清—穿

昌阳（清喻2851）：菖蒲别名。"昌"，《广韵》"尺良切"，昌（穿三）阳平。"阳"，《广韵》"与章切"，以（喻四）阳平。按，"昌"《广韵》"昌（穿三）"母，王念孙标记为"清"母。

（10）从—床

柴槎（来从1.80）："柴"，《广韵》"士佳切"，崇（床二）佳平。"槎"《广韵》"吕支切"，来支平。按，"柴"《广韵》"崇（床二）"母，王念孙标记为"从"母。

（11）心—审

卷施（见心1.7）："卷"，居转切，见狝上；上古见元。"施"，《广韵》"式支切"，书（审三）支平；上古书歌。按，"施"《广韵》"书（审三）"母，王念孙标记为"心"母。

　　戵觎觎鿄（群心1.31）："戵"，《广韵》"其俱切"，群虞平，上古群鱼；"觎"，《广韵》"山刍切"，生（审二）虞平，上古山鱼。按，"觎"《广韵》"生（审二）"母，王念孙标记为"心"母。

　　簁箩（心来2779）："簁"，《广韵》"所宜切"，生（审二）支平。"箩"，《广韵》"鲁何切"，来歌平。按，"簁"《广韵》"生（审二）"母，王念孙标记为"心"母。

　　浽溦（审明2783）："浽"，《广韵》"息遗切"，心脂平。"溦"，《集韵》"无非切"，微微平。按，"浽"《广韵》"心"母，王念孙标记为"审"母。

　　摸擞（审明2783）："摸"，《广韵》"慕各切"，明铎入。"擞"，《广韵》无，《集韵》"孙租切"，心模平。按，"擞"《集韵》"心"母，王念孙标记为"审"母。

　　旑施（影心2838）："旑"，《广韵》"于绮切"，影纸上，上古影歌。"施"，《广韵》"式支切"，书（审三）支平，上古书歌。按，"施"《广韵》"书（审三）"母，王念孙标记为"心"母。

　　须臾（审喻2853）："须"，《广韵》"相俞切"，心虞平，上古心侯。"臾"，《广韵》"羊朱切"，以（喻四）虞平，上古以（喻四）侯。按，"须"《广韵》"心"母，王念孙标记为"审"母。

　　以上，《迭韵转语》中除无邪母字，泥、娘母字仅两处且无与标目不符外，其他十一类归并俱存，王念孙将舌音、唇音、齿音三类合二为一之迹显而易见。

　　王念孙将古声母归纳为二十三类，但通过对《迭韵转语》连绵字的考察，他还认识到了"照（三）"与"端"以及"喻（四）"与"定"之间的密切关系。这是王念孙以连绵字考求古音的重要发现[①]。

　　（1）照（三）—端（知）；穿（三）—定（澄）

　　株离侏离（知来1.41）："株"，《广韵》"陟输切"，知虞平，上古端侯。"侏"，《广韵》"章俱切"，章（照三）虞平，上古章侯。"离"，《广韵》"吕支切"，来支平，上古来歌。按，"侏"《广韵》"章（照三）"母，王念孙归入端类"知来"组。

　　襱裕童容幢容（穿喻2850）："襱"，《广韵》无，《集韵》"昌容切"，昌（穿

---

① 按，至清末民初黄侃才正式提出"照三归端"，后来曾运乾又提出了"喻四归定"。

三）钟平。"褣""容",《广韵》"余封切",以（喻四）钟平。"幢",《广韵》"宅江切",澄江平,上古澄（定）东。"童",《广韵》"徒红切",定东平,上古定东。按,"裡"（穿三）、"幢"（澄）、"童"（定）,王念孙皆标记作穿母。

（2）喻（四）一定

意悥（影喻2825）:"意""鷾",《广韵》"于记切",影志去,上古影之。"悥",《广韵》"徒亥切",定海上,上古定之。"鴯",《广韵》"如之切",日之平。按,"悥",《广韵》"定"母,王念孙标记为"喻"母。

委蛇透蛇蝼蛇逶虵逶迤委佗（影定2830）:"透""蝼",《广韵》"于为切",影支平,上古影微。"蛇""虵",《广韵》"弋支切",以（喻四）支平,上古以（喻四）支。"迤""佗",《集韵》"余支切",以支平。按,"蛇""虵"《广韵》"以（喻四）"母,王念孙标记为"定"母。

三、《声转义同谱》与"照精""晓匣"的归并问题

北大藏《王念孙手稿》杂稿中有《声转义同谱》[①]一册,依古声纽分篇排列,与《释大》体例相仿,而《释大》又为《声转义同谱》"见"纽篇第二条之扩展。如《声转义同谱》"见"纽篇下列"介、碬、京、景、简、矜、佳、觉、广、袞、公"同训为"大",而《释大》第一篇"见"纽下列"冈、緪、皋、岬、剀、绛、简、监、觉、碬、佳、介、京、景、矜、乔、麃、坚"诸字同训"大"。《释大》中所言《释君》《释始》二篇原型亦在《声转义同谱》中,可知《声转义同谱》是王念孙以声纽研究同源词的创篇发凡之作,《释大》诸篇为其申发及扩展。《声转义同谱》卷首有王寿同按语曰:

> 按,此乃声转同义之字。"训诂本于声音",于此可见。祖父分写有"见"字、"精照",则亦按字母而分也。又按,《释大》即此义也。

可见,王寿同已由《释大》而悟《声转义同谱》分篇之旨,王寿同整理《声转义同谱》的时间当在1850年请张延甫协助整理《释大》之后。

《声转义同谱》稿本以王念孙所归纳之上古声纽系统（非中古三十六字母）列《尔雅》《方言》《广雅》等同训之字,并引经、史、子书及汉魏人注为证。

---

① 原书未有题名,今据其内容及相关表述署之。

今存"精照""见""晓匣"三篇（共50页，42条，基本每页一条）包括"精照"篇2条；"见"篇，39条；"晓匣"篇1条。如"见"篇第一条：

君、公、官

"君"之转为"公"，《尔雅》曰："公，君也。"官所曰"公"《诗》退食自公，五爵之首曰"公"，太师、太傅、太保曰"三公"，子谓父曰君，亦曰"公"《易》"家人有严君焉，父母之谓也。"《列子·黄帝篇》"家公执席"。妇谓舅曰"公"，亦曰"君"《汉书·贾谊传》"抱哺其子，与公并倨"。《尔雅》"姑舅在则曰君舅、君姑"。相称曰"公"亦曰"君"，其义同也。又转之为"官"，《广雅》曰："官，君也。"首服谓之"冠"，亦其义也。

"见"篇此"君、公、官"条同训"君"。其他如"介、嘏、京、景、简、矜、佳、觉、广、衮、公"条，同训"大"；"届、徦、括"条，同训"至"；"嘉、穀、谷、功、价、佳、吉、墐"条，同训"善"。所列条目中字，皆属见纽。

"精照"篇，录有两条，第二条为第一条之草稿，内容不全。篇目"照"字小写，可知王念孙将其并入"精类"。所列条目"哉、祖、载、菑"，同训"始"。四字声纽分别为精、精、精、庄（照二），亦以"照"并入"精"。

"晓匣"篇，仅列"皇、后、侯"一条，同训为"君"，三字皆属匣纽。此篇虽晓、匣并列，匣未小写，且条目中三字皆属匣纽，未见晓匣混同。因此可知，王念孙未将晓匣合一。

这部《声转义同谱》虽然内容不全，但我们可以看到王念孙已将"照"并入"精"，且未将晓、匣合并，由此可循"古声廿三纽"之迹。

四、王念孙"古声廿三纽"之形成及价值

王念孙"古声二十三纽"实际受了钱大昕（1728—1804）的影响，如其有重唇音帮、滂、並、明，无轻唇音非、敷、奉、微；有舌头音端、透、定，无舌上音知、彻、澄；正齿音无心、审之别等都与钱氏相同。王念孙曾有《书

钱氏〈答问〉"地"字音后》^①一文，可见其曾深研《答问》一书，而《十驾斋养新录》关于古声组之论述亦多见于《答问》之中。故而，王念孙之古声组系统，以钱氏考证为基础进行归纳和扩展，将守温三十六字母减去非、敷、奉、微、知、彻、澄、娘、照、穿、床、审、禅十三纽，而得二十三纽。

钱大昕古声组研究观点主要见载于《十驾斋养新录》卷五、《潜研堂集·答问》"音韵"篇。今将钱氏古声组研究观点列于下，并以王念孙"古声廿三纽"作比较。

1. 古无轻唇音。此说见于《十驾斋养新录》卷五"喉舌齿唇牙声""古无轻唇音"二条以及《潜研堂集·答问》"音韵"篇"问轻唇之音何知古人必读重唇"条。钱大昕于"喉、舌、齿、唇、牙声"条中说："《玉篇》卷末所载沙门神珙〈四声五音九弄反纽图〉分喉、舌、齿、唇、牙五声，每各举八字以见例，即字母之滥觞也。唇声八字有重唇无轻唇，盖古音如此。"又"古无轻唇音"条，钱大昕曰"凡轻唇之音，古读皆为重唇"并据典籍异文、通假、声训、谐声、方言、译音、古注等材料二百余条以证之。"问轻唇之音何知古人必读重唇"条又言："轻唇之名大约出于齐梁以后，而陆法言《切韵》因之，相承至今。然非敷两母分之卒无可分，亦可知其不出于自然矣。"古代轻唇非、敷、奉、微古读如重唇音帮、滂、並、明。王念孙采纳了这一观点。

2. 古无舌头舌上之分。此说见于《十驾斋养新录》卷五"舌音类隔之说不可信"条。钱大昕说："古无舌头舌上之分。知、彻、澄三母，以今音读之，与照穿床无别也，求之古音则与端、透、定无异。"王念孙接受其说，将知、彻、澄并入端、透、定。又从系统性出发将娘母并入泥母，此钱氏所未及。

3. 古舌音多变为齿音。见于《十驾斋养新录》卷五"舌音类隔之说不可信"条。钱大昕说："古人多舌音，后代多变为齿音。不独知彻澄三母为然也。"认为古无知、照二组之分，照、穿、床古亦读如端、透、定。王念孙未从此说，而以照组并入精组。

4. 古无心审之别。见于《十驾斋养新录》卷五"翻切古今不同"条。钱大昕引《颜氏家训·音辞篇》"音'伸'为'辛'，古无心、审之别。"钱氏未加以论证。王念孙接受并发展为无齿头、正齿之别，以照、穿、床、审、禅并入精、清、从、心、组。

① 王念孙.书钱氏《答问》说地字音后[M]//罗振玉辑.高邮王氏遗书.南京：江苏古籍出版社，2000：149.

5. 古无牙音。此说见于《十驾斋养新录》卷五"喉舌齿唇牙声"条、《潜研堂集·答问》"音韵"篇"问牙、舌、唇、齿、喉之别昉于何时"条。诸条观点相同，其中"问牙、舌、唇、齿、喉之别昉于何时"条曰："后人欲以宫商角征羽相比附，乃于喉舌齿唇之外别出牙音，然《玉篇》卷末所载沙门神珙"四声五音九弄反纽图"喉舌齿唇牙五声，各举八字以见例：喉声则何、我、刚、鄂、諤、可、康、各也，牙声则更、硬、牙、格、行、幸、亨、客也。此二声者，分之实无可分吾是以知古无牙音也。"《玉篇》所载"四声五音九弄反纽图"喉牙音相混，并不能证明上古无牙音，因此王念孙未从，后来之学者亦未从。

6. 古音晓、匣、影、喻四母似不分别。见于《潜研堂集·答问》"音韵"篇"古音于晓、匣、影、喻四母似不分别"条。钱氏曰："凡影母之字，引而长之，即为喻母。晓母之字，引而长之，稍浊，即为匣母。匣母三、四等字，轻读亦有似喻母者，故古人于此四母不甚区别。"王念孙没有认同，故而仍列影、喻、晓、匣四母。后人也没有采纳钱大昕的这一看法。

钱大昕对于古声纽大致有这六条意见，王念孙从者三（1、2、4三条），不从者三（3、5、6）。此外，王念孙又将娘母并入泥母，将照组中的照、穿、床、禅并入精组中的精、清、从、邪，这是他自己的创见。虽然没有区分照组二、三等的不同，但王念孙的归并照顾到了声纽的系统性，与钱大昕相比已经有较大进步。钱氏重材料考据，而王氏重系统，王念孙构建了古声纽系统，并且应用到《释大》《迭韵转语》等著作中进行语源方面的考察研究，这与钱大昕仅是条例归纳有了质的不同。因此，怀舒说"清代古声纽的研究者中，其说可成一家之言的主要有五人：钱大昕、戴震、王念孙、邹汉勋、陈澧。邹汉勋、陈澧是晚学，姑置而不论，则钱、戴、王三家是古声纽研究的先驱：钱氏得其条理，戴氏、王氏得其系统。"[1] 与戴震玄妙复杂的"古音二十位"[2] 相比，王念孙"古声廿三纽"又更加进步和合理。今人的古声纽系统，仅仅是在王念孙的基础上将照组（黄侃）、喻纽（曾运乾）做了二分和重新归并[3]。

---

①　舒怀. 高邮王氏父子学术初探 [M]. 武汉：华中理工大学出版社，1997：126.

②　李葆嘉. 清代古声纽学 [M]. 上海：上海古籍出版社，2012：55.

③　从上文考察来看，《迭韵转语》中王念孙也已认识到了这一问题，只是未能细分。

五、结语

王念孙在古韵部研究方面成就卓著[①]，为后人所推崇，但其古声纽观点却因著作未刊而隐匿不显。我们以《释大》为基础，从王念孙未刊手稿《声转义同谱》以及《迭韵转语》入手，确切证实了王念孙"古声廿三纽"体系。王念孙《释大》《声转义同谱》以同声纽列同训之字，重在考察同训字之间的同源关系，二书非全本，但据篇目可循"古声廿三纽"痕迹。《迭韵转语》依声类列迭韵联绵词，重在考察联绵词之间的声转关系以及"一声之转"在迭韵联绵词中的呈现方式。它虽然体例不够精细，但完全以二十三声类分组，且在以三十六字母标记联绵词的过程中将舌上与舌头相混，正齿与齿头相混，重唇与轻唇相混，再次展现和印证了王念孙"古声廿三纽"的归并内容。

王念孙继承和发展了钱大昕的部分论断，建立了"古声二十三纽"系统，并将其应用到上古同源关系的考察之中，这就比钱大昕仅作条目归纳前进了一大步。"古声二十三纽"是近代古声纽走上系统、科学研究道路的开端，王念孙在清代古音学史特别是清代古声纽研究中功绩卓著。王念孙依据"古声廿三纽"作《释大》《声转义同谱》《迭韵转语》三部著作[②]，《释大》是近代同源词研究的典范，《声转义同谱》则是最早的同源词谱，《迭韵转语》是中国语言学史上第一部联绵词典的雏形。王念孙通过"古声廿三纽"的研究、建立及应用，在语言学的多个领域都取得了的超越前人的创新成就。

[①] 王念孙"古韵廿一部"以及晚年更定之"古韵廿二部"是清代古音学研究的发展和总结，被认为"已无遗憾"（王国维《观堂集林·周代金石文韵读序》）。王力在《清代古音学》中也指出："清代古音学到了王念孙，已经是登峰造极。考古派只能做到这一步，至于审音派，则入声一律独立，韵部增多，又当别论了。"

[②] 有学者认为《经传释词》亦以"古声廿三纽"次序排列。据笔者考察，《经传释词》之虚词条目排序以唇舌齿牙喉五音排序，同发音部位又以"古韵廿一部"为次，未有"古声廿三部"之迹。又北大藏王念孙手稿中有《虚词谱》一册，据"古韵廿一部"排列，为《经传释词》草稿。

从方崧卿《韩集举正》看宋代古音学与"叶音"

周嘉俊

（香港中文大学中国语言及文学系）

摘要：朱熹所说的"叶音"是宋代古音学中十分重要的材料，引起了颇多后学重视古音的研究。而事实上，朱熹的"叶音"参考了方崧卿的《韩集举正》，由于此书在学术界中未得到应有的关注，以致宋代古音学的全貌未显露于世。本文通过方崧卿《韩集举正》中"古音""叶音"的例子，重新审视方崧卿对于朱熹的影响，并重新评价"叶音"这一研究古音的方法。

关键词：方崧卿；《韩集举正》；朱熹；叶音

宋代古音学中，朱熹举足轻重，其《诗集传》《楚辞集注》《韩文考异》等材料均可谓为上古音研究的先驱。朱熹参考了不少前贤的说法，其音注、反切多承自吴棫《韵补》①。另一个对朱熹影响甚深的便是方崧卿，朱熹《韩文考异》论到韩愈的古音问题，不少理据正源于方崧卿《韩集举正》，朱熹更就方崧卿的说法加以补充和辨证，可见方崧卿古音观点受到朱熹重视，同样也应值得今人重新审视。本文以方崧卿《韩集举正》中讨论古音的条目为中心，分析方崧卿对古音的认知。方崧卿讨论古音经常会使用"叶音"的方法，然而其"叶音"观念并不完全与朱熹相同，下文亦将加以分析。

---

① 金周生．吴棫与朱熹音韵新论 [M]．台北：洪叶文化事业有限公司，2005.

一、方言与叶音——方崧卿的古音研究方法

研究宋代古音学，考释韩愈诗文的论著是不能忽略的材料，所谓韩愈诗文好用"古韵"，这一点在宋代引起了颇多讨论。[①] 韩愈虽然不能精确地掌握上古音，然而他参考很多上古诗文的押韵方式，应用在自己诗文之中，因此韩愈诗文的用韵就成为了宋代古音学重要的研究对象。方崧卿《韩集举正·叙录》便提到要"由《毛诗》《楚辞》以求用韵之源，取《庄子》《国语》《史记》《汉书》以考用字之祖"。方崧卿讨论古韵的步骤，先是观察韩愈诗文的韵式，判定哪一些句子入韵，遇到一些不符中古音的用韵便特别标出，并从上古经典中找出相应的例子。如以下例子：

> 《元和圣德诗》：牵头曳足，先断腰膂。次及其徒，体骸撑拄。末乃取辟，骇汗如写。挥刀纷纭，争刌脍脯。
>
> 《韩集举正》："写"音"湑"，法《蓼萧》诗用韵也。

"膂"中古属鱼韵，"拄""脯"属虞韵，而"写"则为中古属麻韵。《诗经·蓼萧》："蓼彼萧斯，零露湑兮。既见君子，我心写兮。燕笑语兮，是以有誉处兮。"所押的是上古鱼部。因此方崧卿指出，韩愈此处押的是古韵，因此"写"应读作"湑"。又如以下的例子：

> 《子产不毁乡校颂》：我思古人，伊郑之侨。以礼相国，人未安其教。游于乡之校，众口嚣嚣。
>
> 《韩集举正》：此文皆用韵，以"教"叶"侨"与"嚣"，法《车舝》诗也。

起首以"侨""教""嚣"为韵，"侨""嚣"二字中古属宵韵，"教"中古则属肴韵，而三字在上古均属宵部。《诗经·车舝》亦以"教"字入韵："依彼平林，有集维鷮。辰彼硕女，令德来教。""鷮"属上古宵部，中古

---

① 宋代讨论韩愈用韵者众，如欧阳修《六一诗话》已有提及，虽未触及今古韵有别的话题，但亦引起后学讨论，其后吴棫、方崧卿、朱熹、严羽等学者均直接指出韩愈用韵仿古，并就此话题展开大量讨论。

则演变成肴韵。因此，方崧卿的意思是韩愈从《诗经·车辇》看到肴韵字"鷮"与宵韵字"教"通押，就类推其他肴韵字均能与宵韵或"教"字押韵，因此出现了中古宵韵"侨""嚻"二字与"教"字押韵的情况。

　　方崧卿指出韩愈惯常效法《诗经》《楚辞》《易经》等上古文献的用韵方法，反映着方崧卿清楚中古音与上古音存在差异，然而方崧卿对于上古音的理解又有多少？而方崧卿的研究方法又是甚么？事实上，方崧卿已尝试以方言求证古音，如：

　　　　　《燕河南府秀才》：芳荼

　　　《韩集举正》：潮本与三馆作"茶"，他本多作"荼"。《尔雅》曰："槚，苦荼。"郭璞注："木小似栀子，早取者为荼，晚取者为茗。"是"茶"古字作"荼"也。《唐韵》："荼，宅加切，俗作茶。"大抵"荼"与"茶"古音相近，如今言"搽"与"涂"亦通用也。若以字论之，则"荼"字为正，今人别"茶"于"荼"，非也。

　　　《韩文考异》：今按"荼"与"茶"今人语不相近，而方云相近者，莆田语音也。虽出俚俗，亦由音本相近，故与古暗合耳。今建人谓"口"为"苦"，"走"为"祖"，亦此类，方言多如此云。

　　方崧卿估计《唐韵》中"荼"字"俗作茶"的原因是古音相近，并以所谓"今音"的"搽"与"涂"作为佐证。朱熹补充了方崧卿的这个说法，认为是其熟悉的"莆田语音"，亦即与闽方言有关。朱熹承认这些方言不是标准语，谓之出于"俚俗"，但既然在方言之中读音相近，很有可能同源于古音，所以推断"与古暗合"。

　　固然，以现在上古音系的研究成果而言，麻韵字"茶""搽"与模韵字"荼""涂"互通，无疑是由于两者同属上古鱼部。然而，作为古音学发展初期的宋初，方崧卿能够指出"茶"与"荼"字的语音关系，已是极大突破。另一方面，方崧卿透过闽方言推敲古音，也为后人带来了研究古音的启示。朱熹不仅在《韩文考异》延续方崧卿对古音的讨论，相同的研究方法亦见于

《楚辞集注》，直接考察上古经典的用韵。①就此而言，方崧卿的音韵观对朱熹的影响甚为重大。

然而，方言终究与古音存在差异，方崧卿也很少完全依靠方言推论古音。相比起来，方崧卿较常以"叶音"的方式讨论韩愈所运用的古韵，如以下的例子：

> 《送李愿归盘谷序》：盘之中，维子之宫。盘之土，可以稼。盘之泉，可濯可沿。盘之阻，谁争子所？窈而深，廓其有容。缭而曲，如往而复。

> 《韩集举正》：洪樊石本皆作"可湘"，阁本、杭本并同，蜀本与此本作"可沿"，洪又曰："一作沿"。盖石本磨灭，或以阁本意之也。然公此文自"如往而复"以上皆二语一韵，以"稼"叶"土"，法《七月》诗用韵也。以"容"叶"深"，法《易·恒卦·小象》用韵也。"湘"不可与"泉"叶，公《论语笔解》以"浴于沂"作"沿于沂"，正与此"沿"同义也，今只以"沿"为正。

> 《韩文考异》：今按方以古韵为据，舍所信之石、杭、阁本，而去"湘"从"沿"，其说当矣。然必以《笔解》为说，又似太拘，今世所传《笔解》，盖未必韩公真本也。

《送李愿归盘谷序》此段以二语为一短韵，"中""宫"、"阻""所"、"曲""复"三组用韵并无问题，而"稼""土"、"容""深"则以"叶音"的方式解释。"稼"属麻韵，"土"属模韵，同源于上古鱼部；"容""深"则参考了上古东侵合韵的现象。②另外，就"泉""沿"这一组用韵，部分韩集版本"沿"字作"湘"字。这样的情况下，方言的限制就比较明显，方崧卿不能使

---

① 业师萧振豪曾提及，朱熹等人亦注意到闽方言与古音有相同的地方。朱熹解释《楚辞》"堂""中"二字的押韵，就谓"'中'字今闽音正为'堂'字"，反映东韵、唐韵在宋代闽语中相通。参见萧振豪.韩愈《此日足可惜》《元和圣德诗》的古韵问题 [J].中国文学学报（第6期），2015：99—122.

② 罗常培、周祖谟"东冬两部有些方言是很相近的，冬可以跟侵押，所以有些方言东也跟侵押，甚至于跟谈押。"事实上，先秦两汉存在不少东侵合韵的例子，同样使用"容""深"为韵，韩愈已注意到并应用于其作品之中。参见罗常培，周祖谟.汉魏晋南北朝韵部演变研究·第一分册 [M].北京：科学出版社，1958：53.

用方言解决问题，因而得从"叶音"的方式取"沿"而舍"湘"。又如：

> 《郓州溪堂诗》：凡公四封，既富以强。谓公吾父，孰违公令？可以师征，不宁守邦。公作溪堂，播播流水。浅有蒲莲，深有兼苇。公以宾燕，其鼓骇骇。
>
> 《韩集举正》：以"令"叶"强"，以"骇"叶"水"，皆古音也。"令"古音自有平声一读，公《独孤郁墓志》亦见。《淮南子》："勿惊勿骇，万物将自理。勿挠勿撄，万物将自清。""骇"古音自与"理"叶也。
>
> 《韩文考异》：今按：古音之说甚善，吴才老《补音》《补韵》二书，其说甚详，"骇""水"叶韵，如《管子》："宫如牛鸣盎中，征如负豕觉而骇"，亦一证也。

《郓州溪堂诗》则是以四句为一韵，"强""令"押韵、"水""骇"押韵，也属不同韵之间的押韵，方崧卿同样以"叶音"解释韩愈正在使用古音。

值得一提的是，朱熹《韩文考异》在这两条均同意方崧卿的说法，也是沿用"叶音""古音"的概念，认为所叶的字便是古音。就此而言，方崧卿、朱熹是否认为"叶音""古音"乃同一回事？抑或换句说话，两者的关系只纯粹是"古音为体"而"叶音为用"，视"叶音"为追溯"古音"的方法，实际上在音韵学的角度上并无太大差异？

二、被朱熹代表了的"叶音"

关于"叶音"与"古音"的关系，元人刘玉汝有这样的说法："今'叶音'之'叶'字，窃谓当以'古'字易之。"[①]刘玉汝暗示"叶音"与"古音"的本质相同，因此认为当时的"叶音"实则可换为古音的名目。然而，方崧卿尝试以"叶音"的方法解释韩愈的一些奇特的用韵，是否代表韩愈掌握上古音的实际分部呢？事实上，方崧卿提到的"叶音"只是用于文献学上的校对，从不同版本的异文作出适合的判断。因此，方崧卿只能被动地通过分析韵式判断押韵，然后指出两个不同韵目的韵字是"叶音"，在上古音中应该押韵，

---

① （元）刘玉汝.诗缵绪[M].北京：北京师范大学出版社，2012：340.

如以下此例：

> 《河南少尹裴君墓志铭》：裴为显姓，入唐尤盛。支分族离，各为
> 大家。惟公之系，德隆位细。曰子曰孙，厥声世继。晋阳之色，愉愉
> 翼翼。无外无私，幼壮若一。
>
> 《韩集举正》：公此文首二语一韵，自"惟公之系"已下方四语一
> 韵，"离"与"家"叶，扬子《方言》曰："雁谓之罗，罗谓之雁。"盖
> 古音通也。
>
> 《韩文考异》：今按《诗·兔爰》及《楚辞》多此类。

方崧卿先分析铭文的用韵方式，得出"离""家"二字属于同一韵组，于
是得出两字"叶音"。然而，即使方崧卿举《方言》为例，古音"罗""雁"
相通，但他仍不能指出两字实际在上古应该如何发音。当然这里并不是要求
宋人精确地拟音，但就"押韵"的问题作讨论，所押的是甚么韵，仍是一个
没能解决的问题。方崧卿也有作出一些尝试，如以下一例：

> 《江汉答孟郊》：华烛光烂烂
>
> 《韩集举正》：阁本作"炎炎"，杭、蜀本皆作"烂烂"。《楚辞》"烂"
> 字亦叶平声，用《九章》曰："曾枝剡棘，圆果抟兮。青黄杂糅，文章烂兮"
> 是也。

方崧卿指出"烂"字应读平声，分析仅仅停留在声调上的层面，可见
以"叶音"的方法考察古音亦有这个方法上的局限，而方崧卿也不敢作更多
大胆的尝试。方崧卿的做法虽然保守，但却鲜有造成有违古音的结果。反之，
朱熹为了解决读音的问题，运用"叶音"甚至到了一个走火入魔的程度，于
是衍生屡受后人诟病的一字多叶问题。最为典型的例子就是他把《诗经·召
南·行露》中两个"家"字读成"叶音谷"和"叶各空反"两个读音。在这
些极端的情况下，朱熹已经把原本"叶音"的方法扭曲，纯粹只为了解决当
下诵诗时的读音和押韵问题，而变成不是寻求古音的工具。朱熹曾亲自解释
"叶音"的意义：

只要音韵相叶，好吟哦诵讽，易见道理，亦无甚要紧。今且要将七分工夫理会义理，三二分工夫理会这般去处，若只管留心此处，而于《诗》之义却见不得，亦何益也！①

由此可见，叶音的功能就是要方便吟诵以读通经典，最重要的功夫应花在理解义理，用韵问题无须深究。②朱熹从功能性的方面运用"叶音"，自然无法觅得真正的古音，可能有违吴棫、方崧卿等人的原意。

比朱熹稍晚数十年的严羽，在《沧浪诗话》中提到诗韵："有分韵，有用韵，有和韵，有借韵，有叶韵，有今韵，有古韵。"③严羽把"叶韵"与"古韵"以并列的方式列举，是否暗示当时"叶音"与"古音"的意义已非一致？

朱熹在理学、文学、声韵等领域对后世均有颇大影响，部分明清研读朱熹的学者，也会沿用其"叶音"的观念。例如清初精研朱子之学的王懋竑，其《读昌黎集》就有很大的篇幅讨论到韩愈用韵的问题，如讨论到韩愈的《嗟哉董生行》：

寿州属县有安丰，唐贞元时，县人董生召南，隐居行义于其中。刺史不能荐，天子不闻名声。爵禄不及门，门外惟有吏，日来征租更索钱。

《读昌黎集》："中"字本字与"丰"字叶，音"征"，与"声"字叶。独"钱"字不可韵，俟考，或"门"字叶"眠"，与"钱"字叶。

先不论韵式问题，也不讨论王懋竑所判断的入韵处是否正确，他所运用的"叶音"观念正继承了朱熹的系统，直接把所叶之字的读音道出，因认为"中"字要叶"声"字而改作"征"读，把钟韵字改作了一个清韵字。同样地，王懋竑所关注的也是读音的问题，而没有研究古音的本愿。过往唐宋人视作韩愈"古音""古韵"的地方，王懋竑其少讨论，全文亦多是标榜"叶音"的名目。

---

① （宋）黎靖德编．王星贤点校．朱子语类 [M].北京：中华书局，1986：2079.

② 朱熹大量使用"叶音"，虽然提供了不少古音研究材料，但他不以古音研究作为目的。张民权与金周生均认为，朱熹在《诗集传》和《楚辞集注》中讨论的古音问题，具有一种实用目的，实际上古音问题无意深究。

③ （宋）严羽著．张健校笺．沧浪诗话校笺 [M].上海：上海古籍出版社，2012：346—358.

不过，大部分明清两代研究古音者，还是对"叶音"不以为然，认为是错误的古音研究方法，主要是针对朱熹的叶音方式而言。明代学者焦竑批评："诗有古韵、今韵，古韵久不传，学者于《毛诗》《离骚》皆以今韵读之，其有不合，则强为之音，曰：此叶也。"焦竑指出所谓"叶音"是"强为之音"，自然也不是古音。王夫之最为痛恨"叶音"，曾作《诗经叶韵辨》并提出"叶音"十弊，反复强调"叶音"是"雕琢穿凿""强为之叶"，不少例证也是针对朱熹《诗集传》中运用到的"叶音"。例如《诗经·鄘风·桑中》以下数句：

> 爰采唐矣，沬之乡矣。
> 云谁之思，美孟姜矣。
> 期我乎桑中，要我乎上宫，送我乎淇之上矣。[①]

朱熹认为"中""宫"分别叶"诸良反""居王反"，与"乡""姜""上"等阳韵字合韵。[②] 王夫之对此评曰："闲句、余文本不用韵，而叶者概欲以韵合之。"[③] 无疑地，朱熹把"叶音"的方法套用于《诗经》《楚辞》，比起前人更为全面地分析了上古的用韵。然而，朱熹面对无本可据之时，就有更多的自我发挥，正如他亦直接承认有时"自以意补入"。[④] 由此可见，朱熹对于"叶音"稍为矫枉过正，不仅勉强改读韵字读音，还牵连到原本不入韵的韵字，确实能有助于"吟哦讽诵"，却是有违诗者的原意了。

鉴于朱熹的知名度，明清研究古音者，无不注意朱熹的"叶音"，所针对的"叶音"术语，也是朱熹意识下的"叶音"。反而，较早提倡"叶音"的吴棫、方崧卿等人的意见则被后人忽视，他们的"叶音"观点是寻求"古音"，并无朱熹"强为之叶"的打算，只是"叶音"被朱熹"代表"了，而成为了一种被后世抨击的研究方法。

---

① 王力．诗经韵读 [M]．上海：上海古籍出版社，1980：175—176.

② （宋）朱熹．诗集传 [M]．香港：中华书局，1961：30.

③ （清）王夫之．诗经叶韵辨 [M]．船山全书·第三册．长沙：岳麓书社，1992：83.

④ （宋）黎靖德编．王星贤点校．朱子语类 [M]．北京：中华书局，1986：2079.

三、余论：音韵学作为考据文献的一个方法

方崧卿与朱熹同样借用音韵学考证文献，但他们的分析又是否完全正确？承上所言，方崧卿与朱熹对于"叶音"的理解有异，因此也出现了一些对于韩愈用韵意见相左的例子：

> 《嗟哉董生行》：入厨具甘旨，上堂问起居。父母不戚戚，妻子不咨咨。
>
> 《韩集举正》：以"羞"叶"居"，视古用韵也。
>
> 《韩文考异》：今按"咨"字自与"居"叶，方于《毛颖传》"资"字论之矣，何独于此而疑之邪？"羞羞"韵虽可叶，然殊无理而可笑，方之主此，又其酷信三本之误也。或恐本是"嗞"字，叶音子余反，而误作"羞"字耳。然亦不如且作"咨"字之见成稳当也。

方崧卿认为"咨"字该改为"羞"字，方能与"居"字相叶，是仿古用韵的一种。而朱熹则认为"咨"字本就可叶，无需刻意改作"羞"。朱熹更提到，方崧卿在韩愈《毛颖传》所运用到的"叶音"呈现了完全相反的取舍，不妨再参考此例：

> 《毛颖传》：今日之获，不角不牙，衣褐之徒，阙口而长须，八窍而趺居，独取其髦，简牍是资，天下其同书，秦其遂兼诸侯乎！
>
> 《韩集举正》：箴词用韵，法《左氏》也，《诗·祈父》："于王之爪牙，靡所止居。"《管子》："外之有徒，祸乃始牙。众之所忿，寡不能图。"《汉志》"尹吾"亦作"尹牙"，古音通也。"髦"与"资"亦然。
>
> 《韩文考异》：今按"髦"、"资"与"居"叶，今北人语，犹谓"毛"为"谟"，公作《董生诗》"咨"与"书""鱼"叶，皆可证也。

方崧卿认为《毛颖传》这几句入韵，脂韵"资"字能与鱼韵"书"字叶，然而在《嗟哉董生行》则将脂韵"咨"字改为"羞"字，以叶鱼韵"居"字，出现了相同韵目但不同的"叶音"处理方式。朱熹甚至认为"咨咨"或可能是"嗞嗞"，指出"嗞"字是"子余反"，承认了鱼麻叶韵的可能，显示出朱

熹对于自己的"叶音"系统也无百分之百的信心，因为这几种情况的确能够以其"叶音"系统解释得到。此例反映了"叶音"牵涉主观的见解，一方面可见"叶音"系统的不完整，致使出现如方崧卿般自相矛盾的情况；另一方面也反映不同的学者对于韵例可以有不同的诠释，假如两个不同版本的韵字皆能叶古的话，基本上两者都有可能正确，此亦为以"叶音"校对文献的一大局限。《韩文考异》作为韩愈文注本，原欲借用音韵学勘察文献学，反而有碍判断。

总括而言，"叶音"牵涉很大的主观成分，不同学者使用"叶音"均可能出现不同的处理方法，即便是方崧卿、朱熹两个时地背景接近的学者，对古音的理解也有差异。方崧卿以"叶音"作为研究古音的方法，必然存在一定的局限，但作为宋代少数研究古音的先驱，其《韩集举正》还是不失其意义。谈及宋代古音学或"叶音"，不论前贤今人，都会提起朱熹，然而基于朱熹的知名度，"叶音"的概念某程度上聚焦在朱熹身上，忽略了方崧卿《韩集举正》中关于"叶音"的讨论，使后人未能完全掌握宋代古音学的全貌。

参考文献

[1]（唐）韩愈著. 屈守元，常思春主编. 韩愈全集校注 [M]. 成都：四川大学出版社，1996.

[2]（宋）方崧卿. 韩集举正 [M]. 影印大仓集古馆藏南宋淳熙刻本. 东京：汲古书院，2002.

[3]（宋）黎靖德编. 王星贤点校. 朱子语类 [M]. 北京：中华书局，1986.

[4]（宋）严羽著. 张健校笺. 沧浪诗话校笺 [M]. 上海：上海古籍出版社，2012.

[5]（宋）朱熹. 诗集传 [M]. 香港：中华书局，1961.

[6]（宋）朱熹著. 曾抗美校点. 昌黎先生集考异 [M]. 上海：上海古籍出版社，2001.

[7]（元）刘玉汝. 诗缵绪 [M]. 北京：北京师范大学出版社，2012.

[8]（明）焦竑撰. 李剑雄点校. 焦氏笔乘 [M]. 北京：中华书局，2008.

[9]（清）王夫之. 诗经叶韵辨 [M]. 船山全书·第三册. 长沙：岳麓书社，1992.

[10]（清）王懋竑. 读书记疑·卷十六 [M]，清同治十一年福建抚署刻本，

[11] 金周生. 吴棫与朱熹音韵新论 [M]. 台北：洪叶文化事业有限公司，2005.

[12] 罗常培，周祖谟. 汉魏晋南北朝韵部演变研究·第一分册 [M]. 北京：科学出版社，1958.

[13] 王力. 诗经韵读 [M]. 上海：上海古籍出版社，1980.

[14] 萧振豪. 韩愈《此日足可惜》《元和圣德诗》的古韵问题 [J]. 中国文学学报（第6辑），2015：99—122.

[15] 张民权. 宋代古音学与吴棫《诗补音》研究 [M]. 北京：商务印书馆，2005.

理想的声韵调配合表和汉语语音史研究

孙玉文

（北京大学中文系、北京大学中国语言学研究中心）

摘要：以《汉字古音表稿》之付梓为契机，借助《敦煌韵学残卷》，明确推论汉语等韵图出现于中晚唐；梳理了中国古代学者对等韵图功用的认识，对比韵书，阐明了制作理想的声韵调配合表对于推进汉语语音结构的认识的重要作用。通过回顾汉语上古音研究中声韵调配合表制作的历史进程，肯定了《汉字古音表稿》集大成的历史地位。最后针对学者在学习和研究上古音、中古音时，提出要编制上古音、中古音声韵调配合表；对编制这两种声韵调配合表以促进学习和研究，提出了具体的步骤。

关键词：汉语语音史；《汉字古音表稿》；声韵调配合表；等韵图

郭锡良先生《汉字古音表稿》是迄今以图表的方法描写上古汉语声韵调系统最全面、细致的著作，即将付印，可喜可贺。

一般地说，历史上，详细而理想的汉语声韵调配合表绘制的是一种系列性表格，将汉语历代的语音系统，每一音节、每一音位在系统中的网状结构的格局直观地展现出来，非常方便人们做进一步的探讨。人们研究历代语音，有时没有绘制图表，只有文字说明；读者光看这些文字说明，往往感到研究者说得头头是道，其实仍有漏洞，留下遗憾，只是不易发现而已。如果绘制了图表，问题就很容易发现。郭锡良先生的《汉字古音表稿》由于绘制了汉字上古音的图表，因此比《汉字古音手册》（增订本）发现了更多的问题，也解决了不少问题；有的问题还不能说完全解决了，但郭先生提供了自己的理由和解决方案，很值得重视。

《汉字古音手册》（增订本）（以下简称《手册》）和《汉字古音表稿》（以下简称《表稿》）都是工具书，《手册》和《表稿》各有用途。《手册》是一种简表，汇集了秦汉以前古籍中出现的11600~11700个汉字上古音、中古音和现代音的资料，按今天普通话的音系排列，然后列字，顺次注明：上古声母和韵部，中古反切和声母、韵、开合、声调、摄；上古音和中古音都列有拟音，供相关领域的读者随时翻检。这种表侧重上古文献中出现的每一个汉字的音韵地位，但没有画成格子。由于《手册》具有科学性和实用性，因此出版以来一直受到广大读者的极大重视，推进了相关研究。《表稿》则是借鉴古代等韵图的编写经验而绘制的一种连续性表格，将《手册》所收字的上古韵部和声母、声调结合起来，画成格子，直观展现上古音的声韵调配合格局和一个字的上古音韵地位；分别在每一格所收的一串字的前后加注中古反切和现代读音。

《手册》和《表稿》的关系，跟韵书和反映韵书音系的韵图不同。韵图反映韵书音系，只选取一个小韵首字作为该小韵的代表，将其他字略去；小韵首字还必须略去所有的注释等其他信息，只收该字字形。《表稿》则将《手册》中全部单字的信息保留下来，既可以供读者查阅其音韵地位，也直观地显示音系的骨架，方便古音研究。由于编撰《表稿》的需要，原来《手册》中出现的问题也立体地显露出来，因此《表稿》作了不少调整，更加精细，科学性大幅度提高。

借此机会，我想谈谈我国制作声韵调配合图表时，对这种图表作用的认识，一来总结前人在这方面所达到的认识高度，从而彰显中国语言学的光辉成就；二来阐明这样一种看法：制作声韵调配合图表对于汉语语音史研究具有至关重要的作用。

一

用制作声韵调配合表的方式直观地展示汉语音系，这种做法由来已久，渊源有自，唐代已经有了。周祖谟《唐五代韵书集存》（下册）《考释》分析《守温韵学残卷》的"四等"时说："就读音相近的几韵分别为四等，起于唐代。此卷'四等重轻例'所列各韵字的等第与宋代流传的'韵镜'完全相同，很像是根据一种已有的韵图录下来的。"我们可以从《守温韵学残卷》来进一步证明：守温之前，可能在中晚唐，我国已经产生了类似《韵镜》《七音略》这样的反映《切韵》系韵书的韵图。

（一）《残卷》有《四等重轻例》。就《切韵》系韵书说，韵母中有重纽，采用四等的格局来展现《切韵》音系，是不够的。重纽两类都是三等韵，重纽四等跟真正的四等是两类。就反映《切韵》音系来说，重纽四等不是真正的四等，可能后来重纽四等在韵图创制时先跟纯四等混同，韵图编者就列入四等。声母中，齿音其实有三组声母：精组，拼一三四等；庄组，拼二三等；章组，拼三等。这些也是今传早期韵图四等的格局排不下的，韵图编者为了不想让齿音声母占据声母太多篇幅，就压缩在齿音的五个格子中。喻母，《切韵》中本来是两类声母，拼同样的三等韵母，这也是四等的格局无法容纳的。韵图编者迁就时音，让喻三从匣母中独立出来，又不让喻三四相混，同时不想让它们占太多声母的格子，就将喻四排在四等。韵图在解决科学性和简明性、实用性的矛盾时，对于这些方面当然都注意到了，之所以还是纳入四等的格局，是因为编者更多地考虑到了简明性和实用性，只要根据时音能拼出读音，也就牺牲一下科学性，有人为的音素。因此排在二、四等的字并不真正跟其他同等的字同韵母。排在二等的，有的跟排在三等的同韵母；排到四等的，有的跟三等同韵母，或者形成重纽。《残卷》既说"四等重轻"，可见已经形成了反映《切韵》系韵书格局的"四等"排法。其解释只能是：这是韵图的规矩。

（二）《四等重轻例》中，一等、二等、三等、四等韵分别放在各自等列的位置上，但值得注意的是，重纽四等不是放在三等，而是放在四等，跟四等韵同等列。例如《上声》栏，"免"在三等，这是重纽三等；"缅"在四等，这是重纽四等。《入声》栏，"忆"是职韵，在三等；"益"是昔韵，这是重纽四等。将"忆、益"作为相对应的例子，反映了守温时职昔二韵主元音已经混同。从声韵配合讲，四等的"缅、益"本属三等，放在四等，只能是排图方便的需要，因为三等排不下两类。守温没有放在二等，而是放在四等，这跟后来的韵图一致，可能也受了时音的影响。将重纽四等放在四等，这种处理，不具有必然性，其解释只能是：这是韵图的规矩。

（三）《四等重轻例》的后面，有几段话很值得注意。第一段是："精清从心邪、审穿禅照（文按：《唐五代韵书集存》作'然'，当作'照'），九字中只有两等重轻。"其中"只有两等重轻"颇值得注意。这是说，精清从心邪韵图只排在一四等，不排在二三等，可能排在一等的为重，排在四等的为轻；审穿禅照只排在二三等，这里指的是照二只能排二等，三等排照三，不排在一四等，可能照二为重，照三为轻。精组本来可以拼三等，照二也可以拼三等，《残卷》所论不合声韵配合的实际情况，其解释只能是：这是韵图的规矩。

第二段是："归精清从心邪中字，与归审穿禅照两等中字，第一字不知，若将归精清从心邪中（文按：疑脱'字'字）为切，将归审穿禅照中一第（文按：当作'第一'）字为韵，定无字何（文按：当作'可'）切。'尊生反'，举一例诸也。"这里所谓精清从心邪、审穿禅照"第一字"，实际上指精组一等字和照二组的字，可能这两组算重。以此类推，精组四等和照三组的字是"第二字"，算轻。这是说，精组一等不能用照二的字作切上字。值得注意的是，按照这种说法，以及前面说，照二的字，无论是二等还是三等，都放在二等，其解释只能是：这是韵图的规矩。

"第一、第二"之名，在韵图中指等第，这在早期门法中不乏其例，西夏黑水城遗址发现的《解释歌义》的"义曰"中就出现很多。例如："又用帮等中字为切，将精清从心邪两等中第二字为韵，即切本母下第四字，如弭箭切'面'；若遇偏者，即切第三字，如笔懔'禀'，狭者（文按：疑此二字为前面'若遇偏者'的误置，原文作'若遇偏狭者'），方蟾'砭'是也。又如用帮等中字为切，用审穿禅床照两等中第一字为韵，若是外转，切第（文按：此脱一数字）字，如布删'班'；内转，切第三字，如彼侧切'逼'是也。"这里"精清从心邪两等中第二字"是说，精组在韵图中占两个等，"第二字"指精组四等；"审穿禅床照两等中第一字"是说，照组占两个等，"第一字"指照组二等。

第三段是："又（文按：疑脱'归'字）审穿禅照中字，却与（文按：疑脱'归'字）精清从心邪两等字中，（文按：疑'字中'为'中字'之到乙）第一字不知，若将（文按：疑脱'归'字）审穿禅照中字为切，将归精清从心邪中第一字为韵，定无字可切。'生尊反'，举一例诸也。"这是说，照二组不能用精组一等的字作切上字。跟第二段一样，按照这种说法，照二的字，无论是二等还是三等，都放在二等，其解释只能是：这是韵图的规矩。

（四）上面第二、三两段话，分别讲精组一等不能用照二的字作切上字、照二组不能用精组一等的字作切上字，这是从反面讲某组声母不能跟某组声母相拼。这种分析声韵关系的角度和结论很值得注意。如果没有现成的韵图，就很难找到这种分析角度 也很难得出这种结论。有了韵图，就很容易通过声韵配合中具体字音韵地位的填实和留空得到这种分析角度、得出上述两种结论。《残卷》中这种分析还有一些，其《声韵不和，切字不得例》中比较集中地反映了这方面的成果："切生"是说精组四等不做照二组三等字的切上字，"圣僧"是说照三组不做精组一等的切上字，"床高"是说照二组的真三等字不做见组的切上字，"书堂"是说照三组不做端组一等字的切上字，"树木"是说照三组不做帮组一等字的切上字，"草鞋"是说精组一等不做影组二等字的切上字，"仙客"是说精组的真三等不做见组二等的切上字。从这个角度看，守温也有可能见过反映《切韵》系韵书的韵图。

这说明，守温之前，我国已经有韵图。《宋史·艺文志一》记录有《辨字图》四卷、《归字图》一卷，可能跟韵图有关。附在《玉篇》卷末的沙门神珙《四声五音九弄反纽图》应该看作是唐代出现的另一种类型的反切图。敦煌有《韵关辩清浊明镜》残卷（伯五○○六），其中有"韵关……明镜"字样，这也有可能是一部韵图。

二

关于等韵图的功用，李新魁先生《汉语等韵学》从"阐明反切""辨明音值""以简驭繁，表现整个音系""方便练音""表明音变"五个方面进行了总结。我们来看看古人对等韵图的作用的认识，这些表明了他们对于声韵调配合表的实用意义的认识。

（一）方便人们利用反切来独立解决不懂的字的读音问题

折合反切，读出字音，有的容易，有的难，有时会出错。等韵图比反切更容易折合反切，而且能大大减少出错率。人们弄懂了门法，按图索骥，就容易根据韵图找字音。宋卢宗迈《切韵法·三十六字母切韵诀》说："欲尽识世间字者，当熟诵切韵法。"

《韵镜》卷首张麟之（字子仪）于"绍兴辛巳七月朔"的识语颇具代表性，它主要从实用性的角度谈韵图的作用：

> 读书难字过，不知音切之病也。诚能依切以求音，即音而知字，故无载酒问人之劳。学者何以是为缓而不急欤？
>
> 余尝有志斯学，独恨无师承。既而得友人授《指微韵镜》一编（原

注："微字避圣祖名上一字。"），且教以大略，曰："反切之要，莫妙于此，不出四十三转，而天下无遗音。其制：以韵书自一东以下，各集四声，列为定位，实以《广韵》《玉篇》之字，配以五音清浊之属，其端又在于横呼。虽未能立谈以竟，若按字求音，如镜映物，随在现形。久久精熟，自然有得。"

于是夤夜留心，未尝去手。忽一夕顿悟，喜而曰："信如是哉！"遂知每翻一字，用切母及助纽归纳，凡三折，总归一律。即是以推，千声万音不离乎是。自是日有资益，深欲与众共知。而或苦其难，因撰字母括要图，复解数例，以为沿流求源者之端。庶几一遇知音，不惟此编得以不泯，余之有望于后来者亦非浅鲜。聊用锓木，以广其传。

这里"读书难字过"是用典，指读书时遇到疑难字，不去深究，让自己读过去。杜甫《漫成》二首之二："读书难字过，对酒满壶频。"难字，疑难字，包括不知其音的字，张麟之是取字音的含义。音切，反切。徐铉《重修〈说文〉序》："孙愐《唐韵》行之已久，今并以孙愐音切为定。"张麟之说，之所以"读书难字过"，原因是"不知音切之病"，可见：唐宋时一般人对于不懂的字音，就去查反切，再拼合成当时的读音；张氏认为反切很难掌握，暗含《韵镜》一类的韵图是为人们据反切拼音而编写的，比反切更方便了解字音。《韵镜序》的"调韵指微"说："今世之士，慢不讲究，聱牙舛谬，滔滔皆是。此无他，由不习而忽之过耳。岂知前辈於此一事，最深切致意者焉。"与此可互相发明。

"诚能依切以求音，即音而知字"，切，反切；音，字音；字，指字义。这里更进一步阐述了掌握反切的重要性，通过反切可以求得一个字的字音，进而了解其字义。"即音而知字"含有"因声求义"的意思。联系后文"故无载酒问人之劳"，可知"能依切以求音，即音而知字"是指读者能在掌握反切拼音的条件下，独自解决一个疑难字的读音，做到无师自通，用不着向别人登门求教。"载酒问人"是用典，《汉书·扬雄传下》："（扬雄）家素贫，耆酒，人希至其门。时有好事者载酒肴从游学。"又："（王莽）间请问其故，乃刘棻尝从雄学作奇字。"后人因此有"载酒问字""载酒问人"，指登门向有学问的人拜师求学。苏轼《又次韵二守许新居》："闻道携壶问奇字，更因登木助徽音。"

反切对准确掌握字音有极大好处，人们应该尽早掌握它，所以张氏马上反问说"学者何以是为缓而不急欤"。张氏此文暗含为学者必须重视一个字的字音、进而了解其字义的意思;当时有的学者对透彻了解反切原理没有予以足够的重视。

上面一段话讲了反切对于了解字音的重要性以及当时有的人没有做到这一点。下文"余尝有志斯学,独恨无师承"现身说法,表明反切靠个人钻研是不行的,需要有人传授。这就很自然地将读者引导到了解韵图对人们利用反切来独立解决不懂的字音问题的重要作用了,"既而得友人授《指微韵镜》一编",指《指微韵镜》能让人对具体疑难字的读音无师自通。

根据张麟之原注,"《指微韵镜》"的"微"原作"《指玄韵镜》",指玄即指点深远微妙之处。因为避宋代圣祖赵玄朗的"玄"字,改成现名。张麟之认识到韵图的作用,是经过了友人的提醒,"教以大略"。接下来的一段话是友人所授。"反切之要,莫妙于此",是说掌握反切的精要,没有比掌握《韵镜》这样的韵图更妙的;"不出四十三转,而天下无遗音",是说《韵镜》只用了四十三个图表,就将天下所有的音都囊括进去了。"转"指辗转拼读,这里的"转",指的是为人们辗转拼读字音而制成的图表,即韵图。

为什么韵图能帮助人们利用反切很简易地拼出疑难字的读音?张氏的友人接着说起《韵镜》的编写体制:"以韵书自一东以下,各集四声,列为定位,实以《广韵》《玉篇》之字,配以五音清浊之属,其端又在于横呼。"可见张氏认为韵图以韵为主,以声母为配,这大约是叫作"韵镜"的理由吧。"实以《广韵》《玉篇》之字"云云,实际上是在"配以五音清浊之属"之后,之所以先说"实以"等,正反映出张氏以为韵图以韵为主。编图的程序是:先画出图表的轮廓,顺次以韵书的韵为基础,平、上、去、入按照相承关系排成四个大格子,成为"定位",配以"五音清浊之属",即声母;然后将《广韵》《玉篇》等字书中的字填到所画的小格子中去。这样"不出四十三转,而天下无遗音"。

"其端又在于横呼",这明显是从拼读反切角度说的,通过"横呼"就能彻底解决拼读中的问题。何谓"横呼"?张氏《韵镜序》有"横呼韵",指东一、冬、屋一、沃、东三、钟、屋三、烛这种不同的韵,但它们各自开合、等第相同,是四声相承的韵母,尽管列在不同的图中,但当时韵母相同或相承。这些同韵母、同声调或四声相承的字,其中有常用字,疑难字的读音可根据该常用字的读音,根据四声相承的原理来定,能做到万无一失。因此,"其端"

是指据反切拼音的开始。

"横呼韵"中，张麟之举了"二冬韵"和"一先韵"的例子来加以说明。东三、钟、屋三、烛相承，当时读音分别相混，但钟韵明母、知母、照三、匣母无字，而东三"蒙、中、慵、雄"可以补足钟韵的这些空档；先韵开四和仙韵开三，当时读音分别相混，但先韵开口滂母、群母、邪母、喻四、日母无字，而仙韵"篇（重纽开四）、虔（开三）、涎（邪母）、延（喻四）、然（日母）"可以补足先韵的空档。通过这种语音关系，就可以以易知难，将所有的反切准确地拼读出来。"横呼韵"说："人皆知一字纽四声，而不知有十六声存焉。盖十六声是将平上去入各横转故也。且如'东'字韵'风丰冯菶'，是一平声便有四声，四二四之，遂成十六。《切韵诗》曰：'一字纽纵横，分敷十六声。'今《韵鉴》所集，各已详备，但将一二韵只随平声，五音相续，横呼至于调熟。或遇他韵，或侧声韵，竟能选音读之，无不中的。"

张氏在"归字例"中举例说："凡归难字，横音即就所属四声内任意取一易字，横转便得之矣。今如'千竹'反'鼋'（文按：'鼋'屋三）字也，若取'嵩'（文按：'嵩'东三，韵图置于四等）字横呼，则知平声次清是为'樬'（文按：'樬'钟韵）字。又以'樬'字呼下入声，则知'鼋'为'促'（文按：'促'烛韵）音，但以二冬韵同音处观之可见也。"

由张麟之《韵镜序》"调韵指微"可见，他认识到，光掌握反切，不能通音韵；只有掌握了韵图，才可以通音韵："不知象类，不足与言六书、八体之文；不知经纬，不足与论四声、七音之义。经纬者，声音之脉络也；声音者，经纬之机杼也。纵为经，横为纬。经疏四声，纬贯七音。知四声，则能明升降於阖辟之际；知七音，则能辩（辨）清浊於毫厘之间。欲通音韵，必自此始。"

由于韵图的优势，因此人们"虽未能立谈以竟，若按字求音，如镜映物，随在现形。久久精熟，自然有得"。这是说，这种图表，虽然要稍微花一些时间去掌握它，但是如果按照一个字的反切去求音，就像在镜子中去照看人的容貌一样，随着切上字和切下字所在的位置，自然显示出它的读音。经常去利用韵图，人们就能很方便地掌握一个字的正确读音。这种方式比纯粹根据一个一个的反切来拼音，要容易得多，用途也更广，《韵镜序》："故曰：七音一呼而聚，四声不召自来。学者能由此以揣摩四十三转之精微，则无穷之声、无穷之韵，有不可胜用者矣，又何以为难哉？""韵镜"得名前有所承，唐颜真卿主持编写过《韵海镜源》（大历十二年颜氏献给朝廷），他在《湖州乌程县杼山妙喜寺碑铭》中说："真卿自典校时，即考五代祖隋外史府君与法言所定《切韵》，引《说文》《苍》《雅》诸字书，穷其训解，次以经史子集中两字已上成句者，广而编之，故曰《韵海》。以其镜照原本，无所不见，故曰《镜源》。"（《全唐文》卷三三九）大历十二年即公元 777 年，《韵镜》显然是这以后编写的，有人推测为晚唐五代时期。敦煌有《韵关辩清浊明镜》残卷（伯五○○六），其中有"明镜"二字，跟《韵镜》得名的意思非常相近。

张麟之在友人的启发下，反复钻研韵图，从而"忽一夕顿悟"。张氏顿悟了什么？他说："遂知每翻一字，用切母及助纽归纳，凡三折，总归一律"。这是谈利用韵图进行反切拼音的方法，其中"每翻一字"表明他是根据一个字的反切，利用韵图解决其正确读音问题。"翻"指用反切拼出一个字的字音。"用切母及助纽归纳"是指掌握声母：切母，指反切上字；助纽，指借助来掌握该反切上字读音的同声母的其他字，《韵镜序》列有"三十六字母"和"归纳助纽字"；归纳，加入，纳入。"凡三折"是说这种拼音的方法一共有三个转折，第一个是找出切上字在韵图中的地位，第二个是找出切下字在韵图中的地位，第三个是根据切上字的字母归属和切下字的韵母归属确定要查的字在韵图中的地位，切出该字音。李新魁《韵镜校正》举例所说"歌字居何切，居经坚歌""邦悲江切，悲宾边邦"与此类似。

（二）能全面直观地展现一种语言所有以及所没有的读音

郑樵《七音序》说："四声为经，七音为纬。江左之儒知纵有平上去入为四声，而不知衡有宫商角徵羽、半徵、半商为七音。纵成经，衡成纬，经纬不交，所以失立韵之源。"古人所说的四声，常常是兼指韵母和跟韵母连在一起的声调说的。郑樵的意思是说，一个字的字音本来由声韵调组成，韵母和声调本来是从一个字音中截取下来的；不了解"经纬"相交，就不能真正了解立"韵"之"源"，因为一个"韵"是从"经纬"相交中确立其"韵"的地位的。这就表明郑樵对于设立"韵"有很深刻的认识，也肯定了韵图的作用：能帮助人们了解汉字的声韵调系统。

宋沈括《梦溪笔谈》卷一五《艺文二》："今切韵之法，先类其字……天下之声总于是矣。"袁子让《字学元元》卷一"溯字学源流辨"说得完到一些："观音因之作等子三千八百六十二声，上衍诸母，下摄诸字，其西域之旨欤？"清潘耒《遂初堂集》卷三《声音元本论上》谈起字母的作用："自字母之秘启，反切之法传，而后众音、众字一以贯之，如钱之有绳，如卒之有伍，且使天下无字之音可以有字者引之而出，字母之功伟矣。"

韵图中有填实的部分，也有空格。读者看韵图列字，很容易看出这一点。明章潢《图书编》卷八《邵氏皇极经世书声音律吕图总论》指出："物有声色气味，惟声为盛，且可以书别。故以正声之平上去入、正音之开发收闭列以为图，以见声音之全数。"

古人管空格叫"围"。《韵镜序》"四声定位"："每韵直行，平上去入声有字与围，相间各四，并分为定位。"可见凡是表中没有字的地方就叫"围"，《韵镜》画一个"○"。在张麟之看来，"围"负载有语音信息，他将"围"分为两种，"列围"说："列围之法，本以备足有声无形与无声无形也；有形有声，时或用焉。有声无形，谓如一东韵舌音第一位，横转，'东通同'字之后是也。若以音协之，则当继以'农'字。为一东韵无'农'字，故以围足之。无声无形，但欲编应行数，如东字韵中唇音、牙音第二、第四位，与江字韵第一、第三、第四位之类是也。"因此，"有声无形"是指同部位的某声和四声相承的某韵本可以拼合，但是韵书中没有字；"无声无形"是指同部位的某声和四声相承的某韵本不可以拼合，韵书中也确实没有字。后面一种很重要，表明声韵配合是有限制的，受语音拼合规律的制约。

韵图编写早期时的人都非常重视空位的作用。董南一《切韵指掌图序》谈到《切韵指掌图》的作用："案图以索，二百六韵之字惟有音无字者犹且声随口出，而况有音有字者乎？"祝泌《观物篇解》卷四《皇极经世九》谈到《声音唱和图》的作用："此图三千八百四十，是以天声有字无字与无声字百六十位，地音有字无字与无声字百九十二位，递相衍忒而成……中有位而切不出者以声音统摄。事物之变及于无声无音则备矣。"

（三）方便学习外族语的读音和外族人学习汉语的读音

郑樵《七音序》说："华僧……以三十六为之母，重轻清浊不失其伦，天地万物之音备于此矣。虽鹤唳风声、鸡鸣狗吠、雷霆惊天、蚊虻过耳，皆可译也，况于人言乎……何瞿昙之书能入诸夏，而宣尼之书不能至跋提河？声音之道有障阂耳，此后学之罪也。舟车可通则文义可及，今舟车所通而文义所不及者何哉？臣今取七音编而为志，庶使学者尽传其学，然后能周宣宣尼之书以及人面之域。"这是说，韵图能传达各种声音，包括人言。韵图之所以能传达各种声音，是因为它除了有声有形的填实的格子，还有"有声无形"和"无声无形"的"围"。

我们知道，自然界的各种声音，人类各种语言的不同语音，光凭为汉语所作的韵图是不可能"备于此"的。为什么郑樵认为韵图有这么大的功用？这就要了解他所说"备于此"的具体所指了。古人深知外族语跟跟汉语读音不同，说汉语的人借外族语的音，必然读起来有区别。孙奕《示儿编》卷二十一《集字》："《演繁露》云：'蕃语以华言译之，皆得其近似耳。天竺，语转而为捐笃、身毒；唐有吐蕃，本秃髪孤，秃髪，语转遂为吐蕃；唃厮罗之父名篯逋，乃赞普也；达怛乃靺鞨也。"由此看来，郑樵所说的"备于此"，其实是指经过汉语语音结构改造而形成的声音，不是指百分之百地模拟原来的声音，汉语语音结构做不到这一点。从这个意义上说，《七音序》所说没有什么错误。

三

图表是采用绘制图形或表格来说明复杂事物的一种方法。对比文字说明，完整、系统展现事物的理想的系列性图表有着极大优势：第一，这种图表，由于格式是固定的，对制表者对事物的认识活动具有一定的强制性。因此它对于制表者来说，如果要制作出理想的图表，就要求他既能精细地掌握事物的相互区别，又能精细地掌握其相互联系，按部就班，不容易遗漏信息；能让读表者对复杂事物了解得直观清晰。第二，这种说明事物的方法，由于格式是固定的，因此比任何单纯的文字说明更具体、醒目、系统，不至于被冗长的文字说明绕进去，便于理解和掌握事物脉络。第三，人们可借助图表的直观性系统、全面而又提纲挈领地进一步发现跟系统相关的问题，一一加以解决。

我国晚唐五代出现的韵图就是一种完整反映古汉语声韵调配合的系列性图表。这种反映韵书、字书反切的方法，对比韵书，又加进了一些已知条件，一些新的信息，便于人们从语音系统中直观地拼读反切。在我看来，这时期的韵图有系统整理《切韵》系韵书的音系之功，所提供的新信息至少有：

（一）声母，不同的图表中，各声母的发音部位和方法都以类相从，其位置是固定的，这是利用汉字注音的方式中最方便掌握声母读音的一种方式；还有，不同图表中哪些是相同的声母也一目了然。

纯粹利用东汉以来创制的反切，要准确地拼切出被注音字声母的读音，需要能从作为切上字的汉字中，分离出声母的读音，这是很重要的。唐神珙《四声五音九弄反纽图序》："夫文物之国，假以《诗》《书》；七步之才，五音为首。聿兴文字，反切为初；一字有讹，余音皆失……夫欲反字，先须纽弄为初；一弄不调，则宫商靡次。"纽弄，指采取分析搬家的方式，反复练习反切拼音。

韵图产生之前，一般人要从切上字中分离出声母，不容易。日释遍照金刚《文镜秘府论·天》载有据说是沈约的《调四声谱》，沈约用简表的形式，花了很大功夫讲如何分离出声母，但很难讲清楚。《四声五音九弄反纽图序》说："昔有梁朝沈约，创立纽字之图，皆以平书，碎寻难见。唐又有阳宁公、南阳释处忠，此二公者，又撰《元和韵谱》，与文约义，词理稍繁。浅劣之徒，寻求难显……纽字若不列图，不肖再传皆失。"所以神珙制成《四声五音九弄反纽图》，让人利用这种图来分离各种音素，包括切上字的声母。《玉篇》卷末附有《四声五音九弄反纽图》，可能是神珙或后人附上去的。唐德宗贞元年间山阴沙门智广《悉昙字记》第十八章有"等者等余字母，并有重成之用也"之语，其中"字母"指梵文字母。敦煌残卷有《归三十字母例》《字母例字》，《守温韵学残卷》列有三十字母。《广韵》卷末附有《双声叠韵法》《辩字五音法》《辩十四声例法》《辩四声轻清重浊法》。这都是唐宋时期字典编者或修订者让人们掌握字典中反切的读音而采取的措施，都涉及声母的掌握。但是，韵图由于可以横推直看，利用来拼音的条件多了不少，因此比单纯利用孤立的反切，更容易拼出字音。

（二）四声相承最直观地反映了出来。韵书的编排，尽管注意到四声相承，但是其编者没有明白说出，还是需要读者体会，依靠代代相传；由于语音的变化，后代韵书的使用者，不经过细致的考证，常常看不出四声是如何相承的。顾炎武的《古音表》，审音的功夫下得不够，对于中古的四声相承处理多有不当，开合相混、等第不伦，所在多有，就跟他没有注意韵图、未充分注意《切韵》系韵书的旧次、只通过韵书传本相沿袭的相承关系来归纳有关系。江永《古韵标准·例言》批评顾氏"考古之功多，审音之功浅"，虽然只是就上古入声相配而言，但用在评论顾氏对中古四声相承的处理上，也是恰如其分的。这说明，韵书的四声相承，只通过韵书本身是很难看清楚的。

韵图则不同，它将四声相承明白地摆在那里了，传递的信息很清楚。戴震《声韵考》卷二《考定广韵独用同用四声表》详细考定《广韵》的四声相承，就利用了《七音略》《切韵指南》等韵图。

（三）韵书只能告诉我们哪些字归于一个韵，或归于不同的韵；一个韵有几个韵母，没有告诉读者。在反切的拼读上，撇开时代的因素，少数反切对开合、洪细处理得不是很一致、很精密，不便于掌握。

唐代对韵和韵母的分析，已经有四等之说，《守温韵学残卷》有《四等重轻例》《定四等重轻，兼辩声韵不和，无字可切门》。韵图则将一个韵有几个韵母最直观地反映了出来，其中有开合的信息、等第的信息。韵图还告诉读者：不同的韵，哪些有相同的介音、相同的开合和等第。

（四）字与字之间由于声韵调都以类相从，并且以声韵调配合表的形式直观地展现出来，因此其联系和区别能一目了然地看出来，遇到不太懂的字音，可以利用横推直看的办法确定其读音。

（五）韵图对于没有音韵地位的字设置空格，因此一个利用反切寻找疑难字读音的人错误地拼出空格的音，就要考虑他的拼读是否准确，这也是韵书无法做到的。

唐五代时，就有学人注意到声韵拼合关系，注意到某些声母不和某些韵母相拼。例如敦煌残卷《守温韵学残卷》中说："'高'，此是喉中音浊，于四等中是第一字，与归审穿禅照等字不和。若将审穿禅照中字为切，将'高'字为韵，定无字可切。但是四等喉音第一字，总如'高'字例也。"这是注意到照组字不拼一等。又说："'交'，此是四等中是第二字，与归精清从心邪中字不和。若将精清从心邪中字为切，将'交'字为韵，定无字可切。但是四等第二字，总如'交'字例也。"这是注意到精组不拼二等。

四

在上古音研究中，利用图表的形式展现上古音系，顾炎武就开始做这一工作了。《音学五书》的最后一书《古音表》，以表格的方式眉目清楚地显示了他古音分部的成果。段玉裁的古音学，都是用表的形式反映出来，他不但将书名定名为《六书音均表》，而且里头的内容也主要是用五个表显示出来。

清代戴震开始，就尝试给上古音做声韵调配合表《声类表》，这是他临死前20日写成的。韵分二十五部，韵图横列各部，每部详其开合、内外转、重轻声、呼等，列有146个图；每图纵列声母，声母分成5类，每类4栏，共20

栏，将三十六字母摆进去。后来江有诰《音学十书》列有《廿一部谐声表》《入声表》，王念孙《古韵谱》列有《古韵二十一部通表》，严可均《说文声类》卷末有《说文声类出入表》，庞大堃《古音辑略》卷二有《古音表》，成蓉镜《心巢文录》卷下有《诗声类表》，傅寿彤《古音类表》卷一有《五声三统十五部二百六韵总表》等。王引之《经义述闻》卷三十一《古韵廿一部》实际上也是一种古韵部简表。时庸劢《声谱》有《十三家古音异同表》《五家古均阴阳同入异同表》，这是总结清代古韵研究成果异同的表格。清代的这些古音学图表，多是一些韵部分合关系的图表，这跟上古声母系统研究相对薄弱的状况有很大关系。

民国以后，上古声母和韵部的研究都有不少非凡成就，制订声韵调配合表的条件更趋成熟。1932年，刘赜出版《声韵学表解》，其下篇根据黄侃古音学体系，制成多张系列性表格，最重要的是《说文最初声母分列古本韵二十八部》一表。列出最初声符，归入黄侃二十八部的各部，此表横列各部，每部都按黄侃的古声十九纽纵列各声母。声和韵结合，既展示音系，又便于学者查找本音。表格中设有"附注"栏目，旨在"尽其变通之致"。

1937年，王力先生发表《上古韵母系统研究》，文中声母暂依《切韵》四十一声类，根据上古情况略加改进，刺取《诗经》入韵字，制成声韵调配合表，通过图表的方式研究上古韵母，开启了利用上古内证材料研究上古韵母之先河。

1944年，董同龢出版《上古音韵表稿》，其中有上古声韵调配合表，以《说文》的9000多字为基础，加上先秦古籍所见而《说文》未收的字，将上古韵部分为二十二部，阴声韵和入声韵并为一个韵部，以二十二部为经，所得三十六单声母为纬，制成声韵调配合表，将所收先秦出现的全部汉字摆进音系框架中去。本书价值明显，极大促进了上古音研究。通过多方面的研究，现在我们知道：中古阴声韵的去声字，一部分来自上古的阴声韵，即上古去声；一部分来自上古入声韵，即上古长入。也就是说，中古阴声韵的一部分去声字，上古要归到它相配的入声韵。《上古音韵表稿》都归到上古的阴声韵去声，这是本书归部的最大缺失。董表没有注出《广韵》或《集韵》反切，不方便做上古音和中古音的细致对应，这也是明显的不足。

即将出版的郭锡良先生的《汉字古音表稿》，在批判继承原有上古音声韵调配合表的基础上，通过制定配合表的方式，发现了既往上古音音类和音值构拟的不足和失误，也发现了他《汉字古音手册》（增订本）的一些不足和失误，加以改进，是汉语上古音声韵调配合表制作的里程碑式的著作。

《表稿》跟反映《切韵》音系的《韵镜》《七音略》，不但研究的对象不同，而且克服了它们大量移动韵母归属，造成削足适履的假二等、假四等的弊病，在科学性和实用性有矛盾的地方，最大限度地照顾科学性。《表稿》根据王力先生的上古音系统分部和归部，采取王力先生有关上古两呼各四等的框架进行音值构拟。尽管没有将重纽三四等在音值构拟上区别开；为了解决分化条件问题，对少数字的等第作了调整，但是由于加注了中古反切，因此还是能使读者了解哪些字本属重纽，哪些字作了调整。这是实事求是的态度。今天所有的古音构拟都没有解决好上古到中古读音分化的条件问题，为了更好地解决分化条件问题，也为了更好地解释上古的内证材料，我在《上古汉语韵重现象研究》一文中提出中古的一二三等韵，在上古同部、同开合、同等的情况下，应各分甲乙两类的设想，读者朋友可以参考。《表稿》的处理跟我的想法有同有异，做出了新贡献。

五

通过以上的叙述，我们完全可以知道：在汉语语音史研究中，声韵调配合表具有极大的推进作用，中国近两千年的汉语音韵学研究，各个分支学科都成果丰硕，离不开声韵调配合表的制作；汉语语音史研究，需要我们制定理想的声韵调配合表。这里重点谈谈掌握中古音、等韵学、上古音的问题，阐明声韵调配合表的作用。

我注意到，有的青年学子已经认识到掌握《切韵》音系及相关的等韵学知识的极端重要性，这有中文系的学生，也有外系的学生；既有文科的学生，也有理工科的学生；既有北大校内的学生，也有校外的学生和其他人士。但是有的学子研究《切韵》音系、了解相关的等韵学知识，有一个糊涂认识，就是以为利用一两本好的《音韵学》教材就基本可以达到目的了。这些优秀教材没有谈到的地方，再去找其他几本教材来作补充，就庶几矣。他们得到的结果却事与愿违。我要说，这是掌握不好《切韵》音系及相关的等韵学知识的。如同要去学游泳，你看了很多本讲游泳的入门书，不亲自下水，呛几口水，你很难学会在水中游弋。

有的青年学子在采取这种学习、研究的方式，试图掌握《切韵》音系及相关的等韵学知识，栽了跟头以后，找我问计策。我郑重地告诉他们，多少年积累下来的好的学习办法是：你要想研究好音韵学，就必须真切了解古音学、今音学、等韵学的内容，光看教材所得有限，特别要学会制作声韵调配合表。

怎么掌握初步的今音学和等韵学的基本内容呢？早期的等韵学叫切韵学，是研究《切韵》音系的，后来的等韵学大多受了早期等韵学的影响。因此我们可以将学习、研究今音学和学习、研究等韵学结合起来。可以采取这样的步骤来学习、研究：

你可以找好的《广韵》的本子，先自己做声类的系联工作，得出声类、声母系统；再系联各个韵，得出韵母系统。然后仿照《韵镜》《七音略》的韵图编纂方式，将系联的成果往格子里面填，得出声韵调配合表，对照《韵镜》《七音略》，看你填得怎么样。这样，你对《切韵》音系及相关的等韵学知识的掌握比起精读几部《音韵学》教材，功效要强一百倍。这是行之有效的办法，表面上看起来很笨拙，其实很巧妙。

研究上古音，必须充分重视《切韵》音系。《切韵》音系反映了中古音系，是目前已知的最早、最充分反映中古音系的可靠材料，跟上古汉语紧密相承，是追溯上古音系的一座桥梁；还要懂得跟《切韵》音系相关的等韵学知识。《切韵》音系和与之相关的等韵学知识，也是研究上古音的极好材料。清代从顾炎武开始，就知道利用《切韵》帮助弄清上古音分部；江永等人开始，就懂得利用跟《切韵》音系有关的等韵学知识从事古音研究。这些都是优良传统，是必须继承下来的。我想告诉大家，如果没有《切韵》音系的知识，没有与之相关的等韵学知识，你根本没有能力研究好上古音。所以，前面所讲的那些学习、研究的步骤是不能缺少的。

反映上古音的直接材料，主要有：韵文、谐声字、声训、异文、联绵词、古代音注、对音、同源词、古人的行文的语音安排等等。目前对韵文和谐声字的研究比较多，我们学习、研究上古音，可以先从掌握韵脚字系联法做起。

对于先秦韵文与韵部关系，有人有一些糊涂认识，以为经过三百多年的研究，已经搞得差不多了，我们拿来就是，不必亲自走一遭。由于忽视前人的一些研究，没有亲自走一遭，因此前人成果中许多闪光的东西你没有办法吸收到古音构拟中来。

如果你立志做上古音研究，我郑重建议你，可以采用很容易找到的王力先生的《诗经韵读》为工作底本，再将顾炎武、段玉裁、江有诰、王力等人对于韵脚字的系联成果摆在一起，这就显示出他们对于《诗经》韵脚字的看法以及分部的看法的异同了；然后以顾炎武所确立的《诗经》押韵字为基础，自己一部一部地去系联一次，看看顾炎武是怎样分部的。

顾炎武的分部还是比较粗略的，但是清代的古音分部是在他的基础上完善的。然后，你再去看江永的书，看看他是怎样重新认识《诗经》的韵脚字，纠正顾炎武的错误，从而多分出几部来的。依照这个办法，顺次去看段玉裁、江有诰、王力等人对《诗》韵的处理意见，研究上古韵部研究是怎样走到今天的。这样，就能看出各家古音分部、归字、各韵排列的次序的异同，知道上古哪些部该分开，哪些部不该分开，做一个明白人，有自己的主见，不会矮子观灯，人云亦云。这样辛勤走一遭，所得更真切，更多，更明晰，而且还可以学到怎么样利用韵文材料研究历朝的韵部系统。

声母、声调方面的研究也要这样去做，然后制订上古声韵调配合表，让上古出现的那些字各司其位。如果位置摆得不安帖，就应该好好想想，问题出在哪里，这样研究课题可能就出来了。课题研究得好，就能推进上古音的研究，也能进一步推进相关的研究。我们看到，对于现在某些上古音构拟，如果画一张声韵调配合表去检验，问题一下子就出来了。例如，有的构拟缺乏事实支撑，成为空中楼阁；有的声韵调配合不平衡，而且空格太多，毫无系统；有的构拟，两类声母的韵母辖字形成互补局面，应该归并；有的构拟拥挤不堪，该分开的音却并在一个音韵地位中，对于具体字的归部，放到系统中去观察，会处理得更合理等。这样一检验，就可以知道，当今有的构拟是需要改进的；有的构拟则是无法改进而应该加以抛弃的。

这样的上古音研究步骤，跟我上面提倡的对《切韵》音系及相关的等韵学知识的掌握的步骤，其效果都比起精读几部《音韵学》教材要强一百倍。这也是行之有效的办法，表面上看起来很笨拙，花时间，其实很巧妙，比只想借助精读几部《音韵学》教材，其实要节省好多时间，而且能真正进到上古音研究中去。不难看出，我提倡的研究《切韵》音系、等韵学、上古音的步骤，都很重视制作理想的声韵调配合表。我认为，制作理想的声韵调配合表，是将宏观和微观研究密切结合起来研究历代音系的最有效方法；要想研究好汉语语音史，必须先编写好理想的历代汉语音系的声韵调配合表。因此，我迫切期待郭锡良先生《汉字古音表稿》问世。

魏晋南北朝声母与方音研究述略

汪启明[1] 焦树芳[2]

（1.西南交通大学人文学院；2.天津财经大学珠江学院）

摘要：音韵学研究一般从专书、专人、专题和比较研究四个维度切入，魏晋南北朝处于上古汉语向中古的过渡阶段，前修时贤对这一时期的声韵情况作了详尽研究。魏晋南北朝时间跨度较长，书籍数量庞大，材料分布零散，时代和地域性不易鉴别，增加了声母材料收集的难度和不确定，因而声母研究较之韵部更为薄弱。魏晋南北朝方音声母特点在专书、专人、具体声母和对比研究上都有体现，但明确指出方音成果的较少；文中主要从专书、专人、专题和梵汉对音、出土文献、方音等角度系统地总结了魏晋南北朝声母的研究概况。

关键词：魏晋南北朝；声母；方音；综述

魏晋南北朝音韵研究属于中古音的代表。"中古音"这个概念，各家观点不尽相同。据刘广和（2002）归纳的分期方法，整体上可分为微观分期和宏观分期。前者划分较细，钱玄同《国音沿革六讲》（1920）六期、王力《汉语语音史》（1985）九期、魏建功《古音系研究》（1996）六期等，都将魏晋南北朝划定为一个独立的语音系统。后者大体分为四期，即上古音、中古音、近古音和现代音，如李新魁《古音概说》（1982）、邵荣芬《汉语语音史讲话》（1979）、向熹《简明汉语史》（1993）、黄典诚《汉语语音史》（1993）、董同龢《汉语音韵学》（2001）、耿振生《音韵通讲》（2001）、高本汉《中国音韵学研究》（2003）等。再粗一点可分为三期，如罗常培、周祖谟《汉魏晋南北朝韵部之演变》（1958）、史存直《汉语语音史纲要》（1981）等。各种分期在时间点上存有更大的分歧，但基本认同魏晋南北朝的语音属于中古音。

魏晋南北朝处于上古汉语向中古汉语过渡的重要阶段，这个阶段语音史较之前的先秦两汉时期和之后的隋唐时期，有极大的不同。这种面貌的大变是因为"三国魏晋南北朝（220年—618年）是中国历史上的第二次民族大融合时期，也是语言的大融合大统一时期，是汉语从'南染吴越，北杂夷虏'的情况进入到了隋唐大一统的以北方中原汉语为文学语言基础的时期"[①]。

一、中古音研究概况

对于这一时期的音韵学研究，前修时贤已有较为详尽的总结。从标题上看，综述的时段有长有短，内容有详有略，侧重点也有所不同。但往往有包含关系，这是因为本身研究对象的庞杂和研究时段不一致造成的。包括中古音的综述性成果有这样一些。

（一）大陆地区

1. 不分时段的综述。如崇冈《汉语音韵学的回顾和前瞻》（《语言研究》1982年2期）。

2. 限定研究成果时段的综述。如唐作藩、杨耐思《四十年来的汉语音韵学》（《语文建设》1989年5期）、《展望九十年代的汉语音韵学》（《语文研究》1991年4期）；唐作藩《四十年音韵研究的回顾》、李新魁《四十年来的汉语音韵研究》、王理嘉《四十年来汉语语音研究综述》（《中国语文研究四十年论文集》1993年）；冯蒸《近十年中国汉语音韵研究述评》（《北京师范学院研究生学刊》1987年1、2期）、《中国大陆近四十年（1950—1990）汉语音韵研究述评》（《汉语音韵学论文集》1997年）、《中国大陆近三年（1996—1998）汉语音韵研究述评》（《无锡教育学院学报》1999年1期）；马重奇的《1994—1997年汉语音韵研究综述》（《福建论坛》1999年5期）、《1998—2003年汉语音韵研究综述》（《福建论坛》2004年11、12期）、《1998—2003年汉语音韵研究综述（续篇）》（《福建论坛》2005年7期）、《2004—2008年汉语音韵研究综述》（《福建论坛》2010年12期）。

3. 限定对象为中古音的综述。如黄笑山的《中古音研究的回顾与展望》

[①] 汪启明.魏晋南北朝方言及研究[J].南大语言学（第4辑），北京：商务印书馆，2012：111—133.

（《古汉语研究》1998 年 4 期）、《汉语中古语音研究述评》（《古汉语研究》
1999 年 3 期）；张渭毅的《1950—2004 年国内中古音研究综述》（《中古音论》
2006 年）、《二十世纪的汉语中古音研究》（《南阳教育学院学报》2000 年 1
期）、《1990—2006 年上半年国内中古汉语语音论著目录（订补稿）》（《汉语
史学报》2012 年）；陈婷婷《二十年来国内硕士关于中古音的研究综述》（《福
建论坛》2010 年）；郑伟、杜俊平《2015 年音韵方言研究综述》（《语言文字
周报》2016 年 4 版），王素敏《两汉魏晋南北朝方音研究述略》（《牡丹江师
范学院学报》2018 年 2 期）。这些综述性成果，都包括了中古音的研究内容，
即包括了魏晋南北朝音韵研究的内容。

4. 限定研究对象的综述。如张晓《魏晋时期音韵学研究综述》（《临沂师
范学院学报》2007 年 4 期）；王嵘《原本〈玉篇〉音韵研究综述》（《甘肃高
师学报》2008 年 1 期）；贾忠峰《2006 至 2016 年〈玉篇〉的语言学研究综述》
（《山西大同大学学报》2017 年 3 期）；曹庆改《零声母字研究综述》（《现代
语文》2010 年 6 期）；刘广和《梵汉对音学科述略 —— 纪念俞敏老师一百周
年诞辰》（《励耘语言学刊》2017 年 2 期）；王素敏《两汉魏晋南北朝方音研
究述略》（《牡丹江师范学院学报》2018 年 2 期）等。

出土文献方面有郭洪义《碑刻文献的音韵学相关研究述略》（《学行堂文
史集刊》2011 年 1 期）；崔富雅、罗建新《魏晋六朝时刻文献研究的回顾与
前瞻》（《燕山大学学报》2015 年 3 期）；刘琳琳《近十年石刻研究文献综述》
（吉林大学，2015）；朱智武《东晋南朝墓志研究的回顾与展望》（《建国六十
年六朝史的回顾与展望学术研讨会论文集》2009 年）、《东晋南朝墓志研究综
述与理论思考》（《中国史研究动态》2011 年 6 期）、《进 10 年来魏晋南北朝
墓志研究进展与动向分析》（《南京晓庄学院学报》2018 年 3 期）等。

（二）港台地区

何大安《近五年来台湾地区汉语音韵研究论著选介》（《汉学研究通讯》
1983 年 2 卷 1 期）、姚荣松《近五年来台湾地区汉语音韵研究论著选介》（《汉
学研究通讯》1989 年 8 卷 1 期）、竺家宁《台湾四十年来的音韵学研究》（《中
国语文》1993 年 1 期）、王松木《台湾地区汉语音韵研究论著选介》（《汉学
研究通讯》1995 年 14 卷 3、4 期，1996 年 15 卷 1 期）、江俊龙《台湾地区汉
语音韵研究论著选介（1994—1998）》（《汉学研究通讯》2000 年 19 卷 1 期）、

郭必之《香港近四十年（1961—2000）汉语音韵学著述目录》等。

（三）海外中古音研究情况

有李葆嘉、冯蒸《海外的中国古音研究》（《学术研究》1995年1期）等。

这些综述，或多或少与中古音的声母相涉，但缺乏一个较为全面的总结。这里对中古声母的研究情况作一简述，并对失收的情况进行补充。我们已经对魏晋南北朝的方言研究情况发表了一些成果[①]，但没有更多地涉及中古音尤其是关于声母的研究。

二、魏晋南北朝声母的专书研究

我们曾经提出魏晋南北朝时期"汉语方言有分有合，延续几四百年，纵横数万里，要在这么大的一个范围和时段内，将语言、方言现象研究清楚，揭示其历史层次和发展规律，不是一项简单的工作。尚须分时、分地、分人进行深入的研究。"[②]这里我们还要说，专书研究是音韵学研究的起点。像顾炎武、江永、江有诰、段玉裁他们的古音研究，都特别重专书研究。专书声母研究是专书语言研究的重要一类。

（一）《字林》

《字林》声母体系研究的功臣非简启贤莫属。他的研究不仅详尽而且非常完备，重要成果如《吕忱〈字林〉的音注材料》（《语言研究》1996年）、《〈字林〉音注声类考》（《汉语史研究集刊》第一辑）从31种古籍中收集759个有效音注，按发音部位依次分析；并与《广韵》及同时代或地域相近的其他音系进行比较，如郭璞、徐邈、《玉篇》等，求得34个声母。《〈字林〉音注研究》（2003）的音注材料共745条，声母部分是前两篇论文的发展完善，论点明确，条理清晰，提出新论据，较之前更能说明问题。

简启贤在研究中注意与吕忱时代或地域相近的其他人的声系对比，包括

---

① 汪启明. 魏晋南北朝方言及研究 [J]. 南大语言学（第4辑），北京：商务印书馆，2012：111—133. 汪启明. 20世纪以来魏晋南北朝方言的回顾与前瞻 [J]. 汉语史研究集刊（第19辑），成都：巴蜀书社，2015：422—441.

② 汪启明. 魏晋南北朝方言及研究 [J]. 南大语言学（第4辑），北京：商务印书馆，2012：111—133.

东汉刘熙《释名》、晋代郭璞音注、晋代徐邈音注，南朝梁顾野王原本《玉篇》音系等。得出的结论如"齐鲁方言很早、甚或根本就是一种精、庄分离的方言""在汉末的齐鲁方言中，邪、以仍是很相近的声母""能否分辨从与邪、船与禅，是魏晋南北朝时期北方方言和南方方言的分水岭""'烘'字的塞音读法是当时北方方言的，擦音读法是当时南方方言的，后来南方读法占了上风"都很有价值，并且总结了《字林》声母的八项特点，根据当时"江东取韵与河北复殊"，这无疑是吕忱的方音。

（二）《玉篇》

语音体系已有前辈学者进行了深入的研究，研究对象分为原本《玉篇》、宋本《玉篇》和《篆隶万象名义》三个不同版本系统的研究。

1. 原本《玉篇》音研究。罗常培《〈经典释文〉和原本〈玉篇〉反切中的匣于两组》（《罗常培语言学论文集》1963 年）将 27 个喻母三等字与匣母归为一类。欧阳国泰《原本〈玉篇〉残卷声类考》（《语言研究》1986 年 2 期）着重整理反切用例，得出 36 声类。阎玉山在《原本〈玉篇〉反映的南朝时期的语言特点》（《东北师范大学学报》1990 年 4 期）中依据反切用字，分析了南朝梁陈时期吴越地区的语音特点，如只有重唇音、舌头音，喻三与匣不分，日泥不分等。周祖庠在《原本〈玉篇〉零卷音韵》（1995）、《从原本〈玉篇〉音看吴音、雅音》《从原本〈玉篇〉音看〈切韵〉音》（《四川三峡学院学报》1998 年 3 期）与阎玉山意见不同，认为舌上音已经分化，有娘母；除明母外，轻重唇已经分化；日母独立。音系是以金陵为代表的读书音，是西晋洛下雅言和吴语的融合体，是当时的标准音。陈燕在《从〈玉篇〉反切比较论中古时期的标准音》（《天津师范大学学报》2001 年 5 期）中通过原本《玉篇》和宋本《玉篇》反切比较两书的声韵调，指出宋本属于《切韵》音系，代表隋唐宋时期的标准音；而顾氏本代表的是中古时期的标准语音，即南朝雅音，如从邪混切。汪业全、蔡玉珠《从规范的"普适性"看顾野王〈玉篇〉的语音规范性质》（《广西师范大学学报》2014 年 5 期）认为其基础方言为金陵音，杂有吴音，代表梁朝通语。姜永超《古钞本〈玉篇〉全浊声母的贝叶斯分析》（《语言研究》2018 年 2 期）采用贝叶斯分析浊音清化，上限是南朝梁代。硕士论文有李英《原本〈玉篇〉与宋本〈玉篇〉反切比较研究》（天津师范大学，2003 年）、闵敏《原本〈玉篇〉声母研究》（华中科技大学，2006 年）等。

2.宋本《玉篇》音研究。朱声琦一系列论文的例证基本参照宋本。《从〈玉篇〉看照系三等声母的产生》（《山西师大学报》1991年4期）举例说明了照系三等在东汉有个别分化，到《玉篇》时代还没有完全分离，但正齿音已经频繁出现；《从〈玉篇〉看舌上音知系声母的产生》（《南京师大学报》1992年2期）认为知系声母在汉魏间开始变化，但大量形成在隋唐时代；《〈玉篇〉与喉牙声转》（《徐州师范大学学报》1992年1期）论述了喉音与牙音间相互转化的时代和方言间的差异。蔡梦麒《切语用字的调整与宋本〈玉篇〉的来源》（《中南大学学报》2006年3期）探讨了宋本切语用字的调整是受《字林》影响，在唐代基本形成；宋本从邪、云匣、轻唇音、舌音基本分立，而船禅不分。硕士论文有张亚南《〈新修玉篇〉注音材料研究》（河北大学，2011年）等。

3.《篆隶万象名义》。周祖谟《〈篆隶万象名义〉中之原本〈玉篇〉音系》《论〈篆隶万象名义〉》（《问学集》1981年）整理归纳了《玉篇》音系，运用系联法求得39声类。《玉篇》能够反映梁代吴音的实际情况。从邪不分是其特征。胡吉宣《〈玉篇〉校释》（1989）为我们整理声母体系提供了数据。郭萍《浅谈根据〈原本玉篇残卷〉校正〈篆隶万象名义〉反切》（《汉语史研究集刊》2005年）搜集604条反切，分析了造成差异的原因及校正原则。郑林啸《〈篆隶万象名义〉声系研究》（2007）对注音材料进行穷尽式研究，得出声母29个，其中唇音和舌音正在分化，娘日归泥，从邪、匣云不分，崇俟、船禅合一等。另有《〈篆隶万象名义〉所反映的重纽韵舌齿音的归属》（《语言科学》2011年）等。硕士论文有赵磊《〈篆隶万象名义〉声类研究》（贵州大学，2009年）、潘新玲《〈篆隶万象名义〉音系与〈广韵〉音系的比较研究》（福建师范大学，2009年）、唐沂《〈篆隶万象名义〉音系研究》（复旦大学，2012年）等。

4.三个版本比较研究。刘新华《原本〈玉篇〉残卷、〈篆隶万象名义〉〈大广益会玉篇〉异读字比较研究》（北京大学，2012年）从异读字的角度比较了原本、宋本《玉篇》《名义》，指出原本和《名义》体现南方音系，而宋本体现了中古北方音系。

（三）《切韵》

首先是音系性质。董志翘在《〈切韵〉音系性质诸家说之我见》[①]中分为三大类，一是哈希论，《切韵》音系是古今方国之音的哈希；二是单一论，包括吴音、长安音和洛阳音；三是主从论，是指以当时传统的读书音为主要依据，同时参照各地方音。

1. 古今南北杂凑论者。王力《中国语言学史》（1981）认为是以一个方言的语音系统为基础，可能是洛阳话，同时照顾了古音系统的混合物；李新魁《中古音》（1991）是以当时共同语音为主要依据，吸收了一些古音和方音，具体依据是南北朝以来韵书和字书的反切。何九盈《〈切韵〉音系的性质及其他》（《音韵丛稿》2002年）明确提出"我们是古今南北杂凑论者。"罗常培《〈切韵〉鱼虞的音值及其所据方音考》（《罗常培语言学论文集》2004年）认为其采用的是最小公倍数分类法，随时地不同而分，因其或异而分韵，这是对各地方音的综合论述；黄淬伯在《论〈切韵〉音系并批判高本汉的论点》（《唐代关中方言音系》2010年）指出《切韵》音系是当时南北方音的组合，包含金陵与洛下音系；《关于〈切韵〉音系基础的问题》（《唐代关中方言音系》2010年）认为是综合中古时期南北方言音系。潘悟云《汉语中古音》（《语言研究》2013年2期）也承认吸收了方言和古音。

2. 单一论者。①长安音，高本汉、马伯乐、周法高、薛凤生等；②洛阳音，陈寅恪《从史实论〈切韵〉》（《岭南学报》1949年2期）认为是东晋后南朝士人的洛阳旧音；邵荣芬《〈切韵〉音系的性质和它在汉语语音史上的地位》（《中国语文》1961年4期）指出音系是以当时洛阳语音为基础的活方言，金陵一带的语音是它主要参考对象。王显《〈切韵〉的命名和〈切韵〉的性质》（《中国语文》1961年4期）认为是以当时的洛阳话为基础，吸收了当时河北地区其他方言音系的个别音类和金陵音系部分音类。赵振铎《从〈切韵序〉论〈切韵〉》（《中国语文》1962年10期）也认为音系基础是洛阳一带的话。李新魁的《论〈切韵〉系统中床禅的分合》（《中山大学学报》1979年1期）认为船禅一分为二依据的是隋代的金陵雅音。

3. 主从论者。周祖谟《〈切韵〉的性质和它的音系基础》（《问学集》1966）指出保留了当时南北士人通用的雅言，即当时书音和官于金陵士大夫

---

① 董志翘.《切韵》音系性质诸家说之我见[J].达县师范高等专科学校学报，1999（1）：46—53.

通用的语言；他在《〈唐五代韵书集成〉总述》（1994）又指出保留了当时传统的书音系统，同时参照了河北与江东语音，不以一地为准。黄笑山《〈切韵〉于母独立试析》（《古汉语研究》1997 年 3 期）认为《切韵》是建立在南北雅音基础上的标准音，匣于两母不混。

其次是声母研究。

1. 唇音。贺养州《〈切韵〉中的唇音分化现象》（《古汉语研究》1991 年 3 期）、张洁《论〈切韵〉时代轻重唇的分化》（《汉语史学报》2002 年 2 期）指出轻重唇音已经分化。黄易青在《从宋跋本王仁昫〈刊谬补缺切韵〉看唇音字的开合》（《北京师范大学学报》2011 年 2 期）指出唇音字作切上字合口可以切开口，而唇音作牙喉音切下字，开口可切合口。刘芹《也谈〈切韵〉唇音字的开合口 —— 兼与葛毅卿先生商榷》（《古汉语研究》2015 年 2 期）和《再论〈切韵〉唇音字的开合口》（《西华大学学报》2015 年 5 期）都说明了唇音字不分开合。赵彤《轻唇化音变两个"例外"的解释》（《语言科学》2015 年 1 期）从韵母和文献方面探讨《切韵》东₃和尤韵的唇音次浊字今读 m，没有轻唇化的成因。

2. 舌音。李荣《切韵音系》（1956）指出就《切韵》系统或者方言演变，娘母是为了配合知彻澄而造出来的，没有地位。阎玉山《〈切韵〉音系声母娘泥归一证》（《东北师大学报》1983 年 1 期）参考《玉篇》《玄应音义》例证说明《切韵》系统泥娘二组是一个。《等韵"门法"中的"类隔"切语 — 兼论〈切韵〉音系中舌音的分合》（《东北师大学报》1984 年 3 期）认为唇音和舌音没有分化。

3. 齿音。李新魁的《论〈切韵〉系统中床禅的分合》（《中山大学学报》1979 年 1 期）指出船禅合为一类；船禅一分为二依据的是隋代的金陵雅音。欧阳国泰《〈切韵〉"俟"母质疑》（《厦门大学学报》1987 年 4 期）认为"俟"将变为禅母的舌尖后浊塞擦音船母字，"俟"母是为了正齿音声母整齐。

4. 喉音。罗常培在《〈经典释文〉和原本〈玉篇〉中的匣于两纽》（《罗常培语言学论文选集》2004 年）指出匣于两纽在上古相近，赞成曾氏将于纽作匣纽细音的看法。黄笑山《〈切韵〉于母独立试析》（《古汉语研究》1997 年 3 期）认为其音系是在南北雅音基础上的标准音，匣于两母不相混。

5. 综合研究。①声母对比研究。麦耘在《〈切韵〉知、庄、章组及相关诸声母的拟音》（《语言研究》1991 年 2 期）认为知、庄在音位系统上是平行的，而音值上不完全平行；通过比较高本汉、李荣、罗常培等成果，详细分析了相关声母的拟音问题。②声母综合研究。麦耘《〈切韵〉二十八声母说》(《语言研究》1994年2期)拟为28声母；轻唇音互补，属于同一音位；喻三是匣母的变体，但前腭介音发生弱化，向喻四靠拢；因介音不同，端知组对立。徐朝东《〈切韵〉系韵书中四种异常音切之考察》(《语言研究》2006年1期)考察了一些特殊音切，庄章组相混、浊音清化等。黄笑山《〈切韵〉27声母的分布—用黄伯虔师"轻重不平衡"理论处理〈切韵〉的作业》(《汉语史学报》2007年0期)以黄典诚先生的声韵不平衡发展的理论，考察27个声母跟各类韵母的搭配关系，观察声母的分化演变。吴风航《〈笺注本切韵〉反切考》(南京大学，2012年)以长孙讷言的笺注本为依据得到38个声纽，且唇音不分轻重；端知组有类隔但分用；从邪、船常、崇俟不混用；精庄章三组、云匣两纽混切，但基本分用。还有余迺永《〈切韵〉系书切音与切字谐声相违的声母问题》(《语言科学》2003年5期)、周傲生《〈切韵〉的音韵格局》(浙江大学，2008年)、《〈笺注本切韵—S2071〉声母异常音切再探》(《剑南文学》，2012年2期)、欧阳丽雯《〈切韵〉系韵书所见语音及对其认识的演变》(武汉大学，2016年)、杨昆《〈经典释文〉与〈切韵〉音系比较研究》(南京师范大学，2017年)等。

（四）《经典释文》

《经典释文》为陆德明所撰，全书30卷，采纳汉魏晋时期230家音切和训诂编纂而成，一些学者对《释文》所收各家音注材料作了系统整理和分析，如蒋希文对徐邈音切、范新干和盘晓愚对刘昌宗音、简启贤对吕忱音和郭象音、陈亚川、彭辉球和简启贤等对郭璞音研究等，这一部分我们归入相应专题研究中。有关《释文》语音系统和声母的研究成果丰富，其中部分涉及魏晋南北朝声母和方音现象。

首先是音切性质研究。

罗常培《〈经典释文〉音切考》(2012年)作了全面的整理研究工作，认为《释文》反映南朝吴音。林涛《陆德明的〈经典释文〉》(《中国语文》1962)指出代表南朝的金陵音。蒋希文《〈经典释文〉音切的性质》(《汉语音韵方言论文集》2005年)认为《释文》代表的南朝经师读经的音，是当时的读书音。杨军、黄笑山、储泰松《〈经典释文〉反切结构的类型、层次及音韵性质》(《历史语言学研究》2017 年）将反切从结构上分层，确定其性质，如古反切层是陆氏及东晋南朝以来的南方经师的标准读书音；新反切层是对古反切不和谐的改良，反映了唐代早期以长安为中心的读书音系统。

其次是声母研究。

（1）唇音，王怀中《〈经典释文〉陆氏反切唇音声母考》(《中国语文》2006 年 5 期）指出陆氏唇音与徐刘诸氏的差异，后者轻唇音非、敷、奉尚未分化出来，而陆氏轻唇音三母已经出现，微母尚未分离。（2）舌音，李秀芹《〈经典释文〉中的舌音初探》(陕西师范大学，2001 年）认为徐刘诸家的舌头舌上音有分化趋势，类隔切占 29.82%，未完全分开，陆氏舌音已经分化。（3）齿音，寻仲臣、张文敏《〈经典释文〉的反切应是从邪分立》(《古汉语研究》1999 年 2 期）指出从邪二组的分合，从原本《玉篇》从邪混用到《经典释文》从邪两读，再到《切韵》音系从邪分立。裴燮君《〈经典释文〉中"从邪""船禅"》(《徐州师范大学学报》2003 年 2 期）指出寻文中存在的问题，南北两种雅言的不同导致两读产生，如刘徐等人音切从邪、船禅合一反映旧时金陵雅音。《释文》分立表示隋唐雅音，而混读是金陵雅音。（4）喉音，罗毅、杨军《〈经典释文〉匣于二纽混切再论》(《古汉语研究》2018 年 2 期）发现混切音注存在两个层次，"音和切"经后人改定，"类隔切"是陆氏反切，因而指出匣于二纽不分。

声母综合研究，岳利民《〈经典释文〉引音的音义匹配和六朝音》(华中科技大学，2008 年）统计分析 100 家引音情况，在音义匹配的基础上分魏晋和南北朝两个时期讨论声母特点：如魏晋时期轻重唇不分，南北朝时期有分化的趋势；舌头舌上、庄组精组已分等。反映了魏晋南北朝时期的通语音，但有方音如刘昌宗船禅不分等。王怀中《〈经典释文〉陆氏音系之声类声母研究》(陕西师范大学，2009 年）通过与徐刘诸氏音、《玉篇》音、《切韵》音等作对比，指出魏晋时期轻重唇、舌头舌上不分。

（五）其他专书

1.《声类》。目前尚无专门针对声母的研究，侧重在收集材料和注音方式上。张清常《李登〈声类〉和五音之家的关系》(《南开大学学报》1956 年 1 期）探究了《声类》中宫商角徵羽的命名是受"五音之家"的影响，以审字调音的方式将字分派到五类中。林平和《李登〈声类〉研究》(《中华学苑》

1978 年 21 期、1979 年 22 期）列举所搜逸文，对各家的辑佚材料进行详细评述。吴礼权《关于〈声类〉的性质与价值》（《古籍整理研究学刊》1996 年 6 期）收集了《玉函山房辑佚书》《文选》《经典释文》等材料说明其价值。邱宏香《胡刻本〈文选〉李善注引〈声类〉初探》（《长春师范学院学报》2010 年 11 期）列举 2 个直音和 23 个反切说明两种注音方式的消长；类似的还有李丽静《〈慧琳音义〉引〈声类〉佚文考》（《南阳师范学院学报》2010 年 1 期）等。

2.《韵集》。《韵集》的注音材料散落在其他书中较多，胡吉宣《玉篇校释》收录较全面。声母方面只有张艳超《吕静〈韵集〉声母系统研究》（渤海大学，2014 年）对 6837 个切语和 290 条直音材料系联求得 38 个声母。根据吕静生活的时代和地域指明了《韵集》音系的方言性。声母分合与方言相关。作者认为，《韵集》的来母只有少量混切，可能正处于从 r 向 l 转变的后期，已基本分化出来。这与其在江西安福县做官有关。

3.《水经注》。历代的研究多集中于版本、校勘和注疏等方面。声母方面已有较多成果，陈新雄在《郦道元〈水经注〉里所见的语音现象》（《锲不舍斋论学集》1985 年）中指出轻重唇、舌头舌上不分，喻母字读近舌音，正齿照系近舌音、庄系近齿头，娘日归泥、群匣同源、旁纽双声等特点。张永言《〈水经注〉中语音史料点滴》（《中国语文》1983 年 2 期）搜集了能够反映声韵发展、音变规律及音韵学史的例证。王东《〈水经注〉尤部唇音字读虞部》（《古汉语研究》2002 年 4 期）利用方音差异将尤部唇音字转入虞部的时间上推到六朝时期。张凯《〈水经注〉语音史料汇释》（《汉字文化》2008 年 3 期）在全面收集语音数据的基础上，分析了方音的声母特点，如音转：牙音见母字与舌头音来母字、日母字与泥母字；音近：章组与精组；合流：章组与庄组。还有王东《郦道元〈水经注〉中汉语语音现象再探讨》（《河南工业大学学报》2016 年 1 期）

4. 史书音注。《三国志注》裴氏为生字注音，保存了大量的音注材料。黄坤尧在《裴松之〈三国志注〉的注音》（《李新魁教授纪念文集》1998 年）中统计了裴注 85 条音注材料，分析声母特点，由于裴氏审音谨慎保守，视作宋初标准音。储泰松《〈三国志〉裴松之音注浅论》（《江苏大学学报》2004 年 5 期）收集了 92 条有效音注，有 9 条是引用；声母如轻重唇不分、舌头舌上不分、精庄混切等；声母与《切韵》音系基本相同，但精章混切可能是特有的方音现象。杨小平、唐树梅《试析〈三国志〉裴注中的注音》（《西华师范大学学报》2014 年 4 期）共 70 例音注，着重探讨注音方式及体例。

刘冠才《从〈魏书〉看南北朝时期北方语音的一些特点》（《南京师范大学文学院学报》2011 年 1 期）分析了当时北方地区一些声母混切的特点;《从〈周书〉语音材料看北朝后期至初唐北方语音的若干特点》（《泰山学院学报》2011 年 1 期）说明了北朝后期存在帮並、心山、舌音与齿音、匣见、匣喻四、日喻四等声母混切的特点。

胡胜杰在《十五部经典音注考》（广西师范大学，2012 年）对十五部经典的汉魏六朝音注作了详细分析，并通过与《经典释文》和《广韵》进行对比，说明前者与后两者之间没有直接的抄袭关系。

三、魏晋南北朝声母的专人研究

专人的研究有时也是专书的研究。或者由于成果标题上标明为专人，或者其书不存，或者某学者不止一书;这样的成果便列入专人的研究。当然还要说明一点，有时这二者不好截然分开。例如上一节的专书，有些也是专人的研究。

准确而详实的材料是进行研究的根本保障。对于古代流传下来的资料，我们的首要工作就是校勘。在研究专人音注时，我们对存于《经典释文》及其他书中的材料进行了一番校勘。

（一）韦昭

三国吴郡云阳人，著述大多散佚，李步嘉的《韦昭〈汉书音译辑佚〉》（1988）全面搜罗了韦昭音注。张冬磊、黄笑山《三国韦昭音注的声韵系统与介音规则》（《南通大学学报》2017 年 2 期）用系联法归纳了韦昭音的声母系统，得出 28 个声类，特点如三国时江南地区章组形成，匣母和云母相混，而从邪、船禅分立。

（二）徐邈

祖籍东莞，其祖在永嘉之乱时南渡，居于京口;音注材料多载于《经典释文》，学术界的研究大多集中在音切方面，蒋希文《徐邈反切声类》（《中国语文》1984 年 3 期）仿照陈澧系联法，比照《广韵》得出二十六声类，并说明了徐音反映的声类系统与《说文》的一致，从侧面说明与上古音相近。《徐邈音切研究》（1999）采用枚举归纳推理法重新求得声类三十五个，与同时期的陶潜比较，指出徐氏用的是江南读书音。另有《徐邈反切系统中的特殊音切举例》（《中国语文》1994 年 3 期）。刘兴均在《徐邈五经音训中的直音浅析》（《西南师范大学学报》1991 年 4 期）中说明了直音和上古音系基本一致，反映了由上古音向中古音过渡。《从徐邈看"古无轻唇音"》（《黔南民族师专学报》1995 年 4 期）从唇音清浊方面说明徐音没有轻重唇的区别。另有简宗梧《〈经典释文〉徐邈音之研究》（台湾政治大学，1970 年）、《徐邈能辨别轻重唇音之再商榷：兼论〈经典释文〉引又音的体例》（《中华学苑》1986 年）等。

（三）徐广

京口人。黄坤尧《徐广音系分析》（《中国文化研究所学报》1991 年 22 卷）整理分析音注，得到 359 条音例。廖秋华《徐广、裴骃音系异同考》（《浙江树人大学学报》2018 年 3 期）对比分析了徐广和裴骃音的特点，整理徐音声类 35 个，无禅母，且云以分立。裴音声类 31 个，无泥（娘）、邪、崇、船、疑，云以分立；两者声类基本一致，浊音清化上徐音范围大，而裴骃唇、牙音多。

（四）李轨

江夏人。吴承仕在《〈经典释文〉序录疏证》（1986）等论著中对李轨音切的情况有所提及。简启贤在《李轨音注考》（《云南教育学院学报》1993 年 3 期）中详细说明了音注材料的选取和声训情况，指出了声韵特点。吴萍的《东晋李轨音切研究》（贵州大学，2006 年）归纳整理了李轨的声类和韵类；徐音中包含方言成分，如透类二组用彻母字作定母字的切上字，浊音字有吐气成分。还有《东晋李轨音切声类》（《徐州教育学院学报》2007 年 4 期）、《几本古书中有关东晋经师李轨音注的校勘》（《贵州大学学报》2009 年 2 期）。

（五）刘昌宗

生卒年、籍贯等不详，史书亦无传；东晋经师，可能早于徐邈。范新干有一系列论著，如《刘昌宗音初论》（华中师范大学，1995）、《刘昌宗音切的声母系统》（《语言研究》1998 增刊）、《东晋刘昌宗音切三论》（《华中师范大学学报》2002 年 2 期)、《刘昌宗音切发覆》(《华中师范大学学报》2004 年 4 期)、《东晋刘昌宗音研究》(2002) 兼顾声韵调三方面，综合运用比证、系联法，对刘音作了全面的整理、分析工作，得出了 33 个声类；同时也考虑了 "土风" 对语音的影响。盘晓愚《〈经典释文〉中刘昌宗反切声类考》(《贵州大学学报》1999 年 2 期) 得出 33 个声类，认为刘音带有南方音的特点。

（六）郭象

河南洛阳人。简启贤有《郭象音注考》(《云南教育学院学报》1994 年 6 期) 搜集音注共 216 个，声类特点与郭璞音一致，如轻重唇、舌头舌上不分、精庄分而未离、船禅、生书混切等。

（七）郭璞

闻喜人。清末民初，王国维对《方言注》进行了开创性的研究，之后很多学者都进行了间接或直接性的研究。

首先是郭注声母体系的研究。陈亚川在《〈方言〉郭璞注的反切上字》(《中国语文》1981 年 2 期) 与《广韵》比较，归纳了声母特点，如轻重唇、舌头舌上不分、日母泥母类隔切、庄组和精组混切、云匣混切，章组和端知不混切等。彭辉球在《〈尔雅〉郭璞注的反切》(上)(《湘潭大学学报》1991 年 4 期) 中按五音的顺序与《广韵》逐字对照分析声母特点，如轻重唇、舌头舌上、泥日混切，精、庄、章混切，而照系已有分离，牙音内部混切，且与喉音关系密切等，可以看出《方言注》和《尔雅注》中的声母特点高度相似。李敬忠《〈尔雅〉郭璞注反切考》(《中国语文研究》1992 年 10 期) 有 519 个反切上字，缺娘母和俟母；轻唇声母未分化；舌上音知、彻、澄尚未完全分离，但已形成完整的系统；正齿音庄组完全从精组中分化出来，只有少量混切；精组与见系混切较多。

其次是郭音整体研究。陆志韦《论郭璞的反切》(《陆志韦集》2003 年) 搜集 498 条反切材料，说明了精母和照二及端母和知母的分化。简启贤《郭璞音》(《云南教育学院学报》1990 年 3 期) 详细说明考察郭音的方法，为我们提供了方法上的指导；文中讨论了声韵调的特点和存在争议的地方。董达武的《〈尔雅〉音注记略》(《语文论丛》第四辑 1990 年) 补充了王国维评郭音注的四项不足，一是承认为本文作音的合理性；二是为今语而作的音注可以推古音；三是为并见于经注的字作音，虽列于今语之下，而古语的音也可以测定；四是确立分别古今语的标准。这为我们有效地利用郭璞的音注材料提供借鉴。萧黎明《试论郭璞〈方言注〉音切的性质》（《时代文学》2007年1期）从通语和方音两方面说明郭音包含三个语音层级，从低到高依次是通语——以江东、齐、关西、江西为代表的区域方音——州、郡、国为代表的方音。另有《郭璞音切与晋代声类》（《福建论坛》2009年4期）说明了郭音与《切韵》音近，如轻唇音还未产生，端知不混，精庄分离。

最后是郭璞音特点研究。董志翘《郭璞训释中的"轻重""声转""语转"》（《中国语文》1980年6期）认为郭注中的"声转"表示双声，韵部不同；"语转"表示迭韵，声类不同。而王平的《郭璞〈方言〉注释中的"声转"和"语转"》（《山东师大学报》1984年3期）举例说明了"声转"是指声纽的变转，韵部可以相同；"语转"表示语音的变转，既可以指声类也可以指韵部。唐丽珍《再论郭璞训释中的"声转、语转、语声转"》（《苏州科技学院学报》2004年1期）认为这个三术语表示时代和地域的不同而产生的语音差异和转化。周文德、杨晓莲《〈尔雅〉郭璞注的两个特点》（《西南民族学院学报》2000年7期）指出郭注中包含了大量晋代口语词，归纳了反训和语转的条例，从声音上考察词语间的相互关系。另有唐莉《再说郭璞注中的"轻重"》（《中国语文》1996年4期），刘新春《郭璞注轻重释义》（《宜宾学院学报》2008年7期）、《郭璞注轻重小议》（《汉语史研究集刊》2008年）等。

（八）沈重

吴兴武康人。古敬恒《沈重音述略》（《徐州师范学院学报》1989年3期）总结了沈音存有吴语的语音特点，且声母各类内部的混切与《切韵》存在差异，与上古音接近。

（九）颜之推

原籍琅邪临沂，但世居建康，历经四朝。《颜氏家训》包含了很多方音内容，学者们大都以此为依据研究颜之推的语言学观点，并比较北方和南方两大地区的音系特点。任铭善《颜之推音论述评》（《语言文字研究专辑》1986年）论述了颜之推对标准音的看法。竺家宁《〈颜氏家训·音辞篇〉的几个语音现象》（《音韵探索》1995年）举例说明了声韵调三方面的语音特点，认为方言是重要影响因素。李恕豪《论颜之推的方言研究》(《天府新论》1998 年 3 期) 说明了颜之推的方言观，即方言差异由地理条件所致，主要体现在南北两大方言系统的对立上，方音是相互影响的。殷焕先、张玉来《颜之推〈颜氏家训·音辞篇〉释要》(《语言研究集刊》2007 年) 指出了须注意的问题，如当时存在一种共同语，标准不是金陵和洛下话；当时南北语在具体字上的读法有差别，但语音系统不一定有本质的区别。袁延胜《从〈颜氏家训·音辞篇〉看洛阳语音的历史地位》(《河南科技大学学报》2008 年 1 期) 指出了颜氏肯定洛阳音作为标准音的历史地位，属于"雅言""通语"。刘冠才《从〈颜氏家训〉看南北朝时期南北声母的一些差异》(《古籍整理研究学刊》2013 年 1 期) 对反映声母特点的 8 条材料进行论证，详细分析方音对声母的影响。汪业全、孙月香《〈颜氏家训·音辞〉音辨述论》(《海南师范大学学报》2017 年 6 期) 指出帮并、彻初、澄定、从邪、山晓、船禅、书心、见影、匣疑、余书、余云不分，被颜氏视为音读不正，当分。

（十）施乾

南朝陈人，地域不详。王悦笛《〈尔雅施氏音〉初探》(《中山大学研究生学刊》2016 年 2 期) 对施氏音作了系统分析，发现其声母系统呈现较古的特征，如轻重唇、喻四与定母不分；喉牙音混用。而知组、章组和端组独用率高，已分化，与中古音系统相近。船禅不分，舌音、齿音、牙音、喉音间清音和浊音混用等可能是方音特征。

四、魏晋南北朝声母的专题研究

魏晋南北朝声母研究在专书和专人的研究中已有较多涉及，而这一时段声母的宏观和微观都有大量研究成果，或指明其源流及演变，将魏晋南北朝声母放到整个语音史中观察分析；或着重探讨具体声母的发展演变。

（一）唇音

唇音研究重点讨论两方面问题，一是轻唇音分化条件，二是轻重唇音是否混用。冯蒸《魏晋时期的"类隔"反切研究》(《魏晋南北朝汉语研究》1988 年) 依据"词汇扩散理论"具体阐述了吕忱、郭璞、徐邈等反切，指出轻唇音在《切韵》时期已分化。杜其容《轻唇音之演变条件》(《杜其容声韵论集》,2008)指出唇音开口和合口有别。阮廷贤、储泰松《唇音分开合试证》(《古汉语研究》2012年3期)认为中古汉语唇音分开合。李华斌《轻唇音分化年代及条件、认定标准》(《黔南民族师范学院学报》2015年5期)指出南北朝晚期以及隋唐初轻唇音非、奉逐步分化,微母稍晚,晚唐完成分化。

(二)舌音

知组声母是否分化学术界说法不一,这在专人和专书研究中已有说明,整体分析如陆志韦《古反切是怎样构造的》(《中国语文》1963年5期)认为东晋到南北朝时期端知组大体分离。王力《汉语语音史》(1985)认为南北朝时代还没有产生知彻澄三母,而颜之推方言中澄母已经从定母分化。冯蒸《魏晋时期的"类隔"反切研究》(《魏晋南北朝汉语研究》1988年)认为魏晋时期的端知组基本分化为两套声母。施向东《古音研究存稿》(2013)认为汉语语音系统在两晋南北朝这个动荡的时期也发生了一系列变化,中古音的特征逐渐发展,自西晋开始,舌上音在汉语声母系统中产生,与舌头音的分野逐渐明朗。

(三)牙音

敖世英《关于研究古音的一个商榷》(《国立北京大学国学季刊》,1930年3期)以谐声材料和音训、异字同读等材料为依据,指出见母在群母字的偏旁声类中占大多数,主张古音中群母并入见母。朱声琦《从古今字、通假字看喉牙声转》(《徐州师范大学学报》1998年)探讨古今字、通假字、异体字等演变发展,而喉牙声转是形成的重要原因。

(四)齿音

魏晋南北朝齿音基本有三类分别精组、庄组和章组,讨论较多的是心母、邪母和章组的上古来源,从邪、船禅是否分立、庄组和章组是否独立等问题。

1.精庄组

心母来源,如张儒、郭存礼《心母三源》(《山西大学学报》1991年2期)认为心母来源于舌音、喉音和心母。

邪母形成,如刘赜《"喻""邪"两组古读试探》(《武汉大学学报》1957

年 2 期）指出两纽上古同属定、透、端母，后变为喉、齿音；互转较多，常与其他纽通转。郭晋稀《邪母古读考》（西北师大学报》1964 年 1 期）认为邪纽来自定母，先变为喻母，后变为邪纽。潘悟云《中古汉语擦音的上古来源》（《温州师院学报》1990 年 4 期）认为邪母是心母的浊音，邪母与喻母关系密切，只出现在三等位置。朱声琦《邪母古读考》（《山东师范大学学报》1998 年 3 期）指出邪母从定元音变的最多，与喉、牙、舌、齿有关；在东汉末已经产生，到南北朝时期较多，隋唐基本形成。寻仲臣、张文敏《中古邪母的上古来源》（《古汉语研究》1996 年 4 期）认为中古邪母来源有三，分别是舌音端系、精系心母、牙音见系。刘镇发《现代方言的 [j] 浊擦化 —— 附论中古邪母的形成》（《中国语文》2007 年 2 期）指出邪母和以母互谐，大部分来自上古定母，还有来自疑母、见母、从母的字，这是声母脱落以后介音 j 化形成的；但邪母字与唇音无关。

庄组分立，王力《汉语语音史》（1985）认为魏晋南北朝精庄是两个独立的声母。陆志韦《古反切是怎样构造的》（《中国语文》1963 年 5 期）和冯蒸《魏晋时期的 "类隔" 反切研究》（《魏晋南北朝汉语研究》1988 年）皆指出魏晋时期的精庄组基本分化。

2. 章组

章组来源，周祖谟《审母古音考》（《辅仁学志》1941 年 1—2 期）指出钱大昕例证较少，只有《字林》伸音辛一例，论述不全面；而黄侃举例说明有偏差，本母谐声从透的字较少；举例说明高本汉说法错误。进而指出审母三等字与定、喻等古音相近，而有一类与心母相近。后在《禅母古读考》（《问学集》1966）中考察了反切谐声和经籍异文指出禅母与定母关系最密，有一部分读作端母，古音与照母相似，读为舌塞音。严学宭《分宜方音述略》（《国立中山大学师范学院季刊》1942 年 1 期）从方言的角度提出正齿三等照（章）穿（昌）两母除开口三等鱼虞脂支部在 [y] 前保存古读外，大部分读作 [t][t'] 与端透相混，这种现象来源很古。王力（《汉语史稿》1980）指出为照、船、床等母的字在上古多为舌音，只限于三等字，照系三等接近端透定。梅祖麟《跟见系字谐声的照三系字》（《中国语言学》1982 年 1 期）考证照三系声母字跟舌根音互谐，而不跟舌尖音发生关系。潘悟云《章、昌、禅母古读考》（《温州师专学报》1985 年 1 期）通过上古拟音分析章（昌、禅）大量与端（知）谐声、通假的原因及发展过程；并指出禅母是塞擦音，船母是擦音。杨剑桥

《论端、知、照三系声母的上古来源》(《语言研究》1986 年 1 期)认为照三系上古来源不是单纯的端系，与喉牙唇音声母也有谐声。黄典诚《中古章组的另一个上古来源见系》(《辞书研究》1990 年 4 期)指出见系和 i 相拼引起音变，是章组来源。李行杰《知庄章流变考论》(《青岛师专学报》1994 年 2 期)认为知章在上古音中存在差异，不是完全相同的。

章组分立，周祖庠《新注著汉语语音史》(2006)指出舌头音分化出舌尖前塞音章组的时间不会晚于南北朝时期，原本《玉篇》音系、徐邈音、《经典释文》《切韵》中章、昌、常、书已经分化出来。李行杰《知庄章流变考论》(《青岛师专学报》1994 年 2 期)认为知章在上古音中存在差异，不是完全相同的，不然无法解释中古的分化。

船禅分合，丁启阵《古声母从邪、船禅研究》(《云南教育学院学报》1987 年 4 期)认为上古无邪母，归从母；无禅母，船禅合一；两母再往上一起归入定母。当时长江以北的北方方言大多数是从邪、船禅不混，且分从邪、船禅大约在三国之后，兴盛时期在两晋、南北朝时期。寻仲臣《论中古船禅二母的分合演变》(《古汉语研究》1994 年 2 期)指出章组形成过程中船母首先出现，后蝉变出禅母，到《切韵》音系，两母分立。

3. 整体研究

如朱声琦《论齿音》(《山东师大学报》1999 年 1 期)指出齿音出现最晚，六朝齿音音变基本完成。

（五）喉音，学术界对喻母来源、云母和匣母分立等问题存在分歧。

1. 喻母来源

从曾运乾提出上古喻四（以母）归定后，学术界对以母和于母来源及其演变过程展开了广泛讨论。方景略《喻母古读考》(《安徽大学月刊》1933 年 1 期)举于母和影母、晓母相同的例子，说明于母并非从一母所变，而是变自数母。后王力先生在《中国语言学史》中提出喻四上古接近定母。潘悟云《非喻四归定说》(《温州师专学报》1984 年 1 期)对曾氏结论存疑，其中喻四与定母谐声、通假、互读的原因是上古汉语拟音相近。胡先泽《喻母考》(《东北师大学报》1984 年 1 期)考察了喻母的来源和混用情况，东晋后南方地区喻母与清、床、匣、来、见、邪母相通，亲属关系多。陆志韦(《陆志韦语言学著作集》1985)指出喻四的来源是五花八门的。林语堂《古音中已遗失的声母》(《语言学论丛》1994)认为喻四是 j 音，喻四与邪母相近。张世禄、杨剑桥(《音韵学入门》2009)指出喻四与定母关系尚须讨论。此外，还有寻仲臣《喻四来源的再探索》(《齐鲁学刊》1990 年 3 期)；金理新《再论喻母古读》(《温州师范学院学报》1998 年 2 期)；林亦《喻四归匣——古以母演变的另一形式》(《语言研究》2004 年 1 期)；张建军《知照组及喻三喻四字古声母辨析》(《河西学院学报》2006 年 6 期)等。

朱声琦的一系列文章涉及喻母三、四等，如《怎样区分喻母的三等和四等》(《聊城师范学院学报》1984 年 4 期)、《六朝时代喻母三等字尚未大量产生》(《江苏教育学院学报》1992 年 3 期)、《喻母四等产生时代考辨》(《扬州师院学报》1996 年 4 期)考证喻四从东汉末至魏晋时南北朝喻母已萌生，是从定母中分化而来，到宋代基本完成。

2. 云母和匣母分化

葛毅卿《喻三入匣再证》(《台湾中研院历史语言研究所集刊》1939 年 1 期)认为喻三归匣。周祖谟在《〈颜氏家训·音辞篇〉注补》(《问学集》1981)中补充了颜氏忽略的南北声母差异，以原本《玉篇》和《经典释文》的语料为例说明南人匣于不分。刘冠才《两汉声母系统研究》(2012)指出从汉代时代开始，北方语音中云匣两母已经分立，是独立的声母。

3. 整体研究

潘悟云《喉音考》(《民族语文》1997 年 5 期)运用方言、文献、谐声、译音材料等，论述了上古小舌音变为喉音。朱声琦《百音之极，必归喉牙》(《江苏教育学院学报》2000 年 4 期)、葛树魁《略论喉牙音的互转与他转》(《连云港师范高等专科学校学报》2008 年 4 期)等。

（六）来母

来母自成一类，在内部分类和单辅音上存在争论。魏建功在《古音系研究·附录》(1996)中对曾运乾和白涤洲关于来母的分类法作了对比。黄易青《从音义关系看中古来母字的上古音来源（上、下）》(《民俗典籍文字研究》2013 年 2 期、2014 年 1 期)指出来母字的谐生系统不能解释来母是复辅音。

（七）日母

上古日母归属和拟音问题是争论的焦点。史存直《汉语语音史纲要》

（1981）指出日母之脱离泥母而独立的过程，大约在南北朝的时候已经完成了。张儒《日母归泥再证》（《山西大学学报》1989 年 2 期）从谐声、通假、方言等方面进一步论证日母和娘母是上古泥母三等字。陈瑶《论古日母的发展路径》（《贵州民族学院学报》2011 年 5 期）认为日母在中古日泥两母接近，南方混读为鼻音，北方方言的发展速度比南方快。又如施维忠《日母归泥》（《淮北煤师院学报》1982 年 1 期），叶沐耕《日元音值源流考》（《昭乌达蒙师专学报》1981 年）从拟音上探讨日母源流。

（八）中古音声母系统

蒋文华《中古音早期到晚期音变的时空性》（《山西大同大学学报》2014 年 5 期）从时间和空间两方面说明中古音的音值和音类的变化，而方言是划分早晚两期的空间依据。孙绪武《从又音字看其声母之间的关系》（《嘉应学院学报》2017 年 9 期）从异读角度探讨声母关系。潘悟云、张洪明《汉语中古音》（《语言研究》2013 年 2 期）；周远军《汉语声母演变规律探析》（《乐山师范学院学报》2016 年 5 期）；郭英夫《浅谈历代声母系统的研究依据和演变规律》（《现代语文》2016 年 5 期）等都涉及到这一个时段。

五、魏晋南北朝声母的比较研究

（一）对音研究

魏晋南北朝声母在历时、共时及基于方言等方面的比较研究，在前文已作叙述，这里主要搜罗整理梵汉对音的研究成果。

佛经翻译随着佛教的传入而兴起，先后涌现了很多著名的翻译家，如安世高、支娄迦谶、支谦、康僧会、竺法护、道安、鸠摩罗什等①。佛经翻译直到东晋以后才真正有理可循，方立天《道安评传》指出："直到道安的时候，我国的佛教信徒对印度佛学还是处于生吞活剥和牵强附会的阶段，并没有真正理解和领会。当时译经虽多，但疑伪杂出，而且翻译没有一定规则，草率

---

① 汤用彤. 校点高僧传 [M]. 石家庄：河北人民出版社，2009.

粗糙。"①魏晋南北朝的汉译佛经大量使用当时口语，在时间和空间上跨度较大，保存了很多有价值的语言材料。译经语料在音韵方面日趋重要，它既能弥补魏晋南北朝音注材料缺乏的不足，又可以对比研究两种材料，进而总结这一时期的声母特点。

钢和泰的《音译梵书与中国古音》(《国学季刊》1923 年)从理论上论证了以梵汉对音材料研究汉语语音的可行性；汪荣宝《歌戈鱼虞模古读考》(《华国月刊》1923 年 2 期)引起了学术界对古音研究的大辩论，梵汉对音材料得以重视；罗常培《知彻澄娘音值考》(《罗常培语言学论文选集》1963 年)运用梵汉对音分析汉语古声母；此后俞敏《后汉三国梵汉对音谱》(《俞敏语言学论文集》1999 年)真正开启了研究汉语语音的新道路，运用译音材料考察某一地域和时代的语音系统。此后，学术界据此方法对魏晋南北朝音的声母进行了深入研究，成果层出不穷。

徐通锵、叶蜚声《译音对勘与汉语的音韵研究》(《北京大学学报》1980 年 3 期)，储泰松《梵汉对音与上古音研究 — 兼评后汉三国梵汉对音研究》(《南京师大学报》1999 年 1 期)，许理和《关于初期汉译佛经的新思考》(《汉语史研究集刊》2001 年 4 辑)，梁慧婧《释家反切考》(《语言与翻译》2013 年 2 期)，赵淑华《论梵语音节划分的规则》(《汉语史研究集刊》2013 年)等。而刘广和、储泰松、张福平《音韵学梵汉对音学科的形成和发展》(《博览群书》2017 年 4 期)回顾了梵汉对音学科的形成和发展历程。

1. 方音现象

虽然我们有方音声母的专节，但由于对音材料情况较为特殊，我们把它放到这里来说。部分学者对译经中的方言现象作了具体的分析。

一是以"洛阳话"为中心的中原方言、以"长安话"为中心的秦晋方言。如尉迟治平《周隋长安方音初探》《周隋长安方音再探》(《语言研究》1982 年 2 期、1984 年 2 期)，施向东的《鸠摩罗什译经与后秦长安音》(《音史寻幽》2009 年)，论述了南北朝长安音的声母特点。长尾光之《鸠摩罗什译〈妙法莲华经〉中的六朝时期的中国口语》(《驻马店师专学报》1992 年 2 期)从译经词语的用法、二音节和二字连语等方面说明了鸠摩罗什译经运用的是当时的口语词。

---

① 方立天.道安评传 [M]// 方立天.魏晋南北朝佛教论丛.北京：中华书局，1982：1.

二是探究整个北方地区的共同方言特征。如施向东的《十六国时代译经中的梵汉对音》(《音史寻幽》2009 年) 和《北朝译经反映的北方共同汉语音系》(《音韵论丛》2004 年) 指出了北方语音中匣云的分化,船禅分用。另有孙伯君《胡汉对音和古代北方汉语》(《语言研究》2005 年 1 期)。

三是吴音。晋新学《关于日语汉字音中的吴音和汉音》(《外国语文教学》1986 年 4 期) 对比了吴音和汉音声母上的同异,明母和泥母由六朝时代的 [m][n] 变为唐长安语的 [mb][nb],这是鼻音声母非鼻音化所致;且吴音是浊音的,汉音是清音。储泰松的《中古佛典翻译中的"吴音"》(《古汉语研究》2008 年 2 期) 从方音角度证明了梵音同吴音的严密对应关系,选取中古 51 个例证说明吴音与韵书所表现的语音现象有别;吴音可能包含吴地的通语和方音两层意思,表现为空间和时间的语音差异。

2. 具体声母研究

(1) 轻重唇音是否分化

魏晋南北朝时期的梵汉对音中,轻重唇音也没有分用,俞敏《后汉三国梵汉对音谱》指出后汉三国没有轻唇音非敷奉微。施向东《鸠摩罗什译经与后秦长安音》根据北朝译经师的对音情况说明北朝时轻重唇音尚未分化,后秦长安音的唇音声母无轻重唇的分别。刘广和《西晋译经对音的晋语声母系统》(《中国语言学报》2001 年 10 期) 指出西晋时轻唇音还未出现,后在《南朝梁语声母系统初探》(《音韵论丛》2004 年) 又说明南朝梁语轻重唇不分。储泰松《梵汉对音与中古音研究》(《古汉语研究》1998 年 1 期) 认为玄奘以前找不到轻重唇分化的痕迹。

(2) 端组和知组是否分化

根据专人和专书的研究,我们发现这一问题存疑,罗常培《知彻澄娘音值考》推断知彻澄三母在六朝时或一些地方还没有完全分化。俞敏《后汉三国梵汉对音谱》构拟的后汉三国声母表中没有舌上音知彻澄娘。刘广和《西晋译经对音的晋语声母系统》《南朝梁语声母系统初探》指出西晋时知组正从端组分离,知母分化最快,娘母分化最慢;且指出东晋法显译经中除泥娘混用外,其余各组都对立,可能是知组在北方先独立造成的。

泥母和娘母的分化在尉迟治平《周隋长安方音初探》《周隋长安方音再探》指出在周隋时期长安方音中舌上音已经分化,二三等娘母与一四等泥母分化,且泥母四等字开始与娘母合流。长安方音中娘母有区别于泥母的独立音值。

储泰松《梵汉对音与中古音研究》认为鸠摩罗什的译音里知纽已经开始分化，周隋以后端知两组完全分用，只有泥娘相混。刘广和《东晋译经对音的晋语声母系统》（《汉语论集》2000年）指出西晋时知组正从端组分离，知母分化最快，澄母居中，而娘母分化最慢。同时指出东晋法显译经中除泥娘混用外，其余各纽都对立，这可能是知组在北方先独立造成的。施向东在《北朝译经反映的北方共同汉语音系》中说明北朝经师对音舌上音和舌头音有混用，但其已经开始分化，界限分明。《鸠摩罗什译经与后秦长安音》将十六国时代梵汉对音的汉音理解为以长安音为代表的北方音；舌上音产生，知彻澄基本分用，而泥娘相混。《梵汉对音和两晋南北朝语音》（《语言研究》2012年3期）说明了汉语上古音到中古音转变的特点，如西晋时泥娘未分，到十六国时代已有分别，南方的东晋已经分开。

（3）庄组是否独立

尉迟治平《周、隋长安方音初探》指出周、隋时期精组和庄组分用，前者发音部位与端组相同，而后者与知组相同。刘广和《西晋译经对音的晋语声母系统》认为西晋时期庄组已经独立。施向东《北朝译经反映的北方共同汉语音系》指出精组和庄组声母的区别在北朝已经存在，精组是舌尖音，庄组是卷舌音。

（4）从邪母、船禅母是否分化

陆志韦《古音说略》（1947）首先指出禅母是塞擦音，船母是擦音。邵荣芬《切韵研究》（1982）认为船母和禅母位置应该对调，船母是擦音，禅母是塞擦音。船禅位置互换的观点得到了俞敏《后汉三国梵汉对音谱》的证明，指出后汉三国时代的译经师在音译梵文的时候多用禅母字而几乎不用床母字。尉迟治平《周、隋长安方音初探》认为长安方音船母和禅母对音没有区别，读音相同；塞擦音 j 用禅母字对译。储泰松《梵汉对音与中古音研究》考察禅纽对 jh、j，船纽僧伽婆罗与周隋经师对 j，而不空、施护、惟净对 s，从对音材料看，唐中业以前船禅位置颠倒。刘广和《西晋译经对音的晋语声母系统》指出精组中没有独立的邪纽。船母、禅母相混，且禅母对 j，是塞擦音；禅类属字和船类属字都可对 s，摩擦音，因此认为禅纽可能有塞擦音和擦音两类，或在西晋时船、禅二纽有的字同音。《南朝梁语声母系统初探》说明南朝梁语 s＞z 可能记录了梁语从邪不分，僧伽婆罗对音从纽字一个保持塞擦音，另一个念成摩擦音；船禅相混，进一步指出罗常培船禅不分是受吴语影响。施向东《北朝译经反映的北方共同汉语音系》船禅两母的界限清晰，位置应对调，禅母是浊塞擦音声母。在《鸠摩罗什与后秦长安音》说明精组中邪母和船母没有出现，禅母对 j，是塞擦音，船纽与半元音 y 接近的摩擦音，音值为 z；t、d、n 等辅音喉有 y 或 i 时，常用章组字对译，说明章组声母来源于舌尖塞音。且《十六国时代译经中的梵汉对音》认为北方语音中梵语 s 的对译字中只有船纽、山纽和书纽，没有禅纽字混入，因此认为船禅有别。聂鸿音《床禅二母佛典译音补议》（《语文研究》2014 年 2 期）认为古人译经中常用禅母字的原因是经师口中的床禅二母都读为 dz。且魏晋南北朝时期的梵汉对音中，禅母基本对译塞擦音。

（5）匣母和云母是否分化

魏晋南北朝时期专人和专书等音例中两者是否分化不尽一致，译音中也存在差别，如尉迟治平《周、隋长安方音初探》指出匣母开口对舌根擦音 h，读同晓母；匣母合口对音半元音 v，喻三与其读音相同。储泰松在《梵汉对音与中古音研究》中梳理了晓母、匣母、喻母的发展情况，晓母 x 没有变化，匣母则由一类 g 和一类 v 变到 x，喻三与匣合。刘广和《西晋译经对音的晋语声母系统》分为匣 $_1$ 群 $_g$、匣 $_2$ 云 v、匣 $_3$ 晓 h 三类，匣母合口对 v 跟云纽合口一致，匣开口对 g 跟群纽混，匣开口对 h 跟晓纽相混；西晋对音是喻三合口归匣组合口。且《南朝梁语声母系统初探》认为匣母与群母不相混，而与晓母混合，云母的对音字没有出现。施向东在《鸠摩罗什译经与后秦长安音》指出匣纽字处在变化之中，分为群 g、匣 ɣ^{w}j，但匣母没有对应 h。而《北朝译经反映的北方共同汉语音系》中匣 ɣ 母、云 ɣj 母分化，这可以看出施向东前后拟音的差异，这一问题有待继续考察。《梵汉对音和两晋南北朝语音》说明了后汉三国两晋南北朝匣母对 g，g 是古音遗留，东晋和南朝译音中一些匣母对 h。

（6）其他方面

周法高《梵文 td 的对音》（《历史语言研究所集刊》，1987）指出魏晋南北朝时代，颚化现象在二、三等和一、四等韵母前的舌音声母略有差别；对译梵文 t 等所用的知系字较多；但认为这种翻译并不切合，所以有时也用来母字来翻译。陆志韦赞同此说，而罗常培则认为是方音的反映，陈云龙《梵汉对音中来纽对译 ttdd 现象再探》提供了方言左证，进一步说明了南方方音反映了来纽字译 t 的现象。

曾晓渝《后汉三国梵汉对音所反映的次清声母问题》（《中国语文》2009

年 4 期）对后汉三国、晋、唐的对音材料进行分析，认为汉语次清声母在后汉三国还没有完全形成。施向东《梵汉对音与古汉语的语流音变问题》（《南开语言学刊》2002 年）讨论了梵汉对音中的同化、异化、增音、减音、浊化等语流音变现象，并解释了这种现象的根源。王红生《梵汉对音与中古汉语全浊声母的音读问题》（《西安文理学院学报》2012 年 6 期）提到中古音的实际口语中有送气和不送气两种读音，但不具有辨义功能，并在今天吴方言中有遗留。另有潘悟云《对三等来源的再认识》（《中国语文》2014 年 6 期）等。

（二）出土文献语音研究

魏晋南北朝出土文献较多的是碑刻，碑刻材料真实性强、数量多，是重要的研究材料。新材料不断涌现，为语言研究提供了条件，研究成果也随之增多，但基本集中在文字和词汇上，语音研究主要在用韵方面，如毛远明《汉魏六朝碑刻文献语言研究的思考》（《南京师范大学文学院学报》2005 年 1 期），指出从横向和纵向两方面研究语音，但都是用韵问题，没有涉及声母。

碑刻文献的声母还没有专门论述，只在字、词的读音中提及声母。毛远明《汉魏六朝碑刻异体字研究》（《涪陵师范学院学报》2006 年 2 期）提到形声字中由于声符变换产生了异体字。肖瑜等的《敦煌吐鲁番出土《三国志》古写本通假字例释》（《广西大学学报》2010 年 4 期）举六例通假字与本字对比音义现象，我们可以从中了解魏晋南北朝汉字的读音原貌。吴继刚、毛远明《汉魏六朝碑刻异体字研究的几个问题》（《古汉语研究》2012 年 2 期）探讨异体字与通假字、同形字、类化字间关系，涉及声符的变化。吴继刚《汉魏六朝碑刻中的双形符字和双声符字》（《西华师范大学学报》2014 年 6 期）讨论了双形符字和双声符字的类别，也指出了碑刻用字的声母异同。

（三）魏晋南北朝方音研究

魏晋南北朝方音声母在专书、专人和对音的研究上已有体现，但系统性研究少。学术界对魏晋南北朝的语音研究，多侧重于韵部方面，研究成果不仅份量厚重而且发表时间很早，如于安澜《汉魏六朝韵谱》（1936）、王力《南北朝诗人用韵考》（1936）、罗常培、周祖谟《汉魏晋南北朝韵部演变研究》（1958）、丁邦新《魏晋音韵研究》（1975）、何大安《南北朝韵部演变研究》（1981）、周祖谟《魏晋南北朝韵部之演变》（1996）等。

周祖谟《魏晋时期的方音》(《中国语文》1989 年 6 期）和《齐梁陈隋时期的方音》(《语言学论丛第 19 辑》1997）以诗文用韵材料对这一时期的方音现象作了整体考察。认为自古方音不同，汉语语音系统在不同的历史时期各有特点，而同一时期内各地方音也互有不同，齐梁陈隋时期南北声韵的差别最大。

《魏晋音与齐梁音》(《文字音韵训诂论集》2000）指出南北语音不同，北方大致以洛阳音为主，南方大致以金陵音为主。梁益、秦陇、荆襄又有异；不同区域方音声母分化不一致，魏晋时期的声母类别逐渐趋向于接近《切韵》。唇音在魏晋宋时期还没有分化迹象，到梁代顾野王《玉篇》时，唇音已分轻重唇，而鼻音 m 尚未分化。端知组和精庄组在魏晋后的一些方言中逐渐分化。梁陈之间南方语音床禅不分，而北方语音可能分。

六、结语

魏晋南北朝方音声母特点在专书、专人、具体声母和梵汉对音的研究上都有体现。从某种意义上讲，声母研究应考虑方言因素，但明确指出方音的成果不多，系统性研究更少；且以往研究只反映特定地区的语音体系，并没有指出方音性质。

魏晋南北朝的声母研究较之韵部的研究为薄弱。其原因是:（1）用于研究声母的材料比研究韵部的材料要少，韵部的材料有押韵、谐声、异文、通假、拟音、对音等，而声母的研究材料却去掉一大块，即押韵材料的作用不大。（2）研究声母的材料较之研究韵部的材料更为分散，它主要存在于汪洋大海般的文献注释中，搜集困难。（3）声母研究材料的时代、地域都不易鉴别。因此，虽说已有的研究范围很广，成果丰富，并且有些专题还很深入，但也存在不足，表现在三方面：一是研究成果众多，却不够系统，缺乏宏通的研究；二是缺少基于地域方言角度看问题的成果，每把这一时期的语音现象看成"成周国语"；三是没有将不同的作者、专书分成不同的区域来进行考察。这三方面的不足正是进一步研究的空间所在。

参考文献

[1] 焦树芳 . 魏晋南北朝方言声母研究 [D]. 成都：西南交通大学，2017.

[2] 汪启明 . 魏晋南北朝方言及研究 [J]. 南大语言学（第4辑），北京：商务印书馆，2012：111—133.

[3] 汪启明 .20世纪以来魏晋南北朝方言的回顾与前瞻 [J]. 汉语史研究集刊（第19辑），成都：巴蜀书社，2015：422—441.

十七世纪初语言接触下《漳州语语艺》《西字奇迹》《西儒耳目资》声调符号系统之先后传承

董忠司

（台湾清华大学 台湾语言研究与教学研究所）

一、前言

族群的接触，接续着文化异同的比较与对待；语言的接触，带来新的体验和对应。由浑沌到清明，是一段漫长的过程。当耶稣教会的教士敲开了古老中国的大门，当西班牙人来到菲律宾，接触到闽南人，不同的地域和不同的语言族群，语言的差异，激发了新的对应策略。从拉丁字母的立场，推动了官话的拉丁化，也推动了闽南语的拉丁化。这是在16世纪末到17世纪初世界语言史的两件公案。这两件公案，到底有什么关系，不免引导我们来关注它。

在中国官话的传统文献中，我们所看到的最早拉丁字标音系统，是17世纪初的《西字奇迹》和《西儒耳目资》，嗣后才有清末以来的拉丁字注音运动。《西字奇迹》和《西儒耳目资》是中西语言接触下，基于欧洲人了解中国、传教于中国的需要而编写的重要著作。

在本土闽南语的传统文献中，我们所看到的最早注音系统，是19世纪初，以汉字为标音符号的《汇音妙悟》和《汇集雅俗通十五音》等文献，这些"十五音"系统的韵书，都是溯源于18世纪福州韵书《戚林八音》所作。这些闽东、闽南韵书的撰著和流通，尤其是闽南语的流播于南洋、中国台湾地区，都和16世纪以来的闽海、南洋海上活动和语言接触的需求有关。过去我们都认为闽南语的音标系统史，是从汉字式开始，演变到罗马字式，然后进一步演变到日本假名式、卢戆章式、注音符号式、中国拼音方案式、再经

336

台湾的闽南语音标百家争鸣，发展成台湾闽南语罗马字的定案。

一般都以为19世纪中叶以后，罗马字音标才开始使用于中国东南的吴粤客闽地区。例如闽南语，经过教会罗马字的推广使用、国际音标系统的参照调整和TLPA系统的试用，终于完成"台湾闽南语罗马字拼音方案"系统（"台罗式"）的制定，适用于闽南语圈的漳、泉、厦、潮、温、雷、琼①与海外各地。不过，由于海外《漳州语语艺》（收藏于西班牙）和《西中词典》（收藏于菲律宾）两种材料的发现，也就是使用于马尼拉之17世纪初闽南语文献的公开，让我们获悉，闽南语的最早罗马字化的音标②、语音、词汇纪录，至少应该往前推到1620年以前，往前抢早于《西儒耳目资》，而直逼《西字奇迹》，那是西方语言（主要是西班牙语）和闽南语接触的结果。

《漳州语语艺》和《西中词典》这两种资料都已经公开，《漳州语语艺》的音标，已有若干学者论及，《西中词典》则尚未见汉语圈有人论述③。对于这两种数据，我们可以从事语音、对音、音标系统、词汇系统、语法探究、语文教学、社会文化功能、历史定位等方面的研究。在语音符号方面，可以比较两种文献，分别厘清其音标符号设计、传承关系及其架构系统，并略及于标音功能，重建这两种文献的音标规划和音标系统，进行古今、方言音系及词汇的综合分析，以供学者们进一步研究的参考。

本文所论，关涉到17世纪初《漳州语语艺》《西字奇迹》《西儒耳目资》的文献，对于文献的研究，除了理据的力求严谨以外，还采用步调稳实的有效诠释。

对于文献的发现和文献的解读，常常会有异说异解。我们都知道，诠释的任意性会导致各说各话，诸说纷陈，莫衷一是，这是我们所不乐见的。相对的，诠释的有效性，建立在诠释文本（interpreting a text）的真确性和质量上，也建立在诠释文本自身的系统性互相关连与制约，这个系统包含自然的系统和人文的系统。也就是说，基于被诠释物的"文本连贯性整体"，对于被诠释物的成分、关联、连续、真实系统，以及细分后的整体性统合，在研究过程和运用语言表出时，都应该客观的进行析论。贝多·艾柯在《诠释与过度诠释》中说："作品意图的推测，唯一的方法是将其验之于文本的连贯性

---

① 台罗系统只要小增补也可以适用于海南（琼）闽南语。

② 如果从15世纪末年算起，可能也是汉语方言最早的罗马字音标。

③ 2017年"中研院"台湾历史研究所曾经发表一些信息。

整体。"①他是对文艺作品而说的，而本文认为，对人生，对大自然万物，对文献解读，亦皆通用。人类的叙述工具是"语言文字"，人类能比较精确表达、穿透时空的凭借物，也唯有此"语言文字"，因此对语言文字本身的有关诠释，就成为诠释最重要的关注点之一。语文的有效诠释活动②和其他诠释活动相同，它是一种语言内涵与外延的回溯或复原，有时带着些选择、调整、添加、删减或变化，无论是何种诠释动作，都涉及语言的音义法用的内部系统、社会文化的运作脉络、自然人文的时空因素，因此，审视自我和他人的诠释，宜注意过与不及，力除其弊，贴近客观，如此才能接近"有效诠释"③而避免误己误人。

本文针对《漳州语语艺》和《西儒耳目资》等声调符号规画的渊源流变，尝试进行相关的论述，从语言差异、接触和时空因缘说起，兼及《西中词典》，期待获得一个重视内外脉络的、系统性观照的、有效的诠释。

二、关于《漳州语语艺》和《西中词典》

1587 年天主教道明会教士高母羡（Juan Cobo, 1541—1592）把《明心宝鉴》译成西班牙文（1590），亦即 *Beng Sim Po Cam*（Rico espejo dal buen corazón（1590, 153 页），用闽南语的汉字编写 *Doctrina Christiana en letra y lengua china*（《汉语基督教教义书》，也有闽南语罗马字本④），其译名都贴近闽南语，尤其是漳州腔，可见其时必有闽南的高级知识分子协助翻译。声韵尚称正确，只是，无法纪录声调和鼻化音，同时也缺乏相关的音读符号。

上述这些书所用的闽南语，是当时菲律宾通行的一种偏漳州腔的海上通

---

① 贝多·艾柯.诠释与过度诠释 [M].王宇根，译.北京：生活·读书·新知三联书店，1997.

② 有关诠释之有效和追求正确，本文认为在人类当前的知识体系内，有相当的理论和方法可以获得有效诠释和正确认知，至于"永远的正确"则非当前的人类所知，也非当前的人类所应知。有关一般诠释学和语言诠释学梗概，请参见的 Josef Bleicher 的《当代诠释学》、Paul Ricoeur 的《诠释的冲突》、Richard E.Palmer(李乍得·伊·帕勒莫)《诠释学》、潘德荣的《西方诠释学史》等书。

③ 关于"有效诠释"，我们还需要认识被诠释的历史性，区分"意义"和"含意"（是"意"非"义"），认清"解释"和"批评"，在"类型"概念的严格控管下去进行客观的诠释。参见 HIRSCH,E.D. 解释的有效性 [M].王才勇，译.北京：生活·读书·新知三联书店，1991.

④ Doctrina Christiana en letra y lengua china（汉语基督教教义书）这一本书，除了闽南语的汉字版（梵谛冈教廷图书馆，编号 Riversa, V.73,ff.33），还有两种罗马字版（大英博物馆 British Museum，编号 Add.25317），参见龙彼得的 The Manila incunabula and early Hokkien studies（vander Loon1967）。

行腔。这种海上通行腔和明朝的闽南地区最重要的海港——月港①，有很大关系。这群人包含漳州腔人和部分泉州腔人②，他们运用的"海上腔"或简称为"海腔"，记录在于 1818 年的《汇集雅俗通十五音》③，例如"汝 lu²、去 kʰu³、煮 tsu²、鱼 hu⁵"等语音，都同于"海上腔"。可见他们不必然只说漳州某一地的小方言，而是综合漳泉、融合而成的一种偏漳的闽南语海上腔。如果分析《漳州语语艺》一书，除了正文记录有"海上腔"之外，还偶有偏泉腔，并且有特别旁注的泉州腔记录，这更可证明，《漳州语语艺》当时听到的在海外马尼拉的闽南语，是一种不纯粹的漳州腔④，是偏漳州腔的海上通行腔⑤。

这些《漳州语语艺》以前，16 世纪末到 17 世纪初、马尼拉的西班牙神父宣教师们，他们使用的闽南语罗马字，是最早的一种闽南语罗马字，但是初时的闽南语罗马字，声母和韵母的符号还缺乏内部的系统化，尤其没有声调符号系统，没有鼻化符号，因此其音标只是起步，算不得完成（见董忠司，2018a）。

完整而成熟的闽南语罗马字音标系统，还要等到《漳州语语艺》和《西中词典》的时候才算完成。

《漳州语语艺》和《西中词典》这两份都是手稿，当时应该未曾出版过。其中《漳州语语艺》的编写比较精致，有明确的写作时间记录，内容为学习闽南话的一些说明，有简单的语句和一些基本词汇。

题为 *Arte de la lengua chio chiu* 的这份文件，旧译为"漳州语法"。这个译法有点问题。在西班牙语里，所谓"arte"和"gramatica"不同。"gramatica"

---

① 月港即今之龙海的海澄。

② 《漳州语语法》一书，除了正文记录外，特别旁注有泉州腔记录，可见当时马尼拉的闽南人中包含有泉州腔人。

③ 参见董忠司（2011）和（2012）两文。

④ 1603 年的马尼拉大屠杀，据陈瑛等所修、清乾隆 27 年（1762）的《海澄县志》，说被杀的，其中海澄人有 80%。而 1606 年，从漳州海澄前往马尼拉的中国海船有 25 艘，载运移民 2100 人。（事见林国平主编（2005）《福建移民史》）但是，这是海澄本位的说法，实际情形海澄人的比重恐怕没那么多。我们如果眼光聚焦于泉州移民，可以看到晋江最早的移民数据是 1470 年，而 1523 年便有南安人移民菲律宾的纪录，文献纪录中晋江的移民地以菲律宾和马六甲最多。还有陈斗岩自安平（晋江安海）到吕宋转贩致富之事。（参见陈东有 1998 的转引）可见泉州人的移民也是历史长而人数也不少。因知当时马尼拉的闽南人固然以漳州人、尤其海澄人为多数，而泉州人也多有移民，以故当地使用的闽南人应当不是纯粹的漳州腔，而可能是兼顾漳泉的一种通行腔。此事愚有另文论及，今不详论。

⑤ 关于 16、17 世纪马尼拉的海上腔，敝人有另文论述，此不详述。

翻译为"语法"，词义适切。而"arte"的本义是"技术、手艺"，引伸有"艺术"之义。"arte"虽然也有人用来指"语法"而言，但是这时的语法偏指"字母拼写"，不像"gramatica"那么顺当地指称语文结构。"gramatica"不算是现代新词语。早在15世纪末，就有 Antonio Nebrija（安东尼奥·内布里哈）写了（1492）*La primeta gramatica de la lengua Castellan*（第一部卡斯蒂莉亚语语法），可见"arte"和"gramatica"不同，"arte"最好是翻译为"语艺"，*Arte de la lengua chio chiu* 最好翻译为"漳州语语艺"。不过，旧译都把"arte"翻译为"语法"，本文有些地方还是使用着旧译。至于 *Arte de la lengua chio chiu* 的"*lengua chio chiu*"，应该翻译为"漳州语"，加上"*Arte*"的旧译"语法"，合起来应该是"漳州语语法"，所以，最好不要只称为"漳州语法"。而本文则尽量改称为"《漳州语语艺》"。

《漳州语语艺》这份文件，有两个本子，一本收藏在 British Library in London（大英博物馆），一本收藏在西班牙的 PROVINCIAL UNIVERSITRIA DE BARCELONA BIBLIOTECA（省属巴塞罗那大学图书馆）。后者是接近原本、接近比较完整的手稿本，值得重视，因此本文以之为凭借来撰述。收藏在西班牙的 PROVINCIAL UNIVERSITRIA DE BARCELONA BIBLIOTECA 的《漳州语语艺》，除了首页在重新装帧前已经有略嫌严重的残损、22 叶的阳阴两面遗漏所有汉字（原稿如此）、书中偶有无关紧要的小破损、遗漏（原稿如此）、少部分字迹不明之外，由于重新装帧，因此保管得很好。装帧后穿线订合，其书背题名和内部实际书名不合，大概是出于粗略的分类。重新装帧整理者所题的书名是"GRAMATICA CHINA"，编号是 M.S.1027 B.U.B。这份文件实际是一本簿记式的手稿，重新装帧后，封面、封底为厚纸板，含封面、封底共 111 页（叶），书中有字或表格的本体是 25—96 页，其余是衬页。而本体中的 90—96 页有格无字，因此实际内容是 25—89 页，共 65 页。实际内容的 65 页中间，还有第 53 大半页无字，第 54、55 也是有格无字，真正有字的页面是 63 页。也就是说，2—24、97—111 页前后两部分分别是无字无格的衬页。封面里，首叶阳面上书："Gramatica Chino"（汉语语法）、"20-J-26"、"hombre nacido de mujer"（男子为女子所生）三横行，数字行为朱笔，其余为墨书。第三行下盖有该大学馆藏章。整本书看起来，这是一份重新装帧的文件，衬页就是在重新装帧时加入的，衬页也已经是时代久远了，纸页已经是深黄、脆化之物。

《漳州语语艺》全份文件（全书），除了声调和拼写释例说明、列举词汇以外，至少有 90 处有长段的语句和语段，具有概述闽南语初步面貌的功能。因为这不是一本词汇书，而是呈现漳州语语音和简单的语言用法的书，因此可能是最早的论述闽南语语言结构的重要书籍。

《漳州语语艺》《漳州語語法》的重新装帧本，该馆藏的书志指出其相关作者有：宣教师曼沙诺，梅耳积握（Mançano, MelchiorMançano, Melchior, O.P., 1579？—1630？）和宣教师费荷欧，雷孟度费和欧，雷孟度（Feyjoó, Feyjoó, Raymundo, O.P., segle XVIII）两位。其实，雷孟度·费荷欧应该不是作者而是受赠者、或使用者。该馆所志另外一位作者"宣教师曼沙诺，梅耳积握（Mançano, Melchior, O.P.），这个名字出现在巴塞罗那大学《漳州语语艺》手抄本的 43 叶阳面上的右上残破角上，潇洒地写着："Fr.

图 1：《漳州语语艺》书末的签名（董忠司摘摄）

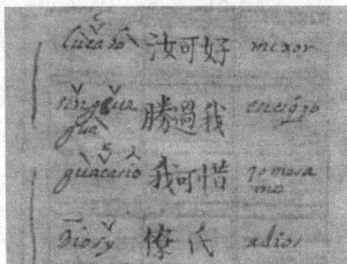

图 2：《漳州语语艺》的汉字书法（董忠司摘摄）

Melchior de Mançano"。这个字迹和全书正文的字迹十之八九是一致的，应该是同一个人。只是不知道是抄手还是作者，或者是抄手、作者是同一个人。由于曼沙诺神父是前往马尼拉的宣教师，同时还有马尼拉闽南语学者的毛笔墨书（如果是在西班牙书写，就不会有闽南语学者的字迹），因此到目前为止，最有可能被列为作者——这就是巴塞罗那大学径以为是关系作者的缘故。

本文认为没有闽南人便无法完成这种西中两语的著作。因此应该说，《漳州语语艺》手稿本的呈现，至少包含有一位不知名的闽南籍"作者"，这位作者也许就是《漳州语语艺》里闽南语的语言提供者。这是应该指明的。也就是说，《漳州语语艺》至少有两位作者，一位是西班牙宣教师，一位是闽南的知识分子。词汇的书写，受到格子的约制，而又经常超出约制；如果是整个句子或整段文句的书写，那就完全不管左、中、右的格子约制，以三横格为一行，直接接续到下一个单位（三横格），一直写下去，直到语句告一段落。

图3:《漳州语语艺》第86页
（董忠司摘录）

但是，这时也会经常有写出栏外的情形，因为每一栏真的太窄了。全份文件（全书），至少有90处有长段的语句和语段，因为这不是一本词汇书，而是呈现漳州语语音和简单的语言用法的书。可能是最早的论述闽南语语言结构的重要书籍。

这份文件的价值在具有确实的年代记录。这份文件的年代记录不是西班牙或拉丁式的，而是汉字。载明为"万历四十八年 Bǎng leg̍ sỳ chap̍ pẻ nī[①]）"，可以推定就是著作年代。见图10，并详见拙著《十七世纪初语言接触下闽南语音标的首度完成——菲律宾马尼拉"漳州语语艺"及其声调符号的建立》一文。[②]

我们应该说，1620年的《漳州语语艺》这本书写精美的闽南语漳州话文献，是闽南语的第一个罗马字音标系统，闽南语的第一个语音记录，是闽南语第一本语法（词法和句法）书，它和《重刊五色潮泉插科增入诗词北曲勾栏荔镜记戏文全集》（1566）一书，同为最早的闽南语汉字文献（《漳州语语艺》以汉字记录了口语词汇）。

不过，《漳州语语艺》的语音系统和词汇系统（包含词法）不够完整，同时期略后的著作——《西中词典》的闽南语纪录，可以略修其字音之疏漏，补足大量的词汇。《西中词典》原名为：*Dictionario Hispanico Sinicum*（《西班牙—汉语辞典》，简称《西中词典》），在约两万条西班牙词汇的右边一一写上汉字、注上音读，因此约纪录了两万条闽南语词汇及其语音。由于数量庞大，目前还没整理完成。

三、《西字奇迹》和《西儒耳目资》声调符号的规划与传承

---

① 该书在第86页每月各日历称呼之后，有此六字，旁注音读，惟第一、三字以变调标注，与全书标注本调的通例不合。此处直接转录该书符号，未转写与改写。下文则皆将该书特殊的声调符号，改写为"台罗"的数字标调法。

② 本文有关《漳州语语艺》一书著作年代、作者考察、版本内容等信息，都引自该文。

汉语声调符号创始的公案里，一般以为汉语声调的罗马字和相关声调的最早纪录，是金尼阁作于 1626 年、并于次年刊行的《西儒耳目资》，但是，公元 1620 年以后不久完成的《漳州语语艺》这份文件，比《西儒耳目资》早了 5、6 年，和《漳州语语艺》差不多同时的，还有同为闽南语文献的《中西词典》，两书都有声调和送气符号，还有鼻化和特殊声母的标音符号。

不过，《漳州语语艺》的声调符号，在汉语音标的发展史上，还不算最早，而早在利玛窦的《西字奇迹》（1605）著作中，他已经接受郭居静的协助，两个人共同获得了汉语声调和送气的辨音能力和记录符号。《漳州语语艺》《西中词典》和《西字奇迹》的语音符号是否互有传承，还是不相干的两套，这是值得研究的。就是说，为了了解《漳州语语艺》和《西中词典》的声调及其声调符号规划，我们有必要了解更早的"郭—利—金"声调符号规划。

天主教在 16 世纪东传，其时，耶稣会创始人之一的圣方济各沙勿略，在葡萄牙王约翰三世的请求下前来东方传教，沙勿略传教到印度、马六甲和日本等地，可惜尚未踏上中国本土，1552 年病逝于广东外海的上川岛。沙勿略的遗愿，由后人继承，1582 年罗明坚和利玛窦，终于成功地进入中国，抵达广东肇庆，天主教就这样慢慢进入了中国。

郭居静（意大利语：Lazzaro Cattaneo，1560—1640 年），字仰凤，天主教耶稣会意大利籍传教士。明朝时来华传教士之一。郭居静于 1594 年来华，协助利玛窦（Matteo Ricci）到韶州（今广东韶关市）[①]传教。利玛窦不到两年便学会明代的官话，认得万余个汉字，文章写得非常得体而优美，这应该是他能透彻掌握汉语的声调、送气、介音、元音、辅音等声韵系统，并且有效诠释所致。郭居静对音乐的感知很敏锐、很正确，把音乐高低的诠释系统，转移到汉语声调来，这一项重大发明，让西洋人开始有办法掌握汉语及其他各种方言。他们两个人何时让声调符号定案并开始使用，其确实的时间也许容有讨论。不过，1605 年刊行的《程氏墨宝》，已经在第十二卷收录了具有

① 韶州，是中国隋朝所设置的州。隋朝开皇九年（589 年）改东衡州，置韶州，以州北韶石而得名，治所在曲江县（今广东省韶关市南武水之西）。十一年废。唐朝贞观元年（627 年）复置韶州，仍然以曲江县为治所。辖境相当于今广东省韶关、乐昌、仁化、南雄、翁源、始兴、乳源等县市。天宝元年（742 年）改为始兴郡，千元元年（758 年）恢复为韶州。五代时的南汉，分南雄、始兴地，另置雄州。元朝至元十五年（1278 年）升为韶州路，是岭南军事戍守要地。洪武元年（1368 年）改为韶州路，治所在曲江县（今广东省韶关市）。属广东省。辖境相当于今广东省韶关市及曲江、仁化、乐昌、英德、翁源、乳源等县地。（引自维基百科，忠司改修）

五个声调符号的《西字奇迹》，可见在 1605 年以前早已完成^①。

《程氏墨苑》的刊行，是在明万历 33 年、公元 1605 年，程大约编印，滋兰堂刊的 12 卷本，附录人文爵里。《程氏墨苑》卷六下所收的《西字奇迹》等有关天主教的知识的 4 篇文章和文章的附图，包括《述文赠幼博程子》一文。《西字奇迹》中除了《信而步海，疑而即沈》以外，其余三篇都注明著作时间为万历 33 年，也就是 1605 年间。从利玛窦的中国行迹来推算，那是利玛窦来往于南昌、南京与北京之间，曾经将他以鹅毛笔撰写的一些宣教文件，连带推崇程大约的一篇短文，赠送给明末著名刻书家程大约，由于书写精美，又属中国罕见的墨宝，因此程大约将它们收录在《程氏墨苑》中，那些音节中的声调符号规划，和后来金尼阁的《西儒耳目资》有前后相承的关系。下左图是利玛窦的墨宝^②的一叶，右图是金尼阁之书继承后的言论和符号（见下页）。

利玛窦这些包括《信而步海、疑而即沈》的短文，有工整的毛笔汉字和流利美观的拉丁文标音。其拉丁文标音，是有史以来第一次出现的有声调的拼音系统（五声调）。

1583—1588 年，利玛窦和罗明坚合编的《中葡字典》（Dicionario portugues-Chines）还没有使用声调和送气符号，到了《西字奇迹》时，就已经发明了妥切的声调符号系统。那么，发明声调符号系统的时间是在公元 1588—1605 年。如果要找出比较具体的时间，费赖之（Louis Pfister, 1833—1889）的《在华耶稣会士列传及书目·郭居静》条说："……其后不久（按此 1598 年事），玛窦赴北京，召居静偕行，居静在途中助玛窦编纂音韵字典。及还南京，居静被遣返澳门报告此第一次旅行事。"（冯承均译，1995）这个推测如果是对的，我们能把发明声调符号系统的时间定在公元 1598—1599 年，或者宽松一点，说是公元 1598—1600 年，因为郭居静被利玛窦遣还澳门报告此事的时间是 1599 年，假令他 1599 年出发、来年到达，报告的时间是在

---

① 高田时雄《明代声调小考》引丁至麟《杨淇园先生超性事迹》云："岁辛亥（1611）我存公（李之藻）官南都，与利先生同会郭仰凤（居静）、金四表（尼阁）交善，比告归，遂延郭金二先生入越"。又说："金尼阁于 1610 年来华，翌年与郭居静一起被李之藻邀请到杭州开教。我们可以想象此时郭居静将他的标音符号传授给金尼阁。"这是一时疏忽之说，因为那时拜访交善，并不表示利玛窦此时才认识郭居静。事实上，《程氏墨宝》1605 年刊行以前，有五个声调符号的《西字奇迹》早已完成。

② 其实辗转翻印，不免有误漏，例如此页中除了音标写法和声调偶有遗漏以外，"宝"字误注"窦"字之音，是一个比较大的错误。这个错误不知道是不是利玛窦本人的一时疏忽。

1599—1600年。这个郭居静和利玛窦发明声调符号的时间，本来只取其大约即可，但是因为有16世纪初的《漳州语语艺》《西中词典》也运用了声调符号，因此发明的时间先后，攸关重要，需要论及。

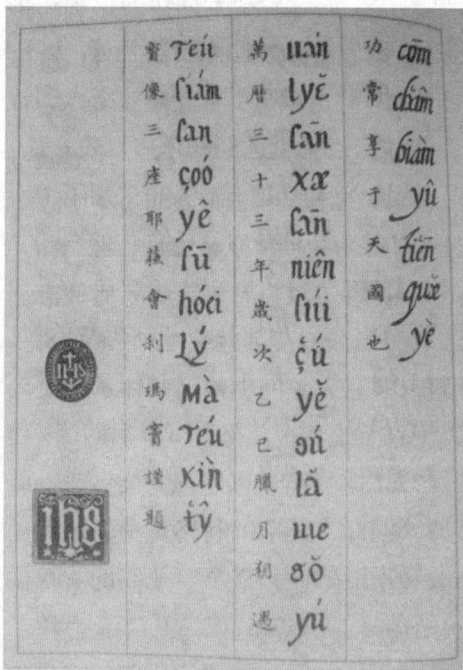

图4：利玛窦《西字奇迹》的笔迹
（董忠司录）

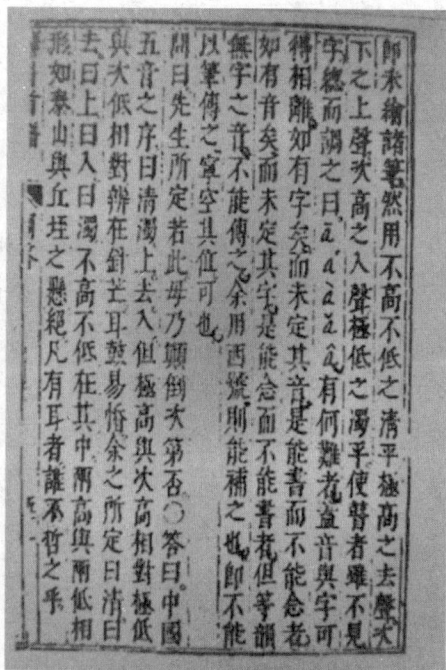

图5：金尼阁《西儒耳目资》的声
调论和符号（董忠司录）

运用拉丁（罗马）字母来为汉语标音，最值得注意的是，欧美语文所缺乏的声调符号、送气和鼻化等语音成分，如何规划其符号。《西字奇迹》和《西儒耳目资》虽然还没有出现鼻化符号，但是送气（用上加的c）符号和声调符号都有了。声调系统是一种小型的内部互相制约的系统，其特殊符号系统的规划，煞费苦心，尤其值得重视①。

利玛窦的拼音是运用拉丁字母，再加上声调附加符号。其附加符号有：五个声调符号：阴平、阳平、上声、去声、入声分别为"—""∧""\""/""∨"。这个符号的发明权，虽然学界或有误说，但是，利玛窦自己说得很清楚。他

---

① 关于声韵符号系统，还拟以另文探讨、表彰《漳州语语法》和《西中词典》的声韵符号系统。

在原名《基督教远征中国史》的《利玛窦中国札记》[①]里说："郭居静神父对这个工作，做了很大的贡献，他是一位优秀的音乐家，善于分析各种细微的声音变化，能很快辨明声调的不同，善于聆听音乐对于学习语言是个很大的帮助，这种以音乐书写的方法，是我们最早的两个耶稣教会士创作的，现在仍被后人所用。""现在仍被后人所用"此语很重要，表示这套声调符号已经传开。或有人以为此语似是《札记》整理者金尼阁的口气，但是更可能是这套声调符号经过像澳门报告、向天主教教廷报告，其他宣教师也已经知道声调表示法，而利玛窦在撰写《札记》时（1609—1610）[②]自己已经知道有后人也采用了，所以才在文章中强调最初的发明者是"我们最早的两个耶稣教会士创作的"。

金尼阁的《基督教远征中国史》也说："彼等（按指利玛窦、郭居静）用五种音标分别中国语言中之五个声调。"（转引自《在华耶稣会士列传及书目》的附注）但是，利玛窦没有运用这套声调来撰写完整的中国语言体系，要到金尼阁才让这套符号变成完整的中国语言纪录系统。也就是说，金尼阁的《西儒耳目资》把利玛窦、郭居静那一套音标符号连同声调符号，完全承袭，编出了华语第一部以罗马字全面标音的论著。因此，要了解利玛窦和郭居静的这套声调符号系统之规划，及后世的影响和增益修改，需要金尼阁的《西儒耳目资》里的说明。

《西儒耳目资》是一部大书，由于语言接触，为了突破语言隔阂，引导中国人来了解西欧的拼音优点，金尼阁的《西儒耳目资》在充分了解中西语音学知识的背景下，进行了身处于语言接触中的说明，这些说明大多数是以"问答"来进行。关于声调，我们可以注意高书中最重要的四段文字。我们可以注意到他对"调值"和"调号"的规划和用心所在。

《西儒耳目资·译引首谱·列音韵谱问答》也会仿效中国人的"印象式"描述法，说："清平不高不低，如钟声清远；浊平则如革鼓冬冬之音。"以钟声的"上扬"而持续的"响"，来和"鼓"声的"皮革"撞击时的"低"振频作为对比。但是，这究竟无法有效的掌握和正确指称。因此，他只提过一次，

---

① 利玛窦，金尼阁，何高济.利玛窦中国札记 [M].桂林：广西师范大学出版社，2001.

② 《利玛窦中国札记》原名为《基督教远征中国史》，耶稣会是强力传教的团体，因此该书的原名用"远征"二字。该书主体是身为意大利耶稣会传教士的利玛窦，在16世纪末到17世纪初在中国生活和传教的日记。利玛窦于1610年去世，他死后，比利时耶稣会士金尼阁将他的日记整理翻译为拉丁文，并且在1615年出版于欧洲。（该书很少收藏者，东亚和东南亚地区似乎只有澳门中央图书馆收藏一册）

以后就都用"高低"来说明了。

《西儒耳目资·译引首谱·列音韵谱问答》说："问曰：高低何似？答曰：平声有二，曰清曰浊，仄声有三，曰上曰去曰入，五（按：指五个声调）者有上下之别。清平无低无昂，在四声之中。其上、其下每有二：最高曰去，次高曰入；最低曰浊，次低曰上。"这段文字有两个地方应重视。一是"高低"，二是声调的系统性。"高低"是指声音频率的高低差异，"声调的系统性"是先分"中"与"上""下"，"中"是"无低无昂"，"低、昂"就是"低、高"，"上、下"就是"高、低"两部分；然后在"上""下"之内，再分"高低"。也就是"上"（高音部分）再分"高低"为"最高""次高"，"下"（低音部分）再分"高低"为"次低""最低"。整个说起来，就是五度制，但是，"高低"是两分法，因此就把声调系统分为"高低"分两层次，各有"高低"，二二得四，余一为"中"。我们在这里可以看到郭居静和利玛窦能运用五线谱（始于14世纪的四线谱，到16世纪演变为五线谱）的"高低"科学概念，用来听取汉语的声调，并且用符号记出了汉字的声调符号。不过，"高低"和符号的"音—符"概念搭配，没有文献证明郭居静和利玛窦已经知道，而金尼阁的书一出版，就有了层次和系统的理解和说明，在符号上也有了"系统性"的规划。

《西儒耳目资·译引首谱·列音韵谱问答》说："假如 a 一字符母之一，中国即未绘诸笔；然用不高不低之清平、极高之去声、次下之上声、次高之入声、极低之浊平，使瞽者虽不见字，总而调之曰：ā、á、à、ǎ、â，有何难者？"这里金尼阁把"最高""最低"，称为"极高""极低"。"极"有"逼近界线"之意，意思略有不同，所指是一样的。而"未绘诸笔"就是"没有在文字符号和语音上、加以其他额外成分来表示"之意。文化系统中"缺乏符号"这个缺陷，正是中国文化发展的大困厄，金尼阁应该算是真知灼见。由于汉字缺乏"元音""辅音""声调"等符号，因此金尼阁这段文字需要直接采用拉丁字母和辅助符号。这段文字所述"高低"是不分层次，而单从"高低"分出五度高低的声调调值，分别表示当时官话的五种声调，这是比较简单一点的声调规划。同时又规划了"声调符号"，声调符号由前到后（该书原为由上到下排列）可以看出"平横居前""倾斜居中""弯折在后"的排列形式。

关于这些声调的符号规划，金尼阁还有一些说明。《西儒耳目资·译引首谱·列音韵谱问答》又说："中国五音之序，曰清浊上去入；但极高与次高相对，极低与次低相对，辨在针芒，耳鼓易惛。余之所定：曰清、曰去、曰上、曰入、曰浊。不高不低在其中，两高与两低相形如泰山与丘悬绝。凡有耳者，谁不哲之乎？"金尼阁强调声调的次序应该是："清、去、上、入、浊"，这个次序从"调值"的"高低"和"层次"来定案，是相当聪明的，极有利于"汉字声调教学"。其重申的"层次"说明为："不高不低在其中，两高与两低相形如泰山与丘悬绝。"

这也是相当聪明的诠释，"两高"好比是泰山中的高低山，"两低"好比是丘陵中的高低山。难怪他要自诩为"哲"①了。

为了强调五个高低，《西儒耳目资·译引首谱·列音韵普问答》还说："中华用手，余亦用手乎（司按：此指《切韵指掌图》一类用法）！？清平不高不低，恰居其会，在中指；去声极高，在巨指；浊声极低，在小指；入声次高，在食指；上声次低，在无名指。以左手横置几上，则中指居中，巨指极高，食指次高，小指极低，无名指次低矣。"云云。这里，他用"居其会"来诠释"中"，用"巨""小"还诠释"最高"与"最低"，其余则分别为"次"；然后"五指"的横列，正好是五个声调的高低。这样的说明，就近取譬，真是很好的"教学方法"和"教学模式"。宣教师本来有"讲道理"的能耐，这里我们看到了这种"讲道理"在声调及其符号规划的运用，也更了解他的学术和规画了。

为了表彰其声调诠释与教学的成就，本文试着为之画成下图，然后再来用表格说明其声调符号之规划，以备后文说明这套符号在闽南语里的演变。

金尼阁的明末官话声调指掌图，我们可以图示如下：

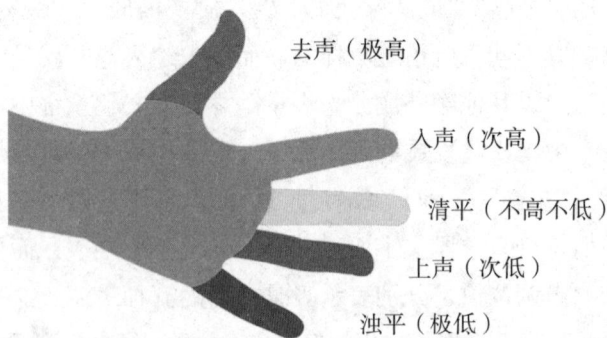

去声（极高）

入声（次高）

清平（不高不低）

上声（次低）

浊平（极低）

图6：金尼阁的官话声调指掌图（董忠司取自网络手形图加注声调等文字）

---

① 此"哲"意指抽象思维中的聪明者，有智慧，此处以"哲"为动词，是"以……为哲"之一。可见金尼阁也学会了汉文中转变词性的手法。

图中凸显中指（黄色），然后和"高"声部的高低（最高和次高）、"低"声部的高低（次高和最低），合成五种"高低"。

关于《西字奇迹》的声调，虽然有罗常培（1930）的研究，本文重新整理分析，得到《西字奇迹》声调和声调符号规划，概如下表：

表7 《西字奇迹》和《西儒耳目资》的声调、调符和例字

声调名	阴平	阳平	上声	去声	入声
声调符号	—	∧	＼	／	∨（˘）1
例字	多 tō	沈 cchîn	海 hài	信 sín	即 ciě
	生 semˉ	疑 n̂hi	海 hoèi	步 pú	一 yě
	之 chȳ	而 l̂h	使 sv̀	世 xí 是 xỳ	十 xě/ xǽ 2
	天 Tienˉ	船 cchuên	主 chù	见 kień	日 giě（原作 gǐ）

《西字奇迹》和《西儒耳目资》在一音节中标注声调符号的位置，并不像后代都在主要元音上面，这两书的调号虽然以标注在元音上面最多见，但是，亦多标注在其他位置的。不论调号位置，其声调的符号几乎是一样的，只有《西字奇迹》的入声符号和《西儒耳目资》有一点不同。《西儒耳目资》的入声符（∨），《西字奇迹》除了若干地方，下角稍带锐意，其余都写成上仰的圆弧（﹒）。上图4、图5已经可以看到这些符号。现在，我们再以放大图来观察《西儒耳目资》：

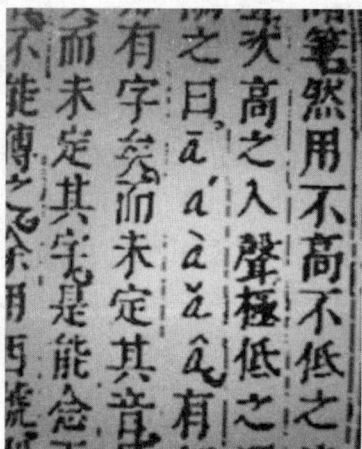

图8：《西儒耳目资》的声调符号

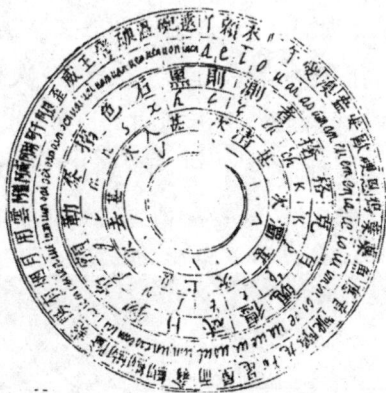

图9：《西儒耳目资》中《中原音韵活图》的声调符号

在上两图中，斗笠型的入声调符，像图8第三行拉丁字母的第四个、图9内圈左上，其声调符号都是尖角的。这是秉持郭居静和利玛窦原设计之意，也就是《西儒耳目资·自序》里所谓"……然亦述而不作，敝会利西泰、郭仰凤、庞顺扬实始之，窃比我老朋而已"。"述"，就是叙述、继承。在这里，相对于创新的"作"。可见金尼阁的声调符号是郭仰凤、利玛窦（还加上庞顺扬）他们规画的。利玛窦书写时，把"∨"写成小半圆圈，是书写工具的牵引所致，也就是说，由于鹅毛笔的书写，在一笔中、下滑线段折而上扬的书写有困难，因此，顺笔势而圆化。金尼阁之书为刻版印刷，刻工能刻出锐角①。因此，本文把《西儒耳目资》第一编"译引首谱"说明声调符号的锐角"∨"，定为入声的正式符号，而把圆角化的入声符定为书写体。下文讨论声调符号规划时，以锐角地入声符"∨"为准②。

本文认为，声调符号创始人"利玛窦"和"郭居静"的《西字奇迹》，加上金尼阁《西儒耳目资》把这一套声调符号系统，实践在所有音节（含声调）和大量的汉字上，可以证明其适用，因此我们可以把这套声调符号系统，定性为：

1. 要描写的声调有五个。

2. 五个声调分别为："清平""浊平""上""去""入"。

3. 这五个声调的符号分别规划为："—""∧""\""/""∨"。

4. 这五个声调的调值描写，有金尼阁的描述，其有效的文字描述分别为："不高不低，中""最低""次低""最高""次高"。

因此我们知道金尼阁的文字描述只是"高""低""中"及其等级，他把由高而低的等级分为"最高""次高""中""次低""最低"五级。金尼阁并没有指出每一个声调的"长短"（音程），和"音程"内的高低起伏。因此，只凭这种"高、低、中"的讯息和"最""次"，我们只能获得五个声调调值的"雏形"，无法构拟其长短和曲折调；或者说，当时金尼阁所描写的官话声调系统都是"平调"。请看下表：

---

① 《西儒耳目资》一书，愚所见两种版本，其第一编论述音理和符号使用时，入声符之"∨"皆为锐角，而书中列字定谱之中，子母上的入声符往往而有圆角的现象，可见其著作时之书写，入声符之"∨"也有把锐角写成圆角之可能，这是随性的书写体和正式的印书体之间，往往而有之事。

② 以锐角地入声符"∨"为准、而不再说明其正式和书写之间的细节，以节省篇幅。

表 10　金尼阁官话声调高低五级及其重构

级次	高低	调类/名	调符	调值重构	重构（数字法）
第一级	最高	去	"∕"	˥	55:
第二级	次高	入	"∨"	˦	44:
第三级	中	清平	"—"	˧	33:
第四级	次低	上	"∖"	˨	22:
第五级	最低	浊平	"∧"	˩	11:

以音位观点来说，如果当时的声调间还有长短曲折之别，我们略过不记，而只要分别读出这五个调值的"高低"，就已经可以分辨出"五声（调）"了。这样的五个"高低"调，具有"辨义作用"，就能分别算是五个声调的"音位"了。也就是说，已经完成起码的构拟了。

我们如果细心观察利玛窦和郭居静，以及金尼阁共享的声调符号，依照金尼阁的上述描写，观察其符号的规划，如下表：

表 11　利玛窦、郭居静、金尼阁声调层级与符号变化表

音调高低两层级次		声调符号的规划：基型 > 变形（斜）> 再变形（斜折）		
音调高低	高低细分	基本符号	变形符号（斜）	再变形符号（斜折）
高（上）	最		∕	
	次			∨
中	（无最次）	—		
低（下）	次		∖	
	最			∧

表 11 可以看到声调两层级五声调和声调符号变形的关系，声调符号的变形，由基本的简单，到一度变动其角度，再度变动其躯体；也就是符号等级有：1.平、二斜、三斜折；配合着声调的一中（—）、二高（高之高、低之高）、三低（高之低、低之低）。

为了指出变形符号和再变形符号和所表高低与最次的层次关系，上表 11 还可以摘录表现为下表 12：

表 12　利玛窦、郭居静、金尼阁声调高低两层次与符号变化关系表

音调高低两层级次		（以高低与等级来称呼）	声调符号的规划：基型 > 变形（斜）> 再变形（斜折）	
第一层（音调高低）	第二层（高低各再细分高低）		变形符号（斜）	再变形符号（斜折）
高（上）音部	高	（最高）	/	
	低	（次高）		V
低（下）音部	高	（次低）	\	
	低	（最高）		∧

表 12 如果从由高而低的四种关系来看，规划声调符号的用心，不容易看出来；但是如果从高低的层次关系来看，我们可以看出第一层的"高低"两音部，各再分高低，而"高音部"和"低音部"的"高"，都用"斜"的变体；"高音部"和"低音部"的"低"，都用"斜折"的变体。声调符号是如此规划的，因此"斜"和"斜折"都不是用来表示声调的升降或曲折的，这个发现很重要，因为关系到十七世纪初的官话声调调值，以及继承声调符号者的新声调规划或保守。

原来利、郭、金他们运用音乐的高低音感，只分出 15 世纪末 16 世纪初、明代官话声调的高低，可能尚未分辨出当时官话声调的升降曲折与舒促；或者是当时的官话的辨义性音位用不着升降曲折与舒促这些语音成分。他们把这个高低，共分为五个等级，并且需要给予书写的符号。表 11 和表 12 "声调符号的规划"，指出其符号的规划，把符号的变异分为"三个阶段、两层次、五高低"，但是更清楚呈现的是下表 13。也就是：

表 13　声调符号规划关系表

基型	→ 变形	→	再变形	（符号变化）
横平	→ 倾斜	→	弯折	（符号三态）
平	→ 斜	→	斜折	（符号线性成分）
中	→ 高（上之高、下之高）	→	低（上之低、下之低）	（符号分部）
不高不低	→ 高之高 低之高	→	高之低 低之低	（符号内容）
不高不低	→ 最高 次低	→	次高 最低	（符号高低五度名称）
—	→ / \	→	V ∧	（符号标记）

上表 13 ">"表示阶段变化。横列上下对照。"基型"是最简单的横画，

这是为了配合音标的由左而右横写。"变形"是让横画倾斜，往上斜出表示高调，不必然是"上升调"；往下斜出表示低调，不必然是"下降调"。在高调和低调中，还各分出其次的"高（上）""低（下）"两部的声调群，另外不高不低的为"中"。在高部中，高调中的高调，已经给予上斜的"／"，因此把高调的斜线（／），（把前半）中折往上为（∨），表示"高调中的低调"，"次"高于"最高调"，故称为"次高"。在低部中，仿照高调中的高调，把低调中的高调，赋予低调的下斜线（＼）；然后，再仿照高调中的低调，取下斜线（把前半）中折往下为（∧），表示"低调中的低调"。因"低调中的低调"称为"最低"，因此稍"高"一点的低调，称为"半低"调。参见下"再变形"图：

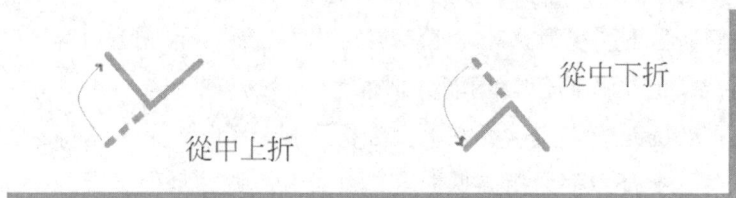

图14 "利—郭—金系统"中再变形符号的变化策略（董忠司绘制）

表13、14是对于"利—郭—金系统"（即利玛窦—郭居静—金尼阁的声调符号系统的简称，或简称为"利—郭—金声调符号"），也就是官话声调符号规划的客观分析结果，就原有的文字说明，进行贴近原意的语义分析结果。从这个结果，我们可以了解"利—郭—金"官话声调符号规划的声调感知、声调分群、标记符号的选取和安排、符号的正变、符号的线性成分、符号的意旨、符号使用的范畴、符号和所指二者的关联等等讯息，这些讯息可以维持"利—郭—金声调符号"系统的认知基础。至于，把这套"利—郭—金声调符号"转写/重构为现代的声调符号，如表10，那又属"余事"了。

虽属余事，但是，"利—郭—金声调符号"类似赵元任声调五度制的这个明代官话调值，鲁国尧把金尼阁的"五声"——"清平、浊平、上、去、入"，分别拟构为："33、131/121、31、35、535/424"[①]，叶宝奎所引鲁国尧则

---

① 鲁国尧. 明代官话及其基础方言问题——读利玛窦中国札记 [J]. 南京大学学报，1985（4）：47—52.

分别作"33、121、31、35、434①"。而蒋绍愚②对金尼阁的音系和"五声"，检讨过罗常培、陆志韦、李新魁、张卫东、曾晓渝各家的看法以后并未给予其五声以调值。后来叶宝奎的《明清官话音系》和《也谈官话与基础方言口语音》等多篇文章则持审慎态度，未再讨论明代的官话调值③。

鲁国尧的声调构拟，没有说明如何推知其调值，没有描写出推论的证据和过程，只有径自呈现一组声调数值，这样的陈述，缺乏学术必备的"理"和"据"，因此还不算有凭有据的"论证"。鲁国尧对"利—郭—金声调符号"系统，以为除了"清平"调是平调，其他的都是"非平调"。他没有说明理由，本文代为假设那是他把声调符号的平、斜、曲折笔画，看成声调的调形了。那是危险的。鲁国尧以为"—"是平调，而"\"、"/"分别为"降""升"，但是我们何尝不能视为"升""降"或"低""高"；鲁国尧以为"∧"和"∨"是曲折调，但是我们何尝不能分别视为"上扬""下降"或"上扬""短调"呢？更重要的是，本文已经在上文分析"利—郭—金声调符号"规划的原意，指出五个符号都只指高低而言，是否有声调的舒促、升降、曲折，那不是"利—郭—金声调符号"相关文献所能呈现的。

其实，鲁国尧对于自己所拟的入声调值，以括号自我检讨说："问题在于入声若是带喉塞音尾或较短促，是很难形成曲折调的，或者它就是一个不促的独立调类。"可见他并没有真正确信自己所拟的调值，而蒋绍愚比较客观，他可能认为金尼阁所提供的信息还没有达到或具备可以构拟的条件。而本文则认为：我们可能永远无法获知明代官话当时的各地官话方言调值，因此无法指出明代官话是否有基础方言。但是，对于"利—郭—金系统"，已经知道其描述的官话，具有五种高低的声调，而且这五种高低的声调是一种有"辨义作用"的调位系统；我们声韵学家或语音学家下一步要研究的是：明代官话（指利—郭—金他们所听到的）调值，在五种高低之外还有没有附加的舒促、升降、曲折等相关的语音成分？此处不赘。

我们了解了"利—郭—金系统"的内容、规划及其所指，便可以知道这套

---

① 叶宝奎《明清官话研究》（厦门大学博士学位论文）在入声调处注明为"高短促降升调"。参见叶宝奎. 明清官话音系 [D]. 厦门：厦门大学，1993.

② 蒋绍愚. 近代汉语研究概要 [M]. 北京：北京大学出版社，2005：100—104.

③ 叶宝奎. 明清官话音系 [M]// 近代汉语语音研究. 厦门：厦门大学出版社，2017：27—38，237—246.

声调符号的本质和历史地位，对于"利—郭—金系统"和《漳州语语艺》声调系统及其符号两者的先后传承关系，这一件公案，便获得明确线索，趋于定案。

四、《漳州语语艺》的声调符号的规划与传承

"利—郭—金系统"的符号与所指之关系，已如前述。但是其声调符号，其实就是西洋字母的所谓变音符号，或附加符号（diacritic、diacritical mark、diacritical point、diacritical sign），这类符号起始于拜占庭的阿里斯托芬（Aristophanes，257B.C.—180B.C.）和萨墨色雷斯的（Aristarchus of Byzantium，217B.C.—145B.C.）发明字母的辅助符号，像"ˉ""ˊ""ˋ""ˆ""˜"等。此类"附加符号"，随着拉丁字母的"欧洲传布史"，或被应用为正式符号，或被应用为辅助符号、辨音符号。像中国第一英文语法专书《英文举隅》，其第十七节便录有此类符号五个。"利—郭—金系统"正式取用这一类符号，而赋予汉语官话的声调，成为后世（例如国语注音符号的四声："—""ˊ""ˇ""ˋ"）。因此，符号本身，并非"利—郭—金系统"发明的，搭配汉语声调才是他们的发明。而这种搭配汉语声调的"利—郭—金符号系统"是否适用于其他汉语方言和有声调的语言，这个是我们要继续调查和研究的。

17世纪初《漳州语语艺》里的声调符号的声调符号有七个，其中有五个和"利—郭—金系统"一样。《漳州语语艺》的声调是否为西班牙神父自己创立？这就成了一个声韵学上或和语语音史上需要解决的问题。

西班牙在经历了太平洋航道探险以后，把太平洋看作它的内海，由西班牙经墨西哥直接支持和指挥菲律宾，墨西哥和菲律宾之间的辛苦通航，其目的是贸易和传教（天主教廷还资助这种海上探险）。葡萄牙绕好望角、马六甲海峡而到澳门，其目的亦然。受阻于明朝的禁教和限制通商，葡西、传教士们分别枯守在澳门和马尼拉，而两方讯息是相通的，因为都隶属于在罗马的教廷，信息互通。不过，当1571—1631年，西班牙传教士力扣中国大门而未能入的时候，1583年利玛窦（Matheu Matteo Ricci —1610）[①]和罗明坚（Michel Ruggier，1543—1607），已经在肇庆立足，而郭居静（Lazare Cattaneo 1560—

---

① Matteo Ricci，《在华耶稣会士列传及书目》作 Matheu Ricci，王美秀等（2006）、任继愈主编（2009）作 Matteo Ricci。以后者为是。

1640）也在 1594 年进入中国与利玛窦会合①，协助利玛窦在 1598—1600 年、运用拉丁字母的辅助符号五个来表示华语官话的声调，对于中国语言的记录能力，已经成熟。而西班牙在马尼拉，多明我会初期纪录闽南语，虽然略有成绩，却尚未获得完全而明确的记音符号系统。结果由于菲律宾总督意识到需要借助葡萄牙之助，同时，自 1580 年，西班牙菲利浦二世因婚姻关系而兼领葡萄牙，两国合一，因此从 1582 年以后陆续派 Alphonse Sanchez（阿奉些·桑切斯）神父、Juan Bautista Roman（胡安·包第司达·罗曼）神父等人，前往澳门，与罗明坚会商，希望罗明坚、利玛窦协助西班牙教会进入中国传教，交换传教经验②；罗明坚、利玛窦也为之积极奔走而未果③。这期间，由于天主教皇已授予葡萄牙"保教权"，葡萄牙也已经在澳门设置教区，有大主教，因此，在华天主教徒需要定时向澳门教区和教皇以书信报告④，而利玛窦至少曾在 1583 年、1587 年从肇庆回澳门两次⑤。而郭居静至少在 1599 年奉利玛窦命、回澳门报告，其时利玛窦和郭居静已经"编纂音韵字典"⑥。又郭居静曾在 1604—1606 年在澳门养病。可见在华传教士的传教经验，借着澳门和罗马教廷，是可以相通共享的。同时，更早，西班牙传教士在马尼拉使用的闽南语纪录，都没有声调符号，要到 1620 年才有包含着与"利—郭—金系统"五个声调相同的闽南语音标，从时间上来说，我们要说《漳州语语艺》和《西中词典》的声调符号都是传承着"利—郭—金系统"，不过，一则此时金尼阁的著作还没有出版，二者《漳州语语艺》和《西中词典》都是闽南语，"利—郭—金系统"是官话，其间必有大差异，《漳州语语艺》和《西中词典》之间又有不同。因此，我们可以说，《漳州语语艺》和《西中词典》不是简单的传承着"利—郭系统"，而是师承而又有所创新。

---

① 参见任继愈主编（2009）附录二《天主教来华部分传教士名录》和费赖之（Louis Pfister 1833—1889）著冯承均译 1995《在华耶稣会士列传及书目》。

② 见《在华耶稣会士列传及书目》罗明坚条。

③ 张明.台湾与中西近代关系概述（16—19世纪）[M]// 吕理政主编.帝国相接之界.台北：南天书局有限公司，2006：223—250.

④ 以耶稣会在意大利的教区为例，各省会长每月向总会书面报告一次、各区会长每周向省会长书面报告一次。参见王美秀，段琦，文庸，等.基督教[M].南京：江苏人民出版社，2006：205.

⑤ 利玛窦在 1601 年以后便久居北京，未再亲身回澳门报告。

⑥ 见《在华耶稣会士列传及书目》郭居静条。

　　《漳州语语艺》是一本语言教学书[①]，该书的学习者，书中注明就是神父宣教师们。该书说："接着，尽管神父宣教师是处于教导地位的，他（学习者）也应该有一位 Sangley（福建的生理人）来配合练习（在声调练习的末了所叮咛的话）[②]。"首页除了中国闽南语的概述以外，很快进入声调的介绍，同时蕴含着字母的拼写，建议学习者伴随者母语发音人来学习，没有对声调进行文字描述。该书首页的最下面先介绍舒声调的五个声调符号，先学这五个声调，然后在第三页才介绍两个入声调。请看下图：

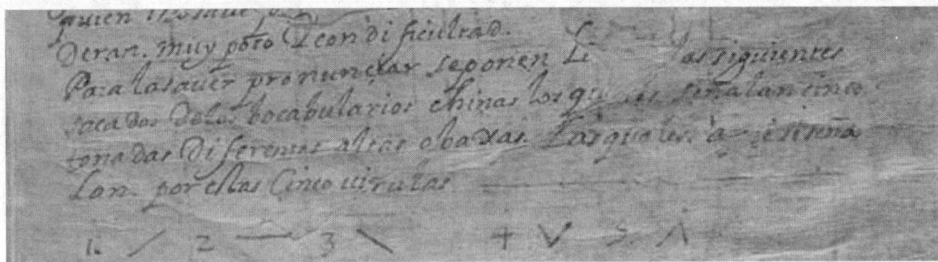

图 15　《漳州语语艺》的五声调及其符号

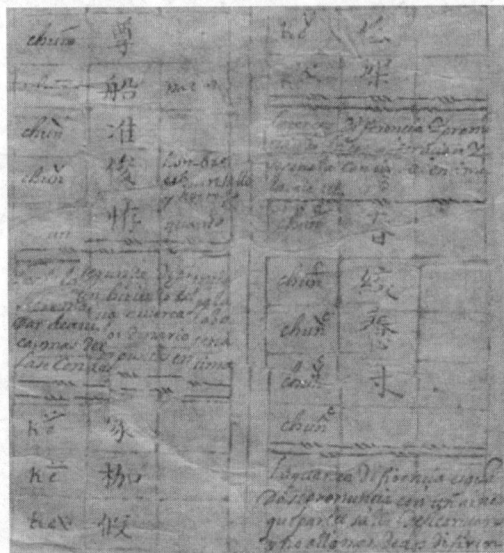

图 16　《漳州语语艺》的五声调拼写例字

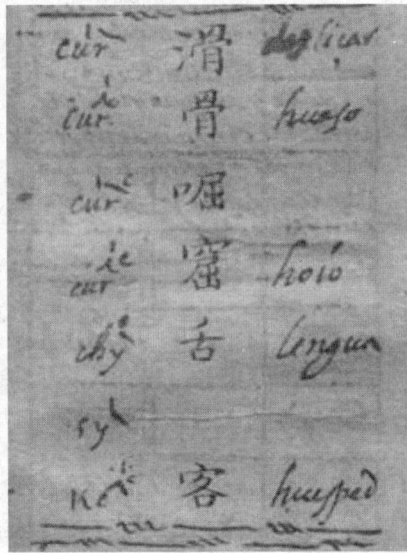

图 17　《漳州语语艺》的入声调及其符号

---

① 因论述之需要，此节以下，部分取自拙著（董忠司 2018b，未刊）。

② 见《漳州语语艺》第四页（2B）。

该书以阿拉伯数字"1""2""3""4""5"为次序，来安排舒声的五个声调，并分别给与"╱""—""╲""Ⅴ""Λ"五个符号。接着，该书的这五个符号，配合了七组例字，进行拼音练习，我们把这七组例字全部抄写在下面，并且一一进行考察，发现有不少错误。我们把其中重要的部分，一一放入脚注，做为校注。现在将整理、校对好的《〈漳州语语艺〉五声七组例字对照表》陈列、说明如下：

表 18　《〈漳州语语艺〉五声七组例字对照表》

	调名	1	2	3	4	5
	调符 1	╱	—	╲	Ⅴ	Λ
第一组	例字	尊	船	准	俊	恂[校1]
	标音 1	chúⁿ	chūⁿ	chùⁿ	chǔⁿ	chûⁿ
第二组	例字 2	家	枷	假	低[校2]	架[校3]
	标音 2	ké	kē	kè	kě	kê
第三组	例字 3	春	纹[校4]	惷	寸	○
	标音 3	chún	chūn	chùn	chǔn	chûn
第四组	例字 4	惊[校5]	行	件[校6]	子（〉团）[校7]	镜[校8]
	标音 4	kiáⁿ	kiāⁿ	kiàⁿ	kiǎⁿ	kiâⁿ
第五组	例字 5	鲜	○	刺（→浅）[校9]	○[刺][校10]	箣[校11]
	标音 5	c'híⁿ	c'hīⁿ	c'hìⁿ	c'hǐⁿ	c'hîⁿ
第六组	例字 6	扛[校12]	○	○	金贡（>钢）[校13]	○
	标音 6	kéng^{nn}	kēng^{nn}	kèng^{nn}	kěng^{nn}	kêng^{nn}
第七组	例字 7	糠	○	○	藏（>囥）[校14]	○
	标音 7	k'éng^{nn}	k'ēng^{nn}	k'èng^{nn}	k'ěng^{nn}	k'êng^{nn}

七组的例字，分别陈列七种不同的音读和拼音符号的拼写，每组都列出五个声调的音读和音节成分的拼写符号，并且配上了汉字，少数还有西班牙语翻译，但是，没有汉字（例字）的，旧时为空白，今以空圈表示。原书一组一组出现，并无表格，本文代为整理为对照表格；例字都是原书具有的，本文代为校注。此表的例字、位置及其音读之误不少，关系到声调符号的，需要进一步说明。下文先列出校记，再进行一点讨论。

校记共有十四条：

校 1："𠆾存"字未见字书收录，右格以西班牙文注释，字迹不明，判读为"某个时间"之义，不知其本义本字，今人多写为"阵"，例如："这阵""彼阵"。

校 2：原书字不明，其字形似"低"，残损及腹部。又此字误置，应属《漳州语语法》的第五调。

校 3：此字误置，应属《漳州语语法》的第四调。

校 4：原本文字破损移位，"绞或纹（右半字 \ 断损难辨）"，可能是"纹"字。诸字词书此 tshun5（阳平）音字少或无，文林堂本《汇集雅俗通十五音》有"傅"字，释"敬也"，与此处文字形义无涉。疑应是皮肤上细皱纹的"tshun^5"，字或作"皴"或作"皱"，都算是训读字；《汇音宝鉴》有"皱"字，音"出五君"（chhûn），《漳州语语法》作"纹"，是另一个训读字。

校 5："惊"等鼻化字音，原文的鼻化记号，标在调号上，本论文因计算机局限，以上目标 n，移到音节后，作"kia^n"。后皆同此。

校 6：此字误置，应在该书第五调。

校 7：此字误置，应在该书第三调。

校 8：此字误置，应在该书第四调。

校 9：刺字本音为 tshi^3（阴去调），又音 tshinn^3（《汇集雅俗通十五音》卷七 52 叶），本不宜在此位，应在下一位（该书第四调）。（《汇集雅俗通十五音》卷七 52 叶）栀二出下有"浅，布不深青。"其字头为准本字。

校 10：刺字误置"第 3 调"，应改置于此（该书第四调）。

校 11：漳州语里，木匠用以画长短之木杖，音 thsi^7，应该就是《漳州语语法》里"𥴬"字的音义。字或写为"杝"（见《汇集雅俗通十五音》卷七 52叶、《汇音宝鉴》第 256 页）。其实，史记龟策传："诸灵数𥴬，莫如汝信。"《索隐》："或是策之别字"，知"𥴬"字本来没有"木匠用以画长短之木杖"之义。《漳州语语法》应是借用取此"𥴬"字来表记的 thsi^7 音义。"𥴬"字或同"刺"，本非鼻化字，或以送气之故，又读鼻化。今因另有"木匠用以画长短之木杖"之词，不知本字，因此取鼻化的"𥴬"字来表示。今分别音义而用之。

校 12：受局限于计算机输入，此类舌根鼻辅化韵，其声调符号在后二字母上，本论文仅标示在最后一个字母上。而其鼻化符号"nn"原标在声调上面，本论文则改为上标于音节末。

校13：此字不见于一般字辞典，《汇集雅俗通十五音》卷七钢韵钢三求（kng3）音有"杠（笼）、煰（坚刀也）、钢（硬铁也）。"《漳州语语法》的"金贡"字，应是"钢"字，由于"钢"文读为kong1，而其白读，另以此"金贡"字表记之。

校14：此字今作"园"。

《漳州语语艺》以"1""2""3""4""5"为声调的名称，该书直接称为"第一""第二""第三""第四""第五"等。该五声调的次序是用心的安排，和闽南语传统的声调呼法（1、2、3、4、5、6、7、8分别为：阴平、阴上、阴去、阴入、阳平、阳上、阳去、阳入，或为上平、上上、上去、上入、下平、下上、下去、下入）没有必然关系，而是由高而低的顺序。声调的安排是清楚的，但是，例字有不少错误。

各调的例字中，第三调有两个错误。一是第五组第三字"刺"字本音为 tshi^3（阴去调），又音 tshinn^3（《汇集雅俗通十五音》卷七 52 叶），此取又音，但本不宜在此位，应该在第五组的第四调下。至于第五组的第三调，应该是《汇集雅俗通十五音》卷七 52 叶"栀二出"下的"浅，布不深清。"tshinn^2。这是第三、四调的滑混。二是第四组第三调的"件"字，此字误置，应在该书第五调。这一组的"三、四、五"调，分别是"件、子、镜"，位置互相倒错，应该是"子、镜、件"，可见这三字的声调，对外国人来说容易滑混，对配置汉字的中国人来说，该书著作者的发音和用意，也有了解上的困难。因此，才造成此误。对于下文提到的其他例字之误置，应该也是这个缘故。

这个例字的误置错误，最严重的是第四调和第五调。第四调出现6个例字，其中有4个是正确的，两个错误中的一个，上一段已经提到；其余一个是读第五调的"低"（台罗：ke^7），却在第四调出现。至于第五调出现的4个例字，却有两个是错误的，也就是有一半的错误率，"低"和"架"的误置是一种互换的错误，另一个错误也在上一段提及，那是连带的错误。这些误置，显现这些声调的相似而不容易辨别。由于作者的声调辨别，和"利—郭—金系统"都以"高低"为判断尺度，高低判断的错误应该不会大量发生。同时，如果超出"高低"的辨识，便难以判断。因此，《漳州语语艺》中的第四调和第五调的误置，可能致误的原因是：其比较高一点（属于次低）的第四调，或许带一点降的成分，接近21调，逼近第五调的11调。而第四调的误置于第三调，或许是调形相近，第三调或许带着下降的成分——31。

《漳州语语艺》中除了专门学习声调的七组例字有误，在后续的字词、短语练习中，也颇有第四、五两调的注音，颇有相乱的例子。《漳州语语艺》第四、五两调的注音相乱，用现代语来说就是"阴去阳去之淆乱"。这种"阴去阳去之淆乱"，除了上述声调表有所淆乱之外，正文不少字词短语中也有错误。指出错误之前，我们应该交代，《漳州语语艺》第四、五两调的注音，大体是不乱的，像第四调的"众 chjǒng""胜过 sěng cue"等除了音标有疑和声调标记位置不一外，调号是正确的。第五调的"多 chei""、"可多（较济）ca chei"、"师阜（师父）say hû"、"卖鱼 bêi hū"也都正确。像"佳己 ca tì、佳己 ca kì（泉腔）①、佳己 chu kì（泉腔）、独己 tàg kì（文读）"除漳泉腔之异以外，当时"己"字还没有演变为今日的"阳去调"，因此注音也是正确的。但是，像"是"字有两种拼写法：ši/sy，不论单用，或前接他字和后接他字，该书大多（似乎无例外）标为"ᐯ"调，这是第四调。又"是谁②"多见，两字都都标为应该属于阳去调，也就是该书的第五调，但该书都标为第四调"ᐯ"而不是"ᐱ"，"是乜 ši mi`"的"是"也是标记为第四调。难道这些当时都读为阴去调吗？应该不是当时读为"阴去调"，因为这个错误不是孤例。像"天下"的"下 ě"也是应为第五调而误为第四调（应为 ê），"后 ǔu"（7—8见）应该改正为"âu"，"写字 sià xi"（多见）应该改正为"写字 sià xî"，"亚袂（犹勿会）a bě i"应该改正为"亚袂（犹勿会）a bêi"，"好到尽 hò caû chǐn"应该改正为"好到尽 hò cǔu chîn"。诸如此类，都是第五调误为第四调的例子，可见第四、五调相乱不是孤例，误用例不少。这种混淆，还不只《漳州语语艺》，在《西中词典》也有类似之误。

这五声调之外，还有入声字，参见图24。该书把6个入声字以间叉的方式一直排列下去，眉目不清楚，本文加以整理、陈列如下：

---

① 括号和括号中的说明，是本文作者加上去的。下同。

② "谁"字，甘为霖的《厦门音新字典》，有第5、7调两音（sui5、chui7），而"是谁"取第七调（chi7chui7/si7chui7）。

表 19 《漳州语语艺》入声调调次及其例字表

《漳州语语艺》调次 / 名³		6	7
调符		| \	人
第一组	例字	滑	骨
	标音	cur̀	cur̂
第二组	例字	喔	窟
	标音	cur̀ᵉ	curᵉ
第三组	例字	舌	
	标音	chỳ	
第四组	例字	□	
	标音	hỳ	
第五组	例字		客
	标音		keᵗᶜ

比起前述五个声调，对这两个声调，作者不熟悉，有些不知如何对应。因此在列举例字时，两入声调对举的，只有前四个字是成功的，后面三音两字，是失败的。

"舌"字没有相配的第七调，"hỳ"音没有汉字，也没有相配的第七调。"客"字相反，他没有相配的第六调。其实，要找阴入、阳入相对的字，并非难事①。

《漳州语语艺》的作者说："对于这些汉字，我发现有八个不同的声调。"我怀疑这些话如果不是马尼拉的闽南人把韵书上的言语告诉他的，就是他综合漳州腔和泉州腔的结果，因为光是漳州腔并没有八个声调，他自己在书上呈现的是七个声调，而漳州腔的声调读法，一向是"八声七调"，例如"君、滚、棍、骨、群、滚、郡、滑"。上文我们看到了五声调，又看到特殊的两个入声调，如果我们把这两个入声调和上述五个声调并列，我们可以便可以得到下列七声调表（例字用该书所列，对于该书的例字误置，已经改正）：

---

① 闽南语阳入、阴入相对的字，像"杰、结""及、急""极、格""局、菊"等。

表 20　《漳州语语艺》的七个声调表

《漳州语语艺》调次/名	1	2	3	4	5	6	7
调符 1	/	—	\	∨	∧	|\	人
通用调名	阴平	阳平	上声	阴去	阳去	阳入	阴入
例字 1	尊	船	准	俊	↑存	滑	骨
标音 1	chuń	chunˉ	chuǹ	chuˇ	chunˉ	cur˙	curᶜ
例字 2	家	枷	假	架[4]	低[5]	喔	宿
标音 2	ké	kēe	keˇ	keˇ	keˇ	cur˙	curᵉ
例字 3	惊	行	子（>囝）[6]	镜[7]	件[8]	舌	客
标音 3	kiáⁿ	kiaⁿ	kiaˇⁿ	kiaⁿ	kiaⁿ	chỳ	keᶜ

这个表是《漳州语语艺》的声调系统。依照该书原意，这个声调系统，分为两组，前面五个声调为一组，属于"舒声"类；第六、七两调为另一组，属于"促声"类。如果和前述"利—郭—金系统"比较，我们可以说，"促声"类是创新的发明。

有效诠释需要紧紧掌握被诠释体的成分、结构、体系与内外，因此我们再从"符号系统之规划"的立场来说，我们可以进行这种了解，以便为《漳州语语艺》的声调系统和"利—郭—金系统"的传承和变化关系提供有力的验证。

我们如果拿《漳州语语艺》的声调系统和"利—郭—金系统"比较，可以有如下的呈现：

表 21　〈《漳州语语艺》"利—郭—金系统"舒声声调比较〉

漳州语语艺　："/"　"—"　"\"　"∨"　"∧"（第 1、2、3、4、5 调）------ 调名编次
利—郭—金系统 1："/"　"∨"　"—"　"\"　"∧"（"最高""次高""中""次低""最低"）- 高低
利—郭—金系统 2："—"　"/"　"∨"　"\"　"∧"（中；上"最高+次高"；下"次低+最低"）-- 分群
利—郭—金系统 3："—"　"∧"　"\"　"/"　"∨"（"清""浊""上""去""入"）---- 传统

这四个系统比较的结果，最为相近的是《漳州语语艺》声调系统和"利—郭—金系统 1"。就这两个系统来说，只要把"利—郭—金系统 1"的"∨"，

往后移三步，移到"∧"之前，便成为《漳州语语艺》声调系统了。"利—郭—金系统1"依声调高低来排列的，因此，我们可以推测，《漳州语语艺》的五个声调系统，其排列次序主要也是基于"声调的高低"，也就是说，《漳州语语艺》的声调系统中的五个舒声调，是依照声调高低排次，依次赋予调名，依次赋予符号。问题只有：《漳州语语艺》的声调系统何以要调动"利—郭—金系统1"的"∨"之位置。答案可能是："∨"和"∧"符号的形体相类，可以先后相次。同时，其"∨"在《漳州语语艺》和"利—郭—金系统"都用来表示去声。

如果审查《漳州语语艺》一书中有关声调的叙述，可以得到四处重要的讯息。

有关舒声类的五个声调第一个讯息，上文已经提到，《漳州语语艺》的原文作者用黄金西班牙语（español áurico）、也就是早期的现代西班牙语[①]，给我们简单的导言，他这么说的：

> *Para la sauer pronunciar seponen 1os reglas siguientes sacados de los bocabularios chinas los quales senalan cinco tonadas diferentes altas o baxas Las quaies aquiseñ lan por estas çinco uirgulas（1）/（2）—（3）\（4）∨（5）θ.* [②]

（为了让人了解发音规则，这些规则，我们取自"los bocabularios chinas"（中国话词汇）。也就是下列所示这些标记着五个不同声调的高和低，用五条不同的线来表示。(1)/(2)—(3)\(4)∨(5)∧)[③]

这里所说的"标记着五个不同声调的高和低，用五条不同的线来表示"，让我们清楚地知道，五个声调是五个不同的高度，同时，不同的"线段"只表示"不同的高低"。同时，我们也知道了，这个规划的次序、内容和所指，

---

① 古西班牙语，又称为古卡斯蒂利亚语（西班牙语：castellanoantiguo，romançecastellano），属于中世纪西班牙语（西班牙语：español medieval），使用于10—15世纪初叶的伊比利亚半岛。他经历许多辅音变化后演变为现代西班牙语。古老的作品是1200年左右的熙德之歌（CantardeMioCid）。而黄金西班牙语（españoláurico）也称为黄金时代西班牙语（españoldelossiglosdeoro），那是早期现代西班牙语，使用15世纪末至17世纪的西班牙本土海外和殖民地，包括菲律宾。比起目前的西班牙语，黄金西班牙语具有一系列的语音和语法变化。

② 斜体字表示破损或无法辨认，今勉强补足。

③ 本文的中文翻译，部份参考了韩可龙 HenningLlöter（2011）的英文翻译。

都和"利—郭—金系统1"的声调符号规划，几乎完全相同，只有"∨"符号的位置有不同而已。因此，我们可以说，《漳州语语艺》的声调系统，是师承"利—郭—金系统1"的。

《漳州语语艺》还说：

la primera es alta que todos la segunda mas baxa y ban por su orden baxando entender se a oiendo pronunçiar a un china los exenplos siguientes.

（第一调比其他的声调高很多，第二调（比第一调）要低一些，各声调依顺序往下走。为了理解，你必须聆听以汉语发音的下列例子。）

这里说的更清楚了，依次序，每一个声调都要低一点，而"各声调依顺序往下走"，这样地只管声调的高低次序而分出不同的声调，说得还不清楚吗？

en cada una destas tonadas hallo ocho tonadas diferentes. la primera es quando el bocablo se pronunçia sinpplemente y se señala con sola uirula como se uera el exenplo siguiente.

（对于这些汉字，我发现有八个不同的声调。第一调是简单发音的字，带着一线段[指一画的符号]，就像下面的例子所示。）

这一段比较简单，所谓八个声调，事实上本书只有七个声调。而所谓"一线段"等语是指出符号规划的用意所在——声调简单、则符号也简单。这是对舒声调的一些说明，而对于入声调（促声调），《漳州语语艺》说：

第四个特色是急切音节的拼音，像是来自内心。这两种促音节（声调的高低）和第三调、第五调，我很难发现差异；那热切而又随后放下的音，以短直的符号加在（第三调、第五调）线段（指调号）的上面。

《漳州语语艺》一书的入声标示，是该书的一大发明，其第六调、第七调分别如：

（ˇ ˆ ）→ aî â

对于闽南语入声类的发音，作者无法像舒声类五个声调那样只用高低来描述，因为入声的发音方式，在高低之外还有别的语音成分。该书用"急切、热切""像来自内心"来描述，是缺乏精确而有效的语言，同时用"热切而又随后放下"来比较精确的指点，这些都在形容入声调的"急"而"短"。而最有效的是"这两种促音节（声调的高低）和第三调、第五调，我很难发现差异"，这种严密的语言，以舒声调的五个高度的声调为尺度，把第六调（阳入）定为第三调的高低，也就是中短调；又把第七调定为第五调的高低，也就是低短调。并且为了表示"急切"，就用短直的附加方式，分别加在第三调和第五调的调号上面，做为第六调和第七调的声调符号。这样的说明，虽然文字简短，却让我们获得了声调符号的变形、符号的所指、符号间的关联、符号系统的规划。因此，综合了《漳州语语艺》的相关说明，建立了我们对于《漳州语语艺》声调系统的全盘概念，这个概念，有助于比对、分析《漳州语语艺》和"利—郭—金系统"，以及和《西中词汇》的先后传承关系。

作为成功的声调符号系统，《漳州语语艺》这一套声调符号系统，实践在该书中千余个汉字上，还被实践（略加修改）在《西中词典》约两万个汉字音节上[①]，可以证明其适用，因此我们可以把这套声调符号系统，定性为：

1. 要描写的声调有七个。

2. 七个声调分为舒声类和促声类两类。

3. 舒声类五个声调分别为：第1、2、3、4、5调。

4. 促声类两个声调分别为：第6、7调。

5. 这七个声调符号分别规划为："∕、—、＼、∧、∨"和"'＼""＾"。

6. 舒声类五个声调的调值描写为："第一调比其他的声调高很多，第二调（比第一调）要低一些，各声调依顺序往下走。"

7. 促声类两个声调的调值描写为："这两种促音节（声调的高低）和第三调、第五调，我很难发现差异""热切而又随后放下的音""以短直的符号加在线段上面。"

该《漳州语语艺》声调符号系统和"利—郭—金系统"都专注地照顾到声调的高低，虽然《漳州语语艺》在"高低"之外还进一步提到了舒促的概念，呈现了师承之后的进步，但是，都没有提及该声调有否升降曲折的变

---

① 这些声调符号系统在实践于闽南语标记时，由于闽南语语音上的困难，因此多少有一些疏漏，但是没有影响声调符号系统的全盘运用。

化。因此，和"利—郭—金系统"一样，不免令人有定性描写尚有不足的怀疑。不过，如果暂时不理会这种怀疑，我们也许可以为《漳州语语艺》的声调符号系统，用现代声调符号，代为构拟如下：

表 22　漳州语语艺声调系统高低五级舒促及其调值重构

调名	舒促	高低	传统调类	调符	调值重构	重构（数字法）
第一调		最高	阴平	/	˥	55：
第二调		次高	阳平	—	˦	44：
第三调	（舒）	中	上	\	˧	33：/31 [9]
第四调		次低	阴去	V	˨	22：/21 [10]
第五调		最低	阳去	∧	˩	11：
第六调	促	中	阳入	``	˧	<u>3</u>：
第七调		最低	阴入	ˆ	˩	<u>1</u>：

这个表，完全根据《漳州语语艺》一书的声调说明，"传统调类"一栏是为了读者对照了解之用。数字下的横线表示为"短调"，"（）"是表示"依原书类推所得"，"/"后的数字表示其调值乃依照该书声调混淆情形所推测的"，推测的理由已经陈述于表 18 下面的讨论。这七声调系统，我们循汉字音读的比对，知道不是泉州式的八声调系统，但是，也不能简单地说是漳州腔，因为漳州腔和大部分的漳州方言的入声，都是阴入稍微高于阳入，和《漳州语语艺》不同，只有龙海腔、厦门腔、同安腔、台湾通行腔和大多数的方言、槟榔城腔、新加坡等环南海的多地闽南人的入声阴低阳高同类，显现一种环南海的共性，因此，应该是闽南语的"海上"通行腔。

上文的讨论，显示《漳州语语艺》这个"声调符号系统"的符号承袭和创新、七个符号的所指为何、符号的分类、符号的先后变化、符号的名称等等。现在我们以符号的基型和变化为纲，把《漳州语语艺》的"声调符号系统"之规划，陈列于下。

表 23　《漳州语语艺 声调符号规划关系表》

```
变形 ← 基型 → 变形 →  再变形   → 三变形    （符号变化）
倾斜 ← 横平 → 倾斜 →  弯折     → 附加短直   （符号三态）
 斜  ←  平  →  斜  →  斜折     → 斜直 折直 （符号线性成分）
（舒）←（舒）→（舒）→ （舒）   → （促）   （符号分类）
最高← 次高 →  中  →  次低 最低 → 高  低    （符号内容）
第一调← 第二调 → 第三调 → 第四调 第五调 → 第六调 第七调 （符号名称）
```

╱ ← — → ╲ → Ⅴ → ∧ → ‖ 人 （符号标记）

这个表，我们可以看到其符号规划中符号的变异分为"四个阶段、两类别、五高低、七声调"。我们也可以注意到，基型的变化方向和变化阶段，有不同于"利郭金系统"之处了。

五、余论

随着商业掠夺活动，西班牙传教士在马尼拉接触到闽南人，除了贸易的需求，还有传教给闽南人的需要。从1587年开始的传教，到了1620年，从懵懂到初识，由初步以拉丁字母纪录闽南语声韵，发展到获得汉语官话声调符号的挹注，建立了《漳州语语艺》这第一套完备的、具有七声调的闽南语声调系统和符号，于是也有了使用这套符号的、收录了两万词语的词典——《西中词典》。虽然由于西班牙帝国的没落，这套符号被后来十九、二十世纪的传教师完全忽视，显得悲哀，但是，在当时的运用上，应该是成功。

我们比较1620年《漳州语语艺》和1605—1626年[①]的"利—郭—金系统"两套声调符号系统，从时间的先后，除了能肯定《漳州语语艺》的声调系统是承传自"利—郭—金系统"、尤其是利玛窦—郭居静的声调符号设计，还能看到前后两套系统的异同，看到《漳州语语艺》把利玛窦—郭居静的官话声调符号，运用于另一语言——闽南语，同时增加、修改以配合新语言。其传承改变的轨迹，简单表示如下：

表24　漳州语语艺 和"利—郭—金系统"声调系统的传承和增修

利—郭—金系统	师承与增修	《漳州语语艺》系统
官话	→更改 适用语种→	闽南语
五声调	→师承并运用于更多声调→	七声调
未及于舒促	→增加辨音概念→	有舒促之分
辨音概念：高低五级	→师承 音高五度→	辨音概念：高低五级
高低五种声调符号	→承用旧有的五个符号→	高低五种声调符号

---

① 由利玛窦的（1605）《西字奇迹》到金尼阁（1626）的《西儒耳目资》，由音标案到施用于全套汉字，音标才算完成。因此这里写的是1605—1626年。

续表

利—郭—金系统	师承与增修	《漳州语语艺》系统
五种声调符号的次序	→次序调动→ （高 12345 低 → 高 13425 低）	高低五种调号次序修改
未有促声调符号	→承用旧符号并且附加记号→	增加两个促声调符号
除了声调的高低先后，未有声调间符号搭配概念	→增加促调和舒调搭配关系→ （第六调配第三调、第七调配第五调）	讲究舒促之搭配
符号基型和二段变形	→符号变形复杂化→	符号基型和三段变形
声调符号一笔化	→不守符号的简单化原则→	声调符号 前后上迭加 （声调连同送气、鼻化、变音等等符号可累加）

　　"利 — 郭 — 金系统"和《漳州语语艺》的声调系统是一种师徒关系，师徒不必同脸同心，但是风格和理念可以同类同功。《漳州语语艺》从"利 — 郭 — 金系统"获得了声调高低五度的辨音方法，也获得了五个声调符号，不过，道明会的西班牙神父并没有墨守成规，事实上，由于面对另外一种比官话具有更复杂声调的闽南话，也无法硬套旧法，因此，从上表，我们看到了十种"师承—增修"的路径，由此走向一种概念更进步、办法更多元的新系统，也是闽南语第一套完整的声韵调符号系统。[①]

　　从道明会神父开始在马尼拉华人教区学习闽南语的 1587 年，到《漳州语语艺》著作的 1620 年，经过了 34 年的努力，他们终于得到一套完整的闽南语音标。当他们把这套音标运用于编辑 Dictionario Hispanico Sinicum（西班牙 — 汉语辞典，简称《西中词汇》，大约是 17 世纪初期的作品），在约两万条西班牙词汇的右边——写上汉字、注上音读时，虽然有所修改，把原有的第四、第五调声调符号互换（由于原系统有所混淆），又改变入声符号的书写方法，但是，那只是小调整，因此仍然算是这套符号的运用。既然已经全盘性地施用过了，我们就可以说，这是走完了语言符号系统的道路。也许经过时代和人海的沧桑，还有这套符号的纪录，文件、书信、文章等书写或印刷的文献会被发现，让我们可以知道这套符号曾经被重视过，而符号的设计者冥间能有一丝安慰。

　　《漳州语语艺》这份文献，虽然没有记载闽南语的词汇变调、轻声和语法

---

① 关于《漳州语语法》和《西中词典》的声母、韵母系统的研究，请看敝人另文。

变调，但是，那时人类对语言的理解还没有发展到那个地步。传教师的辨音能力、声调的认知思维，在音乐高低音的记音和符号的参照下，运用高低五度制来转用于汉语声调的标记，又能发掘声调的促舒，这些已经算是很大的发现了。

本文考察了16世纪末、17世纪初马尼拉地区的语言接触，以及殖民者商业和传教的活动。这些人为操弄，左右着族群和语言的变化。在华侨的血汗下，传教士的语言学习和闽南语讲道，不论我们如何评价，从语言来说，透过时空和人文活动，想理解闽南人的西方传教士，再透过闽南知识分子的协助，编写了《漳州语语艺》，真是一个突破中西语言障碍、接联异质的语言网络的关键点。阅读原有文献，穿透语言障碍，秉持客观诠释的原则，从而分析其声调系统，追究其师承渊源，还借助于声调符号规划的剖析，比较清楚地看到声调符号系统的传承和创新之踪迹。这些纤细鸿爪，希望对于汉语史、汉语声韵学、汉语方言学、海外汉语方言学、音标符号学、语言接触学、语言研究发展史、汉学、世界交通史等学术研究，有加线缀针之功。

参考文献

[1][意]贝多·艾柯.诠释与过度诠释[M].王宇根，译.北京：三联书店，1997.

[2]成文出版社编辑部.实用二十七种语文字典[M].台北：成文出版社，1976.

[3]成濑治，等.世界史综合图录——附录世界年表·史料[M].东京：山川出版社，2014.

[4]陈东有.走向海洋贸易带[M].南昌：江西高教出版社，1998.

[5]陈荆和.十六世纪之菲律宾华侨[M].香港：新亚研究所，1963.

[6]陈瑛等修.海澄县志[M].清乾隆二十七年刊本.

[7][日]渡边信夫.亚洲宣教史（History of Asian Miossion）[M].苏庆辉，译.台北：永望文化事业公司，2002.

[8][美]丹尼尔·J.布尔廷斯.发现者[M].严撷芸等，译.上海：上海译文出版社，1995.

[9]董忠司.马来语中所见海外闽南语借词的对音类型[J].北方语言论丛（第3辑），2013：108—142.

[10]董忠司.跨国共通语的浮现——再论闽南语通行腔的过去与未来[R].2013年闽方言国际学术研讨会"闽方言本体研究及闽方言历史演变与传

播研究",泉州:泉州师范学院,2013/11/29—12/1.

[11] 董忠司.马来西亚槟榔屿闽南语上声变异初探 —— 兼论槟榔屿闽南语声调格局的存古和创新 [M]// 陈晓锦.汉语方言在海外的播迁与变异.广州:世界图书出版广东有限公司,2016.

[12] 董忠司.十七世纪初语言接触下海外汉语方言(闽南语)音标的首度完成 [M]//2018年第六届海外汉语方言会议论文集.兰州:兰州城市学院,2019.

[13][法] 方浩思(Maximia no Cortés Moremo). *Gramática Básica*(最新西班牙文文法)[M]. 台北:万人出版社,2015.

[14][美] 菲利浦·D. 柯丁 Philip D Curtin. 世界历史上的跨文化贸易 [M].济南:山东画报出版社,2009.

[15][法] 费赖之(Louis Pfister1833—1889). 在华耶稣会士列传及书目 [M].冯承均,译.北京:中华书局,1995.

[16] 甘为霖.厦门音新字典 [M]. 台南:台湾教会公报社,1913.

[17] 顾金梅.西班牙语发音基础学习 [M]. 台北:万人出版社,1996.

[18][德] 韩可龙 Klöter Henning(韩可龙).The Language of the Sangleys: A Chinese Vernacular in Missionary Sources of the Seventeenth Century[M].Leiden:Brill,2010.

[19] 洪惟仁.十六、七世纪之间吕宋的漳州方言 [J]. 历史地理(第30辑),上海:上海人民出版社,2014:215—238.

[20] 贺圣达.东南亚文化发展史 [M]. 昆明:云南人民出版社,1996.

[21] 蒋绍愚.近代汉语研究概要 [M]. 北京:北京大学出版社,2005.

[22] 雷孟笃,朱慧美.西语发音入门 [M]. 台北:统一出版社,1996.

[23] 刘迎胜.丝路文化·海上卷 [M]. 杭州:浙江人民出版社.1995.

[24] 吕理政主编.帝国相接之界 —— 西班牙时期台湾相关文献及图像论文集 [M]. 台北:历史博物馆、南天书局,2006.

[25] 李毓中,吴孟真节译.西班牙人在台湾 [M]. 台北市:国史馆台湾文献馆,2006.

[26] 林国平主编.福建移民史 [M]. 北京:方志出版社,2005.

[27] 鲁国尧.明代官话及其基础方言问题——读利玛窦中国札记 [J]. 南京大学学报,1985(4):47—52.

[28] 黎哲野编译.七国语辞典 [M].台北：文化图书公司，1986.

[29] 罗常培.耶稣会士在音韵学上的贡献 [J]."中央研究院"历史语言研究所集刊1本3分.1930.

[30] 廖大珂.符见海外交通史 [M].福州：福建人民出版社，2002.

[31] 马西尼.罗马所藏1602年手稿本闽南话—西班牙语词典——中国与西方早期语言接触一例 [M]// 邹嘉彦，游汝杰主编.语言接触论集.上海：上海教育出版社，2003：211—234.

[32][英]纳撒尼尔·哈里斯等.图说世界探险史 [M].济南：山东画报出版社，2006.

[33] 全国历史教育研究协议会.世界史用语集 [M].东京：山川出版社，2014.

[34] 任继愈主编.宗教词 [M].上海：上海辞书出版社，2009.

[35][法]荣振华（Joseph Dehergne1903—1990）.在华耶稣会士列传及书目补编 [M].耿升，译.北京：中华书局，1995.

[36][美]赫施（HIRSCH，E.D.）.解释的有效性 [M].王才勇，译.北京：三联书店，1991.

[37][波]魏思齐（Zbigniew Wesolowski）.西方早期（1552—1814年间）汉语学习和研究：若干思考 [J].汉学研究集刊，2009（8）：89—121.

[38] 王美秀，段琦，文庸，乐峰.基督教 [M].南京：江苏人民出版社，2006.

[39] 王胜邦.西语基本字辞典 [M].台北：名山出版社，1991.

[40] 汪芝房.英文举隅 [M].1887正式以石印本印行，蜚英书馆.

[41] 西汉辞书编辑部，雷孟笃校订.简明西汉辞典 [M].台北：文桥出版社，1996.

[42] 谢秀岚.汇集雅俗通十五音 [M].高雄：庆芳书局，1818.

[43][苏]约·彼·马吉多维奇.世界探险史 [M].海口：海南出版社，2006.

[44] 游汝杰.西洋传教士汉语方言著作书目考述 [M].哈尔滨：黑龙江教育出版社，2002.

[45] 叶宝奎.明清官话音系 [D].厦门：厦门大学，1993.

[46] 叶宝奎.近代汉语语音研究——叶宝奎自选集 [M].厦门：厦门大学

出版社，2017.

[47] 朱国宏 . 中国的海外移民 [M]. 上海：复旦大学出版社，1944.

[48] 朱维铮主编 . 利玛窦中文著译集 [M]. 上海：复旦大学出版社，2007.

[49] 卓新平 . 基督教小辞典 [M]. 上海：上海辞书出版社，2008.

[50] 张大任等 . 拉丁语汉语小辞典 [M]. 上海：上海外语教育出版社，1988.

[51] 张明 . 台湾与中西近代关系概述（16-19世纪）[M]// 吕理政主编 . 帝国相接之界 . 台北：南天书局有限公司，2006：223—250.

[52] 邹嘉彦，游汝杰主编 . 语言接触论集 [M]. 上海：上海教育出版社，2003.

[53]autor desconocido.（1620—）*Dictionario Hispanico Sinicum*.（西班牙—汉语辞典）[Z]. 编号 Tomo 215，University of Santo Tomas，Manila.

[54]Fr.Melchior de Mançano O.P. 16[20] *Arte de la lengua chio chiu*.（漳州语语艺）[M]. 收藏在 PROVINCIAL UNIVERSITRIA DE BARCELONA BIBLIOTECA（省属巴塞罗那大学图书馆）手稿本 .

[55]Jose Eugenio Borao Mateo.*Spaniards in Taiwan*[M]. 台北：南天书局，2001.

《台湾汉语音韵学史》读后

姚荣松

（台湾师范大学）

摘要:《台湾汉语音韵学史》是厦门大学李无未教授继其《日本汉语音韵学史》（商务印书馆，2011）、《东亚视阈汉语史论》（厦门大学出版社，2014）之后的新著，由北京中华书局出版（2017），编入"国家哲学社会科学成果文库"（2016），全书954页，精装二册。它提供了汉语音韵学史新视野，学者可从更高的角度看待汉语音韵学的国际视野，也能反映海峡两岸从20世纪90年代以来，音韵学术交流的一项具体成果。

本文为个人获赠此书后，初读全书所获概略印象与心得，因趁2018年8月出席陕西师范大学主办"中国音韵学研究第二十届国际研讨会"权充报告论文，与海内外学者切磋。全文分六节：一、东亚视阈下的汉语音韵学新课题。二、本书写作格局与宏观思路。三、台湾汉语音韵学史的七个关键内容。四、本书第二章对于"通论"的盘点，分成九节，巨细靡遗，并对声韵学会强烈肯定。五、关于台湾汉语音韵学史谱系。六、总结：本书的成就与回响。

作者以关键性"主题词"提炼而表述为七项，包括："发端和形成""分期和特点""成果文献盘点""学术谱系""中国文化母体意识""东亚视阈学术定位""存在被边缘化的风险"。

全书篇幅聚焦于文献盘点与学术谱系，限于篇幅，本文选择详论后一项，详列四代学人名录，进行梳理与增删，并提出一些错误信息之订正。结论提出四点肯定本书之成就，并提出三点建议供再版时修正参考。

关键词：台湾汉语音韵学史；东亚视阈；（台湾）声韵学学会；优

秀青年学人奖；声韵论丛；文献盘点；学术谱系；小川尚义；台湾语
文学会

一、东亚视阈下的汉语音韵学新课题

《台湾汉语音韵学史》是音韵学家李无未教授继《日本汉语音韵学史》（商
务印书馆，2011）、《东亚视阈汉语史论》（厦门大学出版社，2014）之后的重
要学术著作，它提供了汉语音韵学史的新视野，让国内学者从更高的角度看
待汉语音韵学的国际视野。向来所谓的国际化，多半聚焦于作为语言学分支
的西方音韵学对汉语音韵学的影响，尤指高本汉以来，利用历史比较语言学
的方法论，对汉语中、上古音的重构的历史，但这些影响的层面，不仅止于
两岸音韵学，也扩及东亚汉学的重要分支的日本，因此，要想宏观叙述完整
的汉语音韵史，东亚的日本、韩国乃至越南、泰国等东南亚国家的相关研究，
都成为重要环节，作为汉语本土音韵学的重要支脉的台湾汉语韵学史，就成
为李教授东亚视阈下的汉语音韵中一个具有同构性又带有异质性的重要分支。
由于作者独具只眼，使这本《台湾汉语音韵学史》的出版优先提上日程，更
让台湾汉语音韵学者跌破眼镜，或百感交集。

二、《台湾汉语音韵学史》的写作格局与宏观思路

全书分为十章，除首尾两章外，主体的二至八章，则分为七项进行台湾
汉语音韵学史文献的盘点，即分：通论、理论和方法、上古音、中古音、近
代音、现代汉语与方言语音、语音比较等。基本上承袭台湾学者相关的阶段
性"文献回顾与展望"的论著目录的分类方式。第九、十两章，则为作者别
具观点的创获，一为台湾汉语音韵学史谱系，一为台湾汉语音韵学"母体"
意识、定位及未来。前者又分九节，由明郑前迄有清及日本占台时期的谱系
各占一节，3—6节则分述"回归中国，两岸分离时期"汉语音韵学谱系，由第
一代学人迄第四代学人，并以专节9.7—9.8分述"所培养韩国等国家学人""台
湾汉语音韵学学术师承关系"尤其注意到这个时期的"东亚谱系的分支"——
台湾所培养的"韩国等国家学人"（9.7），更在第十章提出"东亚视阈与台湾汉

语音韵学史定位"一节（10.2），充分展现本书确实是东亚视阈下的语言学史。

作者于首章一节指出研究本课题原因有四：一曰一些大陆学者对台湾汉语音韵学史认识存在着误区；二曰欧美化倾向影响东方汉语音韵学史研究；三曰台湾音韵学史是中国乃至东亚汉语音韵学史重要组成部分；四曰台湾语音韵学史是世界汉语音韵学史重要组成部分；五曰中国大陆汉语音韵学须借台湾音韵学研究成果以完善、丰富自己。

作者在提出台湾汉语音韵学史的关键内容后，并就其发端及形成、分期及特点，进行盘点。其后七项盘点，亦以前二项通论及理论和方法用力最深，成果亦较卓著，可说作者确实对台湾汉语音韵学史掌握了基本的透视。

三、台湾汉语音韵学史的七个关键内容

作者以关键性"主题词"提炼而表述为七项：

其一，台湾汉语音韵学史发端和形成。

其二，台湾汉语音韵学史分期和特点。

其三，台湾汉语音韵学史成果文献盘点。

其四，台湾汉语音韵学史学术谱系。

其五，台湾汉语音韵学史的中国文化"母体意识"。

其六，台湾汉语音韵学史东亚视阈学术定位。

其七，台湾汉语音韵学史被一些人边缘化，风险是存在的。

作者在"发端及形成"，持的是"大中国汉语音韵学史原则性观念"，并以方师铎《五十年来中国国语运动史》（1965）、周法高《二十世纪的中国语言学》（1973）、陈新雄《六十年来之声韵学》（1973）等文确立台湾学者"是把台湾汉语音韵学史放在民国以来中国汉语音韵学研究进程中考察的"（上册页11）。接着指出"小川尚义并非'台湾语言学先驱'"，反对张学谦、吕美亲（2008）和洪惟仁（1994，2007）以及李壬癸（2007）的意见，这些争论涉及到日本学者对台湾音韵学或语言学的研究与影响，是作者不认同台湾学者观点的表现，吾人认为尚有讨论空间。作者认为台湾学者对小川尚义学术贡献有拔高之嫌，若就整体影响而言，小川尚义的《台日大辞典》及对台湾南岛语的调查，都是有目共睹的，所以从"语言学的拓荒"而言，并不需要刻意去强调小川尚义在汉字音比较及构拟中古音（洪1994），李认为小川在

汉语音韵的构拟是在大岛正健及猪守幸之助（1898）两家之后，无须刻意强调，这就涉及大东亚视阈的明显不同角度。

本书（页31—34）把台湾汉语音韵学史细分为六期，也提出各期特点，分别是：

（一）"明郑"前依附于经学、小学，已经传入。

（二）"明郑"时期传统韵书运用广泛。

（三）清代汉语音韵学研究形成多元格局。

（四）日本侵占时期汉语音韵学殖民色彩浓厚。

（五）回归中国时期以"重建国语"为先导，回归小学传统。

（六）海峡两岸分离时期：重建、发展与繁荣汉语音韵学。

我们认为（一）至（五）期，均属泛泛之论，缺乏研究基础，作者先做理想分期，立意良好，但过于空泛，有待全方位研究后，进行改写补足。只有第六期，作者首先（页26—30）指出"两岸分离时期汉语音韵学流派格局"是：

（一）承继北京大学等校优秀语言学传统。

（二）成立声韵学学会。

（三）编辑出版以汉语音韵学为主要内容的学术刊物（声韵论丛）；还设立"优秀青年学人奖"，每年一名。

四、《台湾汉语音韵学史》的第二章对于"通论"的盘点，分成九节，巨细靡遗，并对声韵学会强烈肯定

在文献盘点之前，作者已进行细致的文献汇集，详见2.1.1台湾学者研究台湾汉语音韵学史（页35—37）一节。该调查、盘点与"论述"，融入作者亲自调查研究所得，如李无未主持编纂《音韵学论著提要与总目》（上、下）（作家出版社，2007），《音韵文献与音韵学史——李无未文存》（吉林文史出版社，2005），还包括国家级规划教材《汉语音韵学通论》（李无未主编，高等教育出版社，2006/2009）。作者（页37—38）指出：

　　读者可以通过这个盘点与论述了解台湾地区汉语音韵学发展历史的基本事实……我们对许多学者汉语音韵成果，不厌其烦地大段引述，目的是尽力保持论著原来的基本面貌，希望不至于因我们的转述或概括而失真。同时，也尽量以"按断"形式融入了我们的一些看法。尽管有的看法并不成熟，甚至是不合理的……但我们认为，这个盘点和论述大体上符合台湾汉语音韵学研究历史的基本事实。

　　首先我们得承认"文献盘点一：通论"做得十分扎实，也突显台湾音韵学的特色，例如十分详实地介绍了七本台湾学者编写的教科书，第三节同时探讨音韵教学理论，也涉及对外汉语、国语及方音教学。第七节台湾学者译介国外汉语音韵学论著，台港学者相对早于大陆，如杜其容译高本汉《中国语之性质及其历史》（1964）、张洪年译《中国声韵学大纲》（中华丛书，1972），大陆则在 2010 年及 1987 年才分别由聂鸿飞及聂鸿音译出，高氏原书分别出版于 1949 年及 1954 年。由此也突显台湾语言学者早期多数留美，与"中研院"院士多为美国语言学派大有关系。聂鸿音译的 Compendium 一书，改题《中上古汉语音韵纲要》更为贴切，且内文排版均较张洪年的译本清晰，张本尚有许多错误待勘，今已绝版，说明两岸出版态度不同，这点李文已在74 页指出，切中肯綮。

　　第八节台湾声韵学会设置优秀青年学人奖，自 1995 年第十三届研讨会在台师大首次颁发，至 2016 年共颁发十八届，每届的得奖人姓名及论文篇目均加登录（页 83），对台湾声韵学之传承，确有极深远之影响。可惜作者尚忽略声韵学会另一件表彰具有声韵学术贡献的学者，早在 1989 年 4 月第七届声韵学术研讨会即颁赠"荣誉会员"给前辈学者高明（仲华）、周法高（子范）、潘重规（石禅）、张琨（次瑶）先生，2001 年以后先后颁赠给陈新雄、丁邦新、龚煌城、李壬癸、郑锦全、平山久雄、沙加尔、罗杰瑞、何大安、谢云飞、杨秀芳、林庆勋等。这些学者都对中国音韵学研究卓有成就或对学会有巨大贡献。最近一次（2019 年五月第 37 届研讨会在中坜"中央"大学举行）颁发给梅祖麟、竺家宁及姚荣松三位学者。此外，自 1997 年五月四日第十五届会员大会也通过设置"大专学生声论优秀奖"每年公开征文，并颁赠 1—3名奖金及奖状，见贤思齐，师生互励，共同争取荣誉，资深会员捐赠专款作为大专学生论文奖金，专款专用，行之有年。这些活动均刊布于每年一期的

《声韵学会通讯》，这些是第二章文献盘点偶有漏失的地方。再者，《论丛》第九辑（2000 年）论文分五大类，即通论、声韵学与文学、声韵学与历史、比较语言学、汉语音韵史及声韵学与汉语方言学，1999 年五月在台湾大学主办之第十七届学术研讨会，论文多达 33 篇，其中大陆学者唐作藩、向先忠、麦耘、黎新第、耿振生、李思敬、冯蒸、王硕荃等八位，台湾知名学者丁邦新、龙宇纯、龚煌城、郑锦全、郑再发、薛凤生、陈新雄等均有论述，其中不乏理论较强的历史比较语言学及汉语音韵史之导论，这些论文并未在李书第二章文献盘点的"综论"议题出现。此外，《论丛》第十一辑由萧宇超教授规划的"介音"专题，亦有平山久雄、郑锦全、王洪君、远藤光晓、李存智、杨剑桥、刘镇发等学者专文，更是一大议题。

五、关于台湾地区汉语音韵学史谱系

依循台湾学者所建立的六项音韵学文献的类型进行盘点之后，李提出一项新颖的议题，即第九章《台湾汉语音韵学史谱系》，李着眼于台湾全史的"汉语音韵学谱系"，谈明郑前后，谈清代学者（包括清代推行国语）及日本侵台时期汉语音韵学谱系。按理日据时期入台的汉语音韵学相关学者，他们在学界并不多，主要做通译或制定台湾殖民期的语言教育，应属教育史，他们的音韵学谱系，如伊泽修二、大矢透、小川尚义和杉房之助等，仍应该归到日本的东洋音韵学谱系，实与台湾汉语音韵学关系较微，吾人以为可以存而不论。

本章第 3—6 节以下"回归中国，两岸分离时期，汉语音韵学谱系"，才是笔者聚焦的议题。作者将之细分为四代学人，另加第七节所培养韩国等国家学人。学人断代虽有一些纠葛，但分为四代则尚称合理。为综览全局，先把本书所列的第 1—4 代学人谱列名，并穿插说明背景资料及提必要的修正。

第一代汉语音韵学教授名录：

1. 吴守礼（1909—2005）2. 许世瑛（1910—1972）3. 林尹（1910—1983）4. 董同龢（1911—1963）5. 高明（1909—1992）6. 周法高（1915—1994）7. 方师铎（1912—1994）8. 潘重规（1907—2003）9. 杨时逢（1903—1989）10. 江举谦（1919—）11. 姚鹤年（1923—）12. 鲁实先（1913—1977）13. 钟露升（1929？—）14. 利瓦伊棻（＊）

　　另将赵元任（1892—1982）、李方桂（1902—1987）、张琨（1917—2019）三位院士，列为欧美各国华裔学者，作者忽略了这些"中研院"院士，他们定期出席院士会议，或参与学术咨询。虽然长期旅居美国，属于海外院士，仍可视同分离时期台湾第一代学者，因为他们抗日战争时期多在西南地区进行语言调查或培训人才，并往来台湾与美国两地，栽培了第二代的丁邦新、李壬癸、张洪年、张光宇、梅祖麟、郑锦全、郑再发等人。

　　上举14位中11、12及14三位应剔除，姚氏与利氏虽有1—2篇相关著述，并非声韵专业，亦未有从学记录。鲁实先教授为余大学时期恩师，曾修其"文字学""钟鼎文"及"尚书"，兼开"甲骨文""史记"，并非声韵学者。就从事语文教育专业而言，第一代可补入何容（台师大"国音"教授，曾任"国语推行委员会"主委，指导日籍硕士西铭律子，后从夫姓改为濑户口律子，教于日本大东文化大学）、王天昌（曾任职东海大学、《国语日报》，著有《福州语音研究》《汉语语音学研究》）两位教授。

　　第二代（1945年以后）学人名录：

　　1.陈新雄（1935—2012）2.龙宇纯（1928—）3.丁邦新（1936—）4.梅广（1938—）5.谢云飞（1933—）6.李鍌（1927—）7.张以仁（1930—2009）8.张正体（1922—）9.辛勉（1927—2016）10.郑锦全（1936—）11.李壬癸（1936—）12.郑再发（1935—）13.杜其容（1929—）14.余维杰（1933—）15.应裕康（1932—2016*）16.左松超（1935—）17.许锬辉（1934—2018*）18.许德平（1940—）19.蔡信发（1939—）20.陈瑶玑（*）21.简宗梧（1940—）22.邱棨锡（1936—）23.龚煌城（1934—2010）24.罗宗涛（1938—）25.梅祖麟（1933—）26.张文彬（1937—）27.林平和（1935*—）28.张孝裕（1927—）29.王育德（1924—1985）30.严棉（1938—）31.古国顺（1939—）32.王士元（1933—）33.郑良伟（1931—）34.薛凤生（1931—2015）

　　就学术传承而言，8.张正体与18.许德平非学院派的民间学者，师承不详，暂时不宜入谱。

　　就中文系的学术传承而言，有两位列入第二代引起第三代的质疑，一为林平和，与林庆勋为大学同庚（1945），上列生年误作1935。林平和1975年获政治大学博士，指导教授为高明、林尹，故为第二代。林庆勋1978年获文大博士学位，指导教授为林尹、潘重规、陈新雄，却列入第三代，可以理解为林庆勋的硕论由第二代的陈新雄指导。另一位古国顺1973年获得中国文化大学博士，由胡自逢（1912*—2004）指导（按胡氏生年为1917，本书讹作1912），胡的博士论文（1966）由高明、林尹、程发轫共同指导，当属第二代，古国顺由胡氏再传，则属第三代无疑。由此可见纯由博士导师一端的传承无法准确区隔二代与三代之界线，林平和即其例，若依政治大学中文系血统，第三代的董忠司（1947，本书讹作1949*），博论由第一代林尹、高明指导，当属第二代。

就学术专业而言，许锬辉与蔡信发均属文字训诂学者，师承鲁实先、林尹，列入音韵学谱系略显勉强。

由于台湾20世纪60年代留学美国成为风尚，第一波出国攻读语言学的皆为董同龢在台大中文系的学生，包括丁邦新、梅广、郑锦全、郑再发、严棉、薛凤生（外文系转读中文所），稍后为台师大英语系毕业的郑良伟、李壬癸、龚煌城（公费留德）等，以及早年赴美就学的王士元、梅祖麟。基本上承袭中研院海外院士的美国语言学会传统，也与美国自1958年以乔姆斯基为首的当代语言学革命无缝接轨，包括当代音韵学理论，其中致力于汉语音韵史的有丁邦新（魏晋）、郑再发（中古到近代）、薛凤生（中原音韵）、国语音系（郑锦全）、上古音与汉藏语（龚煌城）。另一部分人则投入描写语言，如郑良伟、严棉之于闽南语，李壬癸之于台湾南岛语与闽南语。传及第三代，出国更容易，上列谱系中洋博士仅有六位，即张光宇、魏岫明、萧宇超、钟荣富、曹逢甫与张月琴。如果把当代汉语音韵有关的研究都放入，还能增加几位：张裕宏、殷允美、谢国平、连金发、王旭、郑秋豫、曾金金等，但他们在英外语系、语言所或华语文所任职，就无关乎严格的谱系。由此类推，博士导师为欧美籍语言学家，恐较难以列入台湾音韵学史谱系，但是，台大语言所退休的张裕宏教授，其博士论文（1976）指导教授为美国康乃尔大学的N.C.Bodman（包拟古），包氏毕业于耶鲁大学，博士论文为《〈释名〉复声母研究》，也是李方桂的学生，他是不折不扣的汉语音韵学家及汉藏语言学家，其高足白一平（William H. Baxter）是当代知名的上古音专家。张裕宏主要研究台湾闽南语音韵与词汇，可以补入第三代学人，又如连金发毕业于加州大学柏克莱，博士论文为王士元所指导，曾任清大语言所所长、国际中国语文学会会长等，本书主要人名索引列有十一条，未能列入谱系，明显漏失。到了第四代，洋博士在谱系中相对少数，如陈淑芬、许慧娟、曾淑娟等。

再者，台日学界知名的王育德教授之学士、硕士、博士学位均在日本取得，1969 年以《闽音系研究》获得东京大学中国语学科文学博士学位，毕生任教于日本学界，未曾在台湾执教，可视为台湾音韵学之同道，但放入台湾音韵学谱系，亦格格不入。

谱系第三代学人，共34人，名单如下：

1. 竺家宁（1946—）2. 姚荣松（1946—）3. 何大安（1948—）4. 张光宇（1947—）5. 林炯阳（1939—1999）6. 董忠司（1949*—）7. 孔仲温（1956—2000）8. 吴圣雄（1955—）9. 林庆勋（1945—）10. 李添富（1952—）11. 罗肇锦（1949—）12. 杨秀芳（1951—）13. 魏岫明（1956*—）14. 金周生（1954—）15. 叶键得（1954—）16. 耿志坚（1952—）17. 柯淑龄（1948—）18. 林英津（1955—）19. 萧宇超（1960—）20. 钟荣富（1955—）21. 陈光政（1943—）22. 徐芳敏（1958—）23. 吴迭彬（1953—）24. 康世统（1947—）25. 林正三（1943—）26. 余迺永（1947—）27. 王三庆（1949—）28. 曾荣汾（1951—）29. 洪惟仁（1946—）30. 曹逢甫（1941—）31. 徐泉声（*）32. 张月琴（1954—）33. 李三荣（1942—）34. 李存智（1965—）。

谱系第四代学人，共48人，名单如下：

1. 陈贵麟（1963—）2. 卢国屏（1962—）3. 陈淑芬（1968—）4. 许慧娟（1963—）5. 朱凤玉（1968—）6. 成玲（1965—）7. 廖湘美（1967—）8. 江敏华（*1973—）9. 陈淑娟（*1966—）10. 卢顺点（1962—）11. 向惠芳（1967—）12. 许文献（*）13. 李正芬（1967—）14. 周美慧（1972—）15 陈瑶玲（1962—）16. 吴瑞文（1975—）17. 郭娟玉（*）18. 张慧美（1960—）19. 伍明清（*）20. 宋韵珊（1965—）21. 谢美龄（*）22. 陈梅香（1968—）23. 杨征祥（1967—）24. 李鹃娟（1974—）25. 郭乃祯（1962—）26. 江俊龙（1968—）27. 颜静馨（1972—）28. 王松木（1969—）29. 林慧珊（1973—）30. 曾淑娟（*）31. 何昆益（1974—）32. 林清源（1960—）33. 杨素姿（1969—）34. 周碧香（1969—）35 程俊源（1972—）36. 周玟慧（1970—）37 邱彦遂（1971—）38. 吴瑾玮（1962—）39. 周晏菱（*）40. 马嘉贤（*）41.. 吴敬琳（1979—）42. 黄金文（1969—）43. 赖文英（1969—）44. 张屏生（1960—）45. 江佳璐（*）46. 孔品叔（*）47. 许煜青（1981—）48. 李柏翰（1981—）

三、四两代为我和我的学生辈的世代，"我"包括和我相同年代接受第二代师长专业训练（一般指硕士论文指导）的同行，担任声韵学及相关语言文字训诂课程教学，所以是同温层，又都接着第二代指导更多的硕、博士论文（李在介绍第三代学人的前三位，即竺家宁、姚荣松与何大安的简历之后，却列入三人所指导博硕士论文清单，仅针对三人，不合体例），又因同时参加或出席声韵学会、文字学会、训诂学会或中文系其他领域的学会及跨领域的语文社团，如台湾语言学会、台湾语文学会、国际中国语言学会等，这两代人的共同切磋，推波助澜，才成就以上2—4代人的学术接力，并进行两岸及东亚欧美的国际交流。所以上列四代的台湾音韵学谱系，有如汉语音韵学从上20世纪50年代迄今70年间以台湾为场域所成就的"学案"，如果不是两岸长期交流，如果没有李无未这位长期聚焦台湾及东亚汉语音韵学的有心人，台湾学者努力的成果还不容易被学术原乡的同行看到，并以为借鉴。

由于同温层，我们自己很容易分清两代人的谱系脉络，对李教授而言可不容易，但他做了完整的功课，所以把错误减到最低，例如他在列举以上130位群芳谱时，每位附加生卒年，有些从网络或文本找不到才从缺，上表人名后的（＊）为缺、讹记号，有小部分已补正，有些仍阙如。这工作是谱系的前提。每个学者后面有一篇小传，详略不一，我们不能求全责备，重要学者的主要著作多数能掌握，且标明毕业学校、年度、学位论文及指导教授（大陆一般称导师）、就学经历与现职，有利于察考谱系关系。

为了说明谱系依据，作者特别在第二代学人后面增加"第二代学人指导学生论文"一项（页771—775），共列举了陈新雄、龙宇纯、丁邦新、梅广、谢云飞、李鍌、简宗梧、罗宗涛八位学人指导论文清单，虽非十分齐全，已属难能可贵，首先可把同属师大的李鍌与陈新雄并置，龙以下三人属台大，谢以下三人属政大，又如能增加郑锦全、李壬癸、杜其容、应裕康、龚煌城、张文彬、古国顺等人的指导清单，即可比较全面掌握二、三两代在音韵与方言研究的传承。

如果纯粹从博士论文之指导教授（含共同指导教授）为第二代师长，则被列入第四代的陈贵麟（师承丁邦新，以下括号内均省略"师承"二字）、成玲（陈新雄）、廖湘美（陈新雄）、许文献（许锬辉）、陈瑶玲（陈新雄）、郭娟玉（张以仁）、张慧美（周法高）、伍明清（梅广）、谢美龄（龙宇纯）、郭乃祯（陈新雄）、许慧娟＊（硕士，李壬癸）、周玟慧（梅广）、黄金文（龚煌城）等13人均应视为第三代。如果由硕士开始传承，则严格说来，成玲（李添富）、廖湘美（林炯阳）、郭娟玉（王伟勇、林炯阳）、黄金文（竺家宁）

等该归第四代。至于许慧娟是个特例，其硕士完成于台湾清华大学，博士取自美加州大学圣地亚哥分校语言系，因此以硕士师承为断。如果严格以博论为断代，仅8人可移入第三代，以本书所列第三代清单34人，可改正为42人。

从第三代起，研究台湾闽、客语的人数遽增，这与台湾社会的开放、本土语言文化的勃兴、社会与教育的需求有关。成立于1991年的台湾语文学会的历届会长如曹逢甫、董忠司、洪惟仁、姚荣松、陈淑娟、杨秀芳、江敏华等均为声韵学会会员或理监事。他们对台湾闽、客语研究的推动不遗余力。台湾客语研究的团队，也由于客家学院的成立，快速成长，从古国顺、罗肇锦、钟荣富、江敏华、江俊龙、吴中杰、张屏生、赖文英及其相承的新世代，也都成为当代汉语音韵学的接班人。从这里可以看到两岸音韵学谱系比较大的差异在于：台湾没有"方言学会"，主要的方言音韵研究仍由中文系承担，"中研院"及各大学的语言学研究所，唯西方现代语言学理论马首是瞻，研究语言不限汉语，台湾南岛语研究亦为显学。汉语音韵学自来与西方接轨，因此音韵学者兼顾方言音韵，在台湾是常态，与大陆的音韵学会成员的单纯化大不相同，不过从李无未为我们筛选的第四代清单看来，新世代两岸音韵学者的同构型似乎愈来愈接近。

谱系的第七节，列举了韩国汉语音韵学学者25位，日本学者学者3位，美国学者1位。由于历史的因素，韩国长期与台湾关系密切，因此自上个世纪60年代起大量韩国留学生到台湾留学，中文系大学本科生都有，最好的见证就是台师大国文系我同届（1965—1969）的梁东淑同学，毕业后还在金门教书一年，回韩国完成博士学位，后任淑明女子大学教授，教授甲骨文字，曾有相关著作出版。本书所列25位学者并非全部名单，作者恐非从台湾学术网页上全面筛选，所以自言"只是对部分学者加以介绍"，似无求全之意，而且特别指出其中三位获得硕士后，继续到北大（2位）或北师大完成博士学位。我统计了这份清单，获得台师大博士的有10位，实为各校之冠，可惜这不是全部的名单，原因是我个人在台湾师大国文所指导过两位韩籍硕士，三位韩籍博士（其中两位还指导过硕士），并不在这25名之内，所以我怀疑这些名单的代表性，也许与实际人数落差甚大。这说明本书处理相关文献并不踏实。以下列出我指导过的这五位博、硕士相关资料，聊作补充。

1. 任静海（1986）硕士论文：《朱希真词韵研究》

2. 罗润基（1990）硕士论文：《〈李氏音鉴〉研究》

3. 朴允河（1991）硕士论文：《劳乃宣〈等韵一得〉研究》

4. 朴允河（1997）博士论文：《论艾约瑟的上海方言研究》

5. 元钟敏（2000）博士论文：《〈八音定诀〉研究》

6. 赵恩挺（1998）博士论文：《吕坤〈交泰韵〉研究》

7. 赵恩挺（2002）博士论文：《广州话百年来的词汇变迁 —— 以 J.Dyer Ball 的广州话教科书为线索》

我们认为这一节对于未来撰写韩国语学与汉语音韵学的专论时，是个极好的议题，若能扩大搜集，深化比较研究，将对东亚音韵学史的探讨，提供极大的贡献，我们希望将来能够增补修订，以弥补目前之不足。

六、总结：《台湾汉语音韵学史》的成就与回响

本书的完成可说在我国传统音韵学的现代研究进程上，提出一个地区性的发展轨迹，从材料巨细靡遗的搜集到文献无微不至的盘点，从论述的分类、分群到分析精粗之加工，到章节的安排，均见作者的音学功底深厚与对材料的娴熟，而叙述史实之婉转流畅，提炼精华，取精用宏，放在两岸音韵学视域下的对照选题，均能突出特点，使人目不暇接。推崇个别创获或进行"按断"式质疑，拿捏分寸，无非以诚，罗列相关成果，务求其详，逐条附注出版卷期年月，省去脚注，使读者无翻检之劳，附录包含主要参考文献及主要人名索引，凡此皆见本书堪称当代汉语音韵学史的一部专著，列入国家哲学社会科学成果文库，实至名归。

身为被研究中的局内人，除了受宠若惊，更有责任面对行家的学术检验，进行自省与响应，以下另外对本书亦提出几点较为深刻的对应盘点，以回馈作者。

（一）本书作者出身古典文献的历史本科训练，故具有宏观的格局，面对海峤一隅的同行，以专业的切磋，长期关注对岸的学术动静，真可谓了如指掌，本书之篇幅厚达 954 页，分上、下两巨册，全书十章，每章平均 8—10 节，井然有序，不愧为文献盘点之高手。

（二）全书结构完整，主要由二部分完成，核心部分为二至八章的文献盘点，完全依照台湾学者竺家宁、姚荣松、何大安、王松木、江俊龙等人已有的文献回顾分类，进行七类盘点，尤其前两项的通论与理论和方法，已能画

龙点睛，突显台湾音韵学史的发展脉络及研究路径，看出全体大用及其局限。接下为上古音、中古音、近代音三个主要断代，加上共时的现代汉语语方言语音，横向的非汉语之比较研究，如果这项盘点说明台湾自 1949 年以后的音韵教学与研究的成果具有全面性，即可成为一个典范，作为大陆音韵学史近百年的盘点基础，作者无异开创一条学术史研究的康庄大道。至于第一章有关音韵学史要素、分期特点及第九章的谱系、第十章的母体意识及定位及未来，均能突显作者著书动机与关怀学科的特质及检讨进路等议题，可说意义深远，提出愿景，造就后学。

（三）从两岸学术同源角度，作者已进行初步的对照与评骘，说明两岸音韵学课题大同小异，方法各具优劣，成果各有短长，诚能撷长补短，将有利于两岸的学术合作，开创 21 世纪汉语音韵的新格局。

关于这一点，由于作者熟于大陆方面的素材，常常在叙述台湾学者的某项专题之后，以相同或更多篇幅罗列大陆学者相关文献及出处，供台湾同行参考并有较量短长之深意。例如：本书上册中古音盘点（页 356—363）有关《礼部韵略》及《集韵》之研究，作者数度提及张渭毅自 1992 年起对此二书关系的研究。也提及 2012 年在江西发现北宋版《礼部韵略》，及李子君（2014）对此书之考察。又如论及台湾学者敦煌语音研究成果（页 433），也不忘列举大陆学者的主要成果，如周大璞（1979）、刘丽川（1984）、都兴宙（1985）、张金泉（1981）、张鸿魁（1992）、刘燕文（1989）等人的研究论题（包括变文用韵、王梵志白话诗用韵、敦煌曲子词用韵、敦煌写本《字宝》的注音等）。如果我们对照本书"主要参考文献"的列目及"主要人名索引"，就可以知道本书无异是撰写中国音韵学史的暖身书。举例来说，从本书主要人名索引，可列出出现十页次以上之大陆知名学者，如：冯蒸（13）、姜亮夫（10）、李荣（17）、李如龙（19）、李无未（23）、李新魁（19）、鲁国尧（14）、潘悟云（11）、邵荣芬（12）、唐作藩（10）、王力（98）、魏建功（23）、徐通锵（13）、杨耐思（11）、张世禄（13）、郑张尚芳（17）、周祖谟（37）。括号内为出现次。

（四）本书体大思精，征引各家论文，除条列摘要，或截取原作。每加按断，颇能展现作者的博学明辨才华。然限于出版时间，尚且瑕不掩瑜，除了前举谱系安排有部分失序，个别履历数据，或有挂一漏万，有些出生年及毕业年度及论文出版时间漏列者比比皆是，限于两岸数据流通不易，自然难以求全责备，但有些明显错误，仅列下数条，以供再版修订参考：

1. 建议第三代名单，可先按博士毕业年分（见括号内）先后排序，同年毕业再依出生年排序，如此则前面十位可以为：（1）林炯阳（1978）；（2）林庆勋（1978）；（3）董忠司（1978）；（4）竺家宁（1981）；（5）余迺永（1981）；（6）何大安（1981）；（7）姚荣松（1982）；（8）柯淑龄（1982）；（9）杨秀芳（1982）；（10）曾荣汾（1982）。

2. 本书在称名方面，原属史语所二组（语言组）于 2004 正式成立为"中研院，语言学研究所"，本书却改称该所为"台湾语言学所"，但台湾各大学中有四个语言学研究所，包括台大、政大、清大、辅大，单称"台湾语言学所"实不易辨识，宜改称"'中研院'语研所"。

3. 本书中个人资料有明显错误者，订正如下：

页 759 林东锡（朝鲜译学考）（博士，林尹与黄锡鋐合作），按：锡为锦之误。

页 763 郑锦全，任台湾美国语言研究所特别研究员兼所长，按：当云"任中研院语言学研究所"（美国二字衍）。

页 763 李壬癸，1952 台湾师范大学英语系毕业（1952 当改为 1959）。

页 767 简宗梧，台湾师范大学国文系教授，当改为台湾政治大学中文系教授，曾兼系主任、文学院长。

页 769 林平和（1935—）铭传大学中文系教授，1935 为 1945 之误。

页 773 王三庆《杜甫诗韵考》（硕士，1972）1972 当改为 1973。

本条之下，应补录：姚荣松《切韵指掌图研究》（硕士，1973）、王胜昌《说文篆韵谱之源流及音系之研究》（硕士，1974）。

页 780 吴圣雄，1990 年获台湾师大博士学位，1990 为 1991 年之误。

页 810 林东锡，指导教授林尹、黄锦镕。镕为鋐之误。

页 900 姚荣松：《上古汉语同源词研究》，台湾师范大学博士论文，1981 年；修订版改名为《古代汉语词源研究论衡》，学生书局 1991；增订版 2015 年。

松按：1981 与 1991 是两本书，前书为博士论文（手写稿本），2014 年收入许锬辉主编《中国语言文字研究辑刊》第六编，花木兰文化出版社，总编辑杜洁祥，2014 初版，314 面。

后书《古代汉语词源研究论衡》，是个人博士后持续十年钻研章太炎《文始》词源理论的总结。全书分五章，前二章阐释研究方法及词源学的发展，3—5章分别为《文始》制作探源、《文始》词源理论的检讨、《文始》的评价与词源学的前瞻。1991年初版仅有自序，2015年增订一版，489面。增加陈伯元先生序，及两篇新撰论文为附录。并有增版后记以追念景伊、伯元两位先师。

最后，个人对于本书第十章第三节所提出的"台湾汉语音韵学隐忧"，深有同感，也就是：

（一）传统汉语音韵学文献资源短缺局面，开始显现。
（二）传统汉语音韵学文献研究范式求变。
（三）传统音韵学学术研究"功利化"与"泡沫化"。

由于西方语言学理论的强势介入，两岸汉语音韵学同时逐渐被边缘化，引起许多人担忧，声韵学与文字学、训诂学在台湾虽仍为中文系必修科目，但是愿意投入传统音韵学研究的青年学子大不如前。正本清源，需要检讨当前声韵教学出了什么问题，唯有正视过去的辉煌成果，才能找到正确的振兴之路。本书正好提供声韵学者最好的省思教材。

陕西四十年来的音韵学研究

孙梦城[①]

（陕西师范大学 文学院）

摘要：改革开放40年来，陕西的音韵学研究进入了一个新的发展阶段，呈现出日益繁荣的局面。本文对1978—2018年四十年间陕西音韵学研究成果进行了全面梳理，包括教材编撰与音韵学应用研究、上古音研究、中古音研究、近代音研究、语音演变研究、少数民族语音与他国语言对音研究、诗歌格律研究、陕西境内语音现象及语音材料的研究等八个方面，试图厘清这一时期陕西音韵学的发展脉络，了解其研究特色和不足，展望其未来研究趋势。

关键词：陕西；四十年；音韵学；研究概况

陕西地区历史悠久，今西安地区在周秦至隋唐的很长一段时间内曾作为全国的政治、文化中心，聚集了大批精于治学的文人。音韵学作为小学的分支，很早就在陕西发展起来。东汉经学家贾逵、马融等人著书立说、设帐授徒，其门人许慎、郑玄等人的著作为音韵学研究留下了宝贵的资料。至于隋唐，隋开皇初年的"长安论韵"为《切韵》的诞生奠定了基础。可以说，古代陕西学者（包括陕西籍和在陕任职的学者，下同）曾为音韵学的产生和发展作出了巨大的贡献。迄至近代，罗常培、李亮工、黎锦熙等音韵学前贤先后在陕任教，为陕西的音韵学教学科研工作打下了良好的基础。

1978年以来，陕西各项文化事业蓬勃发展，音韵学研究也进入了一个新的阶段。在高元白、杨春霖等老一辈音韵学人的努力下，音韵学课程在陕西各大高校建立起来，培养了越来越多的音韵学学者。当代陕西音韵学人继承

[①] 陕西师范大学文学院在读博士.

了长期以来的优良学风，取得了丰硕的成果。本文共搜集到1978—2018年间陕西的音韵学成果共17部专著，333篇论文，72篇学位论文（包括6篇博士论文、66篇硕士论文）。下面我们分8个方面对这些研究成果进行梳理和分析。

一、教材编撰与音韵学的应用研究

陕西音韵学界历来重视音韵学的教学与研究，他们在教学过程中注重将理论知识与教学实践相结合，编写出版了一系列适合作为教材使用的专著，简明又系统地介绍了音韵学各个方面的基础知识，如：

高元白《汉语音韵学要略》，此书20世纪80年代为陕西师范大学中文系油印教材，后收入《高元白文存》（第一卷），2019年3月由商务印书馆国际有限公司正式出版。全书分六章：绪论、汉语音韵学的语音分析、中古音的《广韵》和等韵学、近古音的《中原音韵》与等韵学、从《切韵》音系到现代普通话音系的演变大势、上古音说略。该书以浅近易懂的语言介绍了语音学及音韵学的相关概念及中古、近古、上古等各个时期的语音系统，拟音主要依据王力先生的观点。该书内容全面但不深入，只是大致介绍前人观点，适于初学者作为教材使用。

胡安顺师《音韵学通论》，是书初版于2002年，2003年再版，分四编共十二章，绪论、中古音、近代音、上古音各编之下分别介绍相关内容。该书既有对前人观点的介绍，又加入个人对相关问题的看法；既有丰富的材料支撑论证，又善于运用表格简洁明了地呈现最终结果，既重基础性，又具引导性，论述清晰凝练，在音韵教学中有很强的实用性，正如王宁先生所指出的这部书"不但注意了内容的科学性和新研究成果的吸收，而且注意了引导思路和启发理解，不但注入了作者的研究成果，而且注入了作者的教学经验，是一部有特色的著作"[①]。目前被多所高校指定为课程教材广泛使用，截至2011年11月，已第10次印刷，印数54000册。

同类著作尚有杨春霖《音韵学讲稿》（西北大学中文系油印本教材）、刘静教授《汉语音韵学纲要》（陕西师范大学出版社，1999年）等。另外，高元白、郭子直《汉语声韵学专书和论文简目》（《语言教学与研究》总3号，

---

① 王宁，董家平.一部有特色的音韵学著作——介绍胡安顺同志的《汉语音韵学通论》[J].陕西师范大学学报（哲学社会科学版），2002（2）：127—128.

1981年）一文列出重要的音韵学著作及论文，具有导读性质。

　　陕西音韵学界同时非常重视音韵学的应用研究，并取得了一系列成果。例如赵步杰《"反切"新解浅释》（《延安大学学报·社会科学版》1980年第3期）、郭子直余明象《对〈古今字音对照手册〉的刊误》（《中国语文通讯》1983年第1期）、金德平《汉字注音方法的演变》（《语文园地》1984年第4期）、田惠刚《汉字注音演绎简史》（《语言文字报》1992年12月30日）等。宋子尧《双反翻语：反切的一种特殊运用》（《文史知识》1993年第6期）、刘静《反切源于佛教说辨析》（《陕西师范大学学报》1993年2期，《高等学校文科学报文摘》1993年第5期转载）两篇文章的研究则更为细致，前者通过列举古代笔记小说中的故事，介绍了"双反"这一特殊反切形式的含义和语用效果，后者则通过考察佛教传入中国的过程、译经的方式等，认为反切的产生与佛教没有关系，而是由汉代训诂学家创造出来的，对传统的"反切来源于佛教"的观点提出了质疑。武学军《音韵学在古汉语学习中的重要意义》（《天水师范学院学报》1997年第4期）、康素娟《略论"反切"注音方法》（《陕西教育学院学报》1999年第3期）、胡安顺师《反切简论》（《陕西师范大学继续教育学报》2002年第2期）等文章则专门对反切进行介绍，简要说明反切的来源、作用及拼读方式，便于初学者理解反切的概念及其对音韵学的意义。孙艳芳《汉字的注音简史》（《科教文汇》2006年第2期）等文章通过介绍形声字声符的注音作用，训诂中的"譬况、读若、直音"等术语，反切、注音符号、汉语拼音方案等注音方式，对汉字注音史进行了大致的梳理。王伟《〈王力古汉语字典〉勘误举例》（《宁夏大学学报（人文社会科学版）》2007年第2期）、朱成华《多媒体技术与音韵学教学》（*International Conference on Physical Education and Society Management*，2014）等论文也做了与音韵学相关的研究。

　　从以上成果可以看出，陕西学者在音韵学教学方面颇有心得，具有重视教学的传统。较早开设音韵学课程的陕西师范大学和西北大学的教师都以教学为目的编写了简明易懂又内容全面的教材，培养了大批新一代音韵学工作者。尽管由于年代较早，早期的音韵学教材内容比较简要，但是在改革开放初期，这些著作对于陕西音韵学人才的培养和学科的发展具有十分重要的意义。

二、上古音研究

陕西学者对上古音的研究大体可分为两类，一类是对前人特别是清代学者研究成果的述评，或论其得失，或考其异同，或归纳其音韵学思想；另一类是对上古个别语音现象的考察，主要是从文献材料出发对上古声母、韵部、声调进行考察。

对清代古音学家学术成就的研究要算刘忠华和曹强用力最多。刘忠华在2010年—2018年先后发表了《段玉裁语音"变转"理论探索》(《陕西理工学院学报(社会科学版)》2010年第3期)、《论顾炎武"改字就韵"与段玉裁"合韵"的分歧》(《古籍整理研究学刊》2012年第6期)、《段玉裁对〈说文〉谐声字的归部处理原则初探》(《西华师范大学学报(哲学社会科学版)》2017年第2期)等20余篇与段玉裁《说文解字注》相关的文章，对段玉裁的"变转""合韵""合音"等理论进行深入阐释，将顾炎武"方音押韵""改字押韵"与段玉裁的"合韵"理论进行对比研究，又对《说文解字注》谐声字古音归部的原则进行了探讨，认为段玉裁谐声系联的方法仅限于中古同韵的字，对段玉裁在"合韵""谐声归部"等方面的观点进行了理论化的提炼和概括。2009—2013年，曹强相继发表《江有诰〈诗经韵读〉叶音本意考》(《语言科学》2009年第5期)、《论江有诰对〈诗经〉"合韵"处理之得失》(《汉语史学报》2009年第0期)等10余篇论文，出版了一部具有总结性质的专著《江有诰〈诗经韵读〉研究》(中国社会科学出版社，2013年)，将江有诰的古韵分部与段玉裁、王念孙、王力等学者进行对比，探究《诗经韵读》韵字注音、古韵归部的原则并校正其讹误，对《诗经韵读》及江有诰的古音成就进行了全面的总结。其他对清代古音学进行研究的文章还有王怀中《江有诰古韵二十一部得失谈》(《陕西师范大学继续教育学报》2003年第1期)、张竹梅《孔广森"真文不分"刍议》(《江苏大学学报(社会科学版)》2005年第1期)、张文轶《〈毛诗古音考〉所用考证方法的得失》(《绥化学院学报》2009年第2期)等，学位论文如：郭莹《从〈说文解字注〉看段玉裁的古韵分部》(陕西师范大学硕士论文，2007年)、黄理红《江永古音学评述》(陕西师范大学硕士论文，2007年)、申英明《王筠说文省声说研究》(陕西师范大学硕士论文，2008年)等。

还有些文章对现代学者的古音学成就进行了对比研究，如崔金明、刘琨

《李方桂与郑张尚芳上古复辅音比较研究》(《西北民族大学学报（哲学社会科学版）》2013年第2期）通过对比李方桂与郑张尚芳的复辅音拟音原则，认为他们在拟音时只顾及到了语音层面，没有顾及到形态音位研究，为未来上古辅音的拟音提供了新的思路。

另外一类是对汉语古音本体的研究。这类文章如杨春霖《试论上古声母的通转问题》(《语言文字研究专辑》(下），上海古籍出版社，1986年）。该文首先列举前人已经提出的十九条上古声母通转的规律，通过考察谐声、通假、声训等材料，认为如果依据传统材料研究上古声母的演变，那上古声母最早可能只有寥寥数个，这对于一种语言来说是不合常理的。杨先生指出前人论证过的上古声母演变规律可能并非发生一时一地之现象，又以现代方言之间的对应关系论证其观点的合理性，不仅解释了谐声、声训等材料中很多难于理清的现象，而且对词义、训诂等问题的解决也具有一定的启发性。又如马毛朋《上古音影母音值之检讨》(《古汉语研究》2009年第1期）、《上古汉语前置音的语音性质》(《古汉语研究》2014年第4期），崔金明、刘琨《上古单声母拟音的几个问题》(《宁夏大学学报（人文社会科学版）》2013年第2期），崔金明《与鼻音谐声的上古拟音问题初探》(《中南大学学报（社会科学版）》2013年第4期），刘琨《谐声字与上古复声母研究》(《西北工业大学学报（社会科学版）》2011年第2期）等。这些文章多涉及到古音的音值，新意时见。

对上古声调进行研究的文章主要是胡安顺师《长入说质疑》一文（《陕西师范大学学报》，1991年第4期），1992年人民大学《复印报刊资料（语言文字学）》转载。该文对王力先生上古韵"长入说"提出质疑。文章通过《诗经》等韵文中入声与平上去三声的押韵现象、谐声材料中入声与平上去三声的关系、语音演变规律这三个方面，证明王力先生的"长入韵"在上古实为阴声韵，而非入声韵。这篇文章材料丰富，论证充分，为上古有去声韵之说提供了重要依据。

对上古韵母的研究主要集中在对上古韵文的研究上。马毛朋《〈诗经〉是押韵的"是从未得到证明的假说吗？》(《中国语言学》第3期，北京大学出版社，2009年）一文针对李书娴、麦耘提出的"'《诗经》是押韵的'是从未得到证明的假说"这一观点进行了反驳，在肯定李、麦文章积极意义的同时，指出其论证中的自相矛盾之处。在上古韵母的构拟中，以郑张尚芳为代表的新古音学派（郑张尚芳等）在同一个韵部下构拟出了多个不同的主要元音，张亚蓉《据〈说文〉谐声、〈诗经〉押韵及少数民族诗歌格律再论古韵押韵原则》（《西北民族研究》2011年第4期）一文从《诗经》押韵、《说文》谐声系统、藏族壮族和景颇族等少数民族诗歌用韵特点等角度反驳了郑张先生的看法，认为同一韵部的主要元音是相同或相近的。其他对上古韵部进行研究的文章还有郜政民《〈长铗歌〉韵释》（《西北大学学报（哲学社会科学版）》1992年第4期）、张竹梅《〈老子〉韵语浅说》（《西北第二民族学院学报·哲学社会科学版》1994年第3期）、马毛朋《十三辙、民谣用韵与上古汉语韵部元音构拟的原则》（《中国语文通讯》，香港中文大学吴多泰中国语文研究中心，2007年）、朱湘蓉《简帛音韵研究的发展与展望》（《青海师专学报》2009年第1期）等。

三、中古音研究

陕西学者在中古音研究方面颇有建树，主要集中在对中古韵书、韵图、音注材料、诗歌用韵等的考察上。

与上古汉语相比，中古时期有了系统记录语音的韵书、韵图等文献。陕西学者关于韵书的研究成果较为丰富，例如，通过对《玉篇》不同版本的考校，余炳毛在《试论原本〈玉篇〉的构成》（《陕西师范大学学报·哲学社会科学版》1998年03期）一文中对《玉篇》原本的结构和特征进行了探讨；乔辉《慧苑音义征引〈玉篇〉版本略考》（《东京文学》2011年第2期）、《"玉篇苑本"与"玉篇宋本"比勘所异考》（《兰台世界》2015年第6期）论证了高丽藏本《慧苑音义》中保存的《玉篇》资料对于辑佚、校订宋本《玉篇》的重要意义，为考证《玉篇》的本来面目提供了新的思路。高元白、金德平《〈广韵〉提要》（陕西师范大学油印本，1983年）以韵类为限，各类之下举小韵代表字，下列反切及所辖字数，标明其声、等、呼、中古拟音及今北京音，多音字又注明其又音情况。该书未列各小韵具体辖字及释义，但明确了各小韵的音韵地位，以简明的方式再现了《广韵》的语音系统。胡安顺师、赵宏涛《〈广韵〉〈集韵〉小韵异同考》（《陕西师范大学继续教育学报》2005年第2期），葛琳《〈唐韵正〉"熊"字、"华"字补考》（《榆林学院学报》2008年第1期），刘琨《陈澧〈切韵考〉所删〈广韵〉小韵考》（《求索》2008年第1期），胡安顺师、郭莹《〈广韵〉〈集韵〉异同说》（《黄典诚教授百年诞辰纪念文集》，厦门大学出版社，2013年）、《〈集韵〉始纂时间考》（《民俗典籍文字研究》2015年第2期），等等，也都是对《切韵》系韵书的考察。学位论文如：余炳毛《顾野王原本〈玉篇〉研究》（陕西师范大学硕士论文，1993年）、武学军《〈集韵〉韵类考》（陕西师范大学硕士论文，1998年）、刘琨《陈澧〈切韵考〉所删〈广韵〉小韵考》（陕西师范大学硕士论文，2002年）、赵宏涛《〈广韵〉、〈集韵〉反切比较研究》（陕西师范大学硕士论文，2005年）等。

佛教于两汉之际传入中国，魏晋之后日益兴盛。至于隋唐时期，在朝廷支持下，佛经翻译事业更为繁荣，留下了大量的音义资料，对于音韵学研究来说具有重要的价值。陕西学者对音义材料的研究集中在版本考释、文字校正等方面。孙建伟在2014—2018年先后发表《〈慧琳音义〉文字校正五则》（《语言科学》2014年第4期）、《慧琳〈一切经音义〉疑难俗字考辨七则》（《西南交通大学学报（社会科学版）》2017年第1期）、《〈慧琳音义〉版本异文考论》（《民俗典籍文字研究》2018年第1期）等文，对《慧琳音义》的用字讹误进行了校正。同类文章还有乔辉《高丽藏本〈慧苑音义〉与玄应〈一切经音义〉之"大方广佛华严经音义"相较说略》（《语文学刊》2011年第11期）等。

隋唐时期，对古籍文献的注解工作蓬勃发展，为后代留下了丰富的注音材料，这些材料被学界普遍认为是时音的反映，是研究语音史的重要资料。任福禄在1993—1994年先后发表《颜师古〈汉书注〉中的齿音喉音反切声类》（《青海师范大学学报（哲学社会科学版）》1993年第1期）、《颜师古〈汉书注〉舌音唇音反切声类研究——兼与马重奇先生商榷》（《古汉语研究》1993年第3期）、《颜师古〈汉书注〉喉音反切声类再研究》（《求是学刊》1994年第5期）等文，通过考察颜师古《汉书注》中的反切注音分析《汉书注》的声母系统，提出了与马重奇《颜师古〈汉书注〉反切考》（《福建师范大学学报（哲学社会科学版）》1990第3期）不同的观点，认为从《汉书注》的反切看，精系与照系，照二与照三，喉音影、于、以、晓、匣，舌音各声类，轻唇与重唇之间具有明显的对立。王怀中《〈经典释文〉陆氏反切唇音声母考》（《中国语文》2006年第5期）、《〈经典释文〉陆氏音系"匣、云"应当分立》（《中国音韵学》，九州出版社，2012年）、《〈经典释文〉陆氏音系"从""邪"二母分合考》（《长春师范大学学报》2015年第7期）等文对陆德明《经典释文》的声母系统进行了考察。此外，以中古音注材料为研究对象进行语音研究的成果还有任福禄《试论〈晋书音义〉的舌音分化问题》（《江西师范大学学报·哲学社会科学版》2005年第4期)、郭波《〈后汉书〉李贤直音释》(《唐都学刊》2006年第1期)、贺菊玲《〈文选〉李善注"协韵"研究》(《汉语史研究集刊》2014年第0期)等文。学位论文主要有：王怀中《〈经典释文〉唇音声母研究》(陕西师范大学硕士论文，1999年)、李秀芹《〈经典释文〉中的舌音初探》(陕西师范大学硕士论文，2001年)等。

还有一些文章是通过其他材料对中古声韵进行考察。张维佳、张干平《重、轻唇音分化时代说略》(《宝鸡师范学院学报（哲学社会科学版）》1992年第4期)一文通过考察《玉篇》《切韵》《经典释文》《五经文字》等韵书、字书中重轻唇音的互切现象，将重轻唇音分化的过程分为三个时期——渐变时期（初唐）、完成时期（中唐、晚唐）、理性时期（宋初），指出重轻唇音的分化是一个由量变到质变的渐进过程，并依据不同时期的语音资料对这个过程提出了自己的假设。同类文章还有张竹梅《从西夏语看中古浊音送气与否》(《西北第二民族学院学报·哲学社会科学版》1996年第2期)、任福禄《舌上音"娘"母独立时间的考察报告》(《西北大学学报（哲学社会科学版）》2001年第4期)、郭沈青《西北方言全浊清化的年代考》(《宝鸡文理学院学报·社会科学版》2004年第1期)、马毛朋《唐五代西北方音"全浊送气"现象的声学依据》(《音韵论集》，中华书局，2006年)等。韵母方面的研究成果相对较少，目前所看到是石凤《重纽研究歧说述论》(《陕西社会科学论丛》2011年第5期)，该文对前人的重纽研究成果进行了述评。

唐诗是研究中古音的重要材料，陕西学者在唐诗用韵等方面的研究也取得了重要成果。胡安顺师《唐代洛阳诗人用韵考》(《〈中国语文〉创刊五十周年论文集》，商务印书馆，2004年)、聂鸿雁《高适古体诗用韵考》(《新疆大学学报·哲学人文社会科学版》2009年第2期)、付新军《唐末贯休诗歌用韵考及其所反映的方音特点》(《中南大学学报·社会科学版》2012年第1期)等文都对唐诗用韵进行了考察。杨春霖《从"嗟"音说到古诗韵脚的读法》(《陕西教育》1982年第11期)、钟耀萍《从杜诗双声看〈广韵〉〈切韵〉声类及拟音》(《重庆师范大学学报（哲学社会科学版）》2015年第4期)则是考察保留在唐诗中的语音现象。万君柳、刘翔《王维诗韵脚字辨正》(《文学界·理论版》2010年第10期)、屈伟华《从五律用韵看贾岛学杜的特征》(《陕西师范大学继续教育学报》2005年第A1期)等文则是将音韵学与文学结合起来进行研究。有关唐诗用韵研究的学位论文主要有：韩祎《唐代河北道赵州、定州、幽州、三地诗人用韵考》(陕西师范大学硕士论文，2006年)、潘瑾《唐代永济诗人用韵考》(陕西师范大学硕士论文，2006年)、王刚《唐诗韵脚字异文考》(陕西师范大学硕士论文，2007年)、张文龑《唐五代晋南诗人用韵考》(陕西师范大学硕士论文，2009年)、葛晓静《隋唐诗人入声用韵研究》(陕西师范大学硕士论文，2010年)、郑剑英《陕西关中地区新出土唐代墓志铭文用韵考》(陕西师范大学硕士论文，2011年)、石凤《隋代墓志铭用韵研究》(西北大学硕士论文，2012年)等。

高本汉率先以历史比较法研究汉语中古音的音值，开创了音韵学研究的新阶段。陕西学者对高本汉《中国音韵学研究》一书及相关著作评述的成果主要有：曹强《高本汉〈中国音韵学研究〉研究综述》(《甘肃高师学报》2009年第4期)，李晰《高本汉氏的功臣，音韵学人的益友—评李维琦先生的〈《中国音韵学研究》述评〉》(《古汉语研究》2010年第4期)，郑剑英《古音拟测的三种方法及其应用：以高本汉〈中国音韵学研究为例〉》(《长安学刊(哲学社会科学版)》2010年第3期)，荆兵沙、曹强《李维琦先生治〈中国音韵学研究〉之方法管窥》(《榆林学院学报》2012年第1期)，李莹娜、胡安顺师《〈中国音韵学研究〉与〈汉文典〉中古拟音异同考》(《安康学院学报》2017年第5期)等。

四、近代音研究

陕西学者对近代音的研究主要集中在《中原音韵》《琼林雅韵》等元明韵书上。

《中原音韵》是元代北曲用韵专书，反映了当时的实际语音。刘静对《中原音韵》的研究较为深入。她在《〈中原音韵〉音系无入声新探》(《陕西师范大学学报·哲学社会科学版》1986年第3期)、《从元曲中的异文看〈中原音韵〉音系入声的消失》(《古汉语研究》1999年第4期)两文中对《中原音韵》音系是否还存在入声的问题进行了探讨。前者通过考察《中原音韵·序》、宋元明人笔记等材料以及今北京音入声的归并规律，认为在《中原音韵》音系所代表的口语音中，入声已经消失了；后者以元曲中入声字与非入声字相互替代的现象再次佐证前文的观点，证据确凿。其后刘静又发表《〈中原音韵〉语音基础研究新论》(《陕西师范大学学报·哲学社会科学版》1999年第1期)、

《〈中原音韵〉与中原方音语音特点的比较研究—再论〈中原音韵〉的语音基础》（《古汉语研究》2006年第1期）两文对《中原音韵》的音系基础进行了考察，认为《中原音韵》语音系统是以郑汴片方言为核心的中原方音。发表《〈中原音韵〉车遮韵的形成、演变及语音性质》（《陕西师范大学学报·哲学社会科学版》1989年第3期）、《〈中原音韵〉车遮韵在宋元俗文学中的运用》（《陕西师范大学学报·哲学社会科学版》2003年第4期）两文章对车遮韵的相关问题进行了探讨。此外，刘勋宁《中原官话与北方官话的区别及〈中原音韵〉的语言基础》（《中国语文》1998年第6期）、《〈中原音韵〉"微薇维唯"解》（《语言学论丛》第15辑，商务印书馆，1988年）、《说〈中原音韵〉的萧豪分韵》（《言语文化论集》第41号，1994年）、张竹梅《也谈〈中原音韵〉所代表的音系》（《西北第二民族学院学报·哲学社会科学版》1991年第1期）、孟万春《从汉语方言看〈中原音韵〉的语音性质》（《延安大学学报·社会科学版》2009年第5期）等文也都对《中原音韵》的语音性质及相关问题展开了讨论。

除北曲外，陕西学者对南曲韵书的研究也比较深入。张竹梅发表了《试论〈琼林雅韵〉音系的性质》（《陕西师范大学学报·哲学社会科学版》1988年第1期）、《〈琼林雅韵〉的声母及其特点》（《西北第二民族学院学报·哲学社会科学版》1989年第1期）、《论〈琼林雅韵〉的性质》（《陕西师范大学学报·哲学社会科学版》1992年第4期）、《再论〈琼林雅韵〉的韵书性质》（《西北第二民族学院学报·哲学社会科学版》1992年第3期）等文讨论《琼林雅韵》的音系及性质，同时出版了专著《〈琼林雅韵〉研究》（宁夏人民出版社，1993年），她认为《琼林雅韵》为南曲韵书之始，记录了元明之际南方方言的实际语音，是北韵南化的第一部韵书。此外，张竹梅还著有《〈中州音韵〉研究》（中华书局，2008年）一书，发表《论〈中州音韵〉闭口韵的性质》（《江苏大学学报·社会科学版》2008年第2期）等文章对《中州音韵》的作者、体例、所记录的音系等进行了较全面的探讨。

有关近代音研究的其他类文章主要有：刘静《试论〈洪武正韵〉的语音基础》（《陕西师范大学学报·哲学社会科学版》1984年第4期）、《〈中原雅音〉辨析》（《陕西师范大学学报·哲学社会科学版》1991年第1期），《从元曲异文看清声母入声字的归类》（《古汉语研究》2003年第1期），张竹梅《南曲"入派三声"问题初探》（《西北第二民族学院学报·哲学社会科学版》1993年第2

期），《〈曲韵骊珠·恤律〉与〈中原音韵·鱼模〉之比较》（《语言科学》2016年第1期）、《也谈〈洪武正韵〉与"胡蓝党案"》（《语言研究》2010年第2期），耿军、张亚蓉《有关〈蒙古字韵〉的几个问题》（《西北民族大学学报·哲学社会科学版》2011年第2期），武晔卿《〈南曲九宫正始〉所反映的南戏阴阳通叶现象辨析》（《汉语史学报》2012年第12辑）、《南曲曲牌韵位（韵例）的基本结构》（《长安学刊》2013年第2期）、《〈张协状元〉用韵考》（《中国曲学研究》第2辑，河北大学出版社，2013年）、《〈张协状元〉曲韵考索三题》（《兰州教育学院学报》2018年第2期），昌梅香《〈汉英韵府〉拼音系统评介》（《辞书研究》2013年第4期），陈耕《西安碑林〈存之堂帖〉刻石与〈圆音正考〉作者考》（《碑林集刊》2015年第0期），等等。学位论文有：谭湘衡《明代浙江词人用韵考》（陕西师范大学硕士论文，2007年）、马亚平《〈五音集韵〉研究》（陕西师范大学硕士论文，2008年）、庄红梅《〈太和正音谱〉用韵研究》（陕西师范大学硕士论文，2009年）、孙艳芳《明代河北散曲家薛论道散曲用韵考》（陕西师范大学硕士论文，2013年）、吴凡《赵孟頫诗词用韵研究》（西安外国语大学硕士论文，2016年）、胡雯《李渔戏曲用韵研究》（西安外国语大学硕士论文，2017年）等。

五、语音演变研究

陕西学者对语音的演变研究主要集中在对陕西方音的演变规律上（详见第八节）。除陕西方音外，陕西学者对其他方音的演变也进行了一定的研究，侧重西北方音和中原官话方音。例如张成材在《西宁声母与〈广韵〉声母的比较》（《青海师范大学学报·哲学社会科学版》1995年第1期）、《西宁韵母和〈广韵〉韵母的比较（上）》（《青海教育学院学报》1996年第2期）、《西宁韵母和〈广韵〉韵母的比较（下）》（《青海教育学院学报》1996年第4期）等文中，对今西宁方言的声韵系统与《广韵》声韵系统进行了全面对照。在《青海汉语方言古今声调的比较》（《青海师范大学学报·哲学社会科学版》2013年第1期）中，张先生将西宁、湟中、湟源等十三处的声调系统与《广韵》声调系统进行对比，认为在青海方言中，声调发展呈现逐渐简化的趋向，这是受到少数民族语言影响的结果。又如曹强、王玉鼎《古疑影母在海原方言中的演变》（《安康学院学报》2009年第5期），王玉鼎《论海原方言的浊音清化规则及其形成原因》(《延安大学学报·社会科学版》2009年第6期），对宁夏海原的方音演变进行了探讨。

讨论不限于西北地区方音演变的文章主要有刘勋宁《"支微入鱼"的地理分布及其成因—兼说古中原官话 ü[y] 语音层的变异》(《陕西师范大学学报·哲学社会科学版》2012年第1期），付新军《关于宕江摄入声韵历史演变的再思考—兼论官话方言读为撮口韵的原因》(《广西社会科学》2012年第1期）、《论客家方言梗摄韵母文白读的形成和演变》(全国汉语方言学会年第十七届学术年会暨汉语方言国际学术讨论会，2013年），郭沈青《广州话溪母字的历史层次及音变》(《语言科学》2013年第4期），徐馥琼《粤东闽语古全浊声母的清化》(《中国方言学报》2016年第0期）、《一百多年前的潮州音》(《长安学刊（哲学社会科学版）》2017年第2期），谷少华、郭沈青《河南林州方言入声字读音及其历史层次》(《殷都学刊》2018年第1期）等。

还有些学者注重考察汉语的历史音变规律，例如胡安顺师《汉语辅音韵尾对韵腹的稳定作用》一文（《方言》2002年第1期）通过比较阳声韵、入声韵与阴声韵的历时变化和在今方言中的分布状况，发现入声韵、阳声韵比阴声韵更稳定，变化更具规律性，这是由于辅音韵尾对韵腹具有稳定作用。他的《汉语声母的稳定性》一文（《方言》2007年第4期）提出了汉语语音的响亮度和清晰度决定声母的稳定程度等重要观点。《从中古到现代方言开口二等韵在韵头方面的变化初探》(《中国语言学》第五辑，北京大学出版社，2011年）、《古二等韵在现代方言四呼中的分布》(《方言》2013年第2期）等文，分别将几十种现代方音与中古音进行对比，对中古二等韵在现代方言中的变化情况进行了全面的考察。在《从中古到今音汉语语音的音变例外》(《北斗语言学刊》第二辑，上海古籍出版社，2017年）一文中，对现代汉语中不规则的音变现象进行统计，认为音变例外的原因主要是多音字的读音合并、声符的影响、语感的改变等。又如许芃考察了中古上声在现代方言中的分布，发表了《中古全浊上声字在现代方言中的变化》(《社会科学家》2008年第12期）、《20世纪以来的汉语上声研究》(《郑州大学学报·哲学社会科学版》2009年第3期）、《20世纪50年代以来中古声调在现代方言中的演变研究》(《社会科学评论》2009年第2期）等文，其博士论文《中古上声字在现代方言中的演变研究》(陕西师范大学博士论文，2009年）对此问题进行了更深入的研究。再如马毛朋《论汉语语音史研究中的假说演绎法》(《中国语言学》年第5期，北京大学出版社，2012年）一文探讨了假说演绎法在语音史研究中的应用步骤，同时指出了假说演绎法在汉语语音史研究中需要注意的问题。同类研究还有张维佳《方言音韵结构的基本特征》（《学术研究》2001年第11期）、刘勋宁《文白异读与语音层次》（《语言教学与研究》2003年第4期）、姚亦登《语音演变与方音分歧浅谈》（《现代语文（下旬·语言研究）》2016年第6期）、《古全浊仄声字在晋陕甘宁中原官话里读作送气清声母的类型学考察》（《咸阳师范学院学报》2017年第3期）等。学位论文有兰春《中古阳声韵到今部分方言的变化类型初探》（陕西师范大学硕士论文，2008年）、亢婷《中古日母字在现代汉语方言的语音演变研究》（陕西师范大学硕士论文，2013年）、马小燕《中古影、疑、云、以四纽在现代方言中的演变研究》（陕西师范大学硕士论文，2014年）等。

六、少数民族语音及他国语言对音研究

陕西属于西北地区，靠近古西夏辖地，陕西学者对西夏语音的研究较为集中。陕西籍西夏学家李范文《宋代西北方音：〈番汉合时掌中珠〉对音研究》（中国社会科学出版社，1994年）一书对西夏字书《番汉合时掌中珠》的版本、注释、语音符号及其所反映的语音系统进行了全面考察，并借《掌中珠》考察了宋代汉语西北方音。李先生的其他专著还有《同音研究》（宁夏人民出版社，1986年）、《夏汉字典》（中国社会科学出版社，1997年）等。张竹梅教授对西夏语音进行了系列研究，出版专著《西夏语音研究》（宁夏人民出版社，2004年），发表论文《从西夏语看中古知、章、庄的合流》（《固原师专学报》2000年第2期）、《从〈番汉合时掌中珠〉看西夏语七品正齿音的音值构拟》（《江苏大学学报·社会科学版》2002年第1期）、《从〈番汉合时掌中珠〉看西夏语有无舌上音》（《江苏大学学报·社会科学版》2003年第3期）、《西夏语第九类声母音值拟测之我见》（《西夏学》2006年第1辑）、《以零散韵字为例证西夏文献〈五音切韵〉非"单开双合"排列》（《西夏研究》2018年第1期）等。

崔金明《试析景颇语四音格词的声调搭配规律》（《民族翻译》2012年第4期）、《景颇语四音格词的韵律特征初探》（《民族翻译》2013年第2期）二文从韵律学角度对景颇语进行了研究，《试析汉藏比较对上古音研究的价值》（《西北民族大学学报·哲学社会科学版》2012年第4期）、《试析汉藏比较语

言学的发展对上古音研究的价值》（《汉字文化》2013年第2期）等文总结了前人通过汉藏语比较探究上古汉语方面取得的成果，强调了汉藏语比较的重要意义，主张应把"以汉观汉"和"以番观汉"的内部材料和外部材料结合起来考察上古音。

此外，陕西学者对域外借音和梵汉对音也有一定涉猎。杨春霖、李怀埔《现代汉语声母和日语音读（吴音、汉音）对应关系的研究》（《西北大学学报·哲学社会科学版》1980年第1期）、郭莹《日语音读汉字与汉语汉字之对比研究》（《西安航空技术高等专科学校学报》2007年第2期）等文对日本汉字音进行了研究，张维佳《朝鲜汉字音的层次和来历》（《民族语文》2008年第5期）、杨茜《从〈训民正音〉看朝鲜语语音与古代汉语语音的关系》（陕西师范大学硕士论文，2013年）等文对朝鲜汉字音进行了探讨，王红生《梵汉对音与中古汉语全浊声母的音读问题》（《西安文理学院学报·社会科学版》2012年第6期）一文对梵汉对音所反映的全浊声母的音值进行了考察。

七、诗歌格律研究

诗歌格律方面，陕西学者对近体诗和新诗的格律都有关注，其中胡安顺师的用力最多。王力先生的相关著述和郭锡良主编的《古代汉语》将五言格律诗的节奏确定为二二一和二一二两种，胡安顺师《格律诗的节奏刍议》（《陕西师范大学学报·哲学社会科学版》1997年第3期）一文通过"律诗平仄交替的原则""律诗平仄基本格式的排列法""拗救的规定""平仄交替单位的时值、意义节奏与音乐节奏的对应""划分节奏单位的标准"等五个方面，指出律诗节奏形式实际上只有一种，即五言的二二一，七言的二二二一。胡安顺师的其他相关文章还有《律诗的节奏、平仄和入声字的识记》（《陕西师范大学继续教育学报》2000年第1期）、《声律在唐人近体诗中的运用问题说略》（中国音韵学研究第二十届国际学术研讨会，2018年）。此外，李璧生《格律诗平仄格式排列法》（《黔南民族师专学报》创刊号，1981年）、金德平《谈几类"不押韵"诗词的押韵》（《中学语文教学参考》1983年第3期）、郭芹纳《欲习诗律先识音》（《学书法报》1993年第5期）等文也都涉及到律诗格律的问题。

高元白《新诗韵十道辙儿》（陕西人民出版社，1984年；后收入《高元白文存》（第一卷），商务印书馆国际有限公司，2019年）在简述我国韵书发展史的基础上，就现代北京音系提出了作新诗应遵守的十道辙，并将十道辙各取一个字编成一首歌诀"写诗歌，来战斗，风发高唱"，便于掌握和记忆。高先生先后又发表了《作旧诗押新韵——〈工农兵新诗韵十道辙儿说略·后记〉》（《陕西师范大学学报·哲学社会科学版》1978第3期）等文，提倡"诗韵革命"，主张作格律诗应适应现实语音的变化，使之成为有生命的格律，体现了高先生的诗韵革新精神。李慎行《诗韵探新》（陕西旅游出版社，1996年）一书提出了新诗韵九道辙的主张，《九道辙》（中国文化出版社，2005年）一书展示了九道辙的具体内容。其后他又相继发表了《诗韵的发展与改革》（《宝鸡文理学院学报·哲学社会科学版》1996年第1期）、《论新诗韵九道辙的科学性与可行性》（《宝鸡文理学院学报·社会科学版》1999年第4期）、《论诗韵及其改革》（《西部论坛》2000年第2期）、《九道辙无入声，便利吟诗人——诗韵改革》（《宝鸡文理学院学报·社会科学版》2006年第2期）、《诗韵改革力度要大——初评〈中华新韵〉（十四韵）》（《宝鸡社会科学》2007年第3期）、《诗韵改革要再上新台阶：〈中华新韵〉（十四韵）的"文""庚"应该合并》（《宝鸡社会科学》2009年第1期）、《创新寓协调通押现包容——〈中华新韵〉十四韵的"尤""姑"应该并合》（《宝鸡社会科学》2017年第2期）等系列论文，进一步阐述了诗韵革新的必要性和诗韵九道辙的科学性。

此外，宋子尧《对联平仄规律正变例说》（《对联》1985年第4期）、《论对联的声律问题》（《对联·民间对联故事》1998年第1期）等文探讨了对联格律的相关问题。

八、对陕西境内语音现象及语音材料的研究

陕西学者的音韵学研究具有明显的地域特色，非常重视陕西境内语音现象及语音材料的研究，以下从三个方面进行说明。

（一）陕西方音

1.陕西方音的历时演变

陕西学者大都很重视中古音在现代陕西方言中的演变研究，这些学者主要有张成材、张维佳、邢向东、孙立新、刘勋宁等人。

关于中古声母到陕西方言演变的研究成果主要有：张成材《商州声母和

〈广韵〉声母的比较》（《咸阳师范学院学报》2017年第1期），该文对商州声母和《广韵》声母的异同进行了全面比较。张维佳《关中方言知庄章声母的历史演变及语音条件》（《语文研究》2012年第2期）通过对关中地区各地方言中知、庄、章组的读音情况的考察，将知、庄、章组声母在关中方言的演变分成 tʂ 的变异形式和 tɕ 的变异形式两类，分别代表语音演变的不同阶段。同类文章还有：邢向东、黄珊《中古精组来母合口一等字在关中方言中的演变——附论精组合口三等字的演变》（《语文研究》2009年第1期），张双庆、邢向东《关中方言古知系合口字的声母类型及其演变》（《方言》2012年第2期），孙立新《陕西澄城方言心母逢洪音读作 [t] 声母》（《中国语文》1994年第5期），张维佳《秦晋方言娘日互转例》（《语苑撷英》，北京语言文化大学出版社，1998年），任福禄《如何利用关中方言分辨识全浊声母字》（《陕西教育学院学报》2007年第1期），赵萍君《从中古音看陕西紫阳县方言声母的演变》（《商洛学院学报》2015年第3期）等。

　　侧重于研究中古韵母到陕西方言演变的成果主要有：张维佳《关中方言果摄读音的分化及历史层次》（《方言》2002年第3期），该文通过比较中古果摄字在关中各地方言中的读音，依据主元音将关中方言果摄字的读音分为 a、o 两类，认为它们分别代表语音发展的不同层次，明确了果摄字在关中方言中读音参差的原因。同类文章还有：张成材《中古合口三等韵字在岐山方言中逢知组、照组、日母读开口》（《中国语文》1983年第4期）、张维佳《关中方言鼻尾韵的音变模式》（《语言研究》2001年第4期）、《秦晋之交南部方言宕摄舒声字白读音的层次》（《语言研究》2004年第2期）、周政《陕南混合方言韵母和声调的演变》（《汉语学报》2013年第2期）、郭沈青《西安话遇通摄知系字的历史层次》（《宝鸡文理学院学报·社会科学版》2014年第6期）、赵萍君《从中古音看陕西紫阳县方言韵母的演变》（《商洛学院学报》2016年第1期）、胡安顺师《从中古到商州话汉语一二等韵在等呼方面的变化》（《商洛学院学报》2017年第5期）、张成材《商州韵母和〈广韵〉韵母的比较》（《咸阳师范学院学报》2017年第5期）等。

　　对陕西方言声调演变的研究多集中在古入声字上。孟万春、邢向东《陕北甘泉、延长方言入声字读音研究》（《中国语文》2006年第5期）一文对中古入声字在甘泉、延长等地的保留与演变情况进行了全面考察，并将其与绥德、清涧等地入声字的演变模式相比较，认为依据入声的归并特点，甘泉、延长方言应属陕北晋语。同类文章还有：刘勋宁《古入声在清涧话中的分布与广州话的长短入》(《语言学论丛》第10辑，商务印书馆，1983年)、胡安顺师《关中人辨识古入声字方法论略》(《陕西师范大学学报·哲学社会科学版》1996年第4期)、郭沈青《汉中中原官话入声字的归派与历史层次》(汉语方言国际学术研讨会暨全国汉语方言学会年第16届年会，2011年)、赵萍君《从中古音看陕西紫阳方言的声调演变情况》(《陕西教育（高教版）》2014年第1期)、孙立新《现代关中方言与上古汉语长短入声》(《陕西历史博物馆馆刊》2015年第0期)、付新军《陕南商洛客家方言入声演变的特点》(《宝鸡文理学院学报·社会科学版》2015年第4期)、高峰《陕北延川话的入声调及其演变路径》(《方言》2018年第3期)等。

有些文章主要是在讨论陕西方言的词汇、内部差异、成因、演变趋向等问题，但涉及到方音的历时演变。例如张成材《商县方言的人称代词》一文(《中国语文》1958年3期)，对陕西商县方言人称代词"我、你，他、咱、自己、自家、人家、大家"等进行了研究，指出商县方言人称代词存在通过语音交替表示单复数的现象，这种现象是古汉语人称代词单复数同形的遗留。又如张维佳《关中方言片内部音韵差异与历史行政区划》(《语言研究》2002年第2期)、《关中方言的形成及新时期关中方言研究现状》(《榆林高等专科学校学报》2002年第1期)等文及其专著《演化与竞争：关中方言音韵结构的变迁》(陕西人民出版社，2002年)，对关中方言的形成过程进行探讨，指出方言地理与关中历史行政地理关系密切，关中地区的历史人文环境对关中方言的形成具有十分重要的作用。高峰《陕北定边方言的内部区划与形成原因》(《飞天》2011年第18期)、《陕西定边话的形成》(《西北语言与文化》，上海华东师范大学出版社，2014年)二文论及到陕北定边话形成与行政区划的关系，周政《略论安康方言的演变趋向》(《安康学院学报》2014年第2期)一文则讨论的是陕南方言的演变趋向问题。

2. 研究历史上的陕西方音

陕西在中华民族五千年的发展史中占有非常重要的地位，西安曾是十三朝古都的所在地，故历史上的陕西话特别是关中话的重要地位不言而喻，历为学界所关注，陕西学者自然不会例外。例如金德平《唐代长安话日母读音考》(《陕西师范大学学报·哲学社会科学版》1988年第1期)和《唐代长安方音声调状况试探》(《陕西师范大学学报·哲学社会科学版》1989年第4期)

两文，从日译汉音、梵汉对音、唐五代西北方音材料等方面对唐代长安地区的方音状况进行了探索。马毛朋《〈孟子章指〉用韵与东汉末年关中方言的韵母特点》（《南国人文学刊》2013年第2期）通过考察东汉陕西籍经学家赵岐所注《孟子章句》各章结尾"章指"的用韵，归纳出东汉末年关中方言韵母方面的若干特点。康素娟《〈方言〉秦语音义考释》（《陕西教育学院学报》2006年第1期）对扬雄《方言》中所记的秦地方言词进行考察，归纳出了上古时期秦地方言声母、韵母、声调等方面的特点，但由于例证有限，又仅用《广韵》《韵镜》等中古语音材料证各字上古音，故其结论尚需进一步考察。

3. 探讨陕西方音与古音的联系

另有一些文章侧重于探讨陕西方言中一些古音古词与古汉语的联系。例如郭芹纳《"古无轻唇"浅释——从邠县的"邠"字谈起》（《中学语文教学参考》1983年第4期）、张维佳《从关中方言看中古轻唇音产生的语音机制》（《陕西教育学院学报》1998年第3期）、邢向东《陕西关中方言古帮组声母的唇齿化与汉语史上的重唇变轻唇》（《中国语文》2013年第2期）等文从现代关中方言出发，考察了轻唇音从无到有的发展过程。李如龙、辛世彪《晋南、关中的"全浊送气"与唐宋西北方音》（《中国语文》1999年第3期），王军虎《晋陕甘方言的"支微入鱼"现象和唐五代西北方音》（《中国语文》2004年第3期），徐朋彪《延川话与唐五代西北方音》（《咸阳师范学院学报》2013年第5期），这几篇文章则是试图根据陕西方音探究唐五代西北方音。

（二）西北歌谣

西北歌谣种类丰富，有秦腔、花儿、道情戏、碗碗腔等。这些民歌中保留了大量的语音材料，陕西学者对西北歌谣用韵的研究也下了很大功夫，发表了一系列论文。例如邢向东《神木山曲儿、酒曲儿的押韵》（《中国语文》2003年第2期）一文，考察神木、府谷民歌山曲儿、酒曲儿的押韵，并将其与神木音系进行对照，认为上述神木民歌具有阴入相押、异调相押的特征，原因在于民歌多为即兴创作，又受到乐曲旋律的限制。祝婕《华阴老腔唱词韵辙》（《北方文学（中旬刊）》2012年第4期）、王怀中《范紫东秦腔剧本所见民国时期关中方音特点》（《陕西师范大学学报·哲学社会科学版》2016年第2期）也对陕西境内西北歌谣用韵进行了研究。相关学位论文有刘玉杰《陕西碗碗腔皮影戏用韵研究》（陕西师范大学硕士论文，2018年）、王倩美《神池道情戏用韵研究》（陕西师范大学硕士论文，2018年）等。曹强《论固原"花儿"的押韵》（《西北第二民族学院学报·哲学社会科学版》2008年第3期）、荆兵沙《试论宁夏海原"花儿"的押韵》（《渭南师范学院学报》2011年第9期）、《关于深化"花儿"押韵研究的思考》（《渭南师范学院学报》2014年第21期）等文是对"花儿"用韵的研究成果。

还有些学者对陕西地区的戏曲文献资料进行整理，为进一步地研究奠定了基础，如崔金明《眉户集锦〈羽衣新谱〉考述》（《西华大学学报·哲学社会科学版》2014年第6期）、《清孤本眉户集锦〈羽衣新谱〉的版本、内容及文献价值》（《古籍整理研究学刊》2014年第3期）等。

（三）陕西音韵学家与音韵文献

元明以来的陕西学者留下了相当数量的音韵成果和语音材料，有一些文章以陕西本土的音韵学家或音韵资料为研究对象，主要是对李因笃及其著作的研究。李因笃，祖籍陕西富平，清初音韵学家、诗人，在顾炎武晚年隐居华山之时曾从顾炎武研习古音之学。以李因笃诗歌或古音学理论为研究对象的文章有：徐朋彪《李因笃音韵学研究的得与失》（《渭南师范学院学报》2012年第9期），武晔卿《李因笃〈汉诗音注〉研究》（《中国韵文学刊》2015年第2期）、《李因笃的古音学理论在其古诗创作中的应用》（《长安学刊（哲学社会科学版）》2016年第4期），崔静、武晔卿《李因笃诗韵考》（《语文学刊》2015年第5期）。前两篇是对李因笃的音韵学理论进行述评，后一篇考察其诗歌用韵。

陕西学者对本土历史上的韵书关注相对较少，目前所见到研究成果有沈文君《陕西古代的音韵学研究——对〈陕西省志·著述志〉所录音韵学书目的补正》（《东亚汉学研究》特别号，东亚汉学研究学会，2016年），该文对《著述志》所载的韵书作者、版本、流传情况进行了考正，新补充了《汉书音注》《韵学约观》等五部陕西音韵文献，并对各书的情况作了简要介绍。

近40年来陕西的音韵学发展呈现出日益繁荣的发展趋向。仅就期刊论文而言，后20年的数量是前20年的两倍多。研究队伍不断壮大，尤其是越来越多的青年学者投入到音韵学研究的队伍中来。研究范围广泛，涉及到音韵学的各个方面。研究特色具有明显的地域特色。可以说，近40年陕西音韵学的研究开创了一个辉煌的局面，无论研究队伍、质量、数量、规模均超过历史上其他时期。但就目前而言，尚存在一些不足，如对陕西本土音韵文献的研究不够充分，对古代韵书的研究仅限于名目罗列或简单的音系研究，缺少深入考察。又如对民间歌谣用韵的研究成果较少，与数目庞大、种类繁多的西北歌谣相比不成比例。这都有待于陕西音韵学者的继续努力，在推动传统音韵学继续发展的同时，进一步重视和搜集整理陕西本土的音韵文献和活的音韵资料，凸显陕西音韵学研究的地域特色。

参考文献

[1] 李新魁 . 四十年来的汉语音韵研究 [J]. 中国语文，1993（1）：16—22.

[2] 马重奇 .1994—1997年汉语音韵学研究综述 [J]. 福建论坛（人文社会科学版），1999（5）：42—49.

[3] 马重奇 .2004—2008年中国音韵学研究情况综述 [J]. 福建论坛（人文社会科学版），2010（12）：101—113.

[4] 唐作藩，杨耐思 . 四十年来的汉语音韵学 [J]. 语文建设，1989（5）：2—10.

[5] 张渭毅，唐作藩 .1993年的汉语音韵研究 [J]. 语文建设，1994（11）：28—43.

[6] 竺家宁 . 台湾四十年来的音韵学研究 [J]. 中国语文，1993（1）：23—32.

弋阳腔音韵构拟的依据、原则和语音标准 [①]

胡松柏[1] 姜迎春[2]

（1. 南昌大学人文学院 2. 上饶幼儿师范高等专科学校）

摘要：构拟弋阳腔音韵，是通过弋阳腔传统剧目《江边会友》舞台纪录片中的语音资料，构思拟定能够体现弋阳腔历史音韵状况的一个完整的音韵音系。构拟弋阳腔音韵的过程中必须注意把握的原则性要求有：明确弋阳腔舞台语言属于地方官话的性质，体现弋阳腔音韵的区域特色，形成弋阳腔音韵的剧种特征。弋阳腔音韵的语音标准要以《江边会友》音系为基础，吸纳乐（平）、万（年）、鄱（阳）、弋（阳）方言的典型音韵特征成分，厘清弋阳腔音韵与赣剧音韵的关系。

关键词：弋阳腔；舞台音韵；语音构拟

弋阳腔是戏曲史上"四大声腔"之一。[②] 在我国传统戏曲整体上趋于衰落的背景下，弋阳腔已经处于濒危状态。中华人民共和国成立后，特别是进入21世纪之后，国家对传统文化传承发展的重视和支持，为戏曲的发展提供了

---

① 本文系书稿《江西地方戏曲音韵研究》中章节选录，受2016年度国家社会科学基金重点项目"区域通语视角下江西地方戏曲音韵研究"（批准号：16AYY009）与2018年度国家社会科学基金重大项目"600年来赣语与官话互动的历史追踪、现状调查与数据库建设"（批准号：18ZDA297）资助。

② 弋阳腔，产生于江西省弋阳县，以地名为声腔之名。弋阳腔又称"高腔"，是中国古老的汉族戏曲声腔。弋阳腔源于南戏，其形成受南戏和北杂剧的影响，主要因南戏的传播而形成。元末明初，浙江温州地区的永嘉南戏向江西传播，流传到信州弋阳县，与当地的方言、民歌、当地道教唱腔及佛教音乐诸因素结合，发展演变形成一个成熟的剧种，是为"弋阳腔"。此后弋阳腔随即传播到赣东北的乐平、万年、贵溪、上饶等地。明初，弋阳腔开始向江西以外地区传播。

新的契机。① 就弋阳腔这一剧种而言，如何更好地保护、发掘、传承、发展，是与弋阳腔有关的政府部门、表演团体和戏曲工作者以及语言学者面临的一个重大课题。本项研究从语言学角度对弋阳腔作考察。

本项研究属于音韵学应用研究。本项研究可以帮助弋阳腔的编、导、演人员从语音学和音韵学角度了解弋阳腔舞台语言的语音系统及其特点；所归纳的韵谱有助于建立统一的弋阳腔的字音规范，便于新演员的培养；对弋阳腔的传承发展在确立舞台语言标准方面可提出有价值的建议。本项研究对弋阳腔音韵所作研究对于弋阳腔剧种发展有着非常重要和急迫的意义。

一、弋阳腔舞台音韵构拟的依据

本项研究的目的是要归纳弋阳腔音系、编制弋阳腔韵谱。弋阳腔的音系归纳和韵谱编制更多地带有语音构拟的性质。所谓语音构拟，是根据相关书面资料和现实的语音资料构思拟定某个不见于现实时空的语言（包括方言）的语音系统。

从纵向时间上看，戏曲音韵是一种呈动态发展的语音现象。一个戏曲剧种自其源起开始，其舞台语言音韵就不是一成不变而是始终处于变化之中的，不同发展时期有所区别的就是变化程度的大小，或者是所发生的变化是否属于语言性质的变化。

从横向空间上看，戏曲音韵是一种综合多种语言（方言）要素的语音现象。一个戏曲剧种的舞台音韵，无不包含着某个时期的共同语和方言的语音成分，各剧种有所不同的就是共同语、方言成分的多少以及具体的方言的不同。

戏曲语言与社会交际使用的自然语言一样随社会发展而变化。但作为一种艺术形式的戏曲语言与自然语言相比较，其变化速度慢于自然语言而呈现出一种保守性，即戏曲语言的音韵在成熟为一个完整的体系之后会在一个较长的时期内保持这一音韵体系的面貌，并不紧随自然语言的变化节奏而发生

---

① 中华人民共和国成立后，人民政府非常重视文化艺术工作，传统戏曲的保护传承纳入政府的文化建设规划。1953年，政府组织饶河班和信河班进入省城南昌，饶河戏和信河戏合流，定名为"赣剧"，组建了江西省赣剧团。考虑到已经长期并入饶河戏之中的弋阳腔的重要艺术价值，为了抢救濒临灭亡的弋阳腔，江西省赣剧团组建后另再举办弋阳腔演员训练班。弋阳县于1958年建立弋阳腔剧团。2006年，江西省组织弋阳腔申报，最早一批列入国家级非物质文化遗产项目名录。

变化。其原因是其音韵状况固定下来已经成为剧种在语言上的特征，出于适应观众审美的需求有必要保持与现实生活中自然语言的时间距离。这样，作戏曲音韵构拟实际上一般不是构拟与现实语言紧密相连的音韵音系而是构拟由现实语言回溯戏曲历史发展阶段上的早于现时的某个时期的音韵音系。

同时，因为戏曲音韵通常总是综合共同语与方言多种语音成分的，构拟戏曲音韵音系实际上就是在对现时和历史的共同语和方言作考察然后选择合适的音韵成分有机融合成一个完整的音韵体系。这一音韵体系，应该是契合戏曲舞台语言某个历史阶段的面貌的。

要注意的是，构拟戏曲音韵，并不等于重现剧种某个历史阶段的音韵面貌。所构拟的音韵音系，只是一种理论的推导，一种人工的设计，便于人们体味和接受戏曲语言音韵的一种可能的存在，而未必是历史面貌的完全的重现。

落实到弋阳腔音韵的构拟，我们所要做的就是通过目前所能见到的弋阳腔音韵的书面资料和音像资料，构思拟定能够体现弋阳腔历史音韵状况的一个完整的音韵音系。

目前我们所见到的弋阳腔音韵的书面资料，实际上只是一些间接的资料（例如赣剧的音韵资料），不说完整的韵谱，就是关于弋阳腔音韵情况的片言只字的记录也都没有。音像资料则有《江边会友》舞台纪录片。[①]《江边会友》舞台片中两位主要演员李福东（饰尉迟恭，1894年生）和郑瑞笙（饰薛仁贵，1905年生），其入行学艺时间当在1900—1915年，两位艺人通过师承所习得的舞台语言应该都是其授业师傅至少成熟于1880—1900年即19世纪末的舞台语言。因此我们说，依据《江边会友》舞台片所构拟出来的弋阳腔音韵音系反映了弋阳腔19世纪末的音韵状况，应该是没有问题的。

二、弋阳腔舞台音韵构拟的原则

所谓构拟的原则，是指在为弋阳腔作音韵构拟的过程中必须注意把握的原则性要求。

---

① 该片系八一电影制片厂于1958年摄制，黑白片，江西省戏曲学校协助演出，中国戏曲研究院委托摄影。《江边会友》系明代弋阳腔剧目《金貂记》之一折，属于折子戏短剧。剧情背景是，唐太宗时，名将薛仁贵为皇叔李道宗所构陷而下狱，鲁国公尉迟恭为薛仁贵辩诬而拳殴李道宗，遭贬至置田庄务农。此一折剧情是，一日尉迟恭江边垂钓，恰逢薛仁贵因辽国犯境而获赦率军出征，路过拜访尉迟恭。江边相会，两人回忆往事，表达了一片忧国忧民之心。

（一）明确弋阳腔舞台语言的语言性质

戏曲较少以某一地点方言作舞台语言的剧种，更没有以纯粹的民族共同语作舞台语言的剧种。戏曲舞台语言体系中一般都同时包含着地方方言（现时的和历史的）的成分和民族共同语（现时的和历史的）的成分，只是不同的剧种在包含的方言成分、共同语成分的多少上有不同的情况。从其语言性质来说，戏曲舞台语言大体上可以分为两类：一类以方言为基础同时带有共同语的影响，一类以共同语为基础同时带有方言的影响。两类戏曲舞台语言都包含有地方方言的成分，这是因为戏曲形成于一定的方言区域，为了适应观众接受的需要，其舞台语言或以地域方言为基础，或以共同语为基础但受方言影响很深。

作为具体的剧种，舞台语言究竟是属于前述以方言为基础的类型，还是属于以官话为基础的类型，决定于剧种的形成发展背景。一个剧种是以方言为基础抑或以官话为基础来确立唱念字音的标准，与剧种的源起和发展过程有关。剧种的源头艺术形态怎样，剧种发源地和流播地的通行语言状况如何，剧目内容的雅俗，表演团体的类型，演员的母语和文化程度的高低以及文人参与创作的成分多少等等，都是影响戏曲舞台语言形成的因素。

根据剧种的形成发展背景，可以给戏曲剧种做一些分类。就江西的情况看，江西的戏曲剧种首先可以分为本土剧种和外来剧种。本土剧种是在江西境内形成发展的，而外来剧种则由江西境外流播传入江西。本土剧种还可以分成原生剧种和非原生剧种。原生剧种是在江西境内孕育成熟的。本土剧种中的非原生剧种虽非在江西境内孕育成熟，即也由省外传入，但因在江西境内经历了长期发展，已经成为流播地的具有代表意义的文化品种，一般受众也感受不到其外来色彩，应该也归入本土剧种。本论文所称外来剧种，则指传入江西时间相对晚近，且未与江西的语言文化发生深刻融合的剧种。

在江西本土发源或长期流播于江西区域的本土剧种，根据剧种的发源背景、剧目内容以及文人参与创作情况，可以分为"大戏"和"小戏"两类。"大戏"剧种演出剧目的题材以神话传说、历史故事为主，多反映神佛魔怪、帝王将相、才子佳人的生活；而"小戏"剧种所演剧目的题材多反映平民阶层的社会生活，场面较小，人物角色也较少。

就目前调研所知，江西的外来剧种如京剧、越剧、黄梅戏，其舞台语言虽包含有方言的成分，但与江西的方言没有什么联系。

江西的本土剧种中，属于"大戏"的剧种，其舞台语言的韵白多依"中州韵""湖广音"，其中虽然也包含原生地、流播地方言的成分，但其基本性质应归入以共同语为基础的一类；属于"小戏"剧种，其舞台语言的韵白更贴近于原生地、流播地的方言，其中虽然可能也会有某些官话的色彩，但其基本性质应归入以方言为基础的一类。

弋阳腔源自南戏，由浙江西来，在赣东北形成，应属于江西的本土剧种，且其剧目丰富，曲牌齐备，体现了"大戏"剧种的特色。故其舞台语言也应属于以共同语为基础而带有方言影响的地方官话一类。

明确了弋阳腔舞台语言属于地方官话的性质，才可以对构拟弋阳腔音韵做出具有根本性意义的安排。

（二）体现弋阳腔音韵的区域特色

弋阳腔在其历史发展过程中曾经四处流播，但流播至外地的弋阳腔因为密切结合当地文化都演变成了新的剧种。作为一个独立的剧种，弋阳腔没有成为京剧那样的全国性的剧种，而始终只是区域性的剧种。

区域性的戏曲剧种即地方戏曲。地方戏曲的区域特色实际上是用其舞台语言所包含的区域语言因素来表现的。这种区域语言包括地方方言和地方官话。所谓地方官话，是指方言地区通行的因受方言影响而带有方言特色的共同语。方言和地方官话中的方言色彩构成了地方戏曲的区域特色。

构拟弋阳腔音韵要体现其区域特色，首先要确定弋阳腔特色的区域范围。江西境内的弋阳腔流播地主要是赣东北地区。弋阳是弋阳腔的发源地，与弋阳毗邻的乐平、万年、鄱阳则是弋阳腔在清末民初时期的主要流播地。因此我们把乐平、万年、鄱阳、弋阳4个县划定为弋阳腔的主要流播区域。构拟弋阳腔音韵要体现其区域特色，也即要体现这4个县区域语言的特色。

乐平、万年、鄱阳、弋阳4个县的区域语言包括4个县方言以及当地的地方官话。地方官话是方言区域人们使用官话时因受方言的影响而形成的官话的变体。因此我们构拟弋阳腔音韵时只需注意吸纳一定的方言成分即可。

乐平、万年、鄱阳、弋阳4个县方言属于赣方言区的鹰弋（鹰潭弋阳）片。因此弋阳腔音韵的区域特色应该是赣方言性质的特色。这实际上也就规定了弋阳腔音韵与赣剧音韵的根本性差异。因为赣剧的发源地和主要流播地是包括了赣方言区域和吴方言区域两片分属于不同的大方言的区域的。

（三）形成弋阳腔音韵的剧种特征

在本论文研究的调研过程中，本论文作者与江西省目前在致力于弋阳腔研究与教学的戏曲界前辈艺人和学者有所接触。他们都认为，近些年开展的振兴弋阳腔工作中，剧本、曲牌资料的整理，传统剧目的重排，都有比较大的收获，有所缺憾的就是舞台音韵标准的确立方面未获进展。仍然使用赣剧音韵音系，不仅仅是未能恢复契合弋阳腔历史面貌的问题，而且还是未能显示弋阳腔剧种特征的问题。人们一说到越剧，一说到黄梅戏，就能立刻想到越剧的那种浙江话味道的舞台语言、黄梅戏的那种安庆话味道的舞台语言。至于弋阳腔舞台语言的剧种特征是什么，还说不出个所以然。目前戏曲界对于弋阳腔能否确立为一个独立的剧种还有不同的看法。弋阳腔在戏曲音韵方面的缺憾，虽然不是影响弋阳腔确立为独立剧种的确定性因素，但弋阳腔音韵音系的构拟对于弋阳腔的复兴应该是有积极意义的。

因此我们在构拟弋阳腔音韵音系的过程中，要注意尽量考虑形成弋阳腔音韵的剧种特征问题。

三、弋阳腔舞台音韵的语音标准

（一）以《江边会友》音系为基础

以《江边会友》音系为构拟弋阳腔音韵音系的基础，是本论文讨论和研究问题的出发点。

《江边会友》音系即弋阳腔剧目《江边会友》舞台纪录片中舞台语言所归纳出来的音韵音系。要注意的是，《江边会友》音系是包含共同语成分和方言成分的南方官话性质的音系，弋阳腔音韵音系以其为基础，要注意既需要吸纳其中属于官话性质的成分，也需要吸纳其中属于方言性质的成分。

以《江边会友》音系为基础，并不等于全盘照搬《江边会友》舞台片中的所有音韵语料。依据戏曲舞台音像资料来记录归纳戏曲音韵的音系，都有如何遴选资料中的音韵语料以提炼归纳音韵音系的问题。即便是剧种舞台音韵已经比较成熟、有着统一的确定的音韵标准的剧种，也不是说只要据实记录就可以的。因为不同的班社、不同的演员实际表演所反映出来的舞台实际语音都会有或多或少的不一致之处。更何况弋阳腔这样的尚未有统一音韵标准且已经趋于衰微的剧种。《江边会友》舞台片所展示的音韵语料固然反映了清末时期弋阳腔音韵的基本面貌，但其中的音韵语料还是有不少芜杂之处。而这种芜杂，也正是弋阳腔在其历史发展中实际情况的真实表现，需要我们去厘清，去遴选。

《江边会友》舞台片中音韵语料的芜杂，主要表现在不同演员之间的发音不一致，同一个演员前后发音不一致。

剧中两位主要演员李福东（饰尉迟恭）和郑瑞笙（饰薛仁贵）两位艺人的舞台唱念说白，仔细考察，在基本一致的情况下，还有着某些细小差异。从两位艺人的发音看，李的发音带有更多的官话色彩，郑的发音更偏近于方言。例如李发音有明显的与官话翘舌音 [tʂ-] 组声母对应的舌叶音 [tʃ-] 组声母，郑则没有；郑读"林"字声母音近塞音 [t-]。

考察两位艺人的背景，籍贯不同：李是乐平人，郑是万年人；年龄参差：李生于1894年，郑生于1905年；师承不同：李受业于乐平老同乐班，郑受业于万年老义洪班；角色也不同：李所饰为花脸角色，郑所饰为须生角色。两位艺人的发音差异究竟因上述何种原因而发生，尚有待逐项考察。但不管原因如何，我们在构拟弋阳腔音韵时是要有所取舍的。

同一个演员在表演时也会有发音前后不一致的情况，这种演员发音的随意性反映了舞台音韵标准的不统一和不稳固。例如李福东读"道"字就有发不送气音（读"你可知道 [tau]"）和发送气音（读"李道 [tʰau] 宗"）的两读。这显然是读官话音和读方言音的差异。这种异读，在构拟弋阳腔音韵时也是需要根据确定的原则作出取舍的。

此外，演员在表演时也偶有错讹之处，这也是须加注意、不宜作音韵语料采用的。

（二）吸纳乐（平）、万（年）、鄱（阳）、弋（阳）方言的典型音韵特征成分

构拟弋阳腔音韵，要注意吸纳作为弋阳腔形成地的和主要流播地的弋阳、乐平、万年、鄱阳这4个县方言的典型音韵特征成分。以下是需要吸纳进入弋阳腔音韵音系的4个县方言的音系的共同特点：

（1）古全浊声母今读塞音和塞擦音全部为送气清音；

（2）晓母字、匣母字今逢合口洪音读 [f-] 声母；

（3）泥母字今逢细音读 [ȵ-] 声母；

（4）不分尖团，精组字、见组（疑母除外）字今逢细音字都读 [tɕ-] 组声母；

（5）影母字今逢开口洪音读 [ŋ-] 声母；

（6）有撮口呼韵母；

（7）咸摄字、山摄字韵母主要元音能区分一、二等；

（8）古入声字保留独立调类。

这些特点，有的是方言与共同语共有的特点，例如特点（4），吸纳属于官话性质的弋阳腔音韵音系自是应有之义。有的是赣方言区更大范围内的共同特点，例如特点（1）是赣方言（包括客家方言）区别于官话和其他方言的根本性特点，特点（5）也是赣方言的重要特点，特点（8）则是东南方言地区的跨方言的共同性特点。有的特点只是赣方言区局部区域的共同性特点，例如特点（6）（7）。这些属于方言性质的音韵成分，因为涉及的方言区域范围都较大，吸纳进入弋阳腔音韵音系是可以用来体现弋阳腔音韵的方言特征的。

当然乐平、万年、鄱阳、弋阳4个县方言中还有些音韵成分，只为较小区域方言所具有，不宜吸纳进入弋阳腔音韵音系。例如乐平方言和万年方言中，来母字今逢细音有的读作 [t-] 声母，即"里"读同"底"音，"领"读同"顶"音，又乐平方言中，知组、章组合口字有读 [k-]、[kʰ-] 声母的，即"春"读如"昆"音。这些读音，通常都被认为过于"土俗"，自然不宜采用。

（三）厘清弋阳腔音韵与赣剧音韵的关系

弋阳腔在其剧种发展过程中与赣语有着密切联系。[①] 戏曲论者一般都认为赣剧是弋阳腔的直接继承者，因此弋阳腔势必在音韵方面给赣剧以重要影响。清末以来弋阳腔艺人搭班赣剧班社，则又形成在舞台音韵方面弋阳腔与赣剧相互影响的局面。在做弋阳腔音韵构拟的时候，赣剧舞台音韵必须作为一个重要的参考方面。但是，不可以就此认为，赣剧音韵就是弋阳腔音韵，因而把赣剧音韵直接移植过来作为弋阳腔音韵。

之所以作这样的考虑，不仅仅是为了使弋阳腔音韵能够作为一个独立的剧种而具有自己的音韵体系，而是从剧种的发展历史和现状看，弋阳腔音韵

---

① 清咸丰以后弋阳腔渐趋衰落。从光绪年间开始，江西的弋阳腔并入饶河戏（今之赣剧）之中，没有了专业班社，也没有了专场演出，只是以一些折子戏形式插入在饶河班晚会演出。

都应当与赣剧音韵有一定的差异。其原因就是弋阳腔在方言基础上与赣剧有不完全一致之处。弋阳腔形成于弋阳，在赣东北的主要流播地是乐平、万年、鄱阳。乐平、万年、鄱阳和弋阳4个县都属于赣方言区。赣剧形成有两个源头，一个是饶河戏，一个是信河戏。饶河戏形成并主要流播于旧饶州府下辖乐平、万年、鄱阳等地，信河戏形成并主要流播于旧广信府下辖的上饶（包括今上饶县和上饶市市区信州区）、玉山、广丰和铅山、弋阳等地。饶河戏流播区域与弋阳腔流播区域大致相当，但信河戏主要流播的上饶、玉山、广丰三地方言属于吴方言区，这与弋阳腔主要流播的乐平、万年、鄱阳与弋阳等地属于赣方言区是有着很重要的方言基础上的不同的。

有一个问题是，赣剧尽管自20世纪50年代由饶河戏与信河戏合流而成，但舞台音韵一直未能有真正的融合。由于当年两派合流主要吸纳了信河戏的班底，长期以来一直到目前，江西省赣剧院的演出都是采用信河戏的音韵，而各个地方的赣剧班社则大体还是依据流播地分别使用饶河戏音韵和信河戏音韵。同时，到目前为止，饶河戏尚未有一个可以见于书面的韵谱，即饶河戏的音韵还没有作过系统的描写归纳。而信河戏目前所见则有3个拟定于不同时期的韵谱①，也未能在音韵上定于一统。

因此，本论文构拟弋阳腔音韵，将会参考赣剧的音韵，特别是其中饶河戏的音韵，对于赣剧（信河戏）的现有的韵谱资料，则会有所利用，有所甄别，而不能照搬。由于饶河戏尚无韵谱，目前弋阳县弋阳腔剧团演出时只能使用赣剧信河戏的音韵，也是一种无奈之举。

参考文献：

[1] 万叶主编.弋阳腔民间台本 [M].南昌：江西美术出版社，2014.

[2] 游汝杰主编.地方戏曲音韵研究 [M].北京：商务印书馆，2016.

[3] 中国戏剧家协会主编，江西省文化局编辑.中国地方戏曲集成·江西省卷 [M].北京：中国戏剧出版社，1962.

[4] 邹莉莉.弋阳腔名剧表演 [M].南昌：江西美术出版社，2014.

---

① 本论文作者所见到的赣剧韵谱有3种：《赣剧韵谱》（乘舟编，江西省赣剧院刻印，1961年）；《赣剧字韵》（文浩丽编，江西上饶地区文化局剧目工作室编印，1984年）；《赣剧剧韵正音谱》（万叶抄录，1978年）。

中古阳声韵在河北阳原方言中的演变 [①]

桑宇红

（河北师范大学 文学院）

摘要：中古阳声韵在阳原方言中读音演变有自身特点，所有阳声韵不但丢掉了鼻音韵尾而且丢掉了鼻化元音的色彩。咸山摄与假蟹摄合流，主元音是ε；深臻曾梗通五摄合流，主元音是əɯ；宕江二摄合流，主元音是ɔ。

关键词：晋语；河北方言；阳声韵；演变

引言

阳原县位于河北省西北部，隶属于河北省张家口市。东接宣化，南连蔚县，西与山西大同毗邻，北与怀安县和山西省天镇县交界。距北京市280公里、大同市78公里、张家口市140公里。本文主要以阳原县的阳原作为研究调查点，距阳原县城42千米。面积95平方千米，人口2.60万人。辖22个行政村，镇政府驻阳原村。109国道、宣涞公路、怀化公路交会过境。大秦铁路通过。有泥河湾旧石器时代文化遗址。根据《中国语言地图集》，阳原方言属于晋语张呼片。该片包括河北省西北部和内蒙古中部27个市县旗，其方言的共同特点是大部分地区平声、去声和入声均不分阴阳，平声与上声单字调不同，阳原方言符合上述特点。本文讨论存在于阳原方言中的中古阳声韵读音演变情况。

---

① 本文为国家社会科学基金重点项目"河北方言视角下的官话方言的渐变性与过渡性研究"（13AYY002）的阶段性成果。桑宇红（1970—），汉族，河北衡水人，河北师范大学文学院教授，主要研究方向为汉语语音史和方言史。

一、阳原方言语音系统

（一）声母

阳原方言 25 个声母（包括零声母）。列举如表 1：

表 1　阳原方言声母表

p 步别爸拜	pʰ 怕偏婆排	m 门米妹毛	f 飞饭方风	v 文外未王
t 大杜第东	tʰ 泰头筒贴	n 怒女男硬		l 吕蓝路良
ts 糟增主争	tsʰ 仓曹潮虫		s 散洒师晒	z 日肉如认
tʂ 遮者	tʂʰ 车马车扯		ʂ 赊舍佘社	ʐ 惹
tɕ 精节举焦	tɕʰ 秋齐去全		ɕ 修线旋虚	
k 贵高给跟	kʰ 跪开口渴	ŋ 鹅爱恩安	x 红灰胡话	
Ø 医云耳五				

说明：（1）v 的摩擦较轻，浊擦色彩不太强烈，实际音值介于 v、ʋ 之间。（2）n 与开口呼、合口呼韵母相拼时实际音值是 n，与齐齿呼、撮口呼韵母相拼时实际音值是 ȵ。（3）k 与 i 韵拼合时的实际音值近于 ɕ。此组舌根音只有 k 可以与齐齿呼相拼，其他均不可拼合，且只能与齐齿呼的 i 韵母拼合。

（二）韵母

阳原方言有 39 个韵母，不包括儿化韵，详见表 2：

表 2　阳原方言韵母表

开口呼	齐齿呼	合口呼	撮口呼
ɿ 制视思词	i 以比第米	u 铺母赌故	y 雨虚女取
ʅɚ 车蛇遮惹			
ɚ 儿耳尔二			
a 把打妈纱	ia 芽加霞家	ua 花瓜挎耍	
æ 胆乱竿含		uæ 短酸关船	
ɔ 邦方党桑	iɔ 羊讲良枪	uɔ 光黄床双	
o 播坡磨佛		uo 朵锁果火	yo 娘
ɣ 哥可河	iɛ 姐间野廉		yɛ 靴宣圆权
ai 拜买内盖		uai 帅怪快坏	

开口呼	齐齿呼	合口呼	撮口呼
ei 杯飞妹陪		uei 桂贵税惠	
ɑu 饱桃超劳	iɑu 腰刁条肖		
əu 斗路漏丑	iəu 油流秋秀		
əɯ 根庚横恩	iəi 因林灵心	uən 东魂红工	yəɯ 云群穷胸
ɛʔ 辣合摘拨	iɐʔ 夹接铁药	uɐn 落刮国郭	yɐʔ 月确缺雪
əʔ 黑木直没	iəʔ 北墨急踢	uəʔ 读绿出哭	yəʔ 橘育恤曲

说明：1.u 在鼻音声母后带有鼻音色彩，在双唇音（除 m 外）、舌根音后舌位较低，实际音值为 ʋ。2.uəʔ 的主要元音 ə 由于受 u 介音的影响，带有圆唇色彩，实际音值为后高圆唇元音 o。3.ʅɚ 韵母有卷舌色彩，只有这组韵母与卷舌声母相拼。

（三）声调

阳原方言有 4 个单字调。列举如表 3：

表 3　阳原方言声调表

平声	42	诗题衣文灯棉方田高穷
上声	55	使以等兔碗引走买女五
去声	213	是替坐意唱凳面近害用
入声	32	八毒十急黑缺歇药尺服

二、阳原方言阳声韵演变情况

"阳声韵"是指音韵学上对字音的分类，具体指"咸山深臻宕江曾梗通"九摄的舒声字。其中的 -m 尾韵属咸、深两摄，-n 尾韵属山、臻两摄，-ŋ 尾韵属宕、江、曾、梗、通五摄。经过语音的历史演变，这三个鼻音韵尾在大部分方言都产生了消变，消变的结果是在普通话里形成了两类：-n 尾韵和 -ŋ 尾韵，即前鼻音尾韵和后鼻音尾韵。中古九组阳声韵，在阳原方言里，均已脱落鼻韵尾变为纯口元音了。本文旨在通过对阳原方言中阳声韵字读音分析，同时结合古音韵学的有关知识，揭示其历时演变的一些规律。本文所用语料均是本人实地调查所得的材料。

中国社会科学院语言研究所编写的《方言调查字表》提供的阳声韵字，

在阳原方言中的演变情况大致是：所有的阳声韵字均失掉鼻韵尾，转化为纯口元音。其中深臻曾梗通五摄合流，主要为央半高不圆唇的 ə，音节末带 ɯ 尾；宕江摄合流，主要元音为后半低圆唇的 ɔ；咸山二摄合流，主要元音是前半低不圆唇的 ɛ。下文将分析各摄的具体演变情况。

（一）深臻曾梗通

在阳原方言中，这五摄合流为纯口元音 əɯ、iəɯ、uəɯ、yəɯ，鼻韵尾消失，具体音值如表4：

表 4　阳原方言深臻曾梗通五摄读音

韵尾摄	中古拟音	阳原方言读音	例字
深	-m	-əɯ	沉澄参初岑崇森生针章甚船深书甚禅任日
		-iəɯ	稟帮品滂林来浸精侵清心心寻邪今见钦溪琴群吟疑音影淫以
臻	-n	-əɯ	奔帮喷滂盆並门明分非芬敷份奉文微扽端嫩泥珍知趁彻阵澄榛庄衬初真章神船身书辰禅人日根见痕匣温影
		-iəɯ	宾帮贫並民明鳞来津精亲清秦从讯心巾见仅群银疑欣晓因影尹以
		-uəɯ	顿端褪透屯定论来尊精村清存从孙心椿彻准章春昌顺船舜书纯禅闰日昆见坤溪婚晓魂匣
		-yəɯ	俊精荀心旬邪军见群群熏晓熨影云云匀以
曾	-ŋ	-əɯ	崩帮朋並登端疼定能泥楞来曾精蹭清曾从僧心征知蒸澄称章绳船升书承禅扔日肯溪恒匣
		-iəɯ	冰帮凭並凌来凝疑兴晓应影蝇以
		-uəɯ	弘匣
		-yəɯ	孕以
梗	-ŋ	-əɯ	烹滂膨並猛明冷来贞知撑彻橙澄争庄铛初生生正章声书成禅耿见坑溪亨晓衡匣
		-iəɯ	兵帮聘滂平並明明丁端听透停定宁泥领来精精清清晴从姓心京见轻溪鲸群迎疑馨晓形匣英影赢以
		-uəɯ	轰晓横匣荣云
		-yəɯ	琼群兄晓迥匣永云
通	-ŋ	-uɯ	篷並蒙明风非丰敷熢透凤奉醲泥翁影
		-uəɯ	东端同定农泥笼来鬃精聪清送心松邪中知宠彻虫澄崇崇终章充昌春书绒日公见空溪共群烘匣红匣融以
		-yəɯ	穷群嗅晓熊云勇以

阳原方言臻深曾梗通五摄合流后的特例：

（1）深摄开口三等庄母字"簪"的读音为 tsɛ⁴²，与咸山摄字合流；

（2）臻摄开口一等透母字"吞"存在文白异读现象。在词组"温吞水"中的读音发生促化，读为 tʰuəʔ³²，并且在阳原方言里未见"吞"单独成词的情况。在"私吞、吞并"等具有书面色彩的词中，"吞"的读音为 tʰmuə⁴²；

（3）梗摄开口二等端母字"打"在今阳原方言中存在两种读音，分别为 tiəmei²¹³ 和 ta⁵⁵。当读音为 tiəmei²¹³ 时，只有"打耳光"的意思；

（4）梗摄开口二等明母字"盲"在今阳原方言中读音为 mɔ⁴²，与宕江摄字合流；

（5）梗摄合口二等见母字"矿"在今阳原方言中读音为 kʰcu²¹³，与宕江摄字合流。

（二）宕江摄：

宕、江两摄在阳原方言中合流，演变为纯口元音 ɔ，iɔ，cu，鼻韵尾消失，主要元音为后、半低、圆唇元音。具体音值情况如表5：

表5　阳原方言宕江摄读音

韵尾摄	中古拟音	阳原方言读音	例字
宕	-ŋ	-ɔ	帮帮滂滂旁並忙明方非芳敷房奉芒微当端汤透堂定襄襄郎来脏精仓清藏从桑心张知畅彻肠澄章章昌昌商书常禅瓤日刚见康溪昂疑杭匣汪影王云
		-iɔ	良来将精枪清墙从相心祥邪僵见羌溪强群仰疑香晓秧影羊以
		-cu	庄庄疮初状崇霜生光见筐溪狂群荒晓黄匣
江	-ŋ	-ɔ	邦帮胖滂庞並攘泥夯晓
		-iɔ	江见腔溪项匣
		-cu	椿知撞澄双生

由上表可以看出，在阳原方言中，宕江两摄字的鼻音韵尾"-ŋ"丢失，主要元音为舌位靠后且偏低的圆唇纯口元音。

阳原方言宕江两摄合流后的特例：

（1）江摄开口二等匣母字"巷"在今阳原方言中存在开口、齐齿两读，读音为 cxɔ²¹³、tɕiɔ⁵⁵，两种读音没有区别词义的作用；

（2）宕摄开口三等泥母字"娘"的读音为 nyo⁴²。

（三）咸山摄：

咸摄中古收鼻音 -m 尾，山摄中古收鼻音 -n 尾，阳原方言咸山摄基本合流，且开齐合撮四呼相配，对应整齐。鼻韵尾彻底消失，主元音为纯口元音 ε。中古咸山摄细音字在今阳原方言中与假摄开口三等细音字、见晓组蟹摄开口二等细音字合流，例如：夜$_{假三}$＝艳$_{咸三}$ iε²¹³、鞋$_{蟹二}$＝咸$_{咸三}$ ɕiε⁴²、减$_{咸三}$＝姐$_{假二}$ tɕiε⁵⁵。具体音值情况如表 6：

表 6　阳原方言咸山摄读音

韵尾摄	中古拟音	阳原方言读音	例字
咸	-m	-ε	泛$_{敷}$凡$_{奉}$耽$_{端}$贪$_{透}$痰$_{定}$南$_{泥}$篮$_{来}$簪$_{精}$惨$_{清}$惭$_{从}$三$_{心}$沾$_{知}$站（车～）$_{澄}$蘸$_{庄}$搀$_{初}$馋$_{崇}$衫$_{生}$瞻$_{章}$陕$_{书}$蟾$_{禅}$染$_{日}$敢$_{见}$坎$_{溪}$喊$_{晓}$含$_{匣}$揞$_{影}$
		-iε	贬$_{帮}$掂$_{端}$添$_{透}$甜$_{定}$黏$_{泥}$镰$_{来}$尖$_{精}$签$_{清}$潜$_{从}$减$_{见}$钳$_{群}$严$_{疑}$险$_{晓}$咸$_{匣}$淹$_{影}$炎$_{以}$阉$_{以}$
山	-n	-ε	班$_{帮}$盼$_{滂}$瓣$_{並}$慢$_{明}$掸$_{端}$摊$_{透}$弹$_{定}$难$_{泥}$懒$_{来}$赞$_{精}$餐$_{清}$残$_{从}$伞$_{心}$缠$_{澄}$盏$_{庄}$铲$_{初}$栈$_{崇}$山$_{生}$战$_{章}$扇$_{书}$善$_{禅}$然$_{日}$干$_{见}$看$_{溪}$岸$_{疑}$罕$_{晓}$旱$_{匣}$安$_{影}$
		-iε	鞭$_{帮}$偏$_{滂}$便$_{並}$棉$_{明}$颠$_{端}$天$_{透}$田$_{定}$碾$_{泥}$连$_{来}$煎$_{精}$浅$_{清}$钱$_{从}$仙$_{心}$羡$_{邪}$间$_{见}$牵$_{溪}$件$_{群}$眼$_{疑}$显$_{晓}$闲$_{匣}$眼$_{影}$焉$_{影}$演$_{以}$
		-uε	端$_{端}$疃$_{透}$断$_{定}$钻$_{精}$窜$_{清}$酸$_{心}$转$_{知}$椽$_{澄}$纂$_{初}$撰$_{崇}$疝$_{生}$专$_{章}$川$_{昌}$船$_{船}$软$_{日}$官$_{见}$宽$_{溪}$阮$_{疑}$欢$_{晓}$换$_{匣}$
		-yε	全$_{从}$宣$_{心}$旋$_{邪}$卷$_{见}$圈（圆～）$_{溪}$颧$_{群}$元$_{疑}$轩$_{晓}$怨$_{影}$圆$_{云}$缘$_{以}$

三、阳原方言阳声韵字今读类型

（一）阳声韵合并类型

根据王洪君先生在 1991—1992 年先后发表的《阳声韵在山西方言中的演变》（上、下）的调查，山西方言文读层阳声韵韵摄的合类分为四类：四大韵分立型（咸山 — 深臻 — 曾梗通 — 宕江），分布在晋东南南部，晋南大部；曾梗通＝宕江型（咸山 — 深臻 — 曾梗通宕江），分布在晋南中部；曾梗通＝深臻型（咸山 — 深臻曾梗通 — 宕江），分布于雁北、晋东南、晋中、吕梁大部及忻州北部；曾梗通＝深臻，且宕江＝咸山型（咸山宕江 — 深臻曾梗通），分布在晋中盆地及西邻、北邻的一小片区域内，包括汾阳、祁县等十几个县市。

阳原方言9个阳声韵摄的合并情况与王洪君先生归纳的山西方言阳声韵合类的第三类相同，即咸山摄合流，深臻曾梗通五摄合流，宕江二摄合流。

（二）阳声韵的音值

1.阳原方言中，深臻曾梗通的主要元音较高，咸山、宕江的主要元音偏低。同时，咸山摄的主要元音发音部位靠前，深臻曾梗通、宕江摄的主要元音靠后，各类韵的主要元音音值应为：咸山 ɛ，深臻曾梗通 ə，宕江 ɔ。王洪君先生归纳的山西方言阳声韵出发点的主元音音值为：咸山 a，深臻 e，曾梗通 ə，宕江 ɑ（或 ɒ），并指出这一出发点与一般北方方言相同。

可见，阳原方言在深臻摄音值方面与邻近的山西方言，或者说与一般北方方言是有一定差异的。

2.王洪君先生按照鼻音韵尾的消变程度将山西方言文读层阳声韵的反映形式分为三种类型，分别是：（1）带 -ŋ 或 -ɣ 尾，这是鼻尾仍很稳固或较为稳固的表现；（2）鼻化韵，这是鼻尾弱化的反映；（3）纯元音韵，这是鼻尾完全消失的反映。

阳原方言的阳声韵的反映形式主要属于第三种情况：纯口元音型。这一类型主要来自中古宕江咸山摄的舒声字。中古宕江摄舒声字在今阳原方言中合流，演变为纯口元音 ɔ，iɔ，uɔ，鼻音韵尾消失，主要元音为后、低、圆唇元音；阳原方言咸山摄与蟹假摄合流，演变为纯口元音 ɛ，iɛ，uɛ，yɛ，开齐合撮四呼相配，对应整齐。

由此可以得知，具体来看，咸山摄与阴声韵合流，所以属于变化最快的部分，其次宕江摄，纯口元音化，但是没有与阴声韵合流；最慢的应该是"深臻曾梗通五摄"。这五摄的舒声字，在今阳原方言中合流为复合元音 əɯ，iəɯ，uəɯ，yəɯ，鼻音韵尾消失，主要元音是央半高不圆唇的 ə，五摄配合成开齐合撮四呼俱全的一组音类。但在主要元音之后还伴随一个后高不圆唇元音 ɯ。由于汉语的辅音韵尾只有成阻没有除阻，所以只是个半辅音，ɯ 是个舌面后不圆唇元音，而 -ŋ 是个舌根音，发音部位接近，ŋ 是一个浊鼻音，ɯ是元音，发音时声带都要震动，当 ŋ 的鼻音成分消失，是很有可能转变为 -ɯ尾的。反过来，如果在发 ɯ 时加上鼻音色彩，也有可能变为 ŋ。鼻音韵尾从中古的 -m/-n/-ŋ 三分到阳原方言演变成纯口元音，显示了古鼻音韵尾在现代汉语方言中逐渐弱化甚至消失的趋势。

四、阳原方言阳声韵字演变条件分析：

中古阳声韵字在现代汉语方言中的演变比较常见的类型有以下几种：

（1）咸山摄合流，转为鼻化韵；深臻摄合流，韵尾为 n；宕江曾梗通五摄保留 ŋ 尾，例如大部分的中原官话、部分冀鲁官话。

（2）咸山摄合流，转为鼻化韵；深臻曾梗合流，韵尾为 n；宕江通三摄保留 ŋ 尾，比如部分中原、江淮、西南官话。

（3）咸山摄合流，转为纯口元音，深臻曾梗合流，韵尾为 n；宕江通三摄转为鼻化韵，比如吴方言。

（4）咸山摄合流，转为鼻化韵；深臻曾梗合流，韵尾为 ŋ；宕江曾梗通保留 ŋ 尾，比如晋语和兰银官话。

（5）文读音各摄韵尾保持中古格局，白读音各摄都有大量字转入鼻化韵，其他比如客家话和粤语。

由此可见，中古阳声韵在演变的过程中，鼻韵尾 m 是最容易消失的，ŋ 尾最稳定，n 尾介于两者之间。张光宇指出：北京音系里，声母不见后鼻音，韵尾不见前鼻音。这种分布状况说明：起首部位倾向出现辅音性较强的鼻音，结尾倾向辅音性较弱的鼻音[①]。从古今音变来看，后鼻音在声母部位会先丢失，而在韵尾部位先丢失的是前鼻音。当然，在现代汉语方言中也存在 -ŋ 向 -n 转变的类型，例如广西灵川县三街平话。从鼻尾韵发展的趋势看，阳原方言鼻化韵的形成可能就是从 -n 或 -ŋ 开始的。

另外，鼻韵尾的丢失还可能与元音舌位的高低有关。张燕芬分析了大量前人对鼻音韵尾消变动因的研究，认为主要元音舌位的高低是鼻音韵尾弱化和消失最重要的条件，低元音与鼻音韵尾组合时动程宽，时长较长，可以使韵尾鼻音充分地作用于韵腹元音，使其带上鼻音的音色，成为鼻化元音[②]。阳原方言宕江摄的主要元音是后半低元音 ɔ，咸山摄的主要元音是前半低元音 ɛ，二者在发音时开口度较大，与鼻音韵尾组合时动程宽，时长较长，所以更容易鼻化，导致鼻音韵尾消失，进而先于深臻曾梗通五摄演变为纯口元音。

通过以上研究分析，中古阳声韵在阳原方言中演变为纯口元音类型。一般认为，由闭音节向开音节演化是汉语语音发展的一大趋向，-m 韵尾因其

---

① 张光宇. 汉语方言的鼻化运动 [J]. 语言研究，2012（2）：17—28.

② 张燕芬. 中古阳声韵韵尾在现代汉语方言中的读音类型 [D]. 济南：山东大学，2009.

发音的闭口特征，加上汉语的辅音韵尾在语流中实质上只是半辅音（只有成阻而无持阻和除阻），较容易消失，故 -m 韵尾远在入声韵尾消失之前的唐代方言中就出现消变的端倪。在唐宋时，这种音节裂变还不大适合中古汉语双音节化体系，因而未能很快铺开，直到近代入声消失后，-m 韵尾才全面归并于 -n 韵尾而最终完成消变。其次，前鼻音的 -n 尾较后鼻音的 -ŋ 尾更易消变；-n→-ŋ；低元音后的鼻尾较高元音后的鼻尾更易消变。伴随着鼻音韵尾的消失，主元音也会相应地发生元音高化，如咸山摄主元音 a→ɛ，宕江摄主元音 ɑ/ɒ→ɔ。

参考文献

[1] 崔淑慧 . 山西北区方言语音研究 [D]. 广州：暨南大学，2004.

[2] 韩沛玲 . 五台片方言阳声韵的演变 [D]. 天津：天津师范大学，2003.

[3] 潘悟云 . 吴语的语音特征 [J]. 温州师专学报，1986（2）：1—7.

[4] 王洪君 . 阳声韵在山西方言中的演变（上）[J]. 语文研究，1991（4）：40—47.

[5] 王洪君 . 阳声韵在山西方言中的演变（下）[J]. 语文研究，1992（1）：39—50.

[6] 杨针 . 广西灵川县三街平话阳声韵尾的演变 [J]. 河池学院学报，2014（3）：31—34.

[7] 张光宇 . 汉语方言的鼻化运动 [J]. 语言研究，2012（2）：17—28.

[8] 张燕芬 . 中古阳声韵韵尾在现代汉语方言中的读音类型 [D]. 济南：山东大学，2009.

[9] 郑林丽 . 汉语鼻音韵尾的演变 [D]. 兰州：兰州大学，2001.

从方言韵书《四字正音》看清代武汉方言泥、来、日母字的分混演变

钱奠香

（厦门大学 人文学院中文系）

摘要：本文从新发现的清初武汉方言韵书《四字正音》出发，并和清末美国圣公会传教士殷德生（James Addison Ingle）的《汉音集字》以及民国《湖北方言调查报告》等文献进行对比，探讨清初以来武汉方言中古泥、来、日母字的分混演变情况。主要结论有：

1. 中古泥、来母字在清初武汉方言中保持分立，丝毫不混。两者很晚才合流，一直到清末还没彻底完成。

2. 中古日母字在清初武汉方言中呈现三分状态：

a 儿系字独立为一韵，不与其他中古声母字相混；

b 日系字绝大部分读零声母，与中古影、喻、疑母字细音相混；

c 日系字有一小部分字与中古来母字相混，读洪音；

3. 武汉方言日母字主流是从中古读音 ŋ- 发展过来的，并没有经过 ʑ- 这样的读音阶段，但有部分字清初受到汉语通语新的影响，读为 "R（ɹ）" 声母，以后和 l- 相混，最后成为今天 n- 声母字。

关键词：武汉方言；清代；泥、来、日；声母演变

一、清初武汉方言韵书《四字正音》简介

清初武汉方言韵书《四字正音》（又称《四字注释正音》等），是一部新发现的方言韵书，目前尚未有相关研究。据本人了解，该部韵书目前至少有 14 个不同的手写版本，本人手头掌握其中 7 个不同版本。这 7 个不同版本手

写时间，最早的可以上朔清初顺治 12 年（1655 乙未年），晚的一直到民国乙亥年（1935）。地域范围上，该部韵书主要跟湖北省武汉（武昌）一带的方言有关。对该部韵书的研究，在拓展湖北西南官话方言史上有非常重要的意义，对近代汉语南方官话语音研究也有非常重要的参考价值。

《四字正音》正文编写体例是全书分 17 个韵部，17 个韵部下面再根据声母发音部位分组列韵，韵下再根据平、下平、上、去、入的声调顺序列出具体字，字下再用小字进行简单的注解。各个版本具体收字不完全相同，早期的异体字比较多，全书收字多达 9000 多个，后期的偏少，但字数一般都接近 7000 字。

下图为《四字正音》2 个早期版本的封面，以及"单端、胆短、烂乱、山三酸"同音的正文图片，供读者初步了解：

图 1　《四字正音》早期版本封面

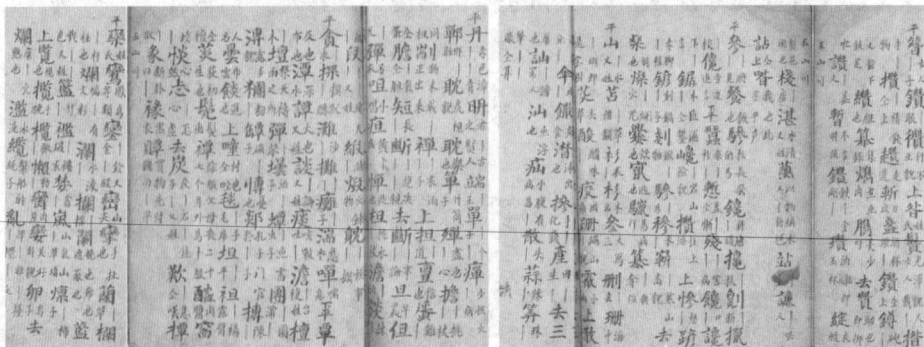

图 2　《四字正音》"单端、胆短、烂乱、山三酸"同音正文页

就音系特点来说,《四字正音》声母系统方面有以下 5 个突出特点:

1. 尖团分开,尖音为"舌音",团音无论洪细,还是"喉音",为舌根音。

2. 细音和部分洪音精组和知照组相混,部分不混。从"枝词"韵部来看,应该有两组"齿音"。细音中,精组知照组相混的地方,声母可能读为 tɕ、tɕʰ、ɕ,也可能读为 ts、tsʰ、s,本文作为一套声母的音位变体来看待。

3. "泥""来"不混。

4. "日"母大多混入喉音零声母,部分混入"来"母,"枝词"韵部中还有独立的"齿音"日母,读音依一般认识暂定为 ʐ。

5. 古疑母字并入零声母和泥来母中,并未发现单独存在的疑母 ŋ-。"婆娑"韵部"窝"韵类中,中古疑母的"饿卧"与影母"恶鄂握噩喔渥(沃)齷"是同音的,但今天武汉话不一定同音。比如:饿 ŋo³⁵ ≠ 卧 o³⁵、恶鄂噩 ŋo²¹³ ≠ 喔渥 o²¹³。(朱建颂《武汉方言研究》同音字表中,"饿"字读 ŋo³⁵,也读 o³⁵,"握渥(沃)"也是 ŋo²¹³、o²¹³ 两读)。

《四字正音》声母共 19 个,具体读音和原书发音部位分组如下:

喉音 1:k kʰ Ø

舌音:t tʰ n

唇音:p pʰ m

齿音:ts tsʰ s

　　　tʂ tʂʰ ʂ ʐ

喉音 2:x f l

韵母系统本人初步归纳为 48 个韵母,其中 36 个是舒声韵母,12 个是入声促尾韵母。《四字正音》17 韵部及所包含的韵母如下,标音根据今天武汉话相关字的读音结合个人对韵书理解标注。

一 東風　2 个韵母:oŋ / ioŋ

二 清聲　2 个韵母:eŋ / iŋ

三 新春　4 个韵母:ən / in / yn / un

四 倉箱　3 个韵母:aŋ / iaŋ / uaŋ

五 山川　4 个韵母:an / ian / uan / yan

六 枝詞　2 个韵母:ʅ / ɿ

七 婆娑　3 个韵母:o / oʔ / əʔ

八 雪月　3 个韵母:ye / yeʔ—ioʔ(白读)

429

九 翠微　2 个韵母：ei / uei

十 扶疏　2 个韵母：u / uʔ

十一 知幾　2 个韵母：i / iʔ

十二 車書　2 个韵母：y / yʔ

十三 徘徊　3 个韵母：ai / iai / uai

十四 秋收　2 个韵母：ou / iou

十五 家麻　8 个韵母：a / aʔ / ua / uaʔ / ɔʔ / iɛ——ia / iaʔ（其中 ia、iaʔ 用于假摄开口二等见系字文读）

十六 結葉　2 个韵母：ie / ieʔ

十七 飄飆　2 个韵母：au / iau

总的来说，清初武汉方言韵母方面最大的特点就是中古深、臻两摄与曾、梗两摄不混，前后鼻音韵尾截然分开。深、臻、曾、梗韵母读为前鼻音韵尾是很晚才发生的变化。声调方面的特点则是有入声，一直延续到 19 世纪末甚至 20 世纪初才最后消失。因此，清代武汉方言一直都是有平（阴平）、下平（阳平）、上声、去声和入声 5 个声调的。

二、清代武汉方言中古"泥""来"母字的分混演变

前文在概括《四字正音》声母特点时曾说到，中古 36 字母中的"泥"母和"来"母，在清初武汉方言中是分开的，并没有相混的迹象。从后面 1899 年的《汉音集字》来看，"泥""来"有别是贯穿清代武汉方言的。

不过，由于"泥""来"母辖字比较多，各写本收字虽然绝大多数相同，但不同写本互相之间其实还是有一定差别的，加上声调漏标、误标等人为因素的影响，材料比对遇到分歧是常见的。因此，下面说明清初和今天武汉话分合关系时，所列表格是根据清初 2 个写本校正之后的材料。

清代武汉方言泥、来母字分合情况如表 1：

表1 清代武汉方言泥、来母字分合情况表

韵部名称及序号	韵	声调	例字	《四字正音》分合	今武汉话分合
一 東風	膿	平	膿農儂濃穠醲噥	分	合
		去	怒		
一 東風	隆	平	隆龍聾籠楆鞚瓏襱龓曨	分	合
		去	弄悷哢衖爖		
二 清聲	能	平	能	分	合
	稜	平	稜楞倰睖		
	寧	平	寧嚀	分	合
		去	甯佞		
	靈	平	靈令刢零苓聆陵鈴伶泠囹翎羚齡蛉菱綾凌薐		
		去	令另欞檑		
三 新春	恁	平	恁您	分	合
	林	平	林鄰鱗麟琳霖淋臨轔粦嶙驎		
四 倉箱	囊	平	囊	分	合
		上	曩攮		
		去	瀼儾齉		
	郎	平	郎瑯硠稂廊琅狼螂榔稂浪		
		上	朗		
		去	浪閬烺		
	娘	平	娘孃	分	合
	涼	平	涼良糧量梁粱綡蜋		

续表

韵部名称及序号	韵	声调	例字	《四字正音》分合	今武汉话分合
五 山川	南	平	南楠男喃難	分	合
		上	暖煖摘饅赧溴蕳		
		去	難		
	亂	平	樂鸞變孌攣蘭欄斕瀾攔闌藍籃襤婪嵐爛		
		上	變覽欖攬懶孌卵		
		去	爛灆纘亂		
	年	平	年黏拈鮎	分	合
		上	輾碾輦撚 趁 跈		
		去	念廿蹍		
	連	平	連鐮聯蓮漣憐廉簾臁盒歛帘糫褳楝濂		
		上	歛璉臉 檢		
		去	練涷鍊楝殓 獫 瀲煉燫		
七 婆娑	那／儺	平	那挪儺 捼	分	合
		上	娜		
		去	糯懦哪		
		入	諾訥呐踏		
	羅	平	羅蘿鑼螺騾驘欏囉籮覼玀		
		上	裸羸疨砢		
		去	躍		
		入	落樂駱捋絡烙雒酪洛		
九 翠微	内／餒	上	餒鮾	分	合
		去	内芮		
	类／雷	上	壘蕾癗誄蕊磊蕾		
		去	類淚累耒 芮柄汭睿銳		

韵部名称及序号	韵	声调	例字	《四字正音》分合	今武汉话分合
十 扶疎	奴	平	奴孥駑帑	分	合
		上	弩努砮		
		去	怒		
	盧	平	盧爐鑪轤纑臚顱攎嚧鑢瓤蘆廬艫鱸瓐鸕壚獹櫨		
		上	魯櫓鹵滷艣攎虜艣擄		
		去	路露鷺簵璐輅簬潞賂鏀		
十一 知幾	尼	平	尼泥呢怩 彌 鬩妮	分	合
		上	儞柅旎禰爾		
		去	泥膩殢		
		入	暱尼溺匿怒		
	梨	平	梨黎犁藜剺蜊莉綟璨罹釐驪鸝麗離籬璃醨摛貍桲嫠犛魖螭漓		
		上	李履禮理里裏蠡俚娌醴鯉里		
		去	利吏例荔俐唳戾麗厲痢隸詈儷涖礪勵		
		入	立笠粒栗慄捩歷曆櫪酈蔾櫟瓅溧礫力苙靂瀝鎘壘		
十二 居書	女	上	女	分	合
		去	女		
	驢	上	閭櫚蔞驢騄		
		去	慮屢鑢綠菉嚧鑢		
十三 徘徊	乃 / 痛 / 耐	平	痛蝻	分	合
		上	乃嬭奶迺		
		去	奈柰耐鼐褦		
	來	平	來萊騋淶		
		上	徠		
		去	賴籟癩賚徠藾		

续表

韵部名称及序号	韵	声调	例字	《四字正音》分合	今武汉话分合
十四 秋收	羺	平	羺	分	
		上	㺩		
		去	檽		
	樓	平	樓婁捜糠髏嘍嘍㼌薮䁂		
		上	捜簍斗廔僂		
		去	鏤剅陋漏		
	牛	平	牛繆㽠	分	合
		上	紐鈕扭莥		
		去	謬狃		
	留	平	留劉騮瘤榴飂鷚遛熮瑠硫旈瀏流鏐驑		
		上	柳罶綹褸桞縷		
		去	溜雷鎦		
十五 家麻	那/拿	入	捺納衲内呐	分	合
	拉	入	拉辣蝲捰邋磊蕌 偈 轢磖喇歠蜊臘落剌喇來橃臈爤		
十六 結葉	聶/乜	入	聶躡鑷捻攝囁涅乜捏 歈	分	合
	列	入	列烈洌冽裂獵躐鬣劣		
十七 飄飆	撓	平	撓呶猱獶猺碙蟯恘鐃	分	合
		上	惱腦瑙		
		去	鬧婼摳熠淖橈		
	勞	平	勞撈螃牢哞醪		
		上	老潦		
		去	澇癆嶗橯軂		
	鳥	上	鳥裊孃嫋蔦嬲	分	合
	僚	上	了蓼瞭憭繚料療燎瞭廖爒		

以上材料共涉及 20 对 40 个韵 46 组对立字，含多音重出，共 546 字。需要说明的有以下 3 点：

a. 表格中的例字主要是中古泥、来母字，但也有其他声母的字。比如疑母的"牛"字，清初已经读 n-，混入泥母。本文考察武汉方言泥、来母字的分混，主要就是考察声母 n-、l- 在武汉方言中的分混演变过程，因此此处也暂时把"牛"字列入考察。中古日母字"芮枘汭睿鋭"等在清初读 l-，混入来母，也同样列入，但下文还有专门讨论日母分混演变的内容。此外，由于不明原因，中古其他声母的一些字清初武汉方言也读同泥、来母字。比如"趁"（彻）、"检"（见）、"猏"（晓）、"歆"（晓，书）、"揆"（心）、"彌繆謬"（明）、"偏"（透）等字，此处也一并列入，并用下加横线标出。

b. 各写本的韵目字偶尔有所不同，此处一并列出，中间用斜线隔开。

c. 表中涉及 20 组相关的韵，分别是："膿—隆""能—稜""寧—靈""恁—林""囊—郎""娘—涼""年—連""南—欒""那 / 儺—羅""内 / 餒—雷""奴—盧""尼—黎""女—驢""乃 /痌/ 耐—來""糯—樓""牛—留""那 / 拿—拉""聶—列""鳥—僚""撓—勞"。但由于"糯"韵辖字不常用，"糯—樓"这组韵今武汉话无法说明分合情况，能说明分合情况的是其他 19 组韵。

上面 19 组能说明分合演变关系的韵中，所辖各字尤其是常用字，今武汉话都已经合而为一，为同音关系。但这些字在清初是截然分开的，中古"泥""来"母泾渭分明，以后到了十九世纪末的时候，"泥"母字才开始有 n-、l- 两可的读法。这一点朱建颂在《武汉方言的演变》一文中也已经讲得很清楚。原文如下：

> 声母 n、l 并存，中古来母字读 l，如"辣来兰郎劳类伦楼离良聊列连流林罗龙略"等（例外字"梁"有 n、l 两读）；中古泥母字读 n、l 不定，如"拿乃南泥娘捏年牛宁挪"等（"鳥"字也两读；"尿"字只有 n 一读）。这是 n、l 开始相混的过渡现象。

本文基本同意朱老师的分析，但有一点需要补充，就是 19 世纪末的武汉（汉口）方言，中古"泥"母字应该有书面语和口语两种不大一样的场合要求，书面语中的"泥"母字相当一部分还继续保留 n 的读法，但在口语中，却是可以有 l 读法，和"来"母字混到一起。因此，《汉音集字》中以下 12 个 N 开头的音节能独立列出来，即：Na[na]、Nai[nai]、Nan[nan]、Ni[ni]、Niang[niaŋ]、Niao[niau]、Nieh[nie]、Nien[nien]、Nieo[niou]、Nin[nin]、

No[no]、Nü[ny]，中间没有掺杂"来"母字。而 20 个以 L 开头的音节，则除了有相关的中古"来"母字之外，还同时收有"泥"母字。如果"泥"母字已经混同"来"母字的话，是没有必要单独列出 N 开头的各音节的，之所以列出来，应该是正式的书面语场合还有一定的区别，后来才在口语的强大影响下彻底混同"来"母字，形成今天武汉方言 n-/l- 不分的声母特点。

《汉音集字》中 20 个以 L 开头的音节具体如下：La[la]、Lai[lai]、Lan[lan]、Lang[laŋ]、Lao[lau]、Lêh[lɣ]、Lei[lei]、Len[lən]、Leo[lou]、L[li]、Liang[liaŋ]、Liao[liau]、Lieh[lie]、Lien[liɛn]、Lieo[liou]、Lin[lin]、Lo[lo]、Lü[ly]、Lung[loŋ]、Lüoh[lio]。

《汉音集字》中"泥"母字存在，但又混同"来"母字的例子举 Nan[nan] 和 Lan[lan] 这两个音节对比即可明白。

《汉音集字》Nan[nan] 音节收字如下：

〔下平〕南喃楠蝻諵難囏男枏
〔上声〕揇腩戁暔煖赧

《汉音集字》Lan[lan] 音节收字如下：

〔下平〕闌攔欄蘭瀾讕襴斕蹣嘲蘭籃藍襤 藍罱戀欒鸞鑾圝樂欒灤婪 霖惏啉／男南喃諵楠蝻難豔嵐枏
〔上声〕覽欖攬擥懶孄卵／煖暖赧 壈戁渿罱揇腩漤饏
〔去声〕爛糷鑭瓓亂乱濫纜憪／難

除去"嵐壈漤"这 3 个来母字，上面 Lan[lan] 音节斜杠号后面的收字实际上不过是把相关"泥"母字再次列入而已，但"来"母字却不出现在 N 开头的音节中。

因此，对于武汉方言来说，中古"泥""来"母字整个清代都是分开的，但到了清末，口语中"泥"母字开始混入"来"母字中，但正式的书面语还在一定程度上有"泥""来"n-、l- 的区别，以后全部混同，n-、l- 成为辅音音位 /n/ 或者 /l/ 的两个变体。

三、清代武汉方言中古"日"母字的分混演变

中古"日"母字数量不多,《四字正音》各写本共收录 106 个。从各写本《四字正音》收字来看,中古日母字在清初武汉方言中呈现三分状态:

a. 儿系字独立为一韵,不与其他中古声母字相混。

b. 日系字绝大部分读零声母,与中古影、喻母字细音相混。

c. 日系字有一小部分字与中古来母字相混,读洪音。如:肉辱 = 鹿禄六陆、蕊 = 磊蕾、芮睿蜹 = 类,等。

这三种字音分布状况,反映的是中古"日"母字在武汉方言中很不一样的发展途径。以下分别阐述。

(一)儿系字的独立与清代武汉方言中古"日"母字的演变

中古止摄三等"日"母字一般又称为"儿系字",在近现代汉语通语以及北方方言中往往与其他韵摄的"日"母字表现不同,武汉方言也不例外。

清初武汉方言韵书《四字正音》共收录 17 个儿系字,这 17 字集中出现在第六"枝词"韵部中的"而"韵中,平(下平、阳平)、上、去 3 个声调均有分布。具体如下表:

韵部及序号	韵	声调	《四字正音》中古日母字	《汉音集字》读音	今武汉方言读音
六 枝詞	而	平	而兒輀洏呢	Êr〔下平〕	u^{213}
		上	餌耳爾邇珥	Êr〔上声〕	u^{42}
		去	貳樲咡聏二 駬尒	Êr〔去声〕	u^{35}

从表面上看,武汉方言的儿系字从清初到清末,甚至到今天,都没有什么变化。但要注意的是,1899 年的《汉音集字》Êr 音节中除了有下平、上声和去声字,还有入声字"日祖馹",是 3 个"日"母字。可是这 3 个"日"母字中的"日馹",在清初却是和"益億憶抑繹譯蜴弋奕翼疫役壹逸溢"等字同音的,是零声母入声字。

显然,儿系字在武汉方言中的发展变化并不像表面上看起来这么简单。这里面涉及 3 个问题:一是清初是否存在一个独立的"日"母?其次是儿系

字的韵母具体音值怎样？这些儿系字最后又是怎样和"日"母字"日袒馹"等走到一块的？要回答好这些问题并不容易。

　　从清初各写本的《四字正音》来看，儿系字只出现在第六"枝词"韵部"而"韵中。而"枝词"韵部早期的乙未版只收 4 个韵，分别是"枝詞思而齒"，属"齒"音音节。后面各写本则收有"枝詞思資而師" 6 个韵，显然是 2 套"齒"音。因此，从合的角度来看，我们可以认为清初武汉方言有一个独立的"日"母，读音为舌尖前浊音 z，或者与今天武汉话类似的 ɹ，而儿系字的韵母也可以认为是舌尖前元音 ɿ。但如果从分的角度来看，"日"母可能读为 z/ɹ，也可能读为 ʐ，或者同部位的无擦通音 ɻ，儿系字韵母则可能读为 ɿ，也可能是舌尖后元音 ʅ，从今天武汉话读为后高展唇元音 ɯ 来看，似乎舌尖后元音的可能性更大一些。

　　不过，从各写本的《四字正音》以及后面的武汉话变化来看，本文更倾向于认为：清早期武汉话的儿系字韵母是 ɿ，声母可能是个摩擦程度不强的舌尖前浊音 ɹ，和其他零声母差别不大，直接读 ɿ 也未尝不可。但进入清代之后，武汉方言受到新的汉语通语的影响，出现两套塞擦音，ts、tsʰ、s 和 tʂ、tʂʰ、ʂ，儿系字和相当一部分读为零声母的"日"母字又读为 ʐ，或者类似的 ɻ。"日"母字中的"日袒馹"就是在这样的一种新影响下和儿系字走到一起的，成为 êr 音节中的入声字成员，后面又更进一步丢掉入声调，和"而儿"等字读为阳平调的 ɯ²¹³，属传统的武汉话老读音，但同时又在新的普通话的影响下，"日"字还有一个新读音 ʐɿ²¹³。

　　这样的材料梳理和解释看起来是跟直线性历史演变认识相违背的，但从武汉"九省通衢"这样的一个特殊地理位置来看，却又是最贴近实际情况的。因为不单单是清初的《四字正音》有过这方面的较大规模的语音更替，即使拿 1899 年的《汉音集字》或者《湖北方言调查报告》和今天的武汉话来比较，其中的变化和变化的原因，都是非常清楚地说明"九省通衢"特殊地理环境的方言易变性这一特点的。比如本来读为 ₋tsʰien 音的"钱黔钤钳前潜乾﹏坤"和"全痊诠泉悛"两组字，今天武汉话分化为 ₋tsʰien 和 ₋tsʰyen 两种读法，后者显然是受到新的普通话的影响所致。又比如本来同读为 ɕin 音的"形刑型行﹏走信幸姓性兴复~、高~杏衅"和"旬荀询殉巡循汛迅讯"，今天也分读 ɕin 和 ɕyn，也都是 49 年后才出现的新变化。详细情况参朱建颂《武汉方言的演变》。

（二）清代武汉方言中古"日"系字的发展演变

理解了清初以来武汉方言不断受到新的汉语通语的影响，就能很容易理解其他中古"日"母字由清初的零声母变为后代的"R[ɹ]"或者 n 声母这个过程。

含多音重出，清初《四字正音》共收录读为零声母的"日"系字 76 个。这 76 个"日"系字分别在相关韵中和中古影、喻、疑母的细音字相混。具体分布如下表 2：

表 2　《四字正音》日母字与中古影、喻、疑母相混情况

韵部及序号	韵	声调	《四字正音》		《汉音集字》异同	今武汉方言读音异同
			中古日母字	《同音字组》其他同音字 （其他同音的零声母字）		
一东风	雍	下平	戎绒	容镕容鹛苺	同：Yong［下平］	同：ioŋ²¹³
		上声	冗氄	永勇涌踊踊痈	同：Yong［上声］	同：ioŋ⁴²
三新春	人	平	人仁任王	因烟阴音髥绷茵薗	异：人 Rên［下平］/因 Yin［下平］	异：人 nan²¹³/因 in⁵⁵
		上	忍荏稔衽	引隐尹蚓龂饮	异：忍 Rên［上声］/引 Yin［上声］	异：忍 nan⁴²/引 in⁴²
		去	认刃仞衽韧仞任	印孕管萌	异：认 Rên［去声］/印 Yin［去声］	异：认 nan³⁵/印 in³⁵
	云	去	闰润	运晕韵	同：Yün［去声］	同：yn³⁵
四仓箱	央	下平	穰禳瀼瓤	阳扬扬羊佯	异：瓤 Rang［下平］/阳 Yang［下平］	异：瓤 nan²¹³/阳 iaŋ²¹³
		上	壤攘	养样仰	异：壤 Rang［上声］/养 Yang［上声］	异：壤 naŋ⁴²/养 iaŋ⁴²
		去	让	漾样恙	异：让 Rang［去声］/样 Yang［去声］	异：让 naŋ³⁵/样 iaŋ³⁵
	渊	上	阮软暖偄	远苑	同：Yüen［上声］	同：yen⁴²
		去	软	院愿怨愿	？/Yüen［去声］	？/yen³⁵
五山川	烟	平	栴然	烟胭燕咽淹淹阉	异：然 Ran［下平］/烟 Yen［上平］	异：然 nan²¹³/烟 yen⁵⁵
		下平	辱	炎盐檐阎严颜筵言延蜒妍研沿缘	异：辱 Ran［下平］/炎 Yen［下平］	异：辱 nan⁴²/炎 ien²¹³
		上	染冉苒	偃衍冗眼俨掩奄	异：染 Ran［上声］/眼 Yen［上声］	异：染 nan⁴²/眼 ien⁴²
		去	然	咽厌验谚彦砚晏雁	？/Yen［去声］	？/ien³⁵
七婆娑 八雪月	若	入	弱若箬	月曰阅粤遏腌铖/药礿约乐嶜钥岳岳	同：Yoh［入声］；异：弱 Yoh［入声］/月 Yüeh［入声］	同：io²¹³；异：弱 io²¹³/月 ye²¹³

续表

韵部及序号	韵	声调	中古日母字	《四字正音》同音字组 — 其他同音的零声母字	《汉音集字》异同	今武汉方言读音异同
十一 知儿	衣	入	日	益亿忆抑种绎译赐踢弋奕翼疫役壹逸溢	异：日 Ér [入声] / 益 I [入声]	异：日 ɯ²¹³~ʔi²¹³ 新 / 益 i²¹³
十二 居书	如	平	如儒濡茹嚅糯鸙鸁鸙	（鱼渔虞娱愚禺于盂竿隃逾觎）	（同：Yú [下平]）	（同：y²¹³）
		上	乳汝	（宇羽禹瑀圉庾瘐与语）	（同：Yǔ [上声]）	（同：y⁴²）
		去	茹孺峱遇御寓媗像预聿霍孹芋裕谕喻谕谀	（御驭煝遇御寓像预霍孹芋裕谕喻谕谀）	（异：孺 Yú / 御 Yù [去声]）	（异：孺 y²¹³ / 御 y³⁵）
	于	上	乳	字羽禹瑀圉庾瘐与语	（同：Yǔ [上声]）	同：y⁴²
		入	挼人	郁尉蔚域	同：人 Yù [入声]；异：挼 Reo [入声] / 域 Yù [入声]	同：人 y²¹³；异：挼 nou²¹³ / 域 y²¹³
十四 秋收	幽	平上平	揉揉柔	幽忧优呦悠	异：揉 Reo [下平] / 幽 Yeo [上平]	异：揉 nou²¹³ / 幽 iou⁵⁵
		去	肉	又右宥佑侑莠柚诱褏狄	？《汉音集字》缺	？今缺
十六 结叶	各	上	惹喏	也野冶	异：惹 Rê [上声] / 野 Yie [上声]	异：惹 nʏ⁴² / 野 ie⁴²
		去	偌	夜腋掖掖	异：偌 Lo [入声] / 夜 Yie [去声]	？ /ie³⁵
		入	热	叶谒摩业页臬喏	异：热 Rê [入声] / 叶 Yie [入声]、摩 Nieh [入声]、罄 Lieh [上平]	异：热 mʏ²¹³ / 叶辇 ie²¹³、喏 nie²¹³
十七 飘飘	腰	平上平	饶娆娆	腰幺夭要腰邀妖	异：饶 Rao [下平] / 腰 Yao [上平]	异：饶 nau²¹³ / 腰 iau⁵⁵
		上	绕扰	咨歠殀拗腰腰	异：扰 Rao [上声] / 咨 Yao [上声]	异：扰 nau⁴² / 咨 iou⁴²

需要注意的日系字发展演变现象有以下 4 点：

（1）"若"韵字的文白区别与清代武汉方言日系字的变化

"若"韵在清初乙未年（1655）本中是归在"七 婆娑"韵部，但在康雍年间的两个写本中却是归在"八 雪月"韵部，这应该是韵母文白读音的区别。也就是说，乙未年本是根据"若"韵的白读音归到"七 婆娑"韵部，而康雍年间的两个写本却是根据"若"韵的文读音归到"八 雪月"韵部中。反映到后面武汉方言材料中，就是"若"韵的日系字"弱若箬"保留了白读音，但清初本来同音的其他影、喻、疑母字，却有文读 ye^{213} 和白读 io^{213} 的区别，即"月曰閱粤越鉞"等字只有文读音 ye^{213}，"藥葯約樂虐鑰嶽岳"等字只有白读音 io^{213}。从白读音角度来看，从清初到今天的武汉方言，"若"韵字除了丢掉韵尾由入声归入阳平之外，声母并没有改变，都是零声母。而从文读音角度来看，"弱若箬"已经放弃曾经有过的文读音，与"月曰閱粤越鉞"等字不同音。然而，不管文读还是白读，从清初到今天的武汉方言，"若"韵字中的日系字"弱若箬"和其他同读零声母的影、喻、疑母字并没有改变，都是零声母，可以归到相同的一类中。

（2）"如""於"韵的区分与清代武汉方言日系字的变化

"十二 居書"韵部中，清初乙未年（1655）本只有"如"韵，没有"於"韵，康雍年间的两个写本则把乙未年本的"如"韵分出一个"於"韵。从具体归字来看，康雍年间写本"如"韵平、上、去声字全部是日系字，但入声所收的字"玉育獄浴欲慾郁隩或鵒昱鬻毓煜燠噢澳"等则全部是影、喻、疑母字，这应该是通语影响下的一种比较特殊的字音分化现象，即本来读零声母的一部分影、喻、疑母字，被归到一个重新出现的 R[ɹ] 声母中，书面语色彩比较重。不过，康雍年间武汉方言新出现的 R[ɹ] 声母并没有把早期已经读为零声母的日系字全部收拢，因为"乳"字和"褥入"还是保留零声母的读法，被归到"於"韵的上声和入声调中，与其他影、喻、疑母字继续保持同音的关系。不计"褥"字后来归入 R[ɹ] 声母这一变化的话，这种同音关系从清初到今天，基本没变。

至于"如"韵字中的"日"系字，从不同写本的《四字正音》和《汉音集字》等资料来看，应该是有过康雍年间归到新出现的 R[ɹ] 声母中这个变化，但到了后来，又回到早先读零声母的状态。这个变化表面看起来很复杂，但如果从文白共时存在的角度来看，这些日系字读零声母只不过是把方言中本来就有的白读音再次确认一下而已。也就是说，《四字正音》这部韵书反映的清代武汉方言语音系统中，除了白读，还有不断接受汉语通语影响下新出现的文读。这种通语带来的文读音的变化，一直到今天的武汉话，都还在不断调整变化中。

（3）"人""煙""幽""腰"4韵日系字的变化

"三 新春"韵部中的"人"韵、"五 山川"韵部中的"煙"韵、"十四 秋收"韵部中的"幽"韵、"十七 飘飘"韵部中的"腰"韵，这4个韵平声字中的日系字，都是读零声母阴调类"上平"调，但后来全部归到新出现的R[ɹ]声母字中，同时声调变成阳调类"下平"调，与原来同音的其他影、喻、疑母字分道扬镳。这种先合流后分化的现象，从一般的历史语音比较来看，是很难解释清楚其中的变化规律的，但如果从通语与方言的接触影响关系看，是比较容易理解的。即上述4个韵平声字中的日系字，在汉语通语的影响下，康雍年间就已经改读R[ɹ]声母，同时声调变为"下平"，以后声调不变，声母则大约在清末民国这段时间与[l]相混，变成今天[n-]声母字。

（4）"幽"韵"肉"字的"借韵"

"十四 秋收"韵部"幽"韵去声中的"肉"字，《四字正音》原书小字注明是"借韵"，显然是一个读书音。这个音在后来的《汉音集字》和今天武汉话中都已消失。

总的来说，《四字正音》所反映的清初武汉方言"日"系字和中古影、喻、疑母细音字相混的共有29组，这29组同音字中有5组是始终继续零声母读法的同音关系的。其他各组除去读音不清楚的情况之外，都曾经发生过变化。这些变化中，"日"系字都受到清代新的汉语通语的影响，声母改读为"R[ɹ]"，最后大约在清末民国这段时间大部分字又与[l]相混，以后变成今天[n-]声母字。

显然，在今天的武汉方言中，中古"日"母字读为零声母的，才是清初以来最稳定的一个层次。而读为[n]的，除了少部分字，几乎都在康雍年间受到新的汉语通语影响另外又有一种变化，即先改读"R[ɹ]"，以后和[l]相混，最后成为今天[n-]声母字。

（三）清代武汉方言中古"日"系字混入"泥""来"母字分析

含多音重出，《四字正音》中有13字和中古的"泥""来"母字相混。具体如下表3：

表 3　《四字正音》日母字泥、来母字相混情况表

韵部及序号	韵	声调	《四字正音》同音字组		《汉音集字》异同	今武汉方言读音异同
			中古日母字	其他同音的来、泥母字		
九翠微	馁	去	芮	内	异：芮 Ruei〔去声〕/ 内 Lei〔去声〕	异：芮 ɹuei³⁵/ 内 nei³⁵
	雷	平	蕤	雷擂蠃	? / 雷擂蠃 Lei〔下平〕	异：蕤 ɹuei³⁵ / 雷擂蠃 nei²¹³
		上	蕊蓕	垒磊	异：蕊 Yü〔上声〕 / 垒磊 Lei〔上声〕	异：蕊 y⁴²、蓕 ɹuei³⁵/ 垒磊 nei⁴²
		去	芮枘汭	类泪累耒	异：芮枘汭 Ruei〔去声〕/类泪累耒 Lei〔去声〕	异：芮枘汭 ɹuei³⁵/ 类泪累耒 nei³⁵
十扶疎	卢	入	辱溽鄏蓐肉褥	陆鹿麓摝禄录逯六辘漉绿球	异：辱溽鄏蓐肉褥 Reo〔入声〕/陆鹿麓摝禄录逯六辘漉绿球 Leo〔入声〕	同：辱溽鄏蓐肉褥 nou²¹³/ 陆鹿麓摝禄录逯六辘漉绿球 nou²¹³

　　上表中的 13 字，除去"雷"韵平声"蕤"字《汉音集字》找不到标音外，其他的日母字与本来同音的泥、来母字在《汉音集字》中都不同音。其中除去"蕊"读为零声母音节 Yü〔上声〕之外，一般都曾经改读过"R[ɹ]"声母，最后在新的环境中，或者继续保留"R[ɹ]"声母读法，或者又经过新的 l- 声母阶段，以后读 n 读 l 两可，成为 n 声母字。因此，从表面上看，"辱溽鄏蓐肉褥"这些"日"母字清初和今天的武汉话是一样的，似乎从来就没变化过，但结合《汉音集字》以及其他"日"母字来看，这些字其实是经过中间变化的，并不是一直和"来"母字相混。

四、结语

　　本文从新发现的清初武汉方言韵书《四字正音》出发，并和清末美国圣公会传教士殷德生（James Addison Ingle）的《汉音集字》以及民国《湖北方言调查报告》等文献进行对比，可以看出清初以来武汉方言中古"泥""来"母字以及"日"母字有如下一些发展特点：

　　1. 中古泥、来母字在清初武汉方言中保持分立，丝毫不混。两者很晚才合流，一直到清末还没彻底完成。

2. 中古"日"母字在清初武汉方言中呈现三分状态，每种状态所呈现的发展演变规律不大一样，但大部分字都在清代重新受到了新的汉语通语的影响，改读为"R[ɹ]"声母，后面读为 n 声母或者"R[ɹ]"声母的，都是这种新的汉语通语影响所致。因此，光从今天武汉话共时平面来看，只有读零声母的才是层次最古老的，才是武汉话从中古音演变过来的本来读法。

3. 武汉方言"日"母字在清代受到新的汉语通语影响而发生的转换读音的现象，从其他知系字来看，这类后来转换读音的字还不少。这里面的具体材料还需要进一步详细整理，从中可以看到"九省通衢"特殊地理位置的方言所呈现出来的特殊演变现象。这是研究方言发展史时，具有历史文献材料的一大优势，可以避免直线性的简单比对推测。

参考文献

[1] 耿振生 . 明清等韵学通论 [M]. 北京：语文出版社，1992.

[2] 黄群建主编 . 湖北方言文献疏证 [M]. 武汉：湖北教育出版社，1999.

[3] 刘存雨 . 庄延龄《汉口方言》所记十九世纪七十年代的汉口方音 [J]. 方言，2018（4）：327—442.

[4] 钱奠香 . 明末清初湖北方言韵书《四字正音》版本及音系初探 [J]，中国方言学报，2019（8）.

[5] 钱曾怡主编 . 汉语官话方言研究 [M]. 济南：齐鲁书社，2010.

[6] 乔全生 . 历史层次与方言史研究 [J]. 汉语学报，2014（2）：2—12.

[7] 王立 . 汉口话 [ŋ] 声母字读音变异及其原因探析 [J]. 语言文字应用，2004（1）：40—46.

[8] 杨时逢 . 四川方言调查报告 [M]. 台北："中研院"历史语言研究所，1984.

[9] 叶宝奎 . 明清官话音系 [M]. 厦门：厦门大学出版社，2001.

[10] 张鸿魁 . 明清山东韵书研究 [M]. 济南：齐鲁书社，2005.

[11] 赵元任等 . 湖北方言调查报告 [M]. 上海：商务印书馆，1948.

[12] 郑妞 . 湖北方言中日母字的几类特殊读音 [J]. 长江学术，2015（2）：116—123.

[13] 朱建颂 . 汉口方言有入声吗？ [J]. 武汉教育学院学报（哲学社会科学版），1988（1）：77—78.

[14] 朱建颂 . 武汉方言的演变 [J]. 方言，1988（2）：92—99.

[15] 朱建颂 . 武汉方言研究 [M]. 武汉：武汉出版社，1992.

[16] 朱建颂 . 武汉方言词典 [M]. 南京：江苏教育出版社，1995.

[17]James Addison Ingle. 汉音集字（HANKOW SYLLABARY）[M]. 汉口：Printed by Kung Hing，1899.

由《乡音正讹》看 150 年前的南京音

张凯[①]

（陕西师范大学 文学院）

摘要:《乡音正讹》是一份反映 19 世纪中叶南京音的材料，记录了知照合流、泥母读来母、邪母平声字读清塞擦送气音、支鱼相混、−n 尾韵母读成 −ŋ 尾韵母等诸多重要的方音特点，是保存 150 年前南京音的活化石。尽管书中的材料为数有限，但是《乡音正讹》应是目前见到的反映近代南京音方面的最为真实、全面的文献。

关键词：乡音正讹；南京音；声母；韵母

一、《乡音正讹》的基本情况

《乡音正讹》是清咸丰朝江苏上元（今南京江宁）人张汝南编写的一部正音辨讹的语言材料，因明确表明描写的是 19 世纪中叶的金陵乡音，所以该书对于南京音乃至江淮官话的历史研究具有重要的参考价值，为众多语言学家所关注。正如周大璞在《训诂学初稿》中所论，包括张汝南《乡音正讹》在内的方言文献"都可供研究方言者参考"[②]。

尽管该书早已受到学界的重视，但是至今尚未见到相关的研究成果问世。究其原因，或许是该书藏之深山，未曾广泛流传所致。丁介民在《方言考》中介绍该书的时候也是注以"《乡音正讹》，清张汝南撰，未见"及"生平不详"等以表示未曾与该书谋面。基于此，本文在介绍其反映的方音问题之前，有必要对其情况略作介绍。

该书存有光绪丙戌年（1886）刻本，此亦载于孙殿起《贩书偶记》中，

---

① 陕西师范大学文学院博士后.

② 周大璞等.训诂学初稿 [M].武汉：武汉大学出版社，2004：409.

今藏于北京图书馆和复旦大学图书馆中。本文依据的是复旦大学图书馆藏光绪丙戌年刻本。从作者的自序来看，该书成于咸丰九年（1859）乙未嘉平月，距今已有150多年了，其目的是"专为初学浅学人"正"吾金陵之音之讹也"。从结构上来讲，全书不分卷，共有四部分组成，书前有作者自序，后有元方跋语，中间由两部分组成，一是"例言"，共计七条；二是正文，分为"平声之讹""上声之讹""去声之讹"和"入声之讹"四个板块，共列被注字585个（不含注中被注字）。对于每个被注字，张氏先列出其读书音；若该字存在讹读，还要指出其乡音。注音时张氏主要使用的是直音法，间或使用反切法、纽四声法、读如法等。当然，对于某些生疏疑难字、多音字或者作者认为有必要解释的字，张氏还要做简要的释义或释形的工作。为明晰体例，特举例如下：

> 衹：音支，敬也，读如纸讹。（平声之讹）
> 肓：音荒，膏之上肓之下，误认盲，读忙讹。（平声之讹）
> 咻：噢咻音诩，众楚人咻之音休，概读休讹。（上声之讹）
> 餲：於例切，又乙界切，读上声讹。（去声之讹）
> 柮：都入声，榾柮，读如拙讹。（入声之讹）

以上仅是对《乡音正讹》一书的情况进行的简要介绍，以备读者知晓。下面步入正题，由《乡音正讹》看150年前的南京音。

二、150年前的南京音特点

（一）研究材料

由叙文中"《乡音正讹》者，正吾金陵之音之讹也"可知，该书注释中的讹音就是张氏所言的金陵乡音，即150年前的南京音，这是我们研究的首选。但对之不可尽信，需要进行严格的筛选。这需要从讹音产生的原因入手，对于此作者在"例言"五中多有阐释：

> 书中诸字其讹也，或误认偏旁，或沿于习俗，皆有因而致，尚可订

正。至有读盘为旁……此类不可枚举，虽平仄不讹而音则大谬。是殆口舌有病无从订正，亦惟听其讹而已。

因此，将因"误认偏旁"而产生的讹读音剥离剔除是必须的，如吮讹允、鄜讹鹿、佳讹佳、鉒讹主、吻讹笏、磔讹桀等。所依据的主体材料是因"沿于习俗"和"口舌有病"而产生的讹读音，因为它们多数是能够反映语音的历史演变规律或者与今之南京音互相印证的讹音材料，共计474条。

此外，张氏所注的读书音（姑且叫做正音，与讹音相对）也不是一无是用的，其中那些与读书音、通语音不符的正音材料具有很大的价值，因为它们多数是作者方音的自然流露，我们在研究过程中可以假以佐证。

（二）方音特点

通过对所筛选出的材料进行分析探究，我们发现150年前的南京音除了保持与北音有较多的相似性（如微、喻母变为零声母，全浊声母清化，非敷奉合流、咸摄并入山摄，侵摄并入山摄、塞音韵尾弱化、全浊上声变去声等）外，还具有以下几个突出的特点：

1.声母

（1）知章合流、庄组主要并入精组

在474条讹音材料中，知组字共有24个，其中知组字自讹有18例，知组讹章组的有5例，如侦_{知映}讹整_{章静}、纣_{澄有}讹咒_{章有}、窒_{知质}讹至_{章至}、鸩_{澄沁}讹整_{章静}、轾_{知至}讹质_{章质}[1]等，混讹的比例为20%（另外1例是知母字讹精母字，下文专有讨论）。章组字共有26个，其中章组字自讹有19例，章组讹知组的有6例，如裳_{禅阳}讹长_{澄阳}、诊_{章轸}讹珍_{知真}、挚_{章至}鸷_{章至}帜_{章志}贽_{章志}均讹直_{澄职}等，混讹的比例为24%（另外1例是章母字讹成精母字）。结合语音史和今南京音来看，可以认定此时南京音中知章组已经合流，演变为舌尖后音声母 tʂ 组。

庄组字共有9个，有6例是本组自讹，有3例是庄组讹精组，如釃_{心支}讹斯_{心支}、厕_{初志}讹司_{心之}、缩_{生屋}讹索_{心铎}，混讹的比例是33%。此外还有精组讹庄组4例，如足_{精烛}作_{从铎}昨_{从铎}酢_{从铎}皆讹读作助_{崇御}，表现出此时庄组已经演变为舌尖前音 ts 组声母，

---

① 对于例字在《广韵》中的音韵地位，本文使用双行合一的方式标注，如侦_{知映}，表示该字在《广韵》中属于知母映韵。如果《广韵》中没有该字，而是取自《集韵》《玉篇》等书时，则同时标注"集""玉"以示区别，如湛_{澄集赚}，表示该字在《集韵》中属于澄母赚韵，以此类推，全文皆同。

与精组合流。

经过合流之后形成的舌尖后音 tʂ 组与舌尖前音 ts 组的对立局面与今南京音相同。但是这种对立不是绝对的，比如知组湛_{集澄咸}字、章组飐_{章琰}字均讹读为精组暂_{从阚}字，表明湛飐暂是同音字，依据今南京音这三个字均读成 tʂã，这说明精组字暂的声母由 ts 变成了 tʂ 了，这为暂字的今音卷舌声母提供了依据。不过这并不是该字读音的最早记录，早在 18 世纪初吴烺编写的反映南京音的《五声反切正韵》中就已经将暂列入腭音（tʂ 组），而非是齿音（ts 组）了。此距今约 300 年，当是目前看到的关于暂字读成卷舌音的较早记录。

或许是因庄组材料数量有限，我们没有在讹音材料里发现庄组与知章组合流的情况。不过张氏自注的正音材料里倒是有 5 条混注的例子，如幢_{崇江}音床_{崇阳}、湛_{集澄咸}音斩_{庄豏}、舐_{船纸}音士_{崇止}、葳_{彻物}音产_{生产}、磔_{知陌}音责_{庄麦}等。这或许能从侧面反映此时金陵音中一部分庄组字与知章组合流的情况。毕竟这与今南京音中古庄组一分为二，一部分并入知组，一部分并入精组的事实相符。

（2）泥母读成来母

> 曩：音囊，上声，畴昔也，读亮讹。（上声之讹）

曩乃泥母字，亮乃来母字，二母相混，其实质应该是泥母读成来母。在今南京话中^①，中古泥母字读作来母字，如：男_{泥覃}南_{泥覃}难_{泥寒}与篮_{来谈}兰_{来寒}栏_{来寒}无别，均读成 lã；娘_{泥阳}与凉_{来阳}、酿_{泥漾}与量_{来漾}无别，均读成 liã。不过曩亮二字在今南京音中是不同音的，曩为开口呼字，读 lã；亮为齐齿呼字，读 liã。

（3）邪母平声字读成清塞擦送气音

> 详：西羊切，读墙讹，吉祥之祥全。（平声之讹）

详祥二字乃邪母，墙乃从母（注：此时已经清化为清母字），三字读音相同，皆读作 tsʻiã。结合今南京音，应是今邪母平声字读成清塞擦送气音规律的体现，如表 1：

表 1　今南京方音邪母字的读音

---

① 本文所列的今南京音均来自《江苏省志·方言志》（南京大学出版社，1998）、《南京方言志》（南京出版社，1993）两部方志，全文不再一一注明。

例字	徐	祥	详	翔	寻~钱
今南京音	tsʻi	tsʻiã	tsʻiã	tsʻiã	tsʻiŋ

据表可知，中古邪母字在今南京音中皆读作 tsʻ，完成了自中古以来的清塞擦音化过程。但是据详祥墙音同可知，此音变应分两步完成，即塞擦音化（z → dz）和清化（dz → tsʻ）。此类音变在《乡音正讹》中已经完成，150 年来未曾改变。

（4）精组未颚化

渍：音自，渐渍，读积讹。（去声之讹）

渍从蟹自从至积精三字皆为精组字，今普通话中渍自二字的声母相同，与积的声母不同，这主要是积字声母由中古 ts 腭化为 tɕ 的缘故。此处渍从蟹讹读作积精，表明在当时南京音中二字的声母相同，皆为舌尖前 ts，中古精组细音字的声母尚未发生腭化音变。今南京音区分尖团音，中古精组细音字的声母仍读 ts，150 年来未曾变化。

（5）以母读作日母

欲：音浴，读辱讹。（入声之讹）

欲，《广韵》余蜀切，以母烛韵；辱，《广韵》而蜀切，日母烛韵。欲讹读作辱，反映了 150 年前的南京音中存在以母读作日母的现象，这可以在今南京音中得到印证，如"欲辱"皆读作 ʐu。但是比起《乡音正讹》，今南京音中读作日母的字并不限于以母烛韵，在声、韵方面均有范围的扩大，如表 2：

表 2　《乡音正讹》与今南京方音以母读作日母的情况

例字	疫以昔	郁影屋	域云职	狱疑烛	浴以烛	育以屋
今南京音			ʐu			

综观上表中例字的读音可知，从声母的来源看，此类字皆为中古喻影疑母字；从韵母的角度来看，此类字皆为中古合口 -k 尾入声韵字。就规模及规律而言，今南京音的此类音变要比 150 年前的情况齐整。当然，我们不能借此否认 150 年前的南京音中此类现象的齐整性，这或许与《乡音正讹》的文献性

质有关，毕竟该书并非是探究语音系统的韵书，零星的讹音例举难免在数量及规律方面见短。

2. 韵母

（1）支部与鱼部相混

绥：音虽，正立执绥，读须讹。（平声之讹）

屡：音虑，屡，丰年屡空，读垒讹。（去声之讹）

绥，心母脂韵；须，心母虞韵。屡，来母遇韵；垒，来母旨韵。绥讹须、屡讹垒反映的是支鱼混注的现象。此类现象在今南京音中是广泛存在的，如表3所示：

表3　《乡音正讹》支鱼相混的情况

例字	女^{混 / 你}_{语 / 止}	驴^{米 / 泥}_{鱼 / 齐}	吕^{米 / 礼}_{语 / 荠}	屡^米_遇	取^清_麌	徐^邪_鱼	居^{见 / 鸡}_{鱼 / 齐}
今南京音	li²²	li²⁴	li²²	li²²	tsʰi²²	tsʰi²⁴	tɕi³¹
例字	举^{见 / 几}_{语 / 尾}	锯^见_遇	句^见_遇	去^溪_御	鱼^疑_鱼	虚^晓_鱼	许^晓_语
今南京音	tɕi²²	tɕi⁴⁴	tɕi⁴⁴	tɕʰi⁴⁴/kʰi⁴⁴	i²⁴	ɕi³¹	ɕi²²

表中的例字读音显示，中古遇摄三等字（近代称作鱼部字）的元音读作 i，与中古止蟹摄非精知照组三四等字开口呼的元音相同，此乃今南京音中支鱼混注现象的实质。参证今音可知，《乡音正讹》中支鱼混注的实质应亦是如此。不过需要指出，《乡音正讹》中参与混注的支部字（绥垒）皆为合口字，它们在今南京音中并不与鱼部字相混，这是150年来的古今不同之处。

（2）-n 尾韵母读成 -ŋ 尾韵母

这样的例子不在少数，比如：茎^匣_耕讹根^见_痕、珉^明_真讹萌^明_耕、侵^清_侵讹清^精_清、郢^以_静讹印^影_震、鸼^澄_沁讹整^章_静、摈^帮_震讹饼^帮_静、硬^疑_净讹印^影_震等。此外，张氏自注的正音中也是经常前后鼻音相混，如：觥^见_庚音古温^魂切、杏^匣_梗荇^匣_梗音欣^晓_欣上声、蕴^影_问愠^影_问音詠^云_映、隐^影_隐音映^影_映、猛^明_梗音敏^明_轸等。

《乡音正讹》中前后鼻音相混的例字遍及中古臻、深、梗三摄，参证今南京音判断，该现象的本质应是前鼻音读成了后鼻音。在今南京音中，中古臻、深两摄的阳声韵读成梗、曾摄的阳声韵，即 n 尾韵母读成 ŋ 尾韵母，如

表4所示：

表4　臻、深、梗三摄在《乡音正讹》与今南京方音中的读音

例字	门明魂	萌明耕	真章真	征章清	人日真	仍日蒸	岑崇侵	层从登	森生侵	生生庚	痕匣痕	恒匣登
今南京音	məŋ		tʂəŋ		zəŋ		tsʰəŋ		səŋ		xəŋ	

例字	邻来真	灵来青	新心真	星心青	岇晓震	幸匣耿	今见侵	京见庚	宾帮真	兵帮庚	印影震	应影证
今南京音	liŋ		siŋ		ɕiŋ		tɕiŋ		piŋ		iŋ	

因受篇幅限制，此处不能尽数列举混注例字，不过表中例字足以代表了混注字声韵的分布条件，据此可推知《乡音正讹》中前后鼻音相混现象的本质与今音相同，即 n 尾韵母读成 ŋ 尾韵母。

不过，从例字的韵母来源看，《乡音正讹》中无中古曾摄字参与，今南京音中已经有了曾摄字，范围上有了扩大。从张氏描述的情况来看，萌明耕硬疑净猛明梗等梗摄二等字与臻摄三等字相混，洪细并不对等，与今南京音并不相同，这应是150年里发生的新的音变现象。

（3）江阳部读同寒山部

此类现象在正文中较少出现，仅有平声之讹的嫦（阳韵）讹婵（仙韵）一例。不过张氏在"例言"中有较多的描写，如下：

> 至有读盘为旁、读詹为张、读顽为王、读还为皇、读寒为杭、读馋为长、读欐（闩本字）为双、读椀为枉、读管为广、读玩为望，此类不可枚举，虽平仄不讹而音则大谬。

上述讹音材料表明，中古江、宕两摄阳声韵字与山、咸两摄的阳声韵字在《乡音正讹》中是混为一谈的。此类现象在150年后的今南京音中也是存在的，以张氏所列例字为例，其读音如表5所示：

表5　江、宕、山、咸四摄在《乡音正讹》与今南京方音中的读音

例字	盘並桓/旁並唐	詹章盐/张知阳	顽疑删/王云阳	还匣删/皇匣唐	寒匣寒/杭匣唐
今南京音	pʰã²⁴	tʂã³¹	uã²⁴	xuã²⁴	xã²⁴
例字	馋崇咸/长澄阳	婵禅仙/嫦禅阳	椀影缓/枉影养	管见缓/广见荡	欐生删/双生江
今南京音					

今南京音	tʂʰã²⁴	tʂʰã²⁴	uã²²	kuã²²	ʂuã³¹

另外一组例字：玩疑换望微漾，今音中它们的声韵相同，皆為 uã，仅有声调方面的差别，玩字今读作阳平调。总之，从上述例字的读音来看，它们在《乡音正讹》中相混，在今南京音中读音仍然相同，150年来未曾变化。

（4）果摄开合口间的区别消失

中古果摄歌戈二韵间存在开合之别，但此类区别在《乡音正讹》中已见消失，如：

> 祸，和上声，祸福，读贺讹。（上声之讹）

祸乃匣母果韵字，合口；贺乃匣母箇韵字，开口。祸贺相混，这说明此时的南京话已不能区别果摄开合口。而这种现象一直保留在今南京音中，如：贺匣荷匣祸果货匣过等字音同，皆读作 xo⁴⁴；屙玉影歌涡戈莪集影戈音同，皆读作 o³¹；卧疑过饿疑箇音同，皆读作 o⁴⁴。此类现象150年来未曾变化。

（5）歌模相混

> 虏，音鲁，虏获，读罗上声讹。（上声之讹）

虏，《广韵》郎古切，来母姥韵。罗，《广韵》鲁何切，来母歌韵，其上声为来母箇韵。虏读作罗上声，反映的是中古歌模二韵在近代南京音中相混的现象，这仍可得到今南京音的印证，如"鲁虏裸"等字仍是同音关系，皆读作 lo。或许因材料所限，《乡音正讹》中仅见来母上声的混注，而在今南京音中此类的混还有部分明母字，如"模"与"磨~刀魔摩"是一组同音字，"暮墓慕"与"磨~盘"是一组同音字，它们皆读作 mo。不过总体而言，此类歌模相混的现象并不广，程度也不深。在与江淮官话毗邻的吴方言中，此类现象就极为普遍。

就历史吴音而言，历史上此类混注已见于宋代江浙文人用韵中，有些学者称之为歌鱼混注。张令吾（1998）指出，此类现象在宋代江淮、吴、闽等地的方言中都有分布。钱毅（2008）"整理宋代江浙诗人用韵歌鱼通押39

例"。① "元末明初刘基《郁离子》载：'东瓯之火谓火如虎，其称火与虎无别也。'东瓯属今浙江温州，说明元明温州瓯江流域将果摄'火'字读成遇摄'虎'字，由上表看出现代温州话中'火虎'两字同音，读 fū。明代韵文材料继续保留此现象，明代浙江诗人7例、浙江词人76例、明代散曲51例。明冯梦龙《山歌》中果、遇两摄混押例子较多，如'罗陆梭'、'夫婆箍'、'矬苏图'、'夫矬何'等，可见明代吴语中歌鱼混读。明正德《松江府志》：'问多少约几许。''许'字后注：'许音伙。'语韵'许'字与果韵'伙'字混读。清代潘耒《类音》曰：'歌戈之字，吴音读作模韵。'清代吴语小说中保留着吴语歌鱼混同的鲜活材料，广东吴趼人《二十年目睹之怪现状》第34回：'各省的方音虽然不同，然而读到有韵之文，却总不能脱韵。比如此地上海的口音，把歌舞的歌字读成'孤'音，凡五歌韵里的字，都可以类推起来：'搓'便一定读成'粗'音，'磨'字一定读成'模'音的了……上海音是把五歌韵，混了六鱼七虞。'可见，清代吴音歌鱼也是相混的。"②

结合现代吴音来论，"在吴语区，中古果摄字主要元音以念 [u] 或 [o] 的地方最多。在吴语的77个方言点中，有46个点（约占方言点总数的60%）程度不等地存在中古果摄字主要元音念 [u] 的现象，有41个点（约占53%）存在念 [o] 的现象。"③这些果摄字读u音值正是其易与鱼模韵字混注的原因所在。再如以苏州话为代表吴方言中果摄一等歌（含合口戈）韵和模韵完成了合流，"属于此类型的吴语最多，如：海门、上海、松江、崇明、嘉定、南汇、周浦、海盐、桐乡、德清、长兴、安吉、平湖、余杭、桐庐、丽水、云和、瑞安（陶山）、永嘉、苍南、文成、温州u，江阴ʑɤ，苏州、昆山、罗店、嘉兴、嘉善、湖州、富阳、宁波、鄞县əu，盛泽、双林ɵu，丹阳（童家桥）ʌɤ，黎里ɜu，嵊县长乐 o，诸暨ɯ，海宁 ɵu。"④无锡方言中的遇摄字如"补 pəɯ³| 模 məɯ²| 度 dəɯ⁶| 土 thəɯ³| 锄 zəɯ²| 梳 səɯ¹"等与果摄一等歌戈韵字如"波 pəɯ¹| 磨 məɯ²| 大 təɯ⁶| 拖 thəɯ¹| 哥 kəɯ¹| 坐 zəɯ⁶| 锁 səɯ³"等的韵母读音相同。⑤由此

① 钱毅 . 宋代江浙诗韵研究 [D]. 扬州：扬州大学，2008：108. 凯按：此处所言歌鱼通押指的是"鱼模部部分字与歌戈部部分字相押，以一等字居多"。

② 钱毅 . 宋代江浙诗韵研究 [D]. 扬州：扬州大学，2008：100—110.

③ 陈立中 . 湘语与吴语音韵比较研究 [M]. 北京：中国社会科学出版社，2004：142.

④ 郑伟 . 吴方言比较韵母研究 [M]. 北京：商务印书馆，2013：25.

⑤ 郑伟 . 吴方言比较韵母研究 [M]. 北京：商务印书馆，2013：28.

看来，歌模混注在吴方言区是一个极为普遍的现象。

南京与吴方言区毗邻，其方音中也有此类现象，这并非是今天南京音跟吴方言接触而产生的音变。相反，这应是南京音保存了历史吴音，是今之吴方音歌模相混特点的活化石，毕竟南京历史上曾是吴方言的中心地区。

（6）梗摄混入通摄

类似的例子有翃（庚）讹红（东）、轰（耕）讹烘（东）、横（映）讹関（送）等，正如作者自序所言"至若庚韵之字多讹入东冬……，则解人亦所不免，字多难于尽正"。

中古梗摄字并入通摄乃近代汉语上的重要音变现象，见于《中原音韵》，张清常（1983）认为，这是13、14世纪时期汉语语音的新情况。至19世纪时，无论是汉语通语还是方言中，此类音变已非鲜见，《乡音正讹》反映的南京音中不仅存在此音变，而且"字多难于尽正"，至今南京音中亦是如此。

（7）入声韵并入阴声韵

《乡音正讹》中指出当时的南京人口音中阴入相混的现象甚多，该书的第四部分"入声之讹"多载录此现象，如：

只讹支、屬讹皎、蛰讹蔗、翼讹异、亿讹异、塑讹异、忆讹异；

郅讹至、窒讹至、幕讹暮、屐讹忌、历讹利、蹠讹蔗、缚讹傅；

载讹几、酢讹助、跃讹耀、摸讹读平声、摭讹读去声、哲讹读去声；

上述阴入混注现象的本质当是入声韵字读作阴声韵字，此现象可在今南京音中得到印证，如表6所示：

表6 《乡音正讹》与今南京方音中入声韵读作阴声韵的情况

例字	只	支	窒	至	跃	耀	亿	异	幕	暮	历	利
今南京音	$tʂ\daleth^{31}$		$tʂ\daleth^{44}$		$iɑo^{44}$		i^{44}		mo^{44}		li^{44}	
	阴平		去声									

表中例字的读音为解释《乡音正讹》中阴入混注现象的本质提供了现代方言参证，这表明150年前后的南京音在这方面具有延续性。据《南京方言

志》，今"南京话的入声没有喉塞音，只是比较短促，而且完全和舒声相配"，[1] 而《乡音正讹》正处于入声韵尾的脱落时期，这为南京音的溯源提供了历史文献依据。此外，从张氏所录的阴入混注例来看，浊入声字主要讹读作去声字，清入声字则平（只讹支）上（戟讹几）去（窒讹至）皆有。

（8）"矛"字的读音

> 矛：莫由切，音谋，修我戈矛，读苗讹。（平声之讹）

矛，《广韵》莫浮切，明母尤韵，《乡音正讹》指出当时的南京音中讹作苗，这是古今不一致的地方。今南京音中矛音 mɔ，苗音 miɔ，二者存在开齐二呼的对立，并不同音。但是这则混注材料为我们呈现了中古流摄尤韵矛字在转读为效摄洪音的过程中曾经有过细音的读音，进一步折射出矛字在发生音变的过程中先是韵腹发生了转变，进而因介音丢失而读成了开口呼音。

3. 声调

今南京音中入声调类是存在的，据此可推知150年前的《乡音正讹》中也应该有入声调类。张氏在条例中也曾提到，《乡音正讹》分列平上去入四部，平声当读上去入者则分列上去入中。据此可知，张氏是承认当时的南京音中存在入声调类的。除入声调类的存在外，以下两点需作阐释。

（1）全浊上声读去声

中古时期的全浊上声字读成在《乡音正讹》中读作去声，在上声之讹、去声之讹两部分中描写了大量的混注现象，如：

项音向、绍读去声、巨拒钜音句、序叙绪音絮、罪音醉、户怙祜扈岵读去声、殆待音代、稻音盗、象像橡读去声、臼舅音究、件读去声、渐音箭等。

这些混注的例子虽然零散，但是几乎涵盖了中古十六韵摄，足见这种声调音变的普遍性。

此类音变亦留存在今南京音中，上述例字今均已读成去声。

（2）"鼻"字有入声

鼻，《广韵》毗至切，並母至韵，去声。不过据《乡音正讹》描述（鼻，音庇，读必讹），当时的南京音中鼻字有入声读音。从历史文献来看，鼻也曾

---

[1] 南京市地方志编纂委员会，方言志编纂委员会.南京方言志 [M].南京：南京出版社，1993：4。

有入声读音的记载。"《切韵》系韵书是'鼻'字没有入声读法。可是孙奕《示儿编》卷十八'声讹'条有'以鼻为弼'的说法，可见'鼻'字古代有入声读法。不过《切韵》系韵书没有收这个读音而已。"[①] 刘晓南通过梳理宋代四川文人用韵后发现1例"鼻得"通叶的情况，证明此时此地语音中"鼻"字存在入声一读[②]。明人陈铎的《词林韵释》"入声作上声"中收有鼻字，"在韵书中记录'鼻'字本为入声，并且变入上声的，《词林韵释》还是第一部"。[③] 在现代方言中，鼻读入声是吴、闽等南方方言的普遍现象。而在北方方言中，此类现象除了在晋方言（如太原话）中存在，更普遍存在于江淮官话中。仅就江苏省而言，南通、如皋、泰州、盐城、阜宁、镇江、扬州、宝应、盱眙、淮阴、泗洪、南京等绝大多数方言均有入声读音，仅连云港、东海等地方言读成了阳平调。有入声读音的江淮官话区应该是吴音的底层，与今吴方言的入声读音一致。连云港、东海两地毗邻中原官话区，当是受官话影响的接触音变。

三、结语

由于历史上尤其是明代时期南京独特的政治地位，南京音曾一度是通语（官话）语音的基础方音。鲁国尧认为："南京话在明代占据一个颇为重要的地位，或许即为官话的基础方言。"[④] 黎新第（1995）更进一步指出："明代官话的基础方言有南方、北方两系，南方系的代表就是当时的南京话。"[⑤] 由此可见南京音作为一种优势方言在汉语语音史乃至方音史上具有重要的地位。一般认为近代汉语史上反映南京音的韵书（图）主要有明代李登的《书文音义便考私编》（1587）、金尼阁的《西儒耳目资》（1626）和清代吴烺的《五声反切正均》（1763）、胡垣的《古今中外音韵通例》（1886）等。为了对近代南京音有个历时层面的了解，我们以《乡音正讹》的语音特点为参照，选取《书文音义便考私编》和《五声反切正均》《古今中外音韵通例》三书与之进行比照。

① 李荣. 陆法言的《切韵》[M]// 李荣. 音韵存稿. 北京：商务印书馆，1982：39。

② 刘晓南. 试论宋代诗人诗歌创作叶音及其语音根据 [J]. 语文研究，2012（4）：1—10.

③ 陈宁. 明清曲韵书研究 [M]. 武汉：华中师范大学出版社，2013：72。

④ 鲁国尧. 明代官话及其基础方言 [J]. 南京大学学报（哲学. 人文科学. 社会科学），1985（4）：47—53.

⑤ 黎新第. 明清时期的南方系官话方言及其语音特点（哲学社会科学版）[J]. 重庆师院学报（哲社版），1995（4）：81—88，117.

具体内容详见表7，表中的"+"代表具备该语音特征，"-"代表不具备该语音特征，"*"代表不完全具备该语音特征。[①]

表7　《乡音正讹》语音特点在其他近代南京音韵书中的表现

语音特征 ＼ 书名	书文音义便考私编	五声反切正均	古今中外音韵通例	乡音正讹	今南京音
知章合流；庄组分并入知、精组	+	+	+	*	+
泥母读成来母	-	-	-	-	+
邪母平声字读清塞擦送气音	-	-	-	-	+
精组未颚化	+	+	+	+	+
支部与鱼部相混	-	-	-	+	+
前后鼻音相混	-	-	-	+	+
江宕摄读同山咸摄	-	-	-	+	+
梗摄混入通摄	-	-	-	+	+

通过比较可以发现，《乡音正讹》一书因为是直接描写南京音的文献，再加上距今才一个半世纪左右，因此与现在的南京话保持较大的相似度。《古今中外音韵通例》一书的成书时间虽然与《乡音正讹》较近，但是其编纂的目的不是出于正音纠讹的，因此对南京音的特点不会过多关注，所以与今南京话的相似度较低。书中所反映的南京音也仅是作者受自身方言的干扰致使的自然流露，并非是他们主观有意使然。至于《书文音义便考私编》和《五声反切正均》二书的情况也大抵如此。

如此看来，《乡音正讹》应是目前见到的反映南京历史方音的最为直接的材料。遗憾的是该书并非韵书，且讹音材料规模不大，无法还原整个语音体系，只能就其某个特点进行拾零，因而无法进行古今音系的整体对比。

从整体上来看，一个半世纪前后的南京音差异不大，保持了较高的一致性。也就是说今天的南京音在自身音变和接触音变的双重作用下并未发生实

① 表中《书文音义便考私编》的语音特点参照的是叶宝奎《试论〈书文音义便考私编〉的音系性质》（2001）；《五声反切正均》的语音特点参照的是孙华先《吴娘〈五声反切正均〉的二十纵音》（2000）、《吴娘〈五声反切正均〉的韵母系统》（2000）；《古今中外音韵通例》的语音特点参照的是叶宝奎《明清官话音系》（2001）。

质性的变化。究其原因，或许是一则去古并不久远，大规模的音变不可能在短时间内发生；二则与南京自身作为经济、政治、文化的核心地位有关，毕竟在此背景下，南京话便会成为优势语言，不会轻易受到外界语言的影响。

参考文献

[1] 叶宝奎. 明清官话音系 [M]. 厦门：厦门大学出版社，2001.

[2] 鲍明炜等. 江苏省志·方言志 [M]. 南京：南京大学出版社，1998.

[3] 鲁国尧. 明代官话及其基础方言 [J]. 南京大学学报（哲学·人文科学·社会科学），1985（4）：47—53.

[4] 黎新第. 明清时期的南方系官话方言及其语音特点 [J]. 重庆师院学报（哲学社会科学版），1995（4）：81—88，117.

[5] 刘晓南. 宋代四川方音研究 [M]. 北京：北京大学出版社，2012.

[6] 南京市地方志编纂委员会. 南京方言志 [M]. 南京：南京出版社，1993.

[7] 孙华先. 吴烺《五声反切正均》的二十纵音 [J]. 扬州教育学院学报，2000（4）：36—40.

[8] 孙华先. 吴烺《五声反切正均》的韵母系统 [J]. 淮阴师范学院学报，2000（6）：119—122.

[9] 叶宝奎. 试论《书文音义便考私编》的音系性质 [J]. 古汉语研究，2001（4）：6—10.

[10] 周大璞等. 训诂学初稿 [M]. 武汉：武汉大学出版社，2004.

[11] 张令吾. 北宋诗人徐积用韵研究 [J]. 古汉语研究，1998（1）：53—59.

[12] 张清常.《中原音韵》新著录的　些异读 [J]. 中国语文，1983（1）·51.

《音韵校正》与近代吴语知庄章精组声母的分合及其演变①

谢友中②

（陕西师范大学文学院）

摘要：清代萧山人来景风的《音韵校正》知庄章精组声母文读层合流为 ts 组，白读层知庄章合流为 tɕ 组并与精组 ts 类对立，结合现代方言资料，《音韵校正》知庄章白读层的 tɕ 组表明近代吴方言知庄组经历了舌面化、章组经历舌叶化，进而三组声母发展到舌尖化的过程，具体为知组：*t̠ > tɕ > tʃ > tʂ > ts，庄组：*tʃ > tɕ > tʂ > ts，章组：*tɕ > tʃ > tʂ > ts，与近代通语的直线式合流演进相比具有参差性特点。

关键词：《音韵校正》；近代吴语；知庄章精组；演变

中古知庄章组声母在近代汉语中的分合及其演变多有讨论，王力（2005）、麦耘（1991）、钱曾怡（2004）、桑宇红（2008）、郑伟（2008）等都做了相关的探讨，从研究现状来看，知庄章组在近代汉语方言中的分合及其演变还需要结合方言历史文献与现代调查资料进一步探考。《音韵校正》的发掘为我们考察近代吴方言知庄章精组的分合及其演变提供了新的参考。

一、有关《音韵校正》的说明

《音韵校正》为清代浙江萧山人来景风所作，目前所见为一函二册手写

---

① 基金项目：中国博士后科学基金第67批面上资助项目（2020M673330）、教育部人文社会科学研究青年项目"明清吴方言韵书文献的整理与音韵比较研究"（19YJC740095）、广西哲学社会科学研究项目（18BYY006）。

② 陕西师范大学文学院博士后。

本，现藏浙江省图书馆，尚未发现其他版本。

此书未标明成书时间，据《萧山来氏家谱》记载："来景风，字万嘉，生康熙甲寅五月廿五日……卒乾隆辛未二月廿三日。"即生于农历1674年5月25日，卒于农历1751年2月23日，家谱中所称来氏的字也与韵书中多次出现的"湘湖是岸居来景风万嘉氏辑"信息完全吻合，据此可判定《音韵校正》成书时间应在17世纪晚期到18世纪中期之间，距今有250多年的历史。

全书分为例言和韵书两大部分。例言主要是作者阐发他的语音观，有八个方面的内容：删并字母说、五音说、五音寓七音图说、四声寓五声说、四声分配五音说、三十字母五音分切说、三十字母总目、三十音纽总目，这些论述围绕声、韵、调三个方面展开，核心是来氏阐述他对语音系统的认识。[①] 韵书部分是来氏语音理论的具体实践。

韵书按照声调分韵，共有平、上、去、入四个部分。在传统诗韵106韵的框架下，又分出了121韵，体现"旧瓶装新酒"的特点。[②] 以平声"一东"韵为例，体例为：一公烘^晓翁^影泽^匣红^喻虹讧鸿潢祺……二弓雄^匣熊融瀜肜穹^溪……。"一东"就是诗韵的韵目；"一公、二弓"才是来氏实际的韵目，来氏称之为"纽"；"烘"等字右上角的"晓"等即为来氏声母，另外在每个字的后面基本都有简要释义。

按照作者给出的数字进行统计，在区分声调的情况下，此书共计有237韵，即来氏的"纽"，"纽"在106部的框架之下有重复，所以大于121之数，比如来氏的"一公"既属于诗韵的"一东"，也属于诗韵的"二冬"。共计2443个音节，即来氏所称的"韵"。来氏说全书收字8902个，据统计，实际收字比来氏所称多了84个，略有出入，但不影响其音系结构。

来氏的音系体现了时代语音特点，"校正"的思维贯穿始终，"校"的对象为传统韵书音系，而"正"的结果则是作者的萧山方言语音。[③]

---

① 来氏的语音术语复杂，为避免行文枝蔓暂不详论。

② 《音韵校正》在体例上可能与《古今韵会举要》有关，最主要表现在两个方面：一是继承了《古今韵会举要》暗并韵类的做法，二是《音韵校正》不计"附**"韵，小韵代表字与《古今韵会举要》一致性也较多，平声同者67%，入声同者82%。

③ 笔者在另外一篇文章《〈音韵校正〉及其方音性质》(待刊)一文中，对此书的语音系统及其反映的当时萧山方音的特点做了较为详细的讨论，限于篇幅，此不赘述。

二、《音韵校正》知庄章精组声母的分合情况

（一）从韵书辖字看《音韵校正》知庄章精组声母的分合 [①]

1.来氏精组声母的辖字情况

来氏精组主要包括中古精、清、从、心、邪 5 个声母，在来氏的韵书中，此组声母共辖字 1151 个，统计情况如下：

表 1　来氏精组与中古精组辖字比较统计

来氏精组	精	清	从	心	邪
辖字数量	304	202	190	359	96
中古精组	280	109	176	337	92
百分比 %	92	94	93	97	98

表 1 中，以来氏的精组字为例，共辖字 304 个，其中属于中古精组者 280 个，占比为 280/304=92%，余同。把表 1 中来氏精组的 5 个声母辖字情况与中古精组相应声母对比发现，来氏的精组基本由中古精组字组成，来自中古精组字的比例达到 92% 以上，可见，中古的精组字在来氏的声母系统中是可以独立的。

来氏的精组与庄组也有一定的关系，共有 30 个庄组字混入来氏的精组字中，统计如下：

表 2　中古庄组字混入来氏精组的情况

来氏精组	中古庄组	例字 [11]	字数
精	庄 / 初崇	穛庄　栉集韵菹庄鱼笫姊胏滓庄　之上裁榴割庄　之去 / 糐初江柴崇佳	11
清	初 / 庄	差嵯衰初支 / 跧庄仙鄒戢濈庄缉	7
从	崇	崇崇东潨崇　江去雏嫦穮崇虞巢巢巢漅輠崇肴	9
心	崇	撰　　　　　　　課　　　崇仙上	2
邪	崇	涘　　　　　　　　　　　崇之上	1

---

① 行文中如不特殊说明，"知庄章精"皆指中古声母。

表 2 中"中古庄组"下"/"表示混入来氏精、清纽除了庄、初二组之外，还有其他庄组字，例字亦用"/"隔开。

表 2 可见，来氏的精、清、从、心、邪 5 个声母皆有庄组字混入，庄初崇对应来氏的精、清、邪，另外还有 2 个崇纽字进入来氏的心纽中，这一情况表明，来氏精组与中古的庄组存在一定的语音联系，但不影响来氏精组声母的独立性。

2. 来氏知组声母的辖字情况

来氏将他的知组称之为知、彻、澄、审、禅、日，共辖字 1521 个，主要为中古的知庄章组字，具体统计如下：

表 3　来氏知组声母构成统计表：

来氏知组	知			彻			澄			审		禅		日
辖字数	421			256			245			280		157		162
中古来源	知	庄	章	彻	初	昌	澄	崇	船	生	书	禅	船	日
字数	115	63	216	86	62	82	161	48	12	123	142	135	16	156
合计	394			230			221			265		151		156
百分比 %	94			90			90			95		96		96

表 3 可见，来氏的知组收字 421 个，来自中古知庄章三个声纽分别是 115、63、216，共计 394 个，占总数比例为 394/421=94%，余同。

从来氏的知组辖字情况看，中古的知庄章组构成了来氏的知组，这三组声母在来氏知组对应的构成比例达 90% 或以上，来氏知组包含了中古的知庄章三组声母，也就是说，中古知庄章组三组声母在来氏的声系中合流为一组。

上述情况是主流，在来氏的知组字中，还有少数的情况是中古精组字也混入了来氏的知组，经统计，共有 24 个精组字混入来氏的知组，表列如下：

表 4　中古精组字混入来氏知组的情况

来氏知组	中古精组	例字	字数
知	精	咀精偶上沮精偶去作鑿柞精祥啃精麻去	6
彻	清 / 精 / 心	取清虞上仓清唐莝剉磋清戈去蹉歌错厝清暮 / 挫精戈去 / 昔心昔	10
澄	从	皆从齐去	1
审	心	珊心寒叟心侯上箵青上醜心尤上哨索心霄	6
禅	邪	寺邪之去	1

从表4可以看出，少量精组字混入来氏的知组，但不影响来氏精、知二组声母的独立性。

总之，通过以上统计与分析可以看出，中古的知庄章精组声母在来氏的声系中合流为两组，分别是精组与知组，前者主要是中古的精组字，后者主要是中古的知庄章组字，二者偶有牵涉，但并不影响来氏精、知二组各自的独立性。

（二）从来氏的语音理论看其知庄章精组声母的分合

1.来氏对知庄章精组关系的概括性表述的语音内涵

来氏在《音韵校正》例言的"删并字母说"中有一句话："穿照床审禅即差支持诗时亦本汉商音也，吴读参罩藏损攒雌赀辞斯词为徵音"，根据这句话，来氏所分的齿音两组是从汉音的角度来看的，因为汉音"穿照床审禅"，吴音则读为"参罩藏损攒"，以来氏的体系来看，汉音的照组即来氏的知组，汉音归照组，但是吴音却归为精组，这表明在来氏的语音理论中精、知二组可以合并。

为了更加清楚地表达来氏这句话的语音信息，以下用表格形式列之如下：

表 5　来氏对吴音精照二组关系的总体认识

汉音				吴音[12]			
例字	中古韵母	中古声母	来氏声母	例字	中古韵母	中古声母	来氏声母
穿	仙合三平	昌	彻	参	覃开一平	清	清
照	宵开三上	章	知	罩	肴开二去	知	知
床	阳开三平	崇	澄	藏	唐开一平	从	从
审	侵开三上	生	审	损	魂合一上	心	从
禅	仙开三去	禅	禅	攒	桓合一去	从	从
差	支开三平	初	彻	雌	支开三平	清	清
支	支开三平	章	知	赀	支开三平	精	精
持	之开三平	崇	澄	辞	之开三平	邪	邪
诗	之开三平	书	审	斯	支开三平	心	心
时	之开三平	禅	禅	词	之开三平	邪	邪

表中左列"汉音"即来氏那句话的前半部分所举例的十个字：穿、照、

床、审、禅、差、支、持、诗、时，其中前五个字是三十六字母中的声母代表字，后五个字为前五个声母的例字，在来氏的语音中，后五个字属于前五个声组，否则，来氏不会说"……即……"这样的话，"即"表示的是同一性。

表中右列"吴音"即来氏那句话的后半部分所举例的十个字：参、罩、藏、损、攒、雌、辞、斯、词，其语音规律同左列，后五个字与前五个字声母相同。

左右两列的语音联系在哪里呢？正如来氏所说，左列照组是"汉音"，而"吴读"为右列，即精组，来氏此时认为，照组字在吴音中读同精组，在来氏所说的声母读音中的关系如下：

照、支（知①）＝罩、赀（精）

穿、差（彻）＝参、雌（清）

床、持（澄）＝藏、辞（从）

审、诗（审）＝损、斯（心）

禅、时（禅）＝攒、词（邪）

从来氏所举的这一组例字来看，如果演绎到其声系中，自然会得出：知彻澄审禅与精清从心邪合流。

2. 来氏的理论表述与韵书实际存在的矛盾现象

从上面的分析可以看出，来氏的语音理论与其韵书辖字的具体情况不一致，在韵书中，他的精、知二组各自独立，但是在他的理论认知中，精、知二组却是合一的。这一矛盾现象的实质是什么？是否是真正的矛盾呢？对这一问题的回答还需要从历史以及现代吴音的角度进行考察。

三、从元明清江浙吴语韵书等文献看《音韵校正》知庄章精组声母的分合

（一）元明清江浙吴语韵书等文献的知庄章精组分合表现

1. 前人的相关研究成果

为了进一步理解《音韵校正》中知庄章精组的分合关系及其语音史实质，

---

① "知彻澄审禅"是来氏声母名称，左列五对十个字来氏定为知组，"精清从心邪"也是来氏的声母名称，右列五对十个字来氏定为精组，"删并字母说"中的概括性表述这句话用来氏的声系名称表示，就是知、精二组合流。

还需要对元明清以来江浙地区主要的吴音韵书等文献中知庄章精组的分合表现作一简要考察，所利用的研究成果主要来自于鲁国尧《〈南村辍耕录〉与元代吴方言》（1994）、耿振生《明清等韵学通论》（1992）、林庆勋《明清韵书韵图反映吴语音韵特点观察》（2006）、平田直子《〈古今韵表新编〉的音系》（2005）、孙志波《〈射声小谱〉的渊源及语音研究》（2014）、张凯《〈吴音奇字〉中知、庄、章、精组声母问题刍议》（2015）、周赛华《〈同音字类标韵〉所记清中后期的绍兴话及其变化》（2015）等。选取材料时，主要考察元明清以来江浙地区的韵书等文献，以耿振生（1992）所讨论的反映江浙吴方言的韵书语音为基础，同时参考近年来在耿著所论之外的部分成果，至于其他带有吴音成分的综合性音系的历史语音文献资料暂不作为参考对象。以下9种元明清江浙地区韵书等文献的知庄章精组分合表列呈现：

表6　元明清江浙吴语韵书等文献的知庄章精组声母的分合表现

作者	书名	时代[13]	地域[14]	知庄章精	拟音	分合表现
陶宗仪	南村辍耕录	1366 元	松江	征称澄声成 精清星晴	tʂ tʂʻ dʐ ʂ ʐ ts tsʻ s z	古知照组向精组过渡
王应电	声韵会通	1540 明	昆山	哲昌丞圣日 子清字恤是	tʂ tʂʻ dʐ ʂ z ts tsʻ ʣ s z	知庄章混入精组明显
毛增 陶承学	字学集要	1561 明	绍兴	征毡称川澄 廛声䌥人 然篦筴清千 饧涎新鲜	tʂ tʂʻ dʐ ʂ ʐ ts tsʻ ʣ s	古知照组与精组对立
孙楼	吴音奇字	1583 明	常州	知三章 知二庄精	ʧ ts	知三章主流为ʧ支流为ts 知二庄主流为ts 支流为ʧ 精见细音腭化
是奎	太古元音	1716 清	武进	照船床审禅 精清从心邪	阙如	阙如
仇廷模	古今韵表新编	1727 清	宁波	精清从心邪	ts tsʻ ʣ s z	知庄章精合
周仁	荆音韵汇	1790 清	宜兴	征昌船胜授 之请浊先在	tʂ tʂʻ dʐ ʂ ʐ ts tsʻ s z	古知照组与精组对立
程定谟	射声小谱	1839 清	常熟	者穿沉纱树 剪取裁细调	ʧ ʧʻ ʤ ʃ ʒ ts tsʻ ʣ s z	知庄章还有二分现象
石韫玉[15]	同音字类标韵	1904 清	绍兴	知彻澄书日 精清从心邪	tʂ tʂʻ dʐ ʂ ʐ ts tsʻ s z	部分知庄章组合口三等字与见组字合流

从上表的统计来看，元明清江浙吴方言韵书等文献的知庄章精组在音类上以二分为主，个别合流，另外，各家的拟音也有差异。

2.元明清江浙吴语韵书等文献中知庄章精分合的倾向

从文献语音来看，元明清江浙吴语的知庄章精组分合主要有两种类型，一是合并型，宁波地区仇廷模的《古今韵表新编》表现为这种情况，[①]二是二分型，其余八种皆为这种类型。二分型中知照组的拟音又可以分为卷舌 tʂ 组与舌叶 ʧ 组，常州的《吴音奇字》、常熟的《射声小谱》知照组合流为舌叶 ʧ 组，与舌尖 ts 组对立，而其余二分型的情况为卷舌 tʂ 组与舌尖 ts 组的对立。

从知庄章精合流的趋势上看，又可以分为三种情况：一是知庄章向精组靠拢，松江的《南村辍耕录》、昆山的《声韵会通》、常州的《吴音奇字》表现明显。二是精组与知照组界限较为清楚，宜兴的《荆音韵汇》、绍兴的《字学集要》精组与知照组分别明显。三是知庄章组内部的分化。常州的《吴音奇字》知三章主流为 ʧ、支流为 ts，知二庄主流为 ts、支流为 ʧ。[②]常熟的《射声小谱》知庄章也可以二分，宕江摄之外的知二庄以及止摄开口三等章组、合口知庄章组，与精组混，止摄开口章组之外的知三章和宕江摄知庄章与精组对立。而绍兴的《同音字类标韵》部分知庄章组与见组合流为舌面音。[③]

上述对元明清江浙地区的 9 种文献所反映的知、章精组声母的分合问题作了简要分析，从中可以看出大体的共性及其主要差异，这为我们考察《音韵校正》的知庄章精的分合问题提供了宏观的参考依据，即，在元明清吴方音背景下，来氏所记的语音在总体上不会偏离时代语音的基本特点：不管吴方言知庄章精组内部分混多么复杂，但总体趋势为合流成一组或二分为两组，至于内部各声母辖字的差异及其归属问题，应当是地域方言的不同表现。

---

① 耿振生认为《古今韵表新编》的知庄章精组合流，平田直子认为当时 ʧ 组可能存在，由于没有定论，所以本文仍取耿著的意见。参见耿振生著.明清等韵学通论 [M].北京：语文出版社，1992.平田直子.《古今韵表新编》的音系 [M]// 吴语研究——第三届国际吴方言学术报告会.上海：上海教育出版社，2005：163—170.

② 据张凯统计，《吴音奇字》涉及知庄章精组混注的例字共计93个，字数有限，但提供了重要的语音信息。参见张凯.《吴音奇字》中知、庄、章、精组声母问题刍议 [J].语言研究，2015（2）：63—71.

③ 周赛华将《同音字类标韵》的见组细音拟为 tɕ 类，不过是否为舌面音 tɕ 尚待考，因为1901年模棱多夫的绍兴话罗马字记音资料显示见组细音声母 ky 类符号虽然已经腭化，但据研究可能不是舌面音 tɕ。参见周赛华《同音字类标韵》所记清中后期的绍兴话及其变化 [J].汉语学报，2015（4）：16—24.

（二）《音韵校正》在理论上知庄章精组合流的语音实质

1. 来氏知庄章精组合流的语音条件分析

从二分的角度，来氏知庄章组合流与精组对立，在音类上与明清江浙吴语的主要表现一致。

而从合流为一的角度看，来氏在"删并字母说"中所举的"汉音"10个字，声母包含了知庄章组的字，涉及山、深、效、宕、止五摄，而对应的"吴音"10个字为咸、效、宕、臻、山、止六摄，据我们的研究，来氏的闭口韵消失，深臻合流、咸山合流，这样彼此对应的韵摄实际又减少1个。以下表格呈现来氏"汉音""吴音"的韵部条件关系：

表 7　《音韵校正》知庄章精组合流的韵部条件

汉音	照$_{宵}$	穿$_{仙}$禅$_{仙}$	床$_{阳}$	审$_{侵}$	支差$_{支}$持诗时$_{之}$
吴音	罩$_{肴}$	参$_{覃}$攒$_{桓}$	藏$_{唐}$	损$_{魂}$	赀雌斯$_{支}$辞词$_{之}$
韵部[16]	高	关	光	昆	齐

来氏所举"汉音"的"照穿床审禅"为三十六字母之名，对应《广韵》的庄、章组，但不难发现，来氏为"汉音""照穿床审禅"所举的例字"差支持诗时"却不是"精清从心邪"之类的名称，而都是支之韵开口三等的知庄章组非传统声母例字，对应的"吴音""参罩藏损攒"几个字也不是字母之名，具有随意性，为这几个字再举的同音字"雌赀辞斯词"也都是支之韵开口三等的精组字。可以看出：其一、来氏所举的例字有强烈的选择性，"汉音"与"吴音"对应的后半句话各五个字都是止摄开口三等字。其二、把来氏这句话中"汉音"与"吴音"对应起来看，仅涉及到他的高、关、光、昆、齐五个韵部。把这两点结合，似又不能认为来氏所说的"吴音"精组与知照组完全合流，应具有一定的韵部条件。

2.《音韵校正》知庄章精分合的层次特点

来氏因为一句话所透露的"吴音"可能表现出的精组与知照组合流现象究竟是怎样的语音性质呢？这要从以下三个方面来观察：

第一，"吴音""汉音"之名概念的范围较大，"吴音"与"汉音"对举，其地域概念不应是某个很小的方言点。

第二，前文已经详细分析了来氏韵书在具体的辖字上，表现出了精组与知照组对立的语音事实，"删并字母说"中的这一句话不应推翻韵书语音的实际表现。

第三，来氏这句话所透露的有些语音信息与今萧山话不一致，表 7 中知庄章精合流的五个韵部中，光部在今萧山话白读音中有成规律地读音为舌面前音的现象，列之如下：

知组阳韵三等：桩 tɕyã、闯 tɕʻyã、撞 dʑyã。

庄组阳韵三等：装庄壮 tɕyã、窗疮创 tɕʻyã、状 dʑyã、床 zyã、霜双 ɕyã。

章组阳韵三等：章掌 tɕyã、昌唱倡 tɕʻyã、常 dʑyã、商伤赏 ɕyã、尝裳偿上尚 zyã。

精组唐韵一等：葬 tɕyã、丧 ɕyã。

上述这些字主要是白读音，皆为 tɕ 类，不符合来氏所说的现象，而文读皆为 ts 类，则符合来氏所说的知庄章精组合流的情况。

结合这三个方面的分析，我们认为，来氏理论上所表述的知庄章精组合流是文读层次，这一层次的读音自然不是萧山话所独有，因为比较接近《古今韵表新编》的知庄章精组的合流为一组的情况，[①] 很可能是当时宁绍平原地区共有的文读层次。

从古今对应来看，在当时的宁绍平原地区吴语读书音知庄章精组是合流的，但在来氏的萧山话白读层次则是知庄章合流与精组对立。作为读书人，来氏的语音中存在这样的文白之分，而这一文读层次是否进入到普通百姓的语音中尚待考证。一般认为，明清时期，"一些操吴音的作者按照自己的方言撰书，基本反映当时的实际语音体系"，[②] 来氏在理论表述上反映的是文读层，而在韵书声系中，则反映的是白读层，这更加体现了来氏撰作《音韵校正》目的的"校正"之实与反映方音的彻底性。

通过前文的分析，基本可以揭开来氏《音韵校正》中的这对矛盾现象的实质："删并字母说"中的"吴读"知照组与精组合流现象是包括萧山在内的较广泛地区的文读层，[③] 而在韵书中知照组与精组界限分明，则是来氏的萧山

---

① 《音韵校正》的成书时间确定在 1751 年之前，我们推断是来氏晚年著作，很可能成书之后不久离世。仇氏《古今韵表新编》成书于 1727 年，因此判断两部韵书处在同一时代应该没有大的问题。

② 耿振生.明清等韵学通论 [M].北京：语文出版社，1992：155.

③ 来氏的这一句话是否可以说明在当时的萧山一带吴方言中的知照组与精组文读音完全合流，还不能完全下定语，理由已如前所述，主要是例字反映出来的韵部具有一定的选择性，特别是止摄开口三等支之韵字的这一选择性倾向尤为突出。

话白读层。

四、从现代吴语看《音韵校正》知庄章精组声母的读音

现代吴语的知庄章精组以合流为舌尖塞擦音 ts 组为主要趋势，同时精组还因腭化而分化出舌面音 tɕ 组，知庄章组也都有读为 tɕ、tʃ、tʂ 组的情况。以下主要考察知庄章组在今吴语中读为 tɕ、tʃ、tʂ 组的地域与音韵分布条件，材料来自钱乃荣的调查结果①。

（一）现代吴语知庄章组非 ts 类读音表现

从地域分布来看，中古知庄章组都可以读为 tɕ 类的情况分布较为广泛，在宜兴、溧阳、金华、温州等多个方言点都存在，tʂ 类主要分布在常熟，tʃ 类主要分布在衢州等个别地方。以下每个类型各举一地 1 例读音示之：

表 8　吴语知组读音类型

声类	今读	例字	读音¹⁷	代表点	音韵条件
知	tɕ	知支	tɕi	永康等	支脂祭鱼虞宵尤肴仙咸真清侵江阳庚东屋觉药薛职
	tʂ	知支	tʂi	常熟	支之祭鱼虞宵尤仙真 侵江阳东屋觉药薛职质
	tʃ	知支	tʃi	衢州	支脂之鱼尤仙清侵江阳庚东屋觉药薛职质
庄	tɕ	装阳	tɕyaŋ	金华等	佳肴尤鱼虞衔删 侵江阳东庚洽鎋术
	tʂ	装阳	tʂã	常熟	肴鱼删江阳职
	tʃ	装阳	tʃyaŋ	衢州	删江阳庚鎋术
章	tɕ	诸鱼	tɕy	宜兴等	支脂之祭鱼虞皆佳麻宵尤 仙盐真谆蒸清侵阳东钟烛药昔叶缉薛质职
	tʂ	诸鱼	tʂʅ	常熟	祭鱼宵仙盐真侵东钟清谆烛药缉质职
	tʃ	诸鱼	tʃʅ	衢州	支脂祭鱼麻尤仙盐真东钟清谆烛昔叶缉质职

表中可见"知装诸"三个知庄章组字在现代吴方言中都有 tɕ、tʂ 与 tʃ 类

---

① 钱乃荣. 当代吴语研究 [M]. 上海：上海教育出版社，1992.

三种读音，从音韵条件来看，韵摄的分布范围很广，几乎涵盖了知庄章组在韵图中的所有位置，知、庄二组存在二等，所以在二等上也有这三类读音。

盛益民的调查[①]还发现，富阳春江话的知二庄组江摄、山摄合口读 tɕ 组，其他读 ts 组，而知三章组的遇、流、咸、山、臻摄合口读 tɕ 组，其他读 ts 组，具有自身的特点。

（二）由今萧山话看《音韵校正》知庄章组的读音

1. 今萧山话知庄章组读为 tɕ 类的音韵分布

从现代吴音来看，中古知庄章组在近代吴语中合流之后在主流的 ts 组类型之外，至少还有 tɕ、tʂ 与 tʃ 三种[②]，《音韵校正》白读音知庄章组合流为一组，可能的读音应不离 tɕ、tʂ、tʃ 其中之一种，今萧山话没有 tʂ 与 tʃ 两类声母，但是知庄章组有 tɕ 类的读音，主要是白读层次，音韵分布情况如下：

表 9　今萧山话知庄章组读为 tɕ 类的音韵分布[③]

	尤	东	钟	江	阳	屋	烛	觉	职	薛
知	昼 tɕio	中 tɕioŋ	宠 tɕʻioŋ	椿 tɕyã	桩 tɕyã	竹 tɕyoʔ	瘃 tɕyoʔ	桌 tɕyoʔ	敕 dʑyoʔ	
庄	皱 tɕio	崇 dʑioŋ		窗 tɕʻyã	床 zyã					
章	周 tɕio		钟 tɕioŋ		章 tɕyã	粥 tɕyoʔ	烛 tɕyoʔ			说 ɕyoʔ

上表可见，今萧山话知庄章组读为舌面音 tɕ 类还有一定范围的音韵分布，主要集中在尤、东、钟、江、阳、屋、烛、觉、职、薛等韵上，韵母主元音都为舌面后元音，且以 o 为主。

上述诸韵中，今萧山话知庄章组对应的 ts 类读音，例字如下：

表 10　今萧山话知庄章组读为 ts 类的音韵分布

	尤	东	钟	江	阳	屋	烛	觉	职	薛
知				闯 tsʻã	张 tsæ	竹 tsoʔ		桌 tsoʔ	敕 soʔ	
庄				窗 tsʻã	床 dzã			捉 tsoʔ		
章		终 tsoŋ			樟 dzã	粥 tsoʔ	烛 tsoʔ			说 soʔ

---

① 盛益民，李旭平．吴语（富阳）春江方言音系 [J]．东方语言学，2015（15）：121—136.

② 除此之外，吴语知庄章组还有读为塞音的类型，如嵊县太平：潮 jiau、巢 jiau、烧 çiau。

③ 萧山方言字音来自张洁的调查．参见张洁．萧山方言同音字汇 [J]．方言，1997（2）：138—150.

表12与表11相比，知庄章组的韵类分布有三个主要特点：一是尤韵仍保留 tɕ 类声母，没有 ts 类声母，二是东钟韵声母以 tɕ 类为主，偶有 ts 类的情况，三是 ts 类的韵母主元音也以舌面后音 o 为主。在表12江阳以后的韵类分布上，知庄章组 tɕ、ts 类对立，比如"窗"字有 tɕʻyã 与 tsʻ ã 二读，显示了文白异读的差异。

2.《音韵校正》知庄章精的分合与今萧山话的对应关系

上述今萧山话的知庄章组表现出的文读 ts 与白读 tɕ 的对立与《音韵校正》所表现出来的知庄章组看似矛盾、实则为文白层次之分的实质是一致的，来氏韵书音对应今萧山话白读层，而"删并字母说"对应的是文读层，不纳入精组腭化的情况，来氏知庄章精组与今萧山话的对应关系如下：

表11　《音韵校正》知庄章精组与今萧山话对应关系

《音韵校正》语音				今萧山语音		
层次	分组	关系	拟音	分组	关系	读音
文	精	合流	ts	精	合流	ts
	知庄章			知庄章		
白	精	二分	ts	精	保留	tɕ
	知庄章		tɕ	知庄章		

《音韵校正》记录的是250多年前的萧山话，从来氏对知庄章精组关系的处理来看，当时白读层精组与知庄章组二分占主导地位，文读层合流为 ts 组，而白读层精组为 ts，知庄章组为 tɕ，但在当时文读层可能还只是知识分子阶层的读书音，尚未进入百姓口语，通过来氏在韵书中坚持严格二分、而在"删并字母说"中仅以一句话带过可见一斑。到了今天的萧山话中，知庄章精组的合流占主导地位，仅在部分韵摄如江阳等韵还保留一定数量的知庄章组读为舌面音的白读层次，个别如尤韵的 tɕ 类读音比较稳固，但也只是个别韵的分布，这与《音韵校正》的时代相比，是一个很大的变化，显示出白读层次逐渐退缩、文读层次不断扩大影响的趋势。

五、近代吴语知庄章精组声母分合的演变过程小议

前文所列元明清吴方言韵书等文献的知庄章精组的分合及各家拟音多有

不同，合流为一组者为 ts 类，二分者，有 tʃ 或 tʂ 类与 ts 类对立的差异，而《音韵校正》又表现出与各家拟音的不同，为 tɕ 类与 ts 类之别，这种差异的语音史实质及其演变的过程还需要结合近代通语知庄章组声母的演变进一步思考。

王力构建的通语知庄章组从中古到现代的演变过程如下[①]：

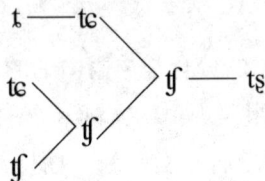

$$\begin{array}{c}
\text{ȶ} \text{—} \text{tɕ} \\
\\
\text{tɕ} \\
\quad \Big\rangle \text{tʃ} \\
\text{tʃ}
\end{array} \Big\rangle \text{tʃ} \text{—} \text{tʂ}$$

这一演变过程显示，知组经历舌面—舌叶—舌尖后的演变，章庄组则经历舌叶—舌尖后的演变，从而发展为现代通语的卷舌声母。知庄章在通语中的演变模式对我们考察近代吴语的相应演变是重要的参考。

郑伟做了更加细致的调查，发现了更多的吴语章系读为 tɕ 类的情况，同时指出，"一般认为，现代吴语知三章系还读成舌面音是保留了《切韵》时代的读法，各方言的语音形式反映了 *tɕ > tʂ > ts、*tɕ > tʃ > ts 的音变过程"[②]。

从我们的考察来看，将文献语音信息与现代吴方言结合，近代吴方言的知庄章组可能经历了以下的演变过程：

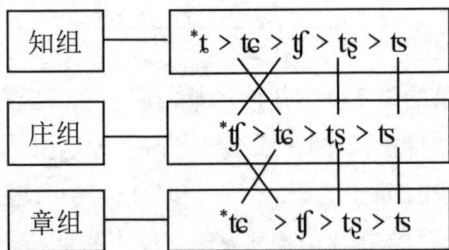

知组	──	*ȶ > tɕ > tʃ > tʂ > ts
庄组	──	*tʃ > tɕ > tʂ > ts
章组	──	*tɕ > tʃ > tʂ > ts

上述演变过程可以解释知庄章组各家拟音的差异性问题，知庄章组合流的三种情况：tʃ、tʂ、tɕ，以及与精组一同合流为 ts，都可以在这一图示中找到对应关系。上图中或交叉、或平行的线条正反映了知庄章合流结果的不同音值类型，比如知庄章组在《音韵校正》中合流为 tɕ 类与《射声小谱》合流为 tʃ 类，图示为交叉关系，其具体的音变含义是：《音韵校正》的章组保留《切韵》的 tɕ 类读音，但是知庄组各前进一步，都演变为 tɕ 类读音，进而实现了

①　王力.汉语史稿 [M].北京：中华书局，2004：137.

②　郑伟.太湖片吴语语音演变研究 [D].上海：复旦大学，2008.

与章组的合流，音值为舌面音 tɕ 类的阶段。而在《射声小谱》中庄组保留舌面 ʃ 的读音，但是知组前进了两步、章组前进了一步，进而实现了与庄组的合流。

又如：知庄章在《声韵会通》中合流为 tʂ 类与《古今韵表新编》合流为 ts 类图示为平行关系，其具体的音变含义则是：知庄章组在《声韵会通》中都演变为 tʂ 类读音，而《古今韵表新编》知庄章组演变为 ts 类读音并与精组合流，演变的速度快于《声韵会通》，二者具有演变过程横向上的前后平行关系。

这一演变过程是动态的、不是齐头并进的，近代以来的吴方言，各种演变类型都可能发生，如徐通锵在讨论百年来宁波声母的演变时，发现舌叶音 ʃ 合并于 ts，表明知庄章精四组完成了最后的合流过程[①]，张伟芳（2014）分析现代常州方音资料后，认为常州方言的知庄章组声母先合流为卷舌音 tʂ 类，继而平舌化与精组合流为 ts 类[②]。当然上述的音变过程的某些环节也并非近代吴方言所独有，其他方言也有类似现象，如钱曾怡（2004）指出，山东方言的知庄章组 tʂ 类有向 ts 类靠拢的趋势。

上图知庄章组的演变过程与通语的相应演变有三点显著特点：一是近代吴方言知庄章组的演变表现出参差现象，通语则直线合流前进。二是庄组在吴方言中经历了舌面音的阶段，通语没有。三是吴方言知庄章组存在演变为 ts 的阶段，在通语中则不是主流。[③]

结论：《音韵校正》反映了 250 多年前的萧山方言语音，知庄章精组在当时的文读音中存在合流为一的趋势，而白读层知庄章组合流为舌面音 tɕ 类并与精组 ts 类对立。结合文献语音以及现代吴方言，近代吴语知庄章组各存在自身的演变过程，即，知组：*t > tɕ > ʃ > tʂ > ts，庄组：*ʃ > tɕ > tʂ > ts，章组：*tɕ > ʃ > tʂ > ts，这一音变过程为近代吴音史的探索提供了一定的参考。

---

① 徐通锵，百年来宁波音系的演变——附论音变规律的三种方式 [M]// 徐通锵.徐通锵自选集.郑州：大象出版社，1999：22—69.

② 张伟芳，常州方言中知庄章精见组声母的合流现象及历史演变 [J].常州工学院学报（社会科学版），2014（1）：61—65.

③ 通语庄组也有这一情况，王力指出，由于庄组在上古和精组相近，有了这样的历史渊源，庄初崇山到后来虽然有一部分并到章昌船书里去了，但是还有一部分并到精清从心里来，例如：邹 ʃɾəu > tsou 等。参见王力.汉语史稿 [M].北京：中华书局，2004：136.

参考文献

[1] 耿振生 . 明清等韵学通论 [M]. 北京：语文出版社，1992.

[2] 鲁国尧 .《南村辍耕录》与元代吴方言 [M]// 鲁国尧 . 鲁国尧自选集 . 郑州：河南教育出版社，1994：250—291.

[3] 林庆勋 . 明清韵书韵图反映吴语音韵特点观察 [J]. 声韵论丛，2006（14）：91—112.

[4] 麦耘 .《切韵》知、庄、章组及相关诸声母的拟音 [J]. 语言研究，1991（2）：107—114.

[5] 平田直子 .《古今韵表新编》的音系 [M]// 吴语研究——第三届国际吴方言学术报告会 . 上海：上海教育出版社，2005：163—170.

[6] 钱乃荣 . 当代吴语研究 [M]. 上海：上海教育出版社，1992.

[7] 钱曾怡 . 古知庄章声母在山东方言中的分化及其跟精见组的关系 [J]. 中国语文，2004（6）：536—544.

[8] 孙志波 .《射声小谱》的渊源及语音研究 [J]. 汉字文化，2014（1）：41—44.

[9] 桑宇红 . 知庄章组声母在现在南方方言的读音类型 [J]. 河北师范大学学报（哲学社会科学版），2008（5）：111—118.

[10] 盛益民，李旭平 . 吴语（富阳）春江方言音系 [J]. 东方语言学，2015（15）：121—136.

[11] 王力 . 汉语史稿 [M]. 北京：中华书局，2004.

[12] 徐通锵 . 百年来宁波音系的演变——附论音变规律的三种方式 [M]// 徐通锵 . 徐通锵自选集 . 郑州：大象出版社，1999：22-69.

[13] 张凯 .《吴音奇字》中知、庄、章、精组声母问题刍议 [J]. 语言研究，2015（2）：63—71.

[14] 郑伟 . 太湖片吴语语音演变研究 [D]. 上海：复旦大学，2008.

[15] 周赛华 .《同音字类标韵》所记清中后期的绍兴话及其变化 [J]. 汉语学报，2015（4）：16—24.

[16] 张洁 . 萧山方言同音字汇 [J]. 方言，1997（2）：138—150.

南音"鹧鸪音"动态演变及来源探究

林清霞[1] 张为[2]

（1.闽南师范大学闽南文化研究院 2.闽南师范大学文学院）

摘要：南音"鹧鸪音"因严格的师承关系，保留了古泉州方言带 -ɯ 介音的韵。现代泉州各次方言及厦门同安话均无此种介音。我们尝试从《汇音妙悟》《厦英大辞典》、现代泉州各次方言及厦门同安话、台湾偏泉腔等方言材料，利用历史比较法，探索鹧鸪音的动态演变轨迹。

关键词：鹧鸪音；泉州方言；汇音妙悟；厦英大辞典

泉州拥有丰富的历史文化遗产，其中尤以倚靠泉州方言产生、成长起来的古乐种——南音闻名。因南音严格的师承关系，其唱词保留了许多古代泉州音。而"鹧鸪音"又被称为"照古音"（按古音唱或念）则是南音唱词中最具特色的语音现象。在南音研究中有这样一种观点，即"'照古音'在《汇音妙悟》中有'鸡''恩''箴''钩''生'五个韵部"。[1]但根据王育德（1970）、王尔康（1983）、樋口靖（1983）、陈永宝（1987）、姚荣松（1988）、洪惟仁（1996）、马重奇（师）（2004）等学者对《汇音妙悟》这五韵的拟音，均无 ɯ 介音，只有黄典诚（1983）将鸡韵拟音为 ɯe。且现代泉州方言只有一些县市仍有居 ɯ 韵，晋江话甚至已无此韵，带 -ɯ 介音的鹧鸪音则已消亡殆尽。所以我们对《汇音妙悟》是否存在鹧鸪音有所疑虑。本文尝试从这本韵书本身探索些许蛛丝马迹，并由"鹧鸪音"在现代泉州各次方言及厦门同安话、台湾偏泉腔的语音变化探索"鹧鸪音"的演变轨迹。

---

① 新加坡湘灵音乐社编，周长楫编纂.南音字韵 [M].福州：海峡文艺出版社，2002：16.

一、南音唱词中的"鸥鹕音"

（一）鸥鹕音的组合性

鸥鹕音不仅存在于南音唱词，在泉州的梨园戏、傀儡戏唱词道白中仍然把"栖"读作 suɛ¹，"千"读作 ts'uĩ¹，"会"读作 uɛ¹。传统的泉州戏剧戏曲保留了大量的鸥鹕音，而这些传统戏曲是以泉州方言为土壤滋生并发展起来的，所以古泉州方言应该是有鸥鹕音，毕竟戏剧戏曲的表演必须得有听得懂的观众才能生存，否则举步维艰，更不用说繁盛在古泉州各个勾栏瓦肆中。我们根据《中国泉州南音系列教程——泉州方音教程》[①]以及王建设[②]整理的南音唱词，归纳鸥鹕音有 8 个，详见下表：

表 1 鸥鹕音与中古韵对照表

鸥鹕音	例字	中古
uа	拖	果摄开口一等歌韵
	崎	止摄开口三等支 B 韵；止摄开口三等微韵
	榉	遇摄开口三等鱼韵
tɛn/uɛn	根、痕、恩、恨、吞	臻摄开口一等痕韵
	近、勤、殷、隐	臻摄开口三等欣韵
uɛm	斟	深摄开口三等侵 A 韵；深摄开口三等缉 A 韵
uо	谋、眸、愁	流摄开口三等尤韵
	母、苟、后	流摄开口一等厚韵
	斗、楼、漏、沟、叩	流摄开口一等侯韵
uɛn/uɛk	崩、能、曾、朋、鹏、登	曾摄开口一等登韵
	烹、生、层	梗摄开口二等庚韵
uɛ	替、鸡、溪、契、齐、妻、榉、栖、切	蟹摄开口四等齐韵
	魁、退、罪	蟹韵合口一等灰韵
uã	子	止摄开口三等之韵
uĩ	前、千、先	山摄开口四等先韵

[①] 李丽敏.泉州方音教程 [M].厦门：厦门大学出版社，2006.

[②] 王建设.南音唱词中的古泉州话声韵系统 [J].方言，2000（4）：81—86.

ɯa、ɯən/ɯət、ɯəm、ɯo、ɯəŋ/ɯək、ɯe、ɯã、ɯĩ 8 个鹧鸪音是舌面后、高、不圆唇元音 ɯ 分别与舌面前低不圆唇元音 a、舌面央中不圆唇元音 ə、舌面后中圆唇元音 o、舌面前中不圆唇元音 e、舌面前高不圆唇元音的鼻化元音 ĩ 组合。从元音图上看，鹧鸪音 ɯ 介音除了与自己相同发音部位，但为圆唇元音的 u 无法搭配外，可组合的元音较多。同时鹧鸪音既有非鼻音韵鼻音韵（包括前鼻韵、后鼻音韵），也有入声韵。由此可见，鹧鸪音具有系统性，与 i、u 等介音一致，可组合多种元音，形成复合韵，并不是单一的语音现象。同时以上鹧鸪音例字在中古音分布无章，一二三四等韵均有，开口韵、合口韵均有，唇音、舌音、齿音、牙音、喉音下均可组合。这也从侧面表现了鹧鸪音的系统性。

（二）鹧鸪音的聚合性

南音、梨园戏唱念有严格的"叫字"训练，为了达到舞台上字正腔圆的效果，首先必须把每个字的音节分为字头、字腹、字尾，在字头（声母）发音形成阻碍的同时，根据韵母口呼的口形特点定好形，才能通过韵腹主要元音扩大共鸣，使字音明亮。同时，南音演唱必须"正音"，即必须严格按照古泉州府治中心地（今鲤城区）的方言音为标准。因此，南音唱词保留了完整的古泉州声韵系统（声调系统因唱腔旋律的因素，难以归纳）。在如此完整的南音唱词韵母系统中，鹧鸪音形成了自己独具的特色：

a/aʔ　　　ɯa/ɯaʔ

e/eʔ　　　ue/ueʔ　ɯe/ɯeʔ

un/ut　　　ɯən/ɯət

am/ap　　　ɯəm/ɯəp

iŋ/ik　　　ɯəŋ/ɯək

以 ɯ 介音为语音特征，鹧鸪音形成平行、对称、成系统的韵部。在南音唱词中，鹧鸪音与对立的韵部泾渭分明，从不相混。

二、《汇音妙悟》中的"鹧鸪音"

（一）《汇音妙悟》鸡韵

整理《汇音妙悟》"鸡"与"杯"韵，可以发现：杯韵中"瓜""外""花"

三个韵字也出现在花韵里，现代泉州方言"瓜""外""花"都有文白异读音，文读音分别读作 kua¹ gua⁶ hua¹，白读音读为 kue¹ gue⁶ hue¹。杯韵其他韵字在现代泉州方言读为 ue 韵。

鸡韵所辖字泉州各次方言、同安话文读音一致，读为 e，白读音 ue。该韵中的"犁、溪、契、题、替、齐、细、洗、倪、艺"同时也出现在西韵，这些字属于文白异读，文读音读为西韵 e，而鸡韵其他字在现代泉州各次方言读为 ue，如"挟 gue⁷"。

根据以上语音分析，现代泉州方言杯韵与鸡韵白读音相混，而在《汇音妙悟》这两个韵是分立的，泾渭分明。因此，我们认为《汇音妙悟》鸡韵应读为 -ɯe 和 -ɯeʔ。

（二）《汇音妙悟》恩韵

例字"根"：鲤城话、晋江话、安溪话、德化话、同安话读为 kun，南安话、惠安话、永春话读为 kən/kun。

例字"勤"：鲤城话、晋江话、安溪话、德化话、同安话读为 k'un，南安话、惠安话、永春话读为 k'ən/k'un。

例字"恨"：鲤城话、晋江话、安溪话、德化话、同安话读为 hun，南安话、惠安话、永春话读为 hən/kun。

例字"斤"：鲤城话、晋江话、安溪话、德化话、同安话读为 kun，南安话、惠安话、永春话读为 kən/kun。

例字"恩"：鲤城话、晋江话、安溪话、德化话、同安话读为 un，南安话、惠安话、永春话读为 ən/kun。

恩韵在现代泉州次方言鲤城话、晋江话、安溪话、德化话、同安话读为 un 韵，南安话、惠安话、永春话既读为 ən 韵，又读为 un。整理《汇音妙悟》恩韵，发现该韵"钧、斤、坤、核"四个韵字也出现在春韵，这四个字在鲤城话、晋江话、安溪话、德化话、同安话读为 un 韵，南安话、惠安话、永春话既读为 ən 韵，又读为 un 韵。可以看到，恩韵与春韵在现代泉州方言中已相混，而且从《汇音妙悟》时期已经有融合的趋势。但既然黄谦仍旧把这两个韵分立，如果与南音唱词恩韵读为 ɯən，春韵读为 ən 一样，恰恰能够把这两个韵区分开，因此我们认为《汇音妙悟》仍然保留鸥鸹音 ɯən/ɯət，但已有丢失 -ɯ- 介音的趋势。

（三）《汇音妙悟》生韵

例字"形"：鲤城话、晋江话、南安话、安溪话、永春话、德化话、同安话读为 hiŋ；惠安话读为 heŋ。

例字"硬"：鲤城话、晋江话、南安话、安溪话、永春话、德化话、同安话读为 giŋ；惠安话读为 geŋ。

例字"英"：鲤城话、晋江话、南安话、安溪话、永春话、德化话、同安话读为 iŋ；惠安话读为 eŋ。

例字"星"：鲤城话、晋江话、南安话、安溪话、永春话、德化话、同安话读为 siŋ；惠安话读为 seŋ。

生韵以上例字在现代泉州鲤城话、晋江话、南安话、安溪话、永春话、德化话、同安话读为 iŋ，惠安话读为 eŋ。整理《汇音妙悟》生韵字，发现"灯、德、得"三个字也出现在卿韵，可以看到，生韵与卿韵在现代泉州方言中已相混，而且从《汇音妙悟》时期开始有融合的倾向。但既然黄谦仍旧把这两个韵分立，南音唱词生韵读为 ɯəŋ，卿韵读为 iŋ 恰恰能够把这两个韵区分开，因此我们认为《汇音妙悟》仍然保留鹧鸪音 ɯəŋ/ɯək。

（四）《汇音妙悟》箴韵

例字"针"：鲤城话、晋江话、南安话、安溪话、永春话、德化话文读音为 tsam，白读为 tsəm；同安话文读音为 tsam，白读为 tsiam；惠安话文读为 tsam，白读为 tsem。

例字"箴"：鲤城话、晋江话、南安话、安溪话、永春话、德化话 tsəm；同安话读为 tsim；惠安话读为 tsem。

例字"森"：鲤城话、晋江话、南安话、安溪话、永春话、德化话 səm；同安话读为 sim；惠安话读为 sem。

例字"参"：鲤城话、晋江话、南安话、安溪话、永春话、德化话读为 ts'əm；同安话读为 sim；惠安话读为 ts'em。

例字"欣"：鲤城话、晋江话、南安话、安溪话、永春话、德化话读为 həm 和 him；同安话读为 him；惠安话读为 hem。

箴韵以上例字在现代泉州鲤城话、晋江话、南安话、安溪话、永春话、德化话读为 am 或 əm、同安话读为 him，惠安话读为 hem。整理《汇音妙悟》箴韵字，发现"针、簪、旮、参"四个字也出现在三韵，"渗、森、参、澁、欣、忻"六个字也出现在金韵。箴韵在现代泉州各次方言的读音，正与《汇音妙悟》出现箴韵、三韵、金韵有同样韵字的现象相符。《汇音妙悟》这三韵分立，三韵读为 am，金韵读为 im，所以箴韵不读这两韵。现代泉州鲤城话、晋江话、南安话、安溪话、永春话、德化话读为 əm，惠安话读为 em，前文恩韵读为 ɯən/tɛm、生韵读为 ɯəŋ，主要元音均为 ə，根据语音聚合的系统性，我们将箴韵拟音为 ɯəm，正与南音唱词读音一致。

（五）《汇音妙悟》钩韵

例字"头"：鲤城话、晋江话、南安话、安溪话、惠安话、永春话、德化话、同安话文读为 t'io，白读为 t'au。

例字"透"：鲤城话、晋江话、南安话、安溪话、惠安话、永春话、德化话、同安话文读为 t'io，白读为 t'au。

例字"后"：鲤城话、晋江话、南安话、安溪话、惠安话、永春话、德化话、同安话文读为 hio，白读为 au。

例字"厚"：鲤城话、晋江话、南安话、安溪话、惠安话、永春话、德化话、同安话文读为 kio，白读为 kau。

例字"猴"：鲤城话、晋江话、南安话、安溪话、惠安话、永春话、德化话、同安话文读为 hio，白读为 kau。

钩韵以上例字在鲤城话、晋江话、南安话、安溪话、惠安话、永春话、德化话、同安话文读为 io，白读为 au。这六个例字及"瓯"字在《汇音妙悟》中既出现在钩韵，也出现在郊韵 au，且"后"（英母郊韵、喜母钩韵）、"厚"（求母郊韵、喜母钩韵）、"猴"（求母郊韵、喜母钩韵）与现代泉州各次方言一致。南音唱词该韵读为 ɯo，因此我们认为，钩韵应为 io 或 ɯo。此外，钩韵所辖字主要为中古流摄开口一等侯韵字，如"头、透、偷、后、厚、猴、豆"等，属于中古的洪音字。

值得注意的是，《汇音妙悟》钩韵与烧韵关系密切，钩韵"头、叩"二字也出现在烧韵。现代泉州方言钩韵文读音与烧韵已经合流，均读为 io（白读音则与郊合流，读为 au）。钩韵中的"沟、口、偶、藕、后、瓯、谋、走、奏、斗、楼"等读为 io，烧韵中的"桥、脚、表、鳔、赵、票、漂、照、少"等也读为 io。烧韵《汇音妙悟》注"此音俱从俗解"，即为泉州俗语读音，该韵鲤城话、晋江话、南安话、安溪话、永春话、德化话、同安话文读音为

iau，白读为 io，将烧韵拟音为 io 正与《汇音妙悟》注解一致。所以钩韵不读为 io。

综合以上语音分析，我们认为钩韵应拟音为 ɯo，此后才逐渐由 -ɯ- 介音演变为 -i- 介音，与烧韵合流。

（六）鹧鸪音保留中古音韵部特点

如果说闽南语为古汉语的活化石，那么南音唱词则是最鲜活的古闽南语的留存。而鹧鸪音保留中古音开合口、洪细等区别特征可以作为一大力证。《汇音妙悟》鸡韵字主要来自中古蟹摄开口韵，杯韵主要来自中古蟹摄合口韵和假摄合口二等韵；钩韵字主要来自中古流摄开口一等侯韵，为中古的洪音字，烧韵大多来自效摄开口三四等字，为中古的细音字；恩韵多来自中古臻摄开口韵，春韵则多是臻摄合口韵字。

三、鹧鸪音的演变

（一）鹧鸪音 -ɯ- 介音的丢失

前文通过分析现代泉州各次方言及同安话中鹧鸪音韵部的变化，发现现代泉州各次方言已丢失了 -ɯ- 介音，与南音唱词中鹧鸪音的对立韵部融合。-ɯ- 介音为舌面后、高、不圆唇元音，发音时有一定的难度，具备易变、不稳定"体质"。

英国牧师杜嘉德所著《厦英大辞典》（1873 出版）精确地记录了 19 世纪的厦门方言及漳州、泉州各地方言口语词。在这本辞典中，-ɯ- 介音尚未完全丢失。《厦英大辞典》"隐、斤、近、跟、银、恨、筋、允、云、温"等字均读为 ɯn；"拣、闲、前、肩、反、千、细、关、换"读为 ɯĩ。但鸡韵读为 əe，生韵读为 əŋ，钩韵读为 io，丢了 -ɯ- 介音。

鸡韵、恩韵、箴韵这三韵在现代泉州各次方言均已丢失了 -ɯ- 介音。鸡韵在现代泉州各次方言、同安话鸡韵所辖字文读音 e，丢失了 -ɯ- 介音。恩韵 ɯun 在现代泉州次方言鲤城话、晋江话、安溪话、德化话、同安话读为韵。箴韵 ɯəm 现代泉州鲤城话、晋江话、南安话、安溪话、永春话、德化话读为 əm，惠安话读为 em。

（二）鹩鸹音 -ɯ- 介音的演变

《汇音妙悟》钩韵 ɯo 在《厦英大辞典》读为 io，例字如"走、扣、浮、叩、尿、头、豆"等。《厦英大辞典》钩韵与烧韵也是分立，并不相混。但是 -ɯ- 介音发音部位逐渐向前移，由舌面后、高、不圆唇元音变成央圆音 i，而现代泉州方言则进一步向前移，变成舌面前、高、不圆唇元音 i，且钩韵与烧韵合流为 io 韵。

（三）鹩鸹音央元音的演变

鹩鸹音除了必备的 -ɯ- 介音外，与其搭配的央元音 ə 也是出现频率最高的主要元音。我们发现在现代泉州各次方言，特别是晋江话元音韵已经没有 ə 了，且只有一个鼻音韵 əm 有这个主要元音，除了南安话完整地保留元音韵 ə、鼻音韵 ən、əm、əŋ，其余次方言 ə- 组韵都少了许多，ə- 组韵也随着鹩鸹音的变化发生了自己的演变。

恩韵 ɯən 在《厦英大辞典》读为 ɯn，丢失了 ə 韵腹。在鲤城话、晋江话、安溪话、德化话、同安话读为 un 韵，南安话、惠安话、永春话既读为 ən 韵，又读为 un 韵，主要元音由央、不圆唇元音向后移，变成舌面后、高、圆唇元音。

箴韵 ɯəm 在《厦英大辞典》读为 ɯm，丢失了 ə 韵腹。该韵在现代泉州鲤城话、晋江话、南安话、安溪话、永春话、德化话读为 am 或 əm；同安话读为 im；惠安话读为 em。箴韵不仅丢失了 -ɯ- 介音，主要元音 ə 泉州有的次方言有向前移的变化，由央、不圆唇元音向舌面前、低、不圆唇元音 a 演变，也有向舌面前、高、不圆唇元音 i 演变，还有向舌面前、中、不圆唇元音 e 演变。

生韵 ɯəŋ 在《厦英大辞典》读为 əm，丢失了 -ɯ- 介音。该韵在现代泉州鲤城话、晋江话、南安话、安溪话、永春话、德化话、同安话读为 iŋ，惠安话读为 eŋ。生韵不仅丢失了 -ɯ- 介音，主要元音 ə 泉州有的次方言有向前移的变化，由央、不圆唇元音向舌面前、高、不圆唇元音 i 演变，也有向舌面前、中、不圆唇元音 e 演变。

以上分析可以发现，鹩鸹音央元音所发生的演变与 -ɯ- 介音的丢失息息相关，因介音的丢失，使其为了语音表达的识别度，央元音更倾向于向标准元音演变，使得语音表达清晰、准确，同时标准音发音比较省力，人们倾向于选择简单的音素，这也是因语音的自然属性产生的人类发音的经济原则。

四、"鹪鸹音"在台湾偏泉腔的演变

台湾闽南语根据音系性质的差异，可分为偏泉腔、偏漳腔和混合腔。其中，台湾偏泉腔是福建泉州腔跟随泉籍移民在海峡东岸落地开花的成果。在研究偏泉腔过程中，我们惊喜地发现在台湾偏泉腔中竟仍然保留着一些"鹪鸹音"的遗迹。台湾偏泉腔方言点主要有台北、鹿港、马公、三峡、新竹、金门。而三百多年来，操偏泉腔的台湾人在与众多的厦门移民往来交流中，也在不断地受到厦门腔的影响，"鹪鸹音"发生了与福建泉州方言不同的演变。

（一）受厦门腔韵母的影响，偏泉腔韵母 ɯ 的演变

台湾偏泉腔台北、鹿港、马公、三峡、新竹、金门六个方言点中台北话、马公话已无 ə 和 ɯ 韵，属于泉腔 ɯ 韵的，台北话、马公话读为 u 韵，新竹话则既可读 ɯ 又可读 u。厦门话读 u 或 i 韵。我们将福建泉州腔读为 ɯ 韵的 72 个字在台湾偏泉腔六个方言点和厦门话的读音进行了统计分析，其分布情况详见下表：

表 2　泉州腔 ɯ 韵 72 字在台北、鹿港、马公、三峡、新竹、金门、厦门话中的分布统计表

	ɯ	占比	u	占比	i	占比	ɯu	占比	ui	占比	ɯi	占比
台北	无	0	41	56.9%	9	12.5%	无	0	22	30%	无	0
鹿港	13	18%	27	37.5%	10	13.9%	无	0	21	29%	1	0.01%
马公	无	0	41	56.9%	9	12.5%	无	0	22	30%	无	0
三峡	13	18%	27	37.5%	10	13.9%	无	0	21	29%	1	0.01%
新竹	无	9%	27	37.5%	7	0.09%	4	0.05%	22	30%	5	0.07%
金门	13	18%	28	38.9%	10	13.9%	无	0	21	29%	无	0
厦门	无	0	62	86%	8	11%	无	0	2	0.03%	无	0
总计	39	7.7%	253	50%	63	12.5%	4	0.8%	131	26%	7	1.3%

通过以上统计，我们可以看出泉腔读 ɯ 韵的字在厦门话中已不再读此韵，

88%读为 u 韵，13.8%读为 i 韵，厦门音已绝大部分读 u 韵。台湾偏泉腔深受厦门话的影响，除了鹿港话、三峡话、金门话和新竹话还保留 ɯ 韵，但所占比例仅 17.3%（包括只读 ɯ 和 u ɯ、ɯ i 两读）。台北话、马公话已无 ɯ 韵，且读 u 韵占 87.5%（包括只读 u 和 u i 两读），读 i 韵占 43%（包括只读 i 和 u i 两读）。ɯ 韵的存在岌岌可危，大有因厦门腔而被同化为 u 韵的趋势。

（二）受厦门腔韵母的影响，偏泉腔韵母 ə 的演变

台湾偏泉腔台北、鹿港、马公、三峡、新竹、金门六个方言点中台北话、马公话已无 ə 韵，属于泉腔 ə 韵的，台北话、马公话读为 e，新竹话则既可读 ə 又可读 e；厦门话读为 e。我们将福建泉州腔读为 ə 韵的 55 个字在台湾偏泉腔六个方言点和厦门话的读音进行统计分析，其分布详见下表：

表 3　泉州腔 ə 韵 55 字在台北、鹿港、马公、三峡、新竹、金门、厦门话中的分布统计表

	ə	占比	e	占比	ue	占比	o	占比	ue/e	占比	i/e	占比	ə/e	占比
台北	0	0	43	78%	4	7.4%	1	1.8%	6	10.9%	1	1.8%	0	0
鹿港	32	58%	11	2%	4	7.4%	1	1.8%	6	10.9%	1	1.8%	0	0
马公	0	0	43	78%	4	7.4%	1	1.8%	6	10.9%	1	1.8%	0	0
三峡	32	58%	11	2%	4	7.4%	1	1.8%	6	10.9%	1	1.8%	0	0
新竹	0	0	11	2%	4	7.4%	1	1.8%	7	12.7%	0	0	30	54.5%
金门	32	58%	11	2%	4	7.4%	1	1.8%	6	10.9%	1	1.8%	0	0
厦门	0	0	53	96.3%	0	0	0	0	1	1.8%	1	1.8%	0	0
总计	96	24.9%	182	47.2%	24	6.2%	6	1.5%	38	9.8%	6	1.5%	30	7.7%

通过以上的统计，我们可以看出泉腔读 ə 韵的字在厦门话中已不再读此韵，100%读为 e 韵，只有个别读为 i 韵或读 ue 韵。台湾偏泉腔受厦门话影响较大，除了鹿港话、三峡话、金门话和新竹话还保留 ə 韵，但所占比例仅32.7%（包括只读 ə 和 e 两读）。台北话、马公话已无 ə 韵，且读 e 韵占66.4%（包括只读 e 和 u e i e、ə e 两读），读 i 韵仅个别。ə 韵的存在也是岌岌可危，大有被厦门话 e 韵同化的趋势。

（三）受厦门腔韵母的影响，偏泉腔韵母 ən 的演变

福建南安话 ən 韵在台湾偏泉腔三峡话仍保留 ən 韵，但台北话、鹿港话、马公话、新竹话、金门话受厦门话的影响已均读为 un 韵。读音具体情况请看"福建泉腔 ən 韵字在台湾偏泉腔及厦门话的读音详表"。

表 4　福建泉腔 ən 韵字在台湾偏泉腔及厦门话中的读音详表

方言点 / 例字	台北	鹿港	马公	三峡	新竹	金门	厦门
斤	kun^1	kun^1	kun^1	$kən^1$	kun^1	kun^1	kun^1
根	kun^1 kin^1	kun^1 kin^1	kun^1 kin^1	kun^1 kin^1	kun^1 kin^1	kun^1 kin^1	kun^1
近	kun^7	kun^7 kun^6	kun^7	$kən^7$	kun^7	kun^7	kun^7
勤	$k'un^5$ $k'in^5$	$k'un^5$ $k'in^5$	$k'un^5$ $k'in^5$	$k'un^5$ $k'in^5$	$k'un^5$ $k'in^5$	$k'un^5$ $k'in^5$	$k'un^2$
芹	$k'un^5$ $k'in^5$	$k'un^5$ $k'in^5$	$k'un^5$ $k'in^5$	$k'un^5$ $k'in^5$	$k'un^5$ $k'in^5$	$k'un^5$ $k'in^5$	$k'un^2$
恨	hun^7	hun^7	hun^7	$hən^7$	hun^7	hun^7	hun^5
恩	un^1	un^1	un^1	$ən^1$	un^1	un^1	un^1
允	un^2 in^2	un^2 in^2	un^2 in^2	un^2 in^2	un^2 in^2	un^2 in^2	un^3

（四）受厦门腔韵母的影响，偏泉腔韵母 ɯe 的演变

在福建泉州已消失的鹧鸪音 ɯe 韵，仍保留在偏泉腔三峡话中。我们整理南音唱词中读 ɯe 韵的字在台湾偏泉腔及厦门话的读音情况，发现偏泉腔逐渐被厦门话同化。"替、鸡、溪、契、齐、妻、栖、魁、退、罪"10 个例字中，只有三峡话"替、鸡、溪、契、齐"仍保留 ɯe 韵，其余与厦门话一致，或读为 ue 韵，或读为 e，较为特别的是"退"在鹿港、三峡、新竹、金门还可读为 ə 韵。详见下表：

表 5　福建泉腔 ɯe 韵字在台湾偏泉腔及厦门话的读音详表

方言点 / 例字	台北	鹿港	马公	三峡	新竹	金门	厦门
替	$t'ue^3$	$t'ue^3$	$t'ue^3$	$t'ɯe^3$	$t'ue^3$	$t'ue^3$	$t'ue^4$

例字 ＼ 方言点	台北	鹿港	马公	三峡	新竹	金门	厦门
鸡	kue^1	kue^1	kue^1	kɯe^1	kue^1	kue^1	kue^1
溪	k'ue^1	k'ue^1	k'ue^1	k'ɯe^1	k'ue^1	k'ue^1	k'ue^1
契	k'ue^3	k'ue^3	k'ue^3	k'ue^3	k'ue^3	k'ue^3	k'ue^4
齐	tsue^5	tsue^5	tsue^5	tsɯe^5	tsue^5	tsue^5	tsue^2
妻	ts'e^1	ts'e^1	ts'e^1	ts'e^1	ts'e^1	ts'e^1	ts'e^1
栖	ts'e^1	ts'e^1	ts'e^1	ts'e^1	ts'e^1	ts'e^1	ts'e^1
魁	k'ue^1	k'ue^1	k'ue^1	k'ue^1	k'ue^1	k'ue^1	k'ue^1
退	t'e^3	t'ə^3	t'e^3	t'ə^3	t'e^3 t'ə^3	t'ə^3	t'e^4
罪	t̲s̲e̲^{7} t̲s̲ɯ̲e̲^{7}	t̲s̲e̲^{7} t̲s̲ɯ̲e̲^{7}	t̲s̲e̲^{7} t̲s̲ɯ̲e̲^{7}	t̲s̲e̲^{7} t̲s̲ɯ̲e̲^{7}	t̲s̲e̲^{7} t̲s̲ɯ̲e̲^{7}	t̲s̲e̲^{7} t̲s̲ɯ̲e̲^{7}	t̲s̲e̲^{5} t̲s̲ɯ̲e̲^{5}

五、"鹕鸪音"来源的猜想

据前文分析，鹕鸪音并非就着某种语音条件，如韵母的等第、声韵的配合等因素演变形成的，可以说是与 i、u、y 相等地位的介音，但这三个传统的语音学上的汉语介音却都有自己的分布规律、分布条件，如 y 来源于中古的 iu 韵，不像 -ɯ- 介音没有自己的分布条件。所以我们推测，鹕鸪音极有可能不是几次中原移民潮带来的音素，而是古闽越语的遗存。

泉州地区一直是闽越族的居住地。西周时期，泉州属七闽地，春秋战国时属越国地，原住民分散居住在今泉州各地。东周显王三十五年（公元前 334 年），楚国灭越国后，部分越民南下，留居今泉州各地，与原住民融合。作为闽越族的古越语理所当然地成为古泉州方言的底层成分保留下来。叶俊生《闽方言考》："闽古为无诸国，故妇曰诸娘。""诸娘"为古越族对妇女称呼的遗存。而"诸娘"在南音唱词中正读为 tsɯ niũ。20 世纪七八十年代，在永春、德化、安溪的村镇，货物交流主要依靠"墟日"，"墟"作为"集市"义是古越语底层词在方言中的遗存。而"墟"在南音唱词读为 hɯ。

此外，从与古越语有着密切关系的侗台语 —— 泰文的对应关系，我们推测古越语有 ɯ 音，请看以下对照：

表6　汉语古籍记载的古越语词与泰文对应例表 ①

越绝书译音字	汉语关系词	泰文转写	泰语	泰调	汉义
馀（**k·la）	卤（**g·rra'）	kluɯa	kluɯa	A1	食盐
（须）虑（**C·ras）	舟（**kljw）	ruɯa	ruɯa	A2	船

《越绝书》记载了许多古越语音译词，有些译音词至今仍尚未得出释义。不少研究者借助与古越语有亲属密切关系的侗台语来解释。从以上表格，我们可以看到古越语"食盐"古汉语音译为"馀"，泰语读为 kluɯa，带有 -ɯ-介音，而"馀"南音唱词读为 ɯ。

周长楫在《闽南语的形成发展及在台湾的传播》一书中，比较现代少数民族壮语与《越绝书》后（转引《试论百越民族的语言》）指出，古越语具备的几个基本特点，包括有复辅音声母（如 zlɤ、kd、zɤ）、阴声韵、声调、基本词汇（如夷、须虑）、量词等，其中阴声韵就有 ua、ɯ、u、ai、i、e、ɛi、oɡ、iɔɡ。周长楫直接指出了古越语是有 ɯ 音。

参考文献

[1] 龚群虎.汉泰关系词的时间层次 [M].上海：复旦大学出版社，2002.

[2] 李丽敏.泉州方音教程 [M].厦门：厦门大学出版社，2006.

[3] 王建设.南音唱词中的古泉州话声韵系统 [J].方言，2000（4）：81—86.

[4] 周长楫.在闽南语的形成发展及在台湾的传播 [M].台北：台笠出版社，1996.

[5] 新加坡湘灵音乐社编，周长楫编纂.南音字韵 [M].福州：海峡文艺出版社，2002.

---

① 龚群虎.汉泰关系词的时间层次 [M].上海：复旦大学出版社，2002：197.

汉语西北方音的源头及横向传递①

余跃龙

（山西大学 语言科学研究所）

摘要：汉语西北方言的早期源头是周秦时代的秦晋方言，其内部并不一致，来自夏言的古晋语与源于丰镐方音的古秦语有明显差异性。汉族与少数民族长期融合造成了西北汉语方言的复杂性。从唐五代至宋的对音资料看，唐五代西北方言的复杂性与少数民族语言横向传递有关。

关键词：汉语西北方音；早期源头；横向传递

一、引言

学界对西北汉语方言分布地域有不同看法，大部分学者按照今行政区划的分布，将今陕西、甘肃、宁夏、新疆、青海5省、自治区官话统称为汉语西北方言，但历史上西北汉语方言分布地域远未覆盖今五省（区）范围。罗常培（1961）、邵荣芬（1963）、马伯乐（2005）、高田时雄（2013）等学者根据唐五代对音材料反映的语音状况，将唐五代时期西北汉语方言分布区域限定在今山西、陕西、甘肃一带。本文主要讨论与唐五代西北方音有历史继承关系的汉语西北方言，因此以甘肃、陕西、山西境内的汉语方言为主要研究对象。

二、汉语西北方言的早期源头

唐五代西北方言是今陕西、山西、甘肃等西北地区方言的源头。在唐五

---

① 本文为国家社科基金一般项目"山西方言声韵调相互影响的共时历时研究"（项目号：14BYY042）的阶段性成果。感谢乔全生、沈钟伟、王曦诸位先生的意见，衷心表示谢忱。

代以前，汉语西北方言可以上溯到什么时代，我们从西汉扬雄《方言》中可以找到一些线索。根据汉代扬雄《方言》所列方域单举和并举的不同，汉代方言大致分为七大方言区，其中秦晋、陇冀和梁益划为一个方言区①，这一方言区范围大致包括今山西、陕西、甘肃和四川等地②。古人对方言的划分大多依据历史行政区划，如"晋之西鄙""西秦"指的是甘肃东部地区（陇东），三国魏时陇东与关中同属雍州，因此两地方言大体上较为接近，划分为同一个方言区③。根据《中国历史地图集》记载，周秦时期的陇西郡（今甘肃东南部）、上郡、内史（今陕西）和九原郡（今内蒙古东部）、北地郡（今宁夏）地理位置相连，无论从政治地位、地理位置和军事意义都属于核心地带，合称为"关中诸郡"，后来范围扩大到秦汉时代北方的广大地区，包括陇西、陕北④。从历史的角度看，秦汉的都城在咸阳和长安（今西安），关中的中心地带大概在今天的西安。西汉时代，山西南部和陕西中部属司隶部，从秦至西汉，甘肃、陕西、山西大部分地区在地理上都属于同一行政区划，这也为秦晋、陇冀划归同一方言区提供了可能。崔荣昌研究认为"宋时的蜀人，尤其是成都人，多半是中原的移民或先期移民的后裔"⑤。从战国时秦吞并巴蜀以来两千三百余年间，汉族移民大量入川，其过程大致可划分为两大阶段，前段由秦到宋末，后段由元明到现代。前一段移民主要来自西北或北方，故而形成接近秦晋的梁益方言，此方言的先期移民就是最早入川的秦民。《方言》中秦晋和梁益被划分为同一个方言区，正是因为这个原因。刘晓南指出"从先秦至汉魏六朝隋唐宋，整个西部都是一个大方言区"⑥，这一大方言区中，都城人口使用的秦晋方言自然成为该区域的核心方言。

　　《方言》中秦晋并举达88次，足见扬雄心目中是将秦晋方言等同看待，但秦晋方言内部并非完全一致。朱正义提到："秦统一六国之后，作为西周丰镐方言直接后裔的秦方言（即关西话），其地位应说是高于其他方言，具备着充

① 罗常培，周祖谟.汉魏晋南北朝韵部演变研究·第一分册 [M].北京：科学出版社，1958：70.

② 丁启阵.秦汉方言 [M].北京：东方出版社，1991：35.

③ 李如龙，辛世彪.晋南关中的全浊送气与唐宋西北方音 [J].中国语文，1999（1）：197—203.

④ 谭其骧.中国历史地图集·秦汉时期 [M].北京：中国地图出版社，1996：13—14.

⑤ 崔荣昌.四川方言与巴蜀文化 [M].成都：四川大学出版社，1996：391.

⑥ 刘晓南.从历史文献看宋代四川方言 [J].四川大学学报，2008（2）：37—46.

当官话的资格，以长安话为代表关西话起着沟通五方之人的作用。"①秦统一之前，晋国也是中原地区重要的诸侯国，古晋语最早来自于夏言②，与丰镐方言后裔的古秦语并不相同，古晋语不会也不可能因为晋国的灭亡而在短期内消亡。古秦语和古晋语的差异性与两国所处地缘因素有关，自夏朝始，秦国远偏于西方，《史记·秦本纪》所载"秦僻在雍州，不与中国诸侯之会盟，夷翟遇之"。秦在统一六国之前，与周边方国接触较少，古秦语在诸国语言中并无地位，受周边语言影响并不显著。与秦国不同，晋国与东方宋卫颁冀唐兖各国毗邻，各国之间的交流频繁，古晋语和周边方国语言相互接触，更易受到周边方国语言的影响。直至秦孝公时，商鞅提出招揽三晋人口入秦的政策。《商君书·徕民》记载："今以草茅之地徕三晋之民而使之事本，此其损敌也与战胜同实……今复之三世，而三晋之民可尽也"③。秦晋之间人口流动的加强才最终使得古秦语和古晋语进一步融合，但二者的区别依然存在。

三、早期西北汉族与少数民族的融合

早期西北汉语方言的形成与这一地区历史上曾大量存在少数民族有直接关系。秦汉以来，西北地区有史可查的少数民族包括戎、狄、匈奴、乌孙、月氏、鲜卑、柔然、羌、回纥、吐蕃、党项等。林语堂在《前汉方言区域考》中提到早在秦汉时代，秦晋语区和西秦之地已杂入羌语，秦晋之北部已杂入狄语区④。汉代以来，大量少数民族占据西北，唐五代时期甚至部分羌人内迁关中、晋南等地，与汉族杂居⑤。西北甘肃、宁夏地区曾出现的少数民族语言就多达18种，其中有印欧语系、阿尔泰语系、汉藏语系和闪—含语系语言⑥。陕西、山西历史上也曾有大量少数民族长期居住。晋元康九年（299）江阴令江统撰《徙戎论》记载："关中之人百余万口，率其少多，戎狄居半"。戎，主要指氐、羌；狄，主要指内迁之匈奴（即南匈奴）。又说："徙冯翊、北地、

---

① 朱正义. 秦汉关西语——古代关中方言简说二 [J]. 渭南师专学报，1994（3）：8—15.

② 周祖谟. 方言校笺 [M]. 北京：中华书局，1993：2.

③ 石磊，黄昕. 商君书译注 [M]. 哈尔滨：黑龙江人民出版社，2003：103.

④ 林语堂. 前汉方言区域考 [M]// 林语堂. 语言学论丛. 北京：开明书店，1934：23.

⑤ 葛剑雄. 中国移民史 [M]. 福州：福建人民出版社，1997：192.

⑥ 李智君. 语言走廊：河陇近代语言地理研究 [J]. 厦门大学学报（哲学社会科学版），2009（4）：37—44.

新乎、安定界内诸羌，著先零、罕仟、析支之地；徙扶风、始平、京兆之氏，出还陇右，著阴平、武都之界。"西晋关中氏族主要分布于扶风、始平、京兆等地；羌族分布于冯翊、北地、新平、安定等地。东汉时期，南匈奴降汉内迁，长期居住于内蒙古南部，山西北部、甘肃东部和宁夏东北部，汉代迁入人口及其后裔至少达50万人①。东汉建武23—24年（公元47—48）年，南匈奴降汉，居延边八郡，后迁入并州。唐五代时期，突厥、铁勒等民族内迁甘凉、关中、河东和晋北地区②，稽胡（南匈奴）则长期居住在离石郡（今山西离石）至安定郡（今甘肃泾川县以北）一线以北部地区，直至南北朝时期，仍然分布在山西、陕西的北部，与汉人杂居，唐朝安史之乱后又有大量少数民族内迁到关中地区。可以说，整个西北地区自秦汉至唐五代时期都呈现出汉族和少数民族交融的局面。高田时雄据此提出："上古和中古时期的汉语西北方言应是包括西北汉语和当地各少数民族语言相互影响而产生的多种方言。"③如此长期的、多民族的相互融合，汉语与周边少数民族语言相互影响，必然造就该地区汉语方言的复杂性。

四、唐五代西北方言的复杂性

今西北汉语方言的历史可上溯到唐五代时期，罗常培（1961）、马伯乐（2005）、王军虎（2004）、蒋冀骋（1997）、李如龙（1999）、乔全生（2008）、李蓝（2002）等学者对此都有专文论述，此处不赘。本文据学界诸家对唐五代对音文献的研究，发现以下几个语音特点突出反映当时西北方言的复杂性。

（一）全浊声母清化后，逢塞音、塞擦音是否读送气音

罗常培发现唐五代时期《大乘中宗见解》《千字文》代表的方言全浊声母清化后，逢塞音塞擦音大多读送气清音，而《开蒙要训》代表的方言则读不送气清音，两类对音材料反映的情况并不一致④。李范文根据《番汉合时和掌中珠》对音资料，认为12世纪末的宋西北方音全浊声母清化后无论平仄都读

---

① 葛剑雄.中国移民史[M].福州：福建人民出版社，1997：198.

② 葛剑雄.中国移民史[M].福州：福建人民出版社，1997：26—32.

③ 高田时雄.古代西北方言的下位变体[J].敦煌研究，2013（2）：100—102.

④ 罗常培.唐五代西北方言[M].北京：科学出版社，1961：70.

送气音①。高田时雄持相反的观点，他在藏文书写的《大乘中宗见解》和于阗文书写的《金刚经》发现浊音清化后全部读为不送气清音，认为"在10世纪河西地区可能存在某一方言，这种方言中四个声调的古代浊塞音和塞擦音全部变成了不送气清音。"②可见，10世纪的西北汉语方言全浊声母清化后，逢塞音塞擦音是否读送气音表现并不相同。

（二）鼻音声母是否带有同部位塞音

汉语鼻音声母读音在唐五代汉语西北方言中也不一致。刘广和（1984）研究不空的汉译梵咒材料，认为8世纪唐代长安音鼻音声母在非阳声韵之前存在读塞音声母的现象③。聂鸿音通过回汉对音发现汉语西北方音古明泥母字在非阳声韵中读浊塞音声母 b- d-，在阳声韵母字中读 m- n-，疑母则一律读ŋ-④。鼻音声母读浊塞音是唐五代至宋西北汉语鼻音声母的一种类型。罗常培通过汉藏对音资料，认为8—12世纪汉语西北方言，明泥二母在非阳声韵前读' b-'d-，在阳声韵前读 m- n-，疑母字一律读' g。明泥疑三母的读音"应该同现代文水、兴县、平阳三种方音的 mb nd ŋg 很接近"⑤。李范文将宋代明泥疑三母分为两类，分别拟为 m n ŋ 和 mb nd ŋg。鼻音声母带有同部位浊塞音是唐宋时期西北方言鼻音声母的另一类型⑥。

（三）梗宕摄阳声韵读音有别

学界对8世纪左右汉语西北方言梗宕摄阳声韵的读音意见不一。聂鸿音分析盛唐文献《摩尼文粟特语日耀占卜书》中粟特语中的汉语借词，并结合同时代的波斯语与汉语对音，认为8世纪后的汉语西北方言中宕梗摄韵尾已经脱落，变为口元音韵⑦。马伯乐则认为8世纪的长安方言梗宕摄鼻音韵尾弱化为鼻擦音 -ɣ̃⑧。罗常培发现《开蒙要训》（以下简称《开蒙》）和《千字文》中梗宕摄阳声韵脱落鼻音韵尾变为纯元音，但《大乘中宗见解》（以下简称《大

---

① 李范文.西夏语比较研究 [M].银川：宁夏人民出版社，1999：331.

② 高田时雄.古代西北方言的下位变体 [J].敦煌研究，2013（2）：100—102.

③ 刘广和.唐代八世纪长安音声纽 [J].语文研究，1984（3）：45-50.

④ 聂鸿音.粟特语对音资料和唐代汉语西北方言 [J].语言研究，2006（2）：26—30.

⑤ 罗常培.唐五代西北方言 [M].北京：科学出版社，1961：142—143.

⑥ 李范文.西夏语比较研究 [M].银川：宁夏人民出版社，1999：214，221，222，250.

⑦ 聂鸿音.粟特语对音资料和唐代汉语西北方言 [J].语言研究，2006（2）：26—30.

⑧ [法] 马伯乐.唐代长安方言考 [M].聂鸿音，译.北京：中华书局，2005：61—62.

乘》)《金刚经》《阿弥陀经》中宕梗摄仍保留鼻化韵，未变为口元音韵①。《开蒙》《千字文》两书反映的音系与《大乘》等三韵书反映的音系不同。李范文将宋代梗宕二摄读音拟为鼻化元音②，这与《大乘》类资料一脉相承。可见，粟特文反映的唐五代西北方言和《开蒙》《千字文》反映的是同一类型，而《大乘》系对音资料则与马氏所记录的长安音系方言一致。

（四）入声消失时间有别

聂鸿音根据回鹘文《玄奘传》的材料，认为 11 世纪的汉语西北方言中 -k -t 韵尾已经弱化，-p 尾依然保留。李范文则认为宋西北方言中古 -p -k 韵尾变为喉塞音韵尾 -ʔ，中古收 -t 韵的入声韵已变为阴声韵，说明至迟在宋代西北方言的 -t 尾就已失落，但 -ʔ 尾入声韵依然存在③。蒋冀骋则认为唐五代汉语西北方言中，入声与阴声已经"露出相混的征兆"④。张金泉依据敦煌曲子词用韵中的数例舒入混叶，认为曲子词中入声消失的痕迹明显，判断其"入收声趋向消失"⑤。黎新第研究敦煌写本愿文与诗集残卷之别字异文也认为"唐五代汉语西北方音中的入收声已趋向消失。"⑥同样是反映唐五代西北方言的对音资料，对入声消失的时间看法也不一致，我们认为这正说明当时汉语西北各方言入声韵的消失并非同步，有的方言在唐代入声韵尾已近消失，而有的方言直至宋代仍保留有喉塞音韵尾。

由此可见，唐五代至宋时期（10—12 世纪），汉语西北方言内部并不一致，至少应该存在两种方言，一是《开蒙要训》类对音资料代表的音系，反映沙洲（敦煌）一带方言，另一个则是《大乘》类对音资料代表的音系，反映长安一带方言。沙洲（敦煌）音系全浊声母清化后塞音塞擦音一律不送气，鼻音声母带有同部位塞音，梗宕摄读为纯元音，入声韵依旧保留，这些特点在今晋方言中都可以找到。而全浊声母清化后逢塞音塞擦音一律送气，鼻音

---

① 罗常培.唐五代西北方言 [M].北京：科学出版社，1961：137.
② 李范文.宋代西北方音——《番汉合时掌中珠》对音研究 [M].北京：中国社会科学出版社，1994：330.
③ 李范文.宋代西北方音——《番汉合时掌中珠》对音研究 [M].北京：中国社会科学出版社，1994：31.
④ 蒋冀骋.近代汉语音韵研究 [M].长沙：湖南师范大学出版社，1997：71—72.
⑤ 张金泉.敦煌曲子词用韵考 [J].浙江大学学报（人文社会科学版）.1981（3）：102—117.
⑥ 黎新第.入收声在唐五代西北方言中应已趋向消失——敦煌写本愿文与诗集残卷别字异文所见 [J].语言研究，2012（3）：39—45.

声母不带同部位塞音，梗宕摄读鼻化韵，入声已趋于丢失，这与今中原官话（关中片、汾河片）方言一致，是唐五代长安音系的直接继承。

五、唐五代西北方言的形成是汉语与少数民族语言横向传递的结果

今晋方言是唐五代西北方言的直系后裔①，其部分语音特征与唐五代西北方音一脉相承。从这些语言特征与历史上少数民族语言的关系，我们可以推断唐五代西北方言与少数民族语言之间存在着广泛的横向传递。

（一）晋方言塞音韵尾弱化问题

保留喉塞音韵尾 -ʔ 的晋方言是继承自唐五代时期《变文》、唐末诗文用韵所反映出韵尾弱化的那支西北方言②，与西北地区保留浊塞音韵尾的方言并非同一方言，塞音韵尾的不同正反映了西北各方言入声韵演变的非同步。沈钟伟认为汉语入声的弱化是少数民族语言影响的结果③，吴语、湘语、闽语的入声弱化就是与苗瑶语的接触产生的，是汉语与少数民族语言横向传递的结果。西北某方言喉塞音韵尾 -ʔ 的产生与吴语 -ʔ 韵尾产生的动因相同，都与少数民族语言有关。唐五代至宋时期，与北方汉族接触的少数民族主要是建立了西夏的党项羌，而同西北汉语接触最多的就是西夏语。西夏语虽已无直接的后代语言保存至今，但与西夏语关系密切的木雅语可以为我们提供依据。木雅语没有入声韵和鼻音韵，其24个单元音韵母中有9个松元音，8个紧元音，9个鼻化松元音和1个鼻化紧元音④。松紧元音的对立是藏缅语族语言的重要语音特点。松紧元音对立的形成有两条途径：一是从声母清浊对立而来，另一个是从韵母的舒促对立而来。戴庆厦认为汉藏语族语言的韵母过去也分过舒促，后来促声韵韵尾脱落了，转化为没有韵尾的紧元音，今彝语支一些语言里，仍能见到紧元音韵母的末尾带喉塞音的现象，如：哈尼语的 le ³¹（泡）

---

① 乔全生. 晋语语音史研究 [M]. 北京：中华书局，2008：102.

② 乔全生. 晋语语音史研究 [M]. 北京：中华书局，2008：233.

③ Zhongwei Shen. Horizontal Transmission an dialect formation.Language Evolution and Changes in Chinese(eds.Weijia Zhang and Ik-sang Eom).JCL Monograph Series,2016,No.26:21-54.

④ 黄布凡. 木雅语概况 [J]. 民族语文，1985（3）：64—79.

与 le^{31}（追）"、sa^{31}（蒸汽）与 sa^{31}（肉）、阿细彝语的 ni^{31}（饿）与 ni^{31}（二）、dʑo^{31}（花椒）与 dʑo^{31}（吃）[①]。历史上西北汉语某方言入声韵尾的弱化与古羌族语言（西夏语）的影响有关，在入声韵尾弱化的过程中变为清喉塞ʔ，音节短促听起来与羌语紧元音类似，形成了汉语和少数民族语言共同的区域特征。

（二）鼻冠音声母问题

鼻冠音现象是唐五代西北方言一个重要的特征，在汉语其他方言中并不多见，今晋语中还有保留。在藏缅语族羌语支语言中鼻冠音现象大量存在，除了普米语之外，嘉戎、道孚、却域、扎坝、尔苏、木雅、纳西义、史兴等语言中都有鼻冠音[②]。自唐五代以降，与西北汉语接触的少数民族语言中一直保留有"鼻音+浊塞音"的现象，而西北汉语方言中的"鼻音+塞音"声母的来源是长期受少数民族语言影响所致。现代晋方言（包括汾河片方言）中"鼻音+浊塞音"是唐五代西北汉语的延续，其形成是唐五代以来西北汉语与西夏语为主的少数民族语言横向传递的结果，其形成的时期大致肇始于唐五代，而至宋代基本形成，一直延续至今。

（三）鼻音韵尾脱落问题

晋方言鼻音韵尾的弱化也与周边少数民族语言影响有关。张琨曾指出汉语西北、西南甚至山西、河北的方言中鼻音韵尾的弱化都是受非汉语的影响，最大可能就是少数民族在学习汉语过程中带上自身语言的特征，使得当地汉语方言中产生了鼻化作用，甚至鼻化作用也没有了[③]。今晋方言鼻音韵尾普遍存在鼻音韵尾趋向消失，变为鼻化韵或口元音的现象，这一演变的直接动因也是西北汉语方言与少数民族语言的横向传递。

六、结论

汉语西北方言的早期源头可上溯到周秦时代的秦晋方言，秦晋方言内部并非一致，来自夏言的古晋语与源于咸阳（长安）方音的古秦语有明显差别。

① 戴庆厦.我国藏缅语族松紧元音来源初探 [J].民族语文，1979（1）：31—39.

② 黄布凡.羌语语音演变中排斥鼻音的趋势 [J].民族语文，1987（5）21—28.

③ 张琨.汉语方言中鼻音韵尾的消失 [J]."中央研究院"历史语言研究所集刊，1983（1）：3—74.

从唐五代至宋的对音材料看，唐五代西北方言的复杂性是历史上西北汉语与少数民族语言横向传递的结果。此外，宁夏方言也值得进一步研究，《嘉靖宁夏新志》有载"国初，立宁夏府、洪武五年废，徙其民于陕西。九年命长兴侯耿炳文弟耿忠为指挥，立宁夏卫，隶陕西都司，徙五方之人实之。"①宁夏人口的来源同甘肃相同，其人口来源对宁夏方言的形成具有重要的意义。宁夏汉语方言是否属古西北方言扩散而成，还需更多的证据。

参考文献

[1](明) 胡汝砺 . 嘉靖宁夏新志 [M]. 北京：宁夏人民出版社，1982.

[2] 崔荣昌 . 四川方言与巴蜀文化 [M]. 成都：四川大学出版社，1996.

[3] 戴庆厦 . 我国藏缅语族松紧元音来源初探 [J]. 民族语文，1979（1）：31—39.

[4] 高田时雄 . 古代西北方言的下位变体 [J]. 敦煌研究，2013（2）：100—102.

[5] 葛剑雄 . 中国移民史 [M]. 福州：福建人民出版社，1997.

[6] 黄布凡 . 木雅语概况 [J]. 民族语文，1985（3）：64—79.

[7] 黄布凡 . 羌语语音演变中排斥鼻音的趋势 [J]. 民族语文，1987（5）：21—28.

[8] 蒋冀骋 . 近代汉语音韵研究 [M]. 长沙：湖南师范大学出版社，1997.

[9] 黎新第 . 入收声在唐五代西北方言中应已趋向消失——敦煌写本愿文与诗集残卷别字异文所见 [J]. 语言研究，2012（3）：39—45.

[10] 朱正义 . 秦汉关西语——古代关中方言简说二 [J]. 渭南师专学报，1994（3）：8—15.

[11] 李范文 . 宋代西北方音——《番汉合时掌中珠》对音研究 [M]. 北京：中国社会科学出版社，1994.

[12] 李范文 . 西夏语比较研究 [M]. 银川：宁夏人民出版社，1999.

[13] 李蓝 . 方言比较、区域方言史与方言分区——以晋语分音词和福州切脚词为例 [J]. 方言，2002（1）：43—61.

---

① 李智君 . 语言走廊：河陇近代语言地理研究 [J]. 厦门大学学报（哲学社会科学版），2009（4）：37—44.

[14] 李智君 . 语言走廊：河陇近代语言地理研究 [J]. 厦门大学学报（哲学社会科学版），2009（4）：37—44.

[15] 刘晓南 . 从历史文献看宋代四川方言 [J]. 四川大学学报，2008（2）：37—46.

[16] 林语堂 . 前汉方言区域考 [M]// 林语堂 . 语言学论丛 . 北京：开明书店，1934：16—44.

[17] 罗常培，周祖谟 . 汉魏晋南北朝韵部演变研究 · 第一分册 [M]. 北京：科学出版社，1958.

[18] 罗常培 . 唐五代西北方言 [M]. 北京：科学出版社，1961.

[19] 李如龙，辛世彪 . 晋南关中的全浊送气与唐宋西北方音 [J]. 中国语文，1999（1）：197—203.

[20][法] 马伯乐 . 唐代长安方言考 [M]. 聂鸿音，译 . 北京：中华书局，2005.

[21] 聂鸿音 . 回鹘文《玄奘传》中的汉字古音 [J]. 民族语文，1998（6）：62-70.

[22] 聂鸿音 . 粟特语对音资料和唐代汉语西北方言 [J]. 语言研究，2006（2）：26—30.

[23] 乔全生 . 晋语语音史研究 [M]. 北京：中华书局，2008.

[24] 邵荣芬 . 敦煌俗文学中的别字异文和唐五代西北方音 [J]. 中国语文，1963（3）：193—217.

[25] 石磊，黄昕 . 商君书译注 [M]. 哈尔滨：黑龙江人民出版社，2003.

[26] 谭其骧 . 中国历史地图集 · 秦汉时期 [M]. 北京：中国地图出版社，1996.

[27] 王军虎 . 晋陕甘 "支微入鱼" 现象和唐五代西北方音 [J]. 中国语文，2004（3）：77—81，98.

[28] 张金泉 . 敦煌曲子词用韵考 [J]. 浙江大学学报（人文社科版），1981（3）：102—117.

[29] 张琨 . 汉语方言中鼻音韵尾的消失 [J]. 台湾中研院历史语言研究所集刊，1983（1）：3—74.

[30] 周祖谟 . 方言校笺 [M]. 北京：中华书局，1993.

城市化背景下大同方言音系演变

王立华[1] 蒋文华[2]

（山西大同大学 文学院）

摘要：城市现代化兼人口流动给语言以巨大影响。大同方言在声母、韵母、声调各个方面发生了许多变化，其中既受到普通话的影响，又受到其他临近县乡的方言影响，表现复杂纷繁。本文通过对大同方言市区、城区、郊区三地的发音调查，通过新老派不同人群的发音比较，同时结合三十年前的文献材料，得出大同方言音系的变化趋势。

关键词：大同方言；声韵调；演变

城市化浪潮使得人口向城市中心流动，城市改造使得城市中心向农村扩展，城乡差别逐渐被抹去，经济文化观念一体化，现代化的生活模式使方言特征在迅速消退，在城市化因素影响下，大同方言近 30 年来发生了很大的变化，我们从 2015 年开始分几次对大同市及郊区方言做了深入调查，在调查的过程中，发现了大同方言语音的发展变化值得思考，需要继续观察并深入研究。

调查过程中我们按照方言小片的不同，分别对大同市区（市中心）、老城区（离市中心几公里）和郊区（离市中心二十几公里）三地的方言进行深入调查，同时，按照年龄差异将每一地区的发音人分为两派，即：35—55 岁称新派，56—75 岁称老派。通过对大同方言市区、城区、郊区三地的发音调查，通过新老派不同人群的发音比较，同时结合三十年前的一些文献材料，得出了大同方言音系的变化趋势，找到大同方言的内部差异。

一、大同方言音系

以大同市城区政府所在地为市区中心（城区迎宾街 30 号），以老派调查人的发音为主。根据笔者调查，得出大同方言音系：声母 20 个，韵母 36 个，声调 5 个。见表 1、表 2、表 3：

表 1 大同方言声母表

p 八兵病步	pʰ 派片爬怕	m 麦明门苗	f 飞风副蜂	v 味问温王	
t 多东毒刀	tʰ 讨天甜套	n 脑年泥熬			l 老蓝连路
ts 资贼竹争	tsʰ 刺祠抽城		s 丝事山十	ʐ 热软	
tɕ 酒九精节	tɕʰ 清全轻权		ɕ 想谢响县		
k 高共贵跪	kʰ 开葵刊康		x 好灰活寒		
Ø 月用药五					

说明：1.v 齿唇接触，摩擦更轻，但不属于零声母。2.ts 舌尖与齿背接触较轻，略靠后。

表 2 大同方言韵母表

ɹ 师丝试	i 米戏	u 苦五猪	y 雨绿局
ɚ 二			
ʌ 茶瓦辣	iʌ 牙	uʌ 要	
ɒ 糖王	iɒ 响讲	uɒ 床双	
æ 南山半	iɛ 写鞋盐年	uæ 短官	yɛ 靴权月_文学_文
ɤ 歌盒		uɤ 坐过	
ɤu 豆	iɤu 走油六		
o 波磨破			
əɜ 开排赔飞白		uəɜ 对快鬼	
ɤɒ 宝饱	iɒ 笑桥学_白		
əɣ 深根灯升争横	iəɣ 心新硬病星	uəɣ 村滚春东	yəɣ 云兄用
aʔ 塔法八热壳色	iaʔ 鸭接贴节	uaʔ 活_白刮_白托郭国	yaʔ 月_白药学_白
əʔ 十直尺	iəʔ 急七一北锡	uəʔ 骨出谷	yəʔ 橘

说明：1.yɛ 主元音实际发音舌位略高。2.uʌ 主元音实际发音舌位靠后。3.ɤɒ 主元音实际发音舌位略高。4.æ 的实际发音舌位略靠后。5. 走 iɤu 的颚化程度较轻。6.iɛ 主元音实际发音舌位略靠后。7.ɒ 实际发音舌位略高，唇形略展。

表 3　大同方言声调表

调类	调值	例字
阴平	32	东该灯风通开天春
阳平	312	门龙牛油铜皮糖红
上声	54	懂古鬼九统苦讨草
去声	24	动罪近后冻怪半去
入声	43	谷百搭节哭塔切刻

说明：1.阴平调值为 32，实际发音起点比 3 略高，落点比 2 略低。2.上声调值为 54，实际发音落点比 4 略高，时长比阴平短。

二、大同方言内部差异

（一）方言地域差异

大同市位于东经 112°34′—114°33′，北纬 39°03′—40°44′，海拔 1200—2100 米之间。14176 平方公里，342.19 万（2016 年常住人口，大同市政务网《大同市 2016 年国民经济和社会发展统计公报》。）人口。地处山西省北端，桑干盆地中部北缘，介于内外长城之间。北以外长城为界，毗邻内蒙古自治区乌兰察布市的兴和县、丰镇市、凉城县，西、南紧邻朔州市的右玉县、怀仁县、应县及忻州市的繁峙县，东与河北省张家口市的怀安县、阳原县、蔚县及保定市的涞源县、阜平县接壤。距北京约 330 公里、太原约 290 公里、呼和浩特约 300 公里；为首都屏障、北方锁钥，历代兵家必争之地。

大同市的地理环境复杂，方言内部差异明显，市内所辖 4 区属于晋语大包片（《中国语言地图集》1990 年），但口音不同，东南部接近北京话，西北部接近内蒙古口音。

大同市区方言可以分为四个小片，西北部新荣区小片，西南部为矿区小片，东部为老城区小片，中心城区小片。矿区小片方言比较杂，主要是来自不同地区的煤矿工人，外来人口居多，在这里不做讨论。与中心城区小片方言比较，西北部新荣区小片方言特点主要有：（1）北京话的零声母开口呼字，在新荣区小片读 ŋ 声母。（2）宕摄开口精、见组舒声字，与宕摄合口见组、江摄知组舒声字，今韵母相同，如："钢光"韵母的读音相同。（3）入声字归并不同。如："绿"舒入两读，"绿颜色"中的"绿"读作 ly²⁴，"绿化"中的"绿"读作 lyəʔ⁴³。（4）"走"的韵母为 ɪəu。（5）果摄合口一等字"波坐"韵母相同，读作 uo。与中心城区小片方言比较，东部为老城区小片方言特点主要有：（1）保留大量舌尖后音字。（2）保留古入声字比较多。如："货郎子"中的"货"读作 xuəʔ⁴³。（3）"狗口后"的韵母为 iɤu。

（二）方言新派老派差异

1986年马文忠调查大同方言中老派的声母是23个（包括零声母），2018年我们调查新派的声母是20个（包括零声母），新派比老派少了 tʂ tʂʰ ʂ 3个舌尖后音，详见表4—1、4—2。

表4—1　大同新老派声母读音比较表

1986年	p	pʰ	m	f	v	t	tʰ	n	l	ts	tsʰ	s
2018年	p	pʰ	m	f	v	t	tʰ	n	l	ts	tsʰ	s
1986年	tʂ	tʂʰ	ʂ	ʐ	tɕ	tɕʰ	ɕ	k	kʰ	x	Ø	
2018年	ts	tsʰ	s	ʐ	tɕ	tɕʰ	ɕ	k	kʰ	x	Ø	

新老派演变规律是，古精组字洪音，与知庄章今声母新派读音相同。"志池市"类字的声母由舌尖后 tʂ tʂʰ ʂ 变为舌尖前 ts tsʰ s。"此"类字，由不送气清音变为送气清音。

表4—2　大同新老派声母读音比较表二（"此"类字）

止开三从		止开三从		止开三从		止开三邪		止开三邪		止开三清	
瓷		磁		慈		词		辞		雌	
1986年	2018年	1986年	2018年	1986年	2018年	1986年	2018年	1986年	2018年	1986年	2018年
tsɿ	tsʰɿ	tsɿ	tsʰɿ	tsɿ	tsʰɿ	tsʰɿ	tsʰɿ	tsʰɿ	tsʰɿ	tsʰɿ	tsʰɿ
止开三邪		止开三清		止开三昌		止开三心		止开三心		止开三书	
祠		此		齿		赐		伺		翅	
1986年	2018年	1986年	2018年	1986年	2018年	1986年	2018年	1986年	2018年	1986年	2018年
tsɿ	tsʰɿ	tsɿ	tsʰɿ	tsɿ	tsʰɿ	tsɿ	tsʰɿ	tsɿ	tsʰɿ	tsɿ	tsʰɿ

表5　大同新老派韵母读音比较表

1986年	ɿ	ʅ	i	u	y	ər	a	ia	ua	o	uo	ɤ	ɛɛ
2018年	ɿ		i	u	y	ɚ	ʌ	iʌ	uʌ	o	ɤu	ɤ	ɛɛ
1986年	uɛɛ	ɐo	iɐo	əu	iəu	æ	iɛ	uæ	yɛ	ɒ	ɒi	ɑu	əɣ
2018年	uɛɛ	ɐo	iɐo	ɤu	iɤu	æ	iɛ	uæ	yɛ	ɒ	ɒi	ɑu	əɣ
1986年	iəɣ	uən	yəɣ	aʔ	iaʔ	uaʔ	yaʔ	əʔ	iəʔ	uəʔ	yəʔ		
2018年	iəɣ	uən	yəɣ	aʔ	iaʔ	uaʔ	yaʔ	əʔ	iəʔ	uəʔ	yəʔ		

　　大同老派方言有37个韵母，新派方言有36个韵母。因为新派方言中无舌尖后塞音塞擦音声母，所以新派方言中也没有舌尖后元音ʅ。新派跟老派韵母总体格局大致相同，但在字的归并上有一些不同。部分字韵头发生变化，表现为早期大同话虽然没有整齐的文白异读现象，但受到晋语核心方言影响有文白异读的残存。如："矿"类字的u韵头丢失了，"农"类字增加了u韵头，"容"类字由y韵头变为u韵头。

表6　大同文言特征字新老派读音对照例表

通合三钟烛喻		通合三钟烛喻		通合三钟烛喻		通合三钟烛喻		通合三东屋喻	
容		溶		蓉		荣		融	
1986年	2018年	1986年	2018年	1986年	2018年	1986年	2018年	1986年	2018年
yəɣ	zuəɣ	yəɣ	zuəɣ	yəɣ	zuəɣ	yəɣ	zuəɣ	yəɣ	zuəɣ

臻合三精		臻合三来		臻合一来		曾开三日	
俊		轮		论		仍	
1986年	2018年	1986年	2018年	1986年	2018年	1986年	2018年
tsuəɣ	tɕyəɣ	luən	lyəɣ	luən	luən	zuəɣ	zəʔ

山开四先屑来		山开四先屑来		山合三仙薛来		山合三仙薛喻	
练		炼		恋		缘	
1986年	2018年	1986年	2018年	1986年	2018年	1986年	2018年
lyɛ	lie	lie	lyɛ	lie	lyɛ	ie	yuæ

止开三脂并		止开三支并		蟹开二并		止开三至并		蟹开四齐并	
备		被		惫		鞴		鐾	
1986年	2018年	1986年	2018年	1986年	2018年	1986年	2018年	1986年	2018年
pi	pɛɛ	pi	pɛɛ	pi	pɛɛ	pi	pɛɛ	pi	pɛɛ

续表

通合三钟烛喻		通合三钟烛喻		通合三钟烛喻		通合三钟烛喻		通合三东屋喻	
果合一戈溪		果合一戈溪		果合一戈溪		果合一戈溪		咸开一盍见	
棵旧		颗旧		科旧		课旧		嗑旧	
1986年	2018年	1986年	2018年	1986年	2018年	1986年	2018年	1986年	2018年
kʰuo	kʰɤ	kʰuo	kʰɤ	kʰuo	kʰɤ	kʰuo	kʰɤ	kʰuo	kʰɤ

表7　大同新老派声调比较表

	阴平	阳平	上声	去声	入声
1986年	32	313	54	24	32
2018年	32	312	54	24	43

大同新老派方言都有 5 个声调，新派比老派不同的是，阳平的调值稍有变化，落点 2，

而入声的变化较大，有部分入声字舒化，造成入声字归并不同。1986 年马文忠调查大同方言读作入声的字有 752 字，2018 年调查的新派大同方言中读作入声的字有 602 字。

表8　大同新老派入声字归并比较表

	1986 年老派	2018 年新派
aʔ	八捌扒泊伯勃渤博驳卜掰钵不膊翅~巴疤芭泼魄仆琶琵~杷枇~婆老~摸末抹~沫莫寞漠膜没发伐门阀法挖握沃醒靓搭答达瘩塌塔踏背獭纳出呐额恶心~讹诈那蜡则择泽责扎札螫摘窄厕所~查调撒手~萨著~杀煞痧老~张望甚不~好折哲浙口火生~这蔗彻撒拆扯拉~孩子设涉摄搁割鸽葛各俗不住大哥张~咳~嗽嗑瞌颜渴客可好合喝哈~尔滨呢热若	八捌泊卜掰钵不膊翅~巴泼仆琶琵~杷枇~摸抹~莫寞没发门法挖握搲醒~靓搭答达瘩塌塔踏獭纳出呐恶心~讹诈蜡则择责扎札螫摘窄厕所~查调撒手~萨著~杀煞痧老~张望甚不~好哲浙火~这蔗彻撒扯拉~孩子设涉摄搁割鸽各俗不住哥张~咳~嗽嗑瞌客可好合喝哈~尔滨呢热若
iaʔ	鳖别分~饱满拍撒麦脉灭蔑滴跌蝶迭更迭叠重叠贴铁帖捏疟虐列烈裂猎掖押鸭叶业掖页噎魇也夹甲揭接洁杰竭子捷羯家稼掐恰洽切却瞎歇蝎协	鳖别分~满拍撒灭蔑滴跌蝶迭叠重~贴铁帖捏列押鸭业掖噎魇夹甲揭接洁杰竭子捷羯稼掐切却瞎歇蝎协

续表

	1986 年老派	2018 年新派
uaʔ	夺脱托洛乐快落罗～张·作凿确撮措搓搓～索缩桌捉卓翟辍刷说弱若旧郭国掴刮～老·张望瓜呱阔括扩廓豁活～生·或惑获和～棉·暖~唤吷话~笑·化~造	脱托洛落作凿措缩桌捉卓辍刷说弱郭国掴刮～老·张望阔括扩廓豁活～生·或惑获和～棉·暖~唤吷话~笑·化~造
yaʔ	疟旧略~侵·掠劣脚角决诀掘觉绝撅倔~强·口日~斥骂雀麻·缺却确鹊斯~断了·削剥·血薛雪学药约~条·曰月~正·越悦阅粤岳乐~音·哕~干·	略~侵·掠脚角决诀掘觉绝撅倔~强·口日~斥骂缺却确鹊斯~断了·削剥·血薛雪药约~条·月~正·越悦阅粤岳乐~音·哕~干·
əʔ	不布~袋子·衫子·扑笸~箩·没们母外母娘·岳母·姆大指头儿弗伏~埋·袄福服蝠复腹腐～豆·夫~工·妹~父~外·傅~师·非茣·方~地·屋勿勿~体·往~南跑·牟~拉·特那勒了~吃·饭再走·里家·子桌~帽·在走·路上只指~头儿·塞~住口儿死打·只量·织汁直值植殖~繁·执职质秩帜这吃尺斥赤吡湿失什十拾~收·石~头食饮·蚀腐·实~在·式室释识适饰上～天·拿~日·粗·说大话·圪克刻坷~土·垃·核~心黑郝蛤~蟆	不布~袋子·衫子·扑笸~箩·没母外母娘·岳母·姆大指头儿伏~埋·袄福服蝠复腹腐～豆·夫~工·妹~父~外·傅~师·方~地·往～南跑·牟~拉·特那勒了~吃·饭再走·里家·子桌~帽·指～头儿·塞~住口儿死打·了只量·词·直值植殖~繁·执职质秩这吃尺斥赤吡湿失什十拾~收·石～头食饮·蚀腐·实~在·式室释识适饰上～天·拿～日·粗·说大话·圪克刻坷～土·垃·核~心黑郝蛤~蟆
iəʔ	北逼笔必毕碧壁臂璧弼劈譬僻偏~辟·秘密蜜觅德的得获剔踢惕溺逆力立粒笠击激迹积绩及急集~合·籍寂辑缉吉脊棘级疾极即嫉~恶如仇·七乞泣漆膝戚戚沏箧吸悉析膝惜息媳熄熄习袭锡席~主·一乙壹抑亦	北逼笔必毕劈秘密德的得剔踢逆力立粒击激迹积绩及集~合·籍寂辑缉吉脊级疾极即嫉~恶如仇·七乞漆膝戚沏箧吸析膝惜息媳熄熄习袭锡一壹抑
uəʔ	督独读牍启涂~胡·秃突土~黄·鹿~白·录陆卒~身先士·做~活儿·促竹烛筑逐浊触蜀嘱嘱祝族出帚处~长·好·熟束速属数~儿·窟忽惚葫~芦·虎老~胡·涂·狐~臭子·货慌吓得·火~灶·入~收·骨谷姑～小·子·股屁·故~专·意儿·哭酷	督独读涂~胡·秃突土~黄·鹿~白·录陆卒~身先士·做~活儿·竹烛筑逐浊祝族出帚速属数～儿·忽惚葫~芦·虎老~胡·涂·狐~臭子·慌吓得·火~灶·入~收·骨谷股屁·故~专·意儿·哭
yəʔ	律率~效·足~球·菊桔鞠曲折屈蛐蛐~域浴裕欲郁俗肃宿~舍·戍畜蓄削~皮·	律率~效·足~球·菊桔鞠曲折屈蛐蛐～裕欲郁俗宿~舍·蓄削~皮·

大同方言入声的变化，经调查得出大同方言入声变化有三种情况：第一，部分常用的古入声字已分别归其他四声，这些字不论单念或是在词语里都读舒声。古清入字今天多数读为去声，压轧～路机·泄率～领·忆亿益郁错惬栅袜机幕跃译麦术裤。少数读为阴平或上声，如：阴平字有，揖粥匹；上声字有，眨给饺闸喇。古全浊入，今天多数读为阳平，少数读去声，如：读阳平的字有，采盒炸～丸子·匣碟乏拨铡辙折～竹担·了·舌截滑猾罚橛穴侄佛薄嚼勺芍镯贼白笛敌狄犊毒磅轴赎秫篾～竹·子·读去声的有，雹术述宅剧射划续。古次浊入，今多数读去声，少数读阴平。读去声的有，目穆牧历六绿粟烙肋腊辣肉育玉狱易疫

役液腋钥翼。读阳平的字有，拉茶。第二，古入声字中可以入舒两读的，在大同方言里仍然可以读入声，也可以读舒声。如：入声兼阴平：挖叔掐。入声兼阳平：别急足卒伏叠核活席学值实蚀拾熟着独凿。读入声兼上声的：撒刮撒抹。入声兼去声的：刷阔嫉倔墨密纳捏落骆络列裂热入叶业月物。第三，部分古舒声字今读入声或舒入两读现象。如：葫 xuə?³² ～芦 蔗 tʂə?³² 甘～、～糖 杷 pʰə?³² 枇～ 措 tsʰuə?³² ～施、～手不及，在大同方言里单念或用在词语里，都读入声。有些古舒声字，在大同方言里，根据词汇环境不同可以舒促两读. 在某些词语里读舒声，在另一些语里读入声。如：

子 tsʅ⁵⁴ ～弟、～时、～午线；tsə?³² 梯～、蹄～、胆～、帽～、桌～。

指 tsʅ⁵⁴ ～点、～东划西；tsə?³² ～头儿、手～头儿、脚～头儿。

琶 pʰa³¹³ ～音；pʰa?³² 琵～。

方 fɒ³¹ ～的、正～形；fə?³² 地～。

查 ta³¹³ ～户口、～一～；tsʰa?³² 调～。

扯 tʂʅ⁵⁴ ～布、胡～；tʂʰa?³² 拉～孩子。

弹 tʰæ³¹³ ～簧、～棉花、～琴；tʰa?³² 动～。

膀 pɒ⁵⁴ ～子、夯腰圆；pa?³² 翅～。

甚 ʂəɣ²⁴ ～至、欺人太～；sa?³² 不～好、不～冷。

里 li⁵⁴ 三～、～头、～子；lə?³² 家～、院～。

布 pu²⁴ ～衣裳、棉～；pə?³² ～袋子、～衫子。

母 mu⁵⁴ ～亲、父～、～子；mə?³² 外～、娘、王～娘娘。

夫 fu³¹ ～人、～妻、大～；fə?³² 妹～、工～。

腐 fu⁵⁴ ～败、～烂；fə?³² 豆～。

父 fu²⁴ ～亲、～子；fə?³² 外～：岳父。

傅 fu²⁴ 姓～；fə?³² 师～。

土 tʰu⁵⁴ ～地、～气；tʰuə?³² 黄～、白～。

涂 tʰu³¹³ ～改；tuə?³² 胡～。

虎 xu⁵⁴ ～皮、～骨酒；xuə?³² 老～。

胡 xu³¹³ ～闹、～说；xuə?³² ～涂。

狐 xu³¹³ ～皮、～狸；xuə?³² ～臭。

处 tʂʰu²⁴ 办事～、～长；tʂʰuə?³² 长～、好～

数 ʂu²⁴ ～字、分～；ʂuə?³² ～岁。

做 tsu²⁴ ~伴儿；tsuə?³² ~衣裳、~家俱。

花 xua³¹ 金银~、~钱；xua?³² 棉~、~葵。

罗 luo³¹³ 姓~、~网；lua?³² 张~。

和 xuo³¹³ ~面、~泥；xua?³² 暖~。

火 xuo⁵⁴ ~锅儿、~炉子、~灾；xua?³² 旺~、红~；xuə?³² 灶~。

货 xuɒ²⁴ ~物，百~；xuə?³² ~郎子。

搓 tsʰuo³¹ ~莜面、~线绳儿；tsʰuə?³² 揉~。

慌 xuo³¹ ~了、心~；xuə?³² 累得~、吓得~。

有些古舒声字舒促两读时，有区分词性或词义的作用。如：

把 pa⁵⁴ 动词：~门、~关。量词：三~刀、两~刀子；pə?³² 介词：~碗打了、~盆子拿走。

往 vɒ⁵⁴ 动词：来~、~返；və?³² 介词：~前站、~南跑。

在 tsɛɛ²⁴ 动词：~家呢、你~吧；tsə?³² 介词：走~路上、放~那儿吧。

上 ʂɒ²⁴ 动词：~去、~学、~来；ʂə?³² 方位词：天~、地~、桌子~。趋向动诃：装~、拿~、领~、带~。

死 sɹ⁵⁴ 动词：~了、不想~。形容词：~人、~牛、~脑筋；sə?³² 动补：打~了、淹~了、旱~了。

家 tɕia³¹ 名词：~庭、回~、成~；tɕiɛ⁵⁴ 代词：人~、谁~；tɕia?³² 名词：人~（住户）。

话 xua²⁴ 说~、闲~；xua?³² 笑~：嘲笑。

婆 pʰo³¹³ 公~、~~；pʰa?³² 老~：妻子。

可 kʰɤ⁵⁴ ~疼了：疼得轻了；kʰa?³² ~疼呢：疼得利害。

非 fɛɛ³¹ 是~之地、~你去不行；fə?³² 莫~他不来了。

姑 ku³¹ 三~、小~子：小尼姑；kuə?³² 小~子：丈夫的妹妹。

花 xua³¹ 白~：白花钱、金银~、白菊~；xua?³² 白~：无赖，棉~。

　　30 年来大同方言的入声仍然保持有入声、舒入两读的情况，但是由于受普通话影响，在入声舒化的同时也有逆流而上的舒声促化现象，这是我们需要继续深入观察的。

　　总之，从 1986 年到 2018 年的几十年间，大同方言音系格局没有太大的变化，但声韵调都发生了细微的变化，如声母中舌尖后音逐渐消失，韵母中如"走 ɿuei"从郊区到市区中心消失，但"狗口后"的韵母变为 iɤu，正反映了作为韵头的元音低化直至消变的特点。入声韵字越来越少，旧读为古白读音的字基本消失。大同方言语没有晋语核心区成系统的文白异读，这一点更靠近普通话的特点。在城市化进程中，大同方言既保留着它原有的一些特点，但也受到普通话和其他临近方言的影响，出现了发展变化。

参考文献：

[1] 马文忠 . 大同方言志 [M]. 太原：语文出版社，1986.

[2] 乔全生 . 晋方言语音史研究 [M]. 北京：中华书局，2008.

[3] 侯精一，温端政 . 山西方言调查报告 [M]. 太原：山西高校联合出版社，1993.

山西西南部地区方言日母字的语音特点

王晓婷

（山西大学 语言科学研究所）

摘要：在现代北方方言中，古日母字可根据韵母是否为止摄开口三等分为"儿系字"与"日系字"两类，本文通过对山西西南部地区方言中古日母字中的"儿系字"与"日系字"的考察，得出该区方言日母字的一些语音特点：1. 该区方言日母字的音值体现了日母字与知庄章组字声母清浊相配的特点。2. 日母字语音演变兼具存古性与超前性，儿系字音值的存古性可为窥探日系字语音的超前演变提供借鉴。

关键词：山西西南部地区方言；日母字；儿系字；日系字

日母字是现代北方方言中比较复杂的古声母之一。在现代北方方言中，日母字可根据韵母是否为止摄开口三等分为两类[1]：一是"儿系字"，即止摄开口三等日母字，在普通话中读作零声母，如"儿、而、耳、二"等；一是"日系字"，即除止摄开口三等日母字之外的其他日母字，在普通话中读作 $z_{ }$，如"人、然、如、软"等。与官话方言相比，山西西南部地区方言[2] 儿系字与日系字的读音情况更为复杂，各有分合。

---

① 见张树铮《山东方言"日"母字研究》一文. 收入张树铮. 方言历史探索 [M]. 呼和浩特：内蒙古人民出版社，1999：109—118.

② 山西西南部地区指行政区划中属于临汾、运城的30个方言点，以下简称"该区"。

一、儿系字

（一）读音类型及分布

儿系字今读音在该区方言中主要表现为声母白读 z、ʐ、ŋ、l^①，文读零声母，可分为霍州型、永济型、翼城型、英言型、临汾型五类（见表 1）。

（1）霍州型：今声母白读为 z，文读为零声母。主要分布在霍州、隰县、大宁、吉县、乡宁、河津、万荣、临猗、芮城阳城。

（2）永济型：今声母白读为 ʐ，文读为零声母。主要分布在永济、芮城永乐。

（3）翼城型：今声母白读为 ŋ，文读为零声母。主要分布在翼城、夏县胡张。

（4）英言型：今白读为 l，文读为零声母。主要分布在垣曲英言。

（5）临汾型：今声母无文白异读，一律读为零声母。主要分布在浮山、安泽、芮城、平陆、夏县、垣曲、稷山、新绛、绛县、闻喜、运城、永和、蒲县、汾西、临汾、洪洞、古县、襄汾、曲沃、侯马方言点。

图 1　山西西南部地区方言区示意图

---

① 垣曲英言乡、蒲掌乡、窑头乡原属于河南济源，新中国成立后划归垣曲。儿系字读 [lɯ] 保留了济源方言特点，暂不讨论。

表1　日母字（儿系字）读音举例（白/文）

类型	方言点	儿	二	耳
		平日支	去日至	上日止
霍州型	霍州	ᶻʐ̩/ᶻɚ	ʐ̩⁻⁻/ɚ³	ᶜʐ̩/ᶜɚ
	隰县	ᶜɚ	ɚ³	ᶜʐ̩/ᶜɚ
	大宁	ᶜʐ̩/ᶜɚ	ɚ³	ᶜʐ̩/ᶜɚ
	吉县	ᶜʐ̩/ᶜɚ	ɚ³	ᶜʐ̩/ᶜɚ
	乡宁	ᶜɚ	ɚ³	ᶜʐ̩/ᶜɚ
	河津	ᶜʐ̩/ᶜɚ	ʐ̩³/ɚ³	ᶜʐ̩/ᶜɚ
	万荣	ᶜʐ̩/ᶜɚ	ɚ³	ᶜʐ̩/ᶜɚ
	临猗	ᶜʐ̩/ᶜɚ	ʐ̩³/ɚ³	ᶜʐ̩/ᶜɚ
	芮城阳城	ᶜɚ	ɚ³	ᶜʐ̩/ᶜɚ
永济型	永济	ᶜʐ̩/ᶜɚ	ʐ̩³/ᶜɚ	ᶜʐ̩/ᶜɚ
	芮城永乐	ᶜɚ	ᶜɚ	ᶜʐ̩/ᶜɚ
翼城型	夏县胡张	ᶜɐ	ɐ³	ᶜŋɐ
	翼城	ᶜɚ	ᶜɚ	ᶜŋɐ
英言型	垣曲英言	ᶜɯ/ᶜɚ	ɯ³/ᶜɚ	ᶜɯ/ᶜɚ
临汾型	浮山	ᶜɚ	ɚ³	ᶜɚ
	安泽	ᶜɚ	ɚ³	ᶜɚ
	芮城	ᶜɚ	ᶜɚ	ᶜɚ
	平陆	ᶜɚ	ɚ³	ᶜɚ
	夏县	ᶜɚ	ᶜɚ	ᶜɚ
	垣曲	ᶜɚ	ɚ³	ᶜɚ
	稷山	ᶜɚ	ᶜɚ	ᶜɚ
	新绛	ᶜɚ	ɚ³	ᶜɚ
	绛县	ᶜɚ	ᶜɚ	ᶜɚ
	闻喜	—	ᶜɚ	ᶜɚ
	运城	ᶜɚ	ᶜɚ	ᶜɚ
	永和	ᶜɤ	ɤ³	ᶜɤ
	蒲县	ᶜɚ	ɚ³	ᶜɚ
	汾西	ᶜɚ	ɚ³	ᶜɚ
	临汾	ᶜɚ	ɚ³	ᶜɚ

续表

类型	方言点	儿	二	耳
		平日支	去日至	上日止
临汾型	洪洞	₌ᶻər	ər˲	ᶜər
	古县	₌ᶻər	ər˲	ᶜər
	襄汾	₌ᶻər	ər˲	ᵊər
	曲沃	₌ᵊər	ər˲	₌ᵊər
	侯马	₌ᵊər	ər˲	ᶜər

据钱曾怡《汉语官话方言研究》统计，官话方言中儿系字"读 ɚ 的是大多数，有 53 点，占所列 70 点的 75.5%"，"其余 17 点分别读 lə、əl、lə、l 或 ɛ、ɯ、ə、a、ɤ……"。如果我们把官话方言这 17 点中的 əl、ɛ、ɯ、ə、a、ɤ 读音也看作是零声母的话，书中所列点方言中儿系字基本都读作零声母。

如果说《汉语官话方言研究》中儿系字基本都读作零声母是因为选点疏散所致的话，我们采用《山西方言调查研究报告》中山西方言儿系字声母进行比较。《报告》中记录山西方言儿系字的读音有以下几类：（1）今读零声母①，主要有并州片的太原、平定、娄烦等，吕梁片的临县、汾阳等，五台片的忻州、代县等，大包片的朔州、大同等，上党片的沁县、晋城等，中原官话的临汾、新绛等，共 34 个方言点。（2）今读 l，主要有陵川 1 个方言点。（3）今白读 z，文读零声母，主要有离石、隰县、霍州、闻喜、吉县、万荣 6 个方言点。（4）今白读 ʐ，文读零声母，主要有运城、永济 2 个方言点。《报告》中儿系字读零声母的也为多数。

由上文可知，该区方言儿系字读音与晋方言、其他官话方言相同的是：儿系字声母多数读为零声母；不同的是：该区方言儿系字有 z、ʐ、ŋ 三类白读音，尤其是今读 ŋ 的类型，在已发表的晋方言和官话方言资料中均未报道。

从地理位置上看，有文白异读的霍州型、永济型主要分布在该区的西部、南部边缘地带，与该区西北部接壤的晋方言吕梁片中离石方言儿系字读音类型相同。

---

① 包括 [l] 韵母和卷舌韵母，读作 [l] 韵母的有祁县、和顺、平顺、长子、高平 5 个方言点。

（二）读音特点

张树铮指出："日系字具有与知庄章组字（特别是章组字）声母清浊相配的特点"①。钱曾怡也认为："日母字读音的一个突出特点就是：往往与知庄章组的声母配为一组"②。该区部分方言儿系字的音值也体现了这一特点，如：霍州、隰县、大宁、吉县、乡宁、河津、临猗、万荣方言止开三知庄章组字声母读 ts 组，其儿系字今白读对应 z。永济方言止开三知庄章组字声母读 tʂ 组，其儿系字今白读对应 ʐ。z、ʐ 与知庄章组读作 s、ʂ 的声母呈清浊相配的格局。但文读为零声母、白读为 ŋ 的儿系字类型则未与知庄章组声母呈现清浊相配的格局。

（三）语音演变

李思敬在《汉语"儿"ɚ 音史研究》中大致总结出了儿音演变的过程，认为从隋唐到明代，儿系字经历了"隋唐 ŋzi →金元 ʵ →明 ɚ"③的演变过程，由此可知，儿系字读卷舌韵母是最晚的语音层次。该区霍州型、永济型儿系字读为 z̩、ʐ̩ 应该是保留了金元时期的读音，具有存古性。

读为 ŋ 声母的只有翼城、夏县胡张2个点。观察整个汉语方言，儿系字读 ŋ 声母的现象多见于南方方言，这是保留上古日母字读音的现象④。那翼城、夏县胡张方言日母字读 ŋ 声母是保留了古音，还是后期演变？通过与南方方言进行比较后，我们认为翼城、夏县方言日母字读 ŋ 声母不同于南方方言，应该是其方言自身演变的结果，是后起的现象。因为南方方言中的儿系字韵母多为齐齿呼或由齐齿呼韵母裂化而来的开口呼韵母，没有读为卷舌音韵母的，如：福州等方言"耳 ŋi/ŋei"，而翼城、夏县胡张儿系字读 ŋ 声母的字，其韵母均为卷舌韵母 ɐr 或 ər，卷舌音韵母是最晚的语音层次，这应是儿系字读为卷舌韵母后，零声母"耳"字又随疑影母开口呼读为 ŋ 声母。

---

① 见张树铮《山东方言"日"母字研究》一文。收入张树铮.方言历史探索 [M].呼和浩特：内蒙古人民出版社，1999：109—118.

② 钱曾怡主编.汉语官话方言研究 [M].济南：齐鲁书社，2010：29-30.

③ 李思敬.汉语"儿" [ɚ] 音史研究 [M].北京：商务印书馆，1994.

④ 郑张尚芳.中古三等专有声母非组、章组、日喻邪等母的来源 [J].语言研究，2003（6）：1—4.

二、日系字

（一）读音类型及分布

根据章组字声母在开合口前是否对立，即是否分开合口，该区方言日系字的今读音可分为以下几种类型（见表2）。

（1）不分开合口

①安泽型：今读 z。这种类型主要分布在安泽。

②大宁型：曾开三日母字今读 z，其余读 ʐ。主要分布在霍州、大宁、乡宁。

③垣曲型：今读 ʐ。主要分布在永和、隰县、蒲县、垣曲。

（2）分开合口

①稷山型：开口今读 z，合口今读 v 或白读为 v、文读为 z。主要分布在稷山、汾西。

②临汾型：开口今读 ʐ，合口今读 v 或白读为 v、文读为 ʐ。主要分布在临汾、洪洞、古县、襄汾、曲沃、侯马、翼城、临猗、夏县、绛县、闻喜。

③河津型：曾开三日母字今读 z，其余开口字读 ʐ，合口今读 v。主要分布在吉县、河津、万荣、运城。

④平陆型：开口今白读零声母，曾开三日母字今读 z，合口今读 v 或白读为 v、文读为 ʐ。主要分布在芮城、平陆、新绛。

⑤永济型：开口今白读 ʐ，合口今读 v 或零声母。主要分布在永济。

⑥浮山型：开口今白读 ʐ，合口今读零声母。主要分布在浮山。

表2　日母字（日系字）读音举例（白／文）

类型	例字	开口						合口	
		惹	绕	热	人	日	扔	如	闰
		上日马	去日笑	入日薛	平日真	入日质	平日蒸	平日鱼	去日稕
安泽型	安泽	z	z	z	z	z	z	z	z
大宁型	霍州	ʐ	ʐ	ʐ	ʐ	ʐ	z	ʐ	ʐ
	大宁	ʐ	ʐ	ʐ	ʐ	ʐ	z	ʐ	ʐ
	乡宁	ʐ	ʐ	ʐ	ʐ	ʐ	z	ʐ	ʐ
垣曲型	永和	ʐ	ʐ	ʐ	ʐ	ʐ	ʐ	ʐ	ʐ
	隰县	ʐ	ʐ	ʐ	ʐ	ʐ	ʐ	ʐ	ʐ

续表

类型	例字	开口						合口	
		惹	绕	热	人	日	扔	如	闻
		上日马	去日笑	入日薛	平日真	入日质	平日蒸	平日鱼	去日稕
垣曲型	蒲县	ʐ	ʐ	ʐ	ʐ	ʐ	ʐ	ʐ	ʐ
	垣曲	ʐ	ʐ	ʐ	ʐ	ʐ	ʐ	ʐ	ʐ
稷山型	稷山	z	z	z	z	z	z	v	v
	汾西	z	z	z	z	z	z	v	v/z
临汾型	临汾	ʐ	ʐ	ʐ	ʐ	ʐ	ʐ	v/ʐ	v
	洪洞	ʐ	ʐ	ʐ	ʐ	ʐ	ʐ	v/ʐ	v
	古县	ʐ	ʐ	ʐ	ʐ	ʐ	ʐ	v/ʐ	v
	襄汾	ʐ	ʐ	ʐ	ʐ	ʐ	ʐ	v/ʐ	v/ʐ
	曲沃	ʐ	ʐ	ʐ	ʐ	ʐ	ʐ	v/ʐ	v
	侯马	ʐ	ʐ	ʐ	ʐ	ʐ	ʐ		ʐ
	翼城	ʐ	ʐ	ʐ	ʐ	ʐ	ʐ	v/ʐ	v
	临猗	ʐ	ʐ	ʐ	ʐ	ʐ	ʐ	v	v
	夏县	ʐ	ʐ	ʐ	ʐ	ʐ	ʐ	v	v
	绛县	ʐ	ʐ	ʐ	ʐ	ʐ	ʐ	v	v
	闻喜	ʐ	ʐ	ʐ	ʐ	ʐ	ʐ	v/ʐ	
河津型	吉县	ʐ	ʐ	ʐ	ʐ	ʐ	z	v	v
	河津	ʐ	ʐ	ʐ	ʐ	ʐ	z	v	v
	万荣	ʐ	ʐ	ʐ	ʐ	ʐ	z	v/ʐ	v
	运城	ʐ	ʐ	ʐ	ʐ	ʐ	z	v/ʐ	v
平陆型	芮城	ʐ	ʐ	ʐ		əʐˀ/eˀ	z	v	v
	平陆	ʐ	ʐ	ʐ		eˀ	z	v/ʐ	v
	新绛	ʐ	ʐ	ʐ		əˀ/ʐˀ	z	v	v
永济型	永济	ʐ	ʐ	ʐ	ʐ	ʐ	ʐ	ᶻu	vei
浮山型	浮山	ʐ	ʐ	ʐ	ʐ	ʐ	ʐ	ᶻu	ueĩ

　　钱曾怡在《汉语方言官话研究》中根据是否分开合口将止摄以外的日母字归为单一型和二分型两类。单一型的今读音主要有五种：ʐ、Ø、z、l、ŋ。二分型的今读音主要有：开口ʐ、Ø、z、l、ʒ、n，合口l、v、z、Ø、ʐ。

《山西方言调查研究报告》中"日系字"的读音有以下几类：（1）不分开合口，今读 z。（2）不分开合口，今读 ʐ̩。（3）不分开合口，今读 Ø。（4）不分开合口，今读 nz。（5）开口今读 ʐ̩，合口今读 z。（6）开口今读 ʐ̩，合口今读 v。（7）开口今读 z，合口今读 v。

由上文可知，该区方言日系字单一型与二分型的分类标准及读音与晋方言、其他官话方言基本一致，音值也比较接近。

（二）读音特点

观察该区方言日母字的读音，其多数方言的音值也体现了与知庄章组字（特别是章组字）声母清浊相配的特点。如：霍州、隰县、大宁、吉县、乡宁、河津、临猗、万荣方言止开三知庄章组字声母读 ts 组，其儿系字今白读对应读 z。知庄章声母读 ts 组，日系字对应今读 z，如安泽方言。知庄章声母读 tʂ 组，日系字对应今多读 ʐ̩，如临汾、永济、芮城方言等。

但也有一些清浊不相配的。如平陆方言知庄章声母依开合口今读 tʂ、pf 组声母，但日系开口字读 ər；临汾型的曲沃、隰县方言，知庄章声母今读 ts 组，但日系字读 ʐ̩；浮山方言知庄章依开合口今读 tʂ、pf 组，但日系合口字却读零声母等。

平陆型日系开口字读零声母的字主要集中于臻摄日母入声字的"日"字，其音值与儿系字读零声母的类型相同，这种音值是如何演变而来的？儿系字存古性的音值为我们提供了可借鉴的演变轨迹。由儿系字的语音演变可看出，平陆型方言的这种现象应为入声韵丢失韵尾变为阴声韵后，又超前演变，随儿系字发生了卷舌化。这与官话方言不同，官话方言的"日"丢失韵尾变为阴声韵后未继续演变，"日"字声母的读音较儿系字滞后。

在分开合口的日系字类型中，合口字读零声母的有永济和浮山两个方言点。永济方言合口日系字读为零声母的仅限于声母为 v、韵母为 u 的字，此外还有部分普通话读声母 f、韵母 u 的字，如："抚 ⁰u"，其应经历以下演变步骤：首先，唇齿清擦音 f 变为唇齿浊擦音 v，因二者发音部位相同，容易转化。这种现象可见于该区临汾等方言点，如："输 vu²¹ ~ 钱啦"（临汾方言）。f 合并入 v 后，再（仅限于韵母为 u）变读为零声母。与永济方言日母合口字 v 声母读为零声母仅出现在韵母为 u 的音节中相比，虽然浮山方言合口呼声母也经历了这个演变过程，但永济方言读为 v 的合口日母字，浮山方言均读为合口呼零声母，这与邻近的晋方言上党片长治方言读音相同，但它并非受长治方言影响所致，应是 v 声母脱落增加 u- 介音的过程，原因有二：一、长治方言非儿系字不论开合口一律读零声母，若浮山方言是受此影响，为什么只影响合口字？这个很显然解释不通。二、从周边方言来看，浮山方言应为 pf、pfʰ、f、v 俱全①，在反映 18 世纪中原官话汾河片的《等韵精要》中，还保留有 v 声母，所以浮山方言合口字读为零声母的这类读音，应是声母脱落后韵母增加 u- 介音，开口变为合口的过程，属于方言自身演变。演变规律如下：当韵母为 u 时，日母合口呼字 v 声母脱落，如："如" vu → u，除 u 韵母之外的合口呼字，v 声母变读为合口呼零声母，如："闰" vei → uei。

$$\begin{cases} v \rightarrow \varnothing \underline{\quad\quad} u \\ v \rightarrow w\text{-}/ \underline{\quad\quad} else \end{cases}$$

三、结论

综上所述，首先，该区方言日母字的音值体现了日母字与知庄章组字声母清浊相配的特点。其次，儿系字保留了金元时期日母字未卷舌化的读音，具有存古性，且分布范围较广，音值相近。儿系字读音的存古性也可为窥探日系字中"日"字读 ər 的现象提供借鉴。再次，除了存古性，该区方言日母字的演变还具有超前性，如翼城型儿系字读 ŋ 声母，平陆型日系字中"日"字读同儿系字 ər。

参考文献

[1] 李思敬 . 汉语 "儿" ɚ 音史研究 [M]. 北京：商务印书馆，1994.

[2] 侯精一，温端政 . 山西方言调查研究报告 [M]. 太原：山西高校联合出版社，1993.

[3] 乔全生 . 山西方言重点研究丛书 [M]. 北京：中央文献出版社，1999；太原：山西人民出版社 2002；北京：语文出版社，2009；北京：九州出版社，2012；太原：北岳文艺出版社，2014.

[4] 乔全生 . 晋方言语音史研究 [M]. 北京：中华书局，2008.

---

① 余跃龙 .《等韵精要》研究 [D]. 太原：山西大学，2010.

[5] 钱曾怡主编 . 汉语官话方言研究 [M]. 济南：齐鲁书社，2010.

[6] 余跃龙 .《等韵精要》研究 [D]. 太原：山西大学，2010.

[7] 张树铮 . 山东方言"日"母字研究 [M]// 张树铮 . 方言历史探索 . 呼和浩特：内蒙古人民出版社，1999：109—118.

[8] 郑张尚芳 . 中古三等专有声母非组、章组、日喻邪等母的来源 [J]. 语言研究，2003（6）：5—8.

中古阳声韵前后韵尾在今凉州方言中的相互转移现象[①]

陈晓梅[②]

（陕西师范大学 文学院）

摘要：在今凉州方言的老派读音中，中古阳声韵虽保留了 -n 尾和 -ŋ 尾，但 -ŋ 尾占优势，-n 尾很少，多数被同化为 -ŋ 尾，且前、后鼻音出现了互换现象。具体变化是：中古咸摄、山摄、宕摄、江摄舒声字全部合流为 -ŋ 尾韵。深、臻摄中的一等韵舒声字变为 -ŋ 尾，与曾、梗摄合流；三等韵分化为 -n 尾和 -ŋ 尾，其中后者与曾、梗摄合流。曾、梗、通摄中的一等韵舒声字仍读 -ŋ 尾；二、三、四等韵分化为 -n 尾和 -ŋ 尾。

关键词：凉州方言；阳声韵；-n 尾韵；-ŋ 尾韵；分化与合流

凉州区地处甘肃省西北部，河西走廊东段，石羊河上游，地理位置偏僻，经济相对落后。凉州方言属于兰银官话河西片，有声母 29 个（包括零声母），韵母 29 个，单字调 3 个（不包括轻声）。

中古阳声韵 -m 尾韵、-n 尾韵和 -ŋ 尾韵在凉州话中合并为 -n、-ŋ 两类韵。其中咸摄消变 -ŋ 尾韵，与山摄、宕摄、江摄舒声字合流，韵母有 -ɑŋ、-iɑŋ、-uɑŋ、-yɑŋ 等四类；深摄也消变 -ŋ 尾韵，与臻摄、曾摄、梗摄、通摄舒声字

---

① 基金项目：国家社会科学基金重大招标项目"汉语方言音系汇纂及方音对照处理系统"（14ZDB096）。

② 陕西师范大学文学院在读博士。

合流，韵母有 -eŋ、-in^①、-uŋ、-yn^② 四类。

一、咸摄、山摄、宕摄、江摄韵在凉州话中的变化

咸摄、山摄开口一二等字在今凉州话中大多读 -aŋ，二等喉牙音腭化后读 -iaŋ。例如：

[覃] 咸开一：耽 taŋ⁴⁴ 贪 tʰaŋ⁴⁴ 潭谭 tʰaŋ³⁵ 南男 naŋ³⁵ 簪 tsaŋ⁴⁴ 参 tsʰaŋ⁴⁴ 蚕 tsʰaŋ³⁵ 堪龛 kʰaŋ⁴⁴ 含函 xaŋ³⁵ 庵 ɣaŋ⁴⁴ 娄 (娄柿子，娄菜) laŋ³⁵ 惨 tsʰaŋ³⁵ 感 kaŋ³⁵ 坎砍 kʰaŋ³⁵ 撼 xaŋ³¹ 揞 ɣaŋ³¹ 探 (试探，侦探) tʰaŋ³¹ 勘 (勘误，勘探) kʰaŋ³¹ 憾 xaŋ³¹ 暗 ɣaŋ³¹

[谈] 咸开一：担 (担任) taŋ⁴⁴ 坍 (坍下来) tʰaŋ⁴⁴ 谈痰 tʰaŋ³⁵ 蓝篮 laŋ³⁵ 惭 tsʰaŋ³⁵ 三 saŋ⁴⁴ 甘柑 kaŋ⁴⁴ 憨 xaŋ⁴⁴ 醀 xaŋ³⁵ 胆 taŋ³⁵ 毯 tʰaŋ³⁵ 淡 taŋ³¹ 览揽榄 (橄榄) laŋ³⁵ 敢橄 (橄榄) kaŋ³⁵ 喊 xaŋ³⁵ 担 (挑担) taŋ³¹ 滥缆 laŋ³¹ 暂錾 tsaŋ³¹

[咸] 咸开二：谗馋 tsʰan³⁵ 杉 saŋ⁴⁴ 尴 (尴尬) kaŋ⁴⁴ 鹐 tɕʰiaŋ⁴⁴ 咸 xaŋ³⁵ 斩 tsan³⁵ 减 tɕian³⁵ 站 (立) tsaŋ³¹ 蘸 (蘸酱油) tsaŋ³¹ 陷馅 ɕiaŋ³¹

[衔] 咸开二：搀 tʂʰaŋ⁴⁴ 衫 saŋ⁴⁴ 监 (监察，监视，监牢) tɕiaŋ⁴⁴ 嵌 tɕʰiaŋ⁴⁴ 岩 ziaŋ³⁵ 衔 xaŋ³⁵ 舰监 (国子监) tɕiaŋ³¹

[寒] 山开一：丹单 (单独) taŋ⁴⁴ 滩摊 tʰaŋ⁴⁴ 檀壇弹 (弹琴) taŋ³⁵ 难 (难易) naŋ³⁵ 兰拦栏 laŋ³⁵ 餐 tsʰaŋ⁴⁴ 残 tsʰaŋ³⁵ 珊 saŋ⁴⁴ 干肝竿 (竹竿) kaŋ⁴⁴ 乾 (乾湿) kaŋ⁴⁴ 看 (看守) kaŋ⁴⁴ 刊 kaŋ⁴⁴ 鼾 (睡时鼾声) xaŋ⁴⁴ 寒韩 xaŋ³⁵ 安鞍 ɣaŋ⁴⁴ 掸 (鸡毛掸子) taŋ³⁵ 坦 tʰaŋ³⁵ 诞 taŋ³¹ 懒 laŋ³⁵ 散 (鞋带散了) saŋ³⁵ 伞 ʂaŋ³⁵ 杆稻秆 (稻秆) kaŋ³⁵ 擀 (擀面) kaŋ³⁵ 罕 xaŋ³⁵ 旱 xaŋ³¹ 旦 taŋ³¹ 炭叹 tʰaŋ³¹ 但弹 (子弹) 蛋 taŋ³¹ 难 (患难) naŋ³¹ 烂 laŋ³¹ 赞瓒 (溅) tsaŋ³¹ 灿 tsʰaŋ³¹ 散 (分散) saŋ³¹ 干 kaŋ³¹ 看 (看见) kʰaŋ³¹ 岸 ɣaŋ³¹ 汉 xaŋ³¹ 汗銲 (銲铁壶) 翰 xaŋ³¹ 按案 ɣaŋ³¹

[山] 山开二：山 saŋ⁴⁴ 艰间 (空间，中间) tɕiaŋ⁴⁴ 闲 ɕian³⁵ 盏 tsaŋ³⁵ 铲产 tsʰaŋ³⁵ 简柬拣 tɕian³⁵ 眼 zian³⁵ 限 ɕian³⁵ 扮 paŋ³¹ 盼 pʰaŋ³¹ 瓣办 paŋ³¹ 绽 (破绽) tsaŋ³¹ 间 (间断，间或) tɕiaŋ³¹ 苋 (苋菜) ɕiaŋ³¹

[删] 山开二：班斑颁扳 paŋ⁴⁴ 攀 pʰaŋ⁴⁴ 蛮 maŋ³⁵ 删 ʂaŋ⁴⁴ 奸 tɕiaŋ⁴⁴ 颜 ziaŋ³⁵ 板版 paŋ³⁵ 慢 maŋ³¹ 栈 tsaŋ³¹ 疝 ʂaŋ³¹ 谏 tɕiaŋ³¹ 雁 iaŋ³¹

咸、山两摄开口三、四等北京话念 -ian，只有在卷舌音后念 -an。在凉州

---

① 凉州方言中，韵母 -in 中鼻尾韵 [-ɲ] 的实际音值介于前鼻音韵尾 [-n] 和后鼻音韵尾 [-ŋ] 之间。

② 凉州方言中，韵母 -yn 中鼻尾韵 [-ɲ] 的实际音值介于前鼻音韵尾 [-n] 和后鼻音韵尾 [-ŋ] 之间。

话中咸、山两摄三、四等念 -iaŋ，卷舌音声母后念 -aŋ。例如：

[盐] 咸开三：黏 niaŋ^{35} 廉镰帘 liaŋ^{35} 尖奸$_{(奸灭)}$ tɕiaŋ^{44} 签 tɕʰiaŋ^{44} 潜 tɕʰiaŋ^{35} 沾粘$_{(粘贴)}$ tʂaŋ^{44} 瞻占$_{(占卜)}$ tʂaŋ^{44} 蟾$_{(蟾蜍)}$ tʂʰaŋ^{35} 钳 tɕʰiaŋ^{35} 淹 ziaŋ^{44} 炎盐阎簷 ziaŋ^{35} 贬 piaŋ^{35} 敛 liaŋ^{35} 渐 tɕiaŋ^{31} 陕$_{(陕西)}$ ʂaŋ^{35} 闪 ʂaŋ^{35} 染冉 zaŋ^{35} 检俭 tɕiaŋ^{35} 脸 liaŋ^{35} 险 ɕiaŋ^{35} 掩魇 ziaŋ^{35} 敛殓 liaŋ^{31} 占 tʂaŋ^{31} 验厌艳焰 iaŋ^{31}

[严] 咸开三：严 iaŋ^{35} 醃 iaŋ^{44} 剑 tɕiaŋ^{31} 欠 tɕʰiaŋ^{31} 醶$_{(醶茶)}$ iaŋ^{31}

[添] 咸开四：掂$_{(掂掇)}$tiaŋ^{44} 添 tʰiaŋ^{44} 甜 tʰiaŋ^{35} 鲇$_{(鲇鱼)}$ 拈$_{(拈起来)}$niaŋ^{35} 兼搛$_{(搛菜)}$tɕiaŋ^{44} 谦 tɕʰiaŋ^{44} 嫌 ɕiaŋ^{35} 点 tiaŋ^{35} 舔$_{(以舌取物)}$tʰiaŋ^{35} 簟$_{(席)}$tiaŋ^{31} 店 tiaŋ^{31} 椠$_{(椠笔)}$tʰiaŋ^{31} 念 niaŋ^{31} 歉 tɕʰiaŋ^{31}

[仙] 山开三：鞭编 piaŋ^{44} 篇偏 pʰiaŋ^{44} 便$_{(便宜)}$pʰiaŋ^{35} 绵棉 miaŋ^{35} 连联 liaŋ^{35} 煎 tɕiaŋ^{44} 迁 tɕʰiaŋ^{44} 钱 tɕʰiaŋ^{35} 仙 ɕiaŋ^{44} 鲜$_{(新鲜)}$ɕiaŋ^{44} 涎 xaŋ^{35} 缠 tʂaŋ^{35} 毡 tʂaŋ^{44} 氊搧$_{(扇)}$ʂaŋ^{44} 蝉禅$_{(禅宗)}$tʂaŋ^{35} 然燃 zaŋ^{35} 乾$_{(乾坤)}$ 虔犍 tɕʰiaŋ^{35} 蔫$_{(食物不新鲜)}$iaŋ^{44} 焉$_{(心不在焉)}$ 延筵 iaŋ^{35} 辨辩 piaŋ^{31} 免勉娩$_{(分娩)}$ 缅渑$_{(渑池)}$miaŋ^{35} 碾辇 niaŋ^{35} 剪 tɕiaŋ^{35} 浅 tɕʰiaŋ^{35} 践 tɕiaŋ^{31} 癣 ɕiaŋ^{35} 展 tʂaŋ^{35} 善 ʂaŋ^{31} 遣 tɕʰiaŋ^{35} 件 tɕiaŋ^{31} 演 iaŋ^{35} 变 piaŋ^{31} 骗$_{(欺骗)}$pʰiaŋ^{31} 汴便$_{(方便)}$piaŋ^{31} 面 miaŋ^{31} 箭贱饯$_{(饯行)}$tɕiaŋ^{31} 溅$_{(溅了一身水)}$tɕiaŋ^{31} 线羡 ɕiaŋ^{31} 战 tʂaŋ^{31} 颤 tʂʰaŋ^{31} 扇 ʂaŋ^{31} 膳单$_{(姓)}$禅$_{(禅让)}$ʂaŋ^{31} 谚 iaŋ^{31}

[元] 山开三：犍$_{(犍子)}$tɕiaŋ^{44} 言 iaŋ^{35} 轩 ɕyaŋ^{44} 掀 ɕiaŋ^{44} 蔫$_{(花萎)}$ziaŋ^{44} 键 tɕiaŋ^{31} 建健腱 tɕiaŋ^{31} 宪献 ɕiaŋ^{31} 堰 iaŋ^{31}

[先] 山开四：边蝙 piaŋ^{44} 眠 miaŋ^{35} 颠 tiaŋ^{44} 天 tʰiaŋ^{44} 田填 tʰiaŋ^{35} 年 niaŋ^{35} 怜 莲 liaŋ^{35} 笺 tɕiaŋ^{44} 千 tɕʰiaŋ^{44} 前 tɕʰiaŋ^{35} 先 ɕiaŋ^{44} 肩坚 tɕiaŋ^{44} 牵 tɕʰiaŋ^{44} 研 iaŋ^{35} 贤弦 ɕiaŋ^{35} 烟燕$_{(燕京，姓)}$iaŋ^{44} 扁匾 piaŋ^{35} 辫 piaŋ^{31} 典 tiaŋ^{35} 腆$_{(腆肚子)}$tʰiaŋ^{35} 撚$_{(以指撚碎)}$撵 niaŋ^{35} 显 ɕiaŋ^{35} 遍$_{(一遍)}$遍$_{(遍地)}$piaŋ^{31} 面 miaŋ^{31} 电殿奠垫$_{(垫钱)}$tiaŋ^{31} 练炼 liaŋ^{31} 荐见 tɕiaŋ^{31} 砚燕$_{(燕子)}$宴$_{(宴会)}$iaŋ^{31} 现 ɕiaŋ^{31}

咸、山两摄的合口在凉州话中读作后鼻音 -aŋ、-uaŋ、-yaŋ。

[桓] 山合一：般搬 paŋ^{44} 潘 pʰaŋ^{44} 盘 pʰaŋ^{35} 瞒馒$_{(馒头)}$maŋ^{35} 端 tuaŋ^{44} 团 tʰuaŋ^{35} 鸾 luaŋ^{35} 钻 tsuaŋ^{44} 酸 suaŋ^{44} 官棺观$_{(参观)}$ 冠$_{(衣冠)}$kuaŋ^{44} 宽 kʰuaŋ^{44} 欢 xuaŋ^{44} 桓完丸$_{(肉丸，弹丸)}$vaŋ^{35} 豌$_{(豌豆)}$剜 vaŋ^{44} 伴拌 paŋ^{31} 满 maŋ^{35} 短 tuaŋ^{44} 断$_{(断绝)}$tuaŋ^{31} 暖 naŋ^{35} 卵 luaŋ^{35} 纂$_{(编纂)}$tsuaŋ^{35} 攒$_{(积攒)}$tsaŋ^{35} 管馆 kuaŋ^{35} 款 kʰuaŋ^{35} 缓 xuaŋ^{35} 皖$_{(安徽)}$ 碗 vaŋ^{35} 半绊 paŋ^{31} 判叛 pʰaŋ^{31} 漫幔 maŋ^{31} 断$_{(决断)}$ 锻$_{(锻炼)}$段缎 tuaŋ^{31} 乱 luaŋ^{31} 鑽$_{(木工用具)}$tsuaŋ^{31} 窜 tsʰuaŋ^{31} 算蒜 suaŋ^{31} 贯灌罐观$_{(寺观)}$ 冠$_{(冠军)}$

kuaŋ³¹ 唤焕换 xuaŋ³¹ 玩₍古玩，游玩₎ 腕 vaŋ³¹

[山] 山合二：鳏₍鳏寡₎ kuaŋ⁴⁴ 顽₍顽皮，顽固₎ vaŋ³⁵ 幻 xuaŋ³¹

[删] 山合二：闩拴 ʂuaŋ⁴⁴ 关 kuaŋ⁴⁴ 还₍还原₎ 环 xuaŋ³⁵ 弯湾 vaŋ⁴⁴ 撰 tʂuaŋ³¹ 篡 tsʰuaŋ³¹ 涮₍涮洗₎ ʂuaŋ³¹ 惯 kuaŋ³¹ 患宦 xuaŋ³¹

[凡] 咸合三：凡帆 faŋ³⁵ 范範犯 faŋ³¹ 泛 faŋ³¹

[仙] 山合三：全泉 tɕʰyaŋ³⁵ 宣 ɕyaŋ⁴⁴ 旋 ɕyaŋ³⁵ 传₍传达₎ 橡 tʂʰuaŋ³⁵ 专砖 tʂuaŋ⁴⁴ 川穿 tʂʰuaŋ⁴⁴ 船 tʂʰuaŋ³⁵ 圈₍圆圈₎ tɕʰyaŋ⁴⁴ 拳权颧₍颧骨₎ tɕʰyaŋ³⁵ 圆员缘 yaŋ³⁵ 沿 iaŋ³⁵ 铅 tɕʰiaŋ³⁵ 捐 tɕuaŋ³⁵ 选 ɕyaŋ³⁵ 转₍转眼，转送₎ tʂuaŋ³⁵ 篆 tʂuaŋ³¹ 喘 tʂʰuaŋ³⁵ 软 zuaŋ³⁵ 捲₍捲起₎ tɕyaŋ³⁵ 圈₍猪圈₎ tɕyaŋ³¹ 兖 iaŋ³⁵ 恋 lyaŋ³¹ 旋₍旋吃旋做₎ ɕyaŋ³¹ 转₍转螺丝，转圆圈₎ 传₍传记₎ tʂuaŋ³¹ 串 tʂʰuaŋ³¹ 眷卷绢倦 tɕyaŋ³¹ 院 yaŋ³¹

[元] 山合三：藩翻番₍几番₎ faŋ⁴⁴ 烦藩繁 faŋ³⁵ 元原源袁辕园援₍援救₎ yaŋ³⁵ 喧 ɕyaŋ⁴⁴ 冤 yaŋ⁴⁴ 反 faŋ³⁵ 晚挽 vaŋ³⁵ 阮 zuaŋ³⁵ 宛 vaŋ³⁵ 远 yaŋ³⁵ 贩饭 faŋ³¹ 万蔓₍瓜蔓子₎ vaŋ³¹ 劝券 tɕyaŋ³¹ 愿 yaŋ³¹ 楦₍鞋楦₎ ɕyaŋ³¹ 怨 yaŋ³¹

[先] 山合四：玄悬 ɕyaŋ³⁵ 渊 yaŋ⁴⁴ 犬 tɕʰyaŋ³⁵ 眩 ɕyaŋ³¹

宕、江两摄在凉州话中读作 -aŋ、-iaŋ、-uaŋ 韵。例如：

[唐] 宕开一：帮 paŋ⁴⁴ 滂₍滂沱₎ pʰaŋ⁴⁴ 旁螃₍螃蟹₎ pʰaŋ³⁵ 忙芒茫 maŋ³⁵ 当₍当时，应当₎ taŋ⁴⁴ 汤 tʰaŋ⁴⁴ 堂棠螳₍螳螂₎唐糖塘 taŋ³¹ 囊 naŋ³⁵ 郎廊狼蜋 laŋ³⁵ 脏₍不干净₎ tsaŋ⁴⁴ 仓苍 tsʰaŋ⁴⁴ 藏₍隐藏₎ tsʰaŋ³⁵ 桑丧₍婚丧₎ saŋ⁴⁴ 冈岗刚纲钢缸 kaŋ⁴⁴ 康糠 kʰaŋ⁴⁴ 昂 ɣaŋ³⁵ 行₍行列，银行₎航杭 xaŋ⁴⁴ 肮₍肮脏₎ ɣaŋ⁴⁴ 榜 paŋ³⁵ 莽蟒 maŋ³⁵ 党挡₍阻挡₎ taŋ³⁵ 倘₍倘使₎躺 tʰaŋ³⁵ 荡₍放荡₎ taŋ³¹ 曩 naŋ³⁵ 朗 laŋ³⁵ 嗓搡 saŋ³⁵ 慷₍慷慨₎ kʰaŋ³⁵ 谤傍 paŋ³¹ 当₍当作，典当₎ taŋ³¹ 烫趟₍一趟₎ tʰaŋ³¹ 浪 laŋ³¹ 葬藏₍西藏₎脏 tsaŋ³¹ 丧₍丧失₎ saŋ³¹ 钢₍刀钝了，钢钢₎ kaŋ³¹ 抗炕 kʰaŋ³¹

[阳] 宕开三：娘 ɳiaŋ³⁵ 良凉量₍量长短₎粮梁粱 liaŋ³⁵ 将₍将来₎浆 tɕiaŋ⁴⁴ 枪 tɕʰiaŋ⁴⁴ 墙 tɕʰiaŋ³⁵ 相₍互相₎箱厢湘襄镶 ɕiaŋ⁴⁴ 详祥 ɕiaŋ³⁵ 张 tʂaŋ⁴⁴ 长₍长短₎肠场 tʂaŋ³⁵ 庄装 tʂuaŋ⁴⁴ 疮 tʂuaŋ⁴⁴ 床 tʂuaŋ³⁵ 霜孀 ʂuaŋ⁴⁴ 章樟 tʂaŋ⁴⁴ 昌菖₍菖蒲₎ tʂʰaŋ⁴⁴ 商伤 ʂaŋ⁴⁴ 常尝裳₍衣裳₎偿 tʂaŋ³⁵ 瓤₍瓜瓤₎ zaŋ³⁵ 疆僵缰₍缰绳₎姜 tɕiaŋ⁴⁴ 羌 tɕʰiaŋ⁴⁴ 强 tɕʰiaŋ³⁵ 香乡 ɕiaŋ⁴⁴ 央秧殃₍殃化₎ iaŋ⁴⁴ 羊洋烊₍溶化₎杨阳扬疡₍溃疡₎ iaŋ³⁵ 两₍两个₎两₍几两几钱₎ liaŋ³⁵ 蒋奖桨 tɕiaŋ³⁵ 抢 tɕʰiaŋ³⁵ 想 ɕiaŋ³⁵ 象像橡₍橡树₎ ɕiaŋ³¹ 长₍生长₎涨 tʂaŋ³⁵ 丈仗杖 tsaŋ³¹ 闯 tʂuaŋ³⁵ 爽 ʂuaŋ³⁵ 掌 tʂaŋ³⁵ 敞 tʂʰaŋ³⁵ 赏响₍响午₎ ʂaŋ³⁵ 上₍上山₎ ʂaŋ³¹ 壤₍土壤₎攘嚷 zaŋ³⁵ 强₍勉强₎ tɕʰiaŋ³¹ 强₍倔强₎ tɕiaŋ³¹ 仰 iaŋ³⁵ 享响 ɕiaŋ³⁵ 养痒 iaŋ³⁵ 酿 niaŋ³¹ 亮辆量₍数量₎ liaŋ³¹ 酱将₍大将₎匠 tɕiaŋ³¹ 相₍相貌₎ ɕiaŋ³¹ 帐账胀

tʂaŋ³¹ 畅 tʂʰaŋ³¹ 壮状 tʂuaŋ³¹ 创 tʂʰuaŋ³¹ 障(保障) 瘴(瘴气) tʂaŋ³¹ 唱倡(提倡) tsʰaŋ³¹ 饷向 ɕiaŋ³¹ 尚上(上面) ʂaŋ³¹ 让 zaŋ³¹ 样 iaŋ³¹

[唐] 宕合一：光 kuaŋ⁴⁴ 荒慌 xuaŋ⁴⁴ 黄簧(锁簧) 皇蝗 xuaŋ³⁵ 汪(一汪水) vaŋ⁴⁴ 广 kuaŋ³⁵ 谎晃(晃眼) xuaŋ³⁵ 旷 kʰuaŋ³¹

[阳] 宕合三：方肪(脂肪) 芳妨(妨害) faŋ⁴⁴ 房防 faŋ³⁵ 亡芒(麦芒儿) vaŋ³¹ 匡筐眶(眼眶) kʰuaŋ⁴⁴ 狂 kʰuaŋ³⁵ 王 vaŋ³⁵ 仿(仿效) 纺仿(相似) 仿(仿佛) faŋ³⁵ 网辋(车辋) 枉往 vaŋ³⁵ 放访 faŋ³⁵ 忘妄望旺(兴旺, 火旺) vaŋ³¹ 逛 kuaŋ³¹ 况 kʰuaŋ³¹

[江] 江开二：邦 paŋ⁴⁴ 庞 pʰaŋ⁴⁴ 窗 tʂʰuaŋ⁴⁴ 双 ʂuaŋ⁴⁴ 江豇(豇豆) tɕiaŋ⁴⁴ 扛 kʰaŋ⁴⁴ 腔 tɕʰiaŋ⁴⁴ 降(降伏, 投降) ɕiaŋ³⁵ 绑 paŋ³⁵ 棒蚌 paŋ³¹ 攘(用刀子攘) naŋ³⁵ 讲港(港口) 耩(耩地) tɕiaŋ³⁵ 项 ɕiaŋ³⁵ 胖 pʰaŋ³¹ 撞 tʂuaŋ³¹ 双(双生) ʂuaŋ³¹ 将(下降) 巷 xaŋ³¹

二、深摄、臻摄、曾摄、梗摄韵在凉州话中的变化

深、臻两摄在北京话中分别念 -en、-in、-un、-yn。在凉州话中，中古部分 -n 尾、-m 尾韵变为 -ŋ 尾韵，分别念 -eŋ、-iŋ、-ueŋ、-yŋ。其中一等韵均后化为 -ŋ 尾；二、三等韵发生分化，一部分为 -n 尾，一部分后化为 -ŋ 尾。

[侵] 深开三：林淋(淋漓, 淋湿) 临 lin³⁵ 侵 tɕʰin⁴⁴ 心 ɕin⁴⁴ 寻 ɕin³⁵ 今金禁(禁不住) 襟 tɕin⁴⁴ 钦 tɕʰin⁴⁴ 琴禽擒 tɕʰin³⁵ 吟 zin³⁵ 音阴 zin⁴⁴ 淫 zin³⁵ 禀 pin³⁵ 品 pʰin³⁵ 寝 tɕʰin³⁵ 锦 tɕin³⁵ 饮(饮酒) 饮(米汤) zin³⁵ 赁(租赁) lin³¹ 浸 tɕin³¹ 渗(水渗透) 禁(禁止) tɕin³¹ 荫(屋子很荫) 饮(饮马) zin³¹

沉 tʂʰeŋ³⁵ 参(参差) tʂʰeŋ⁴⁴ 岑 tseŋ³⁵ 森参(人参) seŋ³¹ 针斟 tʂeŋ⁴⁴ 深 ʂeŋ⁴⁴ 壬任(姓) zeŋ³⁵ 枕 tʂeŋ³⁵ 葚(桑葚) ʂeŋ³¹ 沈审婶 ʂeŋ³⁵ 甚 ʂeŋ³¹ seŋ³¹ 任(责任) 纴(缝纴) zeŋ³¹

[痕] 臻开一：吞 tʰueŋ⁴⁴ 跟根 keŋ⁴⁴ 痕 xeŋ³⁵ 恩 ɣeŋ⁴⁴ 恳垦 kʰeŋ³⁵ 很 xeŋ³⁵ 恨 xeŋ³¹

[真] 臻开三：彬宾槟(槟榔) pin⁴⁴ 贫频(频繁) pʰin³⁵ 闽(闽越) 民 min³⁵ 邻鳞 lin³⁵ 津 tɕin⁴⁴ 亲 tɕʰin⁴⁴ 秦 tɕʰin³⁵ 辛新薪 ɕin⁴⁴ 巾 tɕin⁴⁴ 银 zin³⁵ 因姻寅 zin⁴⁴ 悯敏抿 min³⁵ 尽 tɕin³¹ 紧 tɕin³⁵ 引 zin³⁵ 殡鬓 pin³¹ 吝(吝啬) lin³¹ 进晋 tɕin³¹ 亲(亲家) tɕʰin³¹ 信讯 ɕin³¹ 仅 tɕin³¹ 衅(挑衅) ɕin³¹ 印 zin³¹

珍 tʂeŋ⁴⁴ 陈尘 tʂʰeŋ³⁵ 榛臻 tʂeŋ⁴⁴ 真 tʂeŋ⁴⁴ 神 ʂeŋ³⁵ 身申伸娠 ʂeŋ⁴⁴ 辰晨臣 tʂʰeŋ³⁵ 人仁 zeŋ³⁵ 诊疹 tʂeŋ³⁵ 肾 ʂeŋ³¹ 忍 zeŋ³⁵ 镇 tʂeŋ³¹ 趁 tʂʰeŋ³¹ 阵 tʂeŋ³¹ 衬 tʂʰeŋ³¹ 振震 tʂeŋ³¹ 慎 ʂeŋ³¹ 刃认 zeŋ³¹

[殷] 臻开三：斤筋 tɕin⁴⁴ 勤芹 tɕʰin³⁵ 欣 ɕin⁴⁴ 殷 zin⁴⁴ 谨 tɕin³⁵ 近 tɕin³¹ 隐 zin³⁵ 劲(有劲) tɕin³¹

[魂] 臻合一：奔锛 peŋ⁴⁴ 喷(喷水) pʰeŋ⁴⁴ 盆 peŋ³⁵ 门 meŋ³⁵ 敦(敦厚) tuŋ⁴⁴ 墩 tuŋ⁴⁴ 屯豚饨(馄饨) tʰuŋ³⁵ 臀 tʰuŋ³⁵ 论(论语) 崙 luŋ³⁵ 尊 tsuŋ³⁵ 村 tsʰuŋ⁴⁴ 存 tsʰuŋ³⁵ 蹲 tuŋ³⁵ 孙 suŋ⁴⁴ 昆坤 kʰuŋ⁴⁴ 昏婚 xuŋ⁴⁴ 魂馄(馄饨) 混(浑浊) xuŋ³⁵ 温瘟 veŋ⁴⁴ 本 peŋ³⁵ 笨 peŋ³¹ 囤沌盾(矛盾，赵盾) tuŋ³⁵ 损 suŋ³⁵ 滚 kuŋ³⁵ 混(相混，混沌) xuŋ³⁵ 稳 veŋ³⁵ 遁 peŋ³¹ 喷(喷香，喷嚏) peŋ³¹ 闷 meŋ³¹ 顿扽 tuŋ³¹ 褪 tʰuŋ³¹ 钝遁 tuŋ³¹ 嫩 neŋ³¹ 论(议论) luŋ³¹ 寸 tsʰuŋ³¹ 逊 suŋ³¹ 棍 kuŋ³¹ 困 kʰuŋ³¹

[谆] 臻合三：荀 ɕyn³⁵ 旬循巡 ɕyn³⁵ 匀 zyn³⁵ 窨菌 tɕyn³¹ 允 zyn³⁵ 俊 tɕyn³¹ 迅殉 ɕyn³¹

伦沦轮 luŋ³⁵ 遵 tsuŋ⁴⁴ 皴(脸皴) tsʰuŋ⁴⁴ 椿(椿树) tʂʰuŋ⁴⁴ 肫(肫肝) tsʰuŋ⁴⁴ 春 tʂʰuŋ⁴⁴ 唇 tʂʰuŋ³⁵ 纯莼(莼菜) 醇(酒味醇) tʂʰuŋ³⁵ 均钧 tɕyŋ⁴⁴ 准 tsuŋ³⁵ 蠢 tʂʰuŋ³⁵ 盾(矛盾) tuŋ³¹ 顺舜 suŋ³¹ 润闰 zuŋ³¹

[文] 臻合三：君军 tɕyn⁴⁴ 羣裙 tɕʰyn³⁵ 熏勋薰 ɕyn⁴⁴ 云 zyn³⁵ 郡 tɕyn³¹ 训 ɕyn³¹ 熨韵运晕 zyn³¹

分(分开) 芬纷 feŋ⁴⁴ 焚坟 feŋ³⁵ 文纹蚊闻 veŋ³⁵ 荤 xuŋ⁴⁴ 粉 feŋ³⁵ 愤忿 feŋ³¹ 吻刎 veŋ³⁵ 粪奋份(一份两份) feŋ³¹ 问 veŋ³¹

曾、梗两摄凉州话中开口读 -eŋ、-in，合口字读 -uŋ。其中一等韵的所有字仍为 -ŋ 尾，二等韵中少数字变成了 -n 尾，三、四韵的多数字都变成了 -n 尾。

[登] 曾开一：崩 peŋ⁴⁴ 朋 pʰeŋ³⁵ 登灯 teŋ⁴⁴ 腾滕藤疼 tʰeŋ³⁵ 能 neŋ³⁵ 愣 leŋ³⁵ 曾(姓) 增憎 tseŋ⁴⁴ 曾(曾经) 层 tʂʰeŋ³⁵ 僧 ʂeŋ⁴⁴ 恒 xeŋ³⁵ 等 teŋ³⁵ 肯 kʰeŋ³⁵ 凳镫(鞍镫) teŋ³¹ 邓澄(水浑，澄一澄) teŋ³¹ 蹭(磨蹭) tsʰeŋ³¹ 赠 tseŋ³¹

[蒸] 曾开三：冰 pin⁴⁴ 凭 pʰin³⁵ 陵凌菱 lin³⁵ 凝 ɲin³⁵ 兴(兴旺) ɕin⁴⁴ 应(应当，应用) 鹰 zin⁴⁴ 蝇 zin³⁵ 应(应对，响应) zin³¹ 孕 zyn³¹

征(征求) tʂeŋ⁴⁴ 澄惩橙 tʂʰeŋ³⁵ 蒸 tʂeŋ⁴⁴ 称(称呼，称重量) tʂʰeŋ⁴⁴ 乘绳 tʂʰeŋ³⁵ 升胜(胜任) ʂeŋ³⁵ 承丞 tʂʰeŋ³⁵ 仍扔 zeŋ³⁵ 拯(拯救) tʂeŋ³⁵ 瞪(瞪眼) teŋ³¹ 证症 tʂeŋ³¹ 称(相称) 称(一杆秤) tʂʰeŋ³¹ 兴(高兴) 剩胜(胜败) ʂeŋ³¹

[登] 曾合一：弘 xuŋ³⁵

[庚] 梗开二：粳(粳米) tɕin⁴⁴ 行(行为) ɕin³⁵ 硬 ɲin³¹ 行(品行) ɕin³¹

烹 pʰeŋ⁴⁴ 彭膨(膨胀) pʰeŋ³⁵ 盲虻(牛虻) meŋ³⁵ 撑 tsʰeŋ⁴⁴ 澄 tʂʰeŋ³⁵ 铛(烙饼用具) tʂʰeŋ⁴⁴ 生牲笙甥 seŋ⁴⁴ 更(更换，五更) 庚羮 keŋ⁴⁴ 坑 kʰeŋ⁴⁴ 亨 xeŋ⁴⁴ 衡 xeŋ³⁵ 猛 meŋ³⁵

冷 leŋ³⁵ 省（省长）省（节省）seŋ³⁵ 哽（骨鲠在喉）埂（田埂）梗（梗子，茎）keŋ³⁵ 杏 xeŋ³¹ 孟 meŋ³¹ 掌（椅子掌儿）tʂʰeŋ³¹ 更（更加）keŋ³¹

[耕] 梗开二：茎 tɕeiŋ³⁵ 莺鹦（鹦鹉，鹦哥）樱（樱桃）zin⁴⁴ 幸 ɕin³¹

棚 pʰeŋ³⁵ 萌 meŋ³⁵ 橙（橙子）tʂʰeŋ³⁵ 争筝睁 tseŋ⁴⁴ 耕 keŋ⁴⁴ 耿 keŋ³⁵ 迸（迸裂）peŋ³¹

[庚] 梗开三：兵 pin⁴⁴ 平坪评 pʰin³⁵ 鸣明 min³⁵ 京荆惊 tɕin⁴⁴ 卿 tɕʰin⁴⁴ 擎 tɕʰin³⁵ 鲸 tɕin³⁵ 迎英 zin³⁵ 丙秉 pin³⁵ 皿 min³⁵ 境景警 tɕin³⁵ 影 zin³⁵ 柄病 pin³¹ 命 min³¹ 敬竟镜竞 tɕin³¹ 庆 tɕʰin³¹ 映 zin³¹

盟 meŋ35

[清] 梗开三：名 min³⁵ 精晶睛（眼睛）tɕin⁴⁴ 清 tɕʰin⁴⁴ 情晴 tɕʰin³⁵ 轻（轻重，年轻）tɕʰin⁴⁴ 婴缨 zin⁴⁴ 盈赢 zin³⁵ 饼 pin³⁵ 领岭 lin³⁵ 井 tɕin³⁵ 请 tɕʰin³⁵ 静靖 tɕin³¹ 省（反省）ɕin³⁵ 颈 tɕin³⁵ 并（合并）pin³¹ 聘 pʰin³¹ 令 lin³¹ 净 tɕin³¹ 性姓 ɕin³¹ 劲（劲敌）tɕin³¹

贞侦 tʂeŋ⁴⁴ 呈程 tʂeŋ³⁵ 正（正月）征 tʂeŋ⁴⁴ 声 ʂeŋ⁴⁴ 成城诚盛（盛满了）tʂʰeŋ³⁵ 逞（逞能）tʂʰeŋ³⁵ 整 tʂeŋ³⁵ 郑 tʂeŋ³¹ 正政 tʂeŋ³¹ 圣盛（兴盛）ʂeŋ³¹

[青] 梗开四：姘（姘头）拼 pʰin⁴⁴ 瓶屏（围屏）萍 pʰin³⁵ 铭 min³⁵ 丁钉（铁钉）靪疗 tin⁴⁴ 听（听见，听话）厅汀 tʰin⁴⁴ 亭停廷庭蜓（蜻蜓）tʰin³⁵ 宁（安宁，沮宁）ɳin³⁵ 灵零铃伶拎翎 lin³⁵ 青蜻（蜻蜓）tɕʰin⁴⁴ 星腥 ɕin⁴⁴ 经 tɕin⁴⁴ 馨 ɕin⁴⁴ 形型刑 ɕin³⁵ 並 pin³¹ 顶鼎 tin³⁵ 艇挺 tʰin³¹ 锭 tin³¹ 醒 ɕin³⁵ 钉（钉住）订（订约）定 tin³¹ 听（听其自然，听任）tʰin³¹ 宁（宁可）佞 ɳin³¹ 另 lin³¹ 径经（经纬，经线）tɕin³¹ 磬（钟磬）tɕʰin³¹

[庚] 梗合二：横（横直）xeŋ³⁵ 横（蛮横）xeŋ³¹

[耕] 梗合二：轰 xuŋ⁴⁴ 宏 xuŋ³⁵

[庚] 梗合三：兄 ɕyn⁴⁴ 永 zyn³⁵ 泳詠 zyn³¹

荣 ʐuŋ³⁵

[清] 梗合三：倾 tɕʰin⁴⁴ 琼 tɕʰyn³⁵ 营 zin⁴⁴ 顷 tɕʰin³⁵ 颖 zin³⁵

[青] 梗合四：萤 zin⁴⁴ 迥（迥然不同）tɕyn³⁵

三、通摄在凉州话中的发展变化

通摄在凉州话中读作 -eŋ、-uŋ、-yn。其中一等韵的所有字仍为 -ŋ 尾，三等韵中少数字变成了 -n 尾，多数字仍为 -ŋ 尾。

[东] 通合一：篷蓬 peŋ³⁵ 蒙 meŋ³⁵ 东 tuŋ⁴⁴ 通 tʰuŋ⁴⁴ 同铜桐筒童瞳 tʰuŋ³⁵ 笼

聋 luŋ³⁵ 棕鬃(马鬃,猪鬃)tsuŋ⁴⁴ 聪葱囱(烟囱)tṣʰuŋ⁴⁴ 丛 tṣʰuŋ³⁵ 公蚣（蜈蚣）工功攻(攻击) kuŋ⁴⁴ 空(空虚)kʰuŋ⁴⁴ 烘(烘干)xuŋ⁴⁴ 红洪鸿虹 xuŋ³⁵ 翁 veŋ⁴⁴ 懵(懵懂)meŋ³⁵ 董懂 tuŋ³⁵ 桶捅(捅破)tʰuŋ³⁵ 动 tuŋ³¹ 拢 luŋ³⁵ 综 tsuŋ³⁵ 孔 kʰuŋ³⁵ 哄(哄骗)xuŋ³⁵ 汞 kuŋ³⁵ 冻栋 tuŋ³¹ 痛 tʰuŋ³¹ 洞 tuŋ³¹ 弄 nuŋ³¹ 粽 tsuŋ³¹ 送 suŋ³¹ 贡 kuŋ³¹ 控空(空缺)kʰuŋ³¹ 瓮 veŋ³¹

[冬] 通合一：冬 tuŋ⁴⁴ 农脓 luŋ³⁵ 宗 tsuŋ⁴⁴ 松 suŋ⁴⁴ 统 tʰuŋ³¹ 宋 suŋ³¹

[东] 通合三：熊雄 ɕyn³⁵

风枫疯丰 feŋ⁴⁴ 冯 feŋ³⁵ 隆 luŋ³⁵ 嵩 suŋ⁴⁴ 中(当中)忠 tṣuŋ⁴⁴ 虫崇 tṣʰuŋ³⁵ 终 tṣuŋ⁴⁴ 充 tṣʰuŋ⁴⁴ 戎绒 zuŋ³⁵ 弓躬宫 kuŋ⁴⁴ 穷 tɕʰyŋ³⁵ 融 zuŋ³⁵ 讽风 feŋ³¹ 梦 meŋ³¹ 中(射中)仲众 tṣuŋ³¹

[钟] 通合三：胸凶(吉凶)凶(凶器)ɕyn⁴⁴ 雍 zyn⁴⁴ 庸 zyn³⁵ 拥 zyn³⁵ 甬(甬道)勇湧 zyn³⁵ 壅(壅肥)用 zyn³¹

封峰蜂锋 feŋ⁴⁴ 逢缝(缝衣服)feŋ³⁵ 浓龙 luŋ³⁵ 从纵(纵横)tsuŋ⁴⁴ 从(从容)tsʰuŋ⁴⁴ 从(跟从)tsʰuŋ³⁵ 松 suŋ³⁵ 重(重复)tṣʰuŋ³⁵ 钟钟盅 tṣuŋ⁴⁴ 冲舂(舂米)tṣʰuŋ⁴⁴ 茸(参茸)zuŋ³⁵ 恭供(供给,供不起)kuŋ⁴⁴ 容蓉(芙蓉)镕 zuŋ³⁵ 捧 pʰeŋ³⁵ 奉 feŋ³¹ 陇垄 luŋ³⁵ 怂(怂恿)suŋ³⁵ 冢 tṣuŋ³⁵ 宠 tṣuŋ³⁵ 重(轻重)tṣuŋ³¹ 种(种类)肿 tṣuŋ³⁵ 冗(拨冗,冗长)zuŋ³⁵ 拱(拱手)巩(巩固)kuŋ³⁵ 恐 kʰuŋ³⁵ 俸缝(一条缝)feŋ³¹ 纵(放纵)tsuŋ³¹ 诵颂讼 suŋ³¹ 种(种树)tṣuŋ³¹ 供(供养,上供)共 kuŋ³¹

陈渊泉提出鼻音韵尾归并的主流趋势是"由前往后"，指出 -m、-n、-ŋ 三个韵尾合并的最终方向是 -ŋ[1]。张琨的《汉语方言中鼻音韵尾的消失》讨论了官话方言和吴方言的鼻音韵尾情况，研究结果指出"最保存的一组韵母是后高（圆唇）元音后附舌根鼻音韵尾（*oŋ），其次是前高（不圆唇）元音后附舌根鼻音韵尾（*eŋ），最前进的一组韵母是低元音后附舌头鼻音韵尾（*a/aŋ）。"[2]张先生的结论还指出吴语中鼻音韵尾消失的重要条件是元音的高低，而官话方言中最重要的条件是鼻音韵尾发音部位的前后。徐通锵在《历史语言学》中也说，在汉语带有鼻韵尾的音节中，-m 最易消失，-n 次之，而 -ŋ 较为稳固（至少对汉语的多数方言来说是这样的）[3]。

① ChenM.Cross-dialectalcomparison：Acasestudy and some the oretical considerations[J].Journal of Chinese Linguistics，1973（1）：39—69.

② 张琨.汉语方言中鼻音韵尾的消失[J].台湾"中央研究院"历史语言研究所集刊，1983（1）：3—74.

③ 徐通锵.历史语言学[M].北京：商务印书馆，1991：172.

　　根据本文的观察，凉州方言阳声韵的变化情况与以上结论有所不同。其重要特点有：1. 韵腹为低元音的前鼻音韵无论等属或开合与否，一律都变成了后鼻音，具体表现是咸摄、山摄与宕、江摄韵合流。2. 韵腹为次高或高元音的前鼻音韵变化比较复杂。其中一等韵的韵尾均变成了后鼻音，具体表现是魂、痕韵与曾、梗摄合流；其中三等韵分化为两类：一类韵尾仍读前鼻音；一类变为后鼻音，与曾、梗摄合流。3. 韵腹为次高或高元音的后鼻音韵变化也比较复杂。其中一等韵的韵尾均未变，仍读后鼻音；其中二、三、四等韵的韵尾分化为两类：一类未发生变化，仍读后鼻音；一类变成了前鼻音，其中二等韵变为前鼻音的相对较少，三、四等韵变为前鼻音的相对较多。4. 通摄的情况比较特殊，其韵腹虽为高元音或次高元音，但一等韵的韵尾保持不变，仍为后鼻音，三等韵则分化为两类：多数字仍读后鼻音，少数读成了前鼻音。纵观凉州方言，其中"深摄、臻摄"与"曾摄、梗摄"的前、后鼻音韵尾的交替特点应该是一个突出的值得深入研究的有趣现象。

参考文献：

　　[1] 郭锡良 . 湘方言衡山望峰话阳声韵的历史比较 [J]. 北斗语言学刊（第一辑）. 上海：上海古籍出版社，2016：10—19.

　　[2] 黄大祥 . 凉州方言同音字汇 [J]. 甘肃高师学报，2007（3）：5—10.

　　[3] 徐通锵 . 历史语言学 [M]. 北京：商务印书馆，1991.

　　[4] 张琨 . 汉语方言中鼻音韵尾的消失 [J]. 台湾"中央研究院"历史语言研究所集刊，1983（1）：3—74.

　　[5] 张吉生 . 汉语韵尾辅音演变的音系理据 [J]. 中国语文，2007（4）：291—297.

　　[6] 中国社会科学院语言研究所 . 方言调查字表 [M]. 北京：商务印书馆，2012.

中古入声在大理方言中的演变

石慧

（陕西师范大学 文学院）

　　摘要：中古 34 个入声韵在大理方言中演变为 13 个一般阴声韵和 3 个独立阴声韵 -iu、-io、-ue，这 3 个韵所辖的字只有入声字，尚未和其他阴声韵合流。入声调在大理方言中大部分归入阳平，但是也有部分入声字归入阴平、上声、去声的情况，分析发现这些入声字的中古韵尾基本是 -k，由此推断 -k 韵尾在大理方言最后脱落。另外，这些入声字的归调基本和普通话相同，随着普通话的影响不断加强，入声调在大理方言中的归调将不断和普通话趋同。

　　关键词：大理方言；中古音；入声；演变

一、引言

关于大理方言的研究各方面都较为薄弱，不仅缺乏词汇、语法方面的专题研究，语音方面的专题研究也很少见。因此，本文选取入声问题试写一篇小文章，希望能起到抛砖引玉之用。另外，我们归纳了中古入声在现代汉语方言中演变情况，大致有六类①：

（1）完整保留 -p、-t、-k 三个入声韵尾，例如，客家方言的梅县话，粤方言的广州话。

（2）四个塞音韵尾，除了 -p、-t、-k 外，还有一个喉塞音韵尾 -ʔ，这是由于部分 -p、-t、-k 韵尾变为喉塞音韵尾 -ʔ。例如闽方言的厦门话，答 aʔ、尺

---

① 袁家骅 . 汉语方言概要 [M]. 北京：语文出版社，2001：149，180，239，127，58，102，26.

io?、血 ui?。

（3）-p、-t、-k 三个塞音韵尾中只保留了一个或两个，赣方言的南昌话只有 –t、–k 两个塞音韵尾，-p 变为 -t。

（4）只有一个喉塞音韵尾 -?，例如吴方言的苏州话。

（5）没有塞音韵尾但又独立的入声调，例如湘方言的长沙话。

（6）没有塞音韵尾也没有入声调，例如北京话。

这六类演变中未见"独立阴声韵"的情况，因此，有必要对大理方言入声的演变作进一步的研究，也很有必要对"独立阴声韵"的来源、形成原因作一个探究。

由于中古入声这一概念包括两方面的内容，韵母方面即入声韵，入声韵指韵尾是 -p、-t、-k 的韵；声调方面即入声调，是和平上去相对的一个独立声调。中古入声在现代汉语方言中的演变也表现在这两个方面，本文旨在从以上两方面考察中古入声在大理方言中的演变。具体做法：首先，选取丁声树、李荣先生的《古今字音对照手册》中所录的入声字，对照吴积才、张甫两位前辈的《大理方言简况及音系》中同音字表的记音来考察入声字的读音。如同音字表中没有记录的入声字则除去，最后共计考察 512 个入声字。下面首先看中古入声字在大理方言中演变为哪些韵母，然后再看入声字在大理方言中归入哪些调类。

二、中古入声韵在大理方言中的读音

中古入声韵在大理方言中都已经失去韵尾全部变成阴声韵，本文以摄为单位分别考察了通入、江入、臻入、山入、宕入、梗入、曾入、深入、咸入的读音。发现这九摄共计 34 个入声韵在大理方言中演变为 13 个阴声韵。下面则以这九摄的入声韵为纲，看其在大理方言中的读音。

（一）通、江、宕摄入声的读音

1. 通摄入声的读音

屋韵一等全部和屋韵三等大部分读作 -u，共 27 个，即：卜扑仆葡菩目木沐牧睦穆福幅伏复秃独读牍犊鹿禄陆六粥轴肉[1]谷哭屋速肃竹筑畜叔熟孰

---

① 文读音作 zəu。

斛。屋韵三等只有庄组个别字读作 -o，仅有一个，即：缩。屋韵三等见系字
读作 -iu，有 5 个，即：育菊鞠掬郁蓄。沃韵影组字读 -o，有一个，即：沃；
其他均读作 -u：笃督毒酷。烛韵除见系字外均读作 -u，有 14 个，即：绿录
足粟俗烛嘱触赎束蜀属辱褥。烛韵见系字读作 -iu，有 8 个，即：局锔曲狱欲
浴旭玉 ①。

2. 江摄入声的读音

江摄入声只有觉韵，觉韵多读作 -o，共 17 个，即：剥驳脖薄桌卓琢啄涿
戳浊捉镯朔浞壳握。除此之外有极个别的帮组字读作韵 -u，有 1 个，即：璞。
觉韵见系字均读作韵 -io：有 6 个，即：觉角确学乐音乐岳。

3. 宕摄入声的读音

宕摄包括铎和药两个入声韵，铎韵在大理方言中不论开合口全部读作 -o，
共有 23 个，即：博搏泊摸索膜铎踱托讬诺洛阳落作昨错郭廓各恶鄂噩。药韵
知系字和日组字也读作 -o，共有 7 个，即：着睡着酌烁勺若弱角。其他药韵
字都读作 -io：共有 14 个，即：虐略掠嚼爵脚觉雀鹊却削约药钥。

通、江、宕摄共计 6 个入声韵，其中药韵和铎韵分开合口，按拟音共
有 8 个韵母，在大理方言中归并为 4 个韵母，以读作 -u、-o 为主，另外还有
部分读作 -iu、-io。和普通话比较，可以发现 -iu、-io 两个韵母在大理方言中
比较特殊，读这两个韵的字全部是入声字。首先看 -iu，读作 -iu 的都是屋韵
三等见系和烛韵见系字，而这部分字在普通话中全部读作 -y。大理方言中也
有 -y 韵母，但是读作 -y 的基本都是遇摄中鱼韵和虞韵（平赅上去）的字，没
有入声字。进一步看屋韵三等和烛韵从中古到现代汉语普通话的发展，屋三
舌齿音除外，其演变是：iuk>iu>y②；烛韵舌齿音除外，其演变是：iwok>iuk>
iu>y③。可以看出现代普通话中这两个韵的韵尾脱落后经历了 -iu 的阶段，最后
才演变为 -y。而在大理方言中这两个韵失去韵尾后还停留在 -iu 的阶段，尚
未变为 -y，由此可推知其发展演变要比普通话滞后。在大理方言中读作 -io 的
字主要是觉韵见系字和药韵非知系字。同样参看这两个韵中古到现代普通话
的发展，觉韵见系的演变是：ɔk>iak>iɔ>ye④；药韵非知系字的演变是：iɐk>

---

① 文读音作 yu。

② 王力. 汉语史稿 [M]. 北京：中华书局，2015：169.

③ 王力. 汉语史稿 [M]. 北京：中华书局，2015：169.

④ 王力. 汉语史稿 [M]. 北京：中华书局，2015：150.

iak>cɔ>ye^①。这两个入声韵在普通话中韵尾脱落后也经历了读 -iɔ 的阶段，最后才演变为 ye，大理方言中这两个入声韵现在依然读 -iɔ，由此可见其发展演变同样也比普通话滞后。

（二）梗、曾摄入声的读音

1. 梗摄入声的读音

陌韵二等开口字全部读作 -e，共有 17 个，即：白百柏拍宅窄伯帛迫魄陌珀择格客嚇额。合口字有极个别读作开口 -o 的，有 1 个，即：虢。陌韵三等字都读作 -i，有 4 个，即：碧逆戟隙。麦韵开口字基本读作 -e，共有 11 个，即：麦脉摘责策册革隔核厄扼。只有极个别的知系字读作 -ʌ，有 1 个，即：栅。麦韵合口字能找到的例字很少，有读作 -uʌ 的，有 1 个，即：划；读作 -o 的，有 1 个，即：获。昔韵无论开合口除知系字外全部读作 -i，共有 14 个，即：积脊籍藉迹夕惜席益亦易译驿疫。知系字都读作 -ʅ，有 8 个，即：只掷尺赤斥石释适。锡韵基本全部读作 -i，共有 24 个，即：壁劈霹觅幂滴的嫡笛敌狄涤踢惕倜溺历沥激击绩寂戚析。只有个别见系字读作 -ʅ，有 1 个，即：吃。

2. 曾摄入声的读音

职韵开口字除知组、章组字外都读作 -i，共有 15 个，即：逼匿力极棘鲫稷熄息媳亿忆抑翼弋。职韵知组、章组字均读作 -ʅ，共有 11 个，即：织直职植殖食蚀试饰拭轼。庄组字则读作 -e，有 4 个，即：厕测侧色。职韵合口个别影母字读作 -iu，有 1 个，即：域。德韵开口字全都读作 -e，共有 14 个，即：北得勒肋黑墨默德忒特则刻克劾。合口字读作 -ue，有 3 个，即：国或惑。

梗、曾摄共 6 个入声韵，在大理方言中主要读作 -e、-o、-i、-ʅ，少数读作 -ue，只有极个别的字读作 -iu、-uʌ、-ʌ。与普通话相比，比较特殊的是陌韵开口二等字、德韵开口字以及职韵庄组字全部合流为 -e；而这部分字在普通话中除了文读音 -ə，还有白读音 -ei、-ai。另外根据材料 -ue 虽然例字不多，但是读作 -ue 的都是德韵合口字，没有阴声韵的字，参看德韵合口字从中古到现代普通话的演变，即：uək>ue>uo^②，由此可知大理方言中这部分入声字失去韵尾后，还处在读 -ue 的阶段，同样它的发展演变相比普通话要滞后，作为一

---

① 王力 . 汉语史稿 [M]. 北京：中华书局，2015：150.

② 王力 . 汉语史稿 [M]. 北京：中华书局，2015：146.

个独立的阴声韵，尚未和其他阴声韵合流，而普通话中这部分字已经和果摄字合流。

（三）山、臻摄入声的读音

1. 山摄入声的读音

月韵开口字都读作 -iɛ，有 3 个，即：竭揭歇。月韵合口非组大部分字和微母字读作 -ʌ，有 6 个，即：发伐阀筏罚袜。合口见系字读作 -yɛ，有 4 个，即：月曰越粤。曷韵端系字读作 -ʌ，共有 9 个，即：达獭挞捺辣砸擦撒萨。曷韵见系字读 -o，共有 4 个，即：割葛渴喝_{喝水}。末韵全部读作 -o，共有 14 个，即：钵体拨泼抹末沫掇夺脱撮阔括豁。鎋韵见系字除外和黠韵开口字都读作 -ʌ，有 8 个，即：铡八拔扎札察杀煞。鎋韵见系字读作 -iʌ，有 2 个，即：瞎鎋。鎋、黠两韵的合口字都读作 -uʌ，有 5 个，即：刷刮滑猾挖。屑韵开口字读 -iɛ，共有 17 个，即：憋鳖撇蔑篾跌迭铁捏涅结节截洁切楔噎。合口字读作 -yɛ，有 6 个，即：血决诀抉缺穴。薛韵开口字大部分读作 -iɛ，有 11 个，即：别瘪灭镊蹑孽猎列裂烈杰。薛韵知系字读作 -e，有 10 个，即：哲辙折浙彻撤掣舌设热。薛韵合口精组、影组和个别开口精组字读作 -yɛ，有 5 个，即：绝雪阅悦薛。薛韵合口知系字读 -o，有 3 个，即：辍说拙。

2. 臻摄入声的读音

质韵非知系字读作 -i，共有 20 个，即：笔弼匹密蜜栗疾吉诘七漆悉膝蟋一乙溢逸佚轶。质韵知系字读作 -ʅ，有 6 个，即：室秩质失实室。术韵部分读作 -u，有 3 个，即：卒术出。少数读作 -iu，有 2 个，即：橘恤。栉韵读作 -e，有 2 个，即：瑟虱。物韵基本读作 -u，有 6 个，即：不弗拂物勿佛。少数见系字读作 -iu 韵和 -yɛ，有 2 个，分别是：屈崛。迄韵全部读作 -i，有 4 个，即：迄乞讫屹。没韵除帮组字外全读作 -u，有 7 个，即：突卒骨窟忽惚没没收。帮组字读 -o，有 2 个，即：勃渤。

山、臻两摄包括 13 个入声韵，在大理方言中多数读作 -iɛ、-ʌ、-yɛ、-o、-i、-ʅ、-u，还有少数读作 -iʌ、-uʌ、-e、-iu。我们可以看出这两摄入声韵向阴声韵的演变和普通话的一致性较强。只是 -yɛ 在大理方言中除去个别麻韵、歌韵的字如"嗟"、"靴"，其他皆来自山、臻两摄的入声。普通话中读 -yɛ 的字还包括江、宕摄的入声，这部分字在大理方言中是 -io，并没有和 -yɛ 合流。

（四）深、咸摄入声的读音

1. 深摄入声的读音

深摄只有缉韵一个入声韵，多数字读作 -i，共有 10 个，即：立集急级汲泣吸习袭揖。缉韵章组字读作 -ʅ，有 6 个，即：汁执湿十拾什。其他少数知系和日组字分别读作 -e，有 1 个，即：涩；读作 -u，有 1 个，即：入。

2. 咸摄入声的读音

合、盍韵端系读作 -ɑ，有 13 个，即：答搭踏纳拉杂飒卅塌塔榻腊蜡。见系字读作 -o，有 6 个，即：鸽喝盒合磕盍。业韵全部以及叶、帖韵大多数都读作 -iɛ，共有 13 个，即：劫业接捷妾页叶叠碟蝶谍帖贴。叶韵知系字读作 -e，有 3 个，即：摺摄涉。贴韵晓组少数读 -iʌ，有 1 个，即：侠。洽韵非见系字和乏韵都读作 -ʌ，有 5 个，即：炸眨插法乏。洽韵见系字和狎韵读 -iʌ，有 10 个，即：掐恰洽狭峡夹甲压鸭押。

深、咸两摄入声韵的字在大理方言中的演变和读音与普通话相比没有太大的差异。

三、中古入声调在大理方言中的演变

大理方言有四个声调，即阴平 44、阳平 31、上声 53、去声 213，没有入声调，所考察的 512 个入声字中有 471 个字都归入阳平调，约占总数的 92%，只有 41 个字归入其他调类，所占比例还不到百分之十。所以，可以说大理方言入声调的演变符合西南官话入声归阳平的这一大特征。再试着看一下这些归入非阳平调的字，下表列出大理方言中归入非阳平的字。

表　大理方言中归入非阳平的字

例字	中古韵尾	方言调类	普通话调类
亿忆抑薏翼	–k	去声	去声
式饰拭轼肉	–k	去声	去声
跃栅错亦译	–k	去声	去声
驿赤斥觅惕	–k	去声	去声
倜玉溢剧缚幕	–k	去声	去声
摸只	–k	阴平	阴平

例字	中古韵尾	方言调类	普通话调类
匹	–k	阴平	上声
抹	–k	上声	上声
喝	–p	阴平	阴平
叱窒秩	–t	去声	去声
发_{头发}萨	–t	阴平	去声
曰薛	–t	阴平	阴平
撒瘪	–t	上声	上声
掣	–t	上声	去声

根据表 1 所示，从这些字归入的调类来看，可以发现归入去声的最多，有 29 个字约占总数的 71%，这些字是：亿忆抑薏翼亦译驿溢赤叱斥试饰拭轼肉跃栅错觅惕倜玉窒剧缚幕。归入阴平的只有 8 个字，即：摸只发_{头发}曰喝萨薛匹，约占总数的 19%。最少的是归入上声的仅有 4 个字，即：撒抹瘪掣，约占 10%。

再看这些字的中古入声韵尾，便能发现中古韵尾是 -k 的有 30 个，约占 73%，即：亿忆抑薏翼试拭饰轼肉跃栅错亦译驿赤斥觅倜惕玉溢剧缚幕摸只匹抹。中古韵尾是 -t 的 10 个，约占总数的 24.6%，即：叱窒秩发曰萨撒瘪掣。中古韵尾是 -p 的仅有一个字，约占总数的 2.4%，即：喝。

最后把这些入声字在大理方言归入的调类和在普通话所属的调类作一个对比，普通话的调类以《现代汉语词典》[①]为依据。发现仅有三个例字和普通话的调类不同即：发_{头发}萨掣，除这三字外，其他字归入的调类均和普通话的调类相同，约占总数的 93%，尤其在大理方言中读作去声的入声字，在普通话中也全部读作去声，无一例外。

通过以上分析，大理方言中归入非阳平的入声字其规律可以总结为：第一、主要归入去声字；第二、主要是中古韵尾为 -k 的字；第三、这些字在大理方言中归入的调类和普通话调类基本一致。"由于入声及其韵尾总是先在部分词汇中消失，然后逐渐再扩散到其他词汇中，因此从中很难划出一个确定的时限来"[②]。所以对于汉语塞音韵尾消失的轨迹，不同学者根据不同材料就有

---

① 中国社会科学院语言研究所词典编辑室 . 现代汉语词典 [M]. 北京：商务印书馆，2002.

② 许宝华 . 论入声 [M]// 中国音韵学研究会 . 音韵学研究 . 北京：中华书局，1984：433—446.

不同的看法。根据材料可知，大理方言中入声归入非阳平的字基本是中古韵尾为 -k 的字，而且 -iu、-io、-ue 三个独立阴声韵也都是中古韵尾为 -k 的入声韵演变而来的。据此我们可以认为大理方言入声韵尾 -k 最后消失。据胡安顺先生的观点，汉语辅音韵尾对韵腹具有稳定作用。因为 -k 韵尾最后消失，-k 韵尾字相对于其他韵尾先消失了的入声韵字，其韵腹更有可能保持稳定不变 [①]，因此，大理方言中 -iu、-io、-ue 三个独立阴声韵都是 -k 韵尾的字。-t 韵尾可能在 -k 韵尾之前而在 -p 韵尾之后消失，因为 -t 韵尾入声字中有少数读 -iu 的字，和 -k 尾入声字中读 -iu 的字合流。-p 尾的入声字则没有演变为独立阴声韵的情况，所以 -p 韵尾在大理方言中可能是最先消失的。当然，对于大理方言入声韵尾消失的顺序，这里仅作了一个大致的推断，后期还将需要补充更多的材料才能作出充分地论证。

其次，因为 -k 尾最后消失所以 -k 尾入声字归入非阳平的不规则现象也就最多，因为共同语对方言的影响是在逐步扩大的，也许可以这样设想，-t、-p 尾消失的时候，大理方言受共同语的影响还没有那么大，所以 -t、-p 尾的入声字基本按照西南官话入声归阳平的趋势发展，例外较少。最后 -k 尾消失的时候，共同语的影响已经比较大，这些入声字的归调也就会和普通话趋同，所以 -k 尾入声归入非阳平调的不规则现象就多。当然 -k 韵尾的入声字中也不排除有的可能是先归入阳平，之后受了共同语的影响，又有了和普通话相近的新读法。例如，"肉"字，在字表中可以看到两个读音，应该算是文白异读，白读读作阳平 zu，文读读作去声 zɐu。但是由于大理方言中文白异读的现象非常少，所以无法用文白异读的情况说明论证这一问题。

再其次，以上表格的中的入声字约有 93% 的比例和普通话调类一致，这一点说明了这部分入声字归调不规则的原因不应该在语言结构内部本身，而在于语言的接触。因为首先找不到这些字归入非阳平的语音条件，另外这些字和普通话调类一致的比例非常高，所以不会是偶然，这些字应该是受了普通话的影响从而调类变得和普通话一样了。根据我们的语感，大理方言入声字归调和普通话趋同的比例可能比材料显示的还要大，而且随着普通话的普及，这一趋势还会不断加强。也许可以预测多年后大理话入声调归阳平这一规则的规律性会大大减弱，如果单从大理方言本身看，入声字的归调可能会

[①]　胡安顺.汉语辅音韵尾对韵腹的稳定作用 [J].方言，2002（1）：1—8.

呈现出不整齐的局面。正如普通话入声字的归调，王力先生指出："在 14 世纪，入声的转化是很有规则的。我们依照《中原音韵》来分析，全浊归阳平，次浊归去声，清音归上声，很少例外。"[①]再看现在普通话清音入声字归入平上去三声，基本无规律可寻，同样这很可能也是普通话和方言接触的结果。因此，我们认为大理方言入声字的归调，由于受普通话的强势影响，现在正处于规则向不规则的演变过程。可以说从方言入声的发展演变来看普通话入声的发展演变是非常具有参考价值的。

参考文献

[1] 丁邦新. 音韵学讲义 [M]. 北京：北京大学出版社，2015.

[2] 丁声树，李荣. 古今字音对照手册 [M]. 北京：中华书局，1981.

[3] 胡安顺. 汉语辅音韵尾对韵腹的稳定作用 [J]. 方言，2002（1）：1—8.

[4] 黄勇. "汉语 -t 尾最后消失"说 [J]. 古汉语研究，1996（1）：18—21.

[5] 李葆瑞. 应用音韵学 [M]. 北京：北京大学出版社，2015.

[6] 李荣. 切韵研究 [M]. 北京：中华书局，2008.

[7] 吴积才，张芇. 大理方言简况及音系 [J]. 玉溪师专学报，1988（6）：61—83.

[8] 王力. 汉语史稿 [M]. 北京：中华书局，2015.

[9] 许宝华. 论入声 [M]// 中国音韵学研究会. 音韵学研究. 北京：中华书局，1984：433—446.

[10] 袁家骅. 汉语方言概要 [M]. 北京：语文出版社，2001.

---

① 王力. 汉语史稿 [M]. 北京：中华书局，2015：191.

在中国音韵学研究第二十届国际学术研讨会开幕典礼上的讲话

甘晖

（陕西省社会科学联合会主席、陕西师范大学原党委书记）

2018 年 8 月 18 日

秋风习习送爽，前一段时间西安太热，我看中央电视台统计，平均热的强度和程度全国排名第二，30 度以上的天气持续这么长时间很少见，但这正是开会的好时机。"天凉好个秋！"由陕西师大文学院，陕西师大人文社会科学高等研究院办的中国音韵学研究第二十届国际学术研讨会在古都西安、在陕西师范大学召开，一百多位来自美国、日本、中国大陆、香港、台湾等地区的学者专家齐聚一堂、高朋满座、良友贤集。这是一次盛会，这次会议的召开，这么多学者对音韵学的历史、现状、未来以及相关领域做相应的探讨和专门的研究，对于弘扬中华优秀传统文化，对促进人类文明和文化昌明，促进音韵学学科的发展都具有非常重要的意义。我们知道音韵学是研究汉语历史语音的一门学科，属于传统"小学"中的重要组成部分，传统"小学"包括文字学、音韵学、训诂学，与中国的古代文学、古代历史、汉语方言、古籍整理等学科领域都有密切的联系。秋天是一个收获的季节，特别希望通过专家、学者的不懈努力，通过这次大家的学术交流，能够进一步改进音韵学的研究方法，能够促进多学科的交叉融合，能够在"小学"方面作出大学问和大成果，促进音韵学学科的进一步发展，为我们文化建设和社会进步作出更多的贡献！

再次欢迎各位嘉宾、专家学者来到我们学校参会，并指导我们的工作，预祝这次大会圆满成功！也希望各位专家在陕西期间、在陕师大期间身体康健、精神愉悦！谢谢大家！

在中国音韵学研究第二十届国际学术研讨会开幕典礼上的讲话

张新科

（陕西师范大学文学院院长）

2018 年 8 月 18 日

尊敬的各位专家、学者，各位朋友，大家好！

今天是 2018 年 8 月 18 号，非常好的日子，中国音韵学研究第 20 届国际学术研讨会在古都西安召开。这次会议是经教育部国际合作与交流合作司批准，由陕西师范大学文学院和人文高等研究院联合主办的。我代表文学院向大会的召开表示热烈的祝贺，向来自海内外的 100 多位专家学者表示热烈的欢迎！

借盛会召开之际，把我们文学院中文专业的情况作一简单介绍。陕西师范大学中文学科与学校的发展历史是同步的，有 70 多年的历史，经过几代学人的努力，在全国有较大的影响。现有本科专业 5 个，分别是汉语言文学、中国语言文学基地班、汉语言文学创新实验班、秘书学、汉语国际教育。其中汉语言文学专业为国家级特色专业和陕西省名牌专业，基地班为国家人才培养模式创新实验区。文学院还有各类研究机构，国家级的如教育部和国家外专局批准的"长安与丝路文化传播学科创新引智基地"，当然还有省级的、校级的一些科研机构。学科建设也得到长足发展，有中国语言文学一级学科博士点和一级学科博士后科研流动站，中国古代文学学科是国家重点学科。2017 年国家"双一流"建设公布的名单中，我们的中国语言文学学科入选世界一流建设学科。文学院在语言学方面也有比较深厚的基础，老一辈学者当中像高元白、贾则复、冯成林、郭子直、辛介夫、刘学林、迟铎、郭芹纳等先生，都取得了令人瞩目的成就。目前，我们语言学的研究团队形成了几个比较重要的研究方向，也是我们的特色和优势：一个是以胡安顺教授、王怀中副教授、朱湘蓉副教授等作为骨干的音韵训诂研究方向，以邢向东教授、黑维强教授、柯西钢教授等为骨干的方言研究方向，以党怀兴教授、赵学清教授、王伟副教授等作为骨干的周秦汉唐文字研究方向，以杜敏教授和李琼副教授等作为骨干的社会语言学研究方向，以惠红军教授、周广干副教授、李占平副教授等作为骨干的汉语语法史研究方向，每一个方向里还有一些刚刚崭露头角的青年人才。近年来，围绕国家的发展及社会的需求，我们承担了许多重要的项目，其中语言学承担的国家社科基金重大项目有3项，重点项目1项，还承担了陕西省的语言保护工程等等，尤其是刘学林、迟铎教授主编的《十三经辞典》历时28载，15册，三千多万字，皇皇巨著，在学界产生了重要的影响。目前，除了传统语言学研究之外，我们还朝着一些新兴的语言学科方向拓展。我们语言学有两个省级中心：一个是语言资源开发研究中心，一个是语言文化实验教学中心，我们想在这个基础上筹建语言文化虚拟仿真实验室。与此同时，我们在语言学的人才培养方面也做出了重要的成绩，1981年获得了汉语言文字学的硕士点，2002年被评为省级重点学科，2003年获得博士授予权。近年来，在我们学院五门国家级的精品课里面，就有胡安顺教授主持的《古代汉语》和党怀兴教授主持的《十三经导读》。多年来我们为国家培养了大批的优秀人才，像大家熟悉的古文字研究专家黄天树先生，他的本科和硕士研究生都是从这里毕业的。经过几十年的发展，陕西师范大学的语言学研究在学界获得良好的声誉。当然，这些成绩的取得离不开在座各位专家学者长期以来的大力支持和帮助，对此我们将永远铭记于心。

本次研讨会的召开，对于促进我院语言学科的发展具有重要意义。非常感谢各位专家学者多年来对于我们中文学科的关心和支持，也希望大家一如既往，继续给予关心和支持。

最后，预祝大会圆满成功！祝愿大家在西安期间身体健康，精神愉快，在这里度过一段美好的时光！谢谢大家！

在中国音韵学研究第二十届国际学术研讨会开幕典礼上的讲话

乔全生

（陕西师范大学文学院教授）

2018 年 8 月 18 日

尊敬的甘主席、张院长：

各位嘉宾：

2018 年 8 月 18 日，中国音韵学研究第二十届国际学术研讨会在古都西安开幕了。开幕的日期非常吉祥：含 3 个 8。开会的地点也非同寻常：有三次"长安论韵"。1400 多年前的第一次"长安论韵"在这里，36 年前的第二次"长安论韵"也在这里。今天来自 5 个国家和地区的学者又一次欢聚在这里，进行第三次"长安论韵"。这正可谓：天供其时，地供其利，人供其力。这不仅是中国音韵学人的一大幸事，也是全世界音韵学研究者的一大幸事。

今天出席本届会议的国内外嘉宾共 130 余位，有德高望重的鲁国尧先生、张振兴先生，郭锡良先生虽未能到会，但发来了书面致辞。有学养深厚的一批中年学者，还有大量的活跃在音韵学界的青年学者。我谨代表中国音韵学研究会衷心感谢各位的光临！

中国音韵学研究会成立于 1980 年 10 月 24 日，是改革开放之后最早成立的全国性学术团体之一。30 多年来，中国音韵学研究会在历届会长、秘书长和理事会的努力下始终秉承王力先生、周祖谟先生、严学宭先生所倡导的优良学术传统开展学术活动，学术队伍不断壮大，学术事业不断发展，成为一个享誉世界学林的学术团体。中国音韵学研究会将继续秉承这一传统，推动中国音韵学研究事业的繁荣和发展。第 31 期《音韵学研究通讯》重新刊印了三位先贤在中国音韵学研究会成立之初的讲话，诸多精辟论述，今天读来，无不获益。

2016 年 5 月 17 日，习近平总书记在哲学社会科学工作座谈会上指出："要重视发展具有重要文化价值和传承意义的'绝学'、冷门学科。这些学科看上去同现实距离较远，但养兵千日、用兵一时，需要时也要拿得出来、用得上。还有一些学科事关文化传承的问题，如甲骨文等古文字研究等，要重视这些学科，确保有人做、有传承。总之，要通过努力，使基础学科健全扎实、重点学科优势突出、新兴学科和交叉学科创新发展、冷门学科代有传承、基础研究和应用研究相辅相成、学术研究和成果应用相互促进。"

"音韵学"在清代已号称"绝学"。音韵学研究在当下具有传承中华民族非物质文化遗产的重要使命。"音韵学"是在本土语言文化滋养下产生并不断吸收外来语言文化发展的结果，"音韵学"在中国的产生和发展是中外文化不断融合发展的结果。王力先生 1982 年在西安会议上说过"既要重视等韵学的研究，又要学点历史比较法"。周祖谟先生在首届武汉会上说过"既要继承传统的古音学，又要吸收 19 世纪以来的外国语言学知识"。鲁国尧先生在多种场合倡导"双不方针"："不崇洋、不排外"。因此"音韵学"研究的创新和发展仍然需要坚持本土特色，不断吸收外来文化的营养。

我这里还要特别强调，我们每一位音韵学者，在目前的环境下必须坚持"士以弘道"的价值追求，真正把做人、做事、做学问统一起来。要有"板凳要坐十年冷，文章不写一句空"的执着坚守，更要有"计利当计天下利，求名应求万世名"的高远志向。耐得住寂寞，经得起打磨，禁得住诱惑，守得住底线。立志做实学问、做精学问，做真学问、做大学问。以高尚的人格魅力引领学术风气，以不懈的学术追求成就自我价值，以广博的学识素养赢得学界尊重，以深邃的学术思想沾溉学术之林。这不仅应该成为学术单位的前进方向，更应该是每位音韵学者的价值追求。

西安是世界四大古都之一，是中华文明和中华民族重要发祥地。陕西师范大学的中国语言文学是"双一流"学科，著名音韵学家高元白先生曾执教于此。本次会议的顺利召开得益于陕西师范大学人文社科高等研究院、文学院的大力支持，让我们一起感谢李继凯院长、张新科院长以及胡安顺教授领导的学术团队；胡安顺教授有着丰富的办会经验，会议办得很大气、有人气，让我们再次感谢胡教授以及会务组的全体师生为本次会议召开付出的艰辛和努力！

最后，祝所有的与会嘉宾，身体健康，工作顺利！

谢谢大家！

在中国音韵学研究第二十届国际学术研讨会开幕典礼上的讲话

郭锡良

（北京大学中文系教授）

2018 年 8 月 18 日

我预祝中国音韵学第二十届国际学术研讨会圆满成功！中国音韵学研究会自成立以来已成功举办了十几届，向来重视从材料出发，坚持正确的学术方向，取得了很大的成绩，必须要充分肯定！目前，关于中国音韵学的研究，特别是上古音的研究分歧很大，本世纪以来展开了中国音韵学方法论的大讨论，梅祖麟教授挑起了这场争论，经过激烈的学术论辩，梅教授三次承认自己的看法有失误，郑张尚芳教授去世以后，有人在网上发帖子，说我们不让郑张教授发表意见，这是在说假话，我的发言稿曾当面给郑张教授送了一份请他提意见。郑张教授只向我提出一个问题："郭先生，您说我将沈兼士所收《广韵声系》中的一万八千多个字都注上古音是知识性错误，这怎么是知识性错误呢？"我告诉郑张教授《广韵声系》所收的字不尽是上古出现的字，有些是中古以后出现的，不能都注上古音，郑张教授没有答复。美国白保罗研究汉语上古音当然应该是国外向我们接轨，而不是我们向国外接轨。白保罗、白一平研究汉语上古音缺乏阅读古书的能力，没有认真研究上古的背景材料，错误甚多。李方桂先生曾批评白保罗的上古音构拟纯属胡闹。白一平前些年到北大就他和沙加尔构拟的上古音召开了一次座谈会，我们有几位研究生同学就他的研究方法当面提出质疑，白一平当时被问得哑口无言，顾左右而言他，被有人称为"滑铁卢"，至今白一平教授都没有答复。孰是孰非不是很清楚吗？我们研究汉语上古音仍然必须要实事求是，必须从材料出发，要以中华语言学的精华为根，吸收古今中外的优秀成果，为发展中国语言学而努力奋斗。

再次祝愿本次研讨会圆满成功！谢谢大家！

在中国音韵学研究第二十届国际学术研讨会开幕典礼上的讲话

鲁国尧

（南京大学文学院教授）

2018 年 8 月 18 日

诸位同道：

胡安顺教授因为我年龄超过八十岁，属于老人，所以一定让我讲话，我不敢违命。今天在这里向诸位同道汇报我的思想情况和对音韵学的看法。

我想讲三句话。第一句：继承传统；第二句：发扬正气；第三句：勇攀高峰。我分别简单地说一下。

第一句继承传统。西安，应该叫做"西都"，或者叫做"西京"，它是中国的古都。自周、秦、汉、唐，两千年来为人类贡献了辉煌灿烂的文明，这是大家都知道的。所以中国的历史，两千年前写在"西京"的土地上。在音韵学方面，西安对中国音韵学的贡献之大超过任何一个城市。为什么？6 世纪 80 年代初期，由颜之推、萧该、陆法言父子等人发起的"长安论韵"也许就在我们脚下的土地上，这次"论韵"是个划时代的大事。"论韵"的《切韵》是中国音韵学的经典，就像马克思的共产党宣言、现代共产主义运动一样，属于经典。如果《广韵》也算是经典的话，那只能算是第二经典。所以我们音韵学真正的传统可以说是从《切韵》开始的。当然音韵学的历史可以从李登的《声类》、从反切开始。但形成一部韵书、一个很科学的传统到今天应该说从《切韵》开始。所以《切韵》是我们的传统，我刚才说继承传统，《切韵》就是我们的正统。我们中国人不管在哪个角度、哪个学科都很重视正统，我们音韵学的正统就是从《切韵》开始。

第二点 1980 年，中国音韵学会在武汉召开成立大会。第二届年会就由高元白先生、杨春霖先生在西安举办，我有幸参加了第二届会议。这是传统，我心里记得。王力先生、周祖谟先生、严学宭先生是创会三贤。他们的讲话已经由乔全生教授再次重印发表，大家可以看到，这是传统，也就是我们的正统。第三次与西安有关的音韵学会就是这次，由陕西师范大学两个学院、具体由胡安顺教授主办的，所以这个会就是传统，也就是正统，我们可以用四个字"正统在此"。

第二句发扬正气。文天祥有一首最著名的诗就是《正气歌》。第一句话"天地有正气"。正气应该在哪儿？应该在中国精英知识分子的身上体现。我们应该发扬正气。五四进步后的几十年里，我们看到"反腐"，有腐败才反，没有腐败反什么？为什么要反腐？政治界有两个词，一个叫"政治家"，一个叫"政客"。我们学术界也有两个人，一个叫"学问家"，另一个应该创造一个词叫"学客"。类比虽然没有这个词，实际有这样的人，攀附权门，营私舞弊，做学问也不老实。这样的人不仅在语音学界存在，在我们音韵学界也是存在的，大家有目共睹，用一句通俗的话说"你懂得"！在座的各位都是人类的精英，我们要发扬正气，出淤泥而不染。要像《周易》上讲的"君子进德修业"，就是提高自己的道德修养，提高自己的学业、事业。我们要做这样的人，年轻时努力一些，老祖宗讲的话"君子进德修业"，我用这四个字就是概括人的一生要不断前进。

第三句勇攀高峰。中国音韵学如果从反切开始的话已经有一千八百年了。如果从李登《声类》开始的话，有一千七百多年。从陆法言来开始，已经一千四五百年了。我们出版的书"汗牛充栋"四个字完全可以形容，甚至已经超过"汗牛"了。音韵学的书是完全翻不完的。我们要在前人的路上，坚持正确的方向，继续勇攀高峰。音韵学首先应该重视本体研究，实际上这些年大概出版了一百本书，一千本论文，包括硕士论文和博士论文。我们有庞大的硕士、博士团队，一千本论文是不成问题的。如果到中国知网搜一搜，那只是一部分而已。在这里我告诉大家几个数据，《王力文集》新版由中华书局分册出版了，马上要出《周祖谟文集》，这个对我们关系最大的就是《唐五代韵书集成》，大家对这个书有批评，不是它的内容不好，内容非常好，只是它的图版太不清楚了。这是周祖谟先生在三四十年代搜集的版本，当然不清楚。现在中华书局全部更换高清版本，《唐五代韵书集成》大家一定要买，我不是它的宣传员，我也不拿它的回扣。第二个提供大家一个信息，唐写本《王仁煦刊谬补缺切韵》，就是"王三"，或者"全王本"，1947年在北京故宫发现了，现在由吴葆勤同志出了一个新的印本，这个也是彩色印本，超过了1947年唐兰的本子。为什么？上面做了些加工，编辑花了两个星期，从早到晚，一天12个小时做加工。这个本子美观、适用，而且价格低廉。第三就是郭锡良先生《上古音韵表稿》今天由中华书局出版，倾注郭锡良先生的心血。还有一本书《古音汇纂》，由武汉大学花了二十年的功夫，汇集几十本韵书，包括《切韵》《广韵》《集韵》，一直到《五方元音》等历代韵书几十种，由商务印书馆出版，肯定要二三百元，三百元买不下来，这个大家都要买，有经费的当然要买，没有经费的学生向你们的爸爸妈妈要钱买。

　　下面我就谈一下中国音韵学我个人的看法，继续按照正确的方向，"不崇洋，不排外"，把音韵学推进。我这里提一个概念叫做"音韵学文献学"，或者叫"音韵文献学"，我们要重视它。在日本、美国国会图书馆、欧洲大概也有一些音韵学的笔记文献，已经出版不少了。比如周祖谟先生的《唐五代韵书集存》，宁继福先生的《韵书史》，但是还有大量的没有出版。大家要注意这些新信息，那里面一定提供了我们不知道的内容。又如像李军老师搞等韵学的那些书，还有姚荣松教授那儿收藏的几十本等韵书，我希望这些书都能出版。第二点音韵学应该与其他学科会通。我们应该与语法学、语义学、文字学、方言学会通。这样才能把音韵学学科叫做"王国"。马克思、恩格斯经常说"王国"，我们音韵学也是一个大的"王国"。这个"王国"需要扩张、拓展版图，向其他学科会通，做出新的成绩。第三我提出音韵思想史。这是以前没有提出过的问题，要重视。还有音韵学的理论。我们现在的理论大部分都是欧洲的，历史学界反对"欧洲中心论"，我们语言学界以前的高本汉、马伯伦还有在美国留学的华裔学者，他们还是"欧洲中心"观点。他们对的我们当然吸收，他们不对的当然不能吸收。我们要自力更生，为中国汉语语音、中国其他民族的语音、语音史、音韵学史做理论上的思考，挖掘提出自己的观点，弘扬音韵学。在我们这一代人身上继承正统，继承我们光辉的传统，大家努力攀登高峰，继承划时代的传统。

　　我的讲话完毕，请大家批评！

在中国音韵学研究第二十届国际学术研讨会开幕典礼上的讲话

张振兴

（中国社会科学院语言研究所研究员）

2018 年 8 月 18 日

各位老师、各位朋友：

　　我非常尊敬的丁声树先生在他自己的简历表上面专长一栏填了几个字：略知音韵。如果丁声树先生是"略知音韵"，那我想我完全不懂音韵学。如果有人说你不懂音韵学跑到这里来干嘛？那么我要说但是我知道音韵学非常之重要。因为音韵学是我们中国传统语言学中非常重要的学科，同时也是我们现在的语言学、汉语学里头一门非常重要的分支学科，没有音韵学的话，我想首先方言这碗饭就不能吃了，因为方言是离不开音韵学的。方言学和音韵学具有最亲密的关系，所以给人的误会认为方言学跟音韵学是不分的，是完全一家的。一家不错，但方言学和音韵学是两个不同的学科，它们是有亲密关系的学科。对研究方言的人来说，音韵学是一门非常基础、非常重要的学科，在能够看到的现在出版的一些方言学的著作里，我们能看到一些由于没有必要的音韵学知识而闹出了很多的笑话。比如说在一本很重要的方言学著作里，提到"古阴平古阳平古阴上古阳上"，我说你在什么地方看到古代有阴平阳平阴上阳上？古只有四声，平上去入，没有阴平阳平阴上阳上。还有一些方言学著作里我曾经看到"古开齐合撮"，古只有开口合口，没有齐齿撮口，哪来的开齐合撮？还有的方言著作里头出现过这样的问题，说"古入声都带 p、t、k 尾，带喉塞音尾"。这个也是很荒唐的东西。现在也有一些研究方言的先生，就是由于缺少必要的音韵学知识，说了一些不应该说的话和一些很错误的话，所以我知道音韵学非常之重要。另外，我想我到这个地方来参加会议，这里有非常多的我非常尊敬的学者，他们都是我的学长我的师长，在研究上可能也是我的兄长，我非常愿意借这两天的机会在这个地方向大家学一点音韵学的基础知识，避免我在做方言工作的时候犯我刚才所说的这样一些错误。好，我的发言就说到这儿。谢谢大家！

在中国音韵学研究第二十届国际学术研讨会开幕典礼上的讲话

黄耀堃

（香港中文大学新亚书院教授）

2018 年 8 月 18 日

　　我是被推为代表作为境外与会者来说几句。首先感谢陕西师范大学主办的这次会议，也感谢音韵学研究会，这不是一句客套话，没有音韵学年会的话，我们的很多朋友就见不到面，所以很感谢音韵学会能把我们聚首一堂切磋、研究学问，加深我们几十年的情谊，这是应该感谢音韵学会研究会的。没有陕西师范大学的支持，就不能把我们的学会一届一届继续下去，所以我们是衷心感谢陕西师范大学的，让我们的学风可以继续下去，让我们的友谊可以继续下去。在这里长话不说了，非常感谢陕西师范大学和音韵学研究会，预祝大会成功召开，让我们的学术情谊都能够继续下去、继续深化。谢谢各位！

在中国音韵学研究第二十届国际学术研讨会闭幕式上的讲话

党怀兴

（陕西师范大学副校长）

2018 年 8 月 19 日

尊敬的鲁国尧先生、张振兴先生、姚先生、董先生、马重奇先生、竺家宁先生、乔先生：

前辈太多，各位先生这里不一一介绍了。

我很惭愧，本来也应该参加这个会，但学校昨天委派我去石家庄开会，今天早晨赶回来，下午一定要见见各位前辈、学者。因为我们是同行，我是搞文字学的，宋元明清文字学研究，音韵学也一直在学习。音韵学界的各位专家是我特别敬仰的，因为音韵学是"绝学""天书"，很多学者，包括我们的学生遇到音韵学都会敬而唷之，尊敬还得唷，因为搞"小学"研究，搞古汉语研究音韵学绕不开。这几天我没参会，但关注了网上的报道，还看了相关的材料，我非常吃惊！前天我们刚刚开了古代汉语的教学会，全国大概来了八十多位学者，音韵学会有一百多位学者，术业有专攻，说明全国搞音韵学的学者应该说比我们的古代汉语泛泛而言还要火，说明音韵学后继有人，特别是在座的我看到年轻人很多，说明薪火相传，音韵学这个"绝学"不会绝的，会发扬光大。更为可喜的是有鲁先生等这么一批学者带动年轻人研究"天书""绝学"，所以我更感觉我们的研究在"小学"研究中会取得一席之地。

我还要说的另外一个意思在古汉语研究会上也讲到，我们国家在十八大以后提出"文化自信""民族自信"，这样一些大的方针政策制定出台了，比如中共中央国务院签署的"关于传承中华优秀传统文化的纲要"这样的国家级文件，还有我们国家社会科学规划办今年开始专门设立了冷门绝学的社科基金项目，支持冷门绝学的研究。我们音韵学当然是冷门绝学，这就说明我们现在这个时候是研究古代汉语、研究文字、音韵、训诂最好的时期。所以我想，特别是在座年轻的同志比较多，要在老一辈学者的领导下，抓住这样一个大好的契机深入研究冷门绝学。前天教育部颁发了一个文件，成立了关于支持甲骨文等古文字学科研究的一个专门的委员会，研究古文字当然离不开音韵学，所以音韵学大有可为！利用这样一个好时机、好时代，深入研究这样一个学科，使中华的绝学能够让更多人了解，为中华文明的传承做出更大的贡献！坚定我们的"民族自信""文化自信"！因为有在座的各位，我想是可以实现的！

另外，我代表学校也对各位专家学者长期以来给予陕西师范大学学科建设，特别是中国语言学科建设的无私的帮助、支持表示衷心的感谢！也期待各位专家在今后的学科建设中，对我们学校的学科建设中国语言文学特别是汉语言文字学的学科建设给予继续的支持！我代表学校向各位表示感谢！谢谢大家！

两天的会很紧张，我们的学生也学到了不少东西。也没有更多的要说的，今天结束了，如果在办会中，学院、学校各方面有不周之处，请各位谅解，我们会尽力去办，刚才各位专家也对我们的会务组表示感谢了，但是人多、事多，可能在各个环节中有不周之处，请各位谅解！会议今天结束，明天如果专家有时间，希望在周边看看，看看唐宋长安，看看文化古迹，如果需要的话我们学校可以给予一定帮助。

希望各位老师返程愉快，身体健康，阖家欢乐！谢谢各位！

在中国音韵学研究第二十届国际学术研讨会闭幕式上的讲话

李继凯

（陕西师范大学人文社会科学高等研究院院长）

2018 年 8 月 19 日

尊敬的各位专家、学者，各位朋友，大家好：

经过大家的努力，包括远道而来的各位同仁和我们语言学科师生的共同努力，中国音韵学研究第 20 届国际研讨会马上就要圆满结束了。借这个机会我要向所有与会学者以及国内外从事中国语言研究的学者表达我由衷的敬意！我是搞中国现当代文学的，对汉语语言既敏感也麻木 —— 敏感于文学语言所表达的内容，却常常对语言本体包括音韵的奥妙无法参透。仅仅知道一些"语言是存在的家园""文字是语言的符号""语文（语言文化）是心灵的外化"等常识。近些年来，我较多地接触到不同学科的学者，发现每个学科都有自己的特色和价值，但也觉得非常需要跨学科进行交流，甚至有必要在中华文化复兴的大背景上进行新的整合，为建构"古今中外化成"的现代意义上的"新国学"做出贡献。这次会议是经过教育部国际合作与交流合作司批准的重要学术会议，来了众多著名或知名的学者以及兄弟院校的同仁。机会难得，我仅代表本次会议主办方之一的陕西师范大学人文高等研究院，对本次会议的胜利召开和取得的学术交流成果表示热烈的祝贺！也想借此机会为新成立不久的高研院做个软软的"广告"，简单介绍一下高研院的情况：

陕西师大人文社会科学高等研究院成立于 2017 年 11 月，是学校以建设世界一流学科为目标，以探索、创新体制机制为导向所开辟的"学科＋学术"特区，是学校独立设置的学术机构，助力学校打造学科高峰，推动人文社会科学学科争创一流。为此，高研院紧紧围绕学校在人文学科领域的特色和优势，深入挖掘学校的特色与优势，聚焦中国传统文化、长安学、丝路学、陕甘宁研究、语言文字研究、当代文艺国际化等领域，在人员选聘、成果产出、平台搭建、学术交流等方面全面推进工作，并取得了积极的成果。经过初步努力，目前基本建成了一些学术交流平台，并开始发挥"新丝路驿站"的作用。比如所建设的丝路学研究中心，积极响应国家"一带一路"战略倡议，抓住西安地处丝绸之路经济带起点的地缘优势，进一步加强学校的丝绸之路研究，进而提高到更加理论和系统的"丝路学"研究，为国家文化建设和战略决策服务；中国文化研究中心，发挥学校在文史领域的研究优势，以长安学、书法文化、古代文论、民间文化等为研究重点，申报了两个国家社科基金重大项目，进一步加强了对中国传统文化的研究；当代文艺国际创研中心，在文学创作方面的现有基础上，充分发挥文学和艺术创作在文化传播方面的积极优势，在频繁接触海外华文作家的同时，系统整理"师大作家群"的发展脉络，推动其文化传承；语言文字研究中心，围绕汉语言文字的典籍、方言、音韵等方面进行研究，采取"里应外合"的办法，校内多位教授如胡安顺、党怀兴、杜敏、赵学清等积极协助，在引进长江学者、介绍境外学者驻院研究、进行系列学术讲座、产出高水平成果等方面都做了不少工作，取得了可观的业绩。目前看来，通过高研院这个平台开展语言文字研究和学术交流，也已经显示出了很好的发展势头，能够更好地促进我们学校语言学科的整体发展。

高研院新成立不久，成绩不多，但未来可期，希望能够继续得到大家的支持！

我就说这几句，谢谢各位！

祝返程的老师一路顺利！

中国音韵学研究第二十届国际学术研讨会闭幕词

马重奇

（福建师范大学文学院教授）

2018 年 8 月 19 日

　　尊敬的党怀兴副校长，尊敬的高研院李继凯教授，各位专家，全体与会代表们：

　　下午好！受大会委托，请允许我代表全体与会专家学者在这里致闭幕词。本次会议开得非常成功，这首先要感谢陕西师范大学的校领导和文学院、高研院领导对本次会议的高度重视和鼎力支持！其次要特别感谢具体策划和精心安排本次会议的负责人胡安顺教授及其会务组的老师和同学们！

　　经过两天紧张的会议，我们完成了开幕式、4 场大会报告、12 场小组报告、闭幕式等议程。

　　在开幕式上，陕西省社会科学联合会主席甘辉研究员、陕西师范大学文学院院长张新科教授、中国音韵学研究会会长乔全生教授、北京大学郭锡良教授、南京大学鲁国尧教授、中国社科院张振兴教授出席开幕式并作热情洋溢的致辞，大大提高了本次会议的学术层次和学术影响力。

　　在四场的大会报告里，郭锡良（北京大学）、鲁国尧（南京大学）、乔全生（山西大学）、黄耀堃（香港中文大学）、马重奇（福建师范大学）、金周生（台湾辅仁大学）、刘晓南（复旦大学）、孙玉文（北京大学）、岩田宪幸（日本龙谷大学）、张振兴（中国社会科学院）、胡安顺（陕西师范大学）、姚荣松（台湾师范大学）、竺家宁（陕西师范大学）等 19 名国内外著名的音韵学家在会上作精彩而高水平的学术报告。在 12 场小组报告里，有 91 位国内外的专家、学者在会上宣读论文，为本次会议送来了最新的研究成果。本次会议共提交论文约 110 篇，从内容上分，大致可分为 11 类：

一、关于中国语言学研究的展望的论文有：鲁国尧:《自立、屹立：中国语言学的愿景》。

二、关于上古音研究的论文有：郭锡良《〈汉字古音表稿〉编写情况》、黄耀堃《读段玉裁〈答江晋三论韵〉札记（两则）》、雷瑭洵（北京大学）《上古微部支韵字的等第和开合》、刘晓南《〈诗〉叶音音义错位论》、周嘉俊（香港中文大学）《从方崧卿〈韩集举正〉看宋代古音学与"叶音"》、李添富（台湾辅仁大学）《〈诗经〉句中韵的韵律问题》、高永安（中国人民大学）《汉语与远古汉民族密码》、王兆鹏（山东师范大学）《上古三十部次序初探》等，同时有论及清代著名古音学家段玉裁、江有诰研究成果、《诗经》叶音问题、上古韵部的韵律、谐声、读若、等呼、韵序、远古汉民族密码等 15 篇论文。

三、关于中古音研究的论文有：曹洁（华东师范大学）《王国维手写〈切韵〉残卷"一曰"刍论》、张令吾（肇庆学院）《试析〈黄侃手批广韵〉》、季钧菲（神户市外国语大学）《幽韵再论》、张民权（中国传媒大学）《北宋刊本〈礼部韵略〉及相关历史背景问题研究》、汪启明（西南交通大学）焦树芳（天津财经大学）《魏晋南北朝声母与方音研究述略》、张英宇（美国国防大学）李智强（旧金山大学）《中古三四等韵在普通话四呼中的分布》等 18 篇论文，同时有涉及《切韵》《广韵》《集韵》韵书和中古音其他问题的研究论文。

四、有关等韵学研究的论文有：孙玉文《理想的声韵调配合表与汉语语音史研究》、李柏翰（台北大学）《〈音韵指掌图〉的音韵特点及其历史价值》等 4 篇。

五、关于正音问题的研究论文有：汪业全（广西民族大学）《论〈切韵〉的正音性质》、汪银峰（辽宁大学）《雍乾时期正音文献〈韵学臆说〉"十三前缀群字谱"考论》等 5 篇。

六、关于古诗词格律研究的论文有：胡安顺《声律在唐人近体诗中的运用问题说略》、金周生《唐、宋诗格律"违韵现象"的一种解释》、水谷诚（日本创价大学）《白居易怎样用"重"押韵》等 10 篇。

七、关于对音研究的论文有：刘广和（中国人民大学）《大孔雀明王经不空译名梵汉对音研究》、李建强（中国人民大学）《善陀罗尼咒语对音研究》等 2 篇。

八、关于对音韵学家学术成就评述及书评的论文有：李子君、刘畅（吉林大学)《庾信文章老更成，凌云健笔意纵横——鲁国尧先生"衰年变法"学理探赜》、姚荣松《〈台湾汉语音韵学史〉读后》等2篇。

九、关于近代语音研究的论文有：马重奇《十八世纪以来海峡两岸泉州腔去声调演变研究》、董忠司（台湾清华大学）《十七世纪初语言接触下闽南语音标的首度完成及其声调符号系统的渊源与规划》、岩田宪幸《论〈西儒耳目资〉音系》、李军（南昌大学）《〈二十三母土音表〉与清代宁波镇海方音》、宋洪民（济南大学）《〈蒙古字韵〉的声母格局与近代韵图中的"交互音"》等22篇。

十、关于现代汉语方言研究论文有：乔全生《论汉语平声与去声声调的转换》、张振兴《漫说"云"母和"以"母》、桑宇红（河北师范大学）《河北井陉方言入声与〈中原音韵〉比较》、尹喜清（邵阳学院）《赣语洞绥片的小称变调和儿化音变》、陆露（集美大学）《同源异境视野下客家方言语音演变的声韵互制》、胡松柏（南昌大学）姜迎春（上饶幼儿师范高等专科学校）《弋阳腔音韵构拟的依据、原则和语音标准》等19篇。

十一、其他音韵学类型的论文有，如：竺家宁《学习、研究与教学：声韵学的方法与进程》；萧振豪（香港中文大学）《唱韵考——以〈悉昙经传〉为中心》、沈建民（华南师范大学）《联绵词声类分布研究》等6篇。

本次会议论文内容涉及的面很广，有上古音、中古音、近代音、等韵学、现代汉语方言音韵以及正音研究、对音研究、诗词格律研究、戏曲用韵研究、西方传教士方言文献研究、学术评价等。

本次会议论文有几个重要特点：1.理论新、方法新；2.选题新、材料新；3.许多论文具有可靠性、逻辑性、规范性；4.有很好的学术价值和社会价值。

提交论文的年龄层次：有80岁以上的老专家，有70岁以上的老一辈专家；有60岁以上中老年专家；多数是30—59岁中青年学者与专家；少数是29岁以下的青年博士、在读博士生。这说明中国音韵学研究后继有人。我衷心希望我们的事业将越来越兴旺！

最后，我宣布："中国音韵学研究第二十届国际学术研讨会"胜利闭幕！谢谢大家！

中国音韵学研究第二十届国际学术研讨会总结报告

胡安顺

（陕西师范大学文学院教授）

2018 年 11 月 1 日

　　本届学术会议为"中国音韵学研究第二十届国际学术研讨会"，于 2018 年 8 月 18—19 日在陕西西安陕西师范大学学术活动中心举行。主办单位为陕西师范大学文学院和人文社会科学高等研究院，学术负责人为陕西师范大学文学院胡安顺教授。与会正式代表 112 人，含外籍 8 人（美国 1 人，日本 7 人），港、台代表 18 人；另有本院教师及工作人员 14 人、硕博士生 20 人，总计 146 人。共收到与会中文论文 112 篇（两人未与会），装订成论文集，会议期间交流，拟会后选编出版。

　　本次会议的主题是：弘扬中华传统优秀文化，进一步推进汉语音韵学的研究与发展。研讨内容主要包括：1. 音韵学研究；2. 音韵学与汉语方言研究；3. 音韵学与少数民族语言研究；4. 音韵学与古籍整理研究；5. 音韵学与古代文学研究；6. 音韵学与其他领域研究。

　　会议经过两天紧张的工作，完成了开幕式、4 场大会报告、16 场小组报告、闭幕式等议程。开幕式由胡安顺教授主持，陕西省社会科学联合会主席甘辉研究员、陕西师范大学文学院院长张新科教授、中国音韵学研究会会长乔全生教授、南京大学鲁国尧教授、中国社科院张振兴教授出席开幕式并致辞，北京大学郭锡良教授提交了书面致辞，由孙玉文教授代为宣读。闭幕式由胡安顺、竺家宁教授主持，陕西师范大学副校长党怀兴教授、陕西师范大学人文社会科学高等研究院院长李继凯教授分别致辞，马重奇教授致闭幕辞。

　　在 4 场大会报告里，郭锡良（北京大学）、鲁国尧（南京大学）、黄耀堃

（香港中文大学）、马重奇（福建师范大学）、胡安顺（陕西师范大学）、金周生（台湾辅仁大学）、乔全生（陕西师范大学）、刘晓南（复旦大学）、孙玉文（北京大学）、岩田宪幸（日本龙谷大学）、张振兴（中国社会科学院）、竺家宁（台湾政治大学）、姚荣松（台湾师范大学）等19名国内外著名音韵学家在会上做了高水平的学术报告。在16场小组报告里，有91位国内外的专家、学者宣读了论文。本次会议从内容上大致可分为11类：

1. 中国语言学研究展望和音韵学方法论；2. 上古音；3. 中古韵书及声韵；4. 等韵学；5. 正音研究；6. 诗词格律；7. 对音；8. 音韵学家学术成就及书评；9. 近代音；10. 汉语方言；11. 其他。

目前国际上本学科的研究动向和趋势主要表现在上古音拟音、上古是否有复辅音、中古重纽研究、《广韵》与《集韵》的比较研究、古诗平仄规律研究、方言语音研究、音韵专书研究、音韵学史研究（包括海外音韵学史研究）、音韵新材料的挖掘和整理、明清以来传教士对汉语研究的贡献等方面。研究方法先进，借助语料库、数据库等电子技术，数据全面准确，硕果累累。其中大陆的研究队伍壮大，研究内容广泛深入，高水平成果接踵相继。台湾、港澳以及日本、美国的研究也比较活跃，成绩斐然。

本次与会著名学者主要有郭锡良、鲁国尧、张振兴、竺家宁、马重奇、黄耀堃等先生。

其中郭锡良《〈汉字古音表稿〉编写情况》（由孙玉文教授宣读）一文侧重介绍了《汉字古音表稿专辑》（中华书局2018）的编写宗旨和内容，该书体例完善，内容充实，颇多创新，是对上古音研究的总结。鲁国尧《自立、屹立：中国语言学的愿景》一文分别阐述了其"不崇洋不媚外"的双不方针、爱默生《美国学者》的自强论、从"国力学术相应律"至"文化学术后发论"、中国语言学的远景展望等四个问题，为建立中国知识分子自勉、自励、自主、自立精神而呐喊，号召坚决去除自轻、自贱、自卑、自弃思想，反对崇洋媚外、携洋自重、食洋不化的行为。张振兴《漫说"云"母和"以"母》一文结合方言读音对"云、以"二母分布与合流问题作了探讨，提出新见，将此问题的研究引向深入。竺家宁《学习、研究与教学：声韵学的方法与进程》一文结合亲身实践对学习和研究音韵学的方法提出了一系列建议，诸如"重视历史观念""强化根底意识""金字塔原理""不为一种理论所囿"等等，颇多启示。马重奇《十八世纪以来海峡两岸泉州腔去声调演变研究》一文探讨了海峡两岸泉腔"去分上下"与"去不分上下"的现象，指出海峡两岸泉腔去声调的演变是由于外部语言接触和内部演变所致，文章解决了泉腔研究中的一个难点问题。黄耀堃《读段玉裁〈答江晋三论韵〉札记（两则）》一文对段玉裁《答江晋三论韵》作了深入研究，认为《论韵》既是对江有诰的回应，也是段氏对自己理论的总结，包括对"审音"的看法。

本次与会论文的涉及面较广，几乎包括了音韵学本体研究的各个方面，同时涉及到音韵学的教学、应用及相关学科等方面。本次会议提交论文的人数多，既有80岁以上的老一代著名学者，也有为数可观的青年学者和在读博士生，说明音韵学的研究薪火相传，队伍壮大，事业兴旺，后继有人。会议论文在很大程度上反映了本学科的研究动态和最新成果，正像马重奇先生总结的那样，具有前沿性、创新性、学术含量高和实用性强等多种特点。

本次会议从程序、学术性到接待来看都是一次非常成功的国际学术大会，受到与会代表的充分肯定和高度赞扬。会议首先得到了主办单位陕西师范大学的高度重视，在人力、财力、运筹等方面给予大力支持。会议的成功举办同时和老一代学者的鼎力支持以及广大专家学者的积极参与密不可分。本次会议准备充分，组织严密，节奏紧凑，气氛严肃，讨论热烈，学术含量高，不少论文是作者长时间研究的结晶，而非应景之作。通过研讨，与会代表相互分享研究成果，相互学习和借鉴，传递不同的学术信息和动向，在材料、方法、创新等方面得到了很好的交流，并加强了协作关系，有力促进了音韵学的发展进程。

由于时间关系，本次会议也存在着一些不足，主要是大会报告时间较短，报告人未能充分展示研究成果的全部内容。有鉴于此，建议今后学术会议的大会报告可适当减少人次而增加报告时间，如能借鉴境外学术报告的点评制度，为与会代表全面了解报告内容提供方便，同时为论文作者提供修改建议，必将进一步提升学术会议的质量和影响力。